Die Bindungswirkung von Beschlüssen
der Europäischen Kommission
im Kartellschadensersatzverfahren
unter besonderer Berücksichtigung
der Lehre der wirtschaftlichen Einheit

Europäische Hochschulschriften Recht

European University Studies in Law

Publications Universitaires Européennes de Droit

Band/Volume 6756

Yvonne C. Herr

Die Bindungswirkung von Beschlüssen der Europäischen Kommission im Kartellschadensersatzverfahren unter besonderer Berücksichtigung der Lehre der wirtschaftlichen Einheit

PETER LANG

Berlin - Bruxelles - Chennai - Lausanne - New York - Oxford

Bibliografische Information der Deutschen Nationalbibliothek
Die Deutsche Nationalbibliothek verzeichnet diese Publikation in der Deutschen Nationalbibliografie; detaillierte bibliografische Daten sind im Internet über http://dnb.d-nb.de abrufbar.

Zugl.: Mannheim, Univ., Diss., 2023

D 180
ISSN 0531-7312
ISBN 978-3-631-90492-3 (Print)
E-ISBN 978-3-631-90644-6 (E-PDF)
E-ISBN 978-3-631-90645-3 (EPUB)
DOI 10.3726/b21071

Verlegt durch:
Peter Lang GmbH, Berlin, Deutschland

info@peterlang.com http://www.peterlang.com/

Inhaltsverzeichnis

Abkürzungsverzeichnis

a.A.	anderer Ansicht
a.a.O.	am angegebenen Ort
a.E.	am Ende
a.M.	anderer Meinung
ABl.	Amtsblatt
Abs.	Absatz
AEUV	Vertrag über die Arbeitsweise der Europäischen Union
AG	Aktiengesellschaft
AGB	Allgemeine Geschäftsbedingungen
AktG	Aktiengesetz
allg.	allgemein
Alt.	Alternative
Anh.	Anhang
ArbG	Arbeitsgericht
Art.	Artikel
Aufl.	Auflage
Az.	Aktenzeichen
BB	Betriebsberater
Bd.	Band
BeckRS	Beck-Rechtsprechung
Beschl.	Beschluss
Begr.	Begründung
BGB	Bürgerliches Gesetzbuch
BGBl.	Bundesgesetzblatt
BGH	Bundesgerichtshof
BGHSt	Entscheidungen des Bundesgerichtshofs in Strafsachen
BGHZ	Entscheidungen des Bundesgerichtshofs in Zivilsachen
BKartA	Bundeskartellamt
BMJ	Bundesministerium der Justiz
BMWi	Bundesministerium für Wirtschaft

bspw.	beispielsweise
BT-Drs.	Bundestagsdrucksache
BVerfG	Bundesverfassungsgericht
BVerfGE	Entscheidungen des Bundesverfassungsgerichts (amtl. Sammlung)
bzw.	beziehungsweise
CB	Compliance-Berater
CCZ	Corporate Compliance Zeitschrift
DB	Der Betrieb
ders.	derselbe
d.h.	das heißt
dies.	dieselben
Diss.	Dissertation
DRB	Deutscher Richterbund
DRiZ	Deutsche Richterzeitung
ebd.	ebenda
ECLR	European Competition Law Review
EGMR	Europäischer Gerichtshof für Menschenrechte
EG	Vertrag zur Gründung der Europäischen Gemeinschaft
EGKS	Europäische Gemeinschaft für Kohle und Stahl
EMRK	Europäische Konvention zum Schutze der Menschenrechte und Grundfreiheiten
Einf.	Einführung
Einl.	Einleitung
Entsch.	Entscheidung
EU	Europäische Union
EuG	Gericht der Europäischen Union
EuGH	Europäischer Gerichtshof
EuR	Europarecht
EUR	Euro
EUV	Vertrag über die Europäische Union
EuZW	Europäische Zeitschrift für Wirtschaftsrecht
EWGV	Vertrag zur Gründung der Europäischen Wirtschaftsgemeinschaft
EWS	Europäisches Wirtschafts- und Steuerrecht
ErwG	Erwägungsgrund

erw.	erweitert
etc.	et cetera
f./ff.	folgende(r) / fortfolgende
Fn.	Fußnote
FS	Festschrift
GA	Generalanwalt/-anwältin
GbR	Gesellschaft bürgerlichen Rechts
GG	Grundgesetz
GmbHG	Gesetz betreffend die Gesellschaften mit beschränkter Haftung
Großkomm.	Großkommentar
GR-Ch	Charta der Grundrechte der Europäischen Union
GRUR-Prax	Gewerblicher Rechtsschutz und Urheberrecht – Praxis im Immaterialgüter- und Wettbewerbsrecht
GWB	Gesetz gegen Wettbewerbsbeschränkungen
GWR	Zeitschrift für Gesellschafts- und Wirtschaftsrecht
Hdb.	Handbuch
Hs.	Halbsatz
h.L.	herrschende Lehre
h.M.	herrschende Meinung
Hrsg./hrsg.	Herausgeber/herausgegeben
i. Allg.	im Allgemeinen
i.d.R.	in der Regel
insbes.	insbesondere
i.Ü.	im Übrigen
i.S.v.	im Sinne von
i.V.m.	in Verbindung mit
i.w.S.	im weiteren Sinne
JA	Juristische Ausbildung
JuS	Juristische Schulung
JZ	Juristen Zeitung
Kap.	Kapitel
KG	Kommanditgesellschaft
KGaA	Kommanditgesellschaft auf Aktien
KG Berlin	Kammergericht Berlin
KMU	Kleine und mittlere Unternehmen

Kronzeugen-Mitteilung	Mitteilung der Kommission über den Erlass und die Ermäßigung von Geldbußen in Kartellsachen von 2006
Kronzeugen-Mitteilung 1996	Mitteilung der Kommission vom 18. Juli 1996 über die Nichtfestsetzung oder die niedrigere Festsetzung von Geldbußen in Kartellsachen
KSchG	Kündigungsschutzgesetz
LG	Landgericht
lit.	Buchstabe
Ls.	Leitsatz
m. Anm.	Mit Anmerkung(en)
m.E.	Meines Erachtens
Mio.	Million(en)
Mrd.	Milliarde(n)
Monopolkomm.	Monopolkommission
MüKo	Münchener Kommentar
m.w.N.	mit weiteren Nachweisen
NJW	Neue Juristische Wochenschrift
NJW-RR	NJW-Rechtsprechungsreport
Nr.	Nummer(n)
NStZ	Neue Zeitschrift für Strafrecht
NVwZ	Neue Zeitschrift für Verwaltungsrecht
NZA	Neue Zeitschrift für Arbeitsrecht
NZG	Neue Zeitschrift für Gesellschaftsrecht
NZKart	Neue Zeitschrift für Kartellrecht
NZWiSt	Neue Zeitschrift für Wirtschaftsstrafrecht
o.	oben
o.ä.	oder ähnlich(es)
oHG	Offene Handelsgesellschaft
OLG	Oberlandesgericht
OWiG	Gesetz über Ordnungswidrigkeiten
r.	rechte
Reg.	Regierung
RGZ	Entscheidungen des Reichsgerichts in Zivilsachen
Rn.	Randnummer(n)
Rs.	Rechtssache
s.	siehe

S.	Seite, Satz
Slg.	Sammlung der Rechtsprechung des Europäischen Gerichtshofs und des Gerichts Erster Instanz
Sp.	Spalte
sog.	sogenannte(r)
St. Rspr.	ständige Rechtsprechung
StGB	Strafgesetzbuch
StPO	Strafprozessordnung
str.	streitig
u.a.	und andere; unter anderem
UAbschn.	Unterabschnitt
unstr.	unstreitig
Urt.	Urteil
usw.	und so weiter
u.U.	unter Umständen
v.a.	vor allem
verb. Rs.	verbundene Rechtssachen
VerfO EuG	Verfahrensordnung des Gerichts erster Instanz
Vergleichs-Mitteilung	Mitteilung der Kommission über die Durchführung von Vergleichsverfahren bei dem Erlass von Entscheidungen nach Artikel 7 und 23 der Verordnung (EG) Nr. 1/2003 des Rates in Kartellfällen
Vertrag von Amsterdam	Vertrag von Amsterdam zur Änderung des Vertrags über die Europäische Union, der Verträge zur Gründung der Europäischen Gemeinschaften sowie einiger damit zusammenhängender Rechtsakte
Vertrag von Lissabon	Vertrag von Lissabon zur Änderung des Vertrags über die Europäische Union und des Vertrags zur Gründung der Europäischen Gemeinschaft, unterzeichnet in Lissabon am 3. Dezember 2007
VersR	Versicherungsrecht
vgl.	vergleiche
VO 1/2003	Verordnung (EG) Nr. 1/2003 des Rates vom 16. Dezember 2002 zur Durchführung der in den Artikeln 81 und 82 des Vertrags niedergelegten Wettbewerbsregeln

VO 17/1962	Erste Durchführungsverordnung zu den Artikeln 85 und 86 des EWG-Vertrags
Vorb.	Vorbemerkung(en)
wistra	Zeitschrift für Wirtschafts- und Steuerstrafrecht
WM	Wertpapier-Mitteilungen; Zeitschrift für Wirtschafts- und Bankrecht
WRP	Wirtschaft in Recht und Praxis
WuW	Wirtschaft und Wettbewerb
WuW/E	Wirtschaft und Wettbewerb (Entscheidungssammlung)
z.B.	zum Beispiel
ZEuP	Zeitschrift für Europäisches Privatrecht
ZGR	Zeitschrift für Gesellschafts- und Unternehmensrecht
ZHR	Zeitschrift für das gesamte Handelsrecht und Wirtschaftsrecht
ZIP	Zeitschrift für Wirtschaftsrecht und Insolvenzpraxis
Ziff.	Ziffer
ZWeR	Zeitschrift für Wettbewerbsrecht

Im Übrigen wird auf das „Abkürzungsverzeichnis der Rechtssprache“ von Hildebert Kirchner, 7. Aufl., Berlin 2008, verwiesen.

Einführung

A. Schadensersatzansprüche als Bestandteil der Kartellrechtsdurchsetzung

Kartelle haben eine lange Tradition in Deutschland. Noch bis Mitte des letzten Jahrhunderts galten sie als zulässige Ausprägung der Vertrags- und Gewerbefreiheit und prägten mit Billigung von Exekutive und Legislative die deutsche Wirtschaft.[1] Heutzutage hat sich dieses Bild ins Gegenteil verkehrt. Freier Wettbewerb wird als die ökonomischste und zugleich demokratischste Form der Wirtschaftsordnung angesehen und gilt als ein Schlüsselelement einer offenen, leistungsstarken und investitionstätigen Marktwirtschaft. Eingriffe in den Wettbewerbsprozess durch Kartellabsprachen oder den Missbrauch von Marktmacht führen dagegen zu überhöhten Preisen bei sinkender Produktqualität sowie einer allgemeinen Verschlechterung des Angebots. Zuwiderhandlungen gegen das Kartellrecht verletzen damit nicht nur das institutionelle Gut eines unverfälschten Wettbewerbsgefüges, sondern führen auch zu einem erheblichen ökonomischen Schaden der Privatwirtschaft, sowohl für Unternehmen als auch Verbraucher. Dennoch, Jahr für Jahr ermitteln die Kartellbehörden gegen hunderte von Unternehmen. Ob Mehl oder Fleischwaren, Spanplatten, Vitamine oder Aufzüge, Zement und Nutzfahrzeuge, Schienen, Waschmittel, Zündkerzen, Luftfracht oder Zucker: Illegale Preis-, Gebiets- und Kundenabsprachen ließen in den letzten Jahrzehnten nahezu keine Branche aus. Entsprechend sind die gesetzlichen Regelungen und ihre Interpretation durch die Gerichte auf nationaler und europäischer Ebene immer vielgestaltiger und dezidierter geworden.

Verstöße gegen das Kartellrecht können schwerwiegende Folgen für ein Unternehmen haben. Die Durchsetzung des Wettbewerbsrechts erfolgt sowohl öffentlich-rechtlich im Rahmen kartellbehördlicher Verfahren als auch

---

1 1905 existierten in Deutschland bereits um die 400 Kartelle mit Billigung der Justiz, z.B. RGZ 38, 155, 158 – *Sächsisches Holzstoffkartell* (1897). Später erfolgte die Zwangskartellierung zur Lenkung der Kriegswirtschaft des 1. und 2. Weltkriegs, z.B. Gesetz v. 15.07.1933, RGBl. I, S. 488. Erst 1947 wurde ein Dekartellierungsgesetz durch die Alliierten erlassen, das am 1.1.1958 durch Inkrafttreten des Gesetzes gegen Wettbewerbsbeschränkungen (GWB) abgelöst wurden. s. hierzu auch: *Glöckner*, WRP 2007, 490 496; Dreher/Kulka/*Rittner*, Wettb.- u. KartellR, Rn. 562 m.w.N.; Kölner Kommentar/*Maritzen*, § 1 GWB Rn. 4.

zivilrechtlich durch die einzelstaatlichen Gerichte in Rechtsstreitigkeiten zwischen Privaten über Abwehr- und Schadensersatzansprüche. Bislang lag der Schwerpunkt der kartellrechtlichen Praxis auf dem Public Enforcement durch den Erlass behördlicher Abstellungs- und insbesondere Bußgeldbescheide. Allein die von der Europäischen Kommission[2] gegen die Kartellbeteiligten verhängten Geldbußen durchbrachen in den letzten Jahren nicht selten die Schwelle von EUR 1 Mrd.[3] Das bisher höchste Bußgeld von insgesamt EUR 3,8 Mrd. verhängte die EU-Kommission im Juli 2016/September 2017 gegen sämtliche europäischen Lkw-Hersteller wegen der Bildung eines über 14 Jahre währenden Kartells.[4] Neben dieser ordnungswidrigkeitenrechtlichen Ahndung wettbewerbswidriger Absprachen war die Bedeutung der privatrechtlichen Durchsetzung von Kartellschadensersatzansprüchen – Private Enforcement – dagegen lange Zeit äußerst gering.[5] Dies mag zunächst verwundern; übertreffen die der Privatwirtschaft durch jahrzehntelange geheime Abstimmungen zugefügten kumulierten

---

2 Im Folgenden auch nur Kommission.

3 Seit 2005 lässt sich ein stetiges Ansteigen der verhängten Bußgeldbeträge beobachten, s. hierzu *Weitbrecht/Mühle*, EuZW 2017, 165, 166. Bisheriger Spitzenreiter war das Autoglaskartell mit einer Geldbuße von insgesamt EUR 1,38 Mrd., davon die höchste Einzelbuße i.H.v. EUR 896 Mio., s. Kommission, Entsch. v. 12.11.2008, COMP/39.125 – *Flachglas*. Insgesamt verhängte die Kommission zwischen 2010 und 2016 Kartellbußgelder von mehr als 13 Milliarden Euro, s. Statistik der Kommission, abrufbar unter: http://ec.europa.eu/competition/cartels/statistics/ statistics.pdf, zuletzt abgerufen am 20.11.2020.

4 Davon entfiel allein EUR 1 Mrd. auf ein einzelnes Unternehmen, Kommission, Entsch. v. 19.07.2016 und 27.09.2017, AT.39824, Rn. 50-59 – *Lastkraftwagen*; s. auch die offizielle Pressemitteilung der Kommission vom 19.07.2016, abrufbar unter: https://ec.europa.eu/commission/presscorner/detail/de/IP_16_2582, zuletzt abgerufen am 18.04.2022.

5 2004 ergab die europaweite *Ashurst-Studie* der Kommission bzgl. Kartellschadensersatzklagen einen Zustand „erstaunlicher Ungleichheit und völliger Unterentwicklung", Study on the conditions of claims for damages in case of infringement of EC competition rules (sog Ashurst-Studie), abrufbar unter: https://ec.europa.eu/competition-policy/antitrust/publications_de, zuletzt abgerufen am 20.11.2021. 2005 attestierte ein Diskussionspapier des Bundeskartellamts privaten Schadensersatzklagen eine „untergeordnete Bedeutung" (Bundeskartellamt, Private Kartellrechtsdurchsetzung – Stand, Probleme, Perspektiven). Der Impact Assessment Report zur RL 2014/104/EU stellte fest, dass zwischen 2006 und 2012 nur 15 von 54 Kartellbeschlüssen der Kommission zu privaten Follow-on Schadensersatzklagen führten. S. auch *Schütt*, WuW 2004, 1124, 1124, der von „Schattendasein" spricht; *Möschel*, WuW 2006, 115, 115 ff.; *Bien*, NZKart 2013, 481, 481 ff.; *Klumpe/Thiede*, NZKart 2017, 332, 332.

Schäden die verhängten Bußgelder spektakulärer Größenordnung noch bei Weitem.[6] So sind die Beteiligten des Zuckerkartells vom Bundeskartellamt mit einem Bußgeld i.H.v. EUR 280 Mio. belegt worden. Diesem stehen bereits jetzt private Schadensersatzforderungen i.H.v. EUR 400 Mio. gegenüber.[7] Auch im bereits erwähnten LKW-Kartell stehen neben der behördlichen Rekordgeldbuße i.H.v. knapp EUR 4 Mrd. private Schadensersatzansprüche von Kartellgeschädigten i.H.v. geschätzten EUR 100 Mrd. im Raum.[8] Diese Schadensersatzforderungen geben mit großer Wahrscheinlichkeit nur einen Ausschnitt aus dem Gesamtspektrum potentieller Schäden wieder. Insbesondere Kleinkunden und Verbraucher werden ihre Streuschäden gar nicht erst durchzusetzen versuchen.

Für die Zurückhaltung privater Kläger jeder Größe gibt es tatsächlich zahlreiche Gründe. Private Kartellschadensersatzklagen sind mit erheblichen Rechtsunsicherheiten, vielfältigen ökonomischen Problemen, bisher geringen Erfolgsaussichten bei hohen Kosten und weiteren praktischen Schwierigkeiten behaftet.[9] Zu diesen zählen neben einer für Kartellzivilverfahren charakteristischen Informationsasymmetrie sowie dem fehlenden Zugang zu Beweismitteln auch die zeit- und kostenaufwändigen Gutachten zu wirtschaftlichen Folgen, die die Kartellbetroffenen von der Geltendmachung ihrer Ansprüche abschrecken.[10]

---

6 OECD Schätzungen zufolge erhöhen Kartelle die Marktpreise durchschnittlich um 15 % bis 20 % und teilweise sogar um über 50 %, s. OECD: Report on the nature and impact of hard core cartels and sanctions against cartels under national competition laws, 2002, abrufbar unter: http://www.oecd.org/dataoecd/16/20/2081831.pdf, zuletzt abgerufen am 24.11.2021. Die Kommission schätzt die jährlichen europaweiten Kartellschäden allein durch Hardcore-Kartelle zwischen EUR 13 und 37 Mrd. Euro, Commissions staff working paper. Derzeit sind allein an manchen Landgerichten bereits mehr als 200 Verfahren anhängig, von denen sich die drei größten gesamt auf mehr als EUR 3 Mrd. belaufen, *Weitbrecht*, NZKart 2019, 70, 70 ff. S. hierzu auch: Klotz, S. 201; *Bellinghausen/Grothaus*, NZKart 2018, 116 116; *Galle*, WuW 2020, 576, 576.

7 *Poelzig/Bauermeister*, NZKart 2017, 491, 491 m.w.N.; vgl. auch bspw. das Zementkartell mit einer geschätzten Schadenssumme von etwa EUR 350 Mio., BKartA, Erfolgreiche Kartellverfolgung. Nutzen für Wirtschaft und Verbraucher, S. 27, abbrufbar unter: https://www.bundeskartellamt.de/SharedDocs/Publikation/DE/Broschueren/Informationsbrosch%C3%BCre%20-%20Erfolgreiche%20Kartellverfolgung.pdf?__blob=publicationFile&v=12, zuletzt abgerufen am 18.09.2021.

8 *Kersting*, VersR 2017, 581, 581.

9 Die Zahl der Kartellschadensersatz zusprechenden Urteile ist in Deutschland relativ niedrig, s. dazu *Laborde*, Concurrences 2019/4, 1, 5; *Schweizer/Woeste*, ZWeR 2022, 46, 48.

10 *Makatsch/Bäuerle*, WuW 2016, 341, 343; Berg/Mäsch/*Mäsch*, § 33 a GWB Rn. 37.

Die gerichtliche Anspruchsdurchsetzung gestaltet sich insgesamt komplex, teuer und langwierig.[11]

Im Gegenwind behördlicher und gesetzgeberischer Aktivitäten sehen sich kartellbeteiligte Unternehmen inzwischen dennoch immer öfter einer erheblichen Anzahl privater Schadensersatzklagen mit beträchtlichen Klagevolumina ausgesetzt.[12] Gegenwärtig sind rund 700 Klagen[13] und damit Schadensersatzforderungen in Milliardenhöhe[14] allein vor deutschen Gerichten anhängig.

---

11 S. bspw. das Grauzementkartell der 1990er Jahre, gegen das das BKartA im April 2003 Bußgeldbescheide erlassen hatte. Auf den Einspruch hatte das OLG Düsseldorf ein Bußgeld festgesetzt (OLG Düsseldorf, Urt. v. 26.06.2009, 2 a Kart 2-6/08 – *Grauzementkartell*). Eine hiergegen beim BGH eingelegte Rechtsbeschwerde wurde als unbegründet verworfen (BGH, Beschl. v. 26.02.2013, KRB 20/12 – *Grauzementkartell*). 2013 erging das erstinstanzliche Urteil des LG Düsseldorf mehr als acht Jahre nach Klageerhebung (LG Düsseldorf, Urt. v. 17.12.2013, 37 O 200/09 (Kart) U – *Zementkartell*). Das OLG Düsseldorf entschied erstmals im Jahr 2015 über Schadensersatzansprüche aus dem Zementkartell (OLG Düsseldorf, Urt. v. 18.02.2015, VI-U (Kart) 3/14 – *CDC*). S. hierzu auch: *Makatsch/Abele*, WuW 2015, 461, 461 ff.; *Makatsch/Bäuerle*, WuW 2016, 341, 341; *Kainer/Persch*, NZKart 2017, 364, 364.

12 *Schweitzer*, NZKart 2014, 335, 335 ff.; *Mederer*, EuZW 2013, 847, 848; *Makatsch/Mir*, EuZW 2015, 7, 9; *Müller-Graff*, ZHR 179 (2015), 691, 692; *Galle*, NZKart 2016, 214, 214; *Klumpe/Thiede*, NZKart 2017, 332, 332; *Weitbrecht*, NZKart 2019, 70, 71; *Klumpe/Thiede*, NZKart 2019, 136, 136; *Laborde*, Concurrences 2019/4, 1, 3; *Laborde*, Concurrences 2021/3, 232, 236.

13 Mlex-Mitteilung vom 17.06.2019, Truck cartel claims dominate German litigation scene, Ost says; *Rengier*, JECLAP 2020, 72. Laut dem Jahresbericht 2020/21 des Bundeskartellamtes (BKartA) sind mittlerweile allein über 460 LKW-Kartell-Schadensersatzklagen in erster und zweiter Instanz in Deutschland anhängig.

14 Jahresbericht BKartA 2019, S. 23: Insgesamt fordern geschädigte Abnehmer von LKW rund 420 Millionen Euro Schadensersatz allein im Jahr 2019. S. auch *Makatsch/Mir*, EuZW 2015, 7, 9. Vgl. bspw. auch *Harry Pretzlaff*, Daimler-Kläger brauchen viel Geduld, Stuttgarter Nachrichten v. 26.01.22, abrufbar unter: https://www.stuttgarter-zeitung.de/inhalt.477-kartellrechtsklagen-daimler-klaeger-brauchen-viel-geduld.95f45fb1-bcf6-43ef-b173-fb61780364d4.html?reduced=true, zuletzt abgerufen am 15.02.2022; *Marc Chmielewski*, Neue Urteile im Lkw-Kartell machen Klägern Hoffnung, Juve v. 01.10.2021, abrufbar unter: https://www.juve.de/verfahren/sammelklagen-neue-urteile-im-lkw-kartell-machen-klaegern-hoffnung/, zuletzt abgerufen am 15.02.2022; *Redaktion beck-aktuell*, Millionenklage in Streit um "Rundholzkartell" wegen RDG-Verstößen abgewiesen, beck-aktuell v. 21.01.2022, abrufbar unter: https://rsw.beck.de/aktuell/daily/meldung/detail/lg-stuttgart-millionenklage-in-streit-um-rundholzkartell-wegen-rdg-verstoessen-abgewiesen, zuletzt abgerufen am 15.02.2022; *LTO-Redaktion*, Auftakt im Bahn-Schadensersatzprozess, Legal Tribune Online v.

Betrachtet man ganz Europa mit jurisdiktionsbedingten Klageschwerpunkten in Spanien, den Niederlanden und dem Vereinigten Königreich dürften es Tausende von Klagen sein.[15] Durch den Erlass der EU-Kartellschadensersatzrichtlinie[16] sowie klägerfreundliche Entscheidungen der Gerichte, davon allein vier Leiturteile des EuGH zu verschiedenen kartellrechtlichen Fragekomplexen nur im Jahr 2019,[17] hat das Kartellschadensersatzrecht deutlich an Kontur und Bedeutung gewonnen. Infolge dieser Ereignisse hat auch das Beweisrecht des deutschen Kartellschadensersatzverfahrens in den letzten Jahren eine beachtliche Entwicklung genommen, welche zu einer erleichterten, effizienteren und mutigeren Durchsetzung von Kartellschadensersatzansprüchen geführt hat. Auf das deutlich gestiegene Fallvolumen im Kartellrecht reagierte nun auch der Bundesgerichtshof. Statt wie bisher ein außerordentliches, in wechselnder Besetzung zusammentretendes Gremium fungiert nun der neu ins Leben gerufene XIII. Zivilsenat des BGH als fester Kartellsenat.[18] Im Wechselspiel der Kartellgerichte auf europäischer und nationaler Ebene entwickelte sich ein rechtsgebietsspezifisches Sonderrecht, das maßgeblich durch die Eigenheiten des Kartellrechts geprägt ist und dessen Ausdifferenzierung noch lange nicht abgeschlossen ist.

Obwohl Anzahl und Volumen von Kartellschadensersatzklagen weiter stetig ansteigen, offenbart ein genauerer Blick auf diese Entwicklung aber auch die Abhängigkeit zivilrechtlicher Kartellverfahren von vorherigen kartellbehördlichen Entscheidungen. Fast alle Kartellschadensersatzklagen sind Folgeverfahren, die an bestandskräftige Bescheide eines ordnungswidrigkeitenrechtlichen Verfahrens der EU-Kommission oder einer europäischen Wettbewerbsbehörde

---

28.05.2020, abrufbar unter https://www.lto.de/recht/kanzleien-unternehmen/k/lg-muenchen-i-deutsche-bahn-schadensersatz-lkw-kartell-37o1860217/, zuletzt abgerufen am 15.02.2022.

15 *Gussonne*, WuW 2020, 565, 565.

16 Richtlinie über Schadensersatz wegen Verstößen gegen das europäische Wettbewerbsrecht 2014/104/EU des Europäischen Parlaments und des Rates vom 26.11.2014 über bestimmte Vorschriften für Schadensersatzklagen nach nationalem Recht wegen Zuwiderhandlungen gegen wettbewerbsrechtliche Bestimmungen der Mitgliedstaaten und der Europäischen Union, ABl. 2014, L 349 S. 1.

17 Zur Betroffenheit: EuGH, Urt. v. 12.12.2019, C-435/18 – *Otis/Land Oberösterreich*; zur Passivlegitimation: EuGH, Urt. v. 14.03.2019, C-724/17 – *Skanska*; zur Verjährung: EuGH, Urt. v. 28.03.2019, C-637/17 – *Cogeco*; zur internationalen Zuständigkeit: EuGH, Urt. v. 29.07.2019, C-451/18 – *Tibor-Trans.*

18 *Podszun/Pohlmann*, WuW 2020, 174, 174 ff.

anknüpfen.[19] Nur im Rahmen dieser sog. Follow-on Verfahren verschiebt sich die der kartellrechtswidrigen Verhaltensweise wesensimmanente Informationsasymmetrie aufgrund der den Wettbewerbsbehörden zukommenden Ermittlungsbefugnissen zugunsten der strukturell unterlegenen Kartellbetroffenen.[20] In nahezu allen Fällen erfahren Geschädigte erst durch die Eröffnung eines kartellbehördlichen Verfahrens von den sie betreffenden Wettbewerbsverstößen und müssen sich auch bei der gerichtlichen Geltendmachung ihrer Schäden in wesentlichen Punkten auf die Ermittlungsergebnisse der Wettbewerbsbehörden stützen. Eine entscheidende Rolle für die erfolgreiche Durchsetzung privatrechtlicher Kartellansprüche kommt damit auch der Bindungswirkung von Kommissionsbeschlüssen nach Art. 16 VO 1/2003[21] sowie der exakten Bestimmung von Umfang und Reichweite dieser Kohärenzverpflichtung zu. Unter der Kartellverfahrensverordnung Nr. 1/2003 war die Vorschrift ursprünglich dazu geschaffen worden, das Risiko divergierender Entscheidungen durch die dezentralisierte unmittelbare Anwendung der Art. 101 f. AEUV im System konkurrierender Zuständigkeiten auszumerzen. Inzwischen liegt aber eine aus rechtspolitischer Sicht ebenso bedeutsame Aufgabe der Norm darin, die Ergebnisse des ordnungswidrigkeitenrechtlichen Verfahrens für anschließende Zivilprozesse nutzbar zu machen.

Damit stellen sich aber auch zahlreiche schwierige Rechtsfragen zur Auslegung der Kohärenzverpflichtung sowie zum Zusammenspiel ordnungswidrigkeiten- und

---

19 In der EU ca. 98 %. Vgl. *Rengier*, WuW 2018, 613: Urteile zu sog. *Stand alone*-Klagen waren nicht zu verzeichnen. Die Bandbreite an follow-on-Klagen ist mittlerweile groß, *Rengier*, JECLAP, 2020, 72, 72 f. S. hierzu auch *Klumpe/Thiede*, NZKart 2019, 136, 136. S. überdies die stetig aktualisierten Analysen von *Laborde*, Concurrences 2021/3, 232, 236: „Of the 299 cases, 57% followed an infringement decision made by a national competition authority, 40% followed a European Commission decision, and only 2% were stand-alone actions."

20 Als Follow-on Verfahren bezeichnet man zivile Kartellschadensersatz- oder Unterlassungsverfahren über einen Wettbewerbsverstoß, der bereits zuvor Gegenstand eines kartellbehördlichen Verfahrens war. Vgl. dazu Gesetzentwurf der Bundesregierung eines Siebten Gesetzes zur Änderung des Gesetzes gegen Wettbewerbsbeschränkungen, BT-Drs. 15/3640, S. 54 (r. Sp.); *Hempel*, WuW 2005, 137, 137 ff.; *Kaubisch/Sagmeister*, GRUR Int 2007, 890, 890; *Rengier*, WuW 2018, 613, 613; *Rengier*, JECLAP 2020, 72, 72; Immenga/Mestmäcker/*Franck*, § 33 a GWB Rn. 7.

21 Verordnung (EG) Nr. 1/2003 des Rates v. 16.12.2002 zur Durchführung der in den Art. 81 und 82 des Vertrags niedergelegten Wettbewerbsregeln, ABl. 2003, L 1 S. 1, in Kraft seit dem 01.05.2004 (Art. 45 der VO), zuletzt geändert durch Art. 2 ÄndVO (EG) Nr. 1419/2006 vom 25.09.2006, ABl. 2006, L 269 S. 1. Im Folgenden VO 1/2003.

zivilrechtlicher Verfahrensinhalte. Weiterhin zeigen sich auch komplexe Probleme im Schnittfeld von europäischem und innerstaatlichem Recht. Das europäische Wettbewerbsrecht und das deutsche Kartellzivilrecht durchzieht zudem ein Bruch der Zurechnungssubjekte im Rahmen der Verantwortungszuordnung für Wettbewerbsverstöße. Auf einer Ebene wird das Unternehmen als wirtschaftliche Einheit adressiert, auf der anderen seine Rechtsträger. Hier ist noch vieles unklar. Auch die Voraussetzungen und der Umfang der Bindungswirkung sind im Einzelnen umstritten. Der vorliegende Beitrag möchte die Diskrepanzen der Bindungswirkung im Spannungsfeld zwischen europäischem Kartellverwaltungs- und -bußgeldrecht sowie nationalem Schadensersatz- und Zivilprozessrecht beleuchten und die in der Praxis höchst bedeutsame und heftig umstrittene zivilrechtliche Haftungsfrage für Kartellrechtsverstöße innerhalb eines Konzernverbundes einer Lösung zuführen.

B. Gegenstand der Untersuchung und Gang der Darstellung

Die vorliegende Arbeit befasst sich mit der bindenden Wirkung kartellrechtlicher Kommissionsbeschlüsse über wettbewerbswidrige Absprachen gem. Art. 101 Abs. 1 AEUV für deutsche zivilgerichtliche Kartellschadensersatzverfahren nach Art. 16 Abs. 1 VO 1/2003. Fragen im Zusammenhang mit dem Missbrauch einer marktbeherrschenden Stellung nach Art. 102 AEUV, mit der nationalen ordnungswidrigkeitenrechtliche Kartellrechtsdurchsetzung durch die mitgliedstaatlichen Kartellbehörden sowie mit der Anwendung europäischen Kartellrechts durch die Zivilgerichte anderer Mitgliedstaaten bleiben dabei unberücksichtigt. Auch Beseitigungs- und Unterlassungsansprüche sollen nur am Rande Thema der vorliegenden Arbeit sein.

Die Arbeit besteht aus vier Kapiteln. Die Untersuchung beginnt mit einer systematischen Aufarbeitung der Rechtsprechung des Gerichtshofs der Europäischen Union[22] sowie einer darauf basierenden Darstellung der Entwicklung und der Grundlagen der kartellrechtsspezifischen Bindungswirkung auf europäischer Rechtsebene, wodurch sogleich die Notwendigkeit einer solchen Regelung

22 Mit dem Vertrag von Lissabon wurden veränderte Bezeichnungen aufgenommen. "Gerichtshof der Europäischen Union" bezeichnet nun die Gesamtstruktur der Gerichtsbarkeit der Europäischen Union. Oberstes Organ der Gerichtsbarkeit ist fortan der "Europäische Gerichtshof". Das Gericht erster Instanz ist nun das "Gericht", während die dem Gericht beigeordneten Kammern, die zur Bewältigung der Fülle von Klagen errichtet wurden, "Fachgerichte" genannt werden.

im Unionsrecht veranschaulicht wird (dazu 1. Kapitel unter A.). Im nachfolgenden Abschnitt (unter B.) wird unter Berücksichtigung der Vorgaben der europäischen Kartellschadensersatzrichtlinie 2014/104/EU in die kartellrechtliche Kohärenzverpflichtung des deutschen Kartellrechts in § 33 b GWB eingeführt, der auf nationaler Rechtsebene ebenfalls eine gesetzliche Bindung an Kartellbeschlüsse der Kommission vorgibt. Die deutsche Parallelvorschrift soll aufgrund ihrer häufigen Anwendung neben oder statt der Vorschrift des Art. 16 Abs. 1 VO 1/2003 in deutschen Kartellzivilverfahren in den folgenden Kapiteln ebenfalls kurz analysiert werden mit dem Ziel, Gemeinsamkeiten und Unterschiede der beiden Normen herauszuarbeiten und die beiden Normen abschließend gegenüberzustellen und gegeneinander abzugrenzen.

Das zweite Kapitel dieser Arbeit befasst sich zunächst mit Regelungsgehalt, Adressaten und Voraussetzungen der in Art. 16 der Europäischen Kartellverfahrensverordnung Nr. 1/2003 normierten Bindungswirkung (dazu 2. Kapitel unter A. und B.). Im Mittelpunkt der dortigen Ausführungen steht die Frage, welche Anforderungen an einen die Bindung gem. Art. 16 Abs. 1 auslösenden Kommissionsbeschluss zu stellen sind, wann die Bindungswirkung entsteht, wie lange sie andauert und wann ein identischer Gegenstand der Entscheidung von Kommission und mitgliedstaatlichem Gericht vorliegt. Der dritte Teil des zweiten Kapitels nimmt sich sodann der aus Art. 16 VO 1/2003 resultierenden Rechtsfolgen an (s. 2. Kapitel unter C.). Hierbei wird zunächst insbesondere anhand der in der deutschen Verwaltungsrechtsdogmatik etablierten Maßstäbe der Tatbestand- und Feststellungswirkung sowie durch grammatikalische, teleologische, systematische und historische Exegese der Rechtsnorm der Umfang der Kohärenzverpflichtung ermittelt. Insbesondere dieser dogmatische Blick zeigt, dass die gegebene Regelung bei weitem noch nicht abschließend ausdifferenziert ist. Anschließend soll hier unter dem Unterabschnitt mit dem Titel Reichweite der Bindungswirkung des Art. 16 Abs. 1 VO 1/2003 untersucht werden, ob die Kohärenzverpflichtung eine Rechtsfolgen- oder eine Rechtsanwendungsbindung statuiert und ob sich diese auf tatsächliche oder rechtliche Feststellungen auswirkt (s. 2. Kapitel unter C. I.). Der nächsten beiden Teilabschnitte beleuchten die in Art. 16 Abs. 1 S. 3 VO 1/2003 statuierte Möglichkeit nationaler Gerichte zur Verfahrensaussetzung und Durchführung eines Vorabentscheidungsverfahrens nach Art. 267 AEUV. In diesem Zusammenhang wird auch auf eine mögliche Einschränkung der Durchführung eines Vorabentscheidungsverfahrens im Rahmen der *TWD*-Rechtsprechung des EuGH eingegangen.

Der nachfolgende Abschnitt greift den bis hierhin in elementaren Punkten durchgeführte Vergleich zwischen Art. 16 Abs. 1 VO 1/2003 und § 33 b GWB auf und stellt die beiden Normen abschließend gegenüber. Hierbei wird auch der

Frage der Unionsrechtswidrigkeit der deutschen Vorschrift nachgegangen (dazu 2. Kapitel unter D.). Im letzten Abschnitt des Kapitels wird schließlich Art. 16 VO 1/2003 im Lichte ihrer im Gang der Untersuchung ermittelten Inhalte auf ihre Vereinbarkeit mit dem europäischen Primärrecht untersucht. Dabei konzentriert sich die Untersuchung auf die in der EMRK und der Europäischen Grundrechtecharta statuierten Rechtsprinzipien (2. Kapitel unter E.).

Gegenstand des dritten Kapitels ist sodann eine dezidierte, auf den bisher gewonnenen Erkenntnissen basierende konkrete Analyse der praktischen Auswirkungen der Kohärenzverpflichtung auf die einzelnen Tatbestandsvoraussetzungen des kartellrechtlichen Schadensersatzanspruchs. Hierbei wird zunächst kurz in die Grundsätze des kartellrechtlichen Schadensersatzrechts eingeführt (3. Kapitel unter A.). Im Anschluss wird diskutiert, inwieweit sich Schadensersatzkläger in Follow-on Kartellprozessen auf bindende Feststellungen eines Bußgeldbeschlusses der Kommission stützen können. Ebenfalls erörtert wird, inwiefern die Bindungswirkung die Tatbestandsmerkmale des deutschen Kartellschadensersatzanspruchs bzw. die Darlegungs- und Beweislast der Parteien beeinflusst (s. hierzu 3. Kapitel B.). Sodann werden aus den getroffenen rechtlichen Befunden Folgerungen für die Praxis im Umgang mit unionskartellrechtlichen Bußgeldbeschlüssen in nationalen Schadensersatzklagen gezogen. Ein besonderes Augenmerk der Untersuchung liegt hierbei auf der Passivlegitimation des Unternehmens i.S. der wirtschaftlichen Einheit und dem Spannungsfeld zwischen den Vorgaben des Unionsrechts und den tradierten Prinzipien des deutschen Gesellschafts- und Prozessrechts. Hier gilt es im Wesentlichen zu klären, nach welchen Zurechnungskonzept Rechtsträger eines Unternehmens neben der unmittelbar kartellbeteiligten Gesellschaft zivilrechtlich auf Schadensersatz in Anspruch genommen werden können. Hierzu wird das in der Unionsrechtsprechung entwickelte Haftungskonzept erörtert sowie der aktuelle Stand der Diskussion in Gesetzgebung, Rechtsprechung und Literatur dargestellt und abschließend ein Fazit gezogen. Zentral stellt sich hierbei die Frage, ob in Follow-on Klagen bereits die Bindungswirkung des Art. 16 Abs. 1 VO 1/2003 eine Übernahme des europarechtlichen Haftungskonzepts der wirtschaftlichen Einheit in das deutsche Kartellschadensersatzrecht gebietet (3. Kapitel, B. I.). In diese Überlegungen fließen auch die Vorgaben der Kartellschadensersatzrichtlinie 2014/104/EU, des gesellschaftsrechtlichen Trennungsprinzips und des Effektivitäts- und Äquivalenzgrundsatzes sowie rechtspolitische Zielsetzungen ein. Im Anschluss an die Passivlegitimation werden die weiteren Tatbestandsmerkmale des kartellrechtlichen Schadensersatzanspruchs, namentlich die rechtswidrige Zuwiderhandlung gegen das Wettbewerbsrecht (3. Kapitel, B. II.), die Kartellbetroffenheit (3. Kapitel, B. III.), das Verschulden (3. Kapitel, B.

IV) und der Schaden (3. Kapitel, B. V) thematisiert und im Hinblick auf die Bindungswirkung des Art. 16 Abs. 1 VO 1/2003 untersucht. Den Abschluss der Arbeit bildet das vierte Kapitel mit einer Zusammenfassung der wesentlichen Ergebnisse der vorliegenden Untersuchung in Thesenform.

Ziel der Arbeit ist es, durch die dogmatische und analytische Aufarbeitung der Bindungswirkung von Beschlüssen der EU-Kommission gem. Art. 16 Abs. 1 VO 1/2003 Klarheit für die Kartellschadensersatzpraxis in Follow-on Verfahren zu schaffen.

1. Kapitel: Grundlagen und historische Entwicklung der kartellrechtlichen Bindungswirkung

A. Die Einführung einer kartellrechtlichen Bindungswirkung auf europäischer Rechtsebene

Die Bindungswirkung kartellbehördlicher Entscheidungen ist heute auf europäischer Ebene in Art. 16 Abs. 1 VO 1/2003 und in Art. 9 Abs. 1 der Europäischen Kartellschadensersatzrichtlinie sowie auf nationaler Ebene in § 33 b GWB geregelt. Sie führt dazu, dass mitgliedstaatliche Gerichte nach einer Entscheidung einer Kartellbehörde in zivilprozessualen Anschlussverfahren zur selben wettbewerbsrechtlichen Zuwiderhandlung nicht mehr von bestimmten behördlich getroffenen Feststellungen abweichen dürfen.

Inhalt, Reichweite und Bedeutung der Bindungswirkung von Kommissionsbeschlüssen richten sich im aktuellen System der Legalausnahme nach Art. 16 VO 1/2003. Dieser verbindet damit auf komplexe Weise hoheitliche Behördenentscheidungen auf europäischer Ebene mit der privaten Kartellrechtsdurchsetzung vor mitgliedstaatlichen Gerichten. Die Norm ist das Resultat einer langen rechtspraktischen Entwicklung, die es zunächst zu verstehen gilt und die bereits unter dem vorangegangen System der Administrativfreistellung der Verordnung 17/1962[23] ihre Anfänge findet.

I. Europäisches Primärrecht der Verträge

Die kartellrechtlichen Vorschriften zum Schutz des gemeinsamen Binnenmarkts vor Beschränkungen und Verfälschungen spielen im Recht der EU seit jeher eine zentrale Rolle.[24] Obwohl sich dieser Schutz des unverfälschten Wettbewerbs nicht mehr wie vormals direkt aus dem europäischen Primärrecht der Verträge,

---

23 Verordnung (EWG) Nr. 17/62 des Rats vom 06.02.1962, Erste Durchführungsverordnung zu den Art. 85 und 86 des Vertrages, ABl. 1962, L 13 S. 204. Im Folgenden VO 17/1962. Die VO 17/1962 wurde durch Art. 43 Abs. 1 VO 1/2003 mit Wirkung zum 01.05.2004 aufgehoben.

24 Später Art. 3 Abs. 1 lit. g EGV. Siehe für die Entwicklung auch Loewenheim/*Meessen/Kersting*, Einführung Rn. 67 ff.; Dreher/Kulka/*Rittner*, Wettb.- u. KartellR, Rn. 599; Kölner Kommentar/*Füller*, Art. 101 AEUV Rn. 1 ff.

Art. 3 lit. f EWGV, sondern nun aus dem Protokoll Nr. 27 über den Binnenmarkt und den Wettbewerb ergibt[25], ändert dies nichts an seinem primärrechtlichen Rang und seiner Stellung als grundlegendes Vertragsprinzip. Dies zeigt sich aus Art. 51 EUV, wonach es sich bei den Protokollen um gleichwertige Bestandteile der Verträge handelt. Das Protokoll ist somit als Konkretisierung des in Art. 3 Abs. 3 EUV aufgeführten Binnenmarktkonzepts auf primärrechtlicher Ebene zu qualifizieren.[26]

Das in Art. 101 AEUV kodifizierte Kartellverbot bildet gemeinsam mit dem Verbot des Missbrauchs einer marktbeherrschenden Stellung gem. Art. 102 AEUV die zentrale Grundlage der kartellrechtlichen Verhaltenskontrolle des europäischen Rechts.[27] Nach Art. 101 Abs. 1 sind alle Vereinbarungen zwischen Unternehmen, Beschlüsse von Unternehmensvereinigungen und aufeinander abgestimmte Verhaltensweisen, welche den Handel zwischen Mitgliedstaaten zu beeinträchtigen geeignet sind und eine Verhinderung, Einschränkung oder Verfälschung des Wettbewerbs innerhalb des Binnenmarkts bezwecken oder bewirken, mit dem Binnenmarkt unvereinbar und verboten. Dieses Verbot wird in Art. 101 Abs. 2 AEUV um die Vorgabe einer unmittelbaren Nichtigkeitsfolge ergänzt. Nach Art. 101 Abs. 3 AEUV bestehen jedoch Freistellungsmöglichkeiten, nach denen das Verbot des Art. 101 Abs. 1 AEUV bei Vorliegen bestimmter Voraussetzungen für nicht anwendbar erklärt werden kann. Die beiden Wettbewerbsvorschriften gehören zum direkt anwendbaren Primärrecht, welches

---

25 Protokoll Nr. 27 über den Binnenmarkt und den Wettbewerb, ABl. 2007, C 306 S. 154; s. auch Immenga/Mestmäcker/*Emmerich* (5. Aufl. 2012), Art. 101 Abs. 1 AEUV Rn. 3.

26 S. hierzu auch Müller-Graff, ZHR 173 (2009), 443, 450; Kölner Kommentar/*Füller*, Art. 101 AEUV Rn. 3; Berg/Mäsch/*van der Hout/Reinalter*, Vorbem. VO 1/2003 Rn. 3.

27 Zuvor Art. 85 f. EWGV, der am 01.01.1958 in Kraft trat; 1993 in Art. 85 f. EWGV in den Vertrag zur Gründung der Europäischen Gemeinschaft in der Fassung des Vertrags von Maastricht (Vertrag von Maastricht über die Europäische Union vom 07.02.1992, in Kraft getreten am 01.11.1993) übernommen; sodann mit dem Vertrag von Amsterdam (Vertrag von Amsterdam zur Änderung des Vertrages über die Europäische Union, der Verträge zur Gründung der Europäischen Gemeinschaften sowie einiger damit zusammenhängender Rechtsakte vom 02.10.1997, in Kraft getreten am 01.05.1999) in die Art. 81 f. EGV transferiert; übernommen durch den Vertrag von Nizza (Vertrag von Nizza zur Änderung des Vertrags über die Europäische Union, der Verträge zur Gründung der Europäischen Gemeinschaften sowie einiger damit zusammenhängender Rechtsakte vom 26.02.2001, in Kraft getreten am 01.02.2003); durch den Vertrag von Lissabon (Vertrag von Lissabon zur Änderung des Vertrags über die Europäische Union und des Vertrags zur Gründung der Europäischen Gemeinschaft, in Kraft getreten am 01.12.2009) in die Art. 101 f. AEUV transferiert.

unmittelbare Wirkung in den Beziehungen zwischen Einzelpersonen erzeugt und diesen individuelle Rechte verleiht bzw. Verpflichtungen auferlegt. [28] Da sie als materiell-rechtliche Generalklauseln naturgemäß jedoch viele Detailfragen offen lassen, werden sie hinsichtlich Anwendung, Auslegung und Zuständigkeit zur Durchsetzung des europäischen Kartellrechts gem. Art. 103 AEUV durch zahlreiche Verordnungen[29], Richtlinien sowie die Rechtsprechung des Europäischen Gerichtshofs ergänzt.

II. Die Europäische Verfahrensverordnung 17/1962

Eine die primärrechtliche Generalklausel näher ausgestaltende Verordnung war die Europäische Verfahrensverordnung 17/1962. Diese gab als unmittelbare Vorgängerverordnung der später die Kohärenzverpflichtung kodifizierenden Verordnung 1/2003 das grundlegende System vor, unter dem der Europäische Gerichtshof über Jahrzehnte die bindende Wirkung von Kommissionbeschlüssen im europäischen Kartellrecht entwickelte. Durch die VO 17/1962 wurde das Kartellrechtssystem der Europäischen Gemeinschaft zunächst auf Basis eines grundlegenden Kartellverbots mit der Möglichkeit einer administrativen Einzelfreistellung ausgestaltet, welches über 40 Jahre bis zum Inkrafttreten der Nachfolgeverordnung 1/2003 erhalten blieb.[30]

Unter dem damaligen System der Administrativfreistellung war eine kartellrechtliche Freistellung entsprechend den Vorgaben des Art. 85 Abs. 3 EWGV (jetzt Art. 101 Abs. 3 AEUV) ausschließlich durch einen formellen Akt der Kommission im Wege einer Einzelfreistellungsentscheidung oder auf Basis einer

---

28 EuGH, Urt. v. 06.04.1962, C-13/61 – *De Geus en Uitdenbogerd/Bosch u.a*; EuGH, Urt. v. 21.02.1973, C-6/72 – *Continental Can*; EuGH, Urt. v. 30.01.1974, C-127/73, Rn. 15, 17 – *BRT/SABAM*; EuGH, Urt. v. 10.07.1980, C-37/79, Rn. 13 – *Marty/Estee Lauder;* EuGH, Urt. v. 28.02.1991, C-234/89, Rn. 45 – *Delimitis/Henninger*; EuGH, Urt. v. 14.12.2000, C-344/98, Rn. 47 – *Masterfoods*; EuGH, Urt. v. 20.09.2001, C-453/99, Rn. 23 f. – *Courage/Crehan*; EuGH, Urt. v. 13.07.2006, C-295/04 bis C-298/04, Rn. 5 – *Manfredi.*

29 Insoweit bspw. die Fusionskontrollverordnung (Verordnung (EG) Nr. 139/2004 des Rates vom 20.1.2004 über die Kontrolle von Unternehmenszusammenschlüssen, ABl. 2004, L 24 S. 1 m. spät. Änd.) sowie zahlreiche Gruppenfreistellungsverordnungen zur Ausgestaltung des Art. 101 Abs. 3 AEUV, der Verordnung Nr. 17/1962 und ihrer Nachfolgverordnung Nr. 1/2003.

30 Dreher/Kulka/*Rittner*, Wettb.- u. KartellR, Rn. 602; Loewenheim/*Nordemann*/*Nyberg*, Art. 101 Abs. 3 AEUV Rn. 2; Schröter/Jakob/Klotz/Mederer/*Schröter*, Einl. VO 1/2003 Rn. 3.

Gruppenfreistellungsverordnung zu erlangen.[31] Ohne eine solche explizite Freistellung durch die Kommission waren sämtliche kartellrechtsrelevante Vereinbarungen im Anwendungsbereich des Art. 85 Abs. 1 EWGV (jetzt Art. 101 Abs. 1 AEUV) per se verboten und als rechtswidrig bzw. zivilrechtlich nichtig gem. Art. 85 Abs. 2 EWGV (jetzt Art. 101 Abs. 2 AEUV) anzusehen.[32] Alle wettbewerbsrelevanten Vereinbarungen mussten daher zunächst bei der Kommission angemeldet und durch diese bewertet werden. Sah die Kommission die Voraussetzungen des Art. 85 Abs. 3 EWGV nach umfassender Prüfung als erfüllt, erließ sie eine förmliche Freistellungsentscheidung, der konstitutive Wirkung zukam.[33]

Den Gerichten der Mitgliedstaaten kam bei der Anwendung des europäischen Wettbewerbsrechts aufgrund dieses Feststellungsmonopols der Kommission dementsprechend nur die Befugnis zu, Art. 85 Abs. 1 EWGV (jetzt Art. 101 Abs. 1 AEUV) unmittelbar und eigenständig anzuwenden und eine Kartellrechtsrelevanz festzustellen.[34] Sie konnten aber Sachverhalte daher nicht

---

31 *Bogdandy/Buchhold*, GRUR 2001, 798, 799; Grabitz/Hilf/Nettesheim/*Schuhmacher*, Art 101 AEUV Rn. 4; Immenga/Mestmäcker/*Ellger*, Art. 101 Abs. 3 AEUV Rn. 13, 27 f.; Theobald/Kühling/*Bruhn*, Art. 102 AEUV Rn. 66; Bechtold/Bosch/Brinker/*Bosch*, Art. 101 Rn. 2; von der Groeben/Schwarze/Hatje/*Puffer-Mariette*, Art. 6 VO 1/2003 Rn.1.

32 EuGH, Urt. v. 21.02.1973, C-6/72 – *Continental Can; Bornkamm*, ZWeR 2003, 73, 80; Immenga/Mestmäcker/*Ellger*, Art. 101 Abs. 3 AEUV Rn. 21, 45 ff.; Bechtold/Bosch/Brinker/*Brinker*, Art. 10 VO 1/2003 Rn. 2.

33 Durch den Vertrag von Lissabon ist Art. 249 Abs. 4 EG durch Art. 288 Abs. 4 AEUV abgeändert worden. Hierdurch hat sich auch die Bezeichnung von Einzelfallentscheidungen der EU geändert. Frühere Entscheidungen gem. Art. 249 Abs. 4 EGV sind nunmehr Beschlüsse gem. Art. 288 Abs. 4 AEUV. In der vorliegenden Arbeit wird der Erlass eines verfügenden Hoheitsaktes der Kommission zuweilen unspezifisch als Entscheidung bezeichnet, wenn es im gegebenen Kontext nicht auf die exakte Begrifflichkeit des Beschlusses ankommt.

34 EuGH, Urt. v. 06.02.1973, C-48/72, Rn. 6, 10, 13 – *Brasserie de Haecht*; EuGH, Urt. v. 30.01.1974, C-127/73 Rn. 15, 17 – *BRT/SABAM*: „Da die in den Artikeln 85 Abs. 1 und 86 enthaltenen Verbote ihrer Natur nach geeignet sind in Beziehung zwischen den Einzelnen unmittelbare Wirkung zu erzeugen, lassen sie unmittelbar in deren Person Rechte entstehen, welche die Gerichte der Mitgliedstaaten zu wahren haben. Diesen Gerichten die Zuständigkeit hierzu unter Berufung auf dem bereits zitierten Artikel 9 abzusprechen, würde bedeuten, dass den einzelnen Rechte genommen würden, die ihnen aufgrund des Vertrages selbst zustehen."; bekräftigt in EuGH, Urt. v. 10.07.1980, C-37/79, Rn. 13 – *Marty/Estee Lauder*; EuGH, Urt. v. 18.03.1997, C-282/95 P, Rn. 39 – *Guérin automobiles/Kommission*; EuGH, Urt. v. 28.02.1991, C-234/89, Rn. 45 – *Delimitis/Henninger*; EuGH, Urt. v. 14.12.2000, C-344/98, Rn. 47 – *Masterfoods*; EuGH,

selbst umfassend prüfen.[35] Solange ein Freistellungsantrag von der Kommission noch nicht beschieden oder überhaupt gestellt worden war, mussten die nationalen Gerichte und Behörden eine nach europäischem Recht kartellrechtsrelevante Vereinbarung zwingend als schwebend unwirksam betrachten und ihr Verfahren bis zum Erlass einer Kommissionsentscheidung aussetzen.[36] Bereits aufgrund dieser Zuständigkeitsverteilung kam den konstitutiven Freistellungsentscheidungen der Kommission quasi „bindende Wirkung" für nahezu jeden mitgliedstaatlichen Zivilprozess über dieselbe Wettbewerbsvereinbarung zu. Eine abweichende Rechtsanwendung stand nicht zu befürchten.[37] Die ausdrückliche Normierung einer Kohärenzverpflichtung wie später unter der Nachfolgeverordnung 1/2003 war unter dem alten sog. Anmeldesystem der VO 17/1962 daher nicht erforderlich.

III. Entwicklung der Bindungswirkung in der Rechtsprechung des Europäischen Gerichtshofs

Die noch unter der alten Kartellverfahrensverordnung ergangenen EuGH-Entscheidungen *Foto Frost*, *Delimitis* sowie *Masterfoods* bildeten den Grundstein für die spätere Kodifikation einer Kohärenzverpflichtung auf europäischer Ebene in der Kartellverfahrensverordnung 1/2003. Die grundlegende Rechtsprechung soll im Folgenden dargestellt werden.

Urt. v. 20.09.2001, C-453/99, Rn. 23 f. – *Courage/Crehan*; *Hausen*, S. 33; *Mäsch*, EuR 2003, 825, 834.

35 St. Rspr. des EuGH: EuGH, Urt. v. 06.04.1962, C-13/61 – *De Geus en Uitdenbogerd/Bosch*; EuGH, Urt. v. 30.01.1974, C-127/73, Rn. 15, 17 - *BRT/SABAM;* EuGH, Urt. v. 28.02.1991, C-234/89, Rn. 45 – *Delimitis/Henninger;* EuGH, Urt. v. 20.09.2001, C-453/99, Rn. 23 f. – *Courage/Crehan*; vgl. auch *Mäsch*, EuR 2003, 825, 830; *Schmidt*, BB 2003, 1237, 1239; Berg/Mäsch/*van der Hout/Reinalter*, Vorbem. VO 1/2003 Rn. 7; Kölner Kommentar/*Schütz*, Art. 5 VO 1/2003 Rn. 4.

36 EuGH, Urt. v. 28.02.1991, C-234/89, Rn. 48 – *Delimitis/Henninger*; EuGH, Urt. v. 10.07.1980, C-99/79 – *Lancôme/Etos;* von der Groeben/Schwarze/Hatje/*Puffer-Mariette*, Art. 6 Rn.1; Immenga/Mestmäcker/*Schmidt*, Art. 101 Abs. 2 AEUV Rn. 9 ff.; Berg/Mäsch/*van der Hout/Reinalter*, Vorbem. VO 1/2003 Rn. 8.

37 *Bornkamm*, ZWeR 2003, 73, 80; *Schmidt*, BB 2003, 1237, 1239; *Imgrund*, S. 26; Schröter/Jakob/Klotz/Mederer/*Schröter*, Einl. VO 1/2003 Rn. 3.

1. Die Entscheidung Foto Frost (1983)

Die *Foto Frost*-Entscheidung des EuGH war die erste, die sich indirekt mit der Begründung einer Bindungswirkung von Kommissionsbeschlüssen befasste.[38] In seinem Urteil in dieser Rechtssache konstituierte der Gerichtshof das alleinige Verwerfungsmonopol der europäischen Gerichte für Rechtsakte von Gemeinschaftsorganen. Indem er damit zugleich die Befugnis einzelstaatlicher Gerichte verneinte, die Ungültigkeit von Gemeinschaftshandlungen festzustellen, begründete er auch eine Bindung der mitgliedstaatlichen Rechtsprechung an zuvor in gleicher Sache ergangene Kommissionsentscheidungen.

a. Sachverhalt

Dem Verfahren lag folgender Sachverhalt zugrunde: Das Unternehmen Foto Frost importierte Prismenferngläser über diverse Zwischenhändler in Großbritannien und Dänemark nach Deutschland. Das zuständige Hauptzollamt Lübeck bewertete dies zunächst als innerdeutschen Import und verzichtete auf die Erhebung von Zollgebühren, wie sich später herausstellte unzulässigerweise. Dennoch sah das Hauptzollamt unter Berufung auf eine europäische Verordnung[39] davon ab, die angefallenen Abgaben nachträglich einzufordern. Da das zuständige Finanzministerium an diesem Vorgehen zweifelte, legte es der Europäischen Kommission die Frage vor, ob vor diesem Hintergrund überhaupt von einer Nacherhebung der Zollgebühren abgesehen werden konnte. Die Kommission verneinte dies und verlangte von der Bundesrepublik Deutschland die fälligen Zollgebühren gegenüber Foto Frost nun nachträglich zu erheben.[40] Gegen den daraufhin gegen Foto Frost erlassenen Steuernachforderungsbescheid erhob diese Klage vor dem Finanzgericht Hamburg, welches in einem Vorabentscheidungsverfahren dem EuGH die Frage vorlegte, ob ein nationales Gericht befugt sei, eine Entscheidung der Kommission zu überprüfen und diese ggf. für ungültig zu erklären.

b. Rechtliche Würdigung durch den EuGH

Der EuGH beantwortete die vorgelegte Frage dahingehend, dass nationale Gerichte zwar berechtigt seien, den angegriffenen Kommissionsbeschluss zu überprüfen und im Fall von dessen Gültigkeit die erhobene Klage abzuweisen.

---

38 *Klees*, Europ. KartellverfR, § 8 Rn. 115; *Ehricke*, ZHR 158 (1994), 170, 177.

39 Artikel 5 Abs. 2 der Verordnung 1697/79.

40 Kommission, Entsch. v. 06.05.1983 – *Foto Frost*.

Andererseits seien nationale Gericht jedoch nicht dazu befugt, Handlungen von Gemeinschaftsorganen für ungültig zu erklären.[41] Dies würde dem grundlegenden Erfordernis der einheitlichen Anwendung des Gemeinschaftsrechts und der Rechtssicherheit innerhalb der gesamten Europäischen Wirtschaftsgemeinschaft zuwiderlaufen und müsse daher den europäischen Gerichten vorbehalten bleiben.[42] Das Verwerfungsmonopol der europäischen Gerichte für Akte der Gemeinschaftsorgane ergäbe sich zudem aus der Kohärenz des europäischen Rechtsschutzsystems. Da nach diesem für die Nichtigkeitsklage nach Art. 173 EWGV (jetzt Art. 263 AEUV), die der Feststellung der Ungültigkeit eines Aktes eines Gemeinschaftsorgans entspricht, ausschließlich das Europäische Gericht zuständig ist, muss dies ebenso für die Ungültigerklärung einer solchen Entscheidung gelten.[43] Dies sei auch aufgrund der Stellung und der gesamteuropäischen Perspektive des Europäischen Gerichts zu befürworten. Für nationale Gerichte bestehe daher nur die Möglichkeit, dem EuGH die Frage der Gültigkeit zur Vorabentscheidung vorzulegen, wenn sie nach dessen Prüfung die Rechtmäßigkeit eines Akts eines Gemeinschaftsorgans bezweifelten.

2. *Die Entscheidung Delimitis (1991)*

Im knapp zehn Jahre nach Foto Frost ebenfalls in einem Vorabentscheidungsverfahren ergangenen *Delimitis*-Urteil[44] befasste sich der EuGH sodann unmittelbar mit der konfliktären Situation der Anwendung der europäischen Kartellrechtsnormen durch die Kommission und die nationalen Gerichte in gleicher Sache. Weil im Fall *Foto Frost* zuvor noch kein Kommissionsbeschluss ergangen war, äußerte sich das höchste europäische Gericht in *Delimitis* erstmals zur Problematik widersprechender Entscheidungen auf europäischer und nationaler Ebene und löste diesen Konflikt im Sinne eines Vorrangs von Entscheidungen der Kommission. Es hielt die nationalen Gerichte an, sowohl bestehenden Kommissionsentscheidungen zu folgen als auch künftige zu beachten.

a. *Sachverhalt*

Im Fall *Delimitis* hatte der EuGH über eine Bierlieferungsklausel aus einem Pachtvertrag zu entscheiden. Aus dieser machte die Bierbrauerei Henninger Bräu AG gegen ihrem ehemaligen Gastwirtschaftspächter Delimitis Zahlungsansprüche

---

41 EuGH, Urt. v. 22.10.1987, C-314/95, Rn. 15 – *Foto Frost.*

42 EuGH, Urt. v. 22.10.1987, C-314/95, Rn. 15 – *Foto Frost.*

43 EuGH, Urt. v. 22.10.1987, C-314/95, Rn. 16 f. – *Foto Frost.*

44 EuGH, Urt. v. 28.02.1991, C-234/89 – *Delimitis/Henninger.*

geltend. Die Klausel sah die Verpflichtung von Delimitis vor, seinen Bedarf an Bier für die Gaststätte allein mit den Produkten der Henninger Bräu und seinen Bedarf an alkoholfreien Getränken allein mit den Handelswaren der Tochtergesellschaften der Brauerei zu decken. Darüber hinaus stand es dem Gastwirt nach einer Öffnungsklausel zwar frei, Bier und alkoholfreie Getränke auch von anderen Unternehmen zu beziehen, die Klausel sah jedoch zunächst zudem eine kaum zu erreichende jährliche Mindestabnahmemenge von 132 hl Bier von Henninger Bräu vor. Delimitis hielt die Bezugsbindung des Pachtvertrags daher für kartellrechtswidrig und gem. Art. 85 Abs. 2 EWGV (jetzt Art. 101 Abs. 2 AEUV) nichtig und verweigerte die Zahlung. Das in letzter Instanz zur Entscheidung berufene Oberlandesgericht legte dem EuGH unter anderem die Frage nach der Vereinbarkeit des Bierlieferungsvertrags mit den gemeinschaftsrechtlichen Wettbewerbsvorschriften zur Vorabentscheidung vor. Daneben wollte es wissen, ob es hier einer expliziten Einzelfreistellung der Kommission bedürfe oder das nationales Gericht befugt sei, einen Vertrag nach Art. 85 Abs. 3 EWGV (jetzt Art. 101 Abs. 3 AEUV) freizustellen, der unwesentlich von den Voraussetzungen einer Gruppenfreistellungsverordnung abweicht.

b. Rechtliche Würdigung durch den EuGH

In seinem Urteil legte der Gerichtshof zunächst die Anforderungen dar, die an eine mit den kartellrechtlichen Vorschriften der Gemeinschaft übereinstimmende Bezugsbindung zu stellen sind.[45] Die weitere ihm vorgelegte Frage nach der Befugnis nationaler Gericht zur Anwendung von Art. 85 Abs. 3 EWGV (jetzt Art. 101 Abs. 3 AEUV) auf eine Vereinbarung, die nicht unmittelbar der Gruppenfreistellung unterfällt, nutze der EuGH, um zudem grundlegende Ausführungen zur Verteilung der Befugnisse zwischen der Kommission und den mitgliedstaatlichen Gerichten bei der Anwendung der Art. 85 Abs. 1, 86 EWGV (jetzt Art. 101 Abs. 1, 102 AEUV) zu machen. Hierbei bekräftigte er die grundlegende Verantwortlichkeit der Kommission für die Durchführung und Ausrichtung der gemeinschaftsrechtlichen Wettbewerbspolitik sowie das im Zeitpunkt des Urteils unter der VO 17/1962 noch bestehende Freistellungsmonopol der Kommission in Bezug auf Art. 85 Abs. 3 EWGV (jetzt Art. 101 Abs. 3 AEUV).[46] Aufgrund dieser Zuständigkeitsverteilung seien nationale Gerichte daher auch nicht befugt, den Anwendungsbereich der Gruppenfreistellungsverordnung zu erweitern oder die Nichtigkeit einer Vereinbarung nach Art. 85 Abs. 2 EWGV

45 EuGH, Urt. v. 28.02.1991, C-234/89, Rn. 33 – *Delimitis/Henninger*.
46 EuGH, Urt. v. 28.02.1991, C-234/89, Rn. 44 – *Delimitis/Henninger*.

(jetzt Art. 101 Abs. 2 AEUV) festzustellen, solange die Kommission diese noch nicht gem. Art. 85 Abs. 3 EWGV (jetzt Art. 101 Abs. 3 AEUV) bewertet habe.[47] Ausnahmen, nach der das nationale Gericht selbst eine Entscheidung treffen könne, eröffnete der EuGH sodann für die Fälle, dass ein Unternehmen gar nicht erst einen Freistellungsantrag bei der Kommission gestellt hatte bzw. Art. 85 Abs. 1 EWGV (jetzt Art. 101 Abs. 1 AEUV) offensichtlich nicht erfüllt oder aber so zweifelsfrei erfüllt war, dass eine Freistellung nach Abs. 3 ohnehin keineswegs in Betracht kam.[48]

Daneben bestätigte der Gerichtshof in seinem Urteil jedoch auch die Befugnis der nationalen Gerichte zur uneingeschränkten Anwendung der Kartellrechtsvorschriften des Art. 85 Abs. 1, 86 EWGV (jetzt Art. 101 Abs. 1, 102 AEUV) sowie der Gruppenfreistellungsverordnungen neben der Kommission.[49] Trotz ihrer besonderen Rolle in der Wettbewerbspolitik der Gemeinschaft verfüge die Kommission nicht über die alleinige Zuständigkeit zur Anwendung der Art. 85 Abs. 1, 86 EWGV (jetzt Art. 101 Abs. 1, 102 AEUV), sondern teile diese mit den nationalen Gerichten. Hieraus folge laut dem Gerichtshof aber auch die Gefahr divergierender Entscheidungen, die im Widerspruch zum Grundsatz der Rechtssicherheit in der Gemeinschaft stünden.[50] Zur Lösung dieser Problematik entschied der EuGH im Konfliktfall zugunsten einer Vorrangstellung der Kommission. Die mitgliedstaatlichen Gerichte hätten den Erlass eigener Entscheidungen zu vermeiden, soweit die Kommission eine Entscheidung in gleicher Sache bereits getroffen hatte oder zu treffen beabsichtigte.[51] Bestünde die konkrete Gefahr einander widersprechender Entscheidungen, so habe das nationale Gericht sein Verfahren auszusetzen und einen Beschluss der Kommission abzuwarten.[52] Alternativ könne es jedoch jederzeit den Gerichtshof selbst gem. Art. 177 EWGV (heute Art. 267 AEUV) um Vorabentscheidung ersuchen.[53] Die Idee einer Bindung der Gerichte der Mitgliedstaaten an Beschlüsse der Kommission war somit implementiert.

---

47 St. Rechtsprechung seit EuGH, Urt. v. 06.02.1973, C-48/72, Rn. 46, 48 – *Brasserie de Haecht;* EuGH, Urt. v. 14.12.1977, C-59/77 – *de Bloos*; EuGH, Urt. v. 28.02.1991, C-234/89, Rn. 46, 48 – *Delimitis/Henninger*; EuGH, Urt. v. 15.12.1994, C-250/92, Rn. 58 – *Gøttrup-Klim;* EuGH, Urt. v. 12.12.1995, C-319/93, Rn. 32 – *Dijkstra.*

48 EuGH, Urt. v. 28.02.1991, C-234/89, Rn. 50 ff. – *Delimitis/Henninger.*

49 EuGH, Urt. v. 28.02.1991, C-234/89, Rn. 45 f. – *Delimitis/Henninger.*

50 EuGH, Urt. v. 28.02.1991, C-234/89, Rn. 47 – *Delimitis/Henninger.*

51 EuGH, Urt. v. 28.02.1991, C-234/89, Rn. 47 – *Delimitis/Henninger.*

52 EuGH, Urt. v. 28.02.1991, C-234/89, Rn. 52 – *Delimitis/Henninger.*

53 EuGH, Urt. v. 28.02.1991, C-234/89, Rn. 54 – *Delimitis/Henninger.*

3. Die Entscheidung Masterfoods (2000)

Den Abschluss der Entscheidungstrilogie zur Bindungswirkung von Kommissionsentscheidungen bildet das besonders bedeutsame *Masterfoods*-Urteil des EuGH aus dem Jahr 2000. Dem Gerichtshof bot sich hier zum ersten Mal die Möglichkeit, ganz konkret zur Frage eines bereits bestehenden unmittelbaren Widerspruchs zwischen einer Kommissionsentscheidung und einer mitgliedstaatlichen Gerichtsentscheidung in gleicher Sache Stellung zu nehmen. Obwohl die Entscheidung noch unter dem alten System der Administrativfreistellung der VO Nr. 17/1962 erging, sind bereits deutliche Bezüge zum künftigen Legalausnahmesystem der gerade in Arbeit befindlichen neuen VO Nr. 1/2003, deren Weißbuch ein knappes Jahr zuvor veröffentlicht worden war[54], zu erkennen.[55]

a. Sachverhalt

Grundlage des Urteils bildete ein irischer Rechtsstreit zwischen der dem Unilever-Konzern angehörenden Speiseisherstellerin HB Ice Cream und der zur US-amerikanischen Mars Inc. gehörenden Wettbewerberin Masterfoods. In den 1980er Jahren war HB Ice Cream Marktführerin auf dem irischen Speiseeismarkt. Sie stellte den von ihr belieferten Händlern kostenlos oder gegen äußerst geringen Mietzins Kühltruhen zur Verfügung, die jedoch ausschließlich zur Lagerung von Eis der Marke HB verwendet werden durften. Als einige Zeit später Masterfoods den irischen Eismarkt eroberte, gingen einige Händler dazu über, in den Kühltruhen von HB Ice Cream nun auch Masterfoods-Eis zu präsentieren. Gegen dieses Vorgehen wendete sich HB Ice Cream unter Verweis auf die von ihr mit den Händlern getroffene Ausschließlichkeitsvereinbarung. Hierdurch sah sich Masterfoods veranlasst, gegen HB Ice Cream vor dem irischen High Court Klage einzureichen, mit der sie die Feststellung begehrte, dass die von HB Ice Cream aufgestellte Ausschließlichkeitsbindung nach den Vorschriften des europäischen Kartellrechts nichtig sei. Daraufhin erhob HB Ice Cream ihrerseits ebenfalls Klage gegen Masterfoods auf Schadensersatz und Unterlassung, nach der es Masterfoods künftig untersagt werden sollte, die Eishändler zur Missachtung der Ausschließlichkeitsvereinbarung anzustiften.

---

54 Kommission, Weißbuch über die Modernisierung der Vorschriften zur Anwendung der Art. 85 und 86 EG, Nr. 99/027 v. 23.4.1999, ABl. 1999, C 132 S. 1.

55 Vgl. *Imgrund*, S. 99; *Geiger*, EuZW 2001, 116, 117; *Durner*, EuR 2004, 547, 552 und 562; Grabitz/Hilf/Nettesheim/*Dalheimer/Feddersen/Miersch*, Art. 16 Rn. 11, die davon ausgehen, dass der EuGH die beabsichtigten Neuerungen unterstützen wollte.

Im Mai 1992 wies der irische High Court sowohl die Klage von Masterfoods als auch das Schadensersatzbegehren von HB Ice Cream ab; lediglich der Unterlassungsklage von HB Ice Cream gab er statt. Hiergegen legte Masterfoods Rechtsmittel zum irischen Supreme Court ein[56] und erhob zugleich Beschwerde gegen die von HB Ice Cream genutzte Ausschließlichkeitsvereinbarung bei der Kommission. Im Jahr 1998 stellte die Kommission sodann fest, dass die Vereinbarung der HB Ice Cream, die inzwischen in Van den Bergh Foods umfirmiert worden war, gegen Art. 101 Abs. 1 EGV (jetzt Art. 101 Abs. 1 AEUV) verstoße und eine Freistellung nach Art. 101 Abs. 3 EGV (jetzt Art. 101 Abs. 1 AEUV) nicht in Frage komme.[57] Während eine Entscheidung des irischen Supreme Courts in der Sache nach wie vor ausstand, legte Van den Bergh Foods gegen diese Kommissionsentscheidung Rechtsmittel zum Gericht erster Instanz[58] ein und beantragte den Vollzug des Kommissionsbeschlusses auszusetzen sowie dessen Nichtigerklärung. Letzterem Antrag wurde stattgegeben.[59]

In dieser schwierigen Lage legte der auf nationaler Ebene nach wie vor mit der Rechtssache befasste irische Supreme Court dem EuGH unter anderem die Frage vor, wie er sich im Hinblick auf die in gleicher Sache ausstehende Entscheidung des EuG und die bereits existente, dem bestehenden Kommissionsbeschluss jedoch widersprechende Entscheidung des High Court zu verhalten habe. Das Gericht erster Instanz setze sein Verfahren über die Nichtigkeitslage der Van den Bergh Foods ebenfalls aus, um das Urteil des Gerichtshofs abzuwarten.[60]

b. *Rechtliche Würdigung durch den EuGH*

In seinem fast zehn Jahre nach *Delimitis* ergangenen Urteil, bestätigte der Gerichtshof erneut die unmittelbare Wirkung des europäischen Wettbewerbsrechts sowie die parallele Befugnis von Kommission und nationalen Gerichten zur Anwendung der Art. 85 Abs. 1 und 86 EWGV (jetzt Art. 101 Abs. 1 und 102 AEUV). Im Anschluss an die bereits in *Delimitis* aufgestellten Vorgaben bekräftigte er erneut, dass nationale Gerichte trotz dieser geteilten Zuständigkeit im

---

56 Masterfoods Ltd. T/A Mars Ireland v. HB Ice Cream Ltd, CMLR 1992, 830.

57 Kommission, Entsch. v. 11.03.1998, IV/34.073, IV/34.395 und IV/35.436, ABl. 1998, L 246 S. 1 – *Van den Bergh Foods Limited.*

58 Europäisches Gericht erster Instanz, im Folgenden auch EuG. Seit dem Vertrag von Lissabon umbenannt in "Gericht der Europäischen Union".

59 EuG, Urt. v. 23.10.2003, T-65/98 – *Van den Bergh Foods.*

60 Nachdem das Urteil des EuGH ergangen war, bestätigte das EuG die Kommissionsentscheidung und wies die Klage von van der Bergh Foods ab, EuG, Urt. v. 23.10.2003 - Rs. T-65/98 – *van der Bergh Foods Ltd./Kommission.*

Fall paralleler Befassung Entscheidungen vermeiden müssten, die Entscheidungen zuwiderlaufen, die die Kommission zur Anwendung der europäischen Kartellrechtsnormen zu treffen beabsichtige.[61] Dasselbe habe erst recht zu gelten, wenn in der gleichen Sache bereits eine Entscheidung der Kommission ergangen sei.[62] Nötigenfalls müssten die mitgliedstaatlichen Gerichte ihr Verfahren aussetzen oder in Anbetracht der gegebenen Umstände dem Gerichtshof eine Vorabentscheidungsfrage vorlegen.[63]

Anders als noch in *Delimitis* leitete der Gerichtshof diese Verpflichtung nationaler Gerichte zur Vermeidung divergierender Entscheidungen jedoch nicht mehr nur aus dem allgemeinen Gebot der Rechtssicherheit her, sondern überwiegend aus dem Grundsatz der loyalen Zusammenarbeit in der Gemeinschaft gem. Art. 5 EWGV (jetzt Art. 4 Abs. 3 EUV), nach dem alle Träger öffentlicher Gewalt verpflichtet seien zur Erfüllung der gemeinschaftsrechtlichen Verpflichtungen beizutragen und die Verwirklichung der Vertragsziele nicht zu gefährden.[64] Der EuGH wies zudem darauf hin, dass für Rechtsakte der Gemeinschaftsorgane grundsätzlich die Vermutung der Gültigkeit spreche, solange diese nicht aufgehoben oder zurückgenommen worden seien.[65] Dies erinnert an seine Darlegungen in *Foto Frost*, nach der nationale Gerichte unter keinen Umständen, auch nicht inzident bei der Prüfung korrespondierender Rechtsfragen, dazu befugt sind, Handlungen von Gemeinschaftsorganen für ungültig zu erklären.[66] Letztlich führte der EuGH zur Begründung der Verbindlichkeit von Kommissionsentscheidungen auch Art. 189 Abs. 4 EGV (jetzt Art. 288 Abs. 4 AEUV) an, nach dem eine Entscheidung der Kommission in all ihren Teilen für diejenigen verbindlich sei, die sie bezeichnet.[67] Dieses Argument kann jedoch bei genauer Betrachtung zur Begründung einer Bindungswirkung gegenüber den Gerichten der Mitgliedstaaten und über die beteiligten Parteien hinaus nichts beitragen.[68]

---

61 EuGH, Urt. v. 14.12.2000, C-344/98, Rn. 51 f. – *Masterfoods.*

62 EuGH, Urt. v. 28.02.1991, C-234/89, Rn. 47 – *Delimitis/Henninger*; EuGH, Urt. v. 14.12.2000, C-344/98, Rn. 52 – *Masterfoods.*

63 EuGH, Urt. v. 14.12.2000, C-344/98, Rn. 55, 57 – *Masterfoods;* s. dazu insbes. *Bornkamm,* ZWeR 2003, 73, 73 ff.; *Bornkammm/Becker,* ZWeR 2005, 213, 213 ff.; *Geiger,* EuZW 2001, 116, 116 ff.; *Kamann/Horstkotte,* WuW 2001, 458, 458 ff.

64 EuGH, Urt. v. 14.12.2000, C-344/98, Rn. 49, 51 – *Masterfoods.*

65 EuGH, Urt. v. 14.12.2000, C-344/98, Rn. 53 – *Masterfoods.*

66 EuGH, Urt. v. 22.10.1987, C-314/95, Rn. 15 – *Foto Frost.*

67 EuGH, Urt. v. 14.12.2000, C-344/98, Rn. 50 – *Masterfoods.*

68 S. zur Kritik auch *Imgrund,* S. 42 f.

Im Hinblick auf das im Fall *Masterfoods* vorausgegangene Urteil des irischen High Court, der die Ausschließlichkeitsbindung der HB Ice Cream anders als die Kommission gebilligt hatte, präzisierte der Gerichtshof überdies, dass ein nationales Gericht auch dann an eine Entscheidung der Kommission gebunden sei, wenn diese einer früheren Entscheidung einer unteren Instanz desselben Mitgliedstaats zuwiderlaufe.[69] Diese Bindung gelte jedoch nicht wechselseitig. Die Kommission könne angesichts der ihr durch den Vertrag zugewiesenen Aufgabe zur Ausrichtung der gemeinschaftlichen Wettbewerbspolitik und ihrer zentralen Stellung im Vertragssystem in keinem Fall an vorausgegangene Entscheidungen mitgliedstaatlicher Gerichte gebunden sein.[70]

Mit seinem *Masterfoods*-Urteil manifestierte der EuGH somit alle relevanten Grundlagen der künftigen Bindungswirkung von Kommissionsbeschlüssen gegenüber den mitgliedstaatlichen Gerichten.

IV. Kodifizierung der Bindungswirkung in der europäischen Verfahrensverordnung Nr. 1/2003

Die dargestellte Rechtsprechung des Europäischen Gerichtshofs führte letztlich auch zur Normierung einer kartellrechtlichen Bindungswirkung in Art. 16 der neuen Kartellverfahrensverordnung Nr. 1/2003. Insbesondere die während der Arbeiten an der Verordnung erlassene *Masterfoods*-Entscheidung beeinflusste den Entwurf der Norm[71] maßgeblich, die letztlich in Wortlaut und Inhalt an das Urteil angepasst wurde.[72] Die bis heute bestehende Kartellverfahrensverordnung Nr. 1/2003 trat schließlich am 1. Mai 2004 zeitgleich mit dem Beitritt zehn neuer Mitgliedstaaten in Kraft und reformierte das europäische Kartellrecht grundlegend. Die alte Kartellverfahrensverordnung Nr. 17/1962 hatte sich zuvor als nicht mehr zeitgemäß und tragfähig herausgestellt. Das Anmeldesystem hatte

---

69 EuGH, Urt. v. 14.12.2000, C-344/98, Rn. 52 – *Masterfoods.*

70 EuGH, Urt. v. 14.12.2000, C-344/98, Rn. 48 – *Masterfoods*; bestätigt durch: EuGH, Beschl. v. 28.09.2006, C-552/03 P, Rn. 128 – *Unilever Bestfoods.*

71 S. zur ursprüngliche Formulierung der Norm des Art. 16 VO 1/2003: Vorschlag für eine Verordnung des Rates zur Durchführung der in den Art. 81 und 82 EG-Vertrag niedergelegten Wettbewerbsregeln und zur Änderung der VO (EWG) Nr. 1017/68, (EWG) Nr. 2988/74, (EWG) Nr. 4056/86 und (EWG) Nr. 3975/87 („Durchführungsverordnung zu den Art. 81 und 82 EG-Vertrag“) v. 27.09.2000, KOM (2000) 582 endg., ABl. 2000, C 365 E S. 284.

72 Mehrere Mitgliedstaaten, darunter auch Deutschland, haben Art. 16 Abs. 1 VO 1/2003 daher als überflüssig bezeichnet. *Leffrang*, Rn. 196; *Zöttl/Schlepper*, EuZW 2012, 573, 574; Kölner Kommentar/*Schütz*, Art. 16 VO 1/2003 Rn. 3.

zum einen dazu geführt, dass sich Unternehmen, die aufgrund ihres wettbewerbswidrigen Verhaltens vor einem mitgliedstaatlichen Gericht verklagt worden waren, zunehmend einer entsprechenden Verurteilung entziehen konnten.[73] Hierfür genügte aufgrund der inzwischen langen Dauer eines Freistellungsverfahrens vor der überlasteten Kommission bereits eine Antragstellung, um hierdurch das mitgliedstaatliche Gericht zu einer Aussetzung zu zwingen und so das nationale Gerichtsverfahren unabhängig von den konkreten Erfolgsaussichten des Antrags beklagtengünstig prozesstaktisch erheblich zu verzögern.[74] Nötigenfalls konnten sogar noch während des Freistellungsverfahrens einzelne Vertragsklauseln und Verhaltensweisen mit der Kommission verhandelt und im Fall mangelnder Freistellungsfähigkeit abgeändert werden.[75] Eine eigenständige und effiziente Anwendung der europäischen Wettbewerbsregeln durch die nationalen Gerichte war somit nahezu vollständig ausgehebelt.[76] Zum anderen hatte die fortschreitende Erweiterung des europäischen Wirtschaftsraums dazu geführt, dass die Kommission der Vielzahl eingehender Freistellungsanträge schon seit Längerem nicht mehr Herr wurde.[77] Trotz des Versuchs, die formalen Freistellungsentscheidungen mehr und mehr durch formlose Verwaltungsschreiben, sog. „comfort letters“,[78] zu ersetzen, denen keine Verbindlichkeit gegenüber

---

73 Kommission, ABl. 1993, C 39 S. 6, Rn. 30.

74 Kommission, Weißbuch über die Modernisierung der Vorschriften zur Anwendung der Art. 85 und 86 EG, Nr. 99/027 v. 23.4.1999, ABl. 1999, C 132 S. 1; Grabitz/Hilf/Nettesheim/*Dalheimer*, Art. 6 VO 1/2003 Rn. 1; von der Groeben/Schwarze/Hatje/*Puffer-Mariette*, Art. 6 VO 1/2003 Rn. 8; Immenga/Mestmäcker/*Ellger*, Art. 101 Abs. 3 AEUV Rn. 34; Immenga/Mestmäcker/*Ritter/Wirtz*, Art. 16 VO 1/2003 Rn. 1; Bechtold/Bosch/Brinker/*Brinker*, Art. 16 VO 1/2003 Rn. 2; Schröter/Jakob/Klotz/Mederer/*Schröter*, Einl. VO 1/2003 Rn. 12; *Imgrund*, S. 49.

75 EuGH, Urt. v. 28.02.1991, C-234/89, Rn. 44 ff. – *Delimitis/Henninger*; Berg/Mäsch/*van der Hout/Reinalter*, Vorb. VO 1/2003 Rn. 10; Immenga/Mestmäcker/*Schmidt*, Art. 2 VO 1/2003 Rn. 7.

76 Immenga/Mestmäcker/*Ritter/Wirtz*, Art. 16 VO 1/2003 Rn. 1.

77 Laut Kommission, Weißbuch über die Modernisierung der Vorschriften zur Anwendung der Art. 85 und 86 EG, Nr. 99/027 v. 23.4.1999, ABl. 1999, C 132 S. 1 Rn. 25 waren es bereits 1967 37.000 anhängige Verfahren.

78 Nach der Einschätzung der Kommission ergingen nur noch in ca. 10% aller Fälle eine förmliche Entscheidung, Kommission, Weißbuch über die Modernisierung der Vorschriften zur Anwendung der Art. 85 und 86 EG, Nr. 99/027 v. 23.4.1999, ABl. 1999, C 132 S. 1 Rn. 17 f., 34; Immenga/Mestmäcker/*Ellger*, Art. 101 Abs. 3 AEUV Rn. 30; Loewenheim/*Zuber*, Art. 6 VO 1/2003 Rn. 2; Berg/Mäsch/*van der Hout/Reinalter*, Vorb. VO 1/2003 Rn. 11; Bechtold/Bosch/Brinker/*Brinker*, Art. 9 VO 1/2003 Rn. 1.

nationalen Gerichten und Wettbewerbsbehörden zukam,[79] verlängerte sich die Verfahrensdauer zunehmend.[80]

Die neue Verordnung 1/2003 sollte daher wieder zu einer wirksamen Durchsetzung der kartellrechtlichen Vorgaben führen,[81] zum Ausgleich der systemwechselbedingten Minderung behördlicher Kontrolle die private Kartellverfolgung stärken[82] sowie die Kommission deutlich entlasten und zurück in die Lage versetzen, sich auf die Verfolgung schwerer Kartellverstöße auf dem Binnenmarkt zu fokussieren.[83] Das System der Administrativfreistellung mit dem Freistellungsmonopol der Kommission wurde daher durch ein System der Legalausnahme ersetzt.[84] Art. 1 Abs. 2 VO 1/2003 erklärte von nun an die in Art. 101 Abs. 3 AEUV normierte Freistellung zur unmittelbar anwendbaren Legalausnahme, für die es keiner vorherigen, rechtsgestaltenden Kommissionsentscheidung

79 EuGH, Urt. v. 10.07.1980, verb. Rs. C-253/78 u. 1 bis 3/79 – *Procureur de la République/Giry und Guerlain;* EuGH, Urt. v. 10.07.1980, C-37/79, Rn. 13 – *Marty/Estee Lauder*; EuGH, Urt. v. 10.07.1980, C-99/79, Rn. 11 – *Lancôme*; EuGH, Urt. v. 11.12.1980, C-31/80 – *L'Oréal*; Kommission, Bekanntmachung über die Zusammenarbeit zw. der Kommission und den Gerichten der Mitgliedstaaten bei der Anwendung der Art. 85 und 86 des EWG-Vertrags v. 13.02.1993, ABl. 1993, C 39 S. 6, Rn. 20; vgl. dazu auch *Bornkamm*, FIW 1993, 51, 55; *Schmidt*, BB 2003, 1237, 1239; Bechtold/Bosch/Brinker/*Brinker*, Art. 10 VO 1/2003 Rn. 3; Calliess/Ruffert/*Weiß*, Art. 101 AEUV Rn. 23; Immenga/Mestmäcker/*Schmidt*, Art. 101 Abs. 2 AEUV Rn. 9; Immenga/Mestmäcker/*Ellger*, Art. 101 Abs. 3 AEUV Rn. 30; Berg/Mäsch/*van der Hout/Reinalter*, Vorbem. VO 1/2003 Rn. 11 m.w.N.

80 von der Groeben/Schwarze/Hatje/*Becker/Vollrath*, Art. 16 VO 1/2003 Rn. 1.

81 Kommission, Weißbuch über die Modernisierung der Vorschriften zur Anwendung der Art. 85 und 86 EG, Nr. 99/027 v. 23.4.1999, ABl. 1999, C 132 S. 1 Rn. 46 ff.; sowie ErwG 4 und 7 VO 1/2003, Monopolkommission, Sondergutachten 32 Rn. 64 ff.

82 RegE Begr. v. 12.08.2004, BT-Drs. 15/3614, S. 35 l. Sp.; vgl. auch Monopolkomm., Sondergutachten 41, März 2004, S. 19 Rn. 35; *Lutz*, WuW 2005, 718, 718 ff.; *Hempel*, WuW 2005, 137, 137 ff.; *Bornkamm/Becker*, ZWeR 2005, 213, 215; *Dreher*, ZWeR 2008, 325, 325; *Glöckner*, WRP 2015, 410, 412; Kölner Kommentar/*Maritzen*, § 1 GWB Rn. 35; Kölner Kommentar/*Krohs*, § 33 GWB Rn. 3.

83 *Imgrund*, S. 46; Schröter/Jakob/Klotz/Mederer/*Schröter*, Einl. VO 1/2003 Rn. 7; Loewenheim/*Grave/Nyberg*, Art. 101 Abs. 1 AEUV Rn. 29.

84 So bezeichnet u.a. bei *Schmidt*, BB 2003, 1237, 1238; Loewenheim/*Grave/Nyberg*, Art. 101 Abs. 1 AEUV Rn. 11; Theobald/Kühling/*Bruhn*, Art. 102 AEUV Rn. 69; Grabitz/Hilf/Nettesheim/*Stockenhuber*, Art. 101 AEUV Rn. 240; Grabitz/Hilf/Nettesheim/*Schuhmacher*, Art. 101 AEUV Rn. 271.

mehr bedarf.[85] Alle kartellrechtsrelevanten Verhaltensweisen, welche die Voraussetzungen des Art. 101 Abs. 3 AEUV erfüllen, sind somit bereits von Gesetzes wegen als kartellrechtlich unbedenklich freigestellt.[86] Hieraus folgt dementsprechend, dass die Überprüfung wirtschaftlichen Handelns auf seine Vereinbarkeit mit dem europäischen Kartellrecht zunächst den Unternehmen selbst obliegt, die nun eigenständig das Risiko bußgeld- und schadensersatzrechtlicher Konsequenzen ihres Verhaltens abzuschätzen haben.[87] Eine weitere Konsequenz ist die Erweiterung der konkurrierenden Zuständigkeiten von Kommission und Mitgliedstaaten. Neben der Kommission (Art. 4 VO 1/2003) sind nun auch die nationalen Wettbewerbsbehörden (Art. 5 VO 1/2003) und die Gerichte der Mitgliedstaaten (Art. 6 VO 1/2003) befugt, Art. 101 AEUV in seiner Gesamtheit, d.h. inklusive der Freistellungsklausel des Art. 101 Abs. 3 AEUV, auf Einzelfälle anzuwenden.[88] Vor diesem Hintergrund stellt sich allerdings auch die Problematik einer Zersplitterung des europäischen Rechtsraums in besonderem

---

85 Da sich die unmittelbare Anwendbarkeit der Freistellungregelung jedoch nicht aus Art. 101 Abs. 3 AEUV selbst ergibt, statuiert die Kartellverfahrensverordnung diese konstitutiv in Art. 1 Abs. 2 VO 1/2003 s. den eindeutigen Wortlaut „können für nicht anwendbar erklärt werden"; vgl. hierzu auch *Hossenfelder/Lutz*, WuW 2003, 118, 118 f.; *Roth*, ZHR 179 (2015), 668, 673 m.w.N.; Schröter/Jakob/Klotz/Mederer/*Puffer-Mariette*, Art. 1 VO 1/2003 Rn. 1; Grabitz/Hilf/*Dalheimer*, Art. 6 VO 1/2003 Rn. 1.

86 *Weitbrecht*, EuZW 2003, 69, 69 ff.; *Hossenfelder/Lutz*, WuW 2003, 118, 119; *Thomas/Dreher*, WuW 2004, 8, 9; *Mäsch*, EuR 2003, 825, 832; Immenga/Mestmäcker/*Ellger*, Art. 101 Abs. 3 AEUV Rn. 22, 37 f., 45; Immenga/Mestmäcker/*Schmidt*, Art. 101 Abs. 2 AEUV Rn. 10; Berg/Mäsch/*van der Hout/Reinalter*, Vorb. VO 1/2003 Rn. 13; Immenga/Mestmäcker/*Biermann*, Art. 23 VO 1/2003 Rn. 61; Calliess/Ruffert/*Weiß*, Art. 101 AEUV Rn. 24.

87 Kommission, Weißbuch über die Modernisierung der Vorschriften zur Anwendung der Art. 85 und 86 EG, Nr. 99/027 v. 23.4.1999, ABl. 1999, C 132 S. 1 Rn. 77; Monopolkommission, Sondergutachten Nr. 28, Rn. 28; *Schmidt*, BB 2003, 1237, 1238; *Lübbig/le Bell*, WRP 2006, 1209, 1209 f.; Immenga/Mestmäcker/*Biermann*, Art. 23 VO 1/2003 Rn. 87; Berg/Mäsch/*van der Hout/Reinalter*, Vorb. VO 1/2003 Rn. 12; Berg/Mäsch/*Berg/Mudrony*, Art. 101 AEUV Rn. 165 m.w.N. in Fn. 401; Grabitz/Hilf/Nettesheim/*Stockenhuber*, Art. 101 AEUV Rn. 240; Immenga/Mestmäcker/*Ellger*, Art. 101 Abs. 3 AEUV Rn. 63. Zum Prinzip der Selbstveranlagung s. Berg/Mäsch/*Berg/Mudrony*, Art. 101 AEUV Rn. 165; Schröter/Jakob/Klotz/Mederer/*Schröter*, Einl. VO 1/2003 Rn. 20.

88 *Bornkamm*, ZWeR 2003, 73, 76; Schröter/Jakob/Klotz/Mederer/*Schröter*, Einl. VO 1/2003 Rn. 5, Schröter/Jakob/Klotz/Mederer/*Puffer-Mariette*, Art. 1 VO 1/2003, Rn. 1; Grabitz/Hilf/Nettesheim/*Schuhmacher*, Art 101 AEUV Rn. 5.

Maße.[89] Um entsprechend der bereits aufgezeigten Probleme eine kohärente und rechtssichere Anwendung des europäischen Wettbewerbsrechts durch die Kommission und die Mitgliedstaaten sicherzustellen, kodifizierte der europäische Gesetzgeber die zuvor vom EuGH aufgestellte Bindungswirkung von Kommissionsbeschlüssen in Art. 16 Abs. 1 der neuen Kartellverfahrensverordnung 1/2003.[90] Wie sich auch aus ErwG 22 der VO 1/2003 ergibt, einigte sich der Rat der Europäischen Union hier auf eine Kodifizierung der wesentlichen Elemente der höchstrichterlichen europäischen Rechtsprechung.[91] Aus dieser Perspektive ist der Norminhalt des Art. 16 Abs. 1 VO 1/2003 sogar dem europäisches Primärrecht zuzuordnen und seine Verortung in einer Vorschrift des europäischen Sekundärrechts daher eigentlich überflüssig.[92]

Die kartellrechtliche Kohärenzverpflichtung führte in der Folge zudem zu einer erleichterten Durchsetzung privatrechtlicher Kartellrechtsansprüche im Anschluss an das Kommissionsverfahren, die nicht nur der Kompensation der Kartellgeschädigten dient, sondern auch die kartellbehördliche Ahndung von Verstößen ergänzt und so für einen gemeinschaftsweit effektiveren Wettbewerbsschutz mit spürbarer Abschreckungswirkung sorgt.[93]

---

89 Berg/Mäsch/*van der Hout/Lux*, Art. 16 VO 1/2003 Rn. 1 f. m.w.N. in Fn. 2 und 3; Loewenheim/*Grave/Nyberg*, Art. 101 Abs. 1 AEUV Rn. 30.

90 Schröter/Jakob/Klotz/Mederer/*Schröter*, Einl. VO 1/2003 Rn. 13; Berg/Mäsch/*van der Hout/Reinalter*, Vorb. VO 1/2003 Rn. 14.

91 MüKo Kartellrecht/*Schneider*, Art. 16 VO 1/2003 Rn. 2; Dalheimer/Feddersen/Miersch/*Dalheimer*, Art. 16 VO 1/2003 Rn. 1.

92 Der ursprüngliche Vorschlag zur Vorschrift des Art. 16 Abs. 1 VO 1/2003 wurde nach der EuGH Entscheidung i.S. *Masterfooods* an die Vorgaben dieses Urteils angepasst. S. hierzu auch den Text zu Fn. 71.

93 ErwG 3, 7 der VO 1/2003; Kommission, Grünbuch über Schadenersatzklagen wegen Verletzung des EU-Wettbewerbsrechts v. 19.12.2005, KOM (2005) 672 endg., S. 4; EuGH, Urt. v. 05.02.1963, C-26/62, S. 25 f. – *Van Gend & Loos*; EUGH, Urt. v. 20.09.2001, C-453/99, Rn. 27 – *Courage/Crehan*; EuGH, Urt. v. 13.07.2006, C-295/04 bis C-298/04, Rn. 61 – *Manfredi;* EuGH, Urt. v. 05.06.2014, C-557/12, Rn. 23 – *Kone;* BGH, Beschl. v. 14.07.2015, KVR 55/14 Rn. 38. S. weiterhin *Franck*, Private Enforcement in Germany, S. 8; *Koch*, JZ 2013, 390, 396; *Roth*, GWR 2015, 73, 73; *Brömmelmeyer*, NZKart 2016, 2, 2; *Kainer/Persch*, WuW 2016, 2, 4; Schröter/Jakob/Klotz/Mederer/*Schröter/van der Hout*, Art. 101 AEUV, Rn. 232, 234; Grabitz/Hilf/*Dalheimer*, Art. 6 VO 1/2003 Rn. 1, 4; von der Groeben/Schwarze/Hatje/*Puffer-Mariette*, Art. 6 VO 1/2003 Rn. 7; Immenga/Mestmäcker/*Franck*, § 33 a GWB Rn. 3.

V. Das European Competition Network

Zeitgleich mit der Einführung des Systems paralleler Zuständigkeiten zur Anwendung der europäischen Wettbewerbsvorschriften des AEUV wurde durch die VO 1/2003 auch ein Netzwerk der Wettbewerbsbehörden der EU-Mitgliedstaaten und der Kommission ins Leben gerufen. Seitdem fungiert das European Competition Network, kurz ECN, als Kooperationsforum mit dem Ziel einer effizienten Arbeitsteilung bei der Untersuchung von Fällen, eines beschleunigten Austauschs zwischen den Wettbewerbsbehörden sowie der Sicherstellung einer kohärenten Anwendung und wirksamen Durchsetzung der europäischen Wettbewerbsregeln in der gesamten EU.[94] Die wichtigsten Grundsätze für die Funktionsweise des ECN finden sich in den Art. 11, 12 VO 1/2003, der ECN-Mitteilung der Kommission[95] gem. Art. 33 Abs. 1 b) VO 1/2003, der Gemeinsamen Erklärung des Rates und der Kommission über die Arbeitsweise des Netzes der Wettbewerbsbehörden sowie der am 11. Dezember 2018 erlassenen *ECN*+-Richtlinie[96] als zweites Fundament des ECN neben der Verordnung 1/2003.[97]

Die Zusammenarbeit zwischen den ECN-Mitgliedern besteht nach Art. 11, 12 und 14 VO 1/2003 insbesondere aus gegenseitiger Amtshilfe bei Maßnahmen zur Aufklärung von Sachverhalten, Fallzuweisungen sowie dem Informationsaustausch über Verfahren, Beweismaterialen, allgemeine wettbewerbsrechtliche Fragen und Entscheidungen der Wettbewerbsbehörden.[98] Die Verordnung 1/2003 enthält neben den Verpflichtungen zugleich die wesentlichen Beschränkungen der Kooperation. Art. 11 Abs. 4 VO 1/2003 verpflichtet eine mitgliedstaatliche Kartellbehörde, spätestens 30 Tage vor der Annahme eines Vollstreckungsbeschlusses die Kommission über ihren Vorschlag zu informieren, um die kohärente Anwendung der EU-Wettbewerbsregeln durch alle Durchsetzungsorgane

---

94 *Laitenberger*, EuZW 2016, 81, 82; *Jungheim*, EWS 2013, 305, 306.

95 Bekanntmachung der Kommission über die Zusammenarbeit innerhalb des Netzes der Wettbewerbsbehörden, ABl. 2004, C 101 S. 3.

96 RL 1/2019/EU des Europäischen Parlaments und des Rates vom 11. Dezember 2018 zur Stärkung der Wettbewerbsbehörden der Mitgliedstaaten im Hinblick auf eine wirksamere Durchsetzung der Wettbewerbsvorschriften und zur Gewährleistung des reibungslosen Funktionierens des Binnenmarkts, ABl. 2019, L 11 S. 3.

97 S. hierzu insgesamt: *Ost*, NZKart 2019, 69, 69.

98 ErwG 16 VO 1/2003; *de Bronett*, Europ. Kartellverfahrensrecht, Art. 12 VO 1/2003 Rn. 1; Loewenheim/*Kallfaß* Art. 12 VO 1/2003 Rn. 9; MüKo Kartellrecht/*Bardong/Stempel*, Art. 12 VO 1/2003 Rn. 1.

sicherzustellen. Dafür übermittelt die Kommission den mitgliedstaatlichen Behörden eine Kopie der wichtigsten Schriftstücke sowie ihres vorläufigen Entscheidungsvorschlags zu ihren Verfahren nach Art. 101 f. AEUV. Darüber hinaus bestehen im ECN verschiedene Arbeits- und Sektorengruppen sowie Foren, in denen Wettbewerbsexperten der nationalen Behörden und der Kommission branchenspezifische, rechtliche und wettbewerbspolitische Fragestellungen und gemeinsame Strategien diskutieren. Regelmäßig veröffentlicht das ECN daher Erklärungen, Berichte und Empfehlungen zu verschiedenen Themen[99], denen allerdings keine Rechtsverbindlichkeit gegenüber nationalen Wettbewerbsbehörden oder gar Gerichten zukommt.[100]

B. Die Bindungswirkung im nationalen Kartellrecht

I. Normierung der Bindungswirkung im deutschen Kartellrecht

Das im Wesentlichen im Gesetz gegen Wettbewerbsbeschränkungen[101] verortete deutsche Kartellrecht enthält seit 2005 ebenfalls eine an die Vorschrift des Art. 16 VO 1/2003 angelehnte kartellrechtliche Bindungswirkung in § 33 Abs. 4 GWB a.F. (nun § 33 b GWB), der im Rahmen einer Anpassung an das europäische Wettbewerbsrecht mit der 7. GWB-Novelle in das Gesetz eingeführt wurde. Auch diese Norm gibt vor, dass ein Gericht, welches über einen Schadensersatzanspruch wegen eines Verstoßes gegen nationales oder europäisches Kartellrecht urteilt, an die Feststellung des Verstoßes gebunden ist, wie sie in einer bestandskräftigen behördlichen Entscheidung des Bundeskartellamts, der Europäischen Kommission oder der Wettbewerbsbehörde eines anderen EU-Mitgliedstaats getroffen wurde. Anders als bei Art. 16 VO 1/2003 betrifft dies neben Beschlüssen der Kommission auch Entscheidungen des Bundeskartellamtes sowie einer Wettbewerbsbehörde eines anderen Mitgliedstaats der Europäischen Union.

---

99 Z. B. die Gemeinsame Erklärung der europäischen Wettbewerbsbehörden zur Coronavirus-Krise.

100 EuGH, Urt. v. 14.06.2011, C-360/09, Rn. 22 – *Pfleiderer*; EuGH, Urt. v. 20.01.2016, C-428/14, Rn 32 und 35 – *DHL Express Italy*.

101 Gesetz gegen Wettbewerbsbeschränkungen zuletzt geändert durch Art. 8 des Gesetzes zur Umsetzung der Verordnung des Europäischen Parlaments und des Rates über europäische Unternehmensstatistiken zur Aufhebung von zehn Rechtsakten im Bereich Unternehmensstatistiken und zur Änderung anderer Statistikgesetze. v. 22.02.2021, BGBl. I S. 266 im Rahmen der 10. GWB-Novelle.

II. Einführung einer gemeinschaftsweiten Bindung mitgliedstaatlicher Gerichte an Entscheidungen nationaler Wettbewerbsbehörden durch die Kartellschadensersatzrichtlinie 2014/104

In den meisten anderen europäischen Mitgliedstaaten existierte anders als in Deutschland bislang keine Bindungswirkung nationalkartellbehördlicher Entscheidungen.[102] Dies hat sich nun durch die am 26. November 2014 durch das Europäische Parlament und den Rat der Europäischen Union auf Basis eines Kommissionsvorschlags[103] verabschiedete Richtlinie 2014/104/EU über Vorschriften für Schadensersatzklagen nach einzelstaatlichem Recht[104] geändert. Die Richtlinie harmonisiert wesentliche materiell-rechtliche und prozessuale Aspekte der Durchsetzung von Schadensersatzansprüchen in allen Mitgliedstaaten. Sie zielt damit darauf ab, die bis dato schwache private Durchsetzung des Kartellrechts in der EU zu stärken, eine wirksame und vollständige Schadenskompensation von Kartellgeschädigten zu gewährleisten[105] sowie einen gleichwertigen Schutz im gesamten Binnenmarkt zu etablieren. [106] Hierin findet letztlich der jahrzehntelange Prozess sein Ende, der einst mit den Urteilen des

102 Weder Frankreich (s. hierzu Möllers/Heinemann/*Marin*, S. 510; *Becker*, NZKart 2016, 58, 60; *Wachsmann/Zacharie*, Concurrences März 2015, S. 79 f.) noch die Niederlande (s. hierzu, Möllers/Heinemann/*Gommers*, S. 416), Portugal, Spanien und Österreich kannten eine solche Bindungswirkung außerhalb von Art. 16 VO 1/2003. S. hierzu auch Immenga/Mestmäcker/*Emmerich* (5. Aufl. 2014), § 33 GWB Rn. 88.

103 Kommission, Grünbuch über Schadenersatzklagen wegen Verletzung des EG-Wettbewerbsrechts v. 19.12.2005, KOM (2005) 672 endg.; Kommission, Weißbuch Schadenersatzklagen wegen Verletzung des EG-Wettbewerbsrechts v. 02.04.2008, KOM (2008) 165 endg.; vgl. auch: Kommission, Arbeitspapier zum Grünbuch über Schadensersatzklagen wegen Verletzung des EG-Wettbewerbsrecht v. 19.12. 2005, SEC (2005) 1732; Kommission, Arbeitspapier zum Weißbuch über Schadensersatzklagen wegen Verletzung des EG-Wettbewerbsrecht v. 02.04.2008, SEC (2008) 405.

104 Richtlinie 2014/104/EU des Europäischen Parlaments und des Rates vom 26.11.2014 über bestimmte Vorschriften für Schadensersatzklagen nach einzelstaatlichem Recht wegen Zuwiderhandlungen gegen wettbewerbsrechtliche Bestimmungen der Mitgliedstaaten und der Europäischen Union, ABl. 2014, L 349 S. 1 nachfolgend: Schadensersatzrichtlinie bzw. SE-RL wurde am 05.12.2014 im Amtsblatt der EU veröffentlicht; s. zur Entstehung *Makatsch/Mir*, EuZW 2015, 7; *Pustlauk*, EWerk 2015, 10, 11; *Keßler*, VuR 2015, 83, 83; *Schweitzer*, NZKart 2014, 335, 336.

105 Art. 1 Abs. 1 S. 1 SE-RL sowie ErwG 3 und 4 der Richtlinie.

106 Art. 1 Abs. 1 Satz 2 SE-RL.

EuGH in *Delimitis* und *Masterfoods*, aber auch *Courage/Crehan*[107] und *Manfredi*[108] begann und durch die „Ashurst-Studie“[109] der Kommission im Jahr 2004, die den Stand des kartellrechtlichen Private Enforcements in den Mitgliedstaaten als „völlig unterentwickelt“ und „offensichtlich unangemessen” bewertete[110], forciert wurde. Neben der Verbesserung der privaten Kartellrechtsdurchsetzung in allen Mitgliedstaaten sollen durch die Richtlinie aber auch Wechselwirkungen zwischen privater und öffentlicher Kartellverfolgung optimiert werden, weshalb beispielsweise die Normierung des besonderen Schutzes von Kronzeugenerklärungen vor Offenlegung erfolgte.[111]

Mit Art. 9 der Kartellschadensersatzrichtlinie wird nun unionsweit eine Bindung der mitgliedstaatlichen Gerichte an Feststellungen der eigenen nationalen sowie der EU-mitgliedstaatlichen Kartellbehörden eingeführt. Die Bindungswirkung von Kommissionentscheidungen wird in der Richtlinie angesichts von Art. 16 VO/2003 konsequenterweise nicht thematisiert. Nach den Vorgaben des Art. 9 Abs. 1 SE-RL sind die mit einem kartellrechtlichen Schadensersatzverfahren befassten Gerichte eines Mitgliedstaats an die Feststellung einer wettbewerblichen Zuwiderhandlung in einer bestandskräftigen Entscheidung ihrer nationalen Wettbewerbsbehörde unwiderleglich gebunden. Dagegen ist der durch eine bestandskräftige Entscheidung einer nationalen Wettbewerbsbehörde eines anderen EU-Mitgliedstaats festgestellte Kartellrechtsverstoß gem. Art. 9 Abs. 2 SE-RL lediglich als Anscheinsbeweis in nachfolgenden Schadensersatzprozessen zu berücksichtigen.[112]

---

107 EuGH, Urt. v. 20.09.2001, C-453/99 – *Courage/Crehan.*

108 EuGH, Urt. v. 13.07.2006, C-295/04 bis C-298/04 – *Manfredi.*

109 Ashurst-Studie, Study on the conditions of claims for damages in case of infringement of EC competition rules, Comparative Report v. 31.08.2004, durchgeführt von Waelbroeck/Slater/Even-Shoshan, abrufbar unter http://ec.europa.eu/competition/antitrust/actionsdamages/study.html.

110 Für den gesamten Zeitraum von 1958 bis Mitte 2004 identifizierte die Studie in Deutschland lediglich 159 Kartellzivilverfahren und 29 Schadensersatzklagen, von denen wiederum nur neun erfolgreich waren, s. hierzu auch Presseerklärung der Kommission v. 03.04.2008, IP/08/515, abrufbar unter http://ec.europa.eu/comm/competition/antitrust/actionsdmages/documents.html. S. zudem *Wagner/Kleine/Liebach*, EWS 2008, 305, 306; Schröter/Jakob/Klotz/Mederer/*Schröter/van der Hout*, Art. 101 AEUV, Rn. 237.

111 Art. 1 Abs. 2 SE-RL und ErwG 6.

112 Dementsprechend wurde eine umfassende Bindungswirkung als zu problematisch abgelehnt, s. hierzu *Schwab*, Ausschuss für Wirtschaft und Währung des Europäischen Parlaments, Entwurf eines Berichts v. 03.10.2013, 2013/0185(COD), S. 39; krit. hierzu

In diesem Zusammenhang sei zudem kurz darauf hingewiesen, dass die Formulierung der Vorschrift des Art. 9 Abs. 1 SE-RL sprachlich ungenau geraten ist. Nach seinem Wortlaut normiert Art. 9 Abs. 1 SE-RL eine Bindungswirkung von Entscheidungen nationaler Wettbewerbsbehörden „für die Zwecke eines Verfahrens über eine Klage auf Schadensersatz nach Artikel 101 oder 102 AEUV oder nach nationalem Wettbewerbsrecht". Durch die Nutzung des Wortes "oder" wird ein Alternativverhältnis angesprochen, nach dem Art. 9 Abs. 1 SE-RL strenggenommen auch Geltung für Entscheidungen nationaler Gerichte infolge einer nationalen Behördenentscheidung auf Basis rein nationalen Wettbewerbsrechts des Mitgliedstaats beansprucht. Eine solche Vorgabe stünde aufgrund des rein nationalen Sachverhaltes potentiell außerhalb der Zuständigkeitsbefugnisse des europäischen Richtliniengebers. Es ergibt sich jedoch bereits aus Art. 2 Nr. 3 SE-RL, dem Verweis auf das Vorabentscheidungsverfahren vor dem EuGH in Art. 9 Abs. 3 SE-RL sowie den Erwägungsgründen und der Gesamtkonzeption der Richtlinie, dass die Richtlinie auf die Regelung von Fällen der parallelen Anwendung vom EU-Wettbewerbsrecht und nationalem Kartellrecht bzw. von verschiedenen mitgliedstaatlichen Kartellrechtsjurisdiktionen abzielt. Letztlich ist daher wohl von einem unbeabsichtigten Formulierungsfehler auszugehen.[113]

III. Umsetzung der Vorgaben des Art. 9 SE-RL in nationales Recht durch die 9. GWB-Novelle

In Deutschland wurden die Vorgaben der Europäischen Kartellschadensersatzrichtlinie zur Steigerung der zivilrechtlichen Durchsetzung des Kartellrechts durch die am 9. Juni 2017 in Kraft getretene 9. GWB-Novelle[114] in das nationale Kartellrecht umgesetzt. Hierbei wurde die Regelung der Bindungswirkung aus § 33 Abs. 4 GWB a.F. in § 33 b GWB überführt. In diesem Zusammenhang

---

aufgrund der Rechts- und Wertegemeinschaft der EU: *Kersting*, WuW 2014, 564, 573; *Scheffler*, NZKart 2015, 223, 226.

113 Für die Praxis werden sich hieraus wahrscheinlich nur wenige Auswirkungen ergeben, da ausschließlich auf nationalem Recht beruhende kartellbehördliche Entscheidungen inzwischen selten geworden sind. Wettbewerbswidrige Absprachen beziehen sich mittlerweile zumeist mindestens auf das Gebiet eines Mitgliedstaats, was auch bei nationalen Fällen zur Anwendbarkeit von Art. 101 AEUV aufgrund der Annahme eines Zwischenstaatlichkeitsbezugs führt.

114 Das 9. Gesetz zur Änderung des Gesetzes gegen Wettbewerbsbeschränkungen wurde vom Bundestag am 09.03.2017 beschlossen (BT-Drs. 18/11446) und vom Bundesrat am 31.03.2017 gebilligt. Nach Art. 21 Abs. 1 S. 1 SE-RL war die Kartellschadensersatzrichtlinie allerdings bereits bis zum 27.12.2016 in nationales Recht umzusetzen.

wurde zwar eine redaktionelle Überarbeitung des Wortlauts der Norm vorgenommen, die jedoch zu keiner inhaltlichen Änderung des Regelungsgehalts der Vorschriften führte. [115] Dies schien nicht erforderlich, da der in Deutschland insoweit bisher bestehende Standard nach verbreiteter Ansicht bereits nicht nur den Vorgaben der Schadensersatzrichtlinie entspreche, sondern sogar über diese hinaus gehe. [116] Nach § 33 Abs. 4 GWB a.F. bzw. § 33 b GWB komme nämlich nicht nur inländischen, sondern sogar ausländischen bestandskräftigen Behördenentscheidungen hinsichtlich der Feststellung eines Kartellrechtsverstoßes unwiderlegliche Bindungswirkung zu.

Der dargelegten Ansicht ist jedoch nicht uneingeschränkt zuzustimmen. Die Bindungswirkung nach § 33 b S. 1 GWB greift ihrem Wortlaut nach für Entscheidungen von Wettbewerbsbehörden eines anderen Mitgliedstaats nur, soweit diese einen Verstoß gegen europäisches oder eigenes nationales, also deutsches Kartellrecht feststellen.[117] Es besteht bei genauerem Hinsehen hingegen keine Bindungswirkung im Hinblick auf die Feststellung eines gegen das Kartellrecht eines anderen Mitgliedstaats verstoßenden Verhaltens durch dessen Wettbewerbsbehörde. Ein solches müsste nach den Vorgaben der Richtlinie in Art. 9 Abs. 2 i.V.m. Art. 2 Nr. 1 und 3 SE-RL jedoch zumindest als Anscheinsbeweis Berücksichtigung finden. Durch die inhaltsgleiche Übernahme des § 33 Abs. 4 GWB a.F. wird diese Regelung jedoch übergangen.[118] Praxisrelevanz scheint der entstandenen Lücke allerdings nicht zuzukommen, da bisher soweit ersichtlich keine Follow-on Klagen auf Basis eines nach EU-mitgliedstaatlichem

---

115 *Lettl*, WM 2016, 1961, 1962; *Kersting/Preuß*, WuW 2016, L1, L 4; *Weitbrecht*, WuW 2017, 244, 244; *Kahlenberg/Heim*, BB 2017, 1155, 1157; Berg/Mäsch/*Mäsch*, § 33 b GWB Rn. 1, § 33 a GWB Rn. 36; Kersting/Podszun/*Kersting*, 9. GWB-Novelle, Kap. 7 Rn. 3.

116 *Fiedler*, BB 2013, 2179, 2182; *Schweitzer*, NZKart 2014, 335, 336; *Stauber/Schaper*, NZKart 2014, 346, 348; *Kersting*, WuW 2014, 564, 573; *Kersting/Preuß*, WuW 2016, L1, L 4; Kölner Kommentar/*Krohs*, § 33 GWB Rn. 272. Da es sich um eine Mindestharmonisierung handelt, bleibt es den Mitgliedstaaten unbenommen auch eine strengere Regelung einzuführen bzw. zu behalten, s. hierzu *Kühne/Woitz*, DB 2015,1028, 1029; *Keßler*, VuR 2015, 83, 85; *Müller-Graff*, ZHR 179 (2015), 691, 696.

117 Gesetzentwurf der Bundesregierung eines Neunten Gesetzes zur Änderung des Gesetzes gegen Wettbewerbsbeschränkungen, BT-Drs. 18/10207, S. 56: Für diese Gewährleistung bedürfe es im deutschen Recht keiner gesetzlichen Regelung.

118 *Schweitzer*, NZKart 2014, 335, 336; *Scheffler*, NZKart 2015, 223, 224; *Lettl*, WRP 2015, 537, 539; *Ascheberg*, Jura 2016, 1101, 1102; *Kersting/Preuß*, WuW 2016, L1, L 4; *Bach/Wolf*, NZKart 2017, 285, 293 f.; Kersting/Podszun/*Kersting*, 9. GWB-Novelle, Kap. 7 Rn. 69.

Kartellrecht festgestellten Wettbewerbsverstoßes durch Wettbewerbsbehörden anderer europäischer Mitgliedstaaten geführt wurden.[119] In Zukunft hätten die deutschen Gerichte jedoch im Wege einer richtlinienkonformen Auslegung von einem entsprechend Anscheinsbeweis solcher Feststellungen auszugehen.

C. Das Verhältnis von Art. 16 VO 1/2003 zu § 33 b GWB

Da mitgliedstaatliche Gerichte, die nach Art. 101 f. AEUV über Vereinbarungen, Beschlüsse oder Verhaltensweisen zu urteilen haben, sowohl nach Art. 16 Abs. 1 VO 1/2003 als auch nach der entsprechenden nationalen Regelung in § 33 b GWB an die Feststellungen in einem Kommissionsbeschluss gebunden sind, stellt sich naturgemäß die Frage, wie die beiden Normen sich zueinander verhalten. Obwohl beide Vorschriften auf den ersten Blick wie parallele Regelungen wirken und häufig auch synonym verwendet werden, weisen sie bei detaillierter Betrachtung doch bedeutsame Unterschiede auf. So ordnet bei genauer Betrachtung des Wortlauts lediglich § 33 b GWB verbaliter eine Bindungswirkung an die Feststellung des Verstoßes in einer Kommissionsentscheidung an, während Art. 16 Abs. 1 VO 1/2003 ein Zuwiderlaufen der gerichtlichen Entscheidung mit dem Beschluss der Kommission verbietet. Weiterhin fällt auf, dass § 33 b GWB die Kohärenzverpflichtung ausschließlich auf Schadensersatzverfahren und eindeutig auf die Feststellung eines Verstoßes beschränkt, wovon in Art. 16 VO 1/2003 keine Rede ist.

Grundlegend gilt im Verhältnis von Unionsrecht und mitgliedstaatlichem Recht im Konfliktfall, auch wenn ersteres weiter reicht als die nationalen Vorschriften, ein Anwendungsvorrang des Unionsrechts vor den nationalen Rechtsvorgaben, welche die einheitliche Durchsetzung und volle Wirksamkeit des europäischen Rechts in allen Mitgliedstaaten nicht beeinträchtigen dürfen.[120] Diesen Grundsatz hatte der EuGH bereits 1964 in der Rechtssache *Costa gegen E.N.E.*L begründet und 1969 in der Rechtssache *Walt Wilhelm* auch für das Wettbewerbsrecht explizit bestätigt.[121] Der Anwendungsbereich

---

119 *Scheffler*, NZKart 2015, 223, 226; *Weitbrecht*, WuW 2017, 244, 246 f.; *Bach/Wolf*, NZKart 2017, 285, 293.

120 EuGH, Urt. v. 15.07.1964, C-6/64 – *Costa/E.N.E.L.*; für das Kartellrecht EuGH, Urt. v. 13.02.1969, C-14/68 – *Walt Wilhelm*, Rn. 5 f.; Grabitz/Hilf/Nettesheim/*Nettesheim*, Art. 1 AEUV Rn. 72.

121 Angeklungen ist dies bereits in EuGH, Urt. v. 05.02.1963, C-26/62 – *Van Gend & Loos*. Das nationalen Recht darf die praktische Wirksamkeit des EU-Rechts nicht beeinträchtigen: EuGH, Urt. v. 15.07.1964, C-6/64 – *Costa/E.N.E.L.*; für das Kartellrecht EuGH, Urt. v. 13.02.1969, C-14/68 – *Walt Wilhelm*, Rn. 2 ff.; EuGH, Urt. v. 10.07.1980,

der materiell-rechtlichen Kartellrechtsnormen der Art. 101 f. AEUV ist nur bei Erfüllung der Zwischenstaatlichkeitsklausel eröffnet, also wenn eine Wettbewerbsbeschränkung unionsweiter Bedeutung vorliegt, die geeignet ist, den Handel zwischen den EU-Mitgliedstaaten zu beeinträchtigen.[122] In diesem Fall besteht der unionsrechtliche Anwendungsvorrang im Verhältnis zwischen europäischen und mitgliedstaatlichem Kartellrecht nach Art. 103 Abs. 2 lit. e AEUV i.V.m. Art. 3 Abs. 2, 3 VO 1/2003. Anders als ein Geltungsvorrang führt der Anwendungsvorrang des europäischen Rechts aber nicht zur Nichtigkeit widersprechenden nationalen Rechts, sondern nur zu dessen Unbeachtlichkeit im jeweiligen Einzelfall.[123]

Für die Frage des Verhältnisses der nationalen Regelung des § 33 b GWB und der unionsrechtlichen Norm des Art. 16 VO 1/2003 ergibt sich hieraus, dass § 33 b GWB, soweit er eine Verbindlichkeit von Kommissionbeschlüssen normiert, neben Art. 16 Abs. 1 VO 1/2003 als Verordnungsnorm, die gem. Art. 288 Abs. 2 AEUV in all ihren Teilen verbindlich und unmittelbar in jedem Mitgliedstaat gilt, im Konfliktfall keine Anwendung finden kann.[124] Da die mitgliedstaatlichen Gerichte bereits nach Art. 16 Abs. 1 VO 1/2003 an kartellrechtliche Beschlüsse der Kommission gebunden sind, kommt § 33 b GWB insoweit ohnehin höchstens deklaratorische Bedeutung zu.[125] Fortan soll für die vorliegend

---

verb. Rs. C-253/78 u. 1 bis 3/79, Rn. 16, 17 – *Procureur de la République/Giry und Guerlain*; EuGH, Urt. v. 21.05.1987, C-249/85, Rn. 17 – *Albako/BALM*; EuGH, Urt. v. 16.07.1992, C-67/91, Rn. 11 f. – *Asociación Española de Banca Privada u. a.;* EuGH, Urt. v. 09.09.2003, C-198/01, Rn. 48-50 – *CIF;* s. hierzu auch *Imgrund*, S. 23; *Klotz*, S. 101; *Wirtz*, WuW 2003, 1039, 1044; *Harte-Bavendamm/Kreutzmann*, WRP 2003, 682, 687.

122 Dreher/Kulka/*Rittner*, Wettb.- u. KartellR, Rn. 577; Calliess/Ruffert/*Weiß*, Art. 101 AEUV Rn. 16; Grabitz/Hilf/Nettesheim/*Schuhmacher*, Art 101 AEUV Rn. 50; Loewenheim/*Grave/Nyberg*, Art. 101 Abs. 1 AEUV Rn. 5.

123 Calliess/Ruffert/*Weiß*, Art. 101 AEUV Rn. 17; Grabitz/Hilf/Nettesheim/*Schuhmacher*, Art 101 AEUV Rn. 50; Grabitz/Hilf/*Nettesheim*, Art. 1 AEUV Rn. 72; Bechtold/Bosch/Brinker/*Brinker*, Art. 3 VO 1/2003 Rn. 2; Streinz/*Streinz*, Art. 4 EUV Rn. 37.

124 A.A. Kamann/Ohlhoff/Völcker/*Ohlhoff*, § 26 Rn. 98, „Art. 16 VO 1/2003, der auch neben § 33 Abs. 4 GWB anwendbar bleibt."

125 Gesetzentwurf der Bundesregierung eines Siebten Gesetzes zur Änderung des Gesetzes gegen Wettbewerbsbeschränkungen, BT-Drucks. 15/3640, S. 54 (r. Sp. 1. Abs.); *Imgrund*, S. 217; *Hausen*, S. 116; *Berrisch/Burianski*, WuW 2005, 878, 882; *Meyer*, GRUR 2006, 27, 32; *Dreher*, ZWeR 2008, 325, 327; *Bürger*, WuW 2011, 130, 138; Immenga/Mestmäcker/*Franck*, § 33 b GWB Rn. 4; Berg/Mäsch/*Mäsch*, § 33 b GWB Rn. 1.

zu untersuchende Rechtsfrage der Bindung nationaler Gerichte an kartellrechtliche Kommissionsbeschlüsse daher die Norm des Art. 16 Abs. 1 VO 1/2003 im Mittelpunkt der Untersuchung stehen. Da in der deutschen Kartellrechtspraxis hinsichtlich der Kohärenzverpflichtung gegenüber Kommissionsbeschlüssen dennoch überwiegend § 33 b GWB fälschlicherweise zur Anwendung gebracht wird, ohne sein Verhältnis zu Art. 16 Abs. 1 VO 1/2003 zu problematisieren,[126] soll im folgenden Kapitel neben der vertieften Prüfung der Vorschrift der europäischen Verordnungsnorm auch die Regelung in § 33 b GWB einer vergleichenden Untersuchung unterzogen werden, um Differenzen zwischen den Normen aufzuzeigen und zu ermitteln, ob die Beziehung zwischen den Normen zu Recht keine Rolle spielt.

---

126 OLG Düsseldorf, Urt. v. 30.09.2009, VI-U (Kart) 17/08 (V); LG Berlin, Urt. v. 06.08.2013, 16 O 193/11 Kart; OLG Düsseldorf, Urt. v. 29.01.2014, VI-U (Kart) 7/13; LG Hannover, Grundurt. v. 15.10.2018, 18 O 13/17: „Die Feststellung des Verstoßes durch die Europäische Kommission ist für das hiesige Verfahren gemäß § 33 Abs. 4 GWB 2005 bindend."; vgl. hierzu auch LG Stuttgart, Urt. v. 19.07.2018, 30 O 33/17; LG Kiel, Urt. v. 18.04.2019, 6 O 347/18.

2. Kapitel: Die Bindung nationaler Gerichte durch kartellrechtliche Kommissionsbeschlüsse nach Art. 16 Abs. 1 VO/2003

A. Normzweck des Art. 16 Abs. 1 VO 1/2003 im Legalausnahmesystem

Die Norm des Art. 16 Abs. 1 S. 1 VO 1/2003 begründet eine Verpflichtung der mitgliedstaatlichen Gerichte, die nach Art. 101 oder 102 AEUV über Vereinbarungen, Beschlüsse oder Verhaltensweisen befinden, die bereits Gegenstand einer Entscheidung der Europäischen Kommission sind, keine Entscheidungen zu erlassen, die der Entscheidung der Kommission zuwiderlaufen. Nach Art. 16 Abs. 1 S. 2 VO Nr. 1/2003 müssen die Gerichte es darüber hinaus auch vermeiden, Entscheidungen zu erlassen, die einer Entscheidung zuwiderlaufen, die die Kommission in einem von ihr eingeleiteten Verfahren zu erlassen beabsichtigt. Zu diesem Zweck kann das einzelstaatliche Gericht nach Art. 16 Abs. 1 S. 3 VO Nr. 1/2003 prüfen, ob es notwendig ist, das vor ihm anhängige Verfahren auszusetzen. Diese Verpflichtung gilt nach Art. 16 Abs. 1 S. 4 VO Nr. 1/2003 unbeschadet der Rechte und Pflichten nach Art. 267 AEUV.

Hinter der gesetzlichen Anordnung der bindenden Wirkung von Kommissionbeschlüssen in mitgliedstaatlichen Gerichtsverfahren nach Art. 16 Abs. 1 VO 1/2003 unter dem System der Legalausnahme stehen im Wesentlichen zwei rechtspolitische Bestrebungen.

Zum einen dient die Kohärenzverpflichtung in Art. 16 Abs. 1 VO 1/2003 auch übergeordneten europäischen Koordinationsinteressen im Binnenmarkt.[127] Die Bindung der mitgliedstaatlichen Gerichte an Kartellrechtsbeschlüsse der Kommission stellt im europäischen System paralleler Einzelzuständigkeiten im Interesse der unionsweiten Rechtssicherheit und der einheitlichen Anwendung der Wettbewerbsvorschriften der Union in allen Mitgliedstaaten sicher, dass einander widersprechende Entscheidungen bei der Anwendung der Art. 101 und 102

127 Vgl. ErwG 22 VO 1/2003 sowie ErwG 34 SE-RL; Bechtold/Bosch/Brinker/*Brinker*, Art. 16 VO 1/2003, Rn. 1.

AEUV vermieden werden.[128] Die Regelung unterstreicht zudem die der Kommission auch im Legalausnahmesystem trotz dezentraler Rechtsdurchsetzung zukommende Vorrangstellung.[129] Obwohl sie ihr Freistellungsmonopol eingebüßt hat, ist sie gem. Art. 105 Abs. 1 AEUV und Art. 17 EUV nach wie vor als „Hüterin der Verträge"[130] vorrangig maßgeblich für die Überwachung und Ausrichtung der gemeinschaftlichen Wettbewerbspolitik zuständig.[131] Kommissionsbeschlüsse müssen entsprechend in der gesamten Union gültig und einheitlich durchsetzbar sein. Die Überprüfung- und Verwerfungskompetenz kann somit für entsprechende Beschlüsse allein in der Zuständigkeit der Gemeinschaftsgerichte liegen.[132]

Zum anderen überträgt die Bindungswirkung die Ermittlungsergebnisse der mit Sonderrechten und hoher Sachkompetenz ausgestatteten Wettbewerbsbehörden im Sinne der Verfahrenseffizienz auf die private Kartellrechtsdurchsetzung. Hierdurch behebt sie nicht nur Nachweisschwierigkeiten, verringert das Prozessrisiko und erleichtert die gerichtliche Anspruchsverfolgung durch private Kartellgeschädigte.[133] Überdies verhindert die Kohärenzverpflichtung auch eine (Über-)Belastung der nationalen Gerichte mit der erneuten langwierigen, umfangreichen und komplexen Aufklärung und Beurteilung eines wettbewerbsrechtlichen Sachverhalts, der bereits durch die Kommission ermittelt und beurteilt wurde.[134] Die Vorschrift des Art. 16 Abs. 1 VO 1/2003 schafft insoweit eine

---

128 ErwG 22 VO 1/2003; Möschel/Bien/*Grünberger*, 135, 173; *Raue*, WRP 2013, 147, 148; *de Bronett*, Europ. Kartellverfahrensrecht, Art. 16 VO 1/2003 Rn. 2; Berg/Mäsch/*Hout/Lux*, Art. 16 VO 1/2003 Rn. 2; von der Groeben/Schwarze/Hatje/*Puffer-Mariette*, Art. 6 VO 1/2003 Rn. 5; Immenga/Mestmäcker/*Schmidt*, Anhang 2 zur VO 1/2003 Rn. 5; Loewenheim/*Zuber*, Art. 16 VO 1/2003 Rn. 1; MüKo Kartellrecht/*Schneider*, Art. 16 VO 1/2003 Rn. 1.

129 EuGH, Urt. v. 14.12.2000, C-344/98, Rn. 46 – *Masterfoods*; EuGH, Urt. v. 06.11.2012, C-199/11, Rn. 53 f. – *Otis*; Berg/Mäsch/*van der Hout/Lux*, Art. 16 VO 1/2003 Rn. 3 und FN 6; von der Groeben/Schwarze/Hatje/*Becker/Vollrath*, Art. 16 VO 1/2003 Rn. 3.

130 *Raue*, WRP 2012, 1478, 1480; *de Bronett*, Europ. Kartellverfahrensrecht, Art. 4 VO 1/2003 Rn. 1; Grabitz/Hilf/Nettesheim/*Martenczuk*, Art. 17 EUV Rn. 15.

131 MüKo Kartellrecht/*Schneider*, Art. 16 VO 1/2003 Rn. 1; ähnlich Kölner Kommentar/*Schütz*, Art. 16 VO 1/2003 Rn. 1.

132 EuGH, Urt. v. 22.10.1987, C-314/95 – *Foto Frost*.

133 *Meyer*, GRUR 2006, 27, 28; *Wagner/Kleine/Liebach*, EWS 2008, 305, 312; *Raue*, WRP 2013, 147, 148; *Weitbrecht*, WuW 2017, 244, 244; Loewenheim/*Zuber*, Art. 16 VO 1/2003 Rn. 5; Grabitz/Hilf/*Dalheimer*, Art. 16 VO 1/2003 Rn. 2. Zu § 33 Abs. 4 GWB a.F.: Langen/Bunte/*Bornkamm/Bunte*, § 33 GWB a.F. Rn. 161.

134 *Bürger*, GWR 2016, 387, 387.

Verbindung zwischen auf demselben kartellrechtswidrigen Verhalten beruhenden öffentlich-rechtlichen und privatrechtlichen Verfahren. Infolgedessen fördert sie eine schnellere und effizientere Rechtsdurchsetzung sowie den Abbau praktischer Hindernisse und steigert damit Attraktivität und Anzahl nachgelagerter Kartellschadensersatzprozesse. Die kartellprivatrechtliche Verfolgung hat allerdings nicht nur eine kompensierende Funktion zur Befriedigung privater Interessen. Als integraler Bestandteil der ganzheitlichen Kartellrechtsdurchsetzung verfolgt es auch präventive Zwecke zum Schutz des Wettbewerbs im öffentlichen Interesse, indem es Unternehmen von vornherein von wettbewerbsbeschränkenden oder -verfälschenden Verhaltensweisen abschrecken soll.[135] Der Europäische Gerichtshof hat in seiner kartellrechtlichen Rechtsprechung daher stets den Beitrag der Schadensersatzhaftung zur effektiven Durchsetzung des Wettbewerbsrechts der Union betont.[136]

Aus der verfahrensrechtlichen Regelung der Bindungswirkung in Art. 16 Abs. 1 VO 1/2003 folgen letztlich aber auch unmittelbar materiell-rechtliche Konsequenzen für den nationalen Follow-on Kartellzivilprozess.[137] Mit diesen befasst sich das dritte Kapitel der vorliegenden Arbeit.

B. Voraussetzungen des Eingreifens der Bindungswirkung

Zunächst soll der Frage nachgegangen werden, welche Voraussetzungen für das Eingreifen der Bindungswirkung gegenüber den mitgliedstaatlichen Gerichten gegeben sein müssen.

I. Persönliche Voraussetzungen: Normadressat der Bindungswirkung

Eine Verbindlichkeit behördlicher Verwaltungsakte besteht grundsätzlich nur zwischen den an der Entscheidung Beteiligten, also beispielsweise zwischen der den Beschluss erlassenden Kommission und dessen Beschlussadressaten,

---

135 Vgl. hierzu EuGH, Urt. v. 20.09.2001, C-453/99, Rn. 27 – *Courage/Crehan*; EuGH, Urt. v. 14.03.2019, C-724/17, Rn. 44 – *Skanska*; EuGH, Urt. v. 06.10.2021, C-882/19, Rn. 35 – *Sumal*; *Meyer*, GRUR 2006, 27, 28; vgl. auch *Steger*, BB 2014, 963, 970; Immenga/Mestmäcker/*Franck*, § 33 a GWB Rn.3.

136 EuGH, Urt. v. 20.09.2001, C-453/99, Rn. 29 – *Courage/Crehan*; EuGH, Urt. v. 14.03.2019, C-724/17, Rn. 43 f. – *Skanska*; EuGH, Urt. v. 06.10.2021, C-882/19, Rn. 35 – *Sumal*.

137 von der Groeben/Schwarze/Hatje/*Becker/Vollrath*, Art. 16 VO 1/2003 Rn. 12.

generell jedoch nicht gegenüber am Verwaltungsverfahren nicht beteiligten Dritten wie Gerichten und Wettbewerbsbehörden der Mitgliedstaaten.[138] Dies wird bereits aus Art. 288 Abs. 4 S. 2 AEUV ersichtlich, nach dem an bestimmte Adressaten gerichtete Beschlüsse auch nur für diese verbindlich sind. Eine weitergehende Bindungswirkung gegenüber Dritten bedarf daher einer entsprechenden gesetzlichen Grundlage.[139] Eine solche findet sich vorliegend in Art. 16 Abs. 1 VO 1/2003, der den Gerichten der Mitgliedstaaten eine entsprechende Kohärenzverpflichtung auferlegt.

1. Gerichte der Mitgliedstaaten

Art. 16 Abs. 1 VO 1/2003 adressiert die „Gerichte der Mitgliedstaaten" (S. 1) bzw. das „einzelstaatliche Gericht" (S.3), dem / denen er aufgibt, den Erlass von Entscheidungen im Widerspruch zu Beschlüssen der Kommission in gleicher Sache zu vermeiden bzw. die Notwendigkeit einer Verfahrensaussetzung zu prüfen. Die beiden Begriffe finden sich in der Verfahrensverordnung 1/2003 selbst nicht näher definiert. Durch die in Art. 16 Abs. 1 S. 4 VO 1/2003 bestimmte Vorlagemöglichkeit der Adressierten gem. Art. 234 EGV (jetzt Art. 267 AEUV) lässt sich jedoch eindeutig herleiten, dass es sich bei den Normadressaten um Institutionen handeln muss, die berechtigt sind, ein solches Verfahren vor dem Gerichtshof zu führen. Infolgedessen sind die Begriffe „Gerichte der Mitgliedstaaten" bzw. „das einzelstaatliche Gericht" schlüssigerweise in Übereinstimmung mit der Definition zu interpretieren, die der Gerichtshof zur Bestimmung der Vorlagebefugnis im Rahmen seiner Vorabentscheidungsverfahren nutzt.[140]

Zu einem Vorabentscheidungsersuchen berechtigt sind gem. Art. 267 Abs. 2 bis 4 AEUV die Gerichte der Mitgliedstaaten unabhängig von ihrer Stellung im Instanzenzug.[141] Nicht vorlageberechtigt sind dagegen nationale

---

138 *Hempel*, WuW 2005, 137, 140; *Meyer*, GRUR 2006, 27, 28; *Rebler*, DVBl. 2017, 1279, 1279; vgl. Kopp/Ramsauer/*Ramsauer*, § 43 VwVfG Rn. 14 ff.; speziell zu Untersagungsverfügungen nach § 32 GWB: Immenga/Mestmäcker/*Emmerich*, § 32 GWB Rn. 13.

139 S. insbes. unten S. 136 ff. zur Tatbestands- und Feststellungswirkung.

140 Kommission, Bekanntmachung über die Zusammenarbeit zwischen der Kommission und den Gerichten der EU-Mitgliedstaaten bei der Anwendung der Art. 81 und 82 des Vertrags v. 27.04.2004, ABl. 2004, C 101 S. 4, Rn. 1; *Imgrund*, S. 76; Berg/Mäsch/*van der Hout/Lux*, Art. 16 VO 1/2003 Rn. 7; von der Groeben/Schwarze/Hatje/*Becker*, Art. 15 VO 1/2003 Rn. 8; Kölner Kommentar/*Schütz*, Art. 16 VO 1/2003 Rn. 3; Immenga/Mestmäcker/*Franck*, § 33 b GWB Rn. 24.

141 Callies/Ruffert/*Wegener*, Art. 267 AEUV Rn. 19.

Behörden[142] sowie die Parteien des Ausgangsrechtsstreits[143]. Der Gerichtshof folgt hinsichtlich der Frage, ob eine Vorlageberechtigung besteht, einem autonomen, unionsrechtlichen Gerichtsbegriff, der vom formellen Status des Organs nach nationalem Recht unabhängig ist.[144] Nach diesem ist ein Gericht eines Mitgliedstaats ein justizieller Spruchkörper, der auf Basis einer gesetzlichen Grundlage errichtet wurde, einen ständigen Charakter in der obligatorischen Gerichtsbarkeit aufweist und vor dem Hintergrund der unionsverfassungsrechtlichen Rechtsschutzgarantie in Art. 47 EU GrC[145], 19 Abs. 1 UAbs. 2 EUV zur unabhängigen Entscheidung streitiger Rechtsfragen unter der Anwendung von Rechtsnormen im Rahmen eines rechtsstaatlich geordneten Verfahrens berufen ist.[146] Als Gerichte in diesem Sinne kommen sowohl nationale Gerichte in Betracht, die über Kartellzivilrechtsstreitigkeiten zu entscheiden haben, als auch Verwaltungs- sowie Strafgerichte, die dafür zuständig sind, wettbewerbsbehördliche Entscheidungen zu überprüfen oder Kartellrechtsverstöße zu

---

142 EuGH, Urt. v. 30.03.1993, C-24/92, Rn. 16 – *Corbiau/Administration des contributions*; EuGH, Urt. v. 19.10.1995, C-111/94, Rn. 35 f. – *Job Centre*; EuGH, Urt. v. 31.05.2005, C-53/03, Rn. 35 f. – *Syfait u.a.;* Streinz/*Ehricke*, Art. 267 AEUV Rn. 31; Callies/Ruffert/*Wegener*, Art. 267 EUV Rn. 19.

143 EuGH, Urt. v. 14.12.1962, C-31 u. 33/62 – *Wöhrmann*; EuGH, Urt. v. 09.12.1965, C-44/65 – *Hessische Knappschaft;* Callies/Ruffert/*Wegener*, Art. 267 AEUV Rn. 19; Streinz/*Ehricke*, Art. 267 AEUV Rn. 28; von der Groeben/Schwarze/Hatje/*Gaitanides,* Art. 267 AEUV Rn. 40.

144 EuGH, Urt. v. 30.03.1993, C-24/92, Rn. 15 – *Corbiau*; EuGH, Urt. v. 27.04.2006, C-96/04, Rn. 12 – *Standesamt Stadt Niebüll*; EuGH, Urt. v. 19.12.2012, C-363/11, Rn. 18 – *Epitropos tou Elegktikou*; Callies/Ruffert/*Wegener*, Art. 267 AEUV Rn. 19; Grabitz/Hilf/Nettesheim/*Karpenstein,* Art. 267 AEUV Rn. 16; Streinz/*Ehricke*, Art. 267 AEUV Rn. 28; von der Groeben/Schwarze/Hatje/*Gaitanides*, Art. 267 AEUV Rn. 41.

145 Charta der Grundrechte der Europäischen Union, ABl. 2010, C 83 S. 389, im Folgenden „Grundrechtecharta" oder „EU GrC".

146 Grundlegend EuGH, Urt. v. 19.10.1995, C-111/94, Rn. 9 – *Job Centre*; EuGH, Urt. v. 30.05.2002, C-516/99, Rn. 34 – *Schmid*; EuGH, Urt. v. 31.05.2005, C-53/03, Rn. 29 – *Syfait u.a.;* EuGH, Urt. v. 16.12.2008, Rn. 55 – *Cartesio*; EuGH, Urt. v. 27.02.2018, C-64/16, Rn. 37 ff. – *ASJP; Leopold/Reiche,* EuZW 2005, 143, 144 m.w.N.; *Payandeh*, JuS 2021, 481, 483; von der Groeben/Schwarze/Hatje/*Puffer-Mariette*, Art. 6 VO 1/2003 Rn. 2; Berg/Mäsch/*van der Hout/Lux*, Art. 16 VO 1/2003 Rn. 7 und Fn. 12; MüKo Kartellrecht/*Schneider*, Art. 16 VO 1/2003 Rn. 6; Callies/Ruffert/*Wegener*, Art. 267 AEUV Rn. 19; Streinz/*Ehricke,* Art. 267 AEUV Rn. 28 ff.; von der Groeben/Schwarze/Hatje/*Gaitanides*, Art. 267 AEUV Rn. 42 ff.

sanktionieren.[147] Es macht auch keinen Unterschied, ob es sich um ein erstinstanzliches oder höherrangiges Gericht handelt. Dies bestätigt auch ErwG 21 S. 2 der VO 1/2003.

Dagegen fallen die im Kartellrecht teilweise zum Einsatz gelangenden privaten Schiedsgerichte somit nicht unter den Adressatenkreis der Bindungswirkung des Art. 16 Abs. 1 VO 1/2003 und sind daher anders als die staatlichen Gerichte auch nicht an eine Entscheidung der Kommission in gleicher Sache gebunden.[148] Bei ihnen handelt es sich nach der maßgeblichen Ansicht des Gerichtshofs[149] schon nicht um Gerichte der Mitgliedstaaten im Sinne der Norm, da sie weder auf Basis einer gesetzlichen Grundlage errichtet sind noch einen ständigen Charakter in der obligatorischen Gerichtsbarkeit aufweisen. Allerdings sind indirekt auch private Schiedsgerichte über das Exequaturverfahren der Bindungswirkung des Art. 16 Abs. 1 VO 1/2003 unterworfen. Dem getroffenen Schiedsspruch, der selbst noch keinen vollstreckbaren Titel darstellt, ist nämlich gem. §§ 1059 Abs. 2 Nr. 2 lit. b, 1060 ZPO die Exequatur[150] durch ein mitgliedstaatliches Gericht im Sinne der Norm zu versagen, wenn das Schiedsgericht die europäischen Kartellrechtsvorschriften in seiner Entscheidung nicht oder nicht richtig angewandt hat.[151] Entsprechend wird Art. 16 VO 1/2003 in Anbetracht

---

147 *Kaubisch/Sagmeister*, GRUR Int. 2007, 890, 892; Langen/Bunte/*Sura* Art. 16 VO 1/2003 Rn. 8; MüKo Kartellrecht/*Schneider*, Art. 16 VO 1/2003 Rn. 6.

148 Vgl. auch EuGH, Urt. v. 23.03.1982, C-102/81, Rn. 7 ff. – *Nordsee/Reederei Mond*; EuGH, Urt. v. 27.01.2005, C-125/04, Rn. 13, 16 – *Denuit u. Cordenier*; *Schmidt*, BB 2006, 1397, 1399; Kölner Kommentar/*Schütz*, Art. 16 VO 1/2003 Rn. 10; von der Groeben/Schwarze/Hatje/*Becker*, Art. 15 VO 1/2003 Rn. 11; Loewenheim/*Zuber*, Art. 16 VO 1/2003 Rn. 12; Frankfurter Komm/*Jaeger*, Art. 16 VO 1/2003 Rn. 5; Callies/Ruffert/*Wegener*, Art. 267 AEUV Rn. 20; Grabitz/Hilf/Nettesheim/*Karpenstein*, Art. 267 AEUV Rn. 18; Bechtold/Bosch/Brinker/*Brinker*, Art. 16 Rn. 8; MüKo Kartellrecht/*Schneider*, Art. 16 VO 1/2003 Rn. 6.

149 So die st. Rspr. des EuGH, vgl. EuGH, Urt. v. 23.03.1982 Rs. C-102/81, Rn. 10 ff. – *Nordsee/Reederei Mond*; EuGH, Urt. v. 01.06.1999, C-126/97, Rn. 34, 40 – *Eco Swiss*; EuGH, Urt. v. 27.01.2005, C-125/04, Rn. 12 ff. – *Denuit u. Cordenier.*

150 Unter Exequatur versteht man das Verfahren der Zulassung ausländischer Vollstreckungstitel oder Schiedssprüche zur Zwangsvollstreckung im Inland.

151 EuGH, Urt. v. 01.06.1999, C-126/97, Rn. 36 – *Eco Swiss*; *Imgrund*, S. 79 f.; *Schmidt*, BB 2006, 1397, 1400; *Weitbrecht/Mühle*, EuZW 2017, 165, 167; Bechtold/Bosch/Brinker/*Brinker*, Art. 16 VO 1/2003 Rn. 8; Immenga/Mestmäcker/*Ritter/Wirtz*, Art. 16 VO 1/2003 Rn. 5; Loewenheim/*Zuber*, Art. 6 VO 1/2003 Rn. 4; Loewenheim/*Zuber*, Art. 16 VO 1/2003 Rn. 12; Kölner Kommentar/*Schütz*; Art. 16 Rn. 10; MüKo Kartellrecht/*Schneider*, Art. 16 VO 1/2003 Rn. 6; Frankfurter Komm/*Jaeger*, Art. 16 VO 1/2003

des Ziels des Erlasses anerkennungs- und vollstreckungsfähiger Schiedssprüche[152] faktisch auch in Schiedsgerichtsverfahren Beachtung finden.[153]

2. *Die Kommission*

Die Kommission wird in Art. 16 VO 1/2003 nicht adressiert. Aufgrund ihrer exponierten Rolle als Hüterin der Verträge und entsprechend den Vorgaben des EuGH in *Masterfoods*[154] darf sie jedoch nicht durch eine mitgliedstaatliche Gerichtsentscheidung gebunden bzw. durch diese daran gehindert werden, in der gleichen Sache eine eigene Beurteilung mit anderer Bewertung zu erlassen.[155] Auch zeitlich vorangegangene nationale Gerichtsurteile können die Kommission daher aufgrund ihrer mangels spezialgesetzlicher Regelung auf die Parteien begrenzten Rechtskraft nicht binden.[156] Dies gilt selbst dann, wenn ein nationales Urteil, das einer kartellrechtlichen Entscheidung der Kommission entgegensteht, rechtskräftig ist.[157]

3. *Behörden der Mitgliedstaaten*

Die Bindung der mitgliedstaatlichen Wettbewerbsbehörden durch kartellrechtliche Kommissionsbeschlüsse regelt Art. 16 Abs. 2 VO 1/2003, auf den hier im Weiteren nicht vertieft eingegangen werden soll. Der Begriff der mitgliedstaatlichen Wettbewerbsbehörde im Sinne des Art. 16 Abs. 2 VO 1/2003 definiert sich gemäß Art. 35 Abs. 1 VO 1/2003 nach dem nationalen Recht der

---

Rn. 5; von der Groeben/Schwarze/Hatje/*Gaitanides*, Art. 267 AEUV Rn. 45; Streinz/*Ehricke*, Art. 267 AEUV Rn. 33.

152 S. etwa Art. 35 der ICC Rules of Arbitration (1998); vgl. auch MüKo Kartellrecht/*Schneider*, Art. 16 VO 1/2003 Rn. 6 m.w.N.; Bechtold/Bosch/Brinker/*Brinker*, Art. 16 Rn. 9; von der Groeben/Schwarze/Hatje/*Becker/Vollrath*, Art. 16 VO 1/2003 Rn. 10; Kölner Kommentar/*Schütz*, Art. 16 VO 1/2003 Rn. 10.

153 MüKo Kartellrecht/*Schneider*, Art. 16 VO 1/2003 Rn. 6; ähnlich Loewenheim/*Zuber*, Art. 16 VO 1/2003 Rn. 12; Kölner Kommentar/*Schütz*, Art. 16 VO 1/2003 Rn. 10 m.w.N.; Bechtold/Bosch/Brinker/*Brinker*, Art. 16 VO 1/2003 Rn. 8.

154 EuGH, Urt. v. 14.12.2000, C-344/98, Rn. 48 – *Masterfoods*.

155 Berg/Mäsch/*van der Hout/Lux*, Art. 16 VO 1/2003 Rn. 24 und Fn. 23 und Fn. 33; Immenga/Mestmäcker/*Ritter/Wirtz*, Art. 6 VO 1/2003 Rn. 2; Streinz/*Eilmansberger*, Art. 101 AEUV Rn. 110.

156 von der Groeben/Schwarze/Hatje/*Becker/Vollrath*, Art. 16 VO 1/2003 Rn. 5.

157 EuGH, Urt. v. 14.12.2000, C-344/98 – *Masterfoods;* vgl. auch EuGH, Urt. v. 18.07.2007, C-119/05, Rn. 59 ff. – *Lucchini*; von der Groeben/Schwarze/Hatje/*Becker/Vollrath*, Art. 16 VO 1/2003 Rn. 52.

Mitgliedstaaten.[158] Grundlegend handelt es sich um von den Mitgliedstaaten zur Anwendung der Art. 101 f. AEUV bestimmte Stellen, die Aufgaben in Bezug auf die Vorbereitung und den Erlass der in Art. 5 VO 1/2003 vorgesehenen Entscheidungen wahrnehmen.[159] Hierunter sind nach Art. 35 Abs. 1 S. 3 VO 1/2003 auch Gerichte zu subsumieren, sofern sie kartelladministrative Aufgaben erfüllen.[160]

Im Verhältnis zwischen Kommission und nationalen Wettbewerbsbehörden ist die Gefahr divergierender Entscheidungen wesentlich geringer als im Verhältnis zu den mitgliedstaatlichen Gerichten. Dies gründet zum einen darauf, dass die Entscheidungszuständigkeit der nationalen Wettbewerbsbehörden gegenüber der Kommission bereits grundlegend begrenzt ist. Anders als die Kommission nach Art. 10 VO 1/2003 dürfen die mitgliedstaatlichen Wettbewerbsbehörden zum Beispiel keine Positiventscheidungen treffen, sondern sind nach Art. 5 Abs. 3 VO 1/2003 auf die Feststellung beschränkt, dass in einem konkreten Fall für sie als nationale Behörden kein Anlass zum Tätigwerden besteht. Entsprechende Entscheidungen einer mitgliedstaatlichen Wettbewerbsbehörde nach Art. 5 Abs. 3 VO 1/2003 können somit schon keine Bindungswirkung gegenüber der Kommission, anderen mitgliedstaatlichen Behörden oder Gerichten entfalten, sondern binden letztlich nur die entsprechende Behörde selbst. Zum anderen gründet die verringerte Gefahr divergierender Entscheidungen darauf, dass der Kommission gegenüber den mitgliedstaatlichen Wettbewerbsbehörden ein Evokationsrecht gem. Art. 11 Abs. 6 VO 1/2003 zusteht. Nach diesem entfällt die Zuständigkeit der mitgliedstaatlichen Wettbewerbsbehörden in dem Moment, in dem die Kommission ein Verfahren zum Erlass einer Entscheidung über die Anwendung der Art. 101 f. AEUV einleitet. Parallele, potenziell konfliktäre Entscheidungen einzelstaatlicher Wettbewerbsbehörden kann es daher neben solchen der Kommission mangels Zuständigkeit gar

---

158 MüKo Kartellrecht/*Schneider*, Art. 16 VO 1/2003 Rn. 20; Dalheimer/Feddersen/Miersch/*Dalheimer*, Art. 16 VO 1/2003 Rn. 11.

159 Grabitz/Hilf/*Dalheimer*, Art. 16 VO 1/2003 Rn. 11; von der Groeben/Schwarze/Hatje/*Becker/Vollrath*, Art. 16 VO 1/2003 Rn. 48.

160 *Scheffler*, NZKart 2015, 223, 224; Berg/Mäsch/*van der Hout/Lux*, Art. 16 VO 1/2003 Rn. 8, 30; von der Groeben/Schwarze/Hatje/Becker/*Vollrath*, Art. 16 VO 1/2003 Rn. 48; Grabitz/Hilf/*Dalheimer*, Art. 16 VO 1/2003 Rn. 13; Immenga/Mestmäcker/*Ritter/Wirtz*, Art. 16 VO 1/2003 Rn. 10; Loewenheim/*Zuber*, Art. 16 VO 1/2003 Rn. 11.

nicht erst geben.[161] Erlässt eine demnach unzuständige nationale Wettbewerbsbehörde dennoch einen Beschluss, so ist dieser bereits wegen Verstoßes gegen Art. 11 Abs. 6 S. 1 VO 1/2003 grundsätzlich rechtswidrig. Die Zuständigkeit der nationalen Wettbewerbsbehörden lebt erst nach Abschluss des Kommissionsverfahrens wieder auf.[162] Erst in diesem Fall bedarf es sodann der materiellen Regelung des Art. 16 Abs. 2 VO 1/2003, wenn die Kommission in der Sache eine Entscheidung bereits erlassen oder ihr Verfahren eingestellt hatte und daher Art. 11 Abs. 6 VO 1/2003 nicht mehr anwendbar ist.[163]

Gegenüber den einzelstaatlichen Gerichten kommt der Kommission von Anfang an kein solches Evokationsrecht zu. Die mitgliedstaatlichen Gerichte verlieren ihre Zuständigkeit zur Beurteilung einer kartellrechtsrelevanten Verhaltensweise nicht, sobald die Kommission ein Verfahren in gleicher Sache einleitet. Da nach Art. 35 Abs. 3 S. 2 VO 1/2003 die Wirkung der Zuständigkeitssperre des Art. 11 Abs. 6 VO 1/2003 ausdrücklich auch nicht das den Bescheid einer nationalen Kartellbehörde überprüfende Rechtsmittelgericht erfasst, sind mitgliedstaatliche Gerichte damit verfahrensmäßig weniger eng an die Kommission angebunden als die Wettbewerbsbehörden der Mitgliedstaaten.[164] Hierauf beruht die stärkere materielle Bindung der Gerichte nach Art. 16 Abs. 1 VO 1/2003.

II. Sachliche Voraussetzungen der Bindungswirkung

Nach den Vorgaben des Art. 16 Abs. 1 S. 1, 2 VO 1/2003 dürfen die mitgliedstaatlichen Gerichte nur dann keine Entscheidungen erlassen, die der Entscheidung der Kommission zuwiderlaufen, wenn sie nach Art. 101 oder 102 AEUV über Vereinbarungen, Beschlüsse oder Verhaltensweisen zu befinden haben, die bereits Gegenstand einer Entscheidung der Kommission sind oder über die die Kommission ein Verfahren einzuleiten beabsichtigt. Damit letztlich also eine Kohärenzverpflichtung für die Gerichte der Mitgliedstaaten eintritt, müssen somit bestimmte sachliche Voraussetzungen des Art. 16 Abs. 1 VO 1/2003 vorliegen, die im Folgenden untersucht werden sollen.

---

161 Dalheimer/Feddersen/Miersch/*Dalheimer*, Art. 16 VO 1/2003 Rn. 12; Kölner Kommentar/*Schütz* Art. 16 Rn. 8; MüKo Kartellrecht/*Schneider*, Art. 16 VO 1/2003 Rn. 19.

162 von der Groeben/Schwarze/Hatje/*Puffer-Mariette*, Art. 5 VO 1/2003 Rn. 7.

163 MüKo Kartellrecht/*Schneider*, Art. 16 VO 1/2003 Rn. 19; Bechtold/Bosch/Brinker/*Brinker*, Art. 16 VO 1/2003 Rn. 11; *Klees*, Europ. KartellverfR, § 7 Rn. 176 mwN.; Kölner Kommentar/*Schütz* Art. 16 Rn. 7.

164 Kling/Thomas, § 10 Rn. 36.

1. „Entscheidung der Kommission"

Um eine bindende Wirkung nach Art. 16 Abs. 1 VO 1/2003 auszulösen, muss eine Entscheidung der Kommission vorliegen oder beabsichtigt sein. Nach dem genauen Wortlaut des Art. 16 Abs. 1 VO 1/2003 lösen nur Entscheidungen der Kommission, die Vereinbarungen, Beschlüsse oder Verhaltensweisen nach Art. 81 oder 82 des Vertrages (jetzt Art. 101 oder 102 AEUV) zum Gegenstand haben, Bindungswirkung für die Gerichte der Mitgliedstaaten aus. Art. 16 Abs. 1 S. 1 differenziert hierbei seinem reinen Wortlaut nach nicht näher zwischen einzelnen Typen von Entscheidungen der Kommission, so dass grundsätzlich alle Maßnahmen der Kommission, die als Entscheidungen zu qualifizieren sind, in Betracht kommen. Im Rahmen der sachlichen Anwendungsvoraussetzung der Bindungswirkung des Art. 16 Abs. 1 VO 1/2003 ist daher zunächst zu klären, was unter einer Entscheidung der Kommission im Sinne der Norm überhaupt zu verstehen ist bzw. welche kartellrechtlichen Entscheidungen letztlich überhaupt eine bindende Wirkung entfalten.

Mit dem Vertrag von Lissabon[165] wurde in Art. 288 Abs. 4 AEUV für Individualentscheidungen der Kommission die Bezeichnung Beschluss eingeführt. Die Primärrechtsnorm definiert Beschlüsse seither als an bestimmte Adressaten gerichtet und für diese in allen ihren Teilen verbindliche Entscheidungsform der Unionsorgane. Es ist entsprechend davon auszugehen, dass die in Art. 16 Abs. 1 VO 1/2003 aufgeführten „Entscheidungen der Kommission" die heutigen Beschlüsse i.S.v. Art. 288 Abs. 4 AEUV bezeichnen.

Die Kartellverfahrensverordnung Nr. 1/2003 regelt die unterschiedlichen kartellbehördlichen Entscheidungsbefugnisse der Kommission zur Steuerung wettbewerbsrelevanten Verhaltens. Alle aufgeführten Entscheidungen ergehen als Beschlüsse der Kommission i.S.v. Art. 288 Abs. 4 AEUV. Die Kommission kann beispielsweise nach Art. 7 VO 1/2003 einen Verstoß gegen das Wettbewerbsrecht förmlich feststellen und die beteiligten Unternehmen zur Abstellung verpflichten. Sie hat darüber hinaus die in Art. 8 der Verordnung näher umschriebene Befugnis, einstweilige Maßnahmen zwecks Abwendung eines schweren und nicht wiedergutzumachenden Schadens zu treffen. Schließlich kann sie nach Art. 9 VO 1/2003 Verpflichtungszusagen für bindend erklären, um wettbewerbsrechtliche Bedenken gegen das Verhalten der beteiligten Unternehmen

165 Vertrag von Lissabon zur Änderung des Vertrags über die Europäische Union und des Vertrags zur Gründung der Europäischen Gemeinschaft, unterzeichnet in Lissabon am 13. Dezember 2007, ABl. 2007, C 306 S. 1.

auszuräumen und entscheiden, dass für ein Tätigwerden ihrerseits kein Anlass mehr besteht. Nach Art. 10 VO 1/2003 hat die Kommission die Möglichkeit festzustellen, dass die EU-Wettbewerbsvorschriften auf ein bestimmtes Verhalten keine Anwendung finden. Die Beachtung der aus Kommissionsbeschlüssen fließenden Handlungs- und Unterlassungspflichten kann die Kommission schließlich mit Hilfe von Zwangsgeldern nach Art. 24 der Verordnung durchsetzen. Schuldhafte Verletzungen des Kartellverbots können mit Geldbußen nach Art. 23 VO 1/2003 geahndet werden.

a. Ausschluss der Bindung aufgrund des deklaratorischen Charakters eines Kommissionsbeschlusses

Die Bindungswirkung eines Kommissionsbeschlusses könnte im Hinblick auf die zwei möglichen Wirkungsweisen von Verwaltungshandeln davon abhängig sein, ob die Kommissionsverfügung deklaratorisch oder konstitutiv wirkt. Deklaratorische Verwaltungsentscheidungen sind lediglich rechtsfeststellender Natur und bestätigen nur, was sich ohnehin bereits unmittelbar aus dem Gesetz ergibt, ohne an dieser bereits von Gesetzes wegen bestehenden Rechtslage etwas zu ändern.[166] Demgegenüber führt eine Entscheidung mit Konstitutivwirkung eine spezifische Rechtswirkung erst herbei, die vorher so nicht existierte. Sie wirkt also rechtsbegründend bzw. rechtsgestaltend.[167]

Ein Blick auf die geschichtliche Entwicklung des europäischen Kartellrechts zeigt, dass unter dem vormaligen System der Administrativfreistellung jedenfalls kartellrechtlichen Freistellungsentscheidungen der Kommission konstitutive Wirkung innerhalb der Gemeinschaft zukam. Im neuen System der Legalausnahme der Verfahrensverordnung Nr. 1/2003 wurde dieser administrative Erlaubnisvorbehalt jedoch vollständig abgeschafft. Die Freistellung eines kartellrechtsrelevanten Verhaltens ergibt sich nach Art. 1 Abs. 1 und 2 VO 1/2003 nun unmittelbar aus dem Gesetz. Sie wirkt nun ebenso deklaratorisch wie die Feststellung der Wettbewerbswidrigkeit eines Verhaltens nach Art. 101 Abs. 1 AEUV. Aufgrund dieser veränderten Wirkungsweise von Kommissionsbeschlüssen und im Hinblick auf die ursprünglichen Vorgaben der Verordnung Nr. 17/1962 wird teilweise vertreten, dass lediglich deklaratorisch wirkenden

---

166 Stelkens/Bonk/Sachs/*Stelkens,* § 35 VwVfG Rn. 219 f.; BeckOK VwVfG/*von Alemann/ Scheffczyk,* § 35 VwVfG Rn. 67.

167 Stelkens/Bonk/Sachs/*Stelkens,* § 35 VwVfG Rn. 216; BeckOK VwVfG/*von Alemann/ Scheffczyk,* § 35 VwVfG Rn. 68.

Kommissionsentscheidungen keine Bindungswirkung nach Art. 16 VO 1/2003 zukommen könne.[168]

Bei dieser Ansicht bleibt jedoch vollkommen unberücksichtigt, dass mit Einführung des Legalausnahmesystems sämtliche Beschlüssen der Kommission über Vereinbarungen, Beschlüsse oder Verhaltensweisen nach Art. 101 AEUV keinen konstitutiven Charakter mehr aufweisen.[169] Selbst Nichtanwendbarkeitsentscheidungen nach Art. 10 VO 1/2003, die den vormaligen Freistellungsverfügungen der VO 17/1962 inhaltlich am nächsten kommen, wirken aufgrund der Vorgaben der Art. 1 Abs. 1 und 2 VO 1/2003 i.V.m. Art. 101 Abs. 3 AEUV nur noch rein deklaratorisch.[170] Eine an die konstitutive Wirkweise eines wettbewerbsrechtlichen Kommissionsbeschlusses knüpfende Bindungswirkung würde daher vollkommen ins Leere laufen. Hätte der Verordnungsgeber eine entsprechende Begrenzung der Kohärenzverpflichtung im Auge gehabt, hätte er eine solche Regelung im Legalausnahmesystem, die kartellrechtliche Kommissionbeschlüsse auf eine rein deklaratorische Wirkweise beschränkt, gar nicht erst etablieren dürfen. Weiterhin kann durch eine entsprechende gesetzliche Anordnung, wie sie Art. 16 Abs. 1 VO 1/2003 darstellt, durchaus die verfahrensübergreifende Verbindlichkeit von Behördenentscheidungen gegenüber Dritten wie den mitgliedstaatlichen Gerichten begründet werden. Dies gilt auch, wenn Behördenentscheidungen keine gestaltende Wirkung auf die materielle Rechtslage zukommt, sondern sie lediglich die Rechtslage klarstellen, die bereits vor dem Rechtsakt bestand.[171] Die durch die gesetzliche Anordnung einer Bindung festgelegte

---

168 *Brunn*, S. 165, der die Bindungswirkung aufgrund des rein deklaratorischen Charakters von Kommissionsentscheidungen im System der Legalausnahme verneint; *Hausen*, S. 55 ff. u. 87; *Bornkamm*, ZWeR 2003, 73, 82; *Schmidt*, BB 2003, 1237, 1241 f.; missverständlich insoweit Kölner Kommentar/*Schütz*, Art. 16 VO 1/2003 Rn. 3.

169 *Dohrn*, S. 32; *Körner*, S. 102 f., die aber darauf hinweist, das den über die Feststellung eines wettbewerbswidrigen Verhaltens bzw. einer Freistellung hinausgehenden Regelungen z.B. der konstitutiven Abstellungsanordnung neben einem deklaratorischen Verbotsausspruch nach Art. 7 Abs. 1 VO 1/2003 oder der konstitutiven Festsetzung von Bußgelder nach Art. 23 Abs. 2 VO 1/2003 konstitutive Wirkung zukommt; *Meyer*, GRUR 2006, 27, 30; Immenga/Mestmäcker/*Ellger*, Art. 101 Abs. 3 AEUV Rn. 47; Loewenheim/*Grave/Nyberg*, Art. 101 Abs. 1 AEUV Rn. 29.

170 Berg/Mäsch/*van der Hout/Konrads*, Art. 10 VO 1/2003 Rn. 9 und FN 13; *Schmidt*, BB 2003, 1237, 1242.

171 S.u. zur Tatbestandswirkung unten S. 138 ff.; vgl. auch EuGH, Urt. v. 14.02.2012, C-17/10, Rn. 87 – *Toshiba Corporation; Meyer*, GRUR 2006, 27, 30; *Dohrn*, S. 33; Stelkens/Bonk/Sachs/*Sachs*, § 43 VwVfG Rn. 131; Langen/Bunte/*Bornkamm* § 33 GWB Rn. 85; Loewenheim/*Rehbinder* (3. Aufl. 2016), § 33 GWB Rn. 5, 31.

Rechtsfolge eines deklaratorischen Verwaltungsakts ist die verbindliche Feststellung der Rechtslage, so dass eine eigene Prüfung der gebundenen Adressaten anhand des Gesetzes ausscheidet. Art. 16 Abs. 1 VO 1/2003 dient seinem Telos nach der Herstellung von Kohärenz und der erleichterten Durchsetzung von Schadensersatzansprüchen. Aus diesem Sinn und Zweck lässt sich ableiten, dass der Kommission die Befugnis verliehen werden sollte, allgemeinverbindliche Feststellungen zu kartellrechtsrelevantem Verhalten auch mit Bedeutung für nachfolgende Verfahren vor mitgliedstaatlichen Gerichten zu treffen. Die Frage, welchen Kommissionsentscheidungen Bindungswirkung nach Art. 16 Abs. 1 VO 1/2003 zukommt, kann daher nicht anhand deren Wirkungsweise zwischen deklaratorisch und konstitutiv entschieden werden. Die Auffassung, der deklaratorische Charakter einer Kommissionsverfügung spräche gegen eine Bindung der mitgliedstaatlichen Gerichte, kann nicht überzeugen.[172]

b. Abschließende materiell-rechtliche Kommissionsentscheidung

Vor diesem Hintergrund ist nach wie vor offen, welche Kriterien ein Kommissionsbeschluss dann erfüllen muss, um eine bindende Wirkung gem. Art. 16 Abs. 1 VO 1/2003 auszulösen. Aus dessen Wortlaut ergibt sich lediglich, dass all diejenigen Kommissionsentscheidungen Bindungswirkung entfalten, die eine Beurteilung eines wettbewerblichen Verhaltens eines Unternehmens anhand der Art. 101 oder 102 AEUV zum Gegenstand haben. Fest steht auch, dass Art. 16 Abs. 1 VO 1/2003 die Kohärenzproblematik auf materieller Ebene löst und entsprechend eine Bindung in materieller Hinsicht vorgibt.[173] Hieraus lässt sich ableiten, dass ausschließlich materiell-rechtliche Entscheidungen der Kommission der Norm unterfallen. Kommissionentscheidungen im Sinne des Art. 16 Abs.1 VO 1/2003 sind demnach all solche, die materielle Kartellrechtsnormen auf einen konkreten Sachverhalt anwenden und aufgrund deren eine abschließende und endgültige Sachentscheidung über die Vereinbarkeit einer wettbewerblichen Verhaltensweise mit dem europäischen Kartellrecht in einem Einzelfall beinhalten.[174] Rein verfahrensrechtliche Entscheidungen der Kommission fallen

---

172 *Meyer*, GRUR 2006, 27, 31.

173 MüKo Kartellrecht/*Schneider*, Art. 16 VO 1/2003 Rn. 8; ähnlich Kölner Kommentar/*Schütz* Art. 16 Rn. 6.

174 *Schmidt*, BB 2003, 1237, 1242; Berg/Mäsch/*van der Hout/Lux*, Art. 16 VO 1/2003 Rn. 9 und FN 13 und FN 14.; *de Bronett*, Europ. Kartellverfahrensrecht, Art. 16 VO 1/2003 Rn. 4; MüKo Kartellrecht/*Schneider*, Art. 16 VO 1/2003 Rn. 8.

dagegen nicht unter Art. 16 Abs. 1 VO 1/2003.[175] Das Tatbestandsmerkmal der „Entscheidung der Kommission" in Art. 16 Abs. 1 S. 1 VO 1/2003 ist insoweit teleologisch einschränkend auszulegen.[176] Neben der materiell-rechtlichen Wirkweise sind für die Frage, welche Kommissionsbeschlüsse bindende Wirkung entfalten, auch rechtsstaatliche Aspekte beachtlich. Insofern müssen die auf europäischer Ebene bestehenden Ansprüche auf rechtliches Gehör[177] und effektiven gerichtlichen Rechtsschutz[178] ebenfalls Berücksichtigung finden.[179] Daher sollen vorab kurz Rechtsgrundlage und Inhalt des Rechtsstaatsprinzips dargestellt werden, bevor eine Einzelbewertung der für eine Bindungswirkung nach Art. 16 Abs. 1 VO 1/2003 in Frage kommenden Kommissionsrechtsakte erfolgt.

c. *Unionsverfassungsrechtliches Rechtsstaatsprinzip*

Das Rechtsstaatsprinzip bindet die Staatsgewalt an Recht und Gesetz. Die Europäische Union ist allerdings kein Staat, sondern eine Rechtsgemeinschaft[180] und kann daher formal kein Rechtsstaat sein. Dennoch gründet sich die Union und all ihre Handlungen auf Regeln, deren Geltung einen Rechtsstaat ausmacht.[181] Schon vor der Aufnahme des Rechtsstaatsprinzip in das Primärrecht hat der

175 von der Groeben/Schwarze/Hatje/*Becker/Vollrath*, Art. 16 VO 1/2003 Rn. 13; Grabitz/Hilf/Nettesheim/*Schuhmacher*, Art. 101 AEUV Rn. 429.

176 Vgl. so auch *Hartlieb*, NZKart 2017, 458, 461.

177 Vgl. hierzu EuGH, Urt. v. 13.02.1979 – C-85/76, Rn. 9 – *Hoffmann-La Roche/Kommission* („fundamentaler Grundsatz des Gemeinschaftsrechts").

178 Art. 47 Abs. 1 EU GrC; vgl. auch EuGH, Urt. v. 07.03.2002 – C-310/99, Rn. 48 – *Italien/Kommission*.

179 *Körner*, S. 273; *Scheidtmann*, WRP 2010, 499, 504; Immenga/Mestmäcker/*Franck*, § 33 b Rn. 20; Wiedemann/*Topel*, § 50 Rn. 140, 142.

180 EuGH, Urt. v. 23.04.1986, C- 294/83 – *Les Verts* („Rechtsgemeinschaft"); EuGH, Urt. v. 18.01.2007. C- 229/05 P, Rn. 109 – *PKK und KNK/Rat*; EuGH, Urt. v. 29.06.2010, C-550/09, Rn. 44 – *Strafverfahren gegen E und F*; EuGH, Urt. v. 03.10.2013, C-583/11 P, Rn. 91 – *Inuit Tapiriit Kanatami*; EuGH, Urt. v. 06.10.2015, C-362/14Rn. 60 – *Schrems*; EuGH, Urt. v. 27.02.2018, C-64/16, Rn. 32 ff. – *Associação Sindical dos Juízes Portugueses*; *Payandeh*, JuS 2021, 481, 481; *Puttrich*, ZRP 2020, 193, 193, der von einer Wertegemeinschaft spricht; Grabitz/Hilf/Nettesheim/*Schorkopf*, Art. 2 EUV Rn. 34; von der Groeben/Schwarze/Hatje/*Jacqué*, Art. 2 EUV Rn. 4.

181 EuGH, Urt. v. 19.07.2016, C-455/14 P, Rn. 41 – *H gegen Rat der Europäischen Union*; EuGH, Urt. v. 28.03.2017, C-72/05, Rn. 72 – *Rosneft*; *Calliess*, JZ 2004, 1033 ff.; Grabitz/Hilf/Nettesheim/*Schorkopf*, Art. 2 EUV Rn. 34; Callies/Ruffert/*Callies*, Art. 2 EUV Rn. 26.

EuGH daher in seiner Rechtsprechung einzelne rechtsstaatliche Ausprägungen als allgemeine Rechtsgrundsätze etabliert.[182] Durch den Vertrag von Amsterdam wurde 1997 die Rechtsstaatlichkeit als europäischer Grundsatz[183], auf den sich die Union gründet und die all ihren Mitgliedstaaten gemeinsam ist, verankert.[184]

Gegenwärtig folgt das Rechtsstaatsprinzip neben anderen zentralen Werten der Union und der Mitgliedstaaten als eigenständiger unionsverfassungsrechtlicher Grundsatz aus der Werteklausel des Art. 2 EUV. Überdies basiert das Verständnis des unionsverfassungsrechtlichen Rechtsstaatsprinzips auch auf den gemeinsamen Verfassungstraditionen der Mitgliedstaaten und den völkerrechtlichen Vorgaben der EMRK. Auch wenn die Europäische Union selbst keine Vertragspartei der EMRK ist, ergibt sich eine Beachtlichkeit der Vorgaben der Menschenrechtskonvention aus Art. 6 Abs. 3 EUV und Art. 52 Abs. 3, 4 EU GrC.[185] Nach Art. 6 Abs. 1 EUV ist die Europäische Union an die Charta der Grundrechte gebunden.

Dem unionsverfassungsrechtlichen Rechtsstaatsprinzip lassen sich Rechtsprinzipien wie das Gebot der Rechtsbindung allen hoheitlichen Handelns[186], die Rechtssicherheit[187] sowie der Grundsatz der Gewaltenteilung entnehmen. Daneben bestehen weitere unionsverfassungsrechtliche Anknüpfungspunkte des Rechtsstaatsprinzips. Zum einen finden sich konkrete Ausprägungen des Rechtsstaatsprinzips mit substantiell normativem Gehalt und subjektiv-rechtlicher Dimension in den unionalen Justizgrundrechten und der unionsgrundrechtlichen Rechtsschutzgarantie des Art. 47 Abs. 1 und 2 EU GrC.[188] Letzterer garantiert,

---

182 EuGH, Urt. v. 12.02.1979, C-101/78, Rn. 5 – *Granaria*; EuGH, Urt. 07.06.1988, C-63/87, Rn. 10 – *Kommission/Griechenland*; Callies/Ruffert/*Callies*, Art. 2 EUV Rn. 26.

183 Im Vertrag von Lissabon „Werte" gemäß Artikel 2 EUV. Dazu *Kingreen*, Jura 2014, 295.

184 *Payandeh*, JuS 2021, 481, 482; Callies/Ruffert/*Callies*, Art. 2 EUV Rn. 1 ff.; Grabitz/Hilf/Nettesheim/*Schorkopf*, Art. 2 EUV Rn. 2; von der Groeben/Schwarze/Hatje/*Jacqué*, Art. 2 EUV Rn. 1 ff. (zum Begriff „Werte").

185 S. dazu auch die Rechtsprechung des EuGH, Urt. v. 27.02.2018, C-64/16, Rn. 35 – *ASJP*; intensive Rezeption der EMRK u. EGMR-Rspr. in EuGH, Urt. v. 19.11.2019, C-585/18, Rn. 114 ff. – *A.K.*; *Payandeh*, JuS 2021, 481, 483.

186 Hierzu: EuGH, Urt. v. 29.04.2004, C-496/99 P, Rn. 63 - *CAS Succhi di Frutta*; *Payandeh*, JuS 2021, 481, 484.

187 S. zum Bestimmtheitsgrundsatz EuGH, 09.07.1981 C-169/80, Rn. 17 – *Gondrand Frères*.

188 Die auch vor Inkrafttreten der Charta als allgemeiner Grundsatz des Unionsrechts anerkannt war, EuGH, Urt. v. 15.10.1987, C-222/86, Rn. 15 und 18 – *Heylens*; EuGH, Urt. v. 15.07.2018, C-216/18 PPU, Rn. 48 – *LM*; EuGH, Urt. v. 24.06.2019, C-619/18, Rn. 58 – *Kommission/Polen*; *Payandeh*, JuS 2021, 481, 482 f.; Grabitz/Hilf/Nettesheim/*Schorkopf*, Art. 2 EUV Rn. 35.

dass allen der Rechtsweg offensteht und er zu einem unabhängigen auf gesetzlicher Grundlage errichteten Gericht führen muss. Nicht zuletzt verlangt diese Garantie ein faires, öffentliches Verfahren, das innerhalb angemessener Frist erfolgt, grundlegende Verfahrensgarantien berücksichtigt und eine ordnungsgemäße Verteidigung gewährleistet.[189] Zum anderen zeigt sich das Rechtsstaatsprinzip in seiner institutionellen Ausgestaltung in der Einbindung der mitgliedstaatlichen Gerichte in das unionsverfassungsrechtliche Rechtsschutzsystem gem. Art. 19 Abs. 1 UAbs. 2 EUV, nach dem die Gerichte der Union und der Mitgliedstaaten gemeinsam die rechtsprechende Gewalt ausüben.[190] Dementsprechend gelten die Anforderungen des unionsverfassungsrechtlichen Rechtsstaatsprinzips im Anwendungsbereich des Unionsrechts für die Union und ihre Mitgliedstaaten gleichermaßen.[191] Während die Unionsorgane nach Art. 3 Abs. 1, 6 Abs. 1, 13 Abs. 1 EUV zudem unmittelbar durch das unionsverfassungsrechtliche Rechtsstaatsprinzip aus Art. 2 Abs. 1 EUV sowie Art. 47 EU GrC adressiert werden, wird die Hoheitsgewalt der Mitgliedstaaten auch durch Art. 4 Abs. 3 EUV an das mit Anwendungsvorrang ausgestattete primäre und sekundäre Unionsrecht gebunden.

d. *Einzelbetrachtung nach den Rechtsakten der Kartellverfahrensverordnung 1/2003*

Auf den ersten Blick lassen sich bereits nicht alle kartellrechtlichen Beschlussarten der Kommission unter der Kartellverfahrensverordnung Nr. 1/2003 unter das ermittelte Kriterium einer abschließenden materiell-rechtlichen Sachentscheidung subsumieren. Insbesondere im Hinblick auf Kommissionsbeschlüsse nach Art. 8, 9 und 23 VO 1/2003 erscheint zweifelhaft, ob sie unter den gestellten Anforderungen unter den Anwendungsbereich des Art. 16 Abs. 1 VO 1/2003 fallen. Im Folgenden sollen daher alle Verfügungsmöglichkeiten der Kommission unter der Kartellverfahrensverordnung einer genauen Betrachtung unterzogen

---

189 EuGH, Urt. v. 15.10.1987, C-222/86, Rn. 15 – *Heylens*; EuGH Urt. v. 27.02.2018, C-64/16, Rn. 36 – *ASJP*; vgl. hierzu insgesamt: *Payandeh*, JuS 2021, 481, 484; Streinz/*Pechstein*, Art. 2 EUV Rn. 6.

190 EuGH Urt. v. 27.02.2018, C-64/16, Rn. 31, 37 ff. – *ASJP*; EuGH, Urt. v. 24.06.2019, C-619/18, Rn. 42 ff., 47 – *Kommission/Polen*; EuGH, Urt. v. 05.11.2019, C-192/18, Rn. 98 – *Kommission/Polen*; *Payandeh*, JuS 2021, 481, 483.

191 *Jarass*, DVBl. 2018, 1249, 1250 ff.; *Payandeh*, JuS 2021, 481, 485; Grabitz/Hilf/Nettesheim/*Schorkopf*, Art. 2 EUV Rn. 18.

und einzeln auf die Erfüllung der aufgestellten Kriterien zur Begründung einer Bindungswirkung untersucht werden.

aa. Feststellung und Abstellung von Zuwiderhandlungen nach Art. 7 Abs. 1 VO 1/2003

Zu den bedeutsamsten Kartellrechtsbeschlüssen gehören solche nach Art. 7 VO 1/2003 zur Fest- und Abstellung einer kartellrechtswidrigen Verhaltensweise. Nach Art. 7 Abs. 1 S. 1 VO 1/2003 kann die Kommission per Beschluss noch andauernde wie auch bereits beendete Zuwiderhandlungen gegen Art. 101 f. AEUV abschließend feststellen und die beteiligten Unternehmen zur Abstellung der festgestellten Zuwiderhandlung verpflichten. Es handelt sich somit eindeutig um eine materiell-rechtliche Sachentscheidung über das Vorliegen einer wettbewerbsrechtlichen Zuwiderhandlung. Das erste aufgestellte Kriterium ist mithin erfüllt.

Weiterhin ist vor dem Erlass einer entsprechenden Entscheidung den Beteiligten des Kommissionsverfahrens nach Art. 27 Abs. 1 VO 1/2003 Gelegenheit zu geben, sich zu den Beschwerdepunkten zu äußern. Gegen den erlassenen Beschluss steht den belasteten Adressaten sodann der Klageweg zu den europäischen Gerichten in Form der Nichtigkeitsklage nach Art. 263 Abs. 4, 267 AEUV offen. Im Hinblick auf den Anspruch auf rechtliches Gehör und effektiven gerichtlichen Rechtsschutz bestehen gegenüber einer von Kommissionsbeschlüssen nach Art. 7 Abs. 1 VO 1/2003 ausgehenden Bindungswirkung daher ebenfalls keine Bedenken.

Im Ergebnis kommt anhand der aufgestellten Kriterien somit einer in einem Beschluss nach Art. 7 Abs. 1 S. 1 VO 1/2003 festgestellten wettbewerblichen Zuwiderhandlung gegen Art. 101 f. AEUV bindende Wirkung für die mitgliedstaatlichen Gerichte zu. Hieran besteht auch nach herrschender Meinung kein Zweifel.[192] Feststellungsbeschlüsse der Kommission nach Art. 7 Abs. 1 S. 1 VO 1/2003 bilden daher die wesentliche Grundlage für nationale Follow-on Kartellschadensersatzverfahren. Die Zurückweisung einer Beschwerde nach Art. 7 Abs. 2 VO 1/2003 führt demgegenüber nicht zu einer Kohärenzverpflichtung

---

192 Immenga/Mestmäcker/*Ritter/Wirtz*, Art. 16 VO 1/2003 Rn. 3; Loewenheim/*Zuber*, Art. 16 VO 1/2003 Rn. 8; Grabitz/Hilf/Nettesheim/*Dalheimer*, Art. 16 VO 1/2003 Rn. 7; Berg/Mäsch/*van der Hout/Lux*, Art. 7 VO 1/2003 Rn. 43; Grabitz/Hilf/Nettesheim/*Stockenhuber*, Art. 101 AEUV Rn. 245.

nach Art. 16 Abs. 1 VO 1/2003.[193] Hierfür mangelt es bereits am Vorliegen des ersten Kriteriums.

bb. Einstweilige Maßnahmen nach Art. 8 VO 1/2003

Durch Art. 8 Abs. 1 VO 1/2003 wird der Kommission die Befugnis verliehen im Fall der Gefahr eines ernsten und nicht wiedergutzumachenden Schadens für den Wettbewerb einstweilige Maßnahmen zu treffen. Aufgrund der Dringlichkeit der Angelegenheit genügt für den Erlass der vorläufigen Maßnahmen nach Art. 8 Abs. 1 VO 1/2003 eine prima-facie-festgestellte kartellrechtliche Zuwiderhandlung. Nach der europäischen Rechtsprechung bedarf es für diese nicht des gleichen Maßes an Überzeugung wie für eine abschließenden Entscheidung.[194] Vielmehr genügt für den Erlass einer einstweiligen Maßnahme der auf einer summarischen Prüfung des Falls basierende erste Anschein des Vorliegens eines Verstoßes.[195] Das geforderte Kriterium einer abschließenden Beurteilung eines kartellrechtsrelevanten Verhaltens als Voraussetzung für den Eintritt einer Bindungswirkung nach Art. 16 Abs. 1 VO 1/2003 ist bei einstweiligen Maßnahmen damit jedoch nicht erfüllt.

Für eine bindende Wirkung von Beschlüssen nach Art. 8 Abs. 1 VO 1/2003 spricht dennoch, dass auch im Rahmen der vorläufigen Maßnahmen bereits Entscheidungen mit Rechtsfolgen in der Sache getroffen werden.[196] Ein Blick in die Praxis zeigt zudem, dass sich die Ermittlungen der Kommission für ihre summarische Anscheinsprüfung zumeist ebenso ausführlich gestalten wie bei endgültigen Fest- und Abstellungsverfahren nach Art. 7 Abs. 1 VO 1/2003.[197] Darüber hinaus ist anzuführen, dass durch den ausdrücklichen Wortlaut des Art. 16 Abs. 1 S. 2 VO 1/2003 sogar künftige Entscheidungen, die die Kommission erst noch zu erlassen beabsichtigt, Beachtlichkeit im Rahmen der Bindungswirkung zugesprochen wird. Einstweilige Maßnahmen der Kommission nach Art. 8 VO 1/2003 sind nichts anderes als entsprechende Vorboten, um eine

---

193 von der Groeben/Schwarze/Hatje/*Becker/Vollrath*, Art. 16 VO 1/2003 Rn. 21, Loewenheim/*Zuber*, Art. 16 VO 1/2003 Rn. 10; Grabitz/Hilf/Nettesheim/*Dalheimer*, Art. 16 VO 1/2003 Rn. 7; Immenga/Mestmäcker/*Ritter/Wirtz*, Art. 16 VO 1/2003 Rn. 4.

194 EuG, Urt. v. 12.07.1991, T-23/90 Rn. 61 – *Peugeot/Kommission;* EuG, Urt. v. 24.01.1992, T-44/90, Rn. 61 – *La Cinqu/Kommission*; Immenga/Mestmäcker/*Biermann*, Art. 23 VO 1/2003 Rn. 93; Grabitz/Hilf/Nettesheim/*Schuhmacher*, Art. 101 AEUV Rn. 425.

195 EuG, Urt. v. 12.07.1991, T-23/90 Rn. 61 – *Peugeot/Kommission; Hausen*, S. 182 f.; Berg/Mäsch/*van der Hout/Lux*, Art. 8 VO 1/2003 Rn. 4 f. und FN 10.

196 *Imgrund*, S. 142; *Hausen*, S. 182 f.

197 *Imgrund*, S. 139; Immenga/Mestmäcker/*Ritter/Wirtz*, Art. 8 VO 1/2003 Rn. 3.

nachfolgende endgültige Kommissionsentscheidung abzusichern.[198] Des Weiteren entsprechen auch die Rechtsschutzmöglichkeiten der Betroffenen denen im Verfahren endgültiger Maßnahmen. Die Beteiligten erhalten nach Art. 27 Abs. 1 VO 1/2003, der insoweit ausdrücklich auch Entscheidungen gem. Art. 8 VO 1/2003 in Bezug nimmt, vorab Gelegenheit, sich zu den Beschwerdepunkten zu äußern. Weiterhin ist die einstweilige Maßnahme nach ihrem Erlass für ihre Adressaten selbstständig mit der Nichtigkeitsklage gem. Art. 263 Abs. 4 AEUV vor den europäischen Gerichten angreifbar.[199]

Unter Abwägung all dieser Argumente und in Anbetracht von Telos und Normziel des Art. 16 Abs. 1 VO 1/2003 in Form einer kohärenten Rechtsanwendung und Vermeidung zuwiderlaufender mitgliedstaatlicher Entscheidungen, spricht daher vieles dafür, dass die Kohärenzverpflichtung auch für einstweilige Verfügungen gilt, selbst wenn diese nur vorläufigen Charakter auf Basis einer summarischen Prüfung eines Kartellrechtsverstoßes aufweisen.[200] Dies stützt auch die Rechtsprechung des EuGH, nach der Entscheidungen mit vorläufigem Charakter infolge der Loyalitätspflicht der mitgliedstaatlichen Gerichte gem. Art. 4 Abs. 3 EUV nicht durch eine zuwiderlaufende nationale Gerichtsentscheidung in ihrer Wirksamkeit beschränkt werden dürfen.[201] Allerdings kommt für die mitgliedstaatlichen Gerichte in diesem Verfahrensstand vorrangig zunächst die Möglichkeit einer Aussetzung ihres Verfahrens in Betracht, wenn mit einer baldigen abschließenden Entscheidung der Kommission zu rechnen ist.

---

198 In diesem Sinn etwa Immenga/Mestmäcker/*Franck*, § 33 b Rn. 10; s. auch von der Groeben/Schwarze/Hatje/*Becker/Vollrath*, Art. 16 VO 1/2003 Rn. 15; Berg/Mäsch/*van der Hout/Lux*, Art. 16 VO 1/2003 Rn. 9.

199 *Imgrund*, S. 139; Frankfurter Komm./*Jaeger*, Art. 8 VO 1/2003 Rn. 16 ff.

200 So auch die überwiegende Ansicht: *Hausen*, S. 182 f., *Imgrund*, S. 139; von der Groeben/Schwarze/Hatje/*Becker/Vollrath*, Art. 16 VO 1/2003 Rn. 15; Langen/Bunte/*Sura*, Art. 16 VO 1/2003 Rn. 9; Bechtold/Bosch/Brinker/*Brinker*, Art. 16 VO 1/2003 Rn. 5; MüKo Kartellrecht/*Schneider*, Art. 16 VO 1/2003 Rn. 8; *de Bronett*, Europ. Kartellverfahrensrecht, Art. 16 VO 1/2003 Rn. 4; Frankfurter Komm./*Jaeger*, Art. 16 VO 1/2003 Rn. 13; anders möglicherweise in Immenga/Mestmäcker/*Ritter/Wirtz*, Art. 16 VO 1/2003 Rn. 3; Loewenheim/*Zuber*, Art. 16 VO 1/2003 Rn. 8 ff., der in seiner Kommentierung Art. 8 VO 1/2003 nicht als bindende Entscheidung aufführt.

201 EuGH, Urt. v. 21.11.2013, C-284/12, Rn. 41 – *Deutsche Lufthansa*; s. auch *Körner*, S. 232.

cc. Verpflichtungszusagen nach Art. 9 VO 1/2003

Einen weiteren Beschlusstypus der Kartellverfahrensverordnung bilden die Verpflichtungszusagen nach Art. 9 VO 1/2003. Ein Kommissionsbeschluss nach Art. 9 VO 1/2003 kommt in Betracht, wenn die Kommission eine Entscheidung zur Abstellung einer Zuwiderhandlung gegen das Wettbewerbsrecht vorbereitet. In diesem Verfahrensstand kann sie, statt weitere Verfahrensschritte zum Erlass einer Fest- und Abstellungsverfügung gem. Art. 7 VO 1/2003 zu erlassen, stattdessen die seitens der beteiligten Unternehmen zur Abhilfe des mutmaßlichen Verstoßes vorgeschlagenen Verpflichtungszusagen annehmen und in einem Beschluss nach Art. 9 VO 1/2003 für bindend erklären. Verpflichtungszusagen basieren somit wie einstweilige Maßnahmen nach Art. 8 VO 1/2003 lediglich auf einer vorläufigen Beurteilung des wettbewerblichen Verhaltens.[202]

Da die Konstellation bei Beschlüssen nach Art. 8 und 9 VO 1/2003 hinsichtlich der prima facie Beurteilung einer Zuwiderhandlung identisch ist, greifen hier zunächst die bereits oben aufgeführten Gründe, die im Hinblick auf einstweilige Maßnahmen nach Art. 8 VO 1/2003 letztlich zur Annahme einer bindenden Wirkung gegenüber den mitgliedstaatlichen Gerichten nach Art. 16 Abs. 1 VO 1/2003 geführt hatten. Weiterhin lässt sich für eine bindende Wirkung von Verpflichtungszusagenbeschlüssen der Wortlaut des Art. 16 Abs. 1 VO 1/2003 anführen, der nicht zwischen Entscheidungen nach Art. 7 VO 1/2003 und solchen nach Art. 9 VO 1/2003 differenziert.[203]

Allerdings weisen Zusagenbeschlüsse nach Art. 9 VO 1/2003 darüber hinaus auch durchaus entscheidende Unterschiede zu einstweiligen Maßnahmen gem. Art. 8 VO 1/2003 auf, die eine abweichende Beurteilung nahelegen. Anders als bei einstweiligen Maßnahmen soll auf Verpflichtungszusagenbeschlüssen grundsätzlich keine nachfolgende, abschließende Feststellung folgen.[204] Durch die für bindend erklärten Verpflichtungszusagen gem. Art. 9 VO 1/2003 soll vielmehr ein reguläres Kommissionsverfahren und der Erlass einer Fest- und Abstellungsverfügung hinsichtlich der mutmaßlichen Zuwiderhandlung vermieden werden.

---

202 Vgl. dazu auch ErwG 13 VO 1/2003; dazu auch *Imgrund*, S. 144; *Hausen*, S. 185; *Hossenfelder/Lutz*, WuW 2003, 118, 122, 123; *Schmidt*, BB 2003, 1237, 1242.

203 *Montag/Rosenfeld*, ZWeR 2003, 107, 132; *Gruber*, EWS 2005, 310, 312 f.; *Kahlenberg/Neuhaus*, EuZW 2005, 620, 622; *de Bronett*, Europ. Kartellverfahrensrecht, Art. 16 VO 1/2003 Rn. 4; krit. auch *Becker*, NZKart 2016, 58, 61 f.

204 von der Groeben/Schwarze/Hatje/*Becker/Vollrath*, Art. 16 VO 1/2003 Rn. 16; Immenga/Mestmäcker/*Ritter/Wirtz*, Art. 16 VO 1/2003 Rn. 3; Grabitz/Hilf/Nettesheim/*Dalheimer*, Art. 16 VO 1/2003 Rn. 7.

Eine Bindungswirkung lässt sich somit nicht analog der Argumentation bei einstweiligen Maßnahmen durch das Vorliegen einer beabsichtigten Entscheidung gem. Art. 16 Abs. 1 S. 2 VO 1/2003 begründen.

Daneben spricht auch der teleologische Hintergrund eines Verpflichtungszusagenbeschlusses gegen eine Einbeziehung von Beschlüssen nach Art. 9 VO 1/2003 in den Anwendungsbereich des Art. 16 Abs. 1 VO 1/2003. Dem Erlass einer Verpflichtungszusage nach Art. 9 Abs. 1 VO 1/2003 liegen nämlich vor allem beidseitige verfahrensökonomische Erwägungen zugrunde. Seitens der Kommission können mutmaßliche wettbewerbsbeschränkende Verhaltensweisen durch die freiwillige Verpflichtung der Unternehmen ohne weiteren langwierigen Ermittlungs- und Verfahrensaufwand und somit zeit- und ressourcenschonend, aber dennoch effizient beendet werden.[205] Die betroffenen Unternehmen sind zu den entsprechenden Zusagen jedoch nur bereit, wenn sie durch diese ebenfalls eigene erhebliche Vorteile erlangen. Diese liegen neben einer eigenen Ersparnis von Ressourcen, insbesondere im Erhalt der Reputation und vor allem im Schutz vor einer erleichterten Durchsetzung von Ansprüchen in Follow-on Verfahren.[206] Ein erhöhter Anreiz zur Abgabe von Verpflichtungszusagen besteht für die Unternehmen daher insbesondere in den Fällen, in denen nachfolgende Schadensersatzklagen im Raum stehen. Würde man Aussagen über das Vorliegen eines Kartellrechtsverstoßes im Tenor eines Zusagenbeschlusses bindende Wirkung für Folgeverfahren gem. Art. 16 Abs. 1 VO 1/2003 zusprechen, würde das Interesse an freiwilligen Verpflichtungszusagen entsprechend negativ beeinträchtigt bzw. vollends beseitigt.

Des Weiteren enthält der Tenor eines Verpflichtungszusagenbeschlusses nach Art. 9 VO 1/2003, anders als beispielsweise Beschlüsse nach Art. 7 Abs. 1 oder auch Art. 8 VO 1/2003, keine Feststellung über die Vereinbarkeit einer Verhaltensweise mit Art. 101 f. AEUV.[207] Neben den verbindlichen Zusagen der

---

205 Berg/Mäsch/*van der Hout/Walzel*, Art. 9 VO 1/2003 Fn 14; Loewenheim/*Anweiler*, Art. 9 VO 1/2003 Rn. 1.

206 EuGH, Urt. v. 29.06.2010, C-441/07 P, Rn 48 – *Alrosa*; *Klees*, § 6 Rn. 133; *Imgrund*, S. 143; *Becker*, NZKart 2016, 58, 61; Berg/Mäsch/*van der Hout/Walzel*, Art. 9 VO 1/2003 Rn. 4 und FN 16, 18 und FN 29; Loewenheim/*Anweiler*, Art. 9 Rn. 20; von der Groeben/Schwarze/Hatje/*Breit*, Art. 9 VO 1/2003 Rn. 7; Grabitz/Hilf/Nettesheim/*Dalheimer*, Art. 9 VO 2/2003 Rn. 2, 5; krit. dazu *Meessen*, S. 114 („Pakt zulasten des Geschädigten").

207 Berg/Mäsch/*van der Hout/Walzel*, Art. 9 VO 1/2003 Rn. 1, 12 und FN 3, 37; von der Groeben/Schwarze/Hatje/*Becker/Vollrath*, Art. 16 VO 1/2003 Rn. 16; Immenga/Mestmäcker/*Ritter/Wirtz*, Art. 16 VO 1/2003 Rn. 3, Grabitz/Hilf/*Dalheimer*, Art. 16 VO 1/2003 Rn. 7.

beteiligten Unternehmen beinhaltet der verfügende Teil des Beschlusses gem. Art. 9 Abs. 1 S. 2 VO 1/2003 lediglich die Feststellung der Kommission, dass für sie „kein Anlass zum Tätigwerden" mehr besteht. Eine Bindungswirkung für die Kartellverfahren mitgliedstaatlicher Gerichte kann hiervon denklogisch schon nicht ausgehen. Dies bestätigt auch ErwG 13 S. 2 VO 1/2003, nach dem die Kommission diese Feststellung trifft, „ohne die Frage zu beantworten, ob eine Zuwiderhandlung vorgelegen hat oder noch vorliegt." Des Weiteren können Beschlüsse gem. Art. 9 VO 1/2003 mangels tenorierter Sachentscheidung über das Vorliegen einer kartellrechtlichen Zuwiderhandlung dem Ziel einer kohärenten Anwendung der Vorschriften der Art. 101 und 102 AEUV schon nicht entgegenstehen. Folgt man zudem der Auffassung, dass für die bindende Wirkung des Art. 16 Abs. 1 VO 1/2003 ohnehin allein der verfügende Teil eines Kommissionsbeschlusses maßgeblich ist,[208] besteht bei Zusagenentscheidungen nach Art. 9 VO 1/2003 schon kein entsprechender Anknüpfungspunkt für eine bindende Feststellung zum Vorliegen eines Wettbewerbsverstoßes.

Anders muss das letztgenannte Argument freilich betrachtet werden, wenn man nicht nur dem Tenor eines Kommissionsbeschlusses bindende Wirkung zuschreibt, sondern auch dessen gesamten oder jedenfalls den ihn tragenden Entscheidungsgründen. Denn obwohl Zusagenbeschlüsse nach Art. 9 VO 1/2003 wie ausgeführt keine Feststellungen zu einem Kartellrechtsverstoß im Tenor enthalten, führt die Kommission den prima facie festgestellten Verstoß gegen die Wettbewerbsregeln durchaus in den Gründen auf.[209] Geht man davon aus, dass sich die Bindungswirkung des Art. 16 Abs. 1 VO 1/2003 grundsätzlich auch auf die gesamten Gründe der Kommissionsentscheidung erstreckt, wäre eine wettbewerbliche Zuwiderhandlung dem ersten Anschein nach festgestellt und damit womöglich auch für Folgeverfahren bindend. Eine Erstreckung des Anwendungsbereichs des Art. 16 VO 1/2003 auf Verpflichtungszusagenbeschlüsse nach Art. 9 VO 1/2003 wird aber selbst von den Stimmen abgelehnt, die die Bindungswirkung auch auf die Gründe einer Entscheidung angewendet wissen wollen.[210]

---

208 Siehe zu dieser Frage ausführlich unten S. 143 ff.

209 Vgl. die Begründung der Kommission zu Art. 9 des Vorschlags für eine Verordnung des Rates zur Durchführung der in den Art. 81 und 82 EG-Vertrag niedergelegten Wettbewerbsregeln und zur Änderung der Verordnungen (EWG) Nr. 1017/68, (EWG) Nr. 2988/74, (EWG) Nr. 4056/86 und (EWG) Nr. 3975/87 („Durchführungsverordnung zu den Artikeln 81 und 82 EG-Vertrag"), KOM (2000) 582 endgültig, S. 20); Loewenheim/*Anweiler*, Art. 9 VO 1/2003 Rn. 21.

210 *Imgrund*, S. 142 ff.; *Hausen*, S. 185; *Meessen*, S. 110, 131 f.; *Hossenfelder/Lutz*, WuW 2003, 118, 122 f.; *Hirsch*, ZWeR 2003, 233, 248 f.; *Schmidt*, BB 2003, 1237, 1242;

So stützen einige dieser Stimmen ihre Ablehnung der bindenden Wirkung darauf, dass die Feststellung einer Zuwiderhandlung bei Verpflichtungszusagenbeschlüssen lediglich prima facie erfolge. Dies führt aber zu Inkonsistenzen mit der von ihnen widersprüchlicherweise wiederum angenommenen Bindungswirkung von Beschlüssen nach Art. 8 VO 1/2003, in denen die Kommission das Vorliegen einer kartellrechtlichen Zuwiderhandlung aber ebenfalls nur prima facie feststellt.[211] Daher kann diese Ansicht nicht überzeugen.

Zudem ergibt sich neben den bereits weiter oben aufgeführten Argumenten auch aus ErwG 13 S. 3 und 22 der Verfahrensverordnung 1/2003 hinreichend deutlich, dass auch der Verordnungsgeber Zusagenentscheidungen nach Art. 9 VO 1/2003 keine Bindungswirkung gegenüber den mitgliedstaatlichen Gerichten zumessen wollte. Die Erwägungsgründe besagen insoweit ausdrücklich, dass Zusagenbeschlüsse der Kommission die Befugnisse der Wettbewerbsbehörden und der Gerichte der Mitgliedstaaten unberührt lassen, das Vorliegen einer Zuwiderhandlung festzustellen und über den Fall zu entscheiden bzw. die Art. 101 und 102 AEUV anzuwenden. Im Ergebnis ist eine Bindungswirkung von Verpflichtungszusagenbeschlüssen für den nationalen Gerichtsprozess auch im Hinblick auf die den betroffenen Unternehmen zustehenden Verfahrensrechte abzulehnen. Das Anhörungsrecht nach Art. 27 Abs. 1 VO 1/2003 gilt nach dem ausdrücklichen Wortlaut der Norm gerade nicht für Verfahren nach Art. 9 VO 1/2003.[212] Dieser Ausschluss ist konsequent, da im Zusagenverfahren gerade kein

---

Gruber, EWS 2005, 310, 313; *Busse/Leopold*, WuW 2005, 146, 150; *Meyer*, GRUR 2006, 27, 31; *De Bronett*, ZWeR 2012, 157, 200; *Kreße*, WRP 2014, 1261, 1265; *Becker*, NZKart 2016, 58, 58; *Hartlieb*, NZKart 2017, 458, 461; *Klees*, § 6 Rn. 131 f. m.w.N.; *De Bronett*, Europ. Kartellverfahrensrecht, Art. 9 VO 1/2003 Rn. 8; Wiedemann/*Bumiller*, § 62 Rn. 52, 60; Möschel/Bien/*Grünberger*, 135, 160; Kölner Kommentar/*Schütz*, Art. 9 VO 1/2003 Rn. 8; Immenga/Mestmäcker/*Ritter/Wirtz,* Art. 16 VO 1/2003 Rn. 3; Immenga/Mestmäcker/*Ritter/Wirtz,* Art. 9 VO 1/2003 Rn. 31, MüKo Kartellrecht/*Schneider,* Art. 16 VO 1/2003 Rn. 8; MüKo Kartellrecht/*Bauer,* Art. 9 VO 1/2003 Rn. 54 ff.; Frankfurter Komm./*Jaeger,* Art. 16 VO 1/2003 Rn. 14; Grabitz/Hilf/Nettesheim/*Dalheimer* Art. 16 VO 1/2003 Rn. 7; Langen/Bunte/*Sura*, Art. 9 VO 1/2003 Rn. 13; Bechtold/Bosch/Brinker/*Brinker,* Art. 16 VO 1/2003 Rn. 5.

211 *Imgrund*, S. 144 m.w.N.

212 Auch wenn 27 Abs. 3 VO 1/2003 seinem Wortlaut nach nicht im Beschlussverfahren nach Art. 9 VO 1/2003 anwendbar ist, hatte der EuGH eine Anwendbarkeit des Anhörungsrecht auf Verfahren nach Art. 9 VO 1/2003 wegen des grundrechtlich verbürgten Anspruchs auf rechtliches Gehör, der auch bei fehlender Regelung sichergestellt sein müsse, bejaht, EuGH, Urt. v. 29.6.2010, C-441/07, Rn. 91 – *Alrosa*; s. auch GA Kokott, Schlussanträge v. 17.09.2009, C-441/07, Rn. 175, 191 – *Alrosa.*

einseitiger Fest- und Abstellungsbeschluss ergeht, sondern die Verpflichtungszusagen freiwilligen und konsensualen Charakter aufweisen.[213] Entsprechend besteht, abgesehen von schweren Verfahrensfehlern, auch kein nachträglicher gerichtlicher Rechtsschutz des durch den Zusagenbeschluss gebundenen Unternehmens vor den europäischen Gerichten. Die fehlende Anfechtungsmöglichkeit gründet formal gesehen bereits darauf, dass der Beschlusstenor schon keine behördliche Feststellung zur Widerrechtlichkeit des Verhaltens nach Art. 101 f. AEUV enthält, die nachträglich mit der Nichtigkeitsklage angefochten werden könnte.[214] Eine bindende Wirkung der Beurteilung wettbewerbsrelevanten Verhaltens in Verpflichtungszusagen nach Art. 16 Abs. 1 VO 1/2003 ist somit abzulehnen.

Im Schrifttum wird jedoch vertreten, dass Verpflichtungszusagenentscheidungen der Kommission trotz allem häufig eine faktische Bindung der nationalen Gerichte herbeiführen, da sich diese auch ohne gesetzliche Verpflichtung in aller Regel an der sachkundigen kartellbehördlichen Beurteilung der Kommission orientierten.[215] Darüber hinausgehend nimmt der EuGH sogar eine Verpflichtung der nationalen Gerichte auf Basis des Loyalitätsgebotes des Art. 4 Abs. 3 EUV an, auch die vorläufige Beurteilung der Kommission in Verpflichtungszusagenentscheidungen als Indiz für einen Kartellverstoß zu berücksichtigen.[216]

Abseits der Feststellung der Vorliegens eines Wettbewerbsverstoßes bzw. einer Bindung der materiellen Beurteilung in Art. 16 Abs. 1 VO 1/2003[217] sind die mitgliedstaatlichen Gerichte jedenfalls rechtlich an den Inhalt der abgegebenen und für verbindlich erklärten Verpflichtungszusagen der Unternehmen gebunden. Dies bedeutet, dass sie keine Ansprüche Dritter gewähren dürfen, die einer durch einen Kommissionsbeschluss gem. Art. 9 Abs. 1 VO 1/2003 als

---

213 Berg/Mäsch/*van der Hout/Walzel*, Art. 9 VO 1/2003 Rn. 32.

214 Berg/Mäsch/*van der Hout/Walzel*, Art. 9 VO 1/2003 Rn. 42; von der Groeben/Schwarze/Hatje/*Breit*, Art. 9 VO 1/2003 Rn. 17; Loewenheim/*Anweiler*, Art. 9 VO 1/2003 Rn. 43 (Unternehmen bieten Zusage im Grundsatz freiwillig an, so dass Rechtsschutz gegen die Zusagenentscheidung *„in der Regel ausscheiden [dürfte]"*).

215 *Klees*, § 6 Rn. 131; *Kahlenberg/Neuhaus*, EuZW 2005, 620, 622; *Gruber*, EWS 2005, 312 spricht insoweit von Indizwirkung; *Becker*, NZKart 2016, 58, 58; Langen/Bunte/*Sura*, Art. 9 VO 1/2003 Rn. 13. S. auch der EuGH, Urt. v. 10.07.1980, C-253/78, Rn. 17 – *Giry und Guerlain*, dert von *„persuasive authority"* spricht.

216 EuGH, Urt. v. 23.11.2017 – C-547/16, Rn. 29 – *Gasorba*. S. hierzu Immenga/Mestmäcker/*Franck*, § 33 a GWB Rn. 17.

217 *Hartlieb*, NZKart 2017, 458, 462; Mestmäcker/Schweitzer, § 21 Rn. 49; von der Groeben/Schwarze/Hatje/*Becker/Vollrath*, Art. 16 VO 1/2003 Rn. 17.

verbindlich erklärten Verpflichtung zuwiderläuft.[218] Ein solches Urteil wäre schon aufgrund des Vorrangs des Unionsrechts als unionsrechtswidrig anzusehen. Mit der Vermeidung von Widersprüchen hinsichtlich der kartellrechtlichen Einordnung eines Wettbewerbsverhaltens wie sie die Bindungswirkung des Art. 16 Abs. 1 VO 1/2003 normiert, hat dies jedoch nichts zu tun.[219]

dd. Feststellung der Nichtanwendbarkeit nach Art. 10 VO 1/2003

Mit der Nichtanwendbarkeitsentscheidung normiert Art. 10 VO 1/2003 den einzigen Positivbeschluss unter dem Legalausnahmesystem der Kartellverfahrensverordnung Nr. 1/2003. Die Vorschrift ermächtigt die Kommission, nach abschließender Überprüfung eines bestimmten Wettbewerbsverhaltens festzustellen, dass Art. 101 f. AEUV auf die entsprechende Verhaltensweise keine Anwendung findet, entweder, weil die Voraussetzungen der Art. 101 Abs. 1, 102 AEUV nicht vorliegen oder weil die Freistellungsvoraussetzungen des Art. 101 Abs. 3 AEUV erfüllt werden. Beschlüssen zur Feststellung der Nichtanwendbarkeit nach Art. 10 VO 1/2003 kommt unter dem Legalausnahmesystem ein erheblicher Ausnahmecharakter zu. Zunächst ist ihr Erlass nach Art. 10 VO 1/2003 allein der Kommission vorbehalten.[220] Die mitgliedstaatlichen Wettbewerbsbehörden können in vergleichbaren Fällen nach Art. 5 Abs. 3 VO Nr. 1/2003 dagegen keine materiell-rechtliche Bewertung treffen, sondern lediglich die Entscheidung erlassen, dass für sie kein Anlass zum Tätigwerden besteht. Weiterhin ist auch die Kommission zum Erlass einer Nichtanwendbarkeitsentscheidung lediglich dann ermächtigt, wenn ein besonderes öffentliches Interesse an der Klärung der Frage einer Wettbewerbsbeschränkung besteht. Es verwundert daher nicht, dass Feststellungsbeschlüsse gem. Art. 10 VO 1/2003 in der

---

218 EuGH, Urt. v. 29.06.2010, C-441/07 – *Alrosa*; *Kellerbauer*, EuZW 2010, 652, 653; Immenga/Mestmäcker/*Ritter/Wirtz*, Art. 16 VO 1/2003 Rn. 3; von der Groeben/Schwarze/Hatje/*Breit*, Art. 9 VO 1/2003 Rn. 18; Grabitz/Hilf/Nettesheim/*Dalheimer*, Art. 9 VO 1/2003 Rn. 18. A.A. von der Groeben/Schwarze/Hatje/*Becker/Vollrath*, Art. 16 VO 1/2003 Rn. 17.

219 von der Groeben/Schwarze/Hatje/*Becker/Vollrath*, Art. 16 VO 1/2003 Rn. 17; Berg/Mäsch/*van der Hout/Walzel*, Art. 9 VO 1/2003 Rn. 44; Loewenheim/*Zuber*, Art. 16 VO 1/2003 Rn. 8; Immenga/Mestmäcker/*Ritter/Wirtz*, Art. 16 VO 1/2003 Rn. 3.

220 Sie können lediglich nach Art. 5 Abs. 3 VO 1/2003 feststellen, dass für sie kein Anlass zum Tätigwerden besteht. S. hierzu auch EuGH, Urt. v. 03.05.2011, C-375/09 – *Tele 2 Polska*; von der Groeben/Schwarze/Hatje/*Puffer-Mariette*, Art. 5 VO 1/2003 Rn. 17; Berg/Mäsch/*van der Hout/Reinalter*, Art. 5 VO 1/2003 Rn. 3; Loewenheim/*Zuber*, Art. 5 VO 1/2003 Rn. 5.

wettbewerbsrechtlichen Kommissionspraxis quasi keine Rolle spielen.[221] Jedenfalls wurde seit Einführung des Legalausnahmesystems der VO 1/2003 noch kein entsprechender Beschluss erlassen.[222]

Bei der Frage, ob von einem Nichtanwendbarkeitsfestellungsbeschluss nach Art. 10 VO 1/2003 eine Bindungswirkung gem. Art. 16 Abs. 1 VO 1/2003 ausgeht, handelt es sich derzeit mehr um ein theoretisches Problem. In der Literatur wird die Frage jedoch nicht einheitlich beurteilt.[223]

(1) Ablehnung der Bindungswirkung von Beschlüssen nach Art. 10 VO 1/2003 aufgrund des deklaratorischen Entscheidungscharakters

Ein Teil der Literatur lehnt eine Bindungswirkung von Positivbeschlüssen unter Verweis auf die Wirkung der Freistellungsentscheidungen unter der VO 17/1964 ab. Zwar sei die verfahrensrechtliche Situation durchaus vergleichbar; Beschlüssen nach Art. 10 VO 1/2003 komme aber anders als den früheren Freistellungsentscheidungen keine Rechtsverbindlichkeit mehr zu.[224] Da sie, wie auch ErwG 14 VO 1/2003 bestätigt, somit ausschließlich deklaratorisch wirken, sei nicht nachvollziehbar, warum ihnen im System der Legalausnahme eine stärkere Rechtswirkung zukommen sollte als den wirktechnisch vergleichbaren Negativattesten unter der VO 17/1962.[225] Diese Sichtweise kann jedoch schon vor dem Hintergrund der grundlegenden Systemänderung durch die neue Kartellverfahrensverordnung Nr. 1/2003 nicht überzeugen. Zudem widerspricht sie der in Art. 16 Abs. 1 VO 1/2003 explizit normierten, umfassenden Bindungswirkung

---

221 Berg/Mäsch/*van der Hout/Konrads*, Art. 10 VO 1/2003 Rn. 6.

222 Kommission, Staff Working Paper accompanying the communication from the Commission to the European Parliament and Council, Report on the Functioning of Regulation 1/2003, SEC (2009) 574 endg., Rn. 15, 113.

223 Ausführlich zum Meinungsstand: *Imgrund*, S. 153 f.; Loewenheim/*Zuber*, Art. 16 VO 1/2003 Rn. 9.

224 Vgl. ErwG 14; *Röhling*, GRUR 2003, 1019, 1023; *Hirsch*, ZWeR 2003, 233, 251; Berg/Mäsch/*van der Hout/Konrads*, Art. 10 VO 1/2003 Rn. 9; Grabitz/Hilf/Nettesheim/*Schuhmacher*, Art. 101 AEUV Rn. 430; Frankfurter Komm./*Jaeger*, Art. 16 VO 1/2003 Rn. 15; ähnlich, aber letztlich offengelassen: *Schmidt*. BB 2003, 1237, 1241 f.

225 Unter der VO 17/1962 entschied die Kommission durch ein Negativattest, dass für sie kein Anlass zum Tätigwerden aufgrund von Art. 101 Abs. 1 oder 102 AEUV vorliegt. Negativattesten, die nicht als positiver Gestaltungsakt der gemeinschaftlichen Wettbewerbspolitik angesehen wurden, kam anders als den rechtsgestaltenden Freistellungsentscheidungen lediglich deklaratorische Wirkung zu; s. hierzu *Hausen*, S. 188; Bechtold/Bosch/Brinker/*Brinker*, Art. 10 VO 1/2003 Rn. 2 f.

kartellrechtlicher Kommissionsbeschlüsse. Dass es bei dieser nicht auf die Unterscheidung zwischen konstitutiven und deklaratorischen Beschlüssen ankommt, wurde bereits umfassend dargelegt.[226]

(2) Ablehnung der Bindungswirkung von Beschlüssen nach Art. 10 VO 1/2003 aufgrund mangelnder Verfahrensbeteiligung und Rechtsschutzmöglichkeiten

Nach anderer Ansicht der Literatur ist eine Bindung nach Art. 16 Abs.1 VO 1/2003 für Beschlüsse gem. Art. 10 VO 1/2003 ebenfalls abzulehnen, allerdings aufgrund mangelnder grundrechtlich garantierter Verfahrensrechte und Rechtsschutzmöglichkeiten der durch sie beschwerten Dritten.[227] Bei Beschlüssen nach Art. 10 VO 1/2003 handelt es sich um die einzige Art von Entscheidungen, die im Gegensatz zu den Negativbeschlüssen der Art. 7, 8 oder 9 VO 1/2003 zugunsten des vermeintlichen Kartellrechtsverletzers wirken und deren Verhalten rechtsverbindlich als kartellrechtskonform legitimieren. Dies bedeutet in der Konsequenz, dass die Annahme einer bindenden Wirkung für Nichtanwendbarkeitsentscheidungen in mitgliedstaatlichen Folgeverfahren zu einer Entlastung ihrer Adressaten führen würde, die sich dort auf die bindend festgestellte Kartellrechtskonformität ihres Wettbewerbsverhaltens berufen könnten. Entsprechend würden nichtadressierte Dritte wie beispielsweise kartellbetroffene Abnehmer oder Lieferanten aufgrund des bindend festgestellten Nichtvorliegens eines Wettbewerbsverstoßes mit ihrem Klagebegehen in Follow-on Verfahren nicht mehr durchdringen können. Mitgliedstaatlichen Gerichten bliebe es in diesen Verfahren aufgrund der Bindungswirkung des Art. 16 Abs. 1 VO 1/2003 grundlegend verwehrt, gegen den Beschluss der Kommission einen Kartellrechtsverstoß festzustellen. Klagewillige Dritte wären durch eine Bindungswirkung von Kommissionsbeschlüssen nach Art. 10 VO 1/2003 somit mit erheblichen Nachteilen belastet. Die geäußerte Kritik ist nicht von der Hand zu weisen. Eine Bindungswirkung für Nichtanwendbarkeitsbeschlüsse könnte allerdings aus rechtsstaatlicher Perspektive dann angenommen werden, wenn für die durch den Freistellungsbeschluss belasteten Dritten eine den Vorgaben der Art. 47 Abs. 1 und 2 EU GrC und Art. 6 Abs. 3 EUV i.V.m. Art. 6 Abs. 1, 13 EMRK[228] genügende Möglichkeit besteht, zuvor rechtliches Gehör und effektiven gerichtlichen

226 S. hierzu ausführlich oben S. 67 f.

227 *Bornkamm/Becker*, ZWeR 2005, 213, 221 f.; Wiedemann/*Bumiller*, § 62 Rn. 54.

228 S. hierzu im Detail unten S. 233 ff.

Rechtsschutz gegen den sie im nationalen Verfahren über die Bindungswirkung belastenden Kommissionsbeschluss zu erlangen.[229]

(a) Möglichkeiten zur Verfahrensbeteiligung

Ein entsprechendes Anhörungsrecht im Rahmen des Beschlussverfahrens steht nach Art. 27 Abs. 1 VO 1/2003 zunächst lediglich den durch einen Kommissionsbeschluss belasteten Adressaten, nicht jedoch Drittbetroffenen zu.[230] Nach Art. 27 Abs. 4 VO 1/2003 ist die Kommission allerdings verpflichtet, vor dem Erlass einer Nichtanwendbarkeitsentscheidung nach Art. 10 VO 1/2003 eine Zusammenfassung des Falls und des wesentlichen Inhalt des geplanten Vorgehens zu veröffentlichen.[231] Dritte erlangen hierdurch Kenntnis von dem Verfahren und geplanten Vorgehen der Kommission. Sie sind sodann berechtigt, innerhalb einer mindestens einmonatigen Frist im Vorfeld der Entscheidung entsprechende Bemerkungen zum Entscheidungsentwurf abzugeben.[232] Die Kommission kann zudem nach Art. 27 Abs. 3 VO 1/2003 sämtliche natürliche oder juristische Personen als Verfahrensbeteiligte anhören, soweit sie es für erforderlich hält. Diese Möglichkeit verdichtet sich zu einer Verpflichtung, soweit diese Personen ein ausreichendes Interesse nachweisen. Ein solches ausreichendes Interesse nach Artikel 27 Abs. 3 VO 1/2003 liegt vor, wenn der Dritte vom Inhalt der Entscheidung in seinen Rechten und Interessen betroffen ist.[233] Dies erfordert unter rechtstaatlichen Gesichtspunkten bereits der grundrechtlich gesicherte Anspruch auf rechtliches Gehör. Im Fall eines in Aussicht gestellten Erlasses eines Positivbeschlusses nach Art. 10 VO 1/2003 wäre ein

---

229 *Meyer*, GRUR 2006, 27, 31; *Weitbrecht*, WuW 2017, 244, 245; von der Groeben/Schwarze/Hatje/*Becker/Vollrath*, Art. 16 VO 1/2003 Rn. 33; entsprechend zu § 33 Abs. 4 GWB a.F.: OLG München, Urt. v. 21.02.2013, U 5006/11 Kart, Rn. 116 – *Fernsehvermarktung*; LG Stuttgart, Urt. v. 23.06.2016, 11 O 283/14, unter Ziff. 3.b; *Rother/Rieger*, NZKart 2016, 116, 117; Immenga/Mestmäcker/*Franck*, § 33 b GWB Rn. 10 und Loewenheim/*Anweiler*, Art. 10 VO 1/2003 Rn. 19 (jeweils für Bindungswirkung); Langen/Bunte/*Bornkamm*, § 33 GWB a.F. Rn. 162, 171; Bechtold/Bosch, § 33 GWB Rn. 50.

230 LG Düsseldorf, Urt. v. 08.09.2016, 37 O 27/11 (Kart), Rn. 175 – *Aufzugskartell*; *Meyer*, GRUR 2006, 27, 31; von der Groeben/Schwarze/Hatje/*Becker/Vollrath*, Art. 16 Rn. 33; entsprechend zu § 33 Abs. 4 GWB a.F.: *Rother/Rieger*, NZKart 2016, 116, 117; Möschel/Bien/*Grünberger*, S. 166; Langen/Bunte/*Bornkamm*, § 33 GWB a.F. Rn. 171.

231 Berg/Mäsch/*van der Hout/Konrads*, Art. 10 VO 1/2003 Rn. 14 und FN 24.

232 *Imgrund*, S. 157; *Hausen*, S. 189.

233 *Dohrn*, S. 109 m.w.N.

entsprechendes Anhörungsrecht eines Dritten nach Art. 27 Abs. 3 VO 1/2003 aufgrund seiner durch eine angenommene belastende Bindungswirkung des Nichtanwendbarkeitsbeschlusses bewirkten Betroffenheit in eigenen Interessen und Rechten zu bejahen.[234]

(b) Effektiver gerichtlicher Rechtsschutz durch die Nichtigkeitsklage

Neben der Option einer Beteiligung im Beschlussverfahren ist aus rechtsstaatlichen Gesichtspunkten zudem eine Möglichkeit des Drittbetroffenen zu verlangen, effektiven gerichtlichen Rechtsschutz gegen Nichtanwendbarkeitsbeschlüsse der Kommission zu erlangen.

Gerichtlichen Rechtsschutz gegen Unionsrechtsakte mit Außenwirkung, zu denen auch Kommissionsbeschlüsse gem. Art. 288 Abs. 4 AEUV und damit eben auch Positivbeschlüsse nach Art. 10 VO 1/2003 zählen, bietet die Nichtigkeitsklage vor dem Europäischen Gericht gem. Art. 256 Abs. 1 UAbs. 1 S. 1, 263 AEUV i.V.m. Art. 51 EuGH-Satzung.[235] Vorliegend steht insbesondere die Klagebefugnis eines Drittbetroffenen im Rahmen einer Klage gegen den Nichtanwendbarkeitsbeschluss vor dem Europäischen Gericht in Frage. Die Klagebefugnis der Parteien im Nichtigkeitsklageverfahren regelt Art. 263 AEUV, der in seinen Absätzen 2 bis 4 zwischen privilegierten und nichtprivilegierten Klägern unterscheidet. Für diese gelten in Bezug auf ihre Klageberechtigung jeweils unterschiedliche Anforderungen. Während es sich bei den privilegierten Klägern um Mitgliedstaaten und EU-Institutionen handelt, stehen vorliegend nur juristische oder ggf. auch natürliche Personen im Mittelpunkt der Überlegungen. Diese gehören zu der Gruppe der nichtprivilegierten Kläger nach Art. 263 Abs. 4 AEUV. Art. 263 Abs. 4 AEUV unterscheidet insoweit weiter zwischen den stets klagebefugten Adressaten eines Beschlusses (Art. 263 Abs. 4 Var. 1 AEUV) und Nichtadressaten. Letzteren kommt eine Klagebefugnis lediglich dann zu, wenn sie durch eine Entscheidung unmittelbar und individuell betroffen sind (Art. 263 Abs. 4 Var. 2 AEUV). Daneben behandelt Art. 263 Abs. 4 Var. 3 AEUV den Sonderfall einer Handlung mit Verordnungscharakter.

---

234 EuGH, Urt. v. 29.06.210, C-441/07 P, Rn. 91 – *Alrosa; Imgrund*, S. 157; *Klees*, § 6 Rn. 167; Frankfurter Komm./*Jaeger*, Art. 10 VO 1/2003 Rn. 7; MüKo Kartellrecht/*Bauer*, Art. 10 VO 1/2003 Rn. 37.

235 Calliess/Ruffert/*Cremer*, Art. 263 AEUV Rn. 29; von der Groeben/Schwarze/Hatje/*Gaitanides*, Art. 263 AEUV Rn. 13; Grabitz/Hilf/Nettesheim/*Dörr*, Art. 263 AEUV Rn. 1 f. S. zur Nichtigkeitsklage im Detail auch unten S. 233 ff..

Natürliche und juristische Personen, die Adressaten eines Kommissionsbeschlusses sind, können somit gegen diesen an sie gerichteten Rechtsakt stets Nichtigkeitsklage erheben, ohne weitere besondere subjektive Umstände darlegen zu müssen. Die nichtadressierten Drittbetroffenen eines Nichtanwendbarkeitsbeschlusses nach Art. 10 VO 1/2003 können wie dargelegt die Entscheidung der Kommission dagegen nach Art. 263 Abs. 4 Var. 2 AEUV nur dann anfechten, wenn sie durch diese in qualifizierter Art und Weise, also unmittelbar und individuell, betroffen sind. Das Kriterium der Unmittelbarkeit soll dabei rein potentiell Betroffene aus dem Kreis der Klagebefugten ausschließen,[236] das Kriterium der individuellen Betroffenheit zum Ausschluss von Popularklagen führen.[237] Eine beanstandete Maßnahme betrifft den Kläger daher nur dann unmittelbar, wenn sie seine Interessens- oder Rechtslage *ipso facto,* also in unmittelbarem Kausalzusammenhang ohne Hinzutreten weiterer Umstände, wie z.B. im Ermessen der ausführenden Stelle stehende Vollzugsakte bzw. nicht vordeterminierter Umsetzungsmaßnahmen, tatsächlich und direkt beeinträchtigt.[238] Im Kartellverfahren können daher insbesondere Wettbewerber und Teilnehmer vertikaler Lieferketten der am Verstoß beteiligten Unternehmen klagebefugt sein, wenn sich die Entscheidung der Kommission direkt und spürbar auf ihre Marktstellung auszuwirken droht.[239] Unter der Annahme einer Bindungswirkung von Nichtanwendbarkeitsentscheidungen der Kommission nach Art. 16 Abs.1 VO 1/2003 folgt die Rechtsbeeinträchtigung potenziell kartellgeschädigter Dritter zudem auch aus deren Rechtsverlust in Verfahren vor den mitgliedstaatlichen Gerichten, die infolge des Kommissionsbeschlusses von der Vereinbarkeit eines Marktverhaltens mit den europäischen Wettbewerbsnormen auszugehen haben.

---

236 Calliess/Ruffert/*Cremer*, Art. 263 AEUV Rn. 36; von der Groeben/Schwarze/Hatje/*Gaitanides*, Art. 263 AEUV Rn. 49.

237 Grabitz/Hilf/Nettesheim/*Dörr,* Art. 263 AEUV Rn. 68; von der Groeben/Schwarze/Hatje/*Gaitanides*, Art. 263 AEUV Rn. 49.

238 EuGH, Urt. v. 17.01.1985, C-11/82, Rn. 8 ff. – *Piraiki-Patraiki*; EuGH, Urt. v. 13.03.2008, C-125/06 P, Rn. 47 – *Kommission/Infront WM*; EuGH, Urt. v. 02.07.2009, C-343/07, Rn. 43 – *Bavaria und Bavaria Italia*; EuG, Urt. v. 11.07.1996, verb. Rs. T-528/93, Rn. 64 – *Métropole Télévision/Kommission*; *Körner*, S. 178; *Dohrn*, S. 107; Calliess/Ruffert/*Cremer*, Art. 263 AEUV Rn. 36; Grabitz/Hilf/Nettesheim/*Dörr,* Art. 263 AEUV Rn. 59, 61 ff.; von der Groeben/Schwarze/Hatje/*Gaitanides*, Art. 263 AEUV Rn. 49; Streinz/*Ehricke*, Art. 263 AEUV Rn. 61 ff.; Kamann/Ohlhoff/Völcker/*Dittert*, § 14 Rn. 15.

239 EuG, Urt. v. 11.07.1996, T-528/93, Rn. 64 – *Métropole Télévision*; Kamann/Ohlhoff/Völcker/*Dittert*, § 14 Rn. 16.

Hierbei würde es sich auch um eine zwingende gesetzliche Vorgabe, mithin eine unmittelbare Maßnahme, handeln, deren Eintritt weder von weiteren Umständen abhängt noch im Ermessen der mitgliedstaatlichen Gerichte steht, die einen kartellbetroffenen Dritten unmittelbar belastet, indem sie ihm alle zivilrechtlichen Ansprüche gegen den Begünstigten des Kommissionsbeschlusses nach Art. 10 VO 1/2003 abschneidet.[240]

Ob ein Dritter zudem auch individuell betroffen ist, bestimmt sich nach der vom EuGH im gleichnamigen Urteil im Jahr 1963 aufgestellten „Plaumann-Formel".[241] Nach dieser ist der Kläger in einem Verfahren nach Art. 263 AEUV durch einen Unionsrechtsakt dann individuell betroffen, wenn dieser ihn „wegen bestimmter persönlicher Eigenschaften oder besonderer, ihn aus dem Kreis aller übrigen Personen heraushebender Umstände berührt und ihn daher in ähnlicher Weise individualisiert wie den Adressaten einer Entscheidung."[242]

Zunächst könnte sich eine entsprechende Individualisierung des Drittbetroffenen aus der durch Art. 27 Abs. 4 VO 1/2003 eingeräumten Möglichkeit zur Abgabe von Bemerkungen ergeben. Dies ist jedoch abzulehnen, da es den Kreis individuell Betroffener über Gebühr ausdehnen würde.[243] Nach der Rechtsprechung des Europäischen Gerichtshofs kann jedoch die tatsächliche Beteiligung

---

240 *Dohrn*, S. 107; *Hausen*, S. 72 f, der annimmt, dass eine Betroffenheit auch ohne die Berücksichtigung der Bindung der Zivilgerichte darin bestünde, dass die Kommission nicht mehr gehen die Wettbewerbsbeschränkung vorgehen darf; Berg/Mäsch/*van der Hout/Konrads*, Art. 10 VO 1/2003 Rn. 19 m.w.N.

241 EuGH, Urt. v. 25.07.2002, C-50/00 P, Rn. 36 ff. – *Unión de Pequenos Agricultores* sowie EuGH, Urt. v. 01.04.2004, C-263/02 P, Rn. 29, 36 – *Jégo-Quéré* widersprechen dem Vorstoß zur Lockerung durch das EuG, Urt. v. 03.05.2002, T-177/01 – *Jégo-Quéré/Kommission* und GA Jacobs, Schlussantrag v. 21.03.2002, C-50/00 P, Rn. 59 – *Unión de Pequenos Agricultores.* S. auch *Schneider*, NJW 2002, 2927, 2928; *Nettesheim*, JZ 2002, 928, 929; *Braun/Kettner*, DÖV 2003, 58, 58 f.; Calliess/Ruffert/*Cremer*, Art. 263 AEUV Rn. 50 ff.; Grabitz/Hilf/Nettesheim/*Dörr*, Art. 263 AEUV Rn. 68; von der Groeben/Schwarze/Hatje/*Gaitanides*, Art. 263 AEUV Rn. 63.

242 St. Rspr. seit EuGH, Urt. v. 15.07.1963, C-25/62 – *Plaumann*, EuGH, Urt. v. 28.01.1986, C-169/84 – *Cofaz*; EuGH, Urt. v. 21.05.1987, C- 97/85 – *Deutsche Lebensmittelwerke/Kommission;* EuGH, Urt. v. 13.03.2008, C-125/06 P, Rn. 70 – *Kommission/Infront WM;* EuGH, Urt. v. 09.06.2011, verb. Rs. C-71/09 P, Rn. 52 – *Comitato „Venezia vuole vivere"*; EuG, Urt. v. 21.03.2001, T-69/96, Rn. 35 – *Hamburger Hafen- und Lagerhaus AG u.a./Kommission*; EuG, Urt. v. 01.07.2010, T-335/08, Rn. 64 – *BNP Paribas und BNL/Kommission;* EuG, Urt. v. 10.07.2012, T-304/08 Rn. 44 – *Smurfit Kappa Group/Kommission*; Kamann/Ohlhoff/Völcker/*Dittert*, § 14 Rn. 15.

243 *Dohrn*, S. 109, 111 m.w.N.

eines Klägers im vorausgegangenen Verwaltungsverfahrens seine individuelle Betroffenheit begründen, egal ob diese auf der Wahrnehmung eigener Verfahrensrechte aus Art. 27 Abs. 3, 4 VO 1/2003 oder auf freiwilliger Einbeziehung durch die Kommission beruht.[244] Nach teilweise vertretener Auffassung genügt für eine Individualisierung des Klägers daher bereits die tatsächliche Abgabe eine Bemerkung nach Art. 27 Abs. 4 VO 1/2003, die jedem Interessierten offensteht.[245] Die engere Auffassung will im Hinblick auf den eingrenzenden Charakter des Merkmals eine individuelle Betroffenheit erst dann annehmen, wenn der Dritte nach Art. 27 Abs. 3 VO 1/2003 im Beschlussverfahren von der Kommission auch tatsächlich angehört wurde.[246] Da wie bereits dargelegt kartellbetroffenen Dritten ein entsprechendes Anhörungsrecht nach Art. 27 Abs. 3 VO 1/ 2003 zusteht, muss die Frage vorliegend nicht entschieden werden. Eine individuelle Betroffenheit des Dritten ist aber richtigerweise umso eher anzunehmen, je mehr sich dieser bereits am Verwaltungsverfahren beteiligt hat.[247]

Im Ergebnis besteht eine Klagebefugnis Drittbetroffener gegen Nichtanwendbarkeitsfeststellungsbeschlüsse nach Art 263 Abs. 4 AEUV somit dann, wenn sie am Verwaltungsverfahren tatsächlich beteiligt waren und die Kommission durch ihre Feststellung daher auch gerade die von ihnen vorgebrachten

---

244 Für das Wettbewerbsrecht grundlegend, EuGH, Urt. v. 25.10.1977, C-26/76, Rn. 13 – *Metro*; EuGH, Urt. v. 12.07.1990, C-169/84 – *Cofaz/Kommission*; EuGH, Urt. v. 22.10.1986, C-75/84, Rn 22 – *Metro/Kommission*; EuGH, Urt. v. 08.11.2008, C-75 und 80/05 P 2, Rn. 36 ff. – *Glunz*; EuGH, Urt. v. 17.02.2009, C-483/07 P, Rn. 53 – *Galileo Lebensmittel/Kommission;* EuG, Urt. v. 11.09.2002, T-13/99, Rn. 101 ff. – *Pfizer Animal Health/Rat;* EuG, Urt. v. 07.10.2009, T-420/05, Rn. 70 ff. – *Vischim/Kommission*; *Dohrn*, S. 109 m.w.N.; von der Groeben/Schwarze/Hatje/*Gaitanides*, Art. 263 AEUV Rn. 68, 85; Grabitz/Hilf/Nettesheim/*Dörr*, Art. 263 AEUV Rn. 70.

245 *Imgrund*, S. 159; *Eilmansberger*, JZ 2001, 365, 373; Mäger/*Johanns/Mäger/Fort*, Kap. 11 Rn. 61; Schwarze/Weitbrecht, § 6 Rn. 119 m.w.N.; Kölner Kommentar/*Schütz*, Art. 10 VO 1/2003 Rn. 15; Langen/Bunte/*Sura,* Art. 10 VO 1/2003 Rn. 14; Loewenheim/*Anweiler*, Art. 10 VO 1/2003 Rn. 20 (zusätzlich sei erforderlich, dass die Kommission diese Stellungnahme in der Positiventscheidung berücksichtigt hat).

246 *Klees*, § 6 Rn. 168; MüKo Kartellrecht/*Bauer*, Art. 10 VO 1/2003 Rn. 38 (Abgabe von Bemerkungen gemäß Art. 27 Abs. 4 VO 1/2003 begründet keine eine Klagebefugnis rechtfertigende individuelle Betroffenheit).

247 EuGH, Urt. v. 28.01.1986, C-169/84, Rn. 24 – *Cofaz/Kommission*. Für die Zulässigkeit einer Klage ist es nicht unerlässlich zuvor am Verwaltungsverfahren mitgewirkt zu haben, EuG, Urt. v. 11.07.1996, T-528/93, Rn. 62 – *Métropole Télévision u.a./Kommission*; EuG, Urt. v. 12.12.1996, T-87/92, Rn. 67 – *Kruidvat/Kommission*.

Einwände zurückgewiesen hat.[248] Im Hinblick auf eine Bindungswirkung von Nichtanwendbarkeitsfeststellungsbeschlüssen nach Art. 10 VO 1/2003 stehen somit ausreichende Rechtsschutzmöglichkeiten zur Verfügung. Zwar fehlen insoweit bisher konkrete Praxisfälle; die europäischen Gerichte haben aber in anderem Zusammenhang bereits Klagen Dritter zugelassen, die aufgrund der durch den verfahrensabschließenden Beschluss gewährten wettbewerbsrechtlichen Begünstigung des Adressaten spürbar in ihrer Wettbewerbsstellung beeinträchtigt wurden.[249]

(3) Annahme einer bindenden Wirkung von Beschlüssen nach Art. 10 VO 1/2003

Entgegen anderslautender Beurteilungen in der Literatur stehen Drittbetroffene Positivbeschlüssen nach Art. 10 VO 1/2003 somit nicht rechtlos gegenüber. Aus Rechtsschutzgesichtspunkten ist eine von einem Beschluss nach Art. 10 VO 1/2003 ausgehende Bindungswirkung zu Lasten Dritter daher nicht zu beanstanden. Daneben enthalten Nichtanwendbarkeitsfeststellungsbeschlüsse eine abschließende materiell-rechtliche Sachentscheidung der Kommission zum Vorliegen einer Zuwiderhandlung nach Art. 101 f. AEUV. Weiterhin gehören auch Positivbeschlüsse nach Art. 10 VO 1/2003 zu den Entscheidungen des dritten Kapitels der Kartellverfahrensverordnung und sind anders als Beschlüsse nach Art. 9 VO 1/2003 nicht ausdrücklich durch die Erwägungsgründe von einer Bindungswirkung ausgenommen.[250] Darüber hinaus spricht auch der Sinn und

---

248 Vgl. auch EuGH, Urt. v. 22.10.1986, C-75/84, Rn. 22 – *Metro/Kommission*; *Dohrn*, S. 111 m.w.N.; *Klees*, § 6 Rn. 168; Mäger/*Johanns/Mäger/Fort*, Kap. 11 Rn. 61; MüKo Kartellrecht/*Bauer*, Art. 10 VO 1/2003 Rn. 37; Berg/Mäsch/*van der Hout/Konrads*, Art. 10 VO 1/2003 Rn. 20 m.w.N.; Kölner Kommentar/*Schütz*, Art. 23 VO 1/2003 Rn. 51; Kölner Kommentar/*Schütz*, Art. 10 VO 1/2003 Rn. 15; Langen/Bunte/*Sura*, Art. 10 VO 1/2003 Rn. 14; Loewenheim/*Anweiler*, Art. 10 VO 1/2003 Rn. 20; von der Groeben/Schwarze/Hatje/*Becker/Vollrath*, Art. 16 VO 1/2003 Rn. 35; *de Bronett*, Europ. Kartellverfahrensrecht, Art. 9 VO 1/2003 Rn. Rn. 36 mwN; a.A. *Imgrund*, S. 177; Frankfurter Komm./*Jaeger*, Art. 10 VO 1/2003 Rn. 13.

249 EuGH, Urt. v. 29.10.1980, C-138/79, Rn. 16 – *Roquette Frères/Rat*; EuGH, Urt. v. 29.06.2010, C-441/07 P, Rn. 90 – *Alrosa;* EuG, Urt. v. 24.03.1994, T-3/93; Rn. 78 – *Air France;* insbes. zur wettbewerbsrechtlichen Konkurrentenklage, EuGH, Urt. v. 10.12.1969, verb. Rs. C-10 und 18/68, Rn. 7 f. – *Eridania;* EuGH, Urt. v. 28.01.1986, C-169/84, Rn. 28 – *Cofaz/Kommission*; Berg/Mäsch/*van der Hout/Konrads*, Art. 10 VO 1/2003 Rn. 20 m.w.N.; Immenga/Mestmäcker/*Bungenberg*, § 263 AEUV Rn. 59, 61; Grabitz/Hilf/Nettesheim/*Dörr*, Art. 263 AEUV Rn. 65, 92.

250 *Meyer*, GRUR 2006, 27, 31.

Zweck von Nichtigkeitsfeststellungsbeschlüssen innerhalb des Kartellrechtssystems der Union für die Annahme einer bindenden Wirkung. Wie sich bereits aus dem 14. ErwG der Kartellverfahrensverordnung ergibt, liegt der Erlass von Positivbeschlüssen allein im öffentlichen Interesse der Union, um die Rechtslage innerhalb der Gemeinschaft abschließend zu klären und eine einheitliche Rechtsanwendung sicherzustellen. Dies gilt insbesondere im Hinblick auf neue Formen von Vereinbarungen oder Verhaltensweisen, deren Beurteilung durch die bisherige Rechtsprechung und Verwaltungspraxis noch nicht geklärt ist. Die Bedeutung von Beschlüssen nach Art. 10 VO 1/2003 im Systemgefüge des europäischen Wettbewerbsrechts besteht somit gerade darin, nationalen Institutionen einheitlich die Vereinbarkeit einer bestimmten Verhaltensweise mit den Wettbewerbsregeln vorzugeben. Diese unionsweite Rechtseinheit kann jedoch letztlich nur über die Annahme einer Bindungswirkung etabliert und sichergestellt werden.

Im Ergebnis und nach vorzugswürdiger Ansicht gilt Art. 16 Abs. 1 VO 1/2003 somit unabhängig davon, ob die Kommission in ihrem Beschluss einen Verstoß feststellt oder verneint, so dass auch der Feststellung der Nichtanwendbarkeit der Art. 101 f. AEUV in einem Kommissionsbeschluss nach Art. 10 VO 1/2003 Bindungswirkung zukommt.[251] Es ist davon auszugehen, dass auch der EuGH Entscheidungen gem. Art. 10 VO 1/2003 in seiner bisherigen Rechtsprechung in den Anwendungsbereich des Art. 16 Abs. 1 VO 1/2003 einbezieht.[252]

Allerdings ist von der bindenden Wirkung eines Positivbeschlusses dann eine Ausnahme zu machen, wenn die Kommission die Nichtanwendbarkeit der Art. 101 f. AEUV allein aufgrund fehlender Zwischenstaatlichkeit feststellt.[253] Im Fall einer solchen Opportunitätsentscheidung ist die grundsätzlich bestehende Bindungswirkung teleologisch einzuschränken, da es den mitgliedstaatlichen Gerichten insoweit weiterhin möglich sein muss, das entsprechende Verhalten

---

251 *Imgrund*, S. 160; *Bornkamm*, ZWeR 2003, 73, 75-83; *Montag/Rosenfeld*, ZWeR 2003, 107, 131; *Hirsch*, ZWeR, 2003, 233, 251; *Hossenfelder/Lutz*, WuW 2003, 119, 123; *Scheffler*, NZKart 2015, 223, 224; *Klees*, § 6 Rn. 162; *de Bronett*, Europ. Kartellverfahrensrecht, Art. 16 VO 1/2003 Rn. 4; von der Groeben/Schwarze/Hatje/*Becker/Vollrath*, Art. 16 VO 1/2003 Rn. 14; Immenga/Mestmäcker/*Ritter*, Art. 16 VO 1/2003 Rn. 3; Loewenheim/*Zuber*, Art. 16 VO 1/2003 Rn. 9; Loewenheim/*Anweiler*, Art. 10 VO 1/2003 Rn. 19; Grabitz/Hilf/Nettesheim/*Dalheimer*, Art. 16 VO 1/2003 Rn. 7; Berg/Mäsch/*van der Hout/Konrads*, Art. 10 VO 1/2003 Rn. 9 m.w.N.; Kölner Kommentar/Schütz, Art. 16 VO 1/2003 Rn. 3; Immenga/Mestmäcker/*Franck*, § 33 b GWB Rn. 10.

252 Deutlich EuGH, Urt. v. 14.02.2012, C-17/10, Rn. 87 – *Toshiba Corporation*.

253 Calliess/Ruffert/*Weiß*, Art. 101 AEUV Rn. 22.

unter nationalen Kartellrechtsvorgaben zu prüfen und ggf. mit entsprechenden Rechtsfolgen als wettbewerbswidrig einzustufen.[254]

ee. *Bußgeldbeschlüsse aufgrund materiell-rechtlicher Wettbewerbsverstöße nach Art. 7 Abs. 1, 23 Abs. 2 lit. a VO 1/2003*

Nach Art. 23 Abs. 2 lit. a VO 1/2003 ist die Kommission berechtigt, die Zuwiderhandlung gegen das europäische Wettbewerbsrecht bei Vorliegen von Vorsatz oder Fahrlässigkeit mit einer Geldbuße zu ahnden, deren Höhe sich gem. Artikel 23 Abs. 3 VO 1/2003 nach der Schwere und Dauer der festgestellten Zuwiderhandlung richtet. Gerade Bußgeldbeschlüsse der Kommission stehen aufgrund der Höhe der verhängten Bußgelder oftmals im Fokus der Öffentlichkeit, stellen aufgrund ihrer Häufigkeit und Bedeutsamkeit aber auch für Kartellgeschädigte eine wichtige Grundlage für die Durchsetzung ihrer Schadensersatzansprüche vor den mitgliedstaatlichen Gerichten dar. Auf die durch die Bindungswirkung begründete erleichterte Durchsetzung privater Schadensersatzklagen in nationalen Follow-on Verfahren weist die Kommission zudem stets explizit in ihren Pressemitteilungen zu aktuellen Bußgeldentscheidungen hin.[255] Obwohl dementsprechend häufig von der Bindungswirkung eines Bußgeldbeschlusses die Rede ist,[256] geht von dem eigentlichen, die Geldbuße nach Art. 23 Abs. 2 lit. a VO 1/2003 verfügenden Teil des Beschlusses aber keine Bindungswirkung aus.[257]

Bußgeldbeschlüsse der Kommission folgen in ihrem Tenor im Wesentlichen einem stets gleichen Aufbau. In Art. 1 des verfügenden Beschlussteils wird gem. Art. 7 Abs. 1 VO 1/2003 festgestellt, welche Unternehmen durch eine in knapper Zusammenfassung beschriebene Handlung in einem konkretisierten Zeitraum gegen die Vorschrift des Art. 101 Abs. 1 AEUV verstoßen haben.

---

254 *Hossenfelder/Lutz,* WuW 2003, 118, 122 f; Calliess/Ruffert/*Weiß*, Art. 101 AEUV Rn. 22.

255 Z.B. Kommission, Entsch. v. 13.04.2011, AT.39579 – *Waschpulverhersteller.*

256 Kommission, Entsch. v. 09.11.2010, AT.39258 – *Air Cargo Carriers;* mehrdeutig LG Düsseldorf, Urt. v. 08.09.2016, 37 O 27/11 [Kart] unter A. II. zu Art. 16 VO 1/2003: „Die Bindungswirkung der Bußgeldentscheidung […]", jedoch ebenfalls unter Berufung auf die verbindliche Feststellung einer Zuwiderhandlung i. S. von Art. 7 VO Nr. 1/2003; zudem von der Groeben/Schwarze/Hatje/*Becker/Vollrath*, Art. 16 VO 1/2003 Rn. 20; Immenga/Mestmäcker/*Ritter/Wirtz*, Art. 16 VO 1/2003 Rn. 3.

257 *De Bronett*, Europ. Kartellverfahrensrecht, Art. 16 VO 1/2003 Rn. 4; MüKo Kartellrecht/*Schneider*, Art. 16 VO 1/2003 Rn. 8; Bechtold/Bosch/Brinker/*Brinker*, Art. 16 VO 1/2003 Rn. 5.; Frankfurter Komm./*Jaeger*, Art. 16 VO 1/2003 Rn. 12; a.A. Möschel/Bien/*Grünberger*, 135, 160.

Bußgeldbeschlüsse enthalten somit stets eine Entscheidung über die Feststellung eines Wettbewerbsverstoßes nach Art. 7 Abs. 1 Hs. 1 VO 1/2003, die die notwendige Grundlage der übrigen Verfügungen bildet. Zumeist beinhalten sie daneben auch eine Abstellungsverfügung nach Art. 7 Abs. 1 Hs. 2 VO 1/2003 in Bezug auf das festgestellte kartellrechtswidrige Verhalten.[258] Daher tragen Bußgeldbeschlüsse oftmals sogar lediglich die Überschrift eines Beschlusses nach Art. 7 Abs. 1 VO 1/2003. In Art. 2 der Bußgeldverfügung werden sodann die aufgrund der Zuwiderhandlung nach Art. 23 Abs. 2 lit. a VO 1/2003 verhängten Geldbußen aufgelistet.[259] Art. 3 der Entscheidung ordnet sodann zumeist wie beschrieben an, dass der Verstoß unmittelbar abgestellt werden muss, während Art. 4 die adressierten juristischen Personen als Rechtsträger der für die Zuwiderhandlung in Art.1 des Beschlusses verantwortlich gemachten Unternehmen i.S.e. wirtschaftlichen Einheit auflistet.

Die materielle Bindungswirkung von Bußgeldbeschlüssen der Kommission wird nicht einheitlich bewertet. Obwohl kartellrechtliche Bußgeldbeschlüsse der Kommission oftmals pauschal als bindend angesehen werden,[260] ist es dogmatisch

---

258 Kommission, Entsch. v. 10.07.2013, AT.39748 – *Automotive Wire Harnesses;* Kommission, Entsch. v. 02.04.2014, AT.39619 – *Stromkabel*; Kommission, Entsch. v. 10.12.2014, AT.39780 – *Envelopes;* Kommission, Entsch. v. 17.06.2015, AT.40055 – *Parking heaters;* Kommission, Entsch. v. 21.10.2015, AT.39639 – *Optical Disc Drives;* Kommission, Entsch. v. 06.04.2016, AT.39965 – *Mushrooms*; Kommission, Entsch. v. 25.05.2016, AT.39792 – *Steel Abrasives*; Kommission, Entsch. v. 08.02.2017, AT.40018 – *Car battery recycling;* von der Groeben/Schwarze/Hatje/*Becker/Vollrath*, Art. 16 VO 1/2003 Rn. 20.

259 Kommission, Entsch. v. 02.04.2014, AT.39619 – *Stromkabel*; Kommission, Entsch. v. 21.10.2015, AT.39639 – *Optical Disc Drives*; Kommission, Entsch. v. 25.05.2016, AT.39792 – *Steel Abrasives.*

260 Vor allem die Kommission spricht oftmals von der Bindungswirkung von Bußgeldbeschlüssen, vgl. exemplarisch Kommission, Beschl. v. 09.11.2010, COMP/39258 – *Airfreight*; s. auch die Pressemitteilungen der Kommission, wonach Bußgeldbeschlüsse bindenden Charakter für eventuelle Schadensersatzklagen haben: „*Nach der Rechtsprechung des Gerichtshofs der Europäischen Union und der Verordnung 1/2003 des Rates gelten Kommissionsbeschlüsse in Gerichtsverfahren vor einzelstaatlichen Gerichten als rechtskräftiger Nachweis dafür, dass das Verhalten stattgefunden hat und gegen geltendes Recht verstoßen hat.*“ – Kommission, Pressemitteilung v. 19.07.2016 – *LKW-Kartell;* weiterhin Kommission, Pressemitteilung v. 20.04.2021 – *Eisenbahnunternehmen;* Kommission, Pressemitteilung v. 08.07.2021 – *Car Emissions*. S. auch Immenga/Mestmäcker/*Ritter/Wirtz*, Art. 16 VO 1/2003 Rn. 3; Frankfurter Komm./*Jaeger*, Art. 16 VO 1/2003 Rn. 12.

zutreffend und genau betrachtet nur der stets in ihnen enthaltene fest- bzw. abstellende Beschlussteil nach Art. 7 Abs. 1 VO 1/2003, der bindende Wirkung nach Art. 16 Abs. 1 VO 1/2003 entfaltet.[261] Die Feststellungen der Kommission zu den ordnungswidrigkeitenrechtlichen Rechtsfolgen wie der festgesetzten Geldbuße sind dagegen weder von der Bindungswirkung des Art. 16 Abs. 1 VO 1/2003 umfasst noch für anschließende Zivilverfahren inhaltlich relevant.[262] Daneben ist die Norm des Art. 23 Abs. 2 VO 1/2003 auch rein formal – anders als die bisher erörterten Entscheidungen der Art. 7 bis 10 VO 1/2003 – nicht im dritten Kapitel, sondern im vierten Kapitel der Kartellverfahrensverordnung verortet. Weiterhin bezieht sich die Kohärenzverpflichtung ausweislich des Wortlauts der Vorschrift des Art. 16 Abs. 1 VO 1/2003 ausdrücklich auf Feststellungen der Kommission über Vereinbarungen, Beschlüsse oder Verhaltensweisen nach Art. 101 f. AEUV. Der bußgeldrechtliche Rechtsfolgenausspruch beinhaltet aber schon keine materiell-rechtliche Beurteilung des wettbewerblichen Verhaltens, zu der sich die nationalen Gerichte in Widerspruch setzen könnten. Überdies kommt der Kommission insoweit auch keine Kompetenz zu, die durch nationale Gerichte verhängten Rechtsfolgen vorherzubestimmen.[263] Auch eine durch die Bindungswirkung herbeigeführte kohärente Rechtsdurchsetzung ist im Hinblick auf die eigentlichen Bußgeldentscheidung in Art. 2 der Bußgeldverfügung der Kommission nicht notwendig, da die Sanktionsmöglichkeit des Art. 23 Abs. 2 VO 1/2003 ohnehin ausschließlich die Kommission ermächtigt, während das nationale Recht andere Sanktionen bzw. Rechtsfolgen insbesondere

---

261 Vgl. auch EuGH, Urt. v. 14.02.2012, C-17/10 Rn. 84 ff. – *Toshiba Corp.;* Kommission, Vorschlag Kartellschadensersatz-Richtlinie, COM (2013) 404 final v. 11.6.2013, S. 18 „Feststellungsentscheidung"; *Imgrund*, S. 162; *Dohrn*, S. 72; *Meessen*, S. 114 f.; *Körner*, S. 233; *de Bronett*, Europ. Kartellverfahrensrecht, Art. 16 VO 1/2003 Rn. 4; Berg/Mäsch/*von der Hout/Lux*, Art. 16 VO 1/2003 Rn. 11; MüKo Kartellrecht/*Schneider*, Art. 16 VO 1/2003 Rn. 8; Grabitz/Hilf/Nettesheim/*Dalheimer*, Art. 16 VO 1/2003 Rn. 3; Bechtold/Bosch/Brinker/*Brinker*, Art. 16 VO 1/2003 Rn. 5; Frankfurter Komm./*Jaeger*, Art. 16 VO 1/2003 Rn. 12; Lampert/Niejahr/Kübler/*Weidenbach*, Art. 16 VO 1/2003 Rn. 318; nicht ganz eindeutig: Immenga/Mestmäcker/*Ritter/Wirtz*, Art. 16 VO 1/2003 Rn. 3 (*„wichtigster Teil ist die verbindliche Feststellung einer Zuwiderhandlung im Sinne von Art. 7*"); a.A.: von der Groeben/Schwarze/Hatje/*Becker/Vollrath*, Art. 16 VO 1/2003 Rn. 20; Möschel/Bien/*Grünberger*, 135, 160.

262 *Dohrn*, S. 46 f., 72; *Körner*, S. 233; *Weitbrecht*, WuW 2017, 244, 245; MüKo Kartellrecht/Schneider, Art. 16 VO 1/2003 Rn. 8; Bechtold/Bosch/Brinker/*Brinker*, Art. 16 VO 1/2003 Rn. 5; Frankfurter Komm./*Jaeger*, Art. 16 VO 1/2003 Rn. 18. a.A. Möschel/Bien/*Grünberger*, S. 135, 162.

263 *Imgrund*, S. 162; Monopolkomm., Sondergutachten 41, März 2004, Rn. 43.

auch zivilrechtlicher Art vorsieht.[264] Eine abweichende Bußgeldentscheidung nationaler Wettbewerbsbehörden im selben Fall steht schon aufgrund des Evokationsrechts des Art. 11 Abs. 6 VO 1/2003 und des Grundsatzes ne bis in idem nicht zu befürchten.[265] Es ist daher davon auszugehen, dass Bußgeldbeschlüsse lediglich in Bezug auf die in ihnen getroffene Fest- und Abstellungsverfügung nach Art. 7 Abs. 1 VO 1/2003 bindende Wirkung entfalten, nicht jedoch hinsichtlich der bußgeldrechtlichen Rechtsfolgenentscheidung.

ff. Entzug des Rechtsvorteils einer Gruppenfreistellungsverordnung in Einzelfällen nach Art. 29 Abs. 1 VO 1/2003

Entscheidungen der Kommission nach Art. 29 Abs. 1 VO 1/2003, in denen bestimmten Vereinbarungen von Unternehmen im Einzelfall der Rechtsvorteil einer Gruppenfreistellungverordnung entzogen wird, entfalten nach herrschender Auffassung Bindungswirkung im Sinne des Art. 16 Abs. 1 VO 1/2003.[266] Dies ist überzeugend. Den Gruppenfreistellungsverordnungen kommt auch unter dem System der Legalausnahme unmittelbarer materieller Gehalt zu, indem sie rechtlich bindend Freistellungen nach Art. 101 Abs. 3 AEUV konkretisieren. Entsprechend hat auch eine Entscheidung hinsichtlich der Entziehung der an sich rechtsverbindlichen Gruppenfreistellung materiell-rechtlichen, sogar konstitutiven Charakter. Allein hieraus ergibt sich bereits ihre bindende Rechtswirkung. Der Entzug des Rechtsvorteils einer Gruppenfreistellungsverordnung obliegt als unionsweite Direktive des gemeinsamen Wettbewerbsrechts zudem ausschließlich der Kommission und darf in dieser Funktion nicht durch die mitgliedstaatlichen Einzelgerichte konterkariert werden. Auch hinsichtlich des rechtlichen Gehörs und des Anspruchs auf effektiven gerichtlichen Rechtsschutz der durch einen entsprechenden Beschluss beschwerten Adressaten bestehen keine Bedenken. Die mitgliedstaatlichen Gerichte sind daher an die wettbewerbsrechtliche Bewertung der Kommission in deren Beschluss nach Art. 29 Abs. 1 VO 1/2003 nach Art. 16 Abs. 1 VO 1/2003 gebunden und dürfen keine Entscheidungen treffen, die sich zu dieser in Widerspruch setzen.

---

264 Vgl. auch Art. 3 Abs. 2 S. 2 VO 1/2003.

265 Bechtold/Bosch/Brinker/*Brinker*, Art. 16 VO 1/2003 Rn. 5.

266 von der Groeben/Schwarze/Hatje/*Becker/Vollrath*, Art. 16 VO 1/2003 Rn. 18, Immenga/Mestmäcker/*Ritter/Wirtz*, Art. 16 VO 1/2003 Rn. 3; MüKo Kartellrecht/*Schneider*, Art. 16 VO 1/2003 Rn. 8; Berg/Mäsch/*Van der Hout/Lux*, Art. 16 VO 1/2003 Rn. 9; Langen/Bunte/*Sura*, Art. 16 VO 1/2003 Rn. 9; Wiedemann/*Bumiller*, § 62 Rn. 50.

gg. Mitteilungen, Bekanntmachungen und Leitlinien der Kommission

Die Kommission nutzt Mitteilungen, Bekanntmachungen und Leitlinien als eine Form der untergesetzlichen Normierung, um ihre Verwaltungspraxis im Rahmen der weit gefassten Tatbestände des Primär- und Sekundärrechts zu strukturieren und das europäische Recht in diversen Einzelfragen zu konkretisieren.[267] Doch weder Mitteilungen, Bekanntmachungen noch Leitlinien entfalten nach einhelliger Auffassung eine bindende Wirkung nach Art. 16 Abs. 1 der Kartellverfahrensverordnung.[268] Die zuvor teilweise in der Literatur vertretene Auffassung, Bekanntmachungen und Leitlinien würden aufgrund des in Art. 4 Abs. 3 EUV inkorporierten Loyalitätsgebotes eine unmittelbare Bindungswirkung gegenüber den mitgliedstaatlichen Gerichten entfalten[269], ist spätestens seit dem *Expedia*-Urteil des EuGH nicht mehr haltbar.[270] In diesem hatte das höchste europäische Gericht ausdrücklich festgestellt, dass Bekanntmachungen und Leitlinien der Kommission gerade keine Kohärenzverpflichtung gegenüber den Gerichten der Mitgliedstaaten entfalten. Dies gilt auch dann wenn diese wie im Kartellrecht üblich nach Art. 3 Abs. 2 VO 1/2003 unmittelbar europäisches Recht anwenden.[271] Ein dem Urteil des EuGH entsprechendes Ergebnis lässt sich zudem bereits aus dem Wortlaut des Art. 16 VO 1/2003 ableiten, welcher ausdrücklich „Entscheidungen der Kommission“ bindende Wirkung zuschreibt. Wie bereits festgestellt statuiert er damit eine Bindung ausschließlich an materiell-rechtliche Kommissionsbeschlüsse i.S.v. Art. 288 Abs. 4 AEUV, welche die konkret-individuelle Beurteilung einer bestimmten wettbewerblichen Verhaltensweise eines Unternehmens anhand der Art. 101 oder 102 AEUV zum Gegenstand haben.[272] Die dagegen abstrakten, auf eine Vielzahl von Fällen gemünzten Bekanntmachungen und Leitlinien fallen dagegen gerade nicht unter diese Vorgaben. Ihnen ist daher weder nach Art. 16 Abs. 1 VO 1/2003 noch durch den unionsrechtlichen Loyalitätsgrundsatz eine rechtlich bindende Wirkung zuzuschreiben.[273]

---

267 *Thomas*, EuR 2009, 423, 423 m.w.N.

268 Berg/Mäsch/*von der Hout/Lux*, Art. 16 VO 1/2003 Rn. 9.

269 *Schweda*, WuW 2004, 1133, 1144; zu allem s. auch *Esken*, WRP 2013, 443, 443 m.w.N.

270 EuGH, Urt. v. 13.12.2012, C-226/11, Rn. 29 ff. – *Expedia*.

271 EuGH, Urt. v. 10.07.1980, C-253/78, Rn. 12 f. – *Giry und Guerlain*; EuGH, Urt. v. 13.12.2012, C-226/11, Rn. 29 ff. – *Expedia*.

272 S. hierzu bereits oben S. 66 ff.

273 von der Groeben/Schwarze/Hatje/*Puffer-Mariette*, Art. 6 VO 1/2003 Rn. 6; Loewenheim/*Zuber*, Art. 6 VO 1/2003 Rn.3; Immenga/Mestmäcker/*Ritter/Wirtz*, Art. 16 VO

e. Einbezogene Entscheidungen nach § 33 b GWB

Vergleicht man die nationale Vorschrift des § 33 b GWB mit den Vorgaben der Verordnungsnorm in Art. 16 Abs. 1 VO 1/2003 hinsichtlich der Frage, welche Beschlüsse der Kommission bindende Wirkung entfalten, so stellt man zunächst fest, dass die beiden Normen hinsichtlich einer statuierten Bindungswirkung für Kommissionsbeschlüsse nach Art. 7, 8, 9 und 29 Abs. 1 VO 1/2003 übereinstimmen. Während Beschlüsse nach Art. 7, 8 und 29 Abs. 1 VO 1/2003 somit auch nach § 33 b GWB bindende Wirkung in nationalen Gerichtsverfahren entfalten, besteht eine solche Wirkung für Entscheidungen nach Art. 9 VO 1/2003 nicht.[274]

Im Gegensatz zur Kohärenzverpflichtung des Art. 16 Abs. 1 VO 1/2003 wird im Bereich des § 33 b GWB aber einhellig auch Beschlüssen nach Art. 23 Abs. 2 VO 1/2003 Bindungswirkung zugeschrieben. Dabei findet sich für diese Unterscheidung keine Erklärung und wird auch nicht im Detail zwischen der Bindungswirkung einzelner Artikel eines Bußgeldbeschlusses unterschieden.[275] Dies ist nicht nachvollziehbar. Dagegen kommt Nichtanwendbarkeitsbeschlüssen gem. Art. 10 VO 1/2003 nach dem eindeutigem Wortlaut des § 33 b GWB keine Bindungswirkung zu.[276] Anders als Art. 16 VO 1/2003 unterscheidet § 33 b GWB zwischen der positiven oder negativen Feststellung einer Wettbewerbsbeschränkung. Die Vorschrift des § 33 b GWB bezieht sich ausschließlich auf Kommissionsbeschlüsse, in denen positiv die Feststellung eines wettbewerbswidrigen Verhaltens, also eines bestehenden Kartellrechtsverstoßes, getroffen wird. Wird in einem Beschluss kein Wettbewerbsverstoß festgestellt, geht von ihm nach dem Wortlaut des § 33 b GWB auch keine bindende Wirkung aus. Die durch die nationale Norm begründete Bindungswirkung dient somit ausschließlich

---

1/2003 Rn. 4 (für informelle Beratungsschreiben und die Stellungnahmen der Kommission als amicus curiae).

274 Gesetzentwurf der Bundesregierung eines Siebten Gesetzes zur Änderung des Gesetzes gegen Wettbewerbsbeschränkungen, BT-Drucks. 15/3640, S. 34 (l. Sp. 1. Abs.), 52 (l. Sp. o.); KG Berlin, Urt. v. 01.10.2009, 2 U 17/03 Kart., Rn. 40; KG Berlin, Urt. v. 01.10.2009, 2 U 10/03 Kart, Rn. 23; *Meyer*, GRUR 2006, 27, 28; Möschel/Bien/*Grüneberger*, S. 162; Immenga/Mestmäcker/*Franck*, § 33 b GWB Rn. 10; Berg/Mäsch/*Mäsch*, § 33 GWB a.F. Rn. 86, § 33 b GWB Rn. 2.

275 KG Berlin, Urt. v. 01.10.2009, 2 U 17/03 Kart., Rn. 40; KG Berlin, Urt. v. 01.10.2009, 2 U 10/03 Kart, Rn. 23; *Meyer*, GRUR 2006, 27, 27; Möschel/Bien/*Grüneberger*, S. 162; Berg/Mäsch/*Mäsch*, § 33 GWB a.F. Rn. 86, § 33 b GWB Rn. 2; Immenga/Mestmäcker/*Franck*, § 33 b GWB Rn. 10.

276 *Leffrang* Rn. 194, 224; *Meyer*, GRUR 2006, 27, 27; Immenga/Mestmäcker/*Franck*, § 33 b GWB Rn. 10; Berg/Mäsch/*Mäsch*, § 33 GWB a.F. Rn. 86, § 33 b GWB Rn. 2 m.w.N.

der prozessualen Unterstützung Kartellgeschädigter.[277] Nach den Vorgaben des § 33 b GWB wären selbst im Anschluss an einen Kommissionsbeschluss nach Art. 10 VO 1/2003, durch den die Kartellrechtskonformität eines bestimmten Wettbewerbsverhaltens festgestellt wurde, nationale Schadensersatzklagen mit ggf. abweichender Beurteilung nicht ausgeschlossen. Der in Rede stehende Verstoß kann erneut und selbstständig durch das mitgliedstaatliche Gericht geprüft werden.[278] Dies widerspricht jedoch der unionsrechtlichen Regelung des Art. 16 Abs. 1 VO 1/2003.

Bei der Frage, wann ein Kommissionsbeschluss vorliegt, von dem eine bindende Wirkung für mitgliedstaatliche Gerichtsverfahren ausgeht, zeigt sich somit ein erheblicher Widerspruch zwischen den Vorgaben des Art. 16 VO 1/2003 und der nationalen „Parallelvorschrift" des § 33 b GWB. Auf die Folgen dieses Widerspruchs wird weiter unten eingegangen.[279]

2. *Anforderung an die Außenwirkung des Beschlusses*

Nach seinem Wortlaut bindet Art. 16 Abs. 1 VO 1/2003 die Gerichte der Mitgliedstaaten an die materiell-rechtliche Beurteilung eines bestimmten wettbewerblichen Verhaltens durch die Kommission in deren bereits erlassenen oder durch die Kommission beabsichtigten Beschlüssen. Darüber hinaus werden durch die Vorschrift des Art. 16 Abs. 1 VO 1/2003 keine konkreten Anforderungen an die Tatbestandsvoraussetzungen einer Kohärenzverpflichtung gestellt, wie beispielsweise auch ab wann eine Bindungswirkung einsetzt. Es ist daher zunächst hinterfragen, ab welchem Zeitpunkt ein Kommissionbeschluss bindende Wirkung entfaltet.

a. *Beginn der Bindungswirkung nach Art. 16 Abs. 1 VO 1/2003*

aa. *Bereits erlassene Entscheidungen der Kommission*

Bei den bindenden Entscheidungen der Kommission im Kartellverfahren handelt es sich wie dargelegt um Beschlüsse nach Art. 288 Abs. 4 AEUV, mithin

---

277 Gesetzentwurf der Bundesregierung eines Siebten Gesetzes zur Änderung des Gesetzes gegen Wettbewerbsbeschränkungen, BT-Drucks. 15/3640, S. 54; OLG Düsseldorf, Beschl. v. 03.05.2006, VI-W (Kart) 6/06 – Zementkartell; *Scheffler*, NZKart 2015, 223, 224.

278 *Alexander*, S. 428; *Dreher*, ZWeR 2008, 325, 329 f.; Möschel/Bien/*Grüneberger*, 164; Langen/Bunte/*Bornkamm*, § 33 GWB a.F. Rn. 154; Loewenheim/*Rehbinder* (3. Aufl. 2016), § 33 GWB Rn. 54; Berg/Mäsch/*Mäsch*, § 33 GWB a.F. Rn. 90.

279 S. hierzu unten S. 221 ff.

europäische Verwaltungsakte. Im Wesentlichen kann wie im Verwaltungsrecht üblich hinsichtlich des Verfahrenstands von Verwaltungsakten zwischen deren Wirksamkeit und deren Bestandskraft unterschieden werden.

Ein Kommissionsbeschluss ist als wirksam anzusehen, wenn die in ihm getroffene Regelung inhaltliche Verbindlichkeit für den Rechtsunterworfenen erlangt. Dies ist nach Art. 297 Abs. 2 UAbs. 3 AEUV ab dem Zeitpunkt der Fall, in dem der Verwaltungsakt der Kommission ihrem Adressaten bekannt gegeben worden ist. Die Bekanntgabe liegt vor, wenn der Rechtsakt dem Adressaten zugeht und dieser von ihm Kenntnis nehmen kann.[280] Auf die Rechtmäßigkeit des Kommissionsbeschlusses kommt es für seine Wirksamkeit nicht an, jedoch darf keine Nichtigkeit aufgrund schwerer Rechtsmängel bestehen.

Hinsichtlich der Bestandskraft eines Verwaltungsakts ist zunächst zwischen dem Eintritt der formellen und der materiellen Bestandskraft zu unterscheiden. Eine Verwaltungsentscheidung wird mit der ordnungsgemäßen Bekanntgabe an ihren Adressaten nicht nur wirksam, sondern auch materiell bestandskräftig. Im Gegensatz dazu tritt die formelle Bestandskraft erst später ein, und zwar in dem Moment ab dem der Verwaltungsakt mit regulären Rechtsbehelfen nicht mehr angegriffen werden kann, entweder weil der Rechtsweg erschöpft oder die Rechtsbehelfsfristen abgelaufen sind.[281] Wie die Wirksamkeit tritt auch die formelle Bestandskraft im Hinblick auf die grundlegenden Prinzipien der Rechtssicherheit und des Rechtsfriedens ungeachtet der Rechtmäßigkeit der erlassenen Entscheidung ein.[282]

Es stellt sich somit entsprechend die Frage, ob ein kartellrechtlicher Kommissionbeschluss bereits mit seiner Wirksamkeit oder erst mit dem späteren Eintritt seiner formellen Bestandkraft gegenüber den mitgliedstaatlichen Gerichten bindend wird. Für den Zeitpunkt der formellen Bestandskraft lässt sich anführen, dass die Verwaltungsentscheidung erst ab diesem Moment mit prozessualen Mitteln nicht mehr beseitigt werden kann und so endgültige Rechtsverbindlichkeit erlangt. Weitaus mehr spricht aber für den früheren

---

280 EuGH, Urt. v. 14.07.1972, C-48/69, Rn. 39, 43 – *ICI; Körner*, S. 23; Kölner Kommentar/*Schütz*, Art. 16 VO 1/2003 Rn. 4; MüKo Kartellrecht/*Schneider*, Art. 16 VO 1/2003 Rn. 10; Calliess/Ruffert/*Ruffert*, Art. 297 AEUV Rn. 15.

281 EuGH, Urt. v. 13.01.2004, C-453/00, Rn. 24 – *Kühne & Heitz NV/Produktschap voor Pluimvee en Eieren*; *Schroeder*, S. 43 ff.; Maurer, § 11 Rn. 4; Möschel/Bien/*Grünberger*, 135, 163; BeckOK VwVfG/*Schemmer*, § 43 VwVfG Rn. 20; Stelkens/Bonk/Sachs/*Sachs*, § 43 VwVfG Rn. 20.

282 BeckOK VwVfG/*Schemmer*, § 43 VwVfG Rn. 20; Stelkens/Bonk/Sachs/*Sachs*, § 43 VwVfG Rn. 20.

Eintritt der Bindungswirkung nach Art. 16 Abs. 1 VO 1/2003 bereits zum Zeitpunkt der Wirksamkeit bzw. Bekanntgabe des kartellrechtlichen Kommissionsbeschlusses nach Art. 297 AEUV.[283] Diese Auffassung lässt sich zum einen damit begründen, dass für Rechtsakte der Organe der Europäischen Union von Beginn an grundlegend die Vermutung ihrer Gültigkeit spricht, solange sie nicht endgültig aufgehoben oder zurückgenommen wurden.[284] Wie auch der Europäische Gerichtshof in der Rechtssache *Masterfoods* zur bindenden Wirkung kartellrechtlicher Kommissionsentscheidungen ausgeführt hat, ist es gerade diese Gültigkeitsvermutung, welche die Basis der Bindung der mitgliedstaatlichen Gerichte bildet.[285] Daneben lässt sich die Ansicht auch auf die Vorgaben der Vorschrift des Art. 16 Abs. 1 VO 1/2003 selbst stützen. Diese Norm verweist zum einen in ihrem Wortlaut nicht auf das Kriterium der formellen Bestandskraft eines Beschlusses als Voraussetzung für den Eintritt der bindenden Wirkung.[286] Zum anderen normiert Art. 16 Abs. 1 S. 2 VO 1/2003 darüber hinaus sogar eine Bindungswirkung erst noch beabsichtigter Kommissionsbeschlüsse. Im Umkehrschluss aus dieser erheblichen Ausweitung der Bindungswirkung auch auf erst künftige Kartellentscheidungen zeigt sich, dass es für diese nicht auf die formelle Bestandskraft von sogar bereits erlassenen Beschlüssen ankommen

---

283 So auch die h.M. EuGH, Urt. v. 14.12.2000, C-344/98, Rn. 53, 57 – *Masterfoods*; LG Düsseldorf, Urt. v. 08.09.2016, 37 O 27/11 (Kart) Rn. 176 unter A. II. zu Art. 16 VO – *Aufzugskartell*; *Imgrund*, S. 87 f.; *Dohrn*, S. 77; *Hirsch*, ZWeR 2003, 233, 248; *Meyer*, GRUR 2006, 27, 32; *Zöttl/Schlepper*, EuZW 2012, 573, 574; *Raue*, WRP 2013, 147, 148; *Heinichen*, NZKart 2014, 83, 87; *Scheffler*, NZKart 2015, 223, 224; *Hartlieb*, NZKart 2017, 458, 460; Möschel/Bien/*Grünberger*, 135, 162; *Klees* § 8 Rn. 109; *de Bronett*, Europ. Kartellverfahrensrecht, Art. 16 VO 1/2003 Rn. 4; Schröter/Jakob/Klotz/Mederer/*Schröter/van der Hout*, Art. 101 AEUV Rn. 254; MüKo Kartellrecht/*Schneider*, Art. 16 VO 1/2003 Rn. 10; Frankfurter Komm./*Jaeger*, Art. 16 VO 1/2003 Rn. 17; Kölner Kommentar/*Schütz*, Art. 16 VO 1/2003 Rn. 4; Grabitz/Hilf/Nettesheim/*Dalheimer*, Art. 16 VO 1/2003 Rn. 10; Streinz/*Eilmansberger*, Art. 101 AEUV, Rn. 109; a. A. Immenga/Mestmäcker/*Emmerich* (5. Aufl. 2014), § 33 GWB Rn. 76, gegen den klaren Wortlaut von Art. 16 Abs. 1 VO 1/2003.

284 EuGH, Urt. v. 15.06.1994, C-137/92, Rn. 48 – *BASF*; EuGH, Urt. v. 14.12.2000, C-344/98, Rn. 53 – *Masterfoods;* EuG, Urt. v. 26.10.2001, T-184/01, Rn. 60 ff. – *IMS Health; Hausen*, S. 182 f.; *Meyer*, GRUR 2006, 27, 32; *Raue*, WRP 2013, 147, 148; *de Bronett*, Europ. Kartellverfahrensrecht, Art. 16 VO 1/2003 Rn. 4; von der Groeben/Schwarze/Hatje/*Becker/Vollrath*, Art. 16 VO 1/2003 Rn. 23; Schröter/Jakob/Klotz/Mederer/*Schröter/van der Hout*, Art. 101 AEUV, Rn. 254.

285 EuGH, Urt. v. 14.12.2000, C-344/98, Rn. 53 – *Masterfoods*.

286 Anders ist dies bei der „Parallelvorschrift" des § 33 b GWB; dazu sogleich.

kann. Weiterhin spricht für einen Eintritt der Bindungswirkung bereits ab dem Zeitpunkt der Wirksamkeit eines Kommissionsbeschlusses, dass nach Art. 278 S. 1 AEUV selbst im Fall einer gegen diesen Beschluss erhobenen Nichtigkeitsklage kein Suspensiveffekt, also keine aufschiebende Wirkung hinsichtlich seiner Vollstreckbarkeit eintritt. Die hier vertretene Sichtweise kann auch im Hinblick auf das Telos der Kohärenzverpflichtung des Art. 16 Abs. 1 VO 1/2003 überzeugen. Könnten die Gerichte der Mitgliedstaaten in der Zeit zwischen der Anfechtung eines kartellrechtlichen Kommissionsbeschlusses bis zum Zeitpunkt eines abschließenden Urteils des Europäischen Gerichtshofs nach Ausschöpfung des gesamten Rechtswegs eine eigene, abweichende Entscheidung treffen, so liefe die bindende Wirkung weitestgehend leer. Darüber hinaus gilt auch in der Zeit der Rechtshängigkeit die grundsätzliche Vermutung der Gültigkeit des Kommissionsbeschlusses weiter.

Die Gerichte der Mitgliedstaaten sind daher nach Art. 16 Abs. 1 VO 1/2003 ab deren Bekanntgabe an Beschlüsse der Kommission gebunden, unabhängig davon, ob diese bereits formell bestandskräftig sind oder vor den Unionsgerichten noch mit der Nichtigkeitsklage angegriffen werden können oder sogar bereits wurden. Auf die formelle Bestandskraft der Kommissionsentscheidung kommt es für den Eintritt der Kohärenzverpflichtung nicht an.[287] Allerdings könnte die formelle Bestandskraft eines Kommissionsbeschlusses für das mitgliedstaatliche Gericht in diesem Zusammenhang dennoch von Bedeutung sein, wenn es in seinem Verfahren eine Vorlagefrage nach Art. 267 AEUV zur Gültigkeit des Beschlusses an den EuGH richten möchte.[288] Ist vor dem Gericht der Union aktuell noch eine Nichtigkeitsklage gegen den bindenden Kommissionsbeschluss anhängig, liegt zudem die Prüfung der Aussetzung des nationalen Gerichtsverfahrens nach Art. 16 Abs. 3 VO 1/2003 nahe.[289]

bb. Beabsichtigte Entscheidungen der Kommission

Wie Art. 16 Abs. 1 S. 2 VO 1/2003 ausdrücklich statuiert müssen die mitgliedstaatlichen Gerichte aber auch bereits dann vermeiden, zuwiderlaufende Entscheidungen zu erlassen, wenn die Kommission einen Beschluss erst noch zu erlassen beabsichtigt. Dies wirft unmittelbar die Frage auf, ab welchem Zeitpunkt ein Kommissionbeschluss im Sinne der Norm als „beabsichtigt" anzusehen ist.

---

287 *Hirsch*, ZWeR 2003, 248; *Klees*, § 8 Rn. 109; MüKo Kartellrecht/*Schneider*, Art. 16 VO 1/2003 Rn. 10.

288 S. hierzu im Detail unten S. 206 ff.

289 S. hierzu im Detail unten S. 191 ff.

Nach einer Ansicht ist ein Kommissionsbeschluss bereits dann als beabsichtigt anzusehen, wenn die Kommission formell ein Verfahren eingeleitet hat.[290] Die Verfahrenseinleitung erfolgt nach Art. 2 Abs. 1 VO 773/2004 durch einen förmlichen hoheitlichen Rechtsakt, durch den die Kommission nach außen ihren Willen zum Ausdruck bringt, eine Entscheidung in der Sache herbeiführen zu wollen.[291] Der entsprechende Beschluss der Kommission ist gem. Art. 2 Abs. 2 VO 773/2004 in geeigneter Weise bekannt zu machen, um den mitgliedstaatlichen Gerichten die Möglichkeit einer Kenntnisnahme und Vermeidung zuwiderlaufender Entscheidungen zu geben.[292] Üblicherweise erfolgt die Bekanntmachung im Amtsblatt der Union, über die Internetpräsenz der Kommission und mit den mitgliedstaatlichen Wettbewerbsbehörden auch über das ECN.[293] Es ist allerdings nicht erforderlich und zumeist auch nicht der Fall, dass in diesem Zeitpunkt bereits feststeht, welche Entscheidung die Kommission inhaltlich schlussendlich treffen wird.[294] Näheres zur Einleitung eines Kommissionsverfahrens regelt ebenfalls Art. 2 VO 773/2004. So kann die Kommission gemäß Art. 2 Abs. 3 VO 773/2004 bereits von ihren Ermittlungsbefugnissen

---

290 EuGH, Urt. v. 10.07.1980, C-37/79, Rn. 14 – *Marty/Estee Lauder;* Kommission, Bekanntmachungen über die Zusammenarbeit zwischen der Kommission und den Gerichten der EU-Mitgliedstaaten bei der Anwendung der Art. 81 und 82 des Vertrags, ABl. 2004, C 101 S. 54, 56 Rn. 12; Kölner Kommentar/*Schütz*, Art. 16 VO 1/2003 Rn. 4; Grabitz/Hilf /*Dalheimer,* Art. 16 VO 1/2003 Rn. 8; von der Groeben/Schwarze/Hatje/*Becker/Vollrath*, Art. 16 VO 1/2003 Rn. 22; Berg/Mäsch/*van der Hout/Lux*, Art. 16 VO 1/2003 Rn. 23; MüKo Kartellrecht/*Schneider*, Art. 16 VO 1/2003 Rn. 14; Loewenheim/*Zuber,* Art. 16 VO 1/2003 Rn. 19.

291 Art. 11 Abs. 6 und Art. 2 VO 773/2004 der Kommission v. 07.04.2004 über die Durchführung von Verfahren auf der Grundlage der Art. 81 und 82 EG-Vertrag durch die Kommission, ABl. 2004, L 123 S. 18 (Durchführungsverordnung) statuiert die näheren Bedingungen, unter denen die Verfahrenseinleitung beschlossen werden kann. Vgl. hierzu auch, EuGH, Urt. v. 10.07.1980, C-37/79, Rn. 14 m.w.N. – *Marty/Estee Lauder;* Grabitz/Hilf/*Dalheimer,* Art. 16 VO 1/2003 Rn. 8; Kölner Kommentar/*Schütz,* Art. 16 VO 1/2003 Rn. 4; von der Groeben/Schwarze/Hatje/*Becker/Vollrath,* Art. 16 VO 1/2003 Rn. 22; Berg/Mäsch/*van der Hout/Lux*, Art. 16 VO 1/2003 Rn. 23; MüKo Kartellrecht/*Schneider*, Art. 16 VO 1/2003 Rn. 14; Dalheimer/Feddersen/Miersch/*Dalheimer* Art. 16 VO 1/2003 Rn. 8.

292 MüKo Kartellrecht/*Schneider*, Art. 16 VO 1/2003 Rn. 14; Kölner Kommentar/*Schütz,* Art. 16 VO 1/2003 Rn. 4.

293 S. zum ECN oben S. 48 ff.

294 Kölner Kommentar/*Schütz*, Art. 16 VO 1/2003 Rn. 4.

gemäß Kapitel V der VO 1/2003 Gebrauch machen, bevor sie formell ein Verfahren einleitet.

Hieran knüpft unmittelbar die Kritik der Gegenseite, die ein Abstellen auf den Zeitpunkt der Verfahrenseinleitung als verfrüht erachtet.[295] Auch wenn die Kommission ein Verfahren eingeleitet habe, hieße dies noch nicht, dass sie in diesem Verfahren auch tatsächlich beabsichtigte, letztlich einen Beschluss zu erlassen oder das Verfahren doch einzustellen. Zudem müsse die Kommission nach Art. 27 Abs. 4 VO 1/2003 vor dem Erlass von Beschlüssen nach Art. 9 und 10 VO 1/2003 ihre Absicht, eine Entscheidung zu erlassen veröffentlichen. Daher sei es vorzugswürdig hinsichtlich des relevanten Zeitpunkts auf die Übermittlung der Beschwerdepunkte abzustellen.[296]

Das Vorliegen eines final bestimmten Beschlussinhalts ist für die Vorwirkung der Entscheidung nach beiden Auffassungen zu Recht jedenfalls nicht erforderlich. Obwohl sich auch die letztgenannte Auffassung gut vertreten lässt, vermag nach einer Gesamtbetrachtung aller Umstände die Ansicht letztlich mehr zu überzeugen, nach der bereits dann von der erforderlichen Absicht der Kommission, einen Beschluss zu erlassen, auszugehen ist, wenn diese offiziell ein Verfahren einleitet. Für den Zeitpunkt der Verfahrenseinleitung spricht neben den bereits genannten Argumenten, dass Art. 16 Abs. 1 S. 2 VO 1/2003 in seinem Wortlaut selbst unmittelbar auf die Verfahrenseinleitung verweist. Darüber hinaus publiziert die Kommission eine entsprechende Verfahrenseinleitung über das Internet, so dass eine Kenntnisnahme durch die adressierten, sodann gebundenen einzelstaatlichen Gerichte unschwer erfolgen kann. Hieran knüpft sodann auch die in Art. 16 Abs. 1 S. 3 VO 1/2003 explizit normierte Rechtsfolge, dass das nationale Gericht sodann prüfen kann, ob es notwendig ist, das vor ihm anhängige Verfahren auszusetzen.[297] Auch nach der europäischen Rechtsprechung besteht die Verpflichtung nationaler Gerichte zur Vermeidung von Entscheidungswidersprüchen, sobald die Gefahr eines Widerspruchs zu einer (später)

---

295 *Imgrund*, S. 192; *Bornkamm*, ZWeR 2003, 73, 84; Frankfurter Komm./*Jaeger*, Art. 16 VO 1/2003 Rn. 26 f.; Bechtold/Bosch/Brinker/*Brinker*, Art. 16 VO 1/2003 Rn. 7; Langen/Bunte/*Sura*, Art. 16 VO 1/2003 Rn. 12.

296 *Imgrund*, S. 192; *Bornkamm*, ZWeR 2003, 73, 84; Frankfurter Komm./*Jaeger*, Art. 16 VO 1/2003 Rn. 27; Bechtold/Bosch/Brinker/*Brinker*, Art. 16 VO 1/2003 Rn. 7; Langen/Bunte/*Sura*, Art. 16 VO 1/2003 Rn. 12.

297 S. hierzu detailliert unten S. 191 ff.

erlassenen Kommissionsbeschluss besteht.[298] Überdies ist auch im Sinne der Rechtseinheit in der Union und im Rahmen der Folgenabwägung die Wahl eines möglichst frühen Zeitpunkts durchaus vorzugswürdig. Die Kommission ist stets berechtigt, eine eigenständige Entscheidung zu treffen, die sehr wohl von bereits ergangenen Beurteilungen mitgliedstaatlicher Gerichte abweichen kann.[299] Im Fall eines nachträglich erlassenen divergierenden Kommissionsbeschlusses wäre es somit an den mitgliedstaatlichen Gerichten, entsprechende, zumeist aufwändige, „Maßnahmen zur Wiedergutmachung"[300] zu treffen bzw. eine gegenläufige Verpflichtung der Rechtsunterworfenen wieder aufzuheben.[301] Zu denken wäre hier beispielsweise an ein nationales Wiederaufnahmeverfahren.[302]

b. Ende der Bindungswirkung nach Art. 16 Abs. 1 VO 1/2003

Wie bereits festgestellt kommt es für den Eintritt der bindenden Wirkung nach Art. 16 Abs. 1 VO 1/2003 auf die Wirksamkeit des Kommissionsbeschlusses bzw. davor bereits sogar auf die offizielle Einleitung eines Kommissionsverfahrens an. Da somit die formale Bestandskraft des Beschlusses keine Rolle spielt, endet die Bindungswirkung auch mit einer Anfechtung des Kommissionsbeschlusses nicht. Vielmehr geht auch von angefochtenen Kommissionsbeschlüssen weiterhin eine Bindungswirkung nach Art. 16 Abs. 1 VO 1/2003 aus. Allerdings kann in dieser Situation das Europäische Gericht nach Art. 278 S. 2, 279 AEUV i.V.m. Art. 156 ff. EuG-VerfO[303] oder der Europäische Gerichtshof nach 160 ff. EuGH-VerfO[304] vorläufigen Rechtsschutz gewähren und im Wege einer einstweiligen Anordnung den Vollzug des Beschlusses aussetzen. In dieser Situation erscheint

---

298 EuGH, Urt. v. 28.02.1991, C-234/89, Rn. 45 – *Delimitis/Henninger*; EuGH, Urt. v. 15.12.1994, C-250/92 – *Goettrup-Klim u.a.*; EuGH, Urt. v. 12.12.1995, verb. C-319/93, C-40/94 und C-224/94 – *Hendrik Evert Dijkstra/Friesland (Frico Dorno) Coöperatie.*

299 Kommission, Entsch. v. 11.03.1998, AT.34.073, AT.34.395 und AT.35.436, Rn. 279 – *Van der Bergh Foods;* bestätigt durch: EuGH, Urt. v. 28.09.2006, C-552/03 P, Rn. 128 – *Unilever Bestfoods;* Immenga/Mestmäcker/*Ritter/Wirtz,* Art. 16 VO 1/2003 Rn. 9.

300 EuGH, Urt. v. 14.12.2000, C-344/98, Rn. 48 – *Masterfoods.*

301 EuGH, Urt. v. 09.09.2003, C-198/01, Rn. 48 – *Consorzio Industrie Fiammiferi;* EuGH, Urt. v. 16.03.2006, C-234/04, Rn. 21–23 – *Kapferer,* zuvor anders EuGH, Urt. v. 25.09.2003, C-170/02, Rn. 36 f. – *Schlüsselverlag J. S. Moser.*

302 Immenga/Mestmäcker/*Ritter/Wirtz,* Art. 16 VO 1/2003 Rn. 9.

303 Verfahrensordnung des Gerichts der Europäischen Union, ABl. 2015, L 105 S. 1.

304 Verfahrensordnung des Gerichtshofs der Europäischen Union, ABl. 2012, L 265, letztmalig geändert durch Änderung der Verfahrensordnung des Gerichtshofs, ABl. 2013, L 173 S. 65.

fraglich, ob die gerichtliche Aussetzungsanordnung die Verpflichtung der mitgliedstaatlichen Gerichte, keine dem Kommissionsbeschluss zuwiderlaufenden Entscheidungen zu treffen, beseitigt. Dies ist jedoch nicht der Fall.[305] Die Bindungswirkung ist weder an die Bestandskraft noch an die Vollstreckbarkeit des Kommissionsbeschlusses geknüpft.[306] Auch dies hat der EuGH bereits in seinem maßgebenden *Masterfoods*-Urteil ausdrücklich klargestellt.[307] Der Gerichtshof begründete seine Ansicht zustimmungswürdig damit, dass die einstweilige Anordnung der Vollzugsaussetzung nur mit vorläufiger Wirkung erfolgt, so dass eine Entscheidung in der Hauptsache weiterhin aussteht.[308] Die Aussetzung greift somit den im Rechtstreit zu beantwortenden Rechts- und Tatsachenfragen in keiner Weise vor, sondern sichert lediglich den Status quo vor irreparablen Schäden. Auch in der Zeit zwischen einstweiliger Vollzugsaussetzung und Urteilsspruch muss die bindende Wirkung des Kommissionsbeschlusses daher schon aus Gründen der Rechtseinheit und Rechtssicherheit gegenüber den mitgliedstaatlichen Gerichten fortbestehen.

Die bindende Wirkung des Kommissionsbeschlusses endet, wenn dieser durch die Kommission selbst zurückgenommen[309] oder der Kommissionsbeschluss durch das EuG oder in der Folgeinstanz durch den EuGH nach Durchführung eines Nichtigkeitsklageverfahrens aufgehoben und hierdurch seine Geltung *ex-tunc* beseitigt wurde.[310] Dies gilt jedoch aufgrund der Tatsache, dass

---

305 EuGH, Urt. v. 14.12.2000, C-344/98, Rn. 53 – *Masterfoods*; GA Cosmas, Schlussanträge v. 16.05.2000, C-344/98, Rn. 26 – *Masterfoods; Imgrund*, S. 87 f.; Schröter/Jakob/Klotz/Mederer/*Schröter/van der Hout*, Art. 101 AEUV Rn. 254; Calliess/Ruffert/*Weiß*, Art. 101 AEUV Rn. 24.

306 Ebenso von der Groeben/Schwarze/Hatje/*Becker/Vollrath*, Art. 16 VO 1/2003 Rn. 23.

307 EuGH, Urt. v. 14.12.2000, C-344/98, Rn. 53 – *Masterfoods*; vgl. dazu auch GA Cosmas, Schlussanträge v. 16.05.2000, C-344/98, Rn. 26 – *Masterfoods*.

308 Zustimmend auch von der Groeben/Schwarze/Hatje/*Becker/Vollrath*, Art. 16 VO 1/2003 Rn. 23.

309 Vgl. EuGH, Urt. 14.12.2000, C-344/98, Rn. 53 – *Masterfoods;* s. auch *Dohrn*, S. 81.

310 Kommission, Arbeitspapier zum Grünbuch über Schadensersatzklagen wegen Verletzung des EG-Wettbewerbsrecht v. 19.12. 2005, SEC (2005) 1732, Rn. 229: "if not appealed successfully to the community courts"; Kommission, Arbeitspapier zum Weißbuch über Schadensersatzklagen wegen Verletzung des EG-Wettbewerbsrechts v. 02.04.2008, SEC (2008) 404, Rn. 135: "It follows from Artikel 16 (1) of regulation 1/2003 that a Commission decision finding in infringement under articles 81 or 82 EC constitutes a binding act to which decisions of national courts must not run counter unless the decision is annulled by the European Court of Justice." S. auch *Raue*, WRP 2013, 147, 148; Berg/Mäsch/*van der Hout/Lux*, Art. 16 VO 1/2003 Rn. 19; MüKo

ein Kommissionbeschluss an sich nicht eine einheitliche Entscheidung, sondern ein Bündel an Individualentscheidungen darstellt, nur gegenüber den Adressaten, welche den Beschluss zuvor und letztlich erfolgreich mit einer Nichtigkeitsklage angegriffen haben.[311] Wurde die kartellbehördliche Entscheidung dagegen nach ihrer Anfechtung von den Unionsgerichten bestätigt, wirkt ihre Bindungswirkung naturgemäß unverändert fort.[312] Dies gilt gegebenenfalls in Form des den Kommissionsbeschluss teilweise abändernden Urteils der europäischen Gerichte, wenn diese der Entscheidung eine andere materiell-rechtliche Einschätzung gegeben haben. Auch diesem muss sodann entsprechend Bindungswirkung gegenüber den mitgliedstaatlichen Gerichten zukommen. Diese ergibt sich zwar nicht unmittelbar aus Art. 16 Abs. 1 VO 1/2003, jedoch aus Telos und Ratio der Kohärenzverpflichtung.[313] Entsprechend der bindenden Wirkung von Kommissionsbeschlüssen unabhängig von deren Bestandskraft kommt es für die Bindung an die diese modifizierenden europäischen Gerichtsurteile ebenfalls nicht auf deren Rechtskraft an.

Darüber hinaus endet die Bindungswirkung eines Kommissionsbeschlusses auch dann, wenn der EuGH in einem Vorabentscheidungsverfahren über die Gültigkeit des Handelns der Kommission feststellt, dass dieses nicht mit dem Unionsrecht vereinbar ist.[314] Diese Feststellung der Rechtswidrigkeit einer Organhandlung, mithin des Kommissionsbeschlusses, nach Art. 267 Abs. 1 lit. b AEUV ist nicht allein auf den Rechtsstreit vor dem vorlegenden mitgliedstaatlichen Gericht begrenzt, sondern entfaltet eine *erga omnes* Wirkung.[315] Sobald

---

Kartellrecht/*Schneider*, Art. 16 VO 1/2003 Rn. 10; Dalheimer/Feddersen/Miersch/*Dalheimer*, Art. 16 VO 1/2003 Rn. 10.

311 Dies bejahend EuG, Urt. v. 10.07.1997, T-227/95, Rn. 56 ff. – *AssiDomän Kraft Products u. a./Kommission*, obwohl es sich um ein Bündel aus Individialentscheidungen handelt, habe die Kommission nach Art. 233 AEUV die Rechtmäßigkeit ihrer Entscheidung im Licht des Urteils zu prüfen und ggf. die Bußgelder zu erstatten. Gegen dieses Urteil legte die Kommission Rechtsmittel zum EuGH ein. S. hierzu auch GA Ruiz-Jarabo Colomer, Schlussanträge v. 28.01.1999, C-310/97 P, Rn. 44 ff. – *Kommission/AssiDomän Kraft Products u. a.*

312 Möschel/Bien/*Grünberger*, 135, 160.

313 EuGH, Urt. v. 15.06.1994, C-137/92, Rn. 48 – *Kommission/BASF*; EuGH, Urt. v. 14.12.2000, C-344/98, Rn. 53 - *Masterfoods*; *Meyer*, GRUR 2006, 27, 32.

314 *Dohrn*, S. 95 m.w.N.; *Klees*, Europ. KartellverfR, § 8 Rn. 116; Streinz/*Ehricke*, Art. 263 AEUV Rn. 61 ff.

315 EuGH, Urt. v. 13.05.1981, C-66/80, Rn. 13 – *International Chemical Corporation;* EuGH, Urt. v. 27.02.1985, C-112/83 – *Produits de mais;* EuGH, Urt. v. 21.06.2007, verb. Rs. C-231/06 bis 233/06 Rn. 38 ff. – *Jonkman*; EuGH, Beschl. v. 08.11.2007,

ein Unionsrechtsakt durch die europäischen Gerichte für rechtswidrig erklärt wurde, entfällt damit auch die grundlegend bestehende Vermutung für seine Gültigkeit als essenzielle Grundlage der Bindung gem. Art. 16 Abs. 1 VO 1/2003 und somit die Kohärenzverpflichtung selbst.

c. *Formelle Bestandskraft eines Kommissionsbeschlusses nach § 33 b GWB*

Anders als soeben für die durch Art. 16 VO 1/2003 begründete Bindungswirkung festgestellt, sind nationale Gerichte bereits nach dem ausdrücklichen Wortlaut des § 33 b GWB nur an die Feststellung des Verstoßes gebunden, wie sie in einer bestandskräftigen Entscheidung der Europäischen Kommission getroffen wurde. Nach § 33 b GWB entfalten somit nur formell bestandskräftigte Kommissionsbeschlüsse Bindungswirkung, nachdem sie nach Ablauf einer zwei-monatigen Anfechtungsfrist gem. Art. 263 Abs. 6 AEUV nicht mehr mit Rechtsbehelfen angefochten werden können.[316] Die Kohärenzverpflichtung der mitgliedstaatlichen Gerichte gegenüber der Feststellung eines Verstoßes in einem Beschluss der Kommission tritt so deutlich später ein als nach den Vorgaben des Art. 16 VO 1/2003 und wird den Besonderheiten des europäischen Rechts nicht gerecht. Auch eine Bindung an lediglich beabsichtigte Kommissionsbeschlüsse fehlt in der nationalen Regelung nach § 33 b GWB.

3. *„Gegenstand einer Entscheidung" von Kommission und mitgliedstaatlichem Gericht*

Weiterhin gilt die Bindungswirkung des Art. 16 Abs. 1 VO 1/2003 nur für Entscheidungen der mitgliedstaatlichen Gerichte über Vereinbarungen, Beschlüsse

---

C-421/06, Rn. 52 ff. – *Frautelli Martini;* EuG, Urt. v. 05.02.2007, T-91/05, Rn. 65 – *Sinara Handel;* Callies/Ruffert/*Wegener*, Art. 267 AEUV Rn. 50; Grabitz/Hilf/Nettesheim/*Karpenstein*, Art. 267 AEUV Rn. 107 f.; Streinz/*Ehricke*, Art. 267 AEUV Rn. 70 f.; von der Groeben/Schwarze/Hatje/*Gaitanides*, Art. 267 AEUV Rn. 90; Immenga/Mestmäcker/*Schmidt*, VO 1/2003 Anhang 3 VO 1/2003 Rn. 55.

316 S. hierzu LG Mannheim, Urt. v. 04.05.2012, 7 O 436/11 Kart, Rn. 23 – *Feuerwehrkartell; Koch*, JZ 2013, 390, 391; *Scheffler*, NZKart 2015, 223, 224; *Weitbrecht*, WuW 2017, 244, 246; Möschel/Bien/*Grünberger*, 135, 163; Berg/Mäsch/*Mäsch*, § 33 b GWB Rn. 3; Bechtold/Bosch (9. Aufl. 2018), § 33 GWB a.F. Rn. 46; krit.: Immenga/Mestmäcker/*Franck*, § 33 b GWB Rn. 11 (Bindungswirkung von Kommissionsentscheidungen ab ihrem Erlass; Bestandskraft nur für Entscheidungen mitgliedstaatlicher Wettbewerbsbehörden relevant).

oder Verhaltensweisen nach Art. 101 oder 102 AEUV, die als weitere Tatbestandsvoraussetzung gleichermaßen bereits Gegenstand einer erlassenen oder beabsichtigten Entscheidung der Kommission sind. Das Erfordernis sich entsprechender Gegenstände von mitgliedstaatlichen Verfahren und Kommissionsbeschluss entspricht der spezifischen Funktion des Art. 16 Abs. 1 VO 1/2003, denn nur insoweit kommt angesichts des Normzwecks der kohärenten Anwendung ein die Rechtseinheit gefährdendes „Zuwiderlaufen" überhaupt in Betracht. Es ist daher zu hinterfragen, unter welchen Voraussetzungen problematische widersprüchliche Bewertungen desselben Sachverhalts überhaupt bestehen können bzw. wann ein gleicher Gegenstand beider Entscheidungen im Sinne des Eingreifens der Bindungswirkung zu bejahen ist.

a. Identischer Streitgegenstand

Nach einer Auffassung bezieht sich der in Art. 16 Abs. 1 VO 1/2003 verbaliter einbezogene „Gegenstand einer Entscheidung" auf den prozessualen Streitgegenstandsbegriff.[317] Eine Bindung des nationalen Gerichts an Feststellungen des Kommissionsbeschlusses ist demnach dann vorgegeben, wenn es sich bei dem Gegenstand der Entscheidung der Kommission und dem des nationalen Verfahrens um einen identischen Streitgegenstand im gerichtlichen Sinn handelt. Der verfahrensrechtliche Begriff des Streitgegenstands wird von der deutschen herrschenden Meinung zweigliedrig ausgelegt.[318] Danach setzt sich der Streitgegenstand zum einen aus dem im Antrag dargelegten Klagebegehren auf Leistung, Feststellung oder Gestaltung und zum anderen aus dem Klagegrund, also dem dem Begehren zugrundeliegenden Lebenssachverhalt, zusammen.[319] Nach dieser Auffassung müssten damit für ein Eingreifen der Bindung dem Kommissionsverfahren als auch dem mitgliedstaatlichen Gerichtsverfahren derselbe Klagegrund sowie dasselbe Klagebegehren zugrunde liegen. Notwendig ist eine „absolute Identität des rechtlichen und tatsächlichen Rahmens

---

317 In diese Richtung auch *Bornkamm*, ZWeR 2003, 73, 84; *Hirsch*, ZweR 2003, 233, 248; *Bornkamm/Becker*, ZWeR 2005, 213, 220; *Schweda*, WuW 2004, 1133, 1140; *Hausen*, S. 112 f.; *Zuber*, S. 61; Langen/Bunte/*Bornkamm*, § 33 GWB a.F. Rn. 161 f.; Berg/Mäsch/*van der Hout/Lux*, Art. 16 VO 1/2003 Rn. 5, 14, der uneindeutig von „demselben Verfahrensgegenstand" spricht, aber damit wohl Handlungen von Unternehmen, die sich auf demselben sachlich und räumlich relevanten Markt erstrecken meint, s. Rn. 12 und 14; missverständlich auch Loewenheim/*Rehbinder* (3. Aufl. 2016), § 33 GWB Rn. 75, der von „Streitgegenstand" spricht.

318 BeckOK ZPO/*Gruber*, § 322 ZPO Rn. 20.

319 BeckOK ZPO/*Gruber*, § 322 ZPO Rn. 20.

der Streitigkeit," so auch Generalanwalt Cosmas in den Schlussanträgen des *Masterfoods*-Verfahrens.[320] Dieser Ansatz könnte sich zudem auf den Wortlaut des Art. 16 Abs. 1 S. 1 VO 1/2003 stützen, nachdem die Gerichte der Mitgliedstaaten keine Entscheidung erlassen dürfen, die der Entscheidung der Kommission zuwiderläuft. Entscheidung ließe sich im Sinne der final erlassenen Rechtsfolgen verstehen.

Nach der dargelegten Auffassung bestünde eine Kohärenzverpflichtung für das mitgliedstaatliche Gericht mangels Identität des Streitgegenstands bereits dann nicht, wenn den beiden Verfahren zwar ein übereinstimmender Lebenssachverhalt zugrunde liegt, aber die Klagebegehren sich unterscheiden. In der Praxis würde daher eine Bindung des mitgliedstaatlichen Gerichts an eine kartellbehördliche Verfügung, welche den gleichen Lebenssachverhalt betrifft, mangels identischem Klagebegehren ausscheiden, wenn die Kommission über die Abstellung eines kartellrechtwidrigen Verhaltens entschieden hat, der nationale Kläger vor dem mitgliedstaatlichen Gericht jedoch Schadensersatz begehrt.[321] Das mitgliedstaatliche Zivilgericht könnte in diesem Fall die Schadensersatzklage mangels Streitgegenstandsidentität aufgrund des fehlenden Nachweises eines Wettbewerbsverstoßes abweisen, ohne dass ein Verstoß gegen die Bindungswirkung des Art. 16 Abs. 1 VO 1/2003 vorläge.[322] Würde der nationale Kläger stattdessen allerdings auf Unterlassung klagen, so wäre das nationale Gericht aufgrund der Identität des Streitgegenstands von Klagebegehren und Klagegrund in diesem Fall an die Feststellungen der vorangegangenen Kommissionsentscheidung gebunden.[323] Dies erscheint widersinnig. Eine Bindung würde wiederum bestehen, wenn nach Erlass eines Nichtanwendbarkeitsbeschlusses nach Art. 10 VO 1/2003 vor den nationalen Gerichten auf Feststellung der Unzulässigkeit des Wettbewerbsverhaltens geklagt würde.[324] Dagegen bestünde für geltend gemachte Schadensersatz- oder Unterlassungsansprüche in gleicher Sache auch hier aufgrund der Verschiedenheit der Klagebegehren wiederum keine Bindung.

---

320 GA Cosmas, Schlussanträge v. 16.05.2000, C-344/98, Rn. 16 – *Masterfoods*.

321 So *Bornkamm*, ZWeR 2003, 73, 83; *Bornkamm/Becker*, ZWeR 2005, 213, 220.

322 *Bornkamm*, ZWeR 2003, 73, 83; *Bornkamm/Becker*, ZWeR 2005, 213, 220.

323 *Bornkamm*, ZWeR 2003, 73, 83; *Bornkamm/Becker*, ZWeR 2005, 213, 220; *Hausen*, S. 174. S. zur Tatbestands- bzw. Feststellungswirkung die Ausführungen auf S. 138 ff. und S. 142 ff.

324 *Hausen*, S. 112 f.

Da kartellrechtliche Verfahren öffentlich-rechtlicher Natur sind, liegt ihnen nie ein Leistungsbegehren zugrunde. Nach dieser Ansicht wäre der Eintritt unterschiedlicher Rechtsfolgen mangels Identität des Streitgegenstands schon gar nicht möglich. Das mitgliedstaatliche Zivilgericht wäre in dem aus Sicht des Private Enforcement besonders relevanten Anwendungsbereichs der Kartellschadensersatzverfahren somit mangels Vorliegen desselben Klagegrundes nie an den Kommissionbeschluss gebunden. Im Ergebnis stünde es ihm damit frei, trotz einer bestehenden Fest- und Abstellungsverfügung der Kommission einen anschließend in gleicher Sache geltend gemachten Schadensersatzanspruch mit der Begründung abzuweisen, der Kläger habe einen Kartellverstoß nicht hinreichend dargelegt und bewiesen.[325] Eine auf den identischen Streitgegenstand begrenzte Bindungswirkung wäre demnach auf wenige Einzelfälle beschränkt und würde insbesondere die bedeutsamste Fallgruppe der nationalen zivilrechtlichen Schadensersatzklagen ausschließen.[326] Dies kann nicht gewollt sein und vermag entsprechend nicht zu überzeugen. Es zeigt sich, dass diese Auffassung, die ein zu vermeidendes Zuwiderlaufen im Sinne der Vorschrift nicht nur auf den Klagegrund, sondern auch auf das Klagebegehren und somit auch auf die intendierten Rechtsfolgen bezieht, schlicht zu eng ist, um dem Normzweck des Art. 16 Abs. 1 VO 1/2003 gerecht zu werden. Sinn und Zweck der unional angeordneten Bindungswirkung ist gerade die Herstellung von Kohärenz zwischen den Feststellungen der Kommission und der Grundlage eines nachfolgenden Follow-on Verfahrens wie auch die Stärkung des Private Enforcement als zweites Standbein der Kartellrechtsdurchsetzung.

Darüber hinaus spricht gegen die Erforderlichkeit einer Streitgegenstandsidentität im Rahmen der Tatbestandsvoraussetzungen des Art. 16 VO 1/2003 auch ein Erst-Recht-Schluss aus der Kartellschadensersatzrichtlinie.[327] Art. 9 SE-RL ordnet eine Bindung mitgliedstaatlicher Gerichte an die Feststellung eines Wettbewerbsverstoßes in der Entscheidung einer nationalen Wettbewerbsbehörde an, ohne eine entsprechende Streitgegenstandsidentität zu verlangen. Im Vergleich dazu ist nicht erkennbar, warum die Kohärenzverpflichtung der Gerichte der Mitgliedstaaten gegenüber entsprechenden Feststellungen der Kommission höheren Hürden unterfallen sollte.

Der Eintritt der Kohärenzverpflichtung nach Art. 16 VO 1/2003 kann im Ergebnis damit nicht vom Vorliegen eines identischen Streitgegenstands von

325 *Bornkamm/Becker*, ZWeR 2005, 213, 220; *Hausen*, S. 112 f.

326 So auch *Wachs*, WuW 2017, 2, 5.

327 *Wachs*, WuW 2017, 2, 5.

Kommissionsbeschluss und mitgliedstaatlichem Gerichtsverfahren in Form einer Rechtsfolgenbindung abhängig gemacht werden.

b. Identischer Untersuchungsgegenstand

Nach alternativer, zu befürwortender Auffassung ist kein gleicher Streitgegenstand erforderlich, sondern ein „gleicher Gegenstand" beider Entscheidungen im Sinne von Art. 16 Abs. 1 VO 1/2003 zu bejahen, wenn dem Kommissions- und dem nationalen Gerichtsverfahren ein persönlich und sachlich übereinstimmender, also ein in doppelter Hinsicht identischer Lebenssachverhalt zugrunde liegt.[328] Dies ergibt sich insbesondere aus den Ausführungen der Kommission im Anhang zu ihrem Grünbuch über private Schadensersatzklagen im Kartellrecht. Dort macht die Kommission deutlich, dass ihre Entscheidungen zu Art. 101 f. AEUV Gerichte in nationalen Kartellschadensersatzprozessen (bereits dann) binden, wenn die beiden Verfahren auf derselben Rechtsverletzung beruhen.[329] Das nationale Gericht hat demnach die Frage, ob es sich um ein paralleles Verfahren im Sinne der Norm handelt, als Tatbestandsvoraussetzung für den Eintritt einer Bindungswirkung zu beurteilen. Hierzu muss das mitgliedstaatliche Gericht den von der Kommissionsentscheidung erfassten Sachverhalt mit dem ihm zur eigenen Beurteilung vorliegenden Sachverhalt abgleichen und so überprüfen, ob es sich persönlich und sachlich um denselben Sachverhalt handelt, so dass ein der Funktion des Art. 16 Abs. 1 VO 1/2003 entgegenstehender Widerspruch überhaupt erst entstehen könnte.[330] Der prozessuale Streitgegenstandsbegriff und damit die Frage, ob die Kommission und das nationale Gericht über dasselbe Klagebegehren bzw. dieselben Rechtsfragen entscheiden, spielt hierfür

---

328 United Kingdom House of Lords, Urt. v. 19.07.2006, 4 All ER 465, 488 per Lord Hoffmann – *Inntrepreneur Pub Company v. Crehan* [2006]. Dazu *Kaubisch/Sagmeister*, GRUR Int 2007, 890, 892. *Klees*, § 8 Rn. 245; *Hirsch*, ZWeR 2003, 233, 248; von der Groeben/Schwarze/Hatje/*Schröter/van der Hout*, Artikel 101 AEUV Rn. 254; Loewenheim/*Rehbinder* (3. Aufl. 2016), § 33 GWB Rn. 75; Grabitz/Hilf/Nettesheim/*Dalheimer*, Art. 16 VO 1/2003 Rn. 5 f.; missverständlich Möschel/Bien/*Grünberger*, 135, 164.

329 Kommission, Arbeitspapier zum Grünbuch über Schadensersatzklagen wegen Verletzung des EG-Wettbewerbsrecht v. 19.12.2005, SEC (2005) 1732, Rn. 229: „Wird gegen die Entscheidung der Kommission nicht erfolgreich Rechtsmittel bei den Gerichten der Gemeinschaft eingelegt, so ist sie für die Gerichte der Mitgliedstaaten bei der Feststellung derselben Zuwiderhandlung im Rahmen einer Entscheidung über eine Schadenersatzklage rechtlich bindend (Artikel 16 der Verordnung 1/2003)."

330 Grabitz/Hilf/*Dalheimer*, Art. 16 VO 1/2003 Rn. 6.

und damit für den Eintritt der Bindungswirkung jedoch keine Rolle. Die Begrifflichkeit des „Gegenstands einer Entscheidung" ist somit nicht im Sinne des zivilprozessualen Streitgegenstandsbegriffs zu verstehen, sondern im Sinne eines identischen Untersuchungsgegenstands, der das Vorliegen eines in doppelter Hinsicht übereinstimmenden Lebenssachverhalts erfordert.[331] Nur eine solche Auslegung wird dem Sinn und Zweck des Art. 16 Abs. 1 VO 1/2003 gerecht, der einen weitgehenden Gleichlauf zwischen den Feststellungen der Kommissionsentscheidung und den Entscheidungen mitgliedstaatlicher Gerichte über den gleichen Sachverhalt i.S.e. kohärenten Rechtsanwendung in der Union sicherstellen möchte. Zudem liegt es ebenfalls im Telos der Kohärenzverpflichtung die Durchsetzung europäischen Kartellrechts über ein wirksames Private Enforcement zu unterstützen. Hierfür ist es aber erforderlich, die bindende Wirkung nicht nur auf identische Streitgegenstände i.S.d. zweigliedrigen Streitgegenstandsbegriffs zu begrenzen, sondern Schadensersatzklägern eine möglichst weitgehende Übernahme der Feststellungen des Kommissionsbeschlusses zu ermöglichen.

aa. Identität des Lebenssachverhalts

Die erste Anforderung für das Vorliegen eines gleichen Gegenstands beider Verfahren ist erfüllt, wenn das die Zuwiderhandlung darstellende Verhalten des Kommissionsbeschlusses auch der Schadensersatzklage vor dem nationalen Gericht im Sinne eines sachlich identischen Lebenssachverhaltes beider Verfahren zugrunde liegt.[332] Eine gerichtliche Entscheidung kann einer bereits ergangenen Kommissionsentscheidung nur dann im Sinne der Norm *zuwiderlaufen*, wenn sie auf demselben Lebenssachverhalt beruht. Maßgebliche Voraussetzung der Bindungswirkung ist somit, dass das im Kommissionsbeschluss bewertete Wettbewerbsverhalten inhaltlich, räumlich und zeitlich mit der kartellrechtsrelevanten Verhaltensweise übereinstimmt, auf die sich auch die vor dem einzelstaatlichen Gericht geltend gemachten Zivilansprüche stützen.[333] Zu dem

331 LG Düsseldorf, Urt. v. 08.09.2016, 37 O 27/11 (Kart) – *Aufzugskartell*; *Imgrund*, S. 82; *Hirsch* ZWeR 2003, 233, 248; *Schweda*, WuW 2004, 1133, 1140; Frankfurter Komm./*Jaeger*, Art. 16 VO 1/2003 Rn. 6; MüKo Kartellrecht/*Schneider*, Art. 16 VO 1/2003 Rn. 9 spricht von „Verfahrensgegenstand"; Langen/Bunte/*Sura*, Art. 16 VO 1/2003 Rn. 3, 9; Dalheimer/Feddersen/Miersch/*Dalheimer*, Art. 16 VO 1/2003 Rn. 5; vgl. auch Möschel/Bien/*Grünberger*, 135, 164 und 166.

332 MüKo Kartellrecht/*Schneider*, Art. 16 VO 1/2003 Rn. 11; *Klees*, § 6 Rn. 165, § 7 Rn. 222.

333 Immenga/Mestmäcker/*Ritter*/*Wirtz*, Art. 16 VO 1/2003 Rn. 3.

geforderten sachlich identischen Lebenssachverhalt zählen alle Merkmale, nach denen dieser einen einheitlichen geschichtlichen Vorgang bildet. Diese Anforderung entspricht auch dem primären Sinn und Zweck der Bindungswirkung, mithin dem Ziel der einheitlichen Anwendung des gemeinschaftsrechtlichen Wettbewerbsrechts. Die Gewährleistung einer einheitlichen widerspruchsfreien Rechtsanwendung in der gesamten Union ist nur notwendig, wenn auch ein identischer Vorgang Gegenstand mehrerer unionsweiter Entscheidungen ist.

bb. Identität der beteiligten Personen

Es genügt jedoch nicht, dass der kartellrechtliche Lebenssachverhalt, über den das nationale Gericht urteilt, allein in sachlicher Hinsicht derselbe ist, wie der mit dem sich auch die Kommission beschäftigt hat. Neben der sachlichen Identität ist für den Eintritt der Bindungswirkung nach Art. 16 Abs. 1 VO 1/2003 auch eine teilweise personelle Identität der Beteiligten des nationalen Follow-on Verfahrens zu fordern.[334]

(1) Die Anschlussentscheidung des House of Lords im Fall Courage

Die angesprochene Voraussetzung lässt sich insbesondere anhand eines Verfahrens veranschaulichen, das seinerzeit vor dem House of Lords in Zusammenhang mit dem Verfahren des Europäischen Gerichtshofs in der Rechtssache *Courage*[335] verhandelt wurde.[336] Das höchste britische Gericht hatte in diesem Rechtsstreit sodann in letzter Instanz über Zahlungsforderungen zwischen dem Pächter einer Schankwirtschaft, Crehan, und seiner Verpächterin, der Brauerei Courage, zu urteilen. Nachdem Crehan sein Geschäft einstellen musste, hatte ihn Courage wegen ausstehender Zahlungen in Anspruch genommen. Der Pachtvertrag der beiden Parteien hatte vorgesehen, dass Crehan seinen gesamten Bierbedarf für die Gaststätte bei Courage zu beziehen habe, sog. „British

334 LG Hannover, Urt. v. 04.02.2019, 18 O 26/17, Rn. 23 – *LKW-Kartell*; *Imgrund*, S. 125; Möschel/Bien/*Grünberger*, 135, 165 f.; Frankfurter Komm./*Jaeger*, Art. 16 VO 1/2003 Rn. 7; MüKo Kartellrecht/*Schneider*, Art. 16 VO 1/2003 Rn. 9.

335 EuGH, Urt. v. 20.09.2001, C-453/99, Rn. 23 f. – *Courage/Crehan*, in dem der EuGH grundlegend dazu entschied, dass eine Partei grundsätzlich Ersatz des Schadens verlangen könne, der ihr dadurch entstanden ist, dass sie eine nach Art. 101 Abs. 1 AEUV wettbewerbswidrige Klausel in einer von ihr getroffenen Vereinbarung beachtet hatte.

336 United Kingdom House of Lords, Urt. v. 19.07.2006, 4 All ER 465, 488 per Lord Hoffmann – *Inntrepreneur Pub Company v. Crehan* [2006]; s. auch *Kaubisch/Sagmeister*, GRUR Int 2007, 890, 891 ff.

beer tie". Crehan hielt diese Alleinbezugsverpflichtung jedoch nach Art. 101 Abs. 1, 2 AEUV für wettbewerbswidrig und nichtig. Entsprechend bestritt er jegliche Zahlungsverpflichtung gegenüber Courage und erhob stattdessen gegen diese Widerklage auf Schadensersatz, da sie von ihm aufgrund der Alleinbezugsverpflichtung weitaus höhere Preise verlangt habe als von anderen, nicht durch eine entsprechende Klausel gebundenen Kunden. Da das britische Recht jedoch zu dieser Zeit Schadenersatzansprüche einer selbst an einem rechtswidrigen Vertrag beteiligten Person generell ausschloss, wurde Crehans Widerklage im erstinstanzlichen Verfahren abgewiesen. Der in nächster Instanz mit dem Rechtsstreit befasste und die Rechtmäßigkeit der britischen Regelung bezweifelnde britische High Court of Justice legte zu Lösung der Angelegenheit dem EuGH die Frage vor, ob eine Partei auch Ersatz des Schadens verlangen könne, der ihr dadurch entstanden sei, dass sie die in einer von ihr getroffenen Vereinbarung enthaltene, nach Art. 101 AEUV kartellrechtswidrige Klausel beachtet hatte.[337] Hierzu urteilte der Europäische Gerichtshof grundlegend unter Berufung auf den Effektivitäts- und Äquivalenzgrundsatz zur Herbeiführung der vollen praktischen Wirksamkeit des europäischen Kartellrechts, dass jedermann Ersatz des Schadens verlangen könne, der ihm durch wettbewerbswidriges Verhalten entstanden sei.[338] Dieser Grundsatz stehe einer nationalen Regelung entgegen, die eine Partei eines gegen die Wettbewerbsregeln verstoßenden Vertrages von vornherein und grundlegend von der Geltendmachung ihrer daraus resultierenden Schadensersatzansprüche ausschließt.[339] Infolge dieser Ausführungen des Gerichtshofs erkannte der britische High Court of Justice zwar im Folgenden die grundlegende Schadensersatzberechtigung des Pächters Crehan an, lehnte den geltend gemachten Anspruch jedoch letztlich in der Sache ab, da die im Bierlieferungsvertrag vereinbarte Alleinbezugsverpflichtung seiner Ansicht nach nicht gegen Art. 101 Abs. 1 AEUV verstoße. Diese wettbewerbsrechtliche Beurteilung des „British Beer tie" durch den High Court widersprach in der Sache jedoch mehreren vorausgegangenen Beschlüssen der Kommission

---

337 United Kingdom High Court, Urt. v. 27.05.1999, EuLR 834, 853 (CA) mit Verweis auf *Gibbs Mew v. Gemmell* [1998] EuLR 588, 606 per *Peter Gibson* LJ (CA) und *Tinsley v. Milligan* [1994] 1 AC 340 (HL) – *Inntrepreneur Pub Company v. Crehan* [1999].

338 EuGH, Urt. v. 20.09.2001, C-453/99, Rn. 26 – *Courage/Crehan*. S. hierzu Immenga/Mestmäcker/*Franck*, § 33 a GWB Rn. 19, der darauf hinweist, dass sich die „jedermann"-Formel gegen kategorische Beschränkungen der Anspruchsberechtigung durch nationales Recht richtete. S. hierzu auch *Franck*, European Law Review 2018, 837, 840.

339 EuGH, Urt. v. 20.09.2001, C-453/99, Rn. 28 – *Courage/Crehan*.

zur Knebelung im britischen Biermarkt. In den Fällen *Whitbread*[340], *Bass*[341] und *Scottish & Newcastle*[342] hatte die Kommission bereits zuvor inhaltlich identische Alleinbezugsverpflichtungen als wettbewerbswidrig eingestuft. Angesichts dieser, auf der Tatsachenebene identischer Kommissionsbeschlüsse hob sodann der britische Court of Appeal in der nächsten Instanz das Urteil des High Court auf und sprach Crehan den begehrten Schadensersatz aufgrund der Wettbewerbswidrigkeit der Vereinbarung zu.[343] Der Rechtstreit endete letztinstanzlich vor dem House of Lords, das sich mit der Frage zu befassen hatte, ob im vorliegenden Fall angesichts der Entscheidungen der Kommission zum britischen Biermarkt eine widersprechende Entscheidung zwischen Kommission und britischem Gericht im Sinne der *Masterfoods*-Entscheidung zu befürchten sei, wenn letzteres den Bierlieferungsvertrag zwischen Courage und Crehan eigenständig prüfen und als kartellrechtskonform einstufen würde. Anders als vorliegend hatte sich das *Masterfoods*-Urteil des EuGH auf eine Konstellation bezogen, bei der die Parteien des nationalen Gerichtsverfahrens und die Adressaten der Kommissionsentscheidung identisch waren. Daher lehnte das House of Lords eine Kohärenzverpflichtung in der anhängigen Rechtssache ab und hob das Urteil des Court of Appeal auf. Die Kommission habe lediglich in sachlich identischen Fällen über die in Rede stehende Vereinbarung entschieden. Dies genüge jedoch nicht für das Vorliegen des eine Bindung erst begründenden „gleichen Gegenstands" beider Verfahren. Hierzu müsse vielmehr noch eine identische persönliche Komponente in der Form hinzutreten, dass dieselbe(n) Person(en) sowohl Partei des Kommissionsverfahrens als auch des mitgliedstaatlichen Gerichtsverfahrens sind. Sonst handele es sich nicht um einen identischen, sondern lediglich um einen ähnlichen Gegenstand beider Verfahren, der für die Begründung einer Bindungswirkung nach Art. 16 VO 1/2003 nicht genüge. Die Annahme einer Bindungswirkung ohne Vorliegen dieser persönlichen Identität wäre mit dem Anspruch auf rechtliches Gehör und effektiven gerichtlichen Rechtsschutz nicht vereinbar.[344] Somit bestehe im zu beurteilenden Rechtsstreit zwischen Courage

---

340 Kommission, Entsch. v. 24.02.1999, AT.35.079, ABl. 1999, L 88 S. 26 – *Whitbread.*

341 Kommission, Entsch. v. 16.06.1999, AT.36.081, ABl. 1999, L 186 S. 1 – *Bass.*

342 Kommission, Entsch. v. 16.06.1999, AT.35.992, ABl. 1999, L 186 S. 28 – *Scottish & Newcastle.*

343 United Kingdom Court of Appeal, Urt. v. 20.04.2004, EuLR 693 – *Inntrepreneur Pub Company v. Crehan* [2004].

344 United Kingdom House of Lords, Urt. v. 19.07.2006, 4 All ER 465, 488, para 67, per Lord Hoffmann – *Inntrepreneur Pub Company v. Crehan* [2006]; dazu *Hanley,* 44 CMLR 2007, 817, 825.

und Crehan schon keine Möglichkeit sich widersprechender Entscheidungen im Sinne der Kartellverfahrensverordnung, da der konkret zu beurteilende Bierlieferungsvertrag zwischen den Parteien Courage und Crehan eben nie Gegenstand einer Kommissionsentscheidung gewesen war.[345] Im Ergebnis habe der High Court of Justice somit ohne Verstoß gegen die Kohärenzverpflichtung eine eigene wettbewerbsrechtliche Beurteilung der zwischen Courage und Crehan vereinbarten Alleinbezugsverpflichtung vorgenommen und eine Wettbewerbsbeschränkung im Ergebnis zu Recht verneint.[346]

(2) Erfordernis eines in persönlicher Hinsicht identischen Lebenssachverhalts

Die dargestellten Ausführungen des House of Lords verdienen volle Zustimmung. Sie überzeugen im Hinblick auf die Berücksichtigung der Vorgaben der grundrechtlich garantierten Ansprüche auf rechtliches Gehör und effektiven gerichtlichen Rechtsschutz, um die in Art. 16 Abs. 1 VO 1/2003 normierte Bindungswirkung nicht dem Vorwurf der Rechtsstaats- und Grundrechtswidrigkeit auszusetzen. Für ein mitgliedstaatliches Gericht kann daher keine Kohärenzverpflichtung von einem Kommissionsbeschluss ausgehen, der zwar dieselben tatsächlichen Verhaltensweisen und rechtlichen Fragen eines gleichgelagerten wettbewerblichen Verhaltens beurteilt, aber gegen Dritte ergangen ist, die nicht Beteiligte des mitgliedstaatlichen Verfahrens sind. Die europäische Bindungswirkung wird in persönlicher Hinsicht somit durch das vorherige Verwaltungs- bzw. Ordnungswidrigkeitenverfahrens begrenzt. Die bindende Wirkung eines Kommissionsbeschlusses hängt aufgrund der fundamentalen Rechtsschutzgarantien davon ab, dass die von dieser Wirkung Belasteten an dem vorangegangenen Kommissionsverfahren, das zu der bindenden Entscheidung geführt hat, mit den entsprechend notwendigen Beteiligungs- und Verfahrensrechten involviert gewesen sind, dort rechtliches Gehör gefunden haben und die Möglichkeit

---

345 United Kingdom House of Lords, Urt. v. 19.07. 2006, 4 All ER 465, 484-486, para 43 ff., 69, per Lord Hoffmann - *Inntrepreneur Pub Company v. Crehan* [2006]; s. hierzu auch *Hanley,* 44 CMLR 2007, 817, 826 f.; *Komninos,* 44 CMLR 2007, 1387, 1404; *Kaubisch/Sagmeister*, GRUR Int 2007, 890, 892. Vgl. weiterhin Commission Notice on the co-operation between the Commission and the courts of the EU Member States in the application of Articles 81 and 82 EC v. 27.04.2004, 2004/C 101/04, Rn. 8; GA Cosmas, Schlussanträge v. 16.05.2000, C-344/98, Rn. 16 - *Masterfoods;*

346 United Kingdom House of Lords, Urt. v. 19.07.2006, 4 All ER 465, 484-486, para 43 ff., 69, per Lord Hoffmann - *Inntrepreneur Pub Company v. Crehan* [2006].

hatten, den sie bindenden Beschluss mit Rechtsmitteln anzugreifen.[347] Mit Ausnahme von Beschlüssen nach Art. 10 VO 1/2003 sind es daher die Adressaten eines Beschlusses und die ihnen aufgrund ihrer Beteiligung am Kommissionsverfahren Gleichgestellten, die im Folgeprozess durch die Anordnung des Art. 16 Abs. 1 VO 1/2003 belastet sind und sich die Feststellung des Kommissionsbeschlusses entgegen halten lassen müssen.[348] Dagegen sind entlastende Feststellungen in einem Kommissionsbeschluss nicht zugunsten der Adressaten und zulasten der Geschädigten verbindlich, es sei denn letztere waren am Verfahren beteiligt und verfügten über entsprechende Rechtsschutzmöglichkeiten.[349] Eine über den persönlich wie sachlich identischen Gegenstand hinausgehende, erweiterte Bindungswirkung für nur sachlich gleichgelagerte bzw. ähnliche Fälle oder gar hinsichtlich der abstrakten Rechtsauffassung und Bewertung der Kommission besteht aufgrund der aufgezeigten Gründe nach Art. 16 Abs. 1 VO 1/2003 nicht.[350] Folglich ist die Ansicht, die Bindungswirkung nach Art. 16 Abs. 1 VO 1/2003 erstrecke sich auch auf gleichgelagerte oder ähnliche Sachverhalte in Kommissionbeschlüssen,[351] zu Recht eine Einzelmeinung geblieben. Entsprechende Feststellungen in inhaltlich ähnlichen Kommissionsbeschlüssen können in nationalen Gerichtsverfahren höchstens als Anscheinsbeweis

---

347 OLG München, Urt. 21.02.2013, U 5006/11 Kart, Rn. 115 f.; OLG Düsseldorf, Urt.v. 29.01.2014, VI-U (Kart) 7/13, Rn.43; OLG Düsseldorf, Urt. v. 09.04.2014, VI-U (Kart) 10/12, Rn. 36 m.w.N.; OLG Nürnberg, Urt. v. 19.07.2016, 3 U 116/16, S. 11; LG Berlin, Urt. v. 06.08.2013, 16 O 193/11 Kart, Rn. 68; LG Hannover, Urt. v. 04.02.2019, 18 O 26/17, Rn. 23 – *LKW-Kartell*; *Fritzsche/Klöppner/Schmidt*, NZKart 2016, 412, 414; *Wachs*, WuW 2017, 2, 5; Möschel/Bien/*Grünberger*, 135, 166; Grabitz/Hilf/*Dalheimer*, Art. 16 VO 1/2003 Rn. 5. Schröter/Jakob/Klotz/Mederer/*Schröter/van der Hout*, Art. 101 AEUV Rn. 254.

348 Möschel/Bien/*Grünberger*, 135, 166–168; Immenga/Mestmäcker/*Franck*, § 33 b GWB Rn. 20; Langen/Bunte/*Bornkamm/Tolkmitt*, § 33 b GWB Rn. 17.

349 S. hierzu bereits oben unter dem Abschnitt Bindungswirkung von Nichtanwendbarkeitsfeststellungsbeschlüssen nach Art. 10 VO 1/2003, S. 81 ff.

350 LG Düsseldorf, Urt. v. 08.09.2016, 37 O 27/11 (Kart) unter A. II. zu Art. 16 VO 1/2003; *Dohrn*, S. 53 ff.; *Imgrund*, S. 125; *Klees* § 6 Rn. 165, § 7 Rn. 222 f. m.w.N.; Möschel/Bien/*Grünberger*, 135, 166; Schröter/Jakob/Klotz/Mederer/*Schröter/van der Hout*, Art. 101 AEUV, Rn. 254; Loewenheim/*Zuber*, Art. 16 VO 1/2003 Rn. 17 (zu den Grenzen der Bindung bei Follow-on Klagen); Grabitz/Hilf/*Dalheimer*, Art. 16 VO 1/2003 Rn. 5; MüKo Kartellrecht/*Schneider*, Art. 16 VO 1/2003 Rn. 1; Frankfurter Komm./*Jaeger*, Art. 16 VO 1/2003 Rn. 7; Dalheimer/Feddersen/Miersch/*Dalheimer*, Art. 16 VO 1/2003 Rn. 5.

351 *Eilmannsberger*, JZ 2001, 365, 372.

Berücksichtigung finden, welcher im Gegensatz zu den aufgrund der Kohärenzverpflichtung bindenden Feststellungen von der Gegenseite jedoch noch widerlegt werden kann.[352]

(3) Sonderkonstellationen zum Vorliegen der erforderlichen Parteiidentität

An die obigen Erkenntnisse schließt sich die Frage an, ob das Kriterium der Parteiidentität in spezifischen Konstellationen womöglich einer Einschränkung bedarf. Zu denken ist hierbei insbesondere an Kronzeugen des Kommissionsverfahrens, die insbesondere aus rechtspolitischen Gründen schützenswert sein könnten, so dass ihnen gegenüber eine Bindungswirkung ausgeschlossen werden müsste (dazu unter a.). In diesem Zusammenhang ist auch auf die Folgen der Beteiligung der Kartellanten an einem Vergleichsverfahren der Kommission einzugehen (hierzu unter b.). Weiterhin ist zu untersuchen, ob die geforderte Parteiidentität im Rahmen der Bindungswirkung des Art. 16 Abs. 1 VO 1/2003 im Hinblick auf das Rechtsschutzerfordernis auch dann als gegeben angesehen werden kann, wenn eine Kartellbeteiligung ausschließlich in den Entscheidungsgründen des Beschlusses aufgeführt, der Genannte aber nicht Adressat des Kommissionsbeschlusses ist (s. hierzu unter c.). Eine vergleichbare Problematik betreffend die Parteiidentität stellt sich auch für die durch eine Nichtanwendbarkeitsfeststellungsentscheidung nach Art. 10 VO 1/2003 begünstigten Adressaten (dazu unter d.).

(a) Bindungswirkung gegenüber Kronzeugen

In Art. 2 Nr. 19 SE-RL findet sich inzwischen eine offizielle Definition des kartellrechtlichen Kronzeugen als „ein Unternehmen, dem oder eine natürliche Person, der im Rahmen eines Kronzeugenprogramms ein Erlass der Geldbuße einer Wettbewerbsbehörde gewährt wurde." Das europäische Kronzeugenprogramm, auch Leniency genannt, basiert auf der Mitteilung der Kommission über den Erlass und die Ermäßigung von Geldbußen in Kartellsachen.[353] Diese besitzt weder Gesetzeskraft noch ist sie für die Mitgliedstaaten verbindlich.[354]

---

352 United Kingdom House of Lords, Urt. v. 19.07.2006, 4 All ER 465, 488 per Lord Hoffmann – *Inntrepreneur Pub Company v. Crehan* [2006].

353 Kommission, Mitteilung über den Erlass und die Ermäßigung von Geldbußen in Kartellsachen v. 08.12.2006, ABl. 2006, C 298/11, S. 17.

354 EuGH, Urt. v. 14.06.2011, C-360/09, Rn. 21 – *Pfleiderer;* EuGH, Urt. v. 05.06.2014, C-557/12, Rn. 36 – *Kone.*

Auf europäischer Ebene soll das Programm Anreize für eine Kooperation kartellbeteiligter Unternehmen mit der Kommission schaffen, in dem diese im Gegenzug für die Offenbarung kartellrechtswidriger Praktiken im anschließenden Ordnungswidrigkeitenverfahren einen vollständigen Erlass oder jedenfalls eine Ermäßigung der nach Art. 23 Abs. 2 VO 1/2003 verhängten Bußgelder erhalten.[355] Die Kronzeugenregelung hat sich seit ihrer Einführung als besonders wirksames Instrument zur Aufdeckung und Ahndung von Kartellrechtsverstößen herausgestellt.[356]

Entsprechend großes Interesse besteht somit seitens der Kommission daran, das Kronzeugenprogramm für kooperationswillige Kartellbeteiligte weiterhin möglichst attraktiv zu halten. Die Frage, ob eine Bindung des nationalen Gerichts in gegen die Kartellbeteiligten gerichteten Schadensersatzverfahren auch zulasten der Kronzeugen des Kommissionsverfahrens eintritt, ist hierfür mitunter von erheblicher Bedeutung. Gegenüber einer entsprechenden Bindung besteht aus rechtspolitischer Sicht die Besorgnis, dass der durch sein Geständnis als

---

355 Ein vollständiger Erlass der Geldbuße für ein als Kronzeuge fungierendes Unternehmen ist möglich, wenn dieses als erstes Beweise für ein der Kommission bis dahin unbekanntes Kartell vorlegt oder - falls die Kommission bereits von dem Kartell wusste - erstmals entscheidende Beweise vorlegt, die die tatsächliche Feststellung des Kartells ermöglichen. Liegen diese Voraussetzungen nicht vor, legt ein kartellbeteiligtes Unternehmen aber dennnoch Beweismittel mit erheblichem Mehrwert gegenüber den bereits vorhandenen Beweisen vor, so kann es noch eine Ermäßigung von bis zu 50 % auf die ursprünglich zu verhängende Geldbuße erlangen. Dem zweiten Unternehmen, das diese Bedingungen erfüllt, kann noch eine Ermäßigung von 20 - 30 %, allen weiteren Unternehmen eine Ermäßigung von bis zu 20 % gewährt werden. S. hierzu Kommission, Mitteilung über den Erlass und die Ermäßigung von Geldbußen in Kartellsachen v. 08.12.2006, ABl. 2006, C 298 S. 11, Rn. 23 bis 30; weiterhin *Seitz*, EuZW 2008, 525, 528; Dreher/Kulka/*Rittner*, Wettb.- u. KartellR, Rn. 1685; Immenga/Mestmäcker/*Biermann*, Art. 23 VO 1/2003 Rn. 247, 253, 270; Bechtold/Bosch/Brinker/*Brinker*, Art. 23 VO 1/2003 Rn. 79 f. Im Folgenden soll unter Kronzeuge das Unternehmen verstanden werden, das einen vollständigen Erlass seiner Bußgelder erhalten hat.

356 Auf EU-Ebene stiegen die Einnahmen aus Bußgeldern für Kartellabsprachen von 3,1 Mrd. € (2000 - 2004) auf 7,9 Mrd. € (2005 - 2009), sanken dann wieder auf 7,6 Mrd. € (2010 - 2014), 6,8 Mrd. € (2015 - 2018), s. Kommission, Cartel Statistics, abrufbar unter http://ec.europa.eu/competition/cartels/statistics/statistics.pdf, zuletzt abgerufen am 14.03.2021; dazu *Puffer-Mariette*, Effektivität von Kronzeugenregelungen, 57 f.; *Glöckner*, WRP 2015, 410, 413; *Reichert/Walther*, GPR 2015, 120, 120; Berg/Mäsch/*van der Hout/Amling*, Art. 23 VO 1/2003 Rn. 57 f.

erster und in einem hohen Maß Informationen preisgebende Kronzeuge exponiert in den Fokus einer kartellschadensersatzrechtlichen Klagewelle gerät. Dies könnte die Bereitschaft kartellierender Unternehmen zur Teilnahme am Kronzeugenprogramm der Kommission vermindern. Ein Rückgang der Kronzeugenanträge würde nicht nur die behördliche Kartellverfolgung erschweren, sondern letztlich auch den Kartellgeschädigten zum Nachteil gereichen, da zahlreiche Wettbewerbsverstöße ohne die Selbstanzeige eines kartellbeteiligten Unternehmens womöglich niemals oder erst wesentlich später aufgedeckt worden wären. Zudem wäre ein Wettbewerbsverstoß ohne die anschließende Bindungswirkung in nationalen Zivilverfahren für die Kartellbetroffenen kaum nachweisbar. Eine erfolgreiche öffentlich-rechtliche Kartellverfolgung ist somit gleichermaßen der Schlüssel für eine effektive private Kartellrechtsdurchsetzung.[357]

Unter anderem aufgrund der dargelegten Abschreckung potentieller Kronzeugen erlässt das Bundeskartellamt nach seiner dem europäischen Leniency-Programm vergleichbaren Bonusregelung[358] für Wettbewerbsverstöße auf nationaler Ebene keinen Bußgeldbescheid gegen Kronzeugen, denen volle Immunität gewährt wird.[359] Durch diese Einstellung des Verfahrens gegen den Kronzeugen fehlt es nach deutschem Recht damit bereits an einer Grundlage für eine Bindung im Folgeverfahren.[360] Dies ist auf europäischer Ebene anders. Dort wird auch der Kronzeuge Adressat des Kommissionsbeschlusses, der ebenfalls ein wettbewerbswidriges Verhalten feststellt und dessen Abstellung verfügt,

---

357 Kommission, Weissbuch über Schadenersatzklagen wegen Verletzung des EG-Wettbewerbsrechts v. 02.04.2008, KOM (2008) 165 endg., S. 7; BKartA, Stellungnahme des Bundeskartellamts zum Referentenentwurf zur 9. GWB-Novelle vom 25.07.2016, S. 18, 20; s. auch *Vollrath*, NZKart 2013, 434, 443; *Schweitzer*, NZKart 2014, 335, 344; *Glöckner*, WRP 2015, 410, 415; Schröter/Jakob/Klotz/Mederer/*Schröter/van der Hout*, Art. 101 AEUV Rn. 260.

358 BKartA, Bekanntmachung Nr. 9/2006 über den Erlass und die Reduktion von Geldbußen in Kartellsachen – Bonusregelung v. 7.3.2006, abrufbar unter: https://www.bundeskartellamt.de/SharedDocs/Publikation/DE/Bekanntmachungen/Bekanntmachung%20-%20Bonusregelung.pdf?__blob=publicationFile&v=7, zuletzt abgerufen am 14.03.2021.

359 LG Nürnberg-Fürth, Urt. v. 16.12.2015, 4 HK O 2378/12, Rn. 42; Monopolkomm., Sondergutachten 41, Das allgemeine Wettbewerbsrecht in der Siebten GWB-Novelle, März 2004, Rn. 44; *Imgrund*, S. 221; *Hempel*, WuW 2005, 137, 144; *Meyer*, GRUR 2006, 27, 31 f.; *Weitbrecht*, WuW 2017, 244, 246; Kamann/Ohlhoff/Völcker/*Ohlhoff*, § 26 Rn. 110; Bechtold/Bosch, § 33 GWB Rn. 47.

360 S. hierzu *Franck*, Private Enforcement in Germany, S. 34 m.w.N., der insofern von einem Anscheinsbeweis für die Kartellbeteiligung des Kronzeugen ausgeht.

jedoch wird nur ein auf die Summe Null reduziertes Bußgeld gegen ihn verhängt. Auf die Bindungswirkung, die sich auf den feststellenden Teil und nicht auf die Rechtsfolgen stützt, hat dies jedoch keine den Kronzeugen begünstigende Auswirkung. Weiterhin finden sich in den Gründen des Beschlusses darüber hinaus Ausführungen dazu, welche Verantwortlichkeit den Kronzeugen an den wettbewerbswidrigen Handlungen trifft und wie hoch die eigentlich gegen dieses Unternehmen festzusetzende Geldbuße tatsächlich gewesen wäre.[361]

Die Grundlage für eine Bindungswirkung ist damit auf EU-Ebene grundsätzlich gelegt. Abseits des rechtspolitischen Aspekts spricht jedenfalls aus rechtsstaatlichen Gründen nichts gegen den Eintritt einer bindenden Wirkung des Kommissionsbeschlusses gegen den lediglich bußgeldbefreiten Kronzeugen. Zwar erfordert eine gerichtliche Anfechtungsmöglichkeit des Kommissionsbeschlusses im Wege der Nichtigkeitsklage neben dem Vorliegen der Klagebefugnis auch ein bestehendes Rechtsschutzbedürfnis.[362] Dieses ist zu bejahen, wenn die begehrte Aufhebung der behördlichen Entscheidung für den Kläger vorteilhafte Rechtswirkungen erzeugen kann.[363] Entsprechend können Rechtsakte, durch die ihr Adressat ausschließlich begünstigt wird, von diesem mangels Beschwer nicht angefochten werden. Der bußgeldrechtliche Teil des Kommissionsbeschlusses kann somit durch den nicht bebußten Kronzeugen mangels Rechtsschutzbedürfnis nicht angegriffen werden. Dies ändert jedoch nichts daran, dass er als durch die enthaltene Fest- und Abstellungsverfügung belasteter Beschlussadressat diesbezüglich zweifelsfrei zu einer Nichtigkeitsklage nach Art. 263, 267 AEUV befugt wäre. Eine Beschränkung der Kohärenzverpflichtung aus rechtsstaatlichen Gründen ist daher nicht erforderlich.

In der Rechtssache *Kone* hatte sich auch der EuGH mit der Frage der Bindungswirkung von Kommissionsbeschlüssen in Bezug auf Kronzeugen zu befassen. In diesem Verfahren hatten die beteiligten Kartellanten vorgetragen, dass die aufgrund der bindenden Wirkung auch gegenüber Kronzeugen erheblich erleichterten Schadensersatzansprüche geeignet seien, die Bereitschaft der

---

361 Immenga/Mestmäcker/*Biermann*, Art. 23 VO 1/2003 Rn. 247, 251; Bechtold/Bosch/Brinker/*Brinker*, Art. 23 VO 1/2003 Rn. 84.

362 EuG, Urt. v. 17.09.1992, T-138/89, Rn. 33 – *NBV u. NVB/Kommission*; EuG, Urt. v. 04.07.2006, T-177/40, Rn. 40 – *easyJet/Kommission*; EuG, Urt. v. 11.12.2013, T-79/12, Rn. 35 – *Cisco Systems*; Kamann/Ohlhoff/Völcker/*Dittert*, § 14 Rn. 18.

363 EuGH, Urt. v. 24.06.1986, C-53/85, Rn. 21 – *AKZO Chemie/Kommission*; EuGH Urt. v. 25.07.2002, C-50/00 P, Rn. 21 – *Unión de Pequeños Agricultores*; EuG, Urt. v. 28.09.2004, T-310/00, Rn. 44 – *MCI/Kommission*; EuG, Urt. v. 11.12.2013, T-79/12, Rn. 35 – *Cisco Systems*.

kartellbeteiligten Unternehmen zur Unterstützung der Ermittlungen der Kommission stark zu vermindern.[364] Dagegen wandte der EuGH ein, dass die Kronzeugenregelung der Kommission keine Gesetzeskraft und Verbindlichkeit für die Mitgliedstaaten besitze, und folglich Einzelnen auch nicht das Recht nehmen könne, vor den nationalen Gerichten Ersatz des Schadens zu verlangen, der ihnen durch einen Verstoß gegen Art. 101 AEUV entstanden ist.[365] Daneben lässt sich ergänzen, dass bisher auch jeglicher empirische Beleg für die geltend gemachte besondere deliktische Gefährdungslage von Kronzeugen und einem Attraktivitätsverlust des Leniency-Programms fehlt.[366]

Im Ergebnis scheint es auch rechtspolitisch letztlich verfehlt, Kronzeugen über den Bußgelderlass hinaus auch hinsichtlich der bindenden Wirkung von Kommissionsbeschlüssen zu privilegieren. Schließlich handelt es sich auch bei einem Kronzeugen um einen Kartellanten, der von seiner Beteiligung an einer wettbewerbswidrigen Maßnahme zulasten anderer profitiert hat und für die hierdurch entstandenen Schäden daher ersatzpflichtig sein muss. Dagegen besteht keine Veranlassung, den Kartellgeschädigten ein Sonderopfer im Interesse der behördlichen Kartellverfolgung abzuverlangen.

Um die Attraktivität des Kronzeugenprogramms und damit die effektive behördliche Kartellrechtsdurchsetzung in der Union zu erhalten, wurden zudem bereits anderweitige Maßnahmen eingeführt, um kooperierende Unternehmen in einem zivilprozessualen Follow-on Verfahren zu entlasten. So ist beispielsweise der durch die Schadensersatzrichtlinie in Art. 5-8 SE-RL eingeführte Offenlegungsanspruch und damit die prozessrechtliche Verwertung einer Kronzeugenerklärung im Zivilverfahren kategorisch ausgeschlossen.[367] Allerdings ist

---

364 EuGH, Urt. v. 05.06.2014, C-557/12, Rn. 36 – *Kone.*

365 EuGH, Urt. v. 05.06.2014, C-557/12, Rn. 36 – *Kone.*

366 Gesetzentwurf der Bundesregierung eines Achten Gesetzes zur Änderung des Gesetzes gegen Wettbewerbsbeschränkungen, BT-Drs. 17/9852, S. 38; *Krüger*, NZKart 2013, 483, 485; *Bien*, NZKart 2013, 481, 481; Berg/Mäsch/*van der Hout*, Art. 23 VO 1/2003 Rn. 85 m.w.N.; Schröter/Jakob/Klotz/Mederer/*Schröter/van der Hout*, Art. 101 AEUV Rn. 233. Skeptischer *Franck*, Private Enforcement in Germany, S. 10.

367 Art. 6 Abs. 6, 7 Abs. 1 SE-RL normieren insoweit ein Beweisverwertungsverbot in Schadensersatzverfahren. S. zur Problematik eines Einsichtnahmegesuchs pirvater Geschädigter in kartellbehördliche Kronzeugenerklärungen: EuGH, Urt. v. 14.06.2011, C-360/09 – *Pfleiderer*; EuGH, Urt. v. 06.06.2013, C-536/11 – *Donau Chemie*; EuGH, Urt. v. 27.02.2014, C-365/12 P – *ENBW*, nach dem starre nationale Regelungen, die den Zugang zu Kronzeugenerklärungen ohne Einzelfallprüfung für jeden Fall ausschließen, unzulässig sind. Die Richtlinie sieht anders als die vorg. Rechtsprechung allerdings einen absoluten Schutz gegen Einsicht in Kronzeugenerklärungen vor. Die

nach wie vor zweifelhaft, ob dieser keinerlei Abwägung zugängliche, umfassende Schutz mit den auf dem Primärrecht des Art. 101 AEUV beruhenden Rechten der Kartellgeschädigten überhaupt vereinbar ist.[368] Immerhin hatte der EuGH in Zusammenhang mit mitgliedstaatlichen Vorschriften zur Akteneinsicht auf Grundlage des primärrechtlichen Effektivitätsgebots und Art. 101 AEUV eine entsprechende einzelfallbezogene Abwägung gefordert.[369] Eine weitere Privilegierung von Kronzeugen besteht darin, dass sich ihre zivilrechtliche Haftung allein auf den Kreis ihrer eigenen unmittelbaren sowie mittelbaren Abnehmer und Lieferanten beschränkt, § 33 e Abs. 1 S. 1 GWB.[370]

Eine auf rechtspolitischen Gründen basierende Einschränkung der Parteiidentität und damit der Bindungswirkung nach Art. 16 Abs. 1 VO 1/2003 im Hinblick auf Kronzeugen des dem Beschluss zugrunde liegenden Kommissionsverfahrens

---

pauschalen Regelungen der Europäischen Kartellschadensersatzrichtlinie sehen sich insoweit teilweise dem Vorwurf der Primärrechtswidrigkeit ausgesetzt, so *Schweitzer*, NZKart 2014, 335, 341 ff; *Kersting*, WuW 2014, 564, 566 f.; *Makatsch/Mir*, EuZW 2015, 7, 9 f.; *Makatsch/Bäuerle*, WuW 2016, 341, 343; s. auch *Haus/Serafimova*, BB 2014, 2883, 2886 f.; *Reichert/Walther*, GPR 2015, 120, 127, die davon ausgehen, dass der EuGH den Richtliniengeber in seinen Urteilen lediglich auffordern wollte, eine einheitliche Regelung zu schaffen. Siehe zu den Richtlinienvorschriften auch: *Fiedler*, BB 2013, 2179, 2184 m. w.N.; *Pustlauk*, EWerk 2015, 10, 13; *Glöckner*, WRP 2015, 410, 414; *Kreße*, WRP 2016, 567, 573 f.

368 *Schweitzer*, NZKart 2014, 335, 342 f.; dagegen für eine vertretbare Abwägung des Unionsgesetzgebers zwischen Private und Public enforcement: Monopolkomm., XXI. Hauptgutachten, Wettbewerb 2016, Rn. 68; ebenso *Roth*, ZHR 2015, 668, 688. Vgl. auch EuGH, Urt. v. 14.03.2017, C-162/15 P, Rn. 86 f. – *Evonik Degussa*, nachdem die Veröffentlichung wörtlicher Zitate aus Kronzeugenerklärungen in Kommissionsentscheidungen verboten ist. S. zudem *Weitbrecht*, NZKart 2018, 106, 109.

369 EuGH, Urt. v. 14.06.2011, C-360/09 – *Pfleiderer;* EuGH, Urt. v. 06.06.2013, C-536/11 – *Donau Chemie*.

370 Art. 11 Abs. 4 lit. a SE-RL, demnach haften mehrere Kartellanten als Gesamtschulder nach §§ 830, 840 BGB. Art. 11 Abs. 5 S. 2, 6 SE-RL stellen daher klar, dass der Kronzeuge auch im Innenverhältnis nur bis zur Höhe des Schadens, der den eigenen Abnehmern oder Lieferanten entstanden ist, haftet. Gegenüber anderen Geschädigten kommt eine Haftung des Kronzeugen daher nur dann noch in Frage, wenn diese nachweisen, dass von den anderen Kartellbeteiligten kein vollständiger Schadensersatz erlangt werden kann, Art. 11 Abs. 4 lit. b SE-RL. Zur Kritik der Literatur an dieser Regelung, insbes. an Nachweismöglichkeiten, dass kein Ersatz erlangt werden kann, s. u.a.: *Krüger*, NZKart 2013, 483, 486; *Mäsch*, WuW 2013, 687, 687; *Bues/Fritzsche*, DB 2014, 2281, 2281; *Kersting*, WuW 2014, 564, 567 f.; *Makatsch/Mir*, EuZW 2015, 7, 11; *Kersting/Preuß*, WuW 2016, L 1, L8.

ist im Rahmen der Abwägung daher nicht angezeigt.[371] Hinsichtlich anderer Kartellbeteiligter, die durch ihre Kooperation mit der Kommission eine teilweise oder vollumfängliche Bußgeldreduktion erreicht haben, kann nichts anderes gelten. Art. 16 Abs. 1 VO 1/2003 greift zugunsten der Geschädigten und zulasten des Kronzeugen.

(b) Bindungswirkung gegenüber Teilnehmern am Settlement-Verfahren

Dem Kronzeugenverfahren vergleichbare Probleme hinsichtlich der persönlichen Reichweite der Bindungswirkung stellen sich auch bzgl. eines Settlements im Rahmen von Vergleichsverfahren vor der Kommission gem. Art. 10 a VO 773/2004.[372] Anders als das Leniency-Programm dient das Settlementverfahren nicht der Aufdeckung von Kartellen, sondern einem schnelleren und effizienteren Verfahrensabschluss und damit einer Reduktion der Arbeitsbelastung der Kommission[373] und der europäischen Gerichte[374]. Im Rahmen des Vergleichsverfahrens

371 Kommission, Mitteilung über den Erlass und die Ermäßigung von Geldbußen in Kartellsachen v. 08.12.2006, ABl. 2006, C 298 S. 11, Rn. 39; *Imgrund*, S. 86; *Kahlenberg/Heim*, BB 2016, 1863, 1867.

372 Die Kommission hat mit der VO 773/2004, Verordnung (EG) Nr. 773/2004 über die Durchführung von Verfahren auf der Grundlage der Art. 81 und 82 EGV durch die Kommission v. 07.04.2004, ABl. 2004, L 123 S. 18 geändert durch VO 622/2008, Verordnung (EG) Nr. 622/2008 der Kommission zur Änderung der Verordnung (EG) Nr. 773/2004 hinsichtlich der Durchführung von Vergleichsverfahren in Kartellfällen v. 30.06.2008, ABl. 2008, L 171 S. 3 die Durchführung von Settlement-Verfahren oder auch Kartellvergleichverfahren eingeführt. Detaillierte Rahmenbestimmungen zur Durchführung von Vergleichsverfahren hat die Kommission in einer Mitteilung, Mitteilung der Kommission über die Durchführung von Vergleichsverfahren bei dem Erlass von Entscheidungen nach Art. 7 und Art. 23 der Verordnung (EG) Nr. 1/2003 des Rates in Kartellfällen v. 02.07.2008, ABl. 2008, C 167 S. 1 (Vergleichsverfahrensmitteilung) veröffentlicht. Zu Settlement-Verfahren s. *Grafunder/Gänswein*, BB 2015, 968, 969.

373 S. ErwG 4 der Verordnung (EG) Nr. 622/2008: „Kartellfälle schneller und effizienter zu bearbeiten". S. auch *Pichler/Klar*, NZKart 2015, 217, 217; *Grafunder/Gänswein*, BB 2015, 968, 968; Berg/Mäsch/*van der Hout/Amling*, Art. 23 VO 1/2003 Rn. 109; Immenga/Mestmäcker/*Biermann*, Art. 23 VO 1/2003 Rn. 289.

374 Adressaten von Vergleichsbeschlüssen fechten diese in der Regel nicht vor den Unionsgerichten an, sondern akzeptieren deren Inhalt, da ansonsten die im Rahmen des Settlement-Verfahren gewährte Bußgedlreduktion entfällt. Bisher sind hierzu nur zwei Ausnahmen der Anfechtung eines Vergleichsbeschlusses bekannt: Kommission, Entsch. v. 29.10.2013, AT.39914 - *EIRD* und Kommission, Entsch. v. 10.12.2013, AT.39780 – *Envelopes*. Für eine Statistik zum Erfolg des Kartellvergleichsverfahrens

erkennt der vergleichsbereite Kartellant nach Art. 10a Abs. 2 UAbs. 3 S. 1 VO 773/2004 letztlich das Vorliegen einer wettbewerblichen Zuwiderhandlung sowie das ihm in der Mitteilung der Beschwerdepunkte zur Last gelegte Tatgeschehen an und verzichtet zudem auf gewisse Verfahrensrechte.[375]

Am Ende des Vergleichsverfahrens adressiert die Kommission gegen den betreffenden vergleichsbereiten Kartellanten einen regulären Bußgeldbescheid, der neben einer Fest- und Abstellungsverfügung gem. Art. 7 Abs. 1 VO 1/2003 betreffend die anerkannte Zuwiderhandlung auch die Festsetzung einer Geldbuße nach Art. 23 Abs. 2 VO 1/2003 enthält.[376] Die Vergleichsbereitschaft des Unternehmens honoriert die Kommission hierbei allerdings durch einen sog. Settlement-Abschlag, eine Ermäßigung der Geldbuße um bis zu 10 %.[377] Weiterhin ergeht gegen den vergleichsbereiten Kartellanten lediglich ein in seiner Begründung verkürzter Bußgeldbescheid, der so künftigen Follow-on Klägern weniger Angriffsfläche zur Substantiierung ihrer Ansprüche bieten soll.[378] Darüber hinaus besteht keine Veranlassung an einem Vergleichsverfahren beteiligte

---

der Europäischen Kommission s. *Köster*, EuZW 2015, 575, 575. Weiterhin s. Berg/Mäsch/*van der Hout/Amling*, Art. 23 VO 1/2003 Rn. 118.

375 Näher Kommission, Mitteilung über die Durchführung von Vergleichsverfahren bei dem Erlass von Entscheidungen nach Art. 7 und Art. 23 der Verordnung (EG) Nr. 1/2003 des Rates in Kartellfällen v. 02.07.2008, ABl. 2008, C 167 S. 1 (Vergleichsverfahrensmitteilung), Rn. 20, 21. S. weiterhin *Körner*, S. 172; *Köster*, EuZW 2015, 575, 576; Dreher/Kulka/*Rittner*, Wettb.- u. KartellR, Rn. 1694.

376 Loewenheim/*Anweiler*, Art. 9 VO 1/2003 Rn. 9.

377 *Pichler/Klar*, NZKart 2015, 217, 217; Immenga/Mestmäcker/*Biermann*, Art. 23 VO 1/2003 Rn. 287; Loewenheim/*Anweiler*, Art. 9 VO 1/2003 Rn. 9; Berg/Mäsch/*van der Hout/Amling*, Art. 23 VO 1/2003 Rn. 111.

378 Ein Vergleichsbeschluss ist im Durchschnitt etwa 25 - 30 Seiten lang, vgl. hierzu etwa die Vergleichsbeschlüsse in den Fällen: Kommission, Entsch. v. 10.12.2013, AT.39780 – *Envelopes* (= 29 Seiten); Kommission, Entsch. v. 09.04.2013, AT.39965 – *Canned Mushrooms* (= 26 Seiten); Kommission, Entsch. v. 16.01.2013, AT.39792 - Steel Abrasives (= 27 Seiten). Die durchschnittliche Länge eines Beschlusses im Standardkartellverfahren beträgt dagegen regelmäßig weit mehr als 100 Seiten, vgl. etwa die veröffentlichten Beschlüsse in den Fällen: Kommission, Entsch. v. 27.11.2013, AT.39633 – *Shrimps* (= 94 Seiten); Kommission, Entsch. v. 05.12.2012, AT.39437 – *TV and computer monitor tubes* (= 340 Seiten); Kommission, Entsch. v. 28.03.2012, AT.39452 – *Mountings* (= 169 Seiten); Kommission, Entsch. v. 19.07.2016 und 27.09.2017, AT.39824 – *Trucks*. S. hierzu auch: *Heinichen*, NZKart 2014, 83, 87; *Köster*, EuZW 2015, 575, 578; *Pichler/Klar*, NZKart 2015, 217, 217; Berg/Mäsch/*van der Hout/Amling*, Art. 23 VO 1/2003 Rn. 111, 117.

Unternehmen aus Opportunitätsgründen von der bindenden Wirkung des gegen sie erlassenen Bußgeldbeschlusses nach Art. 16 Abs. 1 VO 1/2003 auszunehmen. Im Rahmen der Vergleichsverhandlungen erhalten die beteiligten Unternehmen ausreichend rechtliches Gehör und als Beschlussadressaten steht ihnen uneingeschränkt der Klageweg vor den europäischen Gerichten offen, da zu den durch den Vergleich akzeptierten verkürzten Verfahrensrechten kein Rechtsmittelverzicht zählt.[379] Die belastende Settlement-Erklärung selbst ist nach den ErwG 26 und 32 sowie Art. 6 Abs. 6 b und Art. 7 Abs. 1 der Kartellschadensersatzrichtlinie ausreichend vor Offenlegung und Beweisverwertung geschützt. Neben den aufgeführten Vorteilen bedarf es keiner weiteren Entlastung vergleichsbereiter Kartellbeteiligter. Auch ein späterer, in einem kontradiktorischen Kommissionsverfahren gegen andere am selben Kartell beteiligte Unternehmen ergangener, inhaltlich ausführlicherer Beschluss entfaltet aufgrund fehlender persönlicher Identität wie bereits dargelegt keine bindende Wirkung gegenüber dem Kartellanten, der ein Settlement abgeschlossen hat, obwohl er auf denselben rechtswidrigen Verhaltensweisen beruht.

(c) In den Beschlussgründen benannte Dritte

Wie mehrfach aufgezeigt kann die bindende Wirkung eines Kommissionsbeschlusses nach Art. 16 Abs. 1 VO 1/2003 aufgrund ihrer verfahrensrechtlichen Stellung in persönlicher Hinsicht rechtsstaatlich bedenkenlos gegenüber den Adressaten des Beschlusses eintreten. Dagegen ist unklar, ob es für den Eintritt der Bindungswirkung auch genügt, wenn eine Gesellschaft lediglich in den Beschlussgründen als Kartellteilnehmer aufgeführt ist, dagegen aber im verfügenden Teil keine Erwähnung findet, so dass sich der Beschluss auch nicht an diese Gesellschaft als Adressatin richtet.[380] Dieser Fall tritt zugegebenermaßen selten auf, kann jedoch insbesondere dann vorkommen, wenn an einem Kartell größere und kleinere Gesellschaften beteiligt waren oder in Konzernkonstellationen.[381]

Zur Lösung der Problematik, ob auch zulasten eines nichtadressierten Dritten eine bindende Wirkung eintreten kann, kommt es wie bereits im Rahmen einer Bindungswirkung von Beschlüssen nach Art. 10 VO 1/2003 aufgezeigt entscheidend auf die Möglichkeiten des Dritten an, sich an dem zugrundeliegenden

379 *Körner*, S. 172; Dreher/Kulka/*Rittner*, Wettb.- u. KartellR, Rn. 1694; Berg/Mäsch/*van der Hout/Amling*, Art. 23 VO 1/2003 Rn. 118.

380 S. hierzu Möschel/Bien/*Grünberger*, 135, 165.

381 Bechtold/Bosch, § 33 GWB Rn. 50.

Kommissionsverfahren zu beteiligen und Rechtsschutz gegen den verfahrensabschließenden Kommissionsbeschluss zu erlangen. Mag eine Verfahrensbeteiligung des Dritten in der vorliegenden Konstellation unter Umständen noch gegeben sein, so erscheint eine ausreichende gerichtliche Überprüfungsmöglichkeit für ihn als Nichtadressat des Kommissionsbeschlusses überaus fraglich.[382] Eine Partei muss den Beschluss der Kommission und damit auch die Bindung des mitgliedstaatlichen Zivilgerichts nach Art. 16 Abs. 1 VO 1/2003 aufgrund des Rechtsstaatsprinzips aber nur dann gegen sich gelten lassen, wenn sie auch die Möglichkeit zur Klage nach Art. 263 AEUV gehabt hätte. Daher können die Feststellungen des Kommissionsbeschlusses einem Nichtadressaten grundsätzlich nicht als bindend entgegengehalten werden, selbst wenn sich dessen Kartellrechtsverstoß aus den Entscheidungsgründen ergibt.[383] Eine Bindung in Bezug auf einen Dritten könnte nur eintreten, soweit dieser anderweitig unmittelbar sowie individuell betroffen und somit nach Art. 263 Abs. 4 Alt. 2 AEUV klagebefugt ist. Neben diesem Hindernis würde eine Nichtigkeitsklage wohl auch streitgegenständlich scheitern, da Feststellungen in den Gründen eines Beschlusses der gerichtlichen Überprüfung im Rahmen einer Nichtigkeitsklage lediglich dann unterliegen, wenn sie tragende Gründe für die tenorierte Rechtsfolge darstellen.[384] Dies trifft jedoch in Bezug auf die den nichtadressierten Dritten betreffenden Ausführungen in den Beschlussgründen nicht zu, da sie sich gerade nicht in der tenorierte Rechtsfolge wiederfinden; mithin der verfügende Teil gerade nicht auf ihnen beruht. Diese Feststellungen werden auch durch die Auffassung der Unionsgerichte gestützt, dass für die Bestimmung der Personen, an welche sich ein Beschluss zur Feststellung einer Zuwiderhandlung richtet, allein der verfügende Teil maßgeblich ist.[385] In den Beschlussgründen benannte

---

382 S. nur EuG, Urt. v. 12.10.2007, T-474/04, Rn. 73 – *Pergan Hilfstoffe.*

383 Immenga/Mestmäcker/*Franck*, § 33 b GWB Rn. 20.

384 EuGH, Beschl. v. 28.01.2004, C-164/02, Rn. 21 – *Niederlande/Kommission;* EuG, Urt. v. 17.09.1992, T-138/89, Rn. 31 - *NBV und NVB/Kommission;* EuG, Urt. v. 08.10.1996, T-24/93 bis T-26/93 und T-28/93, Rn. 150 – *Compagnie maritime belge transports u. a./Kommission;* EuG, Urt. v. 20.11.2002, T-251/00, Rn. 67 f. – *Lagardère und Canal+/Kommission*; EuG, Urt. v. 19.09.2003, T-213/00, Rn. 186 – *CMA CGM u. a./Kommission*, EuG, Urt. v. 12.10.2007, T-474/04, Rn. 73 f. – *Pergan Hilfstoffe*; LAG Düsseldorf, Urt. v. 27.11.2015, 14 Sa 800/15, Rn. 263; Monopolkomm., Sondergutachten, März 2004, Rn. 44 (S. 24).

385 EuGH, Urt. v. 16.12.1975, C- 40/73 bis 48, 50, 54 bis 56, 111, 113 und 114-73, Rn. 315 – *Suiker Unie u. a./Kommission;* EuG, Urt. v. 11.12.2003, T-61/99, Rn. 43 – *Adriatica;* EuG, Urt. v. 16.12.2015, T-48/11, Rn. 38 – *Luftfrachtkartell British Airways.*

Dritte haben daher in der Regel keine Möglichkeit, die Kommissionsverfügung von den Europäischen Gerichten überprüfen zu lassen. Mangels Adressateneigenschaft wird es bereits an einer die Klagebefugnis begründenden Belastung durch den Beschluss fehlen.

Im Ergebnis kann daher bereits aus unionsverfassungsrechtlichen Rechtsschutzgesichtspunkten die bindende Wirkung eines Kommissionsbeschlusses im nationalen Verfahren regelmäßig nicht zulasten eines lediglich in den Gründen als Teilnehmer eines Kartellrechtsverstoßes erwähnten, aber nicht adressierten Unternehmens – Dritter im Verhältnis zur Verfügung – greifen.[386] In diesem Fall muss aus persönlicher Sicht das Vorliegen eines doppelt identischen Gegenstands des Verfahrens der Kommission und des Verfahrens vor dem mitgliedstaatlichen Gericht als Voraussetzung der Bindungswirkung nach Art. 16 Abs. 1 VO 1/2003 verneint werden.

Allerdings wäre auf Basis der Erwähnung in den Beschlussgründen eine „faktische Bindungswirkung" i.S.e. Anscheinsbeweises[387] oder jedenfalls einer sekundären Darlegungslast des Dritten im mitgliedstaatlichen Zivilverfahren denkbar, da den Feststellung der Kommission über die Funktions- und Wirkungsweise des bebußten Kartells naturgemäß eine starke indizielle Wirkung zukommt.[388]

---

386 EuGH, Urt. v. 14.12.2000, C-344/98, Rn. 52 – *Masterfoods*; EuG, Urt. v. 22.03.2000, T-125/97 und T-127/97, Rn. 86 – *Co ca-Cola/Kommission;* EuG, Beschl. v. 04.07.2008, T-358/06, Rn. 29 f. – *Wegenbouwmaatschappij; Scheffler*, NZKart 2015, 223, 224; Frankfurter Komm./*Jaeger*, Art. 16 VO 1/2003 Rn. 7; Bechtold/Bosch, § 33 GWB Rn. 50.

387 Das KG Berlin nahm einen Anscheinsbeweis dafür an, dass eine nicht vom Bußgeldbescheid adressierte Gesellschaft aufgrund der Ausführungen in den Entscheidungsgründen des Bußgeldbescheids auch am Kartell beteiligt gewesen sei, da ausweislich der Gründe nahezu alle Unternehmen der Betonbranche im Großraum Berlin am streitgegenständlichen Kartell beteiligt waren, so dass ein „typischer Geschehensablauf [dergestalt anzunehmen sei], dass auch [die Gesellschaft, gegen die kein Bußgeldverfahren geführt wurde,] an den Kartellabsprachen teilnahm", KG Berlin, Urt. v. 01.10.2009, 2 U 10/03 Kart, Rn. 40 - *Berliner Transportbeton.*

388 BKartA, Bußgeldbescheid v. 25.10.1999, B 1 - 26631 - OV 60/99 – 12; KG Berlin, Urt. v. 01.10.2009, 2 U 10/03 Kart, amtl. Ls. Nr. 4 und Rn. 39 ff. – *Berliner Transportbeton;* KG Berlin, Urt. v. 06.08.2013, 16 O 193/11 Kart, Rn. 66 ff. – *Fahrtreppen;* s. auch *Becker*, NZKart 2016, 58, 62.

(d) Adressaten von Verfügungen nach Art. 10 VO 1/2003

Wie bereits erläutert kann die Kommission mit Beschlüssen nach Art. 10 VO 1/2003 die Nichtanwendbarkeit von Art. 101 Abs. 1 AEUV auf ein bestimmtes Verhalten oder dessen Freistellung nach Art. 101 Abs. 3 AEUV feststellen. Auch diese Beschlüsse fallen als abschließende materiell-rechtliche Entscheidungen wie dargelegt grundsätzlich in den Anwendungsbereich der Bindungswirkung nach Art. 16 VO 1/2003. Die Besonderheit dieser Positivbeschlüsse besteht gerade darin, dass eine von ihnen ausgehende Bindungswirkung ausnahmsweise klagewillige Dritte belastet, während aber ihr Adressat im Gegensatz zu den anderen Beschlusstypen begünstigt wird. Der Adressat eines Beschlusses nach Art. 10 VO 1/2003, dem die Kartellrechtskonformität seines Verhaltens bestätigt wird, hat dementsprechend in diesem Fall naturgemäß kein Interesse an der Anfechtung der Entscheidung. Demnach ergeben sich hinsichtlich der vorliegend zu untersuchenden Frage eines für den Eintritt einer Bindung notwendigen identischen Gegenstands beider Verfahren bzw. hinsichtlich der für dessen Vorliegen zu fordernde Parteiidentität für Beschlüsse nach Art. 10 VO 1/2003 keine Besonderheiten. Ein in doppelter Hinsicht identischer Untersuchungsgegenstand und damit eine Bindungswirkung nach Art. 16 VO 1/2003 ist nur dann zu bejahen, wenn der Adressat der Freistellungsentscheidung und die Partei des einzelstaatlichen Verfahrens übereinstimmen. Von der Frage der hier diskutierten Parteiidentität zu unterscheiden ist die Problematik, ob die Bindungswirkung bei Positivbeschlüssen zulasten von Schadensersatzklägern in nationalen Verfahren aus rechtsstaatlichen Gründen überhaupt greift.[389]

(4) Ergebnis zum Kriterium der Parteiidentität

Abschließend lässt sich zusammenfassen, dass ein gleicher Gegenstand von Kommissions- und mitgliedstaatlichem Gerichtsverfahren hinsichtlich des Kriteriums der Parteiidentität vorliegt, wenn der oder die Adressat(en) eines Kommissionsbeschlusses und eine der Parteien eines mitgliedstaatlichen Gerichtsverfahrens identisch sind.[390] Dies gilt gleichermaßen für Negativ-, als

389 Zum Konflikt der Bindungswirkung von Beschlüssen nach Art. 10 VO 1/2003 mit den Rechten von hierdurch in Folgeverfahren belasteten Dritten s. oben S. 81 ff.

390 KG Berlin, Urt. v. 01.10.2009, 2 U 10/03 Kart, Rn. 40 – *Berliner Transportbeton;* Möschel/Bien/*Grünberger*, 135, 165; *Scheffler*, NZKart 2015, 223, 224; *Fritzsche/Klöppner/Schmidt*, NZKart 2016, 412, 414; *Rother/Rieger*, NZKart 2016, 116, 117; von der Groeben/Schwarze/Hatje/*Becker/Vollrath*, Art. 16 VO 1/2003 Rn. 33; entsprechend zu § 33 Abs. 4 GWB a.F.: Langen/Bunte/*Bornkamm*, § 33 GWB a.F. Rn. 122, 171;

auch für Positivbeschlüsse. Wie gesehen bestimmt und begrenzt sich auch das Erfordernis der Parteiidentität aus rechtsstaatlichen Gründen durch die Möglichkeit einer im mitgliedstaatlichen Prozess aufgrund der Bindungswirkung belasteten und in ihren Verfahrensrechten beschränkten Partei zuvor rechtliches Gehör und effektiven gerichtlichen Rechtsschutz auf europäischer Ebene zu erlangen.[391] Ist dies nicht gegeben darf hinsichtlich dieser Person auch keine bindende Wirkung belastender Feststellungen des Kommissionsbeschlusses eintreten. Besteht durch die Bindungswirkung lediglich eine Begünstigung der bereits am Kommissionsverfahren beteiligten nationalen Prozesspartei, sind entsprechende europäische Rechtsschutzmöglichkeiten für den Eintritt der Kohärenzverpflichtung in nationalen Verfahren ersichtlich nicht erforderlich.

Das Kriterium der Parteiidentität ist allerdings nicht so zu verstehen, dass sämtliche Parteien des mitgliedstaatlichen Verfahrens bereits Beteiligte des Kommissionsverfahrens gewesen sein mussten oder gar umgekehrt alle Beteiligten des europäischen kartellbehördlichen Verfahrens – insbesondere die Kommission – auch im nationalen Verfahren integriert sein müssen. Dies ist offensichtlich nicht der Fall. Bei den einzelstaatlichen Anschlussverfahren handelt es sich ausschließlich um kontradiktorische Verfahren privater Klageparteien vor den nationalen Zivilgerichten, die auf Unterlassen, Erfüllung und Schadensersatz gerichtet sind. In der weit überwiegenden Zahl all dieser Fälle belastet die Bindungswirkung die beklagten Kartellanten nationaler Follow-on Schadensersatzprozesse, deren kartellrechtswidriges Verhalten zuvor in einem Kommissionsbeschluss festgestellt wurde und deshalb nun auch für die mitgliedstaatlichen Gerichte bindend ist. Die in diesen Follow-on Verfahren als Kläger Auftretenden sind dagegen stets andere Parteien, die nicht am behördlichen Kartellverfahren der Kommission beteiligt gewesen sind und dies auch nicht gewesen sein müssen, um von der für sie günstigen Wirkung der Kohärenzverpflichtung zu profitieren. Auch eine Beteiligung der Kommission besteht in diesen Verfahren ebenso wenig wie die Beteiligung beider sich im nationalen Verfahren gegenüberstehenden Streitparteien am Kommissionsverfahren. Dies ist für den Eintritt der Bindung aber auch nicht erforderlich.

Bechtold/Bosch, § 33 GWB Rn. 46 ff.; in diese Richtung auch Immenga/Mestmäcker/*Franck*, § 33 b GWB Rn. 20.

391 *Imgrund*, S. 125, 219; Möschel/Bien/*Grünberger*, 135, 165 f.; Frankfurter Komm./*Jaeger*, Art. 16 VO 1/2003 Rn. 7.

cc. Zwischenergebnis

Für die Annahme der strengen, oftmals erhebliche Rechtsnachteile für den Rechtsunterworfenen mit sich bringenden bindenden Wirkung nach Art. 16 Abs. 1 VO 1/2003 ist zwingend erforderlich, dass dem Kommissionbeschluss und dem nationalen Gerichtsverfahren in doppelter Hinsicht – also in sachlicher und persönlicher Weise – ein identischer Lebenssachverhalt, zugrunde liegt.[392] Der übereinstimmende Untersuchungsgegenstand knüpft nach systematisch-teleologischem Verständnis an eine objektive, natürliche Verhaltensweise in Form der sachlichen, zeitlichen und örtlichen Gegebenheiten des festgestellten Wettbewerbsverstoßes der konkret bestimmten Unternehmen bzw. Unternehmensvereinigungen an.[393] Das mitgliedstaatliche Gericht ist daher auch verpflichtet zu prüfen, ob der Sachverhalt des von ihm zu abzuurteilenden Rechtsstreits mit demjenigen des Kommissionsbeschlusses im Sinne der geforderten doppelten Identität[394] überhaupt übereinstimmt.[395]

Liegt doppelte Identität vor, entfaltet die Kommissionsentscheidung im Umfang der Kohärenzverpflichtung Sperrwirkung gegenüber Entscheidungen der mitgliedstaatlichen Gerichte.[396] Ist dies dagegen nicht der Fall, ist die wettbewerbliche Verhaltensweise, über die das nationale Gericht zu entscheiden hat, nicht bereits „Gegenstand einer Entscheidung der Kommission" im Sinne der Norm des Art. 16 Abs. 1 VO 1/2003, so dass bereits keine Gefahr einander

392 Überwiegend ist vom Erfordernis der doppelten Identität der beteiligten Personen und des Lebenssachverhalts die Rede. Ebenso – zumindest konkludent – LG Köln, Teilurt. v. 17.01.2013, 88 O 1/11; ebenso für § 33 Abs. 4 GWB a.F. LG Düsseldorf, Urt. v. 19.11.2015, 14d O 4/14, Rn. 72; LG Düsseldorf, Urt. v. 08.09.2016, 37 O 27/11 (Kart), unter A. II. Rn. 175 zu Art. 16 VO 1/2003; S. auch *Imgrund*, S. 125; *Dohrn*, S. 53 ff.; *Fritzsche/Klöppner/Schmidt*, NZKart 2016, 412, 414; *Wachs*, WuW 2017, 2, 5; Möschel/Bien/*Grünberger*, 135, 166; Klees, § 8 Rn. 112; *de Bronett*, Europ. Kartellverfahrensrecht, Art. 16 VO 1/2003 Rn. 2; MüKo Kartellrecht/*Schneider*, Art. 16 VO 1/2003 Rn. 9; Frankfurter Komm./*Jaeger*, Art. 16 VO 1/2003 Rn. 6; Grabitz/Hilf/Nettesheim/*Dalheimer*, Art. 16 VO 1/2003 Rn. 5; Schröter/Jakob/Klotz/Mederer/*Schröter/van der Hout*, Art. 101 AEUV Rn. 254.

393 MüKo Kartellrecht/*Schneider*, Art. 16 VO 1/2003 Rn. 9.

394 S. zur „doppelten Identität" oben S. 106 ff.

395 *Dohrn*, S. 173; *Hausen*, S. 22 f.

396 *Körner*, S. 237; Möschel/Bien/*Grünberger*, 135, 171 u. 174; *Durner*, EuR 2004, 547, 549; *Zöttl/Schlepper*, EuZW 2012, 573, 574; Berg/Mäsch/*von der Hout/Lux*, Art. 16 VO 1/2003 Rn. 3; von der Groeben/Schwarze/Hatje/*Becker/Vollrath*, Art. 16 VO 1/2003 Rn. 30.

zuwiderlaufender Entscheidungen in gleicher Sache besteht.[397] Im Fall einer Teilidentität des jeweiligen Untersuchungsgegenstands beschränkt sich die Bindungswirkung des Art. 16 Abs. 1 VO 1/2003 ausschließlich auf dies teilidentischen Bereiche.

c. Vergleich zu 33 b GWB

Ein Blick auf die Normierung der Bindungswirkung im deutschen Recht unter § 33 b GWB zeigt in den vorliegenden Punkten keine wesentlichen Unterschiede. Die Bindung nach § 33 b GWB beschränkt sich ebenfalls auf einen identischen Verstoß und aus rechtsstaatlichen Gründen in persönlicher Hinsicht allein auf eine durch die behördliche Verfügung belastete Partei, der entsprechend auch Rechtsmittel gegen den Beschluss zustehen.[398] Andernfalls würde die Bindung auch im deutschen Recht mit dem Anspruch auf rechtliches Gehör nach Art. 103 Abs. 1 GG und der Rechtsweggarantie des Art. 19 Abs. 4 GG konfligieren.[399] Aus diesem Grund sind auch nach § 33 b GWB Unternehmen, denen nur in den Gründen der Behördenentscheidung ein Kartellrechtsverstoß zur Last gelegt wird, nicht in die Bindungswirkung einbezogen.[400] Da § 33 b GWB nach seinem eindeutigen Wortlaut eine Bindung ohnehin nur für einen positiv festgestellten Wettbewerbsverstoß und damit zugunsten potenziell Kartellgeschädigter anordnet, stellt sich eine vergleichbare Problematik wie hinsichtlich der Nichtanwendbarkeitsfeststellungsbeschlüsse der Kommission nach Art. 10 VO 1/2003 unter der deutschen Norm nicht.

---

397 So auch GA Cosmas, Schlussanträge v. 16.05.2000, C-344/98, Rn. 16 – *Masterfoods*.

398 OLG München, Urt. v. 21.02.2013, NZKart 2013, 162, 163 – *Fernsehvermarktung*; Monopolkomm., Sondergutachten 41, März 2004, Rn. 44 (S. 24); *Hempel* WuW 2005, 137, 144; *Scheffler*, WRP 2007, 163, 167; Möschel/Bien/*Grünberger*, 135, 166; Stelkens/Bonk/Sachs/*Sachs*, § 43 VwVfG Rn. 53 ff., 90; Berg/Mäsch/*Mäsch*, § 33 b GWB Rn. 8 m.w.N.; Bechtold/Bosch, § 33 GWB Rn. 50; Immenga/Mestmäcker/*Franck*, § 33 b GWB Rn. 20 (Bindungswirkung grundsätzlich nur zulasten des Adressaten); Langen/Bunte/*Bornkamm*, § 33 GWB a.F. Rn. 146; Kölner Kommentar/*Krohs*, § 33 GWB a.F. Rn. 269.

399 Immenga/Mestmäcker/*Franck*, § 33 b GWB Rn. 20 (Bindungswirkung grundsätzlich nur zulasten des Adressaten); Kölner Kommentar/*Krohs*, § 33 GWB a.F. Rn. 269.

400 Monopolkomm., Sondergutachten 41, März 2004, Rn. 44 (S. 24); *Hempel*, WuW 2005, 137, 144; *Fuchs*, WRP 2005, 1384, 1395; Bechtold/Bosch, § 33 GWB Rn. 50; Langen/Bunte/*Bornkamm*, § 33 GWB a.F. Rn. 146; Immenga/Mestmäcker/*Franck*, § 33 b GWB Rn. 20.

4. *In die Bindungswirkung einbezogene Verfahren der Mitgliedstaaten*

a. *Beachtlichkeit des Art. 16 Abs. 1 VO 1/2003*

Neben der Anforderung des Art. 16 Abs. 1 VO 1/2003, dass für ein Eingreifen der Bindungswirkung das vom mitgliedstaatlichen Gericht zu beurteilende Wettbewerbsverhalten nach Art. 101 AEUV bereits Gegenstand einer erlassenen oder beabsichtigten Kommissionsentscheidung ist, ergibt sich aus der Norm keine weitere Vorgabe, insbesondere enthält die Vorschrift keine Eingrenzung dahingehend, für welche Art von mitgliedstaatlichen Verfahren die Kohärenzverpflichtung des Art. 16 Abs. 1 VO 1/2003 gilt. Eine Beschränkung der Bindungswirkung auf bestimmte Rechtsgebiete oder Verfahrensarten, einen bestimmten Klagegenstand oder sonstigen sachlichen Anwendungsbereich besteht dem Wortlaut nach nicht.

Dies führt zu einer umfassenden Bindung der Gerichte der Mitgliedstaaten in sämtlichen Verfahren, in denen ein bestimmtes Wettbewerbsverhalten unter die Vorgaben der Art. 101 f. AEUV zu subsumieren ist, das bereits Gegenstand einer bestehenden bzw. beabsichtigten Entscheidung der Kommission ist.[401]

Der Anwendungsbereich des Art. 16 Abs. 1 VO 1/2003 ist damit sehr weit gestaltet. Die Bindung wirkt sowohl in zivilrechtlichen Streitigkeiten, die auf der unmittelbaren Anwendbarkeit der Wettbewerbsregeln der Union in der Beziehung zwischen Privaten beruhen, als auch in verwaltungs- wie strafrechtlichen Verfahren. Es kommt darüber hinaus auch nicht darauf an, ob es in dem mitgliedstaatlichen Verfahren um eine direkte Anwendung der europäischen Wettbewerbsregeln geht oder ob sich das Vorliegen einer kartellrechtlichen Zuwiderhandlung nach Art. 101 f. AEUV lediglich als Vorfrage für weitergehende zivil- oder öffentlich-rechtliche Rechtsfolgen stellt. Weiterhin werden sowohl die offensive als auch die defensive Kartellrechtsdurchsetzung umfasst.[402] Die Bindungswirkung des Art. 16 Abs. 1 VO 1/2003 gilt also sowohl im Bereich der Forderungsdurchsetzung in Klagen, in denen auf Basis eines Verstoßes gegen Art. 101 f. AEUV weitergehende Ansprüche auf Erfüllung-, Unterlassung- und Schadensersatz geltend gemacht werden. Weiterhin gilt die

---

401 *Meyer*, GRUR 2006, 27, 31; *Keßler*, WRP 2015, 929, 933; von der Groeben/Schwarze/Hatje/*Becker/Vollrath*, Art. 16 VO 1/2003 Rn. 6; *Bornkamm*, in: Langen/Bunte/*Bornkamm*, § 33 GWB a.F. Rn. 143.

402 *Keßler*, WRP 2006, 1061 ff.; vgl. hierzu auch Kölner Kommentar/*Krohs*, § 33 GWB a.F. Rn. 5; Immenga/Mestmäcker/*Schmidt*, Anhang 3 VO 1/2003 Rn. 28; Schröter/Jakob/Klotz/Mederer/*Schröter/van der Hout*, Art. 101 AEUV, Rn. 235.

Kohärenzverpflichtung aber auch, wenn die Wettbewerbswidrigkeit eines Verhaltens bzw. die Nichtigkeit einer kartellrechtswidrigen Vereinbarung nach Art. 101 Abs. 2 AEUV als Verteidigungsmittel den Ansprüchen der klagenden Gegenpartei entgegengehalten werden.[403] Für alle Anschlussverfahren vor den Gerichten der Mitgliedstaaten, die in inhaltlicher und persönlicher Hinsicht auf dem gleichen Lebenssachverhalt beruhen, muss damit die bindende Wirkung eines Kommissionsbeschlusses nach Art. 16 Abs. 1 VO 1/2003 Beachtung finden.

b. Vergleichsweise Einordnung der nach § 33 b GWB einbezogenen Entscheidungen

Die deutsche Parallelvorschrift des § 33 b GWB begrenzt die Bindung nationaler Gerichte schon ihrem Wortlaut nach auf Verfahren, in denen „wegen eines Verstoßes gegen eine Vorschrift dieses Teils oder gegen Artikel 101 oder 102 des Vertrages über die Arbeitsweise der Europäischen Union *Schadensersatz* gefordert“ [Hervorhebung durch Verfasserin] wird. Eine Bindung der mitgliedstaatlichen Gerichte an die Feststellungen der Kommission zu einem bestimmten Wettbewerbsverhalten besteht daher ausschließlich in zivilrechtlichen Kartellschadensersatzprozessen. Für andere zivilkartellrechtliche Ansprüche wie Beseitigungs-, Unterlassungs- oder Leistungsklagen sowie hinsichtlich sonstiger kartellrechtlicher Vorfragen oder gar für kartellrechtliche Einwendungen gegen sonstige Ansprüche besteht nach § 33 b GWB keine Bindungswirkung.[404] Diese Einschränkung auf Schadensersatzverfahren ohne erkennbaren sachlichen Grund ist inhaltlich und rechtssystematisch zu kritisieren.[405]

---

403 Zur Begrifflichkeit: *Roth*, Private Enforcement of European Competition Law 2007, 61, 64 ff; *Schmidt*, ZWeR 2007, 394, 397 f.

404 Monopolkomm., Sondergutachten 41, März 2004, Rn. 45 (S. 24 f.); *Schütt*, WuW 2004, 1124, 1131 f.; *Meyer*, GRUR 2006, 27, 29 ff.; *Keßler*, WRP 2015, 929, 933; *Scheffler*, NZKart 2015, 223, 224; Berg/Mäsch/*Mäsch*, § 33 b GWB Rn. 5 m.w.N., nach dem sich auch eine ausdehnende Auslegung im Hinblick auf die generell fragwürdigen Fundamente des § 33 b GWB im Hinblick auf die Tatbestandswirkung ausländischer Behördenentscheidungen verbietet; Langen/Bunte/*Bornkamm*, § 33 GWB a.F. Rn. 114; Immenga/Mestmäcker/*Franck*, § 33 b GWB Rn. 25; Bechtold/Bosch, § 33 GWB Rn. 44; a.A. Möschel/Bien/*Grünberger*, 135, 157; Loewenheim/*Rehbinder* (3. Aufl. 2016), § 33 GWB Rn. 54, 73 nach dem § 33 Abs. 4 GWB a.F. entgegen seines klaren Wortlauts und der Entstehungsgeschichte auch für Beseitigungsansprüche gelten solle.

405 Monopolkomm., Sondergutachten 41, März 2004, Rn. 45 (S. 24); *Imgrund*, S. 218; *Meyer*, GRUR 2006, 27, 29; *Fuchs*, WRP 2005, 1384, 1395.

C. Rechtsfolgen der Bindungswirkung des Art. 16 Abs. 1 VO 1/2003

Hat die Kommission einen Beschluss erlassen oder beabsichtigt sie einen solchen, der nach den soeben dargelegten Voraussetzungen die in Art. 16 Abs. 1 VO 1/2003 normierte Bindungswirkung gegenüber den nationalen Gerichten auslöst, hat das gebundene Gericht die Wahl zwischen drei Vorgehensweisen. Zum einen kann das mitgliedstaatliche Gericht das vor ihm anhängige Verfahren unter Beachtung seiner Verpflichtung gem. Art. 16 Abs. 1 S. 1 VO 1/2003 führen, wonach keine Entscheidung erlassen werden darf, die der Entscheidung der Kommission in dieser Sache zuwiderläuft (dazu unter I.). Zum anderen kann es sein eigenes Verfahren bis zu einer Entscheidung der Kommission nach Art. 16 Abs. 1 S. 3 VO 1/2003 aussetzen (dazu unter II.). Dies kommt aus prozessökonomischen Gründen insbesondere dann in Betracht, wenn die Kommission erst noch beabsichtigt, eine Entscheidung zu erlassen, Art. 16 Abs. 1 S. 2 VO 1/2003. Des Weiteren hat das mitgliedstaatliche Gericht nach Art. 16 Abs. 1 S. 4 VO 1/2003 die Möglichkeit, dem EuGH Fragen betreffend die Gültigkeit und Auslegung des Kommissionsbeschlusses zur Vorabentscheidung gem. Art. 267 AEUV vorzulegen (dazu unter III.).

I. Bindung der mitgliedstaatlichen Gerichte

Art. 16 Abs. 1 S. 1 VO 1/ 2003 begründet kein Verbot für mitgliedstaatliche Gerichte Entscheidungen zum selben Sachverhalt wie die Kommission zu treffen, untersagt aber Entscheidungen über Vereinbarungen, Beschlüsse oder Verhaltensweisen nach Art. 101 f. AEUV, die im Widerspruch zur Entscheidung der Kommission stehen. Mit dem Erlass einer Entscheidung über ein wettbewerbsrelevantes Verhalten nach Art. 101 AEUV bindet die Kommission damit sämtliche nationale Gerichte in dieser Sache. Die genaue Rechtswirkung der Kommissionsentscheidung auf Folgeprozesse ist entsprechend von erheblicher Bedeutung für eine Vielzahl von Verfahren, aber mit ebenso zahlreichen Unsicherheiten behaftet. Diese Unklarheiten über Art, Umfang und Reichweite der Bindung scheinen sich bereits in der Kartellverfahrensverordnung selbst zu manifestieren, wenn der Verordnungsgeber in ErwG 22 ausführt, dass die „Wirkungen von Entscheidungen und Verfahren der Kommission auf Gerichte und Wettbewerbsbehörden der Mitgliedstaaten […] im Einklang mit der Rechtsprechung des Gerichtshofs *geklärt* werden“ [Hervorhebung durch Verfasserin] müssen. Auch das Spektrum der nationalen Gerichtspraxis ist insoweit vielschichtig und reicht von einer Beschränkung der Bindungswirkung auf die bloße

Feststellung eines Kartellrechtsverstoßes im Tenor des Kommissionsbeschlusses über eine Beachtung aller das Ergebnis tragenden tatsächlichen und rechtlichen Feststellungen[406] oder einem expliziten Ausschluss sämtlicher Feststellungen zu Vorfragen[407] bis hin zu einer umfassenden Bindung der Gerichte an alle Feststellungen, welche den Lebenssachverhalt bilden, bezüglich dessen ein Kartellrechtsverstoß festgestellt wurde.[408]

Die Kohärenzverpflichtung wirft daher zunächst die entscheidende Frage auf, welche Teile des Kommissionsbeschlusses nach Art. 16 Abs. 1 VO 1/2003 überhaupt bindende Wirkung für das nationale Gerichtsverfahren entfalten. Denkbar sind insoweit drei Möglichkeiten. Die Gerichte der Mitgliedstaaten könnten zum einen lediglich an die im Kommissionsbeschluss getroffene Regelung gebunden sein; zum anderen könnte neben dem Tenor auch von spezifischen Feststellungen in den Gründen Bindungswirkung ausgehen. Zuletzt wäre denkbar, dass neben dem verfügenden Teil auch die gesamten Beschlussgründe bindend sind. Dies soll im Folgenden unter der Frage des Umfangs der Bindungswirkung untersucht werden (hierzu unter 1.). Im Anschluss ist die Reichweite der Bindungswirkung, also die Auswirkung der Kohärenzverpflichtung auf die Entscheidung des gebundenen Gerichts, zu betrachten (hierzu unter 2.). Insofern ist zu ermitteln, ob die Kohärenzverpflichtung des Art. 16 Abs. 1 VO 1/2003 nur einen Rechtsfolgenwiderspruch oder auch eine zuwiderlaufende Rechtsanwendung durch das nationale Gericht untersagt (hierzu unter 2.a.). Weiterhin ist fraglich, ob nur tatsächliche Sachverhaltsfeststellungen oder auch deren rechtliche Würdigung durch die Kommission dem normierten Abweichungsverbot unterfallen (hierzu unter 2.b.). Zum Abschluss soll im Rahmen der Reichweite die Frage beleuchtet werden, ob der Bindungswirkung auch eine negative Seite innewohnt (hierzu unter 2.c.).

---

406 BGH, Urt. v. 12.07.2016, KZR 25/14, Rn. 12, 14 f., 19 u. 19 – *Lotto-Totto-Schadensersatz*; wohl auch OLG Düsseldorf, Urt. v. 30.09.2009, VI-U (Kart) 17/08; *Meessen*, S. 132.

407 OLG München, Urt. v. 21.02.2013, U 5006/11 Kart, NZKart 2013, 162, 163 – *Fernsehvermarktung*; LG Düsseldorf, Urt. v. 19.11.2015, 14d O 4/14, NZKart 2016, 88, 89 f. – *Autoglaskartell*.

408 OLG Düsseldorf, Urt. v. 29.01.2014, VI-U (Kart) 7/13, Tenor und Sachverhalt der Kommissionsentscheidung. Vgl. auch LG Mannheim Urt. v. 04.05.2012, 7 O U63/11 Kart – *Feuerwehrfahrzeuge*: „Wenn die Beklagte daher einzelne Umstände, die in den Feststellungen des Bußgeldbescheides enthalten sind, dennoch in Abrede stellt, ist dies unbeachtlich."

1. Umfang der Bindungswirkung des Art. 16 Abs. 1 VO 1/2003

Enthält das Urteil eines nationalen Gerichts eine Tatsachenfeststellung, die mit einem in der Entscheidung der Kommission festgestellten Umstand unvereinbar ist, so muss das Gericht prüfen, ob sein Urteil der Entscheidung der Kommission in einer Weise zuwiderläuft, die einem Verstoß gegen Art. 16 begründet. Um seine Pflichten nach Art. 16 VO 1/2003 wahrzunehmen, muss das mitgliedstaatliche Gericht in dem vor ihm anhängigen Kartellverfahren den Umfang der Bindungswirkung klar bestimmen können.

a. Verwaltungsrechtliche Erscheinungsformen eines Abweichungsverbots

Der exakte Umfang der Bindungswirkung ist durch die europäische Rechtsprechung bisher nicht unmittelbar geklärt. Auch in der Literatur ist umstritten, ob lediglich der Entscheidungsausspruch eines Kommissionsbeschlusses oder gar dessen gesamter Inhalt einschließlich Sachverhaltsdarstellung und rechtlicher Würdigung in den Gründen an der Bindungswirkung teilnimmt.[409] Nationale Gerichte wären demnach nicht nur daran gehindert, Urteile zu treffen die der Regelungsanordnung eines Kommissionsbeschlusses entgegenlaufen, sondern auch von jeglichen Feststellungen in den Gründen abzuweichen.

Die deutsche Verwaltungsrechtsdogmatik unterscheidet hinsichtlich der bindenden Wirkung von Verwaltungsentscheidungen für andere Behörden und Gerichte zwischen der Beachtung eines erlassenen Verwaltungsakts als existent und einer inhaltlichen Beachtlichkeit des Verwaltungsaktes. Letztere wird weiter in zwei Formen unterteilt: eine Bindung des Rechtsanwenders in Form einer Tatbestandswirkung i.w.S. oder einer Feststellungswirkung.[410] Nach der Tatbestandswirkung ist der Regelungsgehalt des Verwaltungsakts ohne eigene Rechtmäßigkeitsprüfung einem auf demselben Sachverhalt beruhenden Folgeverfahren zugrunde zu legen, währen bei der Feststellungswirkung darüber hinaus auch Feststellungen zum Sachverhalt in Bezug auf entscheidungserhebliche Vorfragen bindend sind.

Grundsätzlich verbietet sich bei der Auslegung einer europäischen Verordnungsnorm wie Art. 16 VO 1/2003 zwar ein Rückgriff auf die national geprägten

---

409 *Seibert*, S. 129; *Körner*, S. 237; *Imgrund*, S. 92; *Dohrn*, S. 164; Möschel/Bien/*Grünberger*, 135, 170; *Inderst/Thomas*, S. 109; *Nothdurft*, Festschrift für Tolksdorf, 2014, 533, 541; *Dreher*, ZWeR 2008, 325, 328 f.; Wiedemann/*Ollerdißen*, § 61 Rn. 20; von der Groeben/Schwarze/Hatje/*Becker/Vollrath*, Art. 16 VO 1/2003 Rn. 36.

410 *Imgrund*, S. 89; *Körner*, S. 237; *Durner*, EuR 2004, 547, 570; Stekens/Bonk/Sachs/*Sachs*, § 43 VwVfG Rn. 154 ff., 160 ff.

Begriffe der Tatbestands- und Feststellungswirkung. Vielmehr sind Normen des Unionsrechts nach der Rechtsprechung des EuGH aufgrund der unionsweiten Rechtseinheit und des Grundsatzes der Eigenständigkeit autonom und unabhängig von den Inhalten einzelner mitgliedstaatlicher Rechtsordnungen allein nach den im Unionsrecht anerkannten Grundsätzen auszulegen.[411] Dennoch eignen sich die durch das nationale Recht geprägten Begrifflichkeiten, um der Reichweite der bindenden Wirkung Konturen zu verleihen, die für eine einheitliche Einordnung des zulässigen Umfangs der unionsrechtlichen Kohärenzverpflichtung hilfreich sind. Aus Praktikabilitätsgründen haben diese Begriffe ohnehin bereits Einzug in die kartellrechtliche Diskussion der Bindungswirkung gefunden. Dies gilt auch vor dem Hintergrund, dass für die Rechtswirkungen von EU-Eigenverwaltungsentscheidungen im direkten Vollzug von europäischem Recht grundlegend vergleichbare Grundsätze gelten.[412] Allerdings werden auch alle aufgeführten terminologischen Begrifflichkeiten des Verwaltungsrechts mangels ausdrücklicher gesetzlicher Regelungen in unterschiedlicher Bedeutung und gleichermaßen uneinheitlich verwendet, so dass sich hinsichtlich zahlreicher Details eine recht unüberschaubare und teils verwirrende Begriffs- und Definitionsvielfalt entwickelt hat.[413] Zur Lösung der komplexen Bindungsproblematik ist daher zunächst die Bedeutung der genutzten Definitionen zum Zwecke der terminologischen Einordnung zu bestimmen, da eine begriffliche Bestimmung

---

411 EuGH, Urt. v. 28.10.1982, C-135/81, Rn. 10 – *Groupement des Agences de voyages*, EuGH, Urt. v. 14.01.1982, C-64/81, Rn. 8 – *Cormann*; EuGH, Urt. v. 17.12.1980, C-149/79, Rn. 12, 19 – *Kommission/Belgien; Körner*, S. 30.

412 Stelkens/Bonk/Sachs/*Sachs*, § 43 VwVfG Rn. 98; *Kamann/Selmayr*, NVwZ 1999, 1041, 1042.

413 *Leffrang*, Rn. 187; *Logemann*, S. 255; *Dohrn*, S. 160; *Körner*, S. 236; *Imgrund*, S. 89 ff.; *Seibert*, S. 69 ff., der von einem „heillosen Meinungswirrwarr" spricht; *Dreher*, ZWer 2008, 325, 329; *Wagner/Kleine/Liebach*, EWS 2008, 305, 307 m.w.N.; *Zöttl/Schlepper*, EuZW 2012, 573, 574; *Müller-Graff/Kainer*, WM 2013, 2149, 2153; *Weitbrecht*, WuW 2017, 244, 245; Möschel/Bien/*Grünberger*, 135, 170 f.: „großes terminologisches Durcheinander"; Schoch/Schneider/*Clausing*, § 121 VwGO Rn. 38; Stelkens/Bonk/Sachs/*Sachs*, § 43 VwVfG Rn. 1, 7, 42, 105, 139 ff., 160; s. allg. für einen Überblick zu Definitionsansätzen von Tatbestands- und Feststellungswirkung *Sehnert*, NZS 2000, 437, 439. Vgl. auch MüKo ZPO/*Gottwald*, § 322 ZPO Rn. 20 m.w.N., nach dem die Tatbestandswirkung im Verwaltungsverfahrensrecht häufig eine Bindung an den Inhalt eines Verwaltungsakts bezeichne, während sie im Prozessrecht üblicherweise bedeute, dass an den Erlass eines Verwaltungsakts bzw. die Existenz eines Urteils als tatbestandliche Voraussetzung einer Rechtsnorm anderweitige Rechtsfolgen geknüpft seien.

des Umfangs der Bindungswirkung letztlich auch vom zugrundgelegten Vorverständnis dieser Begriffe abhängt. Auf dieser Basis ist der Umfang der Bindungswirkung aufgrund der gängigen Auslegungsmethoden zu ermitteln.

aa. Die Tatbestandswirkung

Im Rahmen der Tatbestandswirkung kann weiter zwischen einer Tatbestandswirkung im engeren Sinn und einer im weiteren Sinn unterschieden werden.[414]

(1) Die eingeschränkte Tatbestandswirkung oder Tatbestandswirkung im engeren Sinn

Die eingeschränkte Tatbestandswirkung bzw. Tatbestandswirkung im engeren Sinn stellt die schwächste Form der Bindung an Verwaltungsentscheidungen in Folgeverfahren dar. Sie ist in Übereinstimmung mit der überwiegenden Ansicht dann anzunehmen, wenn zwar keine Bindung an den Inhalt eines Verwaltungsaktes besteht, aber die Tatsache des wirksamen Erlasses eines Verwaltungsaktes beachtet werden muss. Eine Tatbestandswirkung i.e.S. liegt beispielsweise dann vor, wenn die Existenz der Behördenentscheidung als solche nach materiellem Recht Tatbestandsvoraussetzung im Tatbestand einer anderen Rechtsnorm und damit eine Voraussetzung für den Eintritt der durch diese Norm ausgelösten Rechtsfolge ist.[415]

Eine solch geringe Bindungswirkung ist durch Art. 16 Abs. 1 VO 1/2003 ersichtlicherweise nicht intendiert.[416] Die Kohärenzverpflichtung zielt unabhängig von der Frage ihres genauen Umfangs nicht auf die bloße Bindung eines mitgliedstaatlichen Gerichts an die Tatsache der Existenz eines kartellrechtlichen Kommissionsbeschlusses, der für sich ein Tatbestandsmerkmal einer anderen anspruchsbegründenden Norm darstellt. So setzt der kartellrechtliche

---

414 *Körner*, S. 236; *Schroeder*, S. 282; *Dohrn*, S. 159 ff.; BeckOK VwVfG/*Schemmer*, § 43 VwVfG Rn. 34; Kopp/Ramsauer/*Ramsauer*, § 43 VwVfG Rn. 24.

415 BVerfG, Beschl. v. 09.01.1991, 1 BvR 207/87, *BVerfGE* 83, 182, 197 f. – *Pensionistenprivileg*; BVerwG, Urt. v. 15.11.1985, 8 C 43/83, *BVerwGE* 72, 226 f.; *Imgrund*, S. 90; *Dohrn*, S. 161 f.; *Körner*, S. 236 f.; *Seibert*, S. 71; *Meyer*, GRUR 2006, 27, 29 f.; *Dreher*, ZWeR 2008, 325, 328; *Weitbrecht*, WuW 2017, 244, 245; Schröter/Jakob/Klotz/Mederer/*Schröter/van der Hout*, Art. 101 AEUV, Rn. 255; BeckOK VwVfG/*Schemmer*, § 43 VwVfG Rn. 34; Stelkens/Bonk/Sachs/*Sachs*, § 43 VwVfG Rn. 154, 156 f.; Kopp/Ramsauer/*Ramsauer*, § 43 VwVfG Rn. 24; Knack/Henneke/*Meyer*, § 43 VwVfG Rn. 17. Bsp. sind § 6 S. 1 AsylG; § 62 AufenthG; § 8 a Abs. 4 S. 1 WoBindG; § 15 Abs. 1 BVFG; § 12 AuslG; § 56 AufenthG.

416 Ebenfalls ablehnend: *Dreher*, ZWeR 2008, 325, 329; *Körner*, S. 236; *Imgrund*, S. 101 f.

Schadensersatzanspruch nach seiner Anspruchsgrundlage in § 33 Abs. 1 i.V.m. § 33 a GWB gerade nicht das Bestehen eines gegen den Beklagten ergangenen, einen Verstoß bejahenden Kommissionsbeschlusses als Tatbestandsmerkmal voraus. Vielmehr ist nach der Maßgabe des Art. 16 Abs. 1 VO 1/2003 der konkrete Regelungsgehalt der Behördenentscheidung für nachfolgende Schadensersatzverfahren maßgeblich und nicht nur deren schlichtes Bestehen, so dass das Vorliegen einer Tatbestandwirkung i.e.S. im Hinblick auf Art. 16 Abs. 1 VO 1/2003 auszuschließen ist. Nur ein solches Verständnis trägt dem Telos des Art. 16 Abs. 1 VO 1/2003 hinreichend Rechnung, eine kohärente Rechtsanwendung und erleichterte Schadensersatzdurchsetzung durch einen Gleichlauf von Feststellungen sowohl der Kommission als auch der mitgliedstaatlichen Gerichte sicherzustellen.

(2) Die Tatbestandswirkung im weiteren Sinn

Demgegenüber könnte Art. 16 Abs. 1 VO 1/2003 aber eine Tatbestandswirkung im weiteren Sinn normieren. Diese zielt im Sinn der Rechtssicherheit und des Gebots widerspruchsfreien staatlichen Handelns auf die Verhinderung sich inhaltlich widersprechender Entscheidungen staatlicher Institutionen in gleicher Sache.[417] Einmal entschiedene Fragen sollen demnach stets einheitlich i. S. der getroffenen Entscheidung behandelt werden. Rechtsanwendende Behörden und Gerichte haben dementsprechend bei ihrer rechtlichen Beurteilung eines Sachverhalts die durch einen rechtswirksamen Verwaltungsakt in gleicher Sache gestaltete bzw. bewirkte Rechtslage zu respektieren. Hierzu müssen sie die getroffene Regelung ihrer eigenen Entscheidung ohne Rechtmäßigkeitsprüfung zugrunde legen, auch wenn sie die Behördenentscheidung möglicherweise für fehlerhaft halten.[418] Es soll ihnen nicht möglich sein, eine mit dem im vorausgegangenen Verwaltungsakt getroffenen Rechtsfolgenausspruch im Widerspruch stehende oder auch nur abweichende eigene Verfügung zu treffen.[419] Eine entsprechende Bindung besteht aber selbstredend nur gegenüber Gerichten, welche

---

417 Möschel/Bien/*Grünberger*, 135, 171.

418 *Seibert*, S. 73; *Körner*, S. 237; *Imgrund*, S. 90; *Rebler*, DVBl 2017, 1279, 1279; Stelkens/Bonk/Sachs/*Sachs*, § 43 VwVfG Rn. 154; BeckOK VwVfG/*Schemmer*, § 43 VwVfG Rn. 27 f.; Ehlers/Pünder/*Ruffert*, § 21 Rn. 17; Knack/Henneke//*Meyer*, § 43 Rn. 17; Kopp/Ramsauer/*Ramsauer*, § 43 Rn. 16 ff.

419 *Imgrund*, S. 93, 224; *Kahl*, Jura 2001, 505, 506; *Bornkamm*, ZWeR 2003, 73, 80 ff; *Bornkamm/Becker*, ZWeR 2005, 213, 219 f.; Möschel/Bien/*Grünberger*, 135, 171; Ehlers/Pünder/*Ruffert*, § 21 Rn. 17, § 22 Rn. 19.

nicht zur Überprüfung der Rechtmäßigkeit der Behördenentscheidung berufen sind.[420]

Die Tatbestandswirkung von Behördenentscheidungen für Gerichtsprozesse ist eine Folge der materiellen Bestandskraft und ergibt sich bereits aus der Bindung des Richters an Recht und Gesetz gem. Art. 20 Abs. 2, 97 Abs. 1 GG, so dass sie keiner gesonderten gesetzlichen Grundlage bedarf.[421] Die Tatbestandswirkung i.w.S. bezieht sich dabei in Anlehnung an die materielle Bestandskraft, die die Bindung von Adressaten, Betroffenen und erlassender Verwaltungsbehörde an den im Verwaltungsakt getroffenen Entscheidungssatz beschreibt,[422] nach allgemeiner Auffassung inhaltlich nur auf den materiellen Regelungsgehalt eines wirksamen, nicht notwendigerweise bestandskräftigen[423] Verwaltungsakts, also dessen Verfügung im Tenor.[424] Die dem Rechtsfolgenausspruch zugrundeliegenden tatsächlichen und rechtlichen Ausführungen der Behörde in den Entscheidungsgründen, Feststellungen zu Vorfragen sowie etwaigen präjudiziellen Rechtsverhältnissen kommt dagegen keine Bindungswirkung zu.[425] Soweit sich also keine behördlichen Feststellungen im Tenor finden, können die anderen mit der Rechtssache befassten Staatsorgane weiterhin selbstständig

---

420 BVerwG, Beschl. v. 23.02.2010, 1 WB 36/09; *Körner*, S. 236; Ehlers/Pünder/*Ruffert*, § 22 Rn. 22; BeckOK VwVfG/*Schemmer*, § 43 VwVfG Rn. 27; Stelkens/Bonk/Sachs/*Sachs*, § 43 VwVfG Rn. 154.

421 BVerwG, Urt. v. 23.04.1980, 8 C 82/79; BVerwG, Urt. v. 28.11.1986, 8 C 122-125/84, NVwZ 1987, 496 re. Sp; *Körner*, S. 236; *Dreher*, ZWeR 2008, 325, 329; *Rebler*, DVBl 2017, 1279, 1279; Möschel/Bien/*Grünberger*, 135, 172; Stelkens/Bonk/Sachs/*Sachs*, § 43 VwVfG Rn. 133; Kopp/Ramsauer/*Ramsauer*, § 43 VwVfG Rn. 23.

422 BeckOK VwVfG/*Schemmer*, § 43 VwVfG Rn. 21; Stelkens/Bonk/Sachs/*Sachs*, § 43 VwVfG Rn. 45 ff.

423 BeckOK VwVfG/*Schemmer*, § 43 VwVfG Rn. 28; krit. Stelkens/Bonk/Sachs/*Sachs*, § 43 VwVfG Rn. 41 f., 45 ff., 106 f. m.w.N.: „Solange eine Verwaltungsentscheidung noch durch das zuständige Gericht kassiert werden kann, bietet sie grds. keine geeignete Grundlage, um die Bindung anderer, mittelbar befasster Behörden und Gerichte an das Gesetz zu durchbrechen."

424 BFH, Urt. v. 18.07.1994, X R 33/91, DStR 1995, 1833, 1834; *Imgrund*, S. 90; *Körner*, S. 236 f.; *Schroeder*, S. 285 ff; *Dohrn*, S. 162, 170, *Meyer*, GRUR 2006, 27,30; Möschel/Bien/*Grünberger*, 135, 171, 173; Loewenheim/*Rehbinder* (3. Aufl. 2016), 33 GWB Rn. 54; BeckOK VwVfG/*Schemmer*, § 43 VwVfG Rn. 28; Kopp/Ramsauer/*Ramsauer*, § 43 VwVfG Rn. 18; Stelkens/Bonk/Sachs/*Sachs*, § 43 VwVfG Rn. 56 ff., 126 ff; Knack/Henneke/*Meyer*, § 43 VwVfG Rn. 17 f.

425 BeckOK VwVfG/*Schemmer*, § 43 VwVfG Rn. 28; Stelkens/Bonk/Sachs/*Sachs*, § 43 VwVfG Rn. 56 ff.

prüfen, eigenständig rechtlich urteilen und unabhängig Rechtsfolgen festsetzen.[426] Auf die den verfügenden Teil tragenden Gründe darf aber zur Auslegung und Präzisierung des tenorierten Entscheidungssatzes zurückgegriffen werden.[427] Die beschränkte Reichweite der Tatbestandswirkung i.w.S. ist aufgrund ihrer Wirkung gegenüber am konkreten Verwaltungsrechtsverhältnis unbeteiligten Dritten wie auch anderen Staatsorganen auch erforderlich. Entsprechend der materiellen Rechtskraft ist die Bindung auf die Rechtsfolgenanordnung des verfügenden Beschlussteils beschränkt, da nur dieser eine Rechtswirkung auch gegenüber Dritten entfaltet. Die durch den Verwaltungsakt neu geschaffenen Rechtsänderungen bzw. angeordneten Verhaltenspflichten sind von Dritten wie anderen rechtsanwendenden Organen in gleichem Maße zu beachten wie sonstige Bestandteile der Rechtsordnung.[428]

Wettbewerbsrechtliche Kommissionsbeschlüsse gestalten hinsichtlich des tenorierten Vorliegens einer Zuwiderhandlung jedoch nicht die Rechtslage, sondern stellen lediglich den bereits von Gesetzes wegen bestehenden Verstoß gegen die Vorschriften der Art. 101 f. AEUV ohne eine Änderung der materiellen Rechtslage verbindlich fest. Ihnen kommt damit im Hinblick auf die Zuwiderhandlung nur eine rechtskonkretisierende Wirkung zu.[429] Schadensersatz- oder Unterlassungsansprüche bestehen von Gesetzes wegen auch ohne einen vorausgegangenen Kommissionbeschluss und können ohne behördliche Vorbefassung auf die Rechtsverletzung selbst gestützt werden. Fraglich ist daher, ob die soeben beschriebene Tatbestandswirkung i.w.S. auch rein deklaratorischen Feststellungsbeschlüssen zukommt. Anders als gestaltende Verwaltungsakte begründen, ändern oder heben diese keine Rechte auf, sondern beschränken sich in ihrem verfügenden Teil darauf, einen gesetzlichen Anspruch mit den Rechtswirkungen einer Behördenentscheidung abzusichern. Hierdurch konkretisieren sie eine

---

426 *Imgrund* S. 93; vgl. für die Rechtskraft: BeckOK ZPO/*Gruber*, § 322 ZPO Rn. 27.

427 EuGH, Urt. v. 09.03.1994, C-188/92, Rn. 21 – *TWD*; EuG, Urt. v. 22.03.2000, T-125/97, Rn. 77, 79 – *Coca Cola*; EuG, Urt. v. 13.06.2000, verb. T-204/97, T-270/97, Rn. 39 – *EPAC/Kommission*; EuG, Urt. v. 30.04.2007, T-387/04, Rn. 127 – *EnBW*; *Dohrn*, S. 162, 169; *Körner*, S. 237; *Imgrund*, S. 99; *Meyer*, GRUR 2006, 27, 30; Möschel/Bien/*Grünberger*, 135, 173; Loewenheim/*Rehbinder* (3. Aufl. 2016), § 33 GWB Rn. 54; BeckOK VwVfG/*Schemmer*, § 43 VwVfG Rn. 25; Stelkens/Bonk/Sachs/*Sachs*, § 43 VwVfG Rn. 58; Kopp/Ramsauer/*Ramsauer*, § 43 VwVfG Rn. 32; BeckOK ZPO/*Gruber*, § 322 ZPO Rn. 22.1.

428 Stelkens/Bonk/Sachs/*Sachs*, § 43 VwVfG Rn. 137 m.w.N.

429 *Dohrn*, S. 169; *Imgrund*, S. 90; Stelkens/Bonk/Sachs/*Sachs*, § 43 VwVfG Rn. 102 sowie § 35 VwVfG Rn. 219; Immenga/Mestmäcker/*Schmidt*, Anhang 3 VO 1/2003 Rn. 28.

gesetzliche Regelung für den Einzelfall und schreiben somit das Ergebnis eines behördlichen Subsumtionsvorgangs verbindlich fest.[430] Da sie damit nicht wie rechtsgestaltende Hoheitsakte unmittelbar die Rechtslage beeinflussen, wird vertreten, dass eine Tatbestandswirkung i.w.S. bei feststellenden Verwaltungsakten nicht besteht.[431] Andere erkennen auch feststellenden Behördenentscheidungen trotz fehlender Gestaltungswirkung eine Tatbestandswirkung i.w.S. zu, sofern sich die bindenden Feststellungen im Tenor wiederfinden.[432] Letzteres vermag zu überzeugen. Da auch feststellende Verwaltungsakte auf Rechtsverbindlichkeit ausgerichtet sind, eine gesetzliche Regelung für den Einzelfall konkretisieren und die Definitionsmerkmale eines Verwaltungsaktes – insbesondere einer Regelung mit Außenwirkung – erfüllen,[433] ist nicht ersichtlich, warum ihnen eine bindende Wirkung abgesprochen werden sollte. Ein Regelungscharakter einer Verfügung mit entsprechenden Rechtsfolgen besteht nicht nur dann, wenn aus abstrakten Gesetzesvorgaben konkrete Rechte für Betroffene begründet, geändert oder aufgehoben werden, sondern auch dann, wenn sie rechtsverbindlich für den Einzelfall festgestellt werden. Behörden und Gerichte sind somit nicht nur verpflichtet, von der durch einen vorausgegangenen wirksamen Verwaltungsakt geschaffenen Rechtslage auszugehen, sondern auch von einer durch einen Verwaltungsakt rechtskonkretisierenden, verbindlich festgestellten Rechtslage.

bb. Die Feststellungswirkung

Bei Vorliegen der im Vergleich zur Tatbestandwirkung i.w.S. noch umfassender ausgestalteten Feststellungswirkung erstreckt sich die Bindung nicht nur auf die im Tenor des Verwaltungsakts getroffenen Regelung oder gar die Existenz eines Verwaltungsakts, sondern auf den Rechtsfolgenausspruch sowie auch auf die

---

430 BVerwG, Urt. v. 20.11.2003, 3 C 29/02; BVerwG, Urt. v. 05.11.2009; 4 C 3/09; *Rebler*, DVBl 2017, 1279, 1280; Ehlers/Pünder/*Ruffert*, § 22 Rn. 15.

431 *Imgrund* S. 90 f.; *Dohrn*, S. 162; *Seibert*, S. 74; *Bornkamm*, ZWeR 2003, 73, 82; *Schmidt*, BB 2006, 1397, 1402; Knack/Henneke/*Meyer*, § 43 VwVfG Rn. 17; Stelkens/Bonk/Sachs/*Sachs*, § 35 VwVfG Rn. 220 sowie § 43 VwVfG Rn. 139, „aber vorbehaltl. besonderer gesetzl. Regelungen".

432 *Seibert*, S. 87 ff., 193 f.; *Schroeder*, S. 296; *Dohrn*, 162 f.; *Bornkamm*, ZWeR 2003, 73, 72; Möschel/Bien/*Grünberger*, 135, 170; Knack/Henneke/*Meyer*, § 43 VwVfG Rn. 17; Kopp/Ramsauer/*Ramsauer*, § 43 VfVfG Rn. 18. S. hierzu auch Stelkens/Bonk/Sachs/*Sachs*, § 43 VwVfG Rn. 154 ff.

433 Stelkens/Bonk/Sachs/*Stelkens*, § 35 VwVfG Rn. 219 f.; BeckOK VwVfG/*von Alemann/Scheffczyk*, § 35 VwVfG Rn. 67.

tatsächlichen Sachverhaltsfeststellungen und rechtlichen Würdigungen in den Gründen der Behördenentscheidung.[434] Teilweise werden hierbei jedoch auch nur die Umstände einbezogen, die Grundlage für den Erlass des Verwaltungsakts waren.[435]

Die Feststellungswirkung darf jedoch nicht mit der von einem feststellenden Verwaltungsakt ausgehenden Bindungswirkung verwechselt werden. Auch deklaratorische Behördenentscheidungen entfalten grundsätzlich nur eine Tatbestands- und keine Feststellungswirkung.[436] Die Feststellungswirkung bedarf aufgrund ihrer weitreichenden Kohärenzverpflichtung stets einer gesonderten Anordnung durch förmlichen Rechtssatz.[437] Diese Rechtsvorschrift bestimmt letztlich auch die genauen Voraussetzungen und den konkreten Umfang der Feststellungswirkung.[438] Eine solche gesetzliche Anordnung könnte jedenfalls in Art. 16 VO 1/2003 gesehen werden.

b. Umfang der Bindungswirkung des Art. 16 Abs. 1 VO 1/2003

In Anbetracht der in Art. 16 VO 1/2003 normierten Verpflichtung ist fraglich, wie die von einem Beschluss der Kommission ausgehende Bindungswirkung konkret gestaltet ist. Da Art. 16 VO 1/2003 wie bisher ermittelt jedenfalls das

---

434 *Seibert*, S. 129; *Körner*, S. 237; *Imgrund*, S. 92; *Dreher*, ZWeR 2008, 325, 328 f.; *Rebler*, DVBl 2017, 1279, 1280; *Weitbrecht*, WuW 2017, 244, 245; Dreher/Kulka/*Rittner*, Wettb.- u. KartellR, Rn. 1743; Schoch/Schneider/*Clausing*, § 121 VwGO Rn. 38; Stelkens/Bonk/Sachs/*Sachs*, § 43 VwVfG Rn. 160 f.; Kopp/Ramsauer/*Ramsauer*, § 43 VwVfG Rn. 26; BeckOK VwVfG/*Schemmer*, § 43 VwVfG Rn. 36, 36.1 m.w. Bsp.; von der Groeben/Schwarze/Hatje/*Becker/Vollrath*, Art. 16 VO 1/2003 Rn. 28.

435 *Dohrn*, S. 164; Möschel/Bien/*Grünberger*, 135, 170; *Weitbrecht*, WuW 2017, 244, 245; BeckOK VwVfG/*Schemmer*, § 43 VwVfG Rn. 36: „die die Regelung tragenden tatsächlichen oder rechtlichen Feststellungen"; Kopp/Ramsauer/*Ramsauer*, § 43 Rn. 26; Ehlers/Pünder/*Ruffert*, § 21 Rn. 17 ff; a.A. Stelkens/Bonk/Sachs/*Sachs*, § 43 VwVfG Rn. 160, der sich nicht auf die tragenden Gründe beschränkte: „rechtliche Beurteilungen oder Sachverhaltsfeststellungen zur Begründung eines VA".

436 *Rebler*, DVBl 2017, 1279, 1281.

437 Vgl. auch BVerwG, Urt. v. 22.02.1994, 1 C 24/92; *BVerwGE* 95, 133, 138 m. w. N; BVerwG, Urt. v. 10.10.2006, 8 C 23/05, Rn. 22; *Dohrn*, S. 164; *Imgrund*, S. 92; *Seibert*, S. 129; *Körner*, S. 236; Möschel/Bien/*Grünberger*, 135, 172; Ehlers/Pünder/*Ruffert*, § 21 Rn. 23 m.w.N.; Kopp/Ramsauer/*Ramsauer*, § 43 VwVfG Rn. 26; Schoch/Schneider/*Clausing*, § 121 VwGO Rn. 38; BeckOK VwVfG/*Schemmer*, § 43 VwVfG Rn. 36; Stelkens/Bonk/Sachs/*Sachs*, § 43 VwVfG Rn. 138, 160.

438 *Schroeder*, S. 299; BeckOK VwVfG/*Schemmer*, § 43 VwVfG Rn. 36; Stelkens/Bonk/Sachs/*Sachs*, § 43 VwVfG Rn. 160.

inhaltliche, materiell-rechtliche Zuwiderlaufen nationaler Entscheidungen zu Entscheidungen der Kommission in gleicher Sache verbietet, kann seine Wirkweise dogmatisch entweder in einer Tatbestandwirkung im weiteren Sinn,[439] nach der die Bindungswirkung auf den Tenor in Auslegung der ihn tragenden Gründe begrenzt ist, gesehen werden oder als eine Feststellungswirkung[440], also eine Bindung sowohl an den Tenor sowie sämtliche Ausführungen in den Gründen der Entscheidung. Zur Beantwortung dieser Frage im Folgenden ist durch eine umfassende Auslegung der Norm sowie durch eine dezidierte sachliche Auseinandersetzung mit ihrem Regelungsgehalt die genaue Art der Bindung gemäß Art. 16 Abs. 1 VO 1/2003 zu ermitteln.

Die Exegese des Unionsrechts ist nach den tradierten Auslegungsmethoden der klassischen Canones nach Savigny, mithin grammatisch, systematisch, historisch und teleologisch vorzunehmen.[441] Das Auslegungsergebnis ist zudem im Lichte einer unionsverfassungskonformen Auslegung zu überprüfen. Daneben kommt im Unionsrecht auch der Methode der Rechtsvergleichung, basierend auf

---

439 OLG Düsseldorf, Urt. v. 09.01.2008, VI-U (Kart) 45/06, Rn. 66; *Körner*, S. 233, 237; *Dohrn*, S. 45 ff., 169; *Bornkamm*, ZWeR 2003, 73, 81 ff.; *Bornkamm/Becker*, ZWeR 2005, 213, 220; *Meyer*, GRUR 2006, 27, 30; *Rother/Rieger*, NZKart 2016, 116, 117; Dreher/Kulka/*Rittner*, Wettb.- u. KartellR, Rn. 1743; Streinz/*Eilmansberger*, Art. 101 AEUV Rn. 108; Langen/Bunte/*Sura*, Art. 16 VO 1/2003, Rn. 9; von der Groeben/Schwarze/Hatje/*Becker/Vollrath*, Art. 16 VO 1/2003 Rn. 29 f.; Frankfurter Komm./*Jaeger*, Art. 16 VO 1/2003 Rn. 18; MüKo Kartellrecht/*Schneider*, Art. 16 VO 1/2003 Rn. 1; ebenso zu § 33 Abs. 4 GWB a.F.: Loewenheim/*Rehbinder* (3. Aufl. 2016), § 33 GWB Rn. 54; Langen/Bunte/*Bornkamm*, § 33 GWB a.F. Rn. 117; im Ergebnis auch OLG Düsseldorf, Urt. v. 29.01.2014, VI-U (Kart) 7/13; weitergehend Bechtold/Bosch, § 33 GWB Rn. 46 (die Bindungswirkung erfasse *„letztlich die unter den Verbotstatbestand subsumierten tatsächlichen Feststellungen sowie das Subsumtionsergebnis selbst"*).

440 LG Stuttgart, Urt. v. 23.06.2016, 11 O 283/14, unter Ziff. 3.c; LG Düsseldorf, Urt. v. 08.09.2016, 37 O 27/11 (Kart), Rn. 176 zu Art. 16 VO 1/2003; *Imgrund*, S. 126 ff.; *Wagner/Kleine/Liebach*, EWS 2008, 305, 313; *Scheffler*, NZKart 2015, 223, 224; *Rother/Rieger*, NZKart 2016, 116, 120; *Weitbrecht*, WuW 2017, 244, 245; Möschel/Bien/*Grünberger*, 135, 173, 175; wohl auch Berg/Mäsch/*von der Hout/Lux*, Art. 16 VO 1/2003 Rn. 4, „im Hinblick auf den Haftungsgrund gebunden"; Immenga/Mestmäcker/*Franck*, § 33 b GWB Rn. 13 ff. (Tenor einer Entscheidung und alle zur Begründung eines Kartellrechtsverstoßes getroffenen Feststellungen in tatsächlicher und rechtlicher Hinsicht erfasst).

441 *Körner*, S. 31; Riesenhuber/*Pechstein/Drechsler*, Europ. Methodenlehre, § 7 Rn. 16 ff.; Riesenhuber/*Stotz*, Europ. Methodenlehre, § 22 Rn. 11 ff.; *Grundmann/Riesenhuber*, JuS 2001, 529, 529 ff.

den gemeinsamen Verfassungstraditionen und Rechtsprinzipien der Mitgliedstaaten, Bedeutung für die Auslegung zu.[442] Dabei ist jedoch stets zu beachten, dass es sich beim Unionsrecht um eine autonom auszulegende Rechtsordnung handelt.

aa. Auslegung anhand des Wortlauts

Nach dem konkreten Wortlaut des Art. 16 Abs. 1 VO 1/2003 sind die nationalen Gerichte verpflichtet keine Entscheidungen zu erlassen, die einer Entscheidung der Kommission zuwiderlaufen. Dies trägt zur maßgeblichen Frage, an welche Teile des bindenden Kommissionsbeschlusses die Kohärenzverpflichtung genau anknüpft, kaum Erkenntnisse bei. Der Begriff der Entscheidung der Kommission könnte sich dem reinen Wortlaut nach sowohl auf den gesamten Kommissionsbeschluss beziehen, von dessen umfassenden Ausführungen sodann eine Bindung im Sinne der Feststellungswirkung ausgehen könnte, als auch auf den eigentlichen Entscheidungsausspruch im Tenor, da letztlich nur dieser die Entscheidung der Kommission im eigentlichen Sinn ist, was wiederum für die Annahme einer Tatbestandswirkung i.w.S. spräche.

Das Wortlautargument ist im europäischen Recht vor dem Hintergrund der verschiedenen verbindlichen Sprachfassungen der EU-Mitgliedstaaten ohnehin nur von vergleichsweise eingeschränkter Bedeutung.[443] Zu der Frage, von welchem Teil der Kommissionsentscheidung bindende Wirkung ausgeht, lässt sich allerdings auch unter Heranziehung der unterschiedlichen Sprachfassungen der europäischen Kartellverfahrensverordnung wenig ableiten. Jedoch zeigt sich, dass anders als die deutsche Version sowohl die englische als auch die französische und spanische Fassung ein Abweichungsverbot zu der von der Kommission „getroffenen" Entscheidung betonen.[444] Diese explizite Betonung

---

442 *Vogenauer*, S. 389 f.; *Körner*, S. 31 f.

443 Nach Art. 55 Abs. 1 EUV ist der Vertrag über die Europäische Union (EUV) „in einer Urschrift in bulgarischer, dänischer, deutscher, englischer, estnischer, finnischer, französischer, griechischer, irischer, italienischer, lettischer, litauischer, maltesischer, niederländischer, polnischer, portugiesischer, rumänischer, schwedischer, slowakischer, slowenischer, spanischer, tschechischer und ungarischer Sprache abgefaßt, wobei jeder Wortlaut gleichermaßen verbindlich ist." Entsprechendes gilt nach Art. 358 AEUV in Bezug auf den Vertrag über die Arbeitsweise der Europäischen Union (AEUV).

444 Deutsche Version: „Entscheidung der Kommission"; englische Version: "the decision adopted by the Commission"; französische Version: "la décision adoptée par la Commission"; spanische Version: "la decisión adoptada por la Comisión".

des getroffenen Entscheidungsausspruchs spricht mehr für eine Bindung an den Rechtsfolgenausspruch im verfügenden Teil des Beschlusses in Form einer Tatbestandswirkung i.w.S. Nach sachlicher und rechtlicher Prüfung wird schließlich nur der eigentliche Entscheidungsausspruch im Tenor von der Kommission „getroffen". Letztlich ist der Wortlautinterpretation des Art. 16 Abs. 1 VO 1/2003 aber keine hinreichend deutliche Erkenntnis zur Interpretation der Kohärenzverpflichtung zu entnehmen.

Allein aus dem Wortlaut des Verordnungstextes lassen sich somit keine finalen Rückschlüsse auf den genauen Umfang der Bindungswirkung des Art. 16 Abs. 1 VO 1/2003 ableiten.

bb. Historische Auslegung

In seinen Schlussanträgen in *Masterfoods* führte GA Cosmas seinerzeit aus, dass die Bindungswirkung neben dem verfügenden Teil auch die Gründe der Kommissionsentscheidung betreffe.[445] Der Generalanwalt sprach sich damit wohl für eine Feststellungswirkung des bindenden Beschlusses aus. Im anschließenden, die Bindungswirkung auf europäischer Ebene letztlich implementierenden Urteil des EuGH in *Masterfoods* finden sich dagegen weder zu den Darlegungen des Generalanwalts noch zu der genauen Tragweite der Bindungswirkung von Kommissionbeschlüssen nähere Ausführungen. Auch der bereits zuvor ergangenen Entscheidung in Sachen *Delimitis* lässt sich zur Frage der bindenden Teile eines Kommissionsbeschlusses und des genauen Umfangs der Kohärenzverpflichtung nichts entnehmen. Aus den Ausführungen der Kommission zur Kartellverfahrensverordnung Nr. 1/2003 wird ebenfalls nicht ersichtlich, ob sich die Kommission für eine Tatbestand- oder Feststellungswirkung ausspricht.[446]

Entsprechend stellte sodann auch GA Villalón mehr als 10 Jahre nach Erlass der *Masterfoods*-Entscheidung im EuGH-Verfahren *Otis* fest, dass es bisher „völlig unklar [sei], ob diese Wirkungen sich auf den Tenor der Entscheidung oder auf ihren gesamten Inhalt einschließlich der Sachverhaltswürdigung erstrecken."[447] Demgegenüber vertrat die Kommission in der mündlichen Verhandlung in dieser Sache vor dem Gerichtshof die Ansicht, dass ihre Entscheidungen nicht in allen Teilen bindend seien, jedoch stellte sie nicht weiter klar in welchen

---

445 GA Cosmas, Schlussanträge v. 16.05.2000, C-344/98, Rn. 16 – *Masterfoods*.

446 Es finden sich zum Beispiel keine Ausführungen im Weißbuch über die Modernisierung der Vorschriften zur Anwendung der Art. 85 und 86 EG, Nr. 99/027 v. 23.4.1999, ABl. 1999, C 132 S. 1.

447 GA Villalón, Schlussanträge v. 26.06.2012 - C-199/11 Rn. 47 – *Otis*.

Teilen.[448] Hieraus sei laut GA Villalón jedenfalls der Rückschluss zu ziehen, dass zumindest eine Bindung der nationalen Gerichte an die Feststellung des rechtswidrigen Verhaltens in der Entscheidung vorliegt, welche die Grundlage jeder deliktischen Haftung unter nationalem Recht bildet.[449] Dem ist nicht zu widersprechen, allerdings trägt auch diese Erkenntnis nicht weiter zur Bestimmung des konkreten Umfangs der Bindungswirkung bei, da sich die aufgegriffene Feststellung einer Zuwiderhandlung sowohl bereits aus dem Beschlusstenor als darüber hinaus entsprechend auch aus den Entscheidungsgründen ergibt. Zu der Problematik, welche Teile der Kommissionsentscheidung gem. Art. 16 Abs. 1 S. 1 VO 1/2003 Bindungswirkung entfalten, äußerte sich der EuGH auch in seinem anschließenden Urteil im Verfahren *Otis* nicht.[450] Mit den Ausführungen der Kommission ist davon auszugehen, dass ihren Beschlüssen nicht in all ihren Teilen Bindungswirkung zukommt, was mehr für eine Tatbestandswirkung i.w.S. als für eine Feststellungswirkung spricht.

Ein dies verstärkender Hinweis zum Umfang der Bindungswirkung könnte daneben ErwG 13 der Kartellverfahrensverordnung 1/2003 zu entnehmen sein. Nach diesem darf die Kommission in ihren Entscheidungen über Verpflichtungszusagen nur feststellen, dass für ihr Tätigwerden kein Anlass mehr besteht, ohne die Frage nach dem Vorliegen einer wettbewerblichen Zuwiderhandlung abschließend zu beantworten. ErwG 13 stellt sodann weiter klar, dass Verpflichtungszusagenbeschlüsse der Kommission die Befugnisse der mitgliedstaatlichen Gerichte unberührt lassen, über einen Fall zu entscheiden und selbstständig das Vorliegen einer Zuwiderhandlung festzustellen. Abstrakt lässt sich daraus ableiten, dass nach Auffassung des Verordnungsgebers einem Beschluss der Kommission somit keine bindende Wirkung für die Gerichte der Mitgliedstaaten zukommt, wenn sie in ihrem Tenor keine abschließende materiell-rechtliche Feststellung darüber trifft, ob eine Zuwiderhandlung gegen das europäische Kartellrecht vorliegt.[451] Hieraus ließe sich sodann in einem Umkehrschluss ableiten, dass nur die im Tenor getroffenen Feststellungen zur Vereinbarkeit eines Wettbewerbsverhaltens mit den Art. 101 f. AEUV bindende Wirkung entfalten kann. Entsprechend müsste sich der Umfang der Bindungswirkung mithin auf den verfügenden Teil des Beschlusses i.S.e. Tatbestandswirkung i.w.S. beschränken. Für

---

448 GA Villalón, Schlussanträge v. 26.06.2012 - C-199/11 Rn. 47 – *Otis*.

449 GA Villalón, Schlussanträge v. 26.06.2012 - C-199/11 Rn. 47 – *Otis*; s. auch *Weitbrecht*, NJW 2012, 881, 882.

450 EuGH, Urt. v. 06.11.2012, C-199/11, Rn 51 – *Otis*.

451 Vgl. auch *Dohrn*, S. 46.

diese Auslegung spricht auch das Arbeitspapier der Kommission zum Weißbuch über Schadensersatzklagen. Dort führte die Kommission recht deutlich aus, dass die Verpflichtung der mitgliedstaatlichen Gerichte keine einer Kommissionsentscheidung zuwiderlaufende Entscheidung zu treffen, den verfügenden Teil des Kommissionsbeschlusses betrifft, der im Lichte der Gründe ausgelegt werden muss.[452]

cc. Systematische Auslegung

Bei der systematischen Auslegung gilt es, die Norm im Kontext der mit ihr in Zusammenhang stehenden Regelungen und im Rahmen ihrer Verortung in der Rechtsordnung zu beurteilen.[453] Die in der Kartellverfahrensverordnung im gleichen Kapitel unter dem Titel „Zusammenarbeit" normierten Regelungen zeigen sich allerdings für eine entsprechende Auslegung der Bindungswirkung des Art. 16 Abs. 1 VO 1/2003 nicht ergiebig. Allerdings bietet sich zur systematischen Analyse der Verordnungsnorm ein Vergleich mit Art. 9 Abs. 1 SE-RL bzw. § 33 b GWB an. Beide Vorschriften normieren ebenfalls eine Kohärenzverpflichtung zur Vermeidung zuwiderlaufender Entscheidung zwischen Wettbewerbsbehörden und Gerichten. Dies bedeutet selbstredend nicht, dass sie deshalb zwingend exakt ebenso zu verstehen sind wie die Verordnungsnorm.[454] Ein erster Unterschied zeigt sich insoweit bereits im abweichenden Wortlaut von Richtlinienvorschrift und nationalen Norm, die beide verbaliter eine Bindung bzw. unwiderlegbare Feststellung einer Zuwiderhandlung und nicht wie Art. 16 Abs. 1 VO 1/2003 allgemein die Vermeidung eines Zuwiderlaufens anordnen.

Nach Art. 9 Abs. 1 SE-RL haben die Mitgliedstaaten zu gewährleisten, dass eine in einer bestandskräftigen Entscheidung einer nationalen Wettbewerbsbehörde festgestellte Zuwiderhandlung gegen das Wettbewerbsrecht in einem nationalen Schadensersatzverfahren als unwiderlegbar festgestellt gilt. Erwägungsgrund Nr. 34 der Kartellschadensersatzrichtlinie erläutert hierzu, dass die Wirkung des Art. 9 Abs. 1 SE-RL „die Art der Zuwiderhandlung sowie ihre sachliche, persönliche, zeitliche und räumliche Dimension" erfasst. Trotz konkreter

---

452 Kommission, Arbeitspapier zum Weißbuch über Schadensersatzklagen wegen Verletzung des EG-Wettbewerbsrechts v. 02.04.2008, SEC (2008) 404, Rn. 140: „The obligation of national courts not to run counter to a Commission decision concerns the operative part of the decision which must be construed in the light oft he statement of the reasons upon which it is based."

453 *Larenz*, Methodenlehre der Rechtswissenschaft, S. 343.

454 *Dohrn*, S. 171.

Festlegung der Reichweite der in Art. 9 SE-RL normierten Bindungswirkung ist nicht davon auszugehen, dass der europäische Gesetzgeber den durch die Richtlinienvorschrift erfassten Entscheidungen nationaler Wettbewerbsbehörden eine weitergehende Bindungswirkung zusprechen wollte als sie Beschlüssen der Europäischen Kommission zukommt. Der in ErwG 34 SE-RL dargestellte Umfang der Bindungswirkung kann somit jedenfalls für die Kohärenzverpflichtung aus Art. 16 Abs. 1 VO 1/2003 als Mindestmaß angesehen werden.

Ein Vergleich mit der deutschen Kartellrechtsnorm des § 33 b GWB zeigt, dass durch diese die Bindung eines Gerichts bereits normseitig eindeutig auf die Feststellung des Verstoßes in einer bestandskräftigen Entscheidung einer Kartellbehörde begrenzt ist. Mit dem Regierungsentwurf zur 7. GWB-Novelle hatte der Gesetzgeber diese Vorgabe seinerzeit neu in § 33 Abs. 4 S. 1 GWB a.F. (jetzt § 33 b GWB) eingeführt und sie ausdrücklich als Tatbestandswirkung bezeichnet.[455] Diese Bezeichnung führte im Anschluss zu erheblichen Kontroversen in der Literatur, die sich angesichts des Regelungsgehalts der Vorschrift überwiegend für eine Bindung an Tenor und tragende Gründe der Entscheidung i.S.e. Feststellungswirkung aussprach und die Einordnung des Gesetzgebers im Regierungsentwurf als fehlerhaft ablehnte.[456] Andere Stimmen aus Wissenschaft und Praxis schlossen sich aber auch der Bewertung des Gesetzgebers an und votierten für eine Tatbestandswirkung des § 33 Abs. 4 GWB a.F., die sie jedoch einhellig als eine Tatbestandswirkung i.w.S. konkretisierten.[457] Andere

455 Gesetzentwurf der Bundesregierung eines Siebten Gesetzes zur Änderung des Gesetzes gegen Wettbewerbsbeschränkungen, BT-Drucks. 15/3640, S. 54.

456 BGH, Urt. v. 12.07.2016, KZR 25/14, Leitsatz, Rn. 12 – *Lottoblock II;* OLG Karlsruhe, Urt. v. 31.07.2013 - 6 U 51/12 (Kart), Rn. 52; OLG Düsseldorf, Urt. v. 29.01.2014, VI-U (Kart) 7/13, Rn. 44; LG Köln, Urt. v. 17.01.2013, 88 O 1/11 Rn. 155; *Imgrund*, S. 92, 223 f. m.w.N.; *Hausen*, S. 143; *Logemann*, S. 255; *Leffrang*, Rn. 187; *Körner*, S. 237; *Alexander*, S. 426 f.; *Nothdurft*, in Festschrift für Tolksdorf, 2014, 533, 538 ff.; *Dreher*, ZWeR 2008, 325, 328 f.; *Raue*, WRP 2013, 147, 148; *Galle*, NZKart 2016, 214, 214; *Weitbrecht*, WuW 2017, 244, 244 f.; Möschel/Bien/*Grüneberger*, 135, 171 ff.; *Inderst/Thomas*, S. 107 ff.; *Kling/Thomas*, § 21 Rn. 71, 76; Immenga/Mestmäcker/*Franck*, § 33 b GWB Fn. 73 zum Hintergrund der Formulierung in der Gesetzesbegründung; s. weiterhin Wiedemann, § 61 Rn. 19; Langen/Bunte/*Bornkamm*, § 33 GWB a.F. Rn. 136, 161, 169; Bechtold/Bosch, § 33 GWB Rn. 46, „*die Bindungswirkung [erfasst] letztlich die unter den Verbotstatbestand subsumierten tatsächlichen Feststellungen sowie das Subsumtionsergebnis selbst*").

457 Gesetzentwurf der Bundesregierung eines Siebten Gesetzes zur Änderung des Gesetzes gegen Wettbewerbsbeschränkungen, BT-Drucks. 15/3640 S. 54; OLG München, Urt. v. 21.02.2013, U 5006/11 Kart – *Fernsehvermarktung*; OLG Düsseldorf, Urt. v.

wiederum nutzten – wohl veranlasst durch das ohnehin bestehende terminologische Durcheinander – auch beide Begriffe gleichbedeutend nebeneinander oder unterlegten die jeweiligen Begrifflichkeiten mit einem völlig abweichenden Verständnis.[458] Das Ergebnis war eine kaum mehr zu überblickende Vielfalt an Meinungen, Begrifflichkeiten und Definitionen.

Im Jahr 2016 wurde die bestehende Kontroverse über den Umfang der Bindungswirkung im deutschen Kartellrecht schließlich durch das Grundsatzurteil *Lottoblock II* des Bundesgerichtshofs beendet.[459] In diesem Verfahren hatte das höchste deutsche Zivilgericht über den Schadensersatzanspruch einer gewerblichen, bundesweit tätigen Spielevermittlerin zu entscheiden, die von der beklagten Lottogesellschaft Ausgleich ihrer Schäden forderte, nachdem das Bundeskartellamt das Verhalten der Beklagten per Bescheid als kartellrechtswidrig eingestuft hatte. Hierzu entschied der Bundesgerichtshof, dass ein am Wortlaut

---

29.01.2014, VI-U (Kart) 7/13; LG Düsseldorf, Urt. v. 19.11.2015, 14d O 4/14, Rn. 198, 210 – *Autoglas*, welches auf einem Kommissionsbeschluss, Kommission, Beschl. v. 12.11.2008, AT.39125 – *Carglass*, basiert, aber dennoch § 33 Abs. 4 GWB a.F. statt Art. 16 VO 1/2003 anwendet. S. weiterhin *Lübbig/Bell*, WRP 2006, 1209, 1212; *Zimmer/Höft*, ZGR 2009, 662, 685; *Müller-Graff/Kainer*, WM 2013, 2149, 2153; *Stauber/Schaper*, NZKart 2014, 346, 347; *Steger*, BB 2014, 963, 963; *Willems*, WRP 2015, 819, 819; *Schaper/Stauber*, NZKart 2017, 279, 280; Wiedemann/*Klose*, § 53 Rn. 134; von der Groeben/Schwarze/Hatje/*Schröter/van der Hout*, Art. 101 AEUV Rn. 25. Als Tatbestandswirkung i.w.S. bezeichnet bei *Dohrn*, S. 168 ff.; *Hempel*, WuW 2005, 137, 143; *Meyer*, GRUR 2006, 27, 30; Loewenheim/*Rehbinder* (3. Aufl. 2016), § 33 GWB Rn. 54; Langen/ Bunte/*Bornkamm*, § 33 GWB a.F. Rn. 112.

458 Uneindeutig: AG Bonn, Beschluss v. 08.01.2016, 52 OWi 126/15 [b] – *Zuckerkartell*, NZKart 2016, 141, 142; *Dreher*, ZWeR 2008, 325, 328 ff.; Langen/Bunte/*Bornkamm*, § 33 GWB a.F. Rn. 112, 118 und Überschrift; MüKo Kartellrecht/*Lübbig* (2. Aufl. 2015), § 33 GWB a.F. Rn. 113 geht auf die Reichweite nicht näher ein und spricht von Tatbestandswirkung, so auch: „Die Tatbestandswirkung bezieht sich auf die Feststellung des Kartellrechtsverstoßes sowohl bezüglich seiner tatsächlichen Grundlage wie auch seiner rechtlichen Einordnung" (anders in der 3. Auflage: "*keine „enge Tatbestandswirkung im verwaltungsrechtlichen Sinne, die nur für den Tenor der Entscheidung gelten würde*", MüKo Kartellrecht/*Lübbig*, § 33 b GWB Rn. 7). S. auch Berg/Mäsch/*Mäsch*, § 33 b GWB Rn. 6; *Dos Santos Goncalves/Wunner*, GRUR-Prax 2016, 463, 463, nach denen sich die Tatbestandswirkung auf Tenor und tragende Gründe bezieht; *Heinichen*, NZKart 2014, 83, 87 nutzt beide Begriffe. Siehe zu den konzeptionellen Unterschieden zwischen Tatbestands- und Feststellungwirkung: Möschel/Bien/*Grünberger*, 135, 172–174; Inderst/Thomas, S. 103 f.

459 BGH, Urt. v. 12.07.2016, KZR 25/14 – *Lottoblock II*, s. auch den Kommentar von *Brinker*, BB 2016, 2188, 2194.

der Gesetzesbegründung orientiertes Verständnis der normierten Bindung i.S.e. Tatbestandswirkung zu eng sei.[460] Eine lediglich auf eine Tatbestandwirkung beschränkte Bindung sei nicht mit dem Zweck der Rechtsnorm, nämlich der erleichterten Geltendmachung von Schadensersatzansprüchen wegen Kartellrechtsverstößen, zu vereinbaren.[461] Bei der Erklärung im Regierungsentwurf zur 7. GWB-Novelle handele es sich daher um einen unbeabsichtigten Formulierungsfehler des Gesetzgebers. Dies ergebe sich zudem bereits aus der dortigen Gesetzesbegründung selbst, nach der alle weiteren Fragen neben der Feststellung eines Kartellrechtsverstoßes, insbesondere die zu Schaden, Kausalität und Schadensbezifferung, der freien Beweiswürdigung des Gerichts unterlägen.[462] Feststellungen zu Kausalität und Schadenshöhe fänden sich jedoch grundsätzlich schon nie im Tenor einer kartellbehördlichen Entscheidung, sondern stets in den Gründen. Einer solchen Differenzierung durch den Gesetzgeber hätte es also gar nicht erst bedurft, wäre dieser nicht selbst davon ausgegangen, die Bindung beziehe sich ebenfalls auf die Feststellungen in den Gründen der kartellbehördlichen Entscheidung.[463] Dieses Argument ließe sich aber auch zur Unterstützung der Gegenansicht verwenden. Hat doch der Gesetzgeber damit gerade deutlich gemacht, dass er Feststellungen außerhalb des Tenors in den Beschlussgründen keine Bindungswirkung beimisst. Überdies spreche nach Auffassung des BGH gegen ein enges Verständnis, dass es insofern einer entsprechenden Normierung gar nicht erst bedurft hätte, denn eine Bindung an den Tenor einer bestandskräftigen Behördenentscheidung bestehe im deutschen Recht auch ohne explizite gesetzliche Regelung.[464]

Im Ergebnis bestimme sich der Umfang der Bindungswirkung nach § 33 Abs. 4 GWB a.F. somit danach, inwieweit ein Verstoß gegen das Kartellrecht im Tenor oder den tragenden Gründen der bestandskräftigen Entscheidung festgestellt worden sei.[465] Die Bindung erstrecke sich insgesamt auf alle im

460 BGH, Urt. v. 12.07.2016, KZR 25/14, Rn. 13 – *Lottoblock II.*

461 BGH, Urt. v. 12.07.2016, KZR 25/14, Rn. 13 – *Lottoblock II* unter Verweis auf Gesetzentwurf der Bundesregierung eines Siebten Gesetzes zur Änderung des Gesetzes gegen Wettbewerbsbeschränkungen, BT-Drucks. 15/3640 S. 35.

462 Gesetzentwurf der Bundesregierung eines Siebten Gesetzes zur Änderung des Gesetzes gegen Wettbewerbsbeschränkungen, BT-Drucks. 15/3640 S. 54; BGH, Urt. v. 12.07.2016, KZR 25/14, Rn. 13 – *Lottoblock II.*

463 BGH, Urt. v. 12.07.2016, KZR 25/14, Rn. 13 – *Lottoblock II*; *Dreher*, ZWeR 2008, 325, 329.

464 BGH, Urt. v. 12.07.2016, KZR 25/14, Rn. 14 – *Lottoblock II.*

465 BGH, Urt. v. 12.07.2016, KZR 25/14, Rn. 16 ff. – *Lottblock II.*

vorangegangenen Verfahren getroffenen tatsächlichen Feststellungen, die den Lebenssachverhalt bildeten, bezüglich dessen ein Kartellrechtsverstoß festgestellt worden sei und die seine rechtliche Einordnung als Verstoß tragen.[466] Dies gelte beispielsweise auch für Feststellungen zur Dauer des Verstoßes, sofern die Behördenentscheidung solche nach ihrer Art beinhalte.[467] Obwohl sich der Bundesgerichtshof damit für eine Bindung sowohl an den Tenor als auch an die tragenden Gründe einer kartellbehördlichen Entscheidung unter deutschem Recht aussprach, vermied er den Begriff der Feststellungswirkung.

Der Bundesgerichtshof hat naturgemäß nur die deutsche Vorschrift des § 33 Abs. 4 GWB a.F. im Blick gehabt und anhand Wortlaut, Normziel und Telos ausgelegt. Eine unmittelbare Übertragung der vom Bundesgerichtshof gefundenen Ergebnisse auf die Auslegung der sekundärrechtlichen Verordnungsnorm des Art. 16 Abs. 1 VO 1/2003 erscheint unangebracht. Aus der Auslegung von § 33 Abs. 4 GWB a.F. dürfen schon im Hinblick auf die Normenhierarchie keine Rückschlüsse auf den materiellen Gehalt der Sekundärrechtsnorm des Art. 16 VO 1/2003 gezogen werden. Selbst wenn man die Normenhierarchie unberücksichtigt ließe, kann die Ablehnung der Bindungswirkung des Art. 16 Abs. 1 VO 1/2003 i.S.e. Tatbestandswirkung schon nicht mit dem Argument begründet werden, dass diese Wirkung bereits ohne gesetzliche Grundlage bestünde und es daher keiner gesonderten gesetzlichen Normierung bedurft hätte. Denn eine solche Wirkung besteht nach europäischem Recht nicht per se. Auch die inhaltlichen Unterschiede der beiden Normen stehen einer Analogie entgegen. § 33 Abs. 4 GWB a.F. (nunmehr § 33 b GWB) ist durch seinen insoweit eindeutigen Wortlaut bereits normseitig auf „die Feststellung des Verstoßes“ begrenzt. Nach

---

466 Gesetzentwurf der Bundesregierung eines Siebten Gesetzes zur Änderung des Gesetzes gegen Wettbewerbsbeschränkungen, BT-Drucks. 15/3640 S. 54 (r. Sp. 1. Abs.); BGH, Urt. v. 12.07.2016, KZR 25/14, Rn. 14 – *Lottoblock II*; OLG Karlsruhe, Urt. v. 11.06.2010, 6 U 118/05 (Kart), S. 9 ff.; *Alexander*, S. 426 f.; *Leffrang*, Rn. 221; *Klotz*, S. 115; *Imgrund*, S. 268; Möschel/Bien/*Grünberger*, 135, 174, 179; *Dreher*, ZWeR 2008, 325, 328 f.; *Bürger*, WuW 2011, 130, 137 f.; *Scheffler*, NZKart 2015, 223, 223; *Klotz*, WuW 2017, 226, 228; krit. hierzu: *Meyer*, GRUR 2006, 27, 29 f..; OLG München, Urt. v. 21.02.2013, U 5006/11 Kart – *Fernsehwerbezeiten* bzgl. der behördlichen Marktabgrenzung; zu § 33 b GWB: BT-Drucks. 15/3640, S. 54; OLG München, Urt. v. 21.02.2013, U 5006/11 Kart, Rn. 90; OLG Karlsruhe, Urt. v. 31.07.2013, 6 U 51/12 (Kart), Rn. 50; Langen/Bunte/*Bornkamm*, § 33 GWB a.F. Rn. 169; Immenga/Mestmäcker/*Franck*, § 33 b GWB Rn. 15; Berg/Mäsch/*Mäsch*, § 33 GWB a.F. Rn. 80; Bechtold/Bosch, § 33 GWB Rn. 46.

467 BGH, Urt. v. 12.07.2016, KZR 25/14, Rn. 18, 21 – *Lottoblock II*.

§ 33 Abs. 4 GWB a.F. nehmen also selbst nach der weitesten Interpretation nur tatsächliche und rechtliche Ausführungen des kartellbehördlichen Verfahrens an der Bindung teil, die die Ausgestaltung des Tatbestandsmerkmals des Verstoßes betreffen.[468] Die durch die Norm angeordnete Bindungswirkung erstreckt sich darüber hinaus schon ihrem Wortlaut nach nicht auf die weiteren für einen Kartellschadensersatzanspruch erheblichen Tatbestandsvoraussetzungen, weder in tatsächlicher noch in rechtlicher Hinsicht.[469]

Eine Norm, die eine Feststellungswirkung anordnet, gibt im Regelfall den Rahmen jener Feststellungswirkung vor. Eine entsprechende Anordnung findet sich auch in § 33 b GWB, nämlich die Bindung lediglich an die Feststellung des Verstoßes. Dies ist bei Art. 16 Abs. 1 VO 1/2003 anders, der eine entsprechende Begrenzung der bindenden Wirkung auf einzelne Elemente des Beschlusses seinem Wortlaut nach nicht enthält, sondern einen Widerspruch zwischen Entscheidungen mitgliedstaatlicher Gerichte und solchen der Kommission in gleicher Sache insgesamt untersagt. Selbst eine Eingrenzung der Bindungswirkung auf Schadensersatzverfahren kennt die Norm des Art. 16 Abs. 1 VO 1/2003 – anders als § 33 b GWB – nicht. Die Bindung nach Art. 16 Abs. 1 VO 1/2003 wäre bei Annahme einer Feststellungswirkung dementsprechend uferlos.

dd. Teleologische Auslegung

Ein besonders wichtiges Hilfsmittel beim Verständnis von Inhalt und Umfang einer Rechtsnorm ist ihre teleologische Auslegung. Nach ihrem Sinn und Zweck soll die Kohärenzverpflichtung des Art. 16 Abs. 1 VO 1/2003 zum einen die rechtseinheitliche Anwendung der EU-Kartellrechts sicherstellen sowie zum anderen die private Kartellrechtsdurchsetzung stärken und effizienter gestalten.[470]

Im Hinblick auf den erstgenannten Normzweck besteht die Gefahr einer uneinheitlichen Anwendung des europäischen Kartellrechts vornehmlich im Hinblick auf eine Handlung der Kommission mit Außenwirkung, die unionsweit beachtet werden soll. Es ist aber der Tenor, der den eigentlichen Entscheidungsausspruch des Kommissionsbeschlusses enthält und damit auch die

468 *Wiedemann*, § 61 Rn. 20; wohl *Inderst/Thomas*, S. 106f.; a. A. OLG München, Urt. v. 21.02.2013, U 5006/11 Kart – *Fernsehwerbezeiten.*

469 OLG Karlsruhe, Urt. v. 31.07.2013, 6 U 51/12 (Kart), Rn. 50; Langen/Bunte/*Bornkamm*, § 33 GWB a.F. Rn. 169; Bechtold/Bosch, § 33 GWB Rn. 46; Loewenheim/*Rehbinder* (3. Aufl. 2016), § 33 GWB Rn. 54; Berg/Mäsch/*Mäsch*, § 33 GWB a.F. Rn. 80.

470 S. hierzu ausführlich oben S. 57.

Außenwirkung des Kommissionshandelns beinhaltet.[471] Jedoch ist der Tenor nicht notwendig bereits aus sich heraus verständlich, so dass teilweise auf die Entscheidungsgründe zurückgegriffen werden muss, um ihn auszulegen bzw. näher zu bestimmen. Allerdings ist eine weitergehende Bindungswirkung von in den Beschlussgründen getroffenen Erwägungen zum Sachverhalt und sonstigen nebensächlichen Ausführungen nicht erforderlich, um eine kohärente Rechtsanwendung in der Union sicherzustellen. Damit wird deutlich, dass dieser Normzweck es erfordert, die Bindungswirkung auf den verfügenden Teil sowie diejenigen Entscheidungsgründe zu erstrecken, auf die sich der Tenor maßgeblich stützt.

Allerdings spricht die bedeutsame Rolle der Kommission, die ihr als Hüterin der Verträge im Rahmen der Überwachung und Ausrichtung der gemeinschaftlichen Wettbewerbspolitik nach Art. 17 EUV zukommt, für eine möglichst weite Auslegung der Bindung mitgliedstaatlicher Gerichte an Feststellungen in Kommissionbeschlüssen gem. Art. 16 Abs. 1 VO 1/2003.[472] Dem ließe sich allerdings entgegenhalten, dass durch die Kartellverfahrensverordnung bewusst ein System der dezentralen Kartellrechtsanwendung implementiert wurde, in dem nationalen Gerichte gleichberechtigt neben der Kommission zur unmittelbaren und eigenständigen Anwendung der EU-Kartellrechtsnormen berechtigt sind.[473] Eine sich über den verfügenden Teil des Beschlusses hinaus auf dessen Entscheidungsgründe erstreckende Bindung der mitgliedstaatlichen Gerichte würde einen noch intensiveren Eingriff in deren sekundärrechtlich festgeschriebene Zuständigkeit und in das Kompetenzgefüge des AEUV darstellen.[474] Es sei jedoch nicht sachgerecht, die sekundärrechtlich eingeräumte Zuständigkeit der nationalen Gerichte mehr zu beschränken als zum Erhalt der Rechtseinheit und -sicherheit sowie der Stärkung der Kartellrechtsdurchsetzung in der Union notwendig.[475] Auch diesem Ansinnen entspricht es daher, die Bindungswirkung auf den Tenor und diejenigen Teile der Beschlussgründe zu beschränken, die ihn tragen. Überdies ist es auch rechtssystematisch angebracht, Ausnahmeregelungen,

---

471 EuG, Urt. v. 17.09.1992, T-138/89, Rn. 31 – *NBV u. NVB/Kommission*; OLG Düsseldorf, Urt. v. 09.01.2008, VI-U (Kart) 45/06, Rn. 66; *Dohrn*, S. 45 f.; *Imgrund*, S. 86; *Berrisch/Burianski*, WuW 2005, 878, 882; OLG Düsseldorf, Urt. v. 09.01.2008, VI-U (Kart) 45/06, Rn. 66.

472 S. hierzu auch zum Normzweck des Art. 16 VO 1/2003 oben S. 57 f.

473 von der Groeben/Schwarze/Hatje/*Becker/Vollrath*, Art. 16 VO 1/2003 Rn. 31.

474 Zur Rechtfertigung des Eingriffs in das Kompetenzgefüge des AEUV unten S. 241 ff.

475 *Durner*, EuR 2004, 547, 571 f., der bei Annahme einer Feststellungswirkung die Gewaltenbalance bereits nicht mehr gewahrt sieht; a.A. aber *Imgrund*, S. 121.

die wie eine Bindungswirkung grundsätzliche Prinzipien wie den Gewaltenteilungsgrundsatz durchbrechen, eng auszulegen. Diesem Kompromiss zwischen einer einheitlichen Rechtsanwendung, der Steigerung der Prozessökonomie und dem Erhalt des Kompetenzgefüges ist daher der Vorzug zu geben.[476]

Fraglich ist, ob der zweite Normzweck des Art. 16 Abs. 1 VO 1/2003, die Stärkung der privaten Kartellrechtsdurchsetzung, hierüber hinausgehend erfordert, dass sich die bindende Wirkung auf alle Entscheidungsgründe des Kommissionsbeschlusses erstreckt. Hiergegen lässt sich einwenden, dass dem verfügenden Teil eines jeden Kommissionsbeschlusses bereits die für ein nationales Follow-on Schadensersatzverfahren maßgeblichen Aussagen zum Inhalt, Zeitraum und örtlichem Anwendungsbereich des Verstoßes sowie zu den Verantwortlichen zu entnehmen sind. Typischerweise werden dabei zudem auch Aussagen zu den von der Zuwiderhandlung betroffenen Erzeugnissen oder Märkten und ihrer Ausdehnung im Sinne einer sachlichen und geographischen Marktabgrenzung, zu der konkreten Art des Verstoßes, also ob es sich um eine Preis-, Kunden-, Quoten oder Gebietsabsprache handelt sowie zu den Einzelheiten der in Haftung genommenen Unternehmen getroffen,[477] obwohl dieser Detailgrad nach

476 Im Ergebnis ebenfalls für einen ensprechenden Umfang der Bindungswirkung: *Imgrund*, S. 94, S. 127; *Körner*, S. 236; Möschel/Bien/*Grünberger*, 175; von der Groeben/Schwarze/Hatje/*Becker/Vollrath*, Art. 16 VO 1/2003 Rn. 28.

477 Kommission, Entsch. v. 24.01.2007, AT.38.899 – *Gasisolierte Schaltanlagen*, s. hier grundlegend in Art. 1 des Tenors: „Die nachstehenden Unternehmen haben gegen Artikel 81 EG-Vertrag und Artikel 53 EWR-Abkommen verstoßen, indem sie in den angegebenen Zeiträumen im EWR an einer Gesamtheit von Vereinbarungen und abgestimmten Verhaltensweisen betreffend den Sektor „Gasisolierte Schaltanlagen" teilgenommen haben"; weiterhin Kommission, Entsch. v. 15.07.2015, AT.40098 – *Blocktrains*, Tenor, Art. 1: „The following undertakings participated, between 2 July 2004 and 30 June 2012, in a single and continuous infringement of Article 101 of the Treaty consisting of the allocation of customers and transport volumes and of price coordination in the sector of rail cargo transport services in connection with blocktrains between Central and South Eastern Europe ('Balkantrain' and 'Soptrain') operated jointly by them."; Kommission, Entsch. v. 17.06.2015, AT.40055 – *Parking heaters*; Kommission, Entsch. v. 08.02.2017, AT.40018 – *Car battery recycling*; Kommission, Entsch. v. 22.11.2017, AT. 39.881 – *Occupant Safety Systems*; Kommission, Entsch v. 08.12.2017, AT.40208 - *International Skating Union*: "Die folgenden Unternehmen haben durch ihre Beteiligung, während der angegebenen Zeiträume, an einer Reihe von Vereinbarungen und aufeinander abgestimmten Verhaltensweisen in Form von Preisabsprachen und Marktaufteilung in der Industrierohrbranche gegen Art. 81 Abs. 1 EGV und, ab 1. Januar 1994, Art. 53 Abs. 1 EWR-Abkommen verstoßen."; Kommission, Entsch. v. 21.02.2018 AT.39929 – *Braking Systems*.

den Vorgaben der Art. 7, 8 und 23 VO 1/2003 nicht zwingend vorgeschrieben ist.[478] Diese ausführliche Tenorierungspraxis der Kommission kann zur Begründung einer durch Art. 16 Abs. 1 VO 1/2003 intendierten Tatbestandswirkung i.w.S. herangezogen werden. Mitgliedstaatliche Gerichte wären durch eine Bindung an den Tenor jedenfalls bereits verpflichtet, keine Entscheidungen zu treffen, die den tenorierten Modalitäten des Wettbewerbsverstoßes im Hinblick auf Art, Reichweite, Dauer und persönliche Beteiligung an der Absprache widersprechen. Man könnte daher meinen, dass für einen Rückgriff auf die Beschlussgründe zur Darlegung der Tatbestandsvoraussetzungen eines Kartellschadensersatzanspruchs keine Notwendigkeit mehr besteht.

Allerdings finden sich weitergehende tatsächliche und rechtliche Ausführungen der Kommission, beispielsweise zum genauen Vorgehen der Kartellanten, dazu wann, wie oft und bei welchen Gelegenheiten Kartellabsprachen stattfanden, welche konkreten Inhalte sie aufwiesen, gegen wen sie sich explizit richteten und ob bestimmte Produktsegmente vom Anwendungsbereich des Beschlusses ausgenommen werden sollen, lediglich in den Entscheidungsgründen. Diese Feststellungen könnten sich Follow-on Kläger nur dann vor einem nationalen Gericht zunutze machen, wenn neben dem Tenor auch den Beschlussgründen oder jedenfalls Teilen von ihnen Bindungswirkung zukommen würde. Die aufgeführten Angaben in den Beschlussgründen sind in Ergänzung und Auslegung des Tenors ein wichtiges Hilfsmittel zur Substantiierung klägerischer Schadensersatzansprüche. Eine darüberhinausgehende Bindungswirkung aller Feststellungen in den Gründen ist aber für Follow-on Klagen entbehrlich.

Auch die Analyse des zweiten Normzwecks des Art. 16 Abs. 1 VO 1/2003, die Erleichterung privatrechtlicher Schadensersatzklagen, spricht somit für einen Mittelweg. Nicht ausreichend wäre es, die Bindungswirkung auf den Tenor zu beschränken. Andererseits ist es aber auch nicht erforderlich, die mitgliedstaatlichen Gerichte in ihren Urteilen in gleicher Sache an jegliche Ausführungen der Kommission in den Entscheidungsgründen zu binden, welche nicht einmal Eingang in den verfügenden Teil des Kommissionsbeschlusses gefunden haben.[479] Der Kohärenzverpflichtung ist durch eine Bindung der mitgliedstaatlichen Gerichte an den verfügenden Teil und der ihn tragenden Beschlussgründe Genüge getan. Dies gilt insbesondere vor dem Hintergrund, dass der

478 *Imgrund*, S. 94; *Leffrang*, Rn. 227; *Klees*, § 6 Rn. 71, 84; Kölner Kommentar/*Schütz* Art. 7 VO 1/2003 Rn. 15; Meyer, GRUR 2006, 27, 30, nach dem die Tatbestandswirkung für die gewünschte Bindung ausreichend ist.

479 So auch von der Groeben/Schwarze/Hatje/*Becker*/*Vollrath*, Art. 16 VO 1/2003 Rn. 28.

Entscheidungstenor stets „im Lichte der Entscheidungsgründe zu verstehen" ist.[480]

Dieses Ergebnis ist nicht zuletzt auch begrüßenswert vor dem Hintergrund, dass sonst die Anzahl der bindenden Kommissionsbeschlüsse, in denen sich lediglich in den Gründen Ausführungen zu etwaigen kartellrechtswidrigen Verhaltensweisen finden, unüberschaubar wäre. Zum anderen entspricht diese Ansicht dem im vorherigen Kapitel auch unter Berücksichtigung des Rechtsstaatsprinzips gefundenen Ergebnis, welchen Entscheidungen der Kommission unter der Kartellverfahrensordnung Nr. 1/2003 keine bindende Wirkung zukommt.

ee. Rechtsstaatskonforme Auslegung

Die bisher geprüften Auslegungsmethoden lassen Raum für ein Verständnis des Regelungsinhalts von Art. 16 Abs. 1 VO 1/2003 im Sinne einer Feststellungswirkung oder einer Tatbestandswirkung i.w.S. In einem nächsten Schritt ist zu prüfen, ob zwingende unionsverfassungsrechtliche Vorgaben wie insbesondere das Rechtsstaatsprinzip zu einer Interpretation der Bindungswirkung in die eine oder andere Richtung zwingen.[481]

Soweit die Kohärenzverpflichtung die Entscheidung des gebundenen mitgliedstaatlichen Gerichts präjudiziert, kann dieses keine eigenen Feststellungen mehr treffen. Eine Auseinandersetzung des Gerichts mit den bindenden Teilen des Kommissionsbeschlusses findet auf nationaler Ebene somit nicht mehr statt. Infolgedessen wird auch dem Rechtsunterworfenen im mitgliedstaatlichen Schadensersatzprozess kein rechtliches Gehör nach Art. 47 EU GrC in Bezug auf bindende Feststellungen des Kommissionsbeschlusses gewährt. Zur Vermeidung rechtsstaatswidriger Rechtsschutzlücken ist der Umfang der Bindungswirkung daher davon abhängig zu machen, inwieweit dem Rechtsunterworfenen zur Gewährleistung seines Anspruchs auf rechtliches Gehör und effektiven gerichtlichen Rechtsschutz die Möglichkeit zustand, die kartellbehördliche Entscheidung gerichtlich überprüfen zu lassen.[482] Hierbei kommt es neben der

---

480 EuGH, Urt. v. 14.07.1977, C-1/77, Rn. 4 – *Bosch/HZA Hildesheim.*

481 S. zum Rechtsstaatsprinzip oben S. 70 ff. sowie zu den Unionsgrundrechten unten S. 228 ff.

482 EuGH, Urt. v. 10.07.2014, C-295/12 P, Rn. 57 und die dort angeführte Rechtsprechung – *Telefónica und Telefónica de España*; EuG, Urt. v. 16.12.2015, T-48/11, Rn. 36 – *Luftfrachtkartell*; von der Groeben/Schwarze/Hatje/*Becker/Vollrath,* Art. 16 VO 1/2003 Rn. 30.

formalen Klagebefugnis auch und gerade auf die gerichtliche Überprüfungsmöglichkeit des Kommissionsbeschlusses in materiell-rechtlicher Hinsicht an. Können Feststellungen der Kartellentscheidung nicht Gegenstand einer gerichtlichen Rechtmäßigkeitsprüfung nach europäischem Recht sein, so können diese in der Folge auch nicht die mitgliedstaatlichen Gerichte binden und Parteien eines nationalen Folgeverfahrens reflexartig belasten. Umfang und Grenze der Wirkung des Art. 16 Abs. 1 VO 1/2003 stehen aus rechtsstaatlichen Gründen daher in direktem Zusammenhang mit den Rechtsschutzmöglichkeiten gegen kartellrechtliche Kommissionsbeschlüsse vor den Unionsgerichten. Im Ergebnis ist daher die Einordnung, ob ein Entscheidungsteil nach Art. 16 Abs. 1 VO 1/2003 bindend ist, richtigerweise danach vorzunehmen, ob dieser Entscheidungsteil vor den Unionsgerichten angefochten werden konnte.

Dementsprechend soll im Folgenden untersucht werden, in welchem Umfang Kommissionsbeschlüsse in materiell-rechtlicher Hinsicht unionsgerichtlich überprüft werden können. Als Rechtsakt eines Unionsorgans können Kommissionsbeschlüsse im Wege der Nichtigkeitsklage gem. Art. 263 AEUV vor den europäischen Gerichten angefochten werden. Die Nichtigkeitsklage ist begründet und führt zur Abänderung oder Aufhebung der Entscheidung, wenn sich der Kläger erfolgreich auf mindestens einen der vier in Art. 263 Abs. 2 AEUV normierten Klagegründe stützen kann. Diese Klagegründe sind Unzuständigkeit, Verletzung wesentlicher Formvorschriften, Verletzung der Verträge oder einer bei ihrer Durchführung anzuwendenden Rechtsnorm sowie Ermessensmissbrauch.[483]

Allerdings können mangels Rechtswirkung nicht jegliche Feststellungen in den Gründen des Kommissionsbeschlusses angegriffen werden.[484] Nach stetiger europäischer Rechtsprechung stellt zunächst allein der verfügende Beschlussteil eine Rechtswirkungen erzeugende und damit anfechtbare Beschwer dar.[485] Teilweise können jedoch auch Ausführungen in den Gründen des Kommissionsbeschlusses einer unionsrechtlichen Rechtmäßigkeitskontrolle unterzogen werden. Dies gilt jedoch nur soweit sie die tragenden Gründe – sog. *ratio*

---

483 Kamann/Ohlhoff/Völcker/*Dittert*, § 14 Rn. 25.

484 EuGH, Beschl. v. 28.01.2004, C-164/02, Rn. 21 – *Niederlande/Kommission*; EuG, Urt. v. 19.03.2003, T-213/00, Rn. 186 – *CMA CGM u. a./Kommission*; vgl. in diesem Sinne EuG, Urt. v. 20.11.2002, T-251/00, Rn. 67 f. – *Lagardère und Canal+/Kommission*; EuG, Urt. v. 12.10.2007, T-474/04, Rn. 73 – *Pergan Hilfstoffe*; *Rother/Rieger*, NZKart 2016, 116, 118; von der Groeben/Schwarze/Hatje/*Becker/Vollrath*, Art. 16 VO 1/2003 Rn. 30.

485 S. z.B. EuG, Urt. v. 17.09.1992, T-138/89, Rn. 31 – *NBV u. NVB/Kommission*.

decidendi[486] – für den verfügenden Teil einer beschwerenden Maßnahme darstellen und damit geeignet sind, den materiellen Gehalt des Entscheidungsausspruchs zu ändern.[487] Sonstige Erwägungen der Kommission in den Entscheidungsgründen können dagegen nicht Gegenstand einer Nichtigkeitsklage sein.[488] Infolgedessen kann ihnen aus Rechtsschutzgesichtspunkten keine bindende Wirkung im mitgliedstaatlichen Folgeverfahren zukommen, auch dann nicht, wenn ihnen aufgrund abweichender Schwerpunkte in diesem Entscheidungsrelevanz zukommen würde. Es bleibt insoweit bei der autonomen Feststellung und Würdigung des Sachverhalts durch die nationalen Gerichte.

Der Umfang der Bindungswirkung lässt sich auch nicht unter Verweis auf die Möglichkeit der Einleitung eines Gültigkeitsvorlageverfahrens durch das

---

486 Zu Differenzierung von tragenden Entscheidungsgründen im Gegenteil zu obiter dicta: von der Groeben/Schwarze/Hatje/*Becker/Vollrath*, Art. 16 VO 1/2003 Rn. 30; EuGH, Beschl. v. 28.01.2004, C-164/02, Rn. 22 ff. – *Königreich der Niederlande/Kommission*; EuGH, Beschl. v. 28.10.2004, C-236/03 P – *Kommission/CMA CGM* (Zurückweisung der Beschwerde in der Rechtssache T-213/00 – *CMA CGM/Kommission*); EuG, Urt. v. 19.03.2003, T-213/00, Rn. 186-193 – *CMA CGM/Kommission.*

487 EuGH, Beschl. v. 28.01.2004, C-164/02, Rn. 21 – *Königreich der Niederlande/Kommission;* GA Cosmas, Schlussanträge v. 16.05.2000, C-344/98, Rn. 52 – *Masterfoods;* EuG, Urt. v. 17.09.1992, T-138/89, Rn. 31 - *NBV u. NVB/Kommission*; EuG, Urt. v. 07.10.1999, T-228/97, Rn. 178 – *Irish Sugar/Kommission*; EuG, Urt. v. 08.07.1999, T-266/97, Rn. 151 m.w.N. – *Vlaamse Televisie Maatschappij:* „der verfügende Teil der angefochtenen Entscheidung [ist] im Licht der Entscheidungsgründe auszulegen"; EuG, Urt. v. 20.11.2002, T-251/00, Rn. 67 f. – *Lagardère und Canal+/Kommission*; EuG, Urt. v. 19.03.2003, T-213/00, Rn. 186 – *CMA CGM/Kommission*; EuG, Urt. v. 12.10.2007, T-474/04, Rn. 73 – *Pergan Hilfstoffe:* „Die Feststellungen in den Gründen einer Entscheidung können hingegen als solche nicht Gegenstand einer Nichtigkeitsklage sein. Sie können der Rechtmäßigkeitskontrolle durch den Gemeinschaftsrichter nur unterliegen, soweit sie als Begründung einer beschwerenden Maßnahme die tragenden Gründe für den verfügenden Teil dieser Maßnahme darstellen und wenn diese Begründung insbesondere geeignet ist, den materiellen Gehalt des verfügenden Teils der fraglichen Maßnahme zu ändern."; EuG, Urt. v. 01.07.2009, T-81/07 bis T-83/07, Rn. 46 m.w.N. – *KG Holding/Kommission;* EuG, Urt. v. 16.06.2011, T-210/08 – *Verhuizingen Coppens / Kommission* Rn. 34; s. weiterhin *Rother/Rieger*, NZKart 2016, 116, 118; von der Groeben/Schwarze/Hatje/*Becker/Vollrath*, Art. 16 VO 1/2003 Rn. 30.

488 EuGH, Beschl. v. 28.01.2004, C-164/02, Rn. 21 f. – *Königreich der Niederlande/Kommission;* EuG, Urt. v. 17.09.1992, T-138/89, Rn. 31 – *NBV u. NVB/Kommission*; EuG, Urt. v. 20.11.2002, T-251/00, Rn. 72 – *Lagardère und Canal+/Kommission*; von der Groeben/Schwarze/Hatje/*Becker/Vollrath*, Art. 16 VO 1/2003 Rn. 30.

mitgliedstaatliche Gericht gem. Art. 267 AEUV erweitern. Zum einen steht die Einleitung eines Vorabentscheidungsverfahrens schon nicht zur Disposition der Rechtsunterworfenen.[489] Zum anderen ist der unionsgerichtliche Prüfungsumfang im Vorlageverfahren gegenüber der Nichtigkeitsklage begrenzter, da es nur um die Beantwortung abstrakter Rechtsfragen geht, nicht aber um die Überprüfung tatsächlicher Feststellungen.[490]

Auch die Rechtsprechung der Unionsgerichte bestätigt das gefundene Ergebnis. Sie hat sich zwar noch nie explizit mit dem Umfang der Bindungswirkung des Art. 16 Abs. 1 VO 1/2003 befasst, liefert in einigen Urteilen aber deutliche Hinweise in die vorliegend vertretene Richtung. Nach überwiegender Rechtsprechung ist der verfügende Teil eines Rechtsakts untrennbar mit seiner Begründung verbunden, so dass er gegebenenfalls unter Berücksichtigung der Gründe, die zu seinem Erlass geführt haben, auszulegen ist.[491] Zwar kann allein der Tenor einer Entscheidung Rechtswirkungen erzeugen, doch können auch die Feststellungen in den Entscheidungsgründen Gegenstand einer Nichtigkeitsklage sein, soweit sie die tragende Begründung eines beschwerenden Tenors darstellen.[492]

Zudem hatte das Europäische Gericht schon in mehreren Verfahren über die Frage zu entscheiden, wie mit Diskrepanzen zwischen dem operativen Teil

---

489 S. hierzu sogleich unten S. 200 ff.

490 EuGH, Urt. v. 09.09.2003, C-198/01 – *CIF;* Möschel/Bien/*Grünberger*, 135, 176.

491 EuGH, Urt. v. 14.09.1999, C-310/97 P, Rn. 55 – *Kommission/AssiDomän Kraft Products*; EuGH, Beschl. v. 28.01.2004, C-164/02, Rn. 21 – *Königreich der Niederlande/Kommission;* EuG, Urt. v. 17.09.1992, T-138/89, Rn. 31 – *NBV u. NVB/Kommission*; EuG, Urt. v. 22.10.1997, T-213/95 und T-18/96, Rn. 104 – *SCK und FNK/Kommission*; EuG, Urt. v. 22.03.2000, T-125/97, Rn. 77 ff. – *Coca-Cola*; EuG, Urt. v. 13.06.2000, T-204/97, Rn. 39 – *EPAC*; EuG, Urt. v. 20.11.2002, T-251/00, Rn. 67 – *Lagardère und Canal+/Kommission*, EuG, Urt. v. 19.03.2003, T-213/00, Rn. 186 – *CMA CGM/Kommission*; EuG, Urt. v. 01.07.2009, T-81/07 bis T-83/07, Rn. 46 m.w.N. – *KG Holding u. a./Kommission*; EuG, Beschl. v. 30.04.2007, T-387/04, Rn. 127 m.w.N. – *EnBW*; s. auch *Rother/Rieger*, NZKart 2016, 116, 116, 119 f. Insoweit zu restriktiv: EuGH, Urt. v. 16.12.1975, C-40/73 bis 48/73, 50/73, 54/73 bis 56/73, 111/73, 113/73 und 114/73, Rn. 315 – *Suiker Unie*; EuG, Urt. v. 11.12.2003, T-61/99, Rn. 43 – *Adriatica*; EuG, Urt. v. 16.12.2015, T-9/11, Rn. 36 – *Luftfrachtkartell Air Canada*; EuG, Urt. v. 16.12.2015, T-48/11, Rn. 37, 43 f., 75 ff. – *Luftfrachtkartell British Airways*, die eine Auslegung anhand der Entscheidungsgründe nur im Fall eines unklaren oder undeutlichen Tenors zulassen wollen.

492 EuG, Urt. v. 01.07.2009, T-81/07 bis T-83/07, Rn. 46 m.w.N. – *KG Holding u. a./Kommission*; EuG, Beschl. v. 30.04.2007, T-387/04, Rn. 127 m.w.N. – *EnBW*.

der Entscheidung und ihren Gründen umzugehen ist.[493] Wie es in der Sache *Luftfrachtkartell* explizit zu Art. 16 Abs. 1 VO 1/2003 bestätigte, ist für die Bestimmung von Art und Ausmaß der kartellrechtlichen Zuwiderhandlung vornehmlich der operative Teil und nicht die Gründe maßgeblich.[494] Im Interesse der Rechtseinheit und -klarheit sei daher ein möglichst eindeutiger Tenor zu fordern, um den nationalen Gerichten ein korrektes Verständnis der sie bindenden Vorgaben zu ermöglichen.[495] Widersprechende Erwägungen in den Beschlussgründen könnten die Bedeutung eines eindeutigen Tenors regelmäßig nicht in Frage stellen.[496] Der Widerspruch zwischen dem Tenor und den ihn tragenden Gründen solle daher nur zu einer Aufhebung des Beschlusses wegen Verstoßes gegen wesentliche Formvorschriften führen, wenn sich unauflösbare Inkonsistenzen zwischen operativem und erläuterndem Teil der Entscheidung zeigten.[497] Ein solcher Widerspruch verwehre dem Rechtsunterworfenen, den gegen ihn gerichteten Vorwurf nachzuvollziehen und seine Verteidigungsrechte ordnungsgemäß wahrzunehmen. Des Weiteren hindere er den Gerichtshof der EU daran, seine Kontrollfunktion wirksam auszuüben.[498]

---

493 EuG, Urt. v. 20.11.2002, T-51/00, Rn. 67 – *Lagardère und Canal+/Kommission*: nur der verfügende Teil eines Rechtsakts kann bindende Rechtswirkungen erzeugen und folglich eine Beschwer darstellen; die Begründung eines Rechtsakts ist aber zu berücksichtigen, um zu bestimmen, was im verfügenden Teil entschieden worden ist. In diesem Sinne auch EuGH, Urt. v. 09.03.1994, C-188/92, Rn. 21 – *TWD*; EuG, Urt. v. 22.10.1997, T-213/95 und T-18/96, Rn. 104 – *SCK und FNK/ Kommission*; EuG, Urt. v. 22.03.2000, T-125/97, Rn. 79 – *Coca-Cola*; EuG, Urt. v. 11.12.2003, T-61/99, Rn. 43 f. – *Adriatica*; EuG, Urt. v. 16.12.2015, T-48/11, Rn. 75 – *Luftfrachtkartell British Airways*; EuG, Urt. v. 16.06.2011, T-210/08, Rn. 34 – *Verhuizingen Coppens*. S. hierzu *Weitbrecht/Mühle*, EuZW 2016, 172, 177.

494 EuG, Urt. v. 16.12.2015, T-9/11, Rn. 36, 39 und 42 – *Luftfrachtkartell Air Canada*.

495 EuG, Urt. v. 16.12.2015, T-9/11, Rn. 40 f. – *Luftfrachkartellt Air Canada*; EuG, Urt. v. 16.12.2015 – T-48/11, Rn. 42 – *Luftfrachtkartell British Airways*.

496 EuG, Urt. v. 11.12.2003, T-61/99, Rn. 43 ff. – *Adriatica*.

497 EuG, Urt. v. 11.12.2003, T-61/99, Rn. 43 f. – *Adriatica;* EuG, Urt. v. 16.12.2015, T - 48/ 11, Rn. 75 – *Luftfrachtkartell British Airways*.

498 EuGH, Urt. v. 10.07.2008, C-413/06 P, Rn. 169 – *Bertelsmann und Sony Corporation;* EuGH, Urt. v. 02.12.2009, C-89/08 P, Rn. 34 m.w.N. aus der Rspr. – *Kommission/ Irland;* EuGH, Urt. v. 29.09.2011, C-521/09 P, Rn. 151 – *Elf Aquitaine;* EuGH, Urt. v. 06.11.2012, C-199/11, Rn. 60 – *Otis;* EuG, Urt. v. 25.06.1998, T- 371/94 und T - 394/ 94, Rn. 89 – *British Airways u.a. et British Midland Airways*; EuG, Urt. v. 11.12.2003, T-61/99, Rn. 47 – *Adriatica;* EuG, Urt. v. 29.06.2012; T - 370/09; Rn. 117 – *GDF Suez*; EuG, Urt. v. 16.12.2015, T - 48/11, Rn. 29 f., 36, 76 – *Luftfrachtkartell British Airways; Rother/Rieger*, NZKart 2016, 116, 117 f.

Überdies haben die europäischen Gerichte bereits entschieden, dass keine Beschwer besteht, wenn die Kommission zwar einige Tatbestandsmerkmale bejaht, einen Verstoß gegen Art. 101 Abs. 1 AEUV aber im Ergebnis verneint. Dementsprechend kann sich ein Unternehmen nicht gegen einen Kommissionsbeschluss wenden, der zwar eine wettbewerbsrechtliche Verhaltenskoordinierung bejaht, dieser aber eine Auswirkung auf den Handel zwischen Mitgliedstaaten abspricht.[499] Gleiches wurde auch für Fälle entschieden, in denen ein finanzieller Vorteil zwar als wettbewerbsrelevante staatliche Beihilfe eingestuft wurde, deren Rückforderung aber an ihrer Vereinbarkeit mit dem Binnenmarkt scheiterte.[500] In all diesen Konstellationen wurde die Nichtigkeitsklage der involvierten Unternehmen gegen die feststellenden Teile in den Gründen des Kommissionsbeschlusses mangels Beschwer als unzulässig zurückgewiesen. Zur Begründung führten die europäischen Gerichte an, dass die Gründe eines Unionsrechtsakts nur insoweit einer gerichtlichen Überprüfung unterzogen werden können, wenn und soweit sie tragende Grundlage für einen beschwerenden operativen Teil der Entscheidung sind.[501] Mangels tragender Bedeutung und nachteiliger Auswirkung auf die Nichtigkeitskläger könnten die in den Erwägungsgründen des Beschlusses vorgenommenen Bewertungen in den soeben dargelegten Fallgestaltungen nicht Gegenstand einer Nichtigkeitsklage sein.[502] Dasselbe gilt in Fällen, in denen der Kläger in den Entscheidungsgründen als Kartelltäter identifiziert, letztlich im Beschlusstenor aber nicht adressiert wurde.[503] Mangels Rechtsschutzmöglichkeit aufgrund fehlender Beschwer ist solchen Feststellungen auch die Bindungswirkung zu versagen.

Im Ergebnis spricht somit die Rechtsschutzgarantie des europäischen Rechts für eine restriktive Auslegung der Kohärenzverpflichtung des Art. 16 Abs. 1 VO 1/2003 in Form einer Bindung an den verfügenden Teil einschließlich der ihn tragenden

---

499 EuG, Urt. v. 17.09.1992, T-138/89 – *NBV u. NVB/Kommission.*

500 EuGH, Beschl. v. 28.01.2004, C-164/02, Rn. 21 – *Königreich der Niederlande/Kommission*; EuG, Beschl. v. 19.02.2013, verb. Rs. T-15/20 und T 16/20 – *Provincie Groningen.*

501 EuGH, Beschl. v. 28.01.2004, C-164/02, Rn. 21 – *Königreich der Niederlande/Kommission*; EuG, Urt. v. 01.07.2009, T-81/07 bis T-83/07, Rn. 46 m.w.N. – *KG Holding u. a./Kommission.*

502 EuGH, Beschl. v. 28.01.2004, C-164/02, Rn. 22 – *Königreich der Niederlande/Kommission.*

503 EuG, Urt. v. 12.10.2007, T-474/04, Rn. 80 – *Pergan Hilfstoffe*. S. hierzu auch oben S. 125 ff..

Gründe.[504] Ein solcher Umfang der Bindungswirkung ist jedenfalls unter rechtsstaatlichen Gesichtspunkten erforderlich, da er die Verteidigungsrechte der Rechtsunterworfenen beachtet und damit effektiven gerichtlichen Rechtsschutz ermöglicht.[505] Eine entsprechende Beschränkung des Abweichungsverbots macht den Umfang der Bindung zudem sowohl für die Parteien der nationalen Gerichtsverfahren, als auch für die Gerichte der Mitgliedstaaten transparenter und berechenbarer und trägt so zur Stärkung der Rechtssicherheit bei.[506] Eine genaue Bestimmung des Umfangs der Bindungswirkung des Kommissionsbeschlusses für Anschlussverfahren ist auch hinsichtlich der Erkennbarkeit einer notwendigen selbständigen Anfechtung der Vorentscheidung durch die Betroffenen angebracht. Zudem beschränkt eine eng ausgelegte Bindungswirkung die Prüfungskompetenz nationaler Gerichte nicht mehr als erforderlich.

ff. Abschließende Regelung der Bindungswirkung durch Art. 16 Abs. 1 VO 1/2003

Zu untersuchen ist überdies, ob nationales Verfahrensrecht ohne Verstoß gegen Art. 16 Abs. 1 VO 1/2003 eine weitergehende Bindungswirkung anordnen könnte. Insbesondere stellt sich die Frage, ob eine Erstreckung des Abweichungsverbots auf nicht tragende Erwägungen des Kommissionsbeschlusses eine unionsrechtswidrige Erweiterung der Kohärenzverpflichtung darstellt. In diesem Fall dürfte alles, was nicht von der Wirkung des Art. 16 Abs. 1 VO 1/2003 umfasst ist, auch nicht von einem nationalen Gericht als feststehend betrachtet werden. Nach ihrem Wortlaut verhält sich die Verordnungsnorm durch die Regelung, dass „nationale Gerichte […] keine Entscheidungen treffen dürfen, die der Entscheidung der Kommission zuwiderlaufen" zu dieser Frage nicht unmittelbar.

Für die Annahme einer entsprechenden Sperrwirkung in dieser Hinsicht lässt sich zunächst anführen, dass dem Rechtsunterworfenen bereits bei Erlass

---

504 Mustergültig hier die Ausführungen des Competition Appeal Tribunal, Case No. 1284/5/7/18 – *Royal Mail v DAF Trucks* und Competition Appeal Tribunal, Cases No. 1290-1295/5/7/18 (T) – *Trucks*; *Gussonne*, WuW 2020, 565, 565.

505 *Rother/Rieger*, NZKart 2016, 116, 118 f.; von der Groeben/Schwarze/Hatje/*Becker/Vollrath*, Art. 16 VO 1/2003 Rn. 29 f.; vgl. auch United Kingdom House of Lords, Urt. v. 19.07.2006, 4 All ER 465, 488 per Lord Hoffmann, Rn. 14 ff., 67 - *Inntrepreneur Pub Company v. Crehan* [2006]; den Zusammenhang zwischen Art. 47 EU-Charta der Grundrechte und Art. 16 VO 1/2003 betonend auch: EuGH, Urt. v. 18.07.2013, C-501/11 P, Rn. 34 - *Schindler*; EuGH, Urt. v. 06.11.2012, C-199/11, Rn. 55 f. – *Otis*.

506 Kamann/Ohlhoff/Völcker/*Ohlhoff*, § 26 Rn. 102 m.w.N.

des Kommissionsbeschlusses klar sein muss, woran er sich in einem möglichen Folgeverfahren aufgrund der Bindungswirkung wird festhalten lassen müssen. Auch das Gebot einer rechtsstaatskonformen Ausgestaltung der Bindungswirkung spricht für eine Sperrwirkung. Um rechtsstaatswidrige Rechtsschutzlücken zu vermeiden, hat sich die Reichweite der Kohärenzverpflichtung des Art. 16 Abs. 1 VO 1/2003 wie bereits festgestellt an den Verteidigungs- und Rechtsschutzmöglichkeiten des durch sie negativ in seinen Rechten Betroffenen zu orientieren. Sie darf und kann entsprechend auch nicht über den anfechtbaren operativen Teil und die tragenden Gründe des Beschlusses hinausgehen, auch nicht durch eine Anordnung des nationalen Rechts.

Zusätzlich ist ein entsprechendes Verständnis auch zur Sicherung einer unionsweit einheitlichen Anwendung der Bindungswirkung durch die Gerichte aller Mitgliedstaaten vorzugswürdig. So entspricht es ja gerade dem Telos der Kohärenzverpflichtung, durch die Vorgabe eines einheitlichen Umfangs der Bindungswirkung eine Zersplitterung des Rechtsraums und einen Wettbewerb der Gerichtsstände zu vermeiden. Insofern muss es Beklagten eines nationalen Kartellzivilverfahrens möglich sein, die Richtigkeit der nicht bindend festgestellten Tatsachen zu bestreiten und diese zum Gegenstand einer unabhängigen richterlichen Prüfung zu machen. Dies bestätigt letztlich auch indirekt ErwG 5 VO 1/2003, wonach die Verordnung weder die nationalen Rechtsvorschriften über den Beweismaßstab noch die Verpflichtung der nationalen Gerichte, zur Aufklärung rechtserheblicher Sachverhalte beizutragen, berührt. Art. 16 Abs. 1 VO 1/2003 gibt damit auch die Unverbindlichkeit nicht tragender Beschlussgründe abschließend vor. Das gleiche Ergebnis gebieten auch die Unionsgrundrechte, insbesondere die Rechtsschutzgarantie des Art. 47 EU GrC. Sie verpflichtet nicht nur die Unionsorgane, sondern auch die Mitgliedstaaten, wenn sie europäisches Recht anwenden.[507] Das Kohärenzgebot kann daher keinen gegen diese unionsverfassungsrechtliche Rechtsschutzgarantie verstoßenden Bindungsumfang vorschreiben. Vielmehr muss es dem Rechtsunterworfenen möglich sein, seinen Fall gerichtlich überprüfen zu lassen, so dass keine Rechtsschutzlücken entstehen. Im Ergebnis begrenzt daher die Rechtsschutzgarantie des Art. 47 EU GrC den Umfang der Kohärenzverpflichtung.

Die Rechtsschutzgarantie determiniert auch den Umfang der Bindungswirkung von Settlement-Entscheidungen.[508] Für eine abweichende

---

507 Payandeh, JuS 2021, 481, 484 f.; Grabitz/Hilf/Nettesheim/*Schorkopf*, Art. 2 EUV Rn. 18.

508 Vgl. auch BGH, Urt. v. 23.09.2020, KZR 35/19, Rn. 25 ff. – *LKW-Kartell I;* BGH, Urt. v. 13.04.2021, KZR 19/20, Rn. 19 – *LKW-Kartell II.*

Beurteilung könnte aber angeführt werden, dass die Adressaten einer Settlement-Entscheidung zuvor eingestanden haben, in der im Beschluss beschriebenen Art und Weise an einem kartellrechtswidrigen Verhalten beteiligt gewesen zu sein.

Bei der Evaluierung dieser Frage ist zunächst festzustellen, dass im Settlement-Verfahren die gleichen Rechtsschutzmöglichkeiten zur Verfügung stehen wie im streitigen Verfahren. Grundlage des Vergleichsverfahrens sind die Vergleichsanträge der Parteien, die die Ergebnisse der Vergleichsgespräche widerspiegeln und in denen sie ihre Beteiligung an einem Verstoß sowie ihre Haftung anerkennen, Art. 10 a Abs. 2 VO 773/2004. Nach der Einreichung können die Vergleichsanträge von den Parteien nicht mehr widerrufen werden, es sei denn, die Mitteilung der Beschwerdepunkte der Kommission oder die endgültige Settlement-Entscheidung spiegeln sie nicht wider. Ergeht eine Settlement-Entscheidung so steht den Vergleichsparteien gegen die Feststellungen in den tragenden Gründen wie im Rahmen eines kontradiktorischen Verfahrens der Rechtsweg zu den europäischen Gerichten offen.[509] Nach hier vertretener Ansicht hat diese Rechtsschutzmöglichkeit zur Folge, dass die Bindungswirkung des Art. 16 Abs. 1 VO 1/2003 auch für Settlement-Entscheidungen Geltung beansprucht. Wie sich aus ErwG 7 der Verordnung 1348/15[510] ergibt, geht auch die Kommission von einer Bindungswirkung ihrer Settlement-Entscheidungen aus.

Allerdings könnten die freiwilligen Eingeständnisse der Beteiligten während des Settlement-Verfahrens einen erweiterten Umfang der Bindungswirkung auch auf nichttragende Erwägungen rechtfertigen. Hier steht der Vorwurf widersprüchliches Verhaltens im Raum, wenn sich ein Beschlussadressat trotz Zustimmung zur Settlement-Entscheidung und Verzichts auf ein Rechtsmittel in einem anschließenden Follow-on Verfahren von seinem zuvor eingeräumten rechtswidrigen Verhalten distanziert. Die Vergleichsparteien haben durch ihr freiwilliges Eingeständnis zudem den Vorteil einer Reduktion der Geldbuße sowie einer gekürzten Kommissionsentscheidung erlangt.[511] Hiermit scheint es unvereinbar, den Kartellanten zu erlauben, sich in anschließenden Verfahren aus Opportunitätsgesichtspunkten wieder von den zugegebenen Verhaltensweisen

---

509 Kommission, Mitteilung über die Durchführung von Vergleichsverfahren bei dem Erlass von Entscheidungen nach Art. 7 und Art. 23 der Verordnung (EG) Nr. 1/2003 des Rates in Kartellfällen v. 02.07.2008, ABl. 2008, C 167 S. 1 (Vergleichsverfahrensmitteilung), Rn. 41.

510 Kommission, Verordnung 2015/1348 zur Änderung der Verordnung (EG) Nr. 773/2004 über die Durchführung von Verfahren auf der Grundlage der Artikel 81 und 82 EG-Vertrag durch die Kommission v. 03.08.2015 2015; ABl. 2015, L 208 S. 3.

511 S. Art. 10 Abs. 1 lit. a VO 773/2004.

zu distanzieren und stattdessen den Kartellgeschädigten die Beweislast aufzuerlegen. Dem kann jedoch entgegenhalten werden, dass auch der Adressat einer Vergleichsentscheidung nach europäischem Recht keine Möglichkeit hat, gegen die nichttragenden Feststellungen eines Beschlusses gerichtlich vorzugehen. Dem steht allerdings wiederum entgegen, dass die Settlement-Entscheidung bereits ihre Grundlage in einem mit den Adressaten abgestimmten Anerkenntnis der Zuwiderhandlung findet. Letztlich entscheidend ist aber nach hier vertretener Ansicht, dass eine Ungleichbehandlung von Settlement- und streitigen Entscheidungen hinsichtlich ihrer Bindungswirkung für nationalen Follow-on Verfahren die Effizienz und Attraktivität der einvernehmlichen Verfahrensbeendigung erheblich beeinträchtigen würde. Den hierdurch hervorgerufenen Konflikt mit dem Loyalitätsgebot des Art. 4 Abs. 3 EUV gilt es durch eine einheitliche Auslegung der Bindungswirkung zu vermeiden.

Im Ergebnis ist eine im Umfang über die in Art. 16 Abs. 1 VO 1/2003 statuierte Bindungswirkung hinausgehende Kohärenzverpflichtung auf Basis nationaler Rechtsvorschriften daher sowohl für Settlement- als auch für kontradiktorische Entscheidungen abzulehnen.

c. *Zwischenergebnis*

Im Ergebnis definiert sich der Umfang der Bindungswirkung neben der historischen und teleologischen Auslegung des Art. 16 Abs. 1 VO 1/2003 insbesondere nach den verfahrensrechtlichen Beteiligungs- und unionsrechtlichen Rechtsschutzmöglichkeiten des Rechtsunterworfenen.[512] Soweit das gebundene Gericht aufgrund des Abweichungsverbots verpflichtet ist, keine dem Kommissionsbeschluss zuwiderlaufenden Entscheidungen zu treffen, nimmt es eigene Beurteilungen in der Sache nicht mehr vor, sondern wendet die Entscheidung der Kommission an. Die Bindungswirkung muss vor dem Hintergrund der unionsverfassungsrechtlichen Rechtsschutzgarantie daher so ausgelegt werden, dass unzulässige Rechtsschutzlücken für den Rechtsunterworfenen hierdurch nicht entstehen. Dementsprechend muss es ihm möglich sein, alle ihn aufgrund der Bindungswirkung in Follow-on Verfahren potentiell belastenden Feststellungen unionsgerichtlich überprüfen zu lassen, nachdem er im mitgliedstaatlichen Verfahren hierzu keine Möglichkeit mehr hat. Determiniert durch die Rechtsschutzmöglichkeiten gegen einen Kommissionsbeschluss, die keine

512 von der Groeben/Schwarze/Hatje/*Becker/Vollrath*, Art. 16 VO 1/2003 Rn. 30; Immenga/Mestmäcker/*Ritter/Wirtz*, Art. 16 VO 1/2003 Rn. 8; Kamann/Ohlhoff/Völcker/*Ohlhoff*, § 26 Rn. 102.

Möglichkeit für den Rechtsunterworfenen vorsehen, jeden einzelnen noch so beiläufigen Begleitumstand in den Gründen der Kommissionsentscheidung gerichtlich anzugreifen,[513] kann sich folgerichtig auch die Bindungswirkung nicht auf jedes Detail des gesamten, oft mehrere hundert Seiten umfassenden Kommissionsbeschlusses erstrecken. Das unionsverfassungsrechtliche Gewährleistung effektiven gerichtlichen Rechtsschutzes und rechtlichen Gehörs steht somit einer Auslegung der Bindungswirkung entgegen, nach der die mitgliedstaatlichen Gerichte an alle Feststellungen in den Gründen des Kommissionsbeschlusses gebunden sind, die als solche nicht Gegenstand einer Nichtigkeitsklage sein können.

Dass nicht tragende Begründungsansätze der Kommission nicht selbstständig vor den europäischen Gerichten anfechtbar und damit nicht i.S.d. Art. 16 Abs. 1 VO 1/2003 für die mitgliedsstaatlichen Gerichte bindend sein können, ist auch im Hinblick auf die Kohärenzverpflichtung nicht zu beanstanden. Ansonsten würden nicht nur die Unionsgerichte an ihre Belastungsgrenze geführt, sondern auch die Nichtigkeitsklage zu einem bloßen Tatbestandsberichtigungsverfahren für kartellbehördliche Verfügungen degeneriert.[514] Aufgrund einer überschießenden, jede Äußerung im Kommissionsbescheid erfassenden Bindungswirkung müsste letztlich rein praktisch gesehen quasi jeder Beschlussadressat aufgrund des unüberschaubaren Haftungsrisikos in kartellrechtlichen Follow-on Verfahren unabhängig vom eigentlichen Entscheidungsausspruch und der Rechtmäßigkeit der Verfügung prophylaktisch schon per se jede ihm ungünstige Feststellung in den Gründen anfechten, ohne zu wissen, ob es überhaupt zu Folgeverfahren kommt und ob gerade diese Feststellung dort relevant werden wird.

Unter Abwägung aller bis hierhin dargelegten Gesichtspunkte ist letztlich davon auszugehen, dass sich der Umfang der Bindungswirkung des Art. 16 Abs. 1 VO 1/2003 nach einer rechtstaatskonformen Auslegung auf den Beschlusstenor und die ihn tragenden Gründe beschränkt, welche als solche Gegenstand einer Nichtigkeitsklage sein können und damit der Rechtmäßigkeitskontrolle

---

513 S. hierzu oben Fn. 484 und den Begleitttext. Vgl. – wenn auch in etwas anderem Zusammenhang – EuGH, Urt. v. 29.03.2011, C-352/09P, Rn. 123 ff. – *Thyssen Krupp*: Hilfserwägungen sind nicht bindend und nicht von der Rechtskraft erfasst. S. weiterhin EuGH, Beschl. v. 28.01.2004, C-164/02, Rn. 21 f. – *Königreich der Niederlande/Kommission*; EuG, Urt. v. 20.11.2002, T-251/00, Rn. 67 f. – *Lagardère und Canal+/Kommission*; EuG, Urt. v. 19.03.2003, T-213/00, Rn. 186 – *CMA CGM/Kommission*; EuG, Urt. v. 12.10.2007, T-474/04, Rn. 73 – *Pergan Hilfstoffe*.

514 Kamann/Ohlhoff/Völcker/*Ohlhoff*, § 26 Rn. 105 f.

der Unionsgerichte unterliegen.[515] Unabhängig von rechtsstaatlichen Prinzipien scheint es überdies auch deutlich sachnäher, die Auseinandersetzung über die Richtigkeit von für die behördliche Regelung nicht essentiellen Sachverhaltsfeststellungen zur näheren Prüfung in den nationalen Zivilprozess zu verlegen. Um zu bestimmen, ob eine Feststellung in einem Kommissionbeschluss nach Art. 16 Abs. 1 VO 1/2003 für die nationalen Gerichte bindend ist, muss somit auf ihre gerichtliche Überprüfbarkeit vor den Unionsgerichten abgestellt werden. Kann eine Feststellung in einem Verfahren vor den europäischen Gerichten nicht angefochten werden, kann sie auch nicht in nationalen Verfahren bindend sein. Obwohl sich die europäische Rechtsprechung bisher noch nicht unmittelbar mit der Frage des Umfangs der Kohärenzverpflichtung des Art. 16 Abs. 1 VO 1/2003 befasst hat, lassen sich in ihr eindeutige Tendenzen in diese Richtung erkennen.[516]

Im Ergebnis trifft Art. 16 Abs. 1 VO 1/2003 somit eine differenzierte Regelung des Abweichungsverbots, nach dem die Entscheidung der mitgliedstaatlichen Gerichte in gleicher Sache nicht mit den Ausführungen im verfügenden Teil des kartellrechtlichen Kommissionsbeschlusses unvereinbar sein darf. Darüber hinaus nehmen Feststellungen in den Erwägungsgründen an der Bindungswirkung teil, soweit sie tragende Gründe für den operativen Teil darstellen, in direktem Zusammenhang mit diesem stehen oder eine wesentliche Grundlage für dessen Verständnis bilden. Hierunter fallen beispielsweise einzelnen Tatbestandsmerkmale, die der im Tenor des Kommissionsbeschlusses getroffenen Rechtsfolge notwendigerweise zugrunde liegen.[517] So würde die tenorierte Feststellung eines Wettbewerbsverstoßes gem. Art. 101 Abs. 1 AEUV ebenfalls das festgestellte Vorliegen von Vereinbarungen oder abgestimmten Verhaltensweisen zwischen Unternehmen bzw. Beschlüsse von Unternehmensvereinigungen, deren Spürbarkeit und Geeignetheit zur Beeinträchtigung des Handels zwischen den Mitgliedstaaten sowie eine bezweckte bzw. bewirkte Wettbewerbsbeschränkung beinhalten. Darüber hinaus kann in den Fällen, in denen der Tenor nicht aus sich

515 EuG, Urt. v. 20.11.2002, T-251/00, Rn. 67 f. – *Lagardère und Canal+/Kommission*; EuG, Urt. v. 19.03.2003, T-213/00, Rn. 186 – *CMA CGM/Kommission*; EuG, Urt. v. 12.10.2007, T-474/04, Rn. 73 – *Pergan Hilfstoffe*. S. hierzu weiterhin OLG Stuttgart, Urt. v. 04.04.2019, Az. 2 U 101/18, Rn. 169; *Imgrund*, S. 99; *Hausen*, S. 141; *Dohrn*, S. 173; *Rother/Rieger*, NZKart 2016, 116, 120; von der Groeben/Schwarze/Hatje/*Becker/Vollrath*, Art. 16 VO 1/2003 Rn. 30; Immenga/Mestmäcker/*Ritter/Wirtz*, Art. 16 VO 1/2003 Rn. 8; Kamann/Ohlhoff/Völcker/*Ohlhoff*, § 26 Rn. 108.

516 S. hierzu ausführlich oben S. 157 ff.

517 von der Groeben/Schwarze/Hatje/*Becker/Vollrath*, Art. 16 VO 1/2003 Rn. 36.

heraus verständlich bzw. zu knapp ist, auf die tragenden Gründe der Entscheidung zurückgegriffen werden, um den verfügenden Teil umfassend auszulegen und zu konkretisieren.[518] Zu diesen gehören beispielsweise die exakten Modalitäten der tenorierten Zuwiderhandlung gegen Art. 101 f. AEUV, die Definition des betroffenen sachlich und geographisch relevanten Markts oder die zeitliche Dimension der Zuwiderhandlung.[519] Allein in den Entscheidungsgründen erwähnte weitergehende Ausführungen, die nicht über einen Bezugspunkt im Tenor dessen Konkretisierung dienen, können dagegen nicht bindend im Sinne des Art. 16 Abs. 1 S. 1 VO 1/2003 sein.[520] Die Bindungswirkung ist ebenfalls zu verneinen, wenn sich die Einordnung eines unternehmerischen Verhaltens als kartellrechtswidrig allein in den Gründen findet, ohne im Entscheidungsausspruch des Kommissionsbeschlusses berücksichtigt zu werden.

Dieses Ergebnis der Auslegung des Umfangs der Bindungswirkung lässt sich nicht nahtlos in die Begrifflichkeiten der deutschen Verwaltungsrechtsdogmatik einfügen. Die Tatbestandswirkung i.w.S. würde zu kurz greifen, weil sie zwar eine Auslegung des Tenors unter Heranziehung der diesen tragenden Gründe erlaubt, jene Gründe aber nicht von der Bindungswirkung erfasst wissen will. Die umfassendere Feststellungswirkung hingegen vermag angesichts des weiten Wortlauts von Art. 16 Abs. 1 VO 1/2003 der angeordneten Bindungswirkung nicht die rechtsstaatlich erforderliche Kontur zu geben. Vorliegend sei daher weiterhin europarechtskonform auf den Begriff der Bindungswirkung oder Kohärenzverpflichtung abgestellt wie er in diesem Abschnitt definiert wurde.

2. Reichweite der Bindungswirkung des Art. 16 Abs. 1 VO 1/2003

Neben dem inhaltlichen Umfang des Abweichungsverbots betreffend die bindenden Teile des Kommissionsbeschlusses ist in einem weiteren Schritt die Reichweite der Verpflichtung der Gerichte der Mitgliedstaaten durch Art. 16 Abs. 1 VO 1/2003 zu analysieren. Dies betrifft die Frage, inwieweit der bindende Teil des Kommissionsbeschlusses die Ergebnisse des einzelstaatlichen Verfahrens vorgibt. Hierbei ist zwischen einem durch die Vorschrift der Kartellverfahrensverordnung vorgegeben Rechtsfolgen- oder Rechtsanwendungswiderspruch zu unterscheiden (s. dazu unter a.). Weiterhin ist zu klären, ob die nationalen

518 von der Groeben/Schwarze/Hatje/*Becker/Vollrath*, Art. 16 VO 1/2003 Rn. 36.
519 von der Groeben/Schwarze/Hatje/*Becker/Vollrath*, Art. 16 VO 1/2003 Rn. 36.
520 *Inderst/Thomas*, S. 109; OLG München, Urt. v. 21.02.2013, U 5006/11 Kart – *Fernsehvermarktung*.

Gerichte in ihrer Entscheidungskompetenz in tatsächlicher oder in rechtlicher Hinsicht oder auf beide Weisen gebunden sind (s. dazu unter b.).

a. Vorgabe einer Rechtsfolgen- oder Rechtsanwendungsbindung

Für die Reichweite der Bindungswirkung, also die Art ihrer Einwirkung auf das mitgliedstaatliche Verfahren, kann zwischen der Wirkweise einer Rechtsfolgen- und einer Rechtsanwendungsbindung unterschieden werden.

Legt man ein enges Verständnis der Vorschrift des Art. 16 Abs. 1 VO 1/2003 zugrunde, würde sich das Abweichungsverbot allein auf die durch das einzelstaatliche Gericht in Anwendung von Art. 101 f. AEUV erlassene Rechtsfolgenanordnung beziehen. Ein gegen die Kohärenzverpflichtung verstoßendes Zuwiderlaufen würde nach dieser Auffassung somit nur vorliegen, wenn sich die durch die Kommission im verfügenden Beschlussteil und die durch das mitgliedstaatliche Gericht in seinem Urteilstenor getroffenen Regelungen unmittelbar widersprechen.[521] Reine Rechtsanwendungswidersprüche bei Vorfragen wären demnach vom Tatbestandsmerkmal des Zuwiderlaufens nicht erfasst.

Nach anderer, wesentlich weiterer Auffassung normiert Art. 16 Abs. 1 VO 1/2003 eine Rechtsanwendungsbindung. Nach dieser läge eine zuwiderlaufende mitgliedstaatliche Gerichtsentscheidung bereits dann vor, wenn in dieser an irgendeiner Stelle, also auch bei der Beantwortung reiner Vorfragen, eine Verhaltensweise nach Art. 101 f. AEUV rechtlich abweichend von deren Einordnung im verfügenden Teil oder den tragenden Gründen der Begründung des Kommissionsbeschlusses beurteilt wird.[522]

Die Frage hat hohe praktische Relevanz in Follow-on Verfahren. In diesen erschöpft sich der Urteilstenor in der Stattgabe oder Abweisung des klägerischen Feststellungs- oder Leistungsantrages. Die Urteilsgründe werden sich dabei fast immer mit der von der Kommission bereits festgestellten Zuwiderhandlung auseinandersetzen. Beschränkt man die Reichweite der Bindungswirkung auf

---

521 GA Cosmas, Schlussanträge v. 16.05.2000, C-344/98, Rn. 26 – *Masterfoods; Imgrund*, S. 86; *Hausen*, S. 152, 155 ff., 174 ff.; *Zuber*, S. 71 f; *Hirsch*, ZweR 2003, 233, 248; *Bornkamm*, ZWeR 2003, 73, 83; *Schweda*, WuW 2004, 1133, 1140; *Bornkamm/Becker*, ZWeR 2005, 213, 220; *Klees*, § 8 Rn. 112; Langen/Bunte/*Bornkamm*, § 33 GWB a.F. Rn. 161 f., 167; von der Groeben/Schwarze/Hatje/*Becker/Vollrath*, Art. 16 VO 1/2003 Rn. 27, 31; offen gelassen von LG Düsseldorf, Urt. v. 19.11.2015, 14d O 4/14, Rn. 189 – *Autoglaskartell.*

522 *Imgrund*, S. 81 f.; *Körner*, S. 237; *Hossenfelder/Lutz*, WuW 2003, 118, 123; *Röhling*, GRUR 2003, 1019, 1023; *Bornkamm*, ZWeR 2003, 73, 83; *Hirsch*, ZWeR 2003, 233, 248; *Wachs*, WuW 2017, 2, 5.

eine Rechtsfolgenanordnung, so haben die mitgliedstaatlichen Gerichte praktisch freie Hand, von den Feststellungen der Kommission abzuweichen und der Zuwiderhandlung einen anderen Gehalt zu geben, solange der Tenor ihrer Entscheidung der Kommissionsentscheidung nicht widerspricht. Bei einer Rechtsanwendungsbindung wäre das Gericht in weitaus größerem Umfang gebunden und müsste seiner Prüfung z.B. das Vorliegen eines Wettbewerbsverstoßes in seiner Konturierung durch die Kommissionsentscheidung zugrunde legen.

aa. Auslegung anhand des Wortlauts

Zur Lösung der Problematik ist zunächst auf den Wortlaut des Art. 16 Abs. 1 VO 1/2003 zurückzugreifen. Art. 16 Abs. 1 VO 1/2003 untersagt ein „Zuwiderlaufen" zwischen der Entscheidung eines mitgliedstaatlichen Gerichts und der Entscheidung der Kommission in gleicher Sache.

Es stellt sich somit zunächst die Frage, in welchem Fall die Entscheidung des gebundenen mitgliedstaatlichen Gerichts verbaliter als „zuwiderlaufend" im Sinne der Norm anzusehen ist. Eindeutig ist hierbei jedenfalls, dass Art. 16 Abs. 1 VO 1/2003 keine positive, konkret definierte Bindung statuiert, sondern abstrakt jeglichen Widerspruch zwischen einer Entscheidung der Kommission und der eines Gerichts eines Mitgliedstaats untersagt. Aus diesem Grund wird aus dem Wortlaut der Vorschrift teilweise abgeleitet, dass Art. 16 Abs. 1 VO 1/2003 ein Minus zu einer vollständigen Bindung normiere.[523] Dagegen leiten andere aus dem offenen Kriterium des „Zuwiderlaufens" gerade eine besonders weite Bindungswirkung ab.[524] Objektiv betrachtet lässt sich aus der Formulierung „Zuwiderlaufen" nach gängiger Sprachauffassung keine Erkenntnis zur Reichweite der Bindung gegenüber den mitgliedstaatlichen Gerichten entnehmen.[525] Allein die

---

523 Vgl. hierzu auch von der Groeben/Schwarze/Hatje/*Becker/Vollrath,* Art. 16 VO 1/2003 Rn. 30, der dies als ein Minus zu einer Bindungswirkung ansieht; *Komninos*, EC Private Antitrust Enforcement, S. 115; a.A. *Imgrund*, S. 95.

524 *Imgrund,* S. 98; Bechtold/Bosch, § 33 GWB Rn. 48 („*wichtig ist [...] allein, dass es nicht zu einer nationalen Entscheidung kommt, die einer Entscheidung der Kommission zuwiderläuft. Insoweit kommt es möglicherweise nicht nur auf die Feststellung des Verstoßes an, sondern auch auf dessen Umfang und Folgen, soweit das Gegenstand der Entscheidung der Kommission ist*").

525 In ihrem Arbeitspapier, Kommission, Arbeitspapier zum Weißbuch über Schadensersatzklagen wegen Verletzung des EG-Wettbewerbsrechts v. 02.04.2008, SEC (2008) 404, Rn. 135, bezeichnet die Kommission ihre Entscheidungen nach Art.16 Abs. 1 VO 1/2003 als „Binding Act"; vgl. auch Kommission, Bekanntmachung über die Zusammenarbeit zwischen der Kommission und den Gerichten der EU-Mitgliedstaaten bei der Anwendung der Art. 81 und 82 des Vertrags, ABl. 2004, C 101 S. 4, 13.

Vorgabe, ein Zuwiderlaufen zu vermeiden, sagt noch nichts über den Umfang dieser Vermeidungspflicht aus. Es bleiben hinsichtlich der Entscheidung zwischen einer Rechtsfolgen- und einer Rechtsanwendungsbindung im Hinblick auf den Wortlaut beide Interpretationen denkbar.

Die Befürworter einer vergleichsweise engeren Ansicht einer Rechtsfolgenbindung stützen ihre Ansicht darüber hinaus darauf, dass Art. 16 Abs. 1 VO 1/2003 es den einzelstaatlichen Gerichten untersage, „*Entscheidungen* [zu] erlassen, die der Entscheidung der Kommission zuwiderlaufen" [Hervorhebung durch Verfasserin].[526] Unter einer Entscheidung sei letztlich nur das finale Ergebnis des Rechtsanwendungsprozesses auf den konkreten Sachverhalte durch das rechtsprechende Organ, mithin der Rechtsfolgenausspruch des Urteilstenors, zu verstehen. Dem kann entgegengehalten werden, dass der Terminus einer „Entscheidung" seinem reinen Wortverständnis nach ebenso gut die gesamte Rechtsprüfung des Organs bzw. den schrittweisen Rechtsfindungsprozess im Ganzen bezeichnen kann. Diese Sichtweise findet auch eine unmittelbare Stütze im Wortlaut des Art. 16 Abs. 1 VO 1/2003, in dem es heißt: „Beschlüsse oder Verhaltensweisen [...], die bereits Gegenstand einer Entscheidung der Kommission sind." In diesem Zusammenhang kann mit „Entscheidung der Kommission" selbstredend einzig und allein der Kommissionsbeschluss als Ganzes und nicht nur dessen Tenor gemeint sein, da nur ersterer über einen Entscheidungsgenstand in Form einer bestimmten Verhaltensweise verfügt. Ein Verständnis von *Entscheidung* im Sinne von verfügender Entscheidungsteil scheint dagegen zu keinem sinnhaften Ergebnis zu führen. Darüber hinaus gilt es bei der Interpretation des Verordnungswortlauts zu beachten, dass einzelfallbezogene Sekundärrechtsakte der Kommission zu Zeiten des Erlasses der Kartellverfahrensverordnung Nr. 1/2003 offiziell als Entscheidungen und noch nicht als Beschlüsse betitelt wurden. Die Bezeichnung des Beschlusses für die genannten Rechtsakte wurde erst Jahre später durch den Vertrag von Lissabon in Art. 288 Abs. 4 AEUV eingeführt.

Neben der deutschen Version können zur Wortlautauslegung der Unionsverordnung zudem auch die ebenfalls authentischen Sprachfassungen anderer

---

526 GA Cosmas, Schlussanträge v. 16.05.2000, C-344/98, Rn. 26 – *Masterfoods; Imgrund*, S. 86; *Hausen*, S. 152, 155 ff., 174 ff.; *Zuber*, S. 71 f; *Hirsch*, ZweR 2003, 233, 248; *Bornkamm*, ZWeR 2003, 73, 83; *Schweda*, WuW 2004, 1133, 1140; *Bornkamm/Becker*, ZWeR 2005, 213, 220; *Klees*, § 8 Rn. 112; Langen/Bunte/*Bornkamm*, § 33 GWB a.F. Rn. 161 f., 167; von der Groeben/Schwarze/Hatje/*Becker/Vollrath*, Art. 16 VO 1/2003 Rn. 27, 31; offen gelassen von LG Düsseldorf, Urt. v. 19.11.2015, 14d O 4/14, Rn. 189 – *Autoglaskartell*.

Mitgliedstaaten zu Rate gezogen werden. Während in der deutschen Fassung wie bereits dargelegt von „der Entscheidung der Kommission zuwiderlaufen“ die Rede ist, spricht die englischen Version insoweit von „cannot take decisions running counter to“, die spanische von „no podrán adoptar resoluciones incompatibles“ und in der französischen Variante heißt es „ne peuvent prendre de décisions qui iraient à l'encontre de la décision.“ Während die deutsche, englische und französische Fassung in ihrer Bedeutung nahezu identisch auf zuwiderlaufende Entscheidungen abstellen, hebt die spanische Fassung mit „resoluciones“ nominal zum einen ebenfalls auf eine entgegenstehende Entscheidung, aber auch auf den Bescheid in Gänze ab. Eine weiterführende inhaltliche Interpretationshilfe für den beachtlichen Teil von Kommissionsbeschlüssen in gleicher Sache scheint damit jedoch nicht verbunden. Der reine Wortlaut der Norm ist daher für die Frage, welche Art der Bindung gewollt ist, nicht ergiebig. Ihm lassen sich aber erste Indizien zur Reichweite der Bindungswirkung entnehmen.

bb. Teleologische Auslegung

Betrachtet man Sinn und Zweck der Bindungswirkung und unterstellt dabei zunächst einmal im Ergebnis eine durch Art. 16 Abs. 1 VO 1/2003 normierte Rechtsfolgenbindung, hätte die Norm im Ergebnis einen recht begrenzten Anwendungsbereich. Das mitgliedstaatliche Gericht dürfte in seinem Urteilsausspruch lediglich keine Rechtsfolgen im direkten Widerspruch zum verfügenden Teil des Kommissionsbeschlusses regeln, wäre aber ansonsten nicht gebunden. Ein solch unmittelbares Zuwiderlaufen der Rechtsfolgenanordnungen beider Entscheidungen wäre allein in Fällen einer zivilrechtlichen Verhaltens- und Unterlassungsanordnung bzw. im Rahmen eines Feststellungsurteils denkbar. So dürfte das mitgliedstaatliche Gericht einen geltend gemachten zivilrechtlichen Unterlassungsanspruch einer Partei im Anschluss an eine Fest- und Abstellungsverfügung der Kommission nicht mehr ablehnen.

Dagegen würden nach dieser Auffassung gerade die praktisch besonders bedeutsamen kartellzivilrechtliche Schadensersatzverfahren vor den mitgliedstaatlichen Gerichten auf Basis einer behördlich festgestellten Zuwiderhandlung gegen Art. 101 f. AEUV von der Bindungswirkung grundsätzlich nicht erfasst. In Bezug auf diese kann es schon denklogisch nicht zu einer Begründung widersprechender Verhaltenspflichten durch die im Kommissionbeschluss und im nationalen Schadensersatzurteil angeordneten Rechtsfolgen gegenüber den Rechtsunterworfenen kommen.[527] Die von der Kommission festgestellte

527 *Bornkamm*, ZWeR 2003, 73, 83; *Bornkamm/Becker*, ZWeR 2005, 213, 220.

Unvereinbarkeit einer Verhaltensweise mit dem europäischen Wettbewerbsrecht stellt sich im mitgliedstaatlichen Kartellschadensersatzverfahren nämlich stets nur als eine Vorfrage neben weiteren Tatbestandsvoraussetzungen des nationalen Kartellschadensersatzanspruchs.[528] Unabhängig davon, ob das mitgliedstaatliche Gericht das Vorliegen eines Verstoßes gegen Art. 101 Abs. 1 AEUV entgegen der Auffassung der Kommission verneinen oder in Übereinstimmung mit ihr bejahen würde, hingen die möglichen nationalen Rechtsfolgen in Form einer Zahlungspflicht oder einer Klagabweisung, zum einen vom Vorliegen weiterer Voraussetzungen ab und könnten zum anderen dem Beklagten des mitgliedstaatlichen Verfahrens so oder so von vornherein keine Verpflichtung auferlegen, die derjenigen des Kommissionsbeschlusses, der grundlegend keine Regelungen über Schadensersatzzahlungen trifft, unmittelbar zuwiderläuft. Auch der Annahme, der Kläger eines nationalen Schadensersatzverfahrens habe die geltend gemachte, wettbewerbliche Zuwiderhandlung selbst darzulegen und zu beweisen, stünde eine auf die Rechtsfolgenanordnung begrenzte Bindungswirkung nicht entgegen.

Dies kann nicht gewollt sein und wird zurecht nicht praktiziert. Die Bindungswirkung des Art. 16 Abs. 1 VO 1/2003 soll nach ihrem Sinn und Zweck auch die private Kartellrechtsdurchsetzung fördern und Kartellgeschädigten die Durchsetzung ihrer Ansprüche erleichtern. Die Wirkung der Kohärenzverpflichtung auf eine Rechtsfolgenbindung zu begrenzen und damit gerade die besonders bedeutsame Gruppe der Schadensersatzverfahren von dem entsprechenden Angleichungsgebot auszunehmen scheint widersinnig. In diesem Fall würde für zivilrechtliche Schadensersatzkläger mangels Erleichterung ihrer Darlegung- und Beweispflicht keine Klageanreize mehr geschaffen. Überdies müsste auch das nationale Gericht entsprechend eine vollständige eigene Beweisaufnahme durchführen und deren Ergebnisse rechtlich bewerten. All jene von der Kommission als spezialisierter Kartellbehörde bereits ermittelten Fakten und beurteilten Rechtsfragen müssten erneut festgestellt und geprüft werden. Dies sucht die Kohärenzverpflichtung im Sinne der Verfahrensökonomie aber gerade zu verhindern. Auch das weitere Ziel der Bindungswirkung, die Gewährleistung von Rechtseinheit und Rechtssicherheit in der Union wäre in Gefahr, wenn die mitgliedstaatlichen Gerichte in der erheblichen Anzahl von Nachfolgeprozesse zum Kartellschadensersatz in ihrer Rechtsprüfung von allen von der Kommission festgestellten Elementen der kartellrechtswidrigen Handlung abweichen könnten. Eine solche Begrenzung der bindenden Wirkung auf

528 *Zuber*, S. 47; *Dohrn*, S. 47; *Klees*, § 8 Rn. 11.

die Rechtsfolgenseite würde den Anwendungsbereich der Vorschrift in einem Maß begrenzen, das sie nahezu nutzlos und praktisch bedeutungslos machen würde.[529] Letztlich scheint es auch schwer begründbar, wie ein ohne Bindung in Vorfragen eigenständig ermitteltes Urteil im Ergebnis so gedreht werden kann, dass es im Konfliktfall auf Basis der Rechtsfolgenbindung mit dem Tenor des Kommissionsbeschlusses in Einklang gebracht werden kann.[530] Damit ist die eine reine Rechtsfolgenbindung vertretende Ansicht im Ergebnis zwar mit dem Wortlaut des Art. 16 Abs. 1 VO 1/2003 vereinbar, wird dessen Sinn und Zweck aber sonst nicht gerecht.

Nach überzeugender Ansicht erstreckt sich das Merkmal des Zuwiderlaufens im Sinne einer Rechtsanwendungsbindung auch auf die Feststellungen nach den Art. 101 f. AEUV im Kommissionsbeschluss, die im Verfahren vor dem gebundenen mitgliedstaatlichen Gericht lediglich als Vorfrage relevant werden. Auch aus einer bindenden Wirkung von Kommissionsbeschlüssen i.S.e. Rechtsanwendungsbindung folgt jedoch keine absolute Einheitlichkeit zivilgerichtlicher Follow-on Entscheidungen in Kartellschadensersatzverfahren, weder im gleichen noch in verschiedenen Mitgliedstaaten der Union. Dies gründet darauf, dass die mitgliedstaatlichen Gerichte noch über weitere Vorfragen bzw. Tatbestandsvoraussetzungen der nationalen Anspruchsnorm, die nicht von den bindenden Feststellungen der Kommission erfasst werden, frei zu entscheiden haben.[531] Die an einen Wettbewerbsverstoß geknüpften zivilrechtlichen Rechtsfolgen sind ebenfalls ausschließlich auf Basis des nationalen Rechts zu beantworten. Das Ergebnis eines mitgliedstaatlichen Kartellschadensersatzverfahrens kann somit letztlich nicht vollständig durch die bindend festgestellte Zuwiderhandlung gegen Art. 101 f. AEUV im Tenor des Kommissionsbeschlusses präjudiziert werden. So muss auch die Abweisung eines im Follow-on Verfahren geltend gemachten Schadensersatzanspruchs trotz eines im Kommissionsbeschluss festgestellten Kartellrechtsverstoßes kein unzulässiges Zuwiderlaufen der Entscheidungen gem. Art. 16 Abs. 1 VO 1/2003 darstellen.[532] Aufgrund der normierten Rechtsanwendungsbindung muss das einzelstaatliche Gericht in

---

529 Vgl. dazu auch *Imgrund*, S. 81 f., 267 f.; *Wachs*, WuW 2017, 2, 5; Möschel/Bien/*Grünberger*, 135, 171.

530 *Imgrund*, S. 95 f. m.w.N., der die Bindungswirkung in disem Fall als eine „Art der Kontrolle“ mit praktischen Schwierigkeiten sieht.

531 Auf welche Voraussetzungen des Schadensersatzanspruchs sich die Bindung genau erstreckt siehe unten S. 181 ff.

532 *Imgrund*, S. 97; *Zuber*, S. 67 f.; *Klees*, § 8 Rn. 111; *Bornkamm*, ZWeR 2003, 73, 83; Loewenheim/*Zuber*, Art. 16 VO 1/2003 Rn. 17.

einem solchen Fall zwar die materiell-rechtliche Einordnung des zugrundeliegenden Wettbewerbsverhaltens als Verstoß zwingend annehmen, hat die Klage aber letztlich beispielsweise dennoch abzuweisen, weil der Kläger nicht darlegen und beweisen konnte, dass ihm aufgrund der festgestellten Kartellrechtsverletzung ein Schaden entstanden ist.[533]

cc. Historische Auslegung

Durch seine Urteile *Delimitis* und *Masterfoods*[534] hat der Europäische Gerichtshof den Weg zur Normierung einer Bindungswirkung in Art. 16 Abs. 1 VO 1/2003 geebnet. Das höchste europäische Gericht selbst hat jedoch in seinen Entscheidungen nie den Begriff einer Bindung geprägt, sondern wie später in der Kartellverfahrensverordnung wortgleich kodifiziert, den Erlass von Kommissionsentscheidungen zuwiderlaufenden Entscheidungen durch die Gerichte der Mitgliedstaaten untersagt. Für eine Interpretation des gewählten Wortlauts kann entsprechend auf den vorherigen Abschnitt verwiesen werden. Darüber hinaus lassen sich aus den beiden Urteilen bzw. den diesen Verfahren zugrundeliegenden Modalitäten keine Erkenntnisse zur Reichweite der Bindungswirkung ableiten. Im Fall *Delimitis* lag schon keine Anschlussklage vor, die dem Gerichthof hätte Anlass geben können, über die Frage der Reichweite ausdrücklich zu entscheiden. Im Verfahren *Masterfoods* hatte der irische Supreme Court im Anschluss an eine Fest- und Abstellungsverfügung der Kommission ebenfalls über eine nationale Unterlassungsklage in dieser Sache zu befinden. Es stand somit allein ein Widerspruch in den durch beide Verfahren getroffenen Rechtsfolgenanordnungen zu befürchten. Bei nationalen Follow-on Unterlassungsklagen wirkt sich die Unterscheidung zwischen der Annahme einer Rechtsfolgen- und einer Rechtsanwendungsbindung aber gerade nicht aus, da bereits aufgrund der engeren Ansicht einer Rechtsfolgenbindung, nach der sich lediglich die erlassenen Rechtsfolgen nicht widersprechen dürfen, die Bindungswirkung des Art. 16 Abs. 1 VO 1/2003 greift. Erneut bestand daher keine Veranlassung für den EuGH, sich mit dem Bestehen einer darüberhinausgehenden Rechtsanwendungsbindung durch kartellrechtliche Kommissionsbeschlüsse auseinanderzusetzen.

Da es somit weder in *Delimitis* noch in *Masterfoods* erforderlich war, die Frage nach einem weitergehenden Umfang der Bindung auch für den Fall, dass sich die

533 EuGH, Urt. v. 06.11.2012, C-199/11, Rn. 65 f. – *Otis*; *Imgrund*, S. 97; *Klees*, Europ. KartellverfR, § 8 Rn. 111; Loewenheim/*Zuber*, Art. 16 VO 1/2003 Rn. 17; in diesem Sinne auch MüKo Kartellrecht/*Schneider*, Art. 16 VO 1/2003 Rn. 11.

534 Zum Urteil *Delimitis* s. oben S. 37 ff., zum Urteil *Masterfoods* s. oben S. 40 ff.

Vereinbarkeit eines Verhaltens mit Art. 101 f. AEUV im mitgliedstaatlichen Verfahren lediglich als Vorfrage stellt, explizit zu beantworten, hat der Gerichthof über wichtige Fragen zur Reichweite der Bindungswirkung bei kartellrechtlich Kommissionbeschlüssen in *Delimitis* und *Masterfoods* nicht entschieden.

Lediglich Generalanwalt Cosmas hatte in seinen Schlussanträge zum Urteil *Masterfoods* Ausführungen in diese Richtung gemacht und dargelegt, dass die Bindungswirkung seiner Ansicht nach eine absolute Identität des rechtlichen und tatsächlichen Rahmens der Streitigkeit vor dem mitgliedstaatlichen Gericht und vor der Kommission erfordere.[535] Dies ließe sich, angesichts der im Fall *Masterfoods* tatsächlich vorliegenden Konstellation, so interpretieren, dass der Generalanwalt zu den Befürwortern einer Kohärenzverpflichtung im Sinne einer Rechtsfolgenbindung des mitgliedstaatlichen Gerichts zählt. Im Ergebnis liegt es aber wohl näher, die Aussage des Generalanwalts allein auf die Darlegung der Voraussetzungen des Eingreifens eines Abweichungsverbots zu beziehen. Entsprechend hat die diesbezügliche Äußerung des Generalanwalts keinen Erkenntniswert für die vorliegend zu beantwortende Frage.

Auch die Kommission versäumte es mit Erlass der Kartellverfahrensverordnung 1/2003, die Frage der Reichweite der Bindungswirkung des Art. 16 Abs. 1 der Verordnung zu klären. Blickt man auf die Entstehungsgeschichte der Kartellverfahrensverordnung, kann jedoch vermutet werden, dass die Kommission von einer Rechtsanwendungsbindung der Kohärenzverpflichtung ausging. Schließlich führte die Ablösung des Systems der Administrativfreistellung der Verordnung Nr. 17/1962 durch das Legalausnahmesystem der neuen Kartellverfahrensverordnung zu einer Verringerung der behördlichen Kontrolldichte von wettbewerbsbeschränkenden Vereinbarungen.[536] Um den Wettbewerbsschutz in der Gemeinschaft dennoch auf hohem Niveau zu erhalten, sollte nach Auffassung der Kommission ein Ausgleich durch die Stärkung der zivilrechtlichen Kartellrechtsdurchsetzung vor den mitgliedstaatlichen Gerichten geschaffen werden, zu dem auch die Bindungswirkung des Art. 16 Abs. 1 VO 1/2003 beitragen sollte.[537] Dies lässt den naheliegenden Schluss zu, dass die Kommission von

---

535 GA Cosmas, Schlussanträge v. 16.05.2000, C-344/98, Rn. 16 – *Masterfoods; Klotz*, S. 121; Möschel/Bien/*Grünberger*, 135, 166. S. hierzu auch bereits im 3. Kapitel unter B. II. 3. a. „Identischer Streitgegenstand".

536 *Bornkamm/Becker*, ZweR 2005, 213, 214; *Roth*, GWR 2015, 73, 73; Langen/Bunte/*Hengst*, Art. 101 AEUV Rn. 475; Schröter/Jakob/Klotz/Mederer/*Schröter/van der Hout*, Art. 101 AEUV Rn. 234.

537 ErwG 7 VO 1/2003; Schröter/Jakob/Klotz/Mederer/*Schröter/van der Hout*, Art. 101 AEUV Rn. 232; Grabitz/Hilf/Nettesheim/*Dalheimer*, Art. 6 VO 1/2003 Rn. 1, 4; von der Groeben/Schwarze/Hatje/*Puffer-Mariette*, Art. 6 VO 1/2003 Rn. 7.

dessen Anwendbarkeit im Wesentlichen auch in nationalen Kartellschadensersatzprozessen ausging. Da kartellrechtliche Kommissionsbeschlüsse jedoch durchweg keine Rechtsfolgenanordnungen zu Kartellschadensersatzpflichten treffen, würde eine Bindungswirkung kartellbehördlicher Verfügungen für entsprechende Zivilprozesse tatsächlich nur dann greifen, wenn sie eine Rechtsanwendungsbindung anordnet. Dieser Rückschluss bestätigte sich sodann bei den Vorbereitungen der Kommission zum Erlass der Europäischen Kartellschadensersatzrichtlinie 2014/104/EU. Im Anhang zu ihrem Grünbuch über private Schadensersatzklagen im Kartellrecht führte die Kommission aus, dass ihren Entscheidungen zu Art. 101 f. AEUV eine Bindungswirkung in nationalen Kartellschadensersatzverfahren zukäme, wenn diese auf derselben Rechtsverletzung beruhen.[538] In ihrem Weißbuch über private Schadensersatzklagen wegen Verletzung des Wettbewerbsrechts stellte sie klar, dass sich Betroffene auf einen von der Kommission festgestellten Wettbewerbsverstoß gem. Art. 16 Abs. 1 VO 1/2003 in einem zivilrechtlichen Schadensersatzprozess als unwiderleglichen Beweis berufen könnten.[539]

Inzwischen wurde die Frage der Anwendbarkeit der Bindungswirkung des Art. 16 Abs. 1 VO 1/2003 auf mitgliedstaatliche Kartellschadensersatzverfahren und damit nach vorliegender Auffassung auch indirekt die Frage, ob es sich um eine Rechtsanwendungs- oder Rechtsfolgenbindung handelt, höchstrichterlich geklärt. In der Rechtssache *Otis* stellte der EuGH klar, dass die Kohärenzverpflichtung des Art. 16 Abs. 1 S. 1 VO 1/2003 auch dann gilt, „wenn bei dem nationalen Gericht eine Klage auf Ersatz des Schadens anhängig ist, der aufgrund

---

538 Kommission, Arbeitspapier zum Grünbuch über Schadensersatzklagen wegen Verletzung des EG-Wettbewerbsrecht v. 19.12. 2005, SEC (2005) 1732, Rn. 229: „Wird gegen die Entscheidung der Kommission nicht erfolgreich Rechtsmittel bei den Gerichten der Gemeinschaft eingelegt, so ist sie für die Gerichte der Mitgliedstaaten bei der Feststellung derselben Zuwiderhandlung im Rahmen einer Entscheidung über eine Schadenersatzklage rechtlich bindend (Artikel 16 der Verordnung 1/2003)."

539 Kommission, Weißbuch, Schadenersatzklagen wegen Verletzung des EG-Wettbewerbsrechts v. 02.04.2008, KOM (2008) 165 endg., S. 6; Kommission, Arbeitspapier zum Weißbuch über Schadensersatzklagen wegen Verletzung des EG-Wettbewerbsrecht v. 02.04.2008, SEC (2008) 405, Rn. 140: „On the basis of this rule, claimants who bring actions for damages before national courts subsequent to a Commission decision can rely on the Commission's decision directly as irrebuttable proof that an addressee of the decision infringed Article 81 or 82 EC".

eines Kartells oder eines Verhaltens entstanden ist, für das in einer Entscheidung der Kommission die Unvereinbarkeit mit Art. 101 AEUV festgestellt wurde.[540]

dd. Abwägung

Es ist überzeugenderweise davon auszugehen, dass sich ein Zuwiderlaufen nach Art. 16 Abs. 1 VO 1/2003 auf die materiell-rechtliche Bewertung des Einzelfalls - nicht auf die hieran geknüpften Folgen oder Sanktionen - bezieht.[541] Die durch die europäische Kohärenzverpflichtung ausgelöste Wirkung ist damit als Rechtsanwendungsbindung zu verstehen. Dies bedeutet, dass die Gerichte der Mitgliedstaaten auch in Vorfragen, die sich aus den Tatbestandsvoraussetzungen der von ihnen zu prüfenden Anspruchsnormen ergeben, an die im Kommissionbeschluss getroffenen Feststellungen gebunden sind. Genauer gesagt entfaltet der kartellrechtliche Kommissionsbeschluss im Hinblick auf die in seinem Tenor bereits beurteilten Fragen präjudizielle Wirkung, wenn sich eben diese Fragen erneut als Vorfragen in einem späteren mitgliedstaatlichen Gerichtsverfahren stellen. Das einzelstaatliche Gericht kann, darf und muss die präjudiziellen Feststellungen nicht erneut anhand der gesetzlichen Voraussetzungen prüfen, sondern muss sie unabhängig von ihrer Rechtmäßigkeit seiner Anspruchsprüfung im Folgeverfahren zugrunde legen.

Teilweise wird aufgrund dieses Ergebnisses einer bestehenden Rechtsanwendungsbindung vertreten, dass sich eine Bindung für Follow-on Schadensersatzklagen, in denen sich die Frage einer Zuwiderhandlung gegen das europäische Kartellrecht als Vorfrage stellt, lediglich über die Annahme einer Feststellungswirkung, konstruieren lasse. Kommissionsbeschlüsse enthielten keine Tenorierung zu allen Tatbestandsmerkmalen eines Kartellschadensersatzanspruchs.[542] Das Ziel einer einheitlichen Rechtsanwendung sei über die Tatbestandwirkung nicht zu erreichen.[543] Diese Sichtweise vermag nicht zu überzeugen bzw. ist von einem starken Fokus auf die ohnehin wie dargelegt uneinheitliche und Art. 16 Abs. 1 VO 1/2003 nicht gerecht werdende deutsche Verwaltungsrechtsdogmatik geprägt. Jedenfalls muss sich diese Ansicht entgegenhalten lassen, dass der Tenor

---

540 EuGH, Urt. v. 06.11.2012, C-199/11, Rn. 51 - *Otis;* zuvor bereits GA Villalón, Schlussanträge v. 26. 06. 2012, C-199/11, Rn. 47 - *Otis.*

541 MüKo Kartellrecht/*Schneider*, Art. 16 VO 1/2003 Rn. 22.

542 *Imgrund*, S. 93, 103 f., 224; Möschel/Bien/*Grünberger*, 135, 171, 174; eine Feststellungswirkung dagegen ablehnend: *Zuber*, S. 61; *Durner*, EuR 2004, 547, 549 m.w.N.; *Bornkamm/Becker*, ZWeR 2005, 213.

543 *Imgund*, S. 224; Möschel/Bien/*Grünberger*, 135, 175.

des Kommissionsbeschlusses wesentliche Elemente auch der zivilrechtlichen Haftung determiniert, wie den Verstoß und dessen Verantwortliche. Die Kritik wäre daher lediglich im Hinblick auf die Tatbestandswirkung im engeren Sinne zutreffend. Tatbestandswirkung i.w.S. hieße insoweit schon nicht Rechtsfolgenbindung.[544] Wie oben dargelegt ist die Bindungswirkung des Art. 16 Abs. 1 VO 1/2003 losgelöst von den Begrifflichkeiten des deutschen Verwaltungsrechts zu bestimmen und umfasst richtigerweise neben dem Tenor auch die tragenden Gründe. Letztlich ist schon nicht ersichtlich, warum die Reichweite der Kohärenzverpflichtung davon abhängen soll, ob sich der Umfang der Bindungswirkung auf den Tenor, auf alle oder lediglich die tragenden Gründe bzw. eine Mischung aus diesen bezieht.

Im Ergebnis bleibt es also dabei, dass sich das durch die Kohärenzverpflichtung verbotene Zuwiderlaufen auf die materiell-rechtliche Bewertung der Verhaltensweise durch die Kommission, nicht jedoch auf die hieran geknüpften Rechtsfolgen bezieht. Art. 16 VO 1/2003 stellt damit keine Rechtsfolgenbindung dar. Sie ist vielmehr eine Rechtsanwendungsbindung, die durch das mitgliedstaatliche Gericht zu entscheidende Vorfragen erfasst. Dennoch kann ein mitgliedstaatliches Gericht ohne Verstoß gegen das Kohärenzgebot bei Vorfragen vom mitgliedstaatlichen Recht vorgesehene Rechtsfolgen zusprechen, wie beispielsweise Schadensersatzzahlungen.[545]Aufgrund der Rechtsanwendungsbindung darf das Gericht keine von der materiell-rechtlichen Einschätzung der Kommission abweichende Beurteilung der Vorfragen treffen. Allerdings hängen nationale Schadensersatzansprüche von weiteren, durch das nationale Deliktsrecht aufgestellten Voraussetzungen ab, die nicht zwingend durch den bindenden Kommissionsbeschluss präjudiziert sind.[546] Über diese kann das nationale Gericht weiterhin frei entscheiden. Es kann eine Kartellschadensersatzklage trotz der Feststellung eines Wettbewerbsverstoßes durch die Kommission beispielsweise abweisen, wenn und weil kein adäquat kausal auf das Kartell zurückzuführender Schaden nachgewiesen werden konnte.[547]

---

544 Vgl. zum deutschen Recht auch BVerwG, Urt. v. 04.10.1988, 1 C 72/86, betreffend die Bindungswirkung einer bestandskräftigen Baugenehmigung hinsichtlich der Zumutbarkeit von Lärmimmissionen; BVerwG, Urt. v. 23.04.1980, 8 C 82/79.

545 In diesem Sinne MüKo Kartellrecht/*Schneider*, Art. 16 VO 1/2003 Rn. 11.

546 S. hierzu ausführlich im 3. Kapitel, unten S. 246 ff.

547 S. zur Bindungswirkung hinsichtlich des Schadens unten S. 408 ff.

b. Bindungswirkung tatsächlicher Feststellungen und rechtlicher Beurteilungen

Im deutschen Zivilrecht entscheidet das Gericht im Rahmen der Beweiswürdigung gem. § 286 Abs. 1 ZPO nach seiner freien Überzeugung, ob es die von den Parteien vorgetragenen Umstände mit dem nach dem Beweismaß jeweils erforderlichen Grad an Gewissheit für erwiesen hält.[548] Auf Basis der festgestellten Tatsachen nimmt das Zivilgericht sodann seine rechtliche Würdigung vor. Im Rahmen der Reichweite der Bindungswirkung ist dementsprechend zu klären, ob Art. 16 Abs. 1 VO 1/2003 das mitgliedstaatliche Gericht in tatsächlicher oder rechtlicher Hinsicht oder tatsächlich und rechtlich bindet. Ein nach Art. 16 Abs. 1 VO 1/2003 zu vermeidendes Zuwiderlaufen zwischen dem Beschluss der Kommission und dem nationalen Gerichtsurteil ist insofern in zwei Szenarien denkbar. Für die Begründung von Widersprüchen ist es bereits ausreichend, wenn das mitgliedstaatliche Gericht auf Basis einer abweichenden tatsächlichen Grundlage über den Kartellverstoß entscheidet.[549] Weiterhin kann ein Zuwiderlaufen im Sinne des Art. 16 Abs. 1 S. 1 VO 1/2003 auch dadurch entstehen, wenn das nationale Gerichte auf Basis desselben Sachverhalts eine andere rechtliche Würdigung vornimmt als die Kommission. Es ist also zwischen einer Bindung an die festgestellten Tatsachen und einer darüberhinausgehenden Bindung an die materiell-rechtliche Beurteilung des Sachverhalts zu unterscheiden.

Um einen Widerspruch zwischen Kommissionsbeschluss und mitgliedstaatlicher Gerichtsentscheidung im Sinne des Art. 16 Abs. 1 VO 1/2003 zu vermeiden, ist jedenfalls davon auszugehen, dass das mitgliedstaatliche Gericht in seinem Verfahren zumindest von der gleichen Tatsachengrundlage auszugehen hat, wie sie die bindenden tatsächlichen Feststellungen des Kommissionsbescheids vorgeben. Hierfür streiten bereits die Argumente der Prozessökonomie und erleichterten Kartellrechtsdurchsetzung, um eine neuerliche Sachverhaltsaufklärung im Rahmen der zivilgerichtlichen Beweisaufnahme zu vermeiden. Die im Kommissionsbeschluss festgestellten Tatsachen, die der Bindungswirkung unterfallen, finden somit als unwiderlegliche präjudizielle Tatsachen unter Ausschluss des Grundsatzes der freien Beweiswürdigung in § 286 Abs. 1 ZPO Eingang in den mitgliedstaatlichen Kartellzivilprozess. Aus zivilprozessualer Sicht handelt es sich bei der angeordneten Bindung hinsichtlich der Tatsachen somit um eine verfahrensrechtliche Beweisregel analog § 286 Abs. 2 ZPO. Die

---

548 Zöller/*Greger*, § 286 ZPO Rn. 17 ff.; Wieczorek/Schütze/*Ahrens*, § 286 ZPO Rn. 27; *Ahrens*, Kap. 15 Rn. 37 ff.

549 So Loewenheim/*Zuber*, Art. 16 VO 1/2003 Rn. 14.

Kohärenzverpflichtung ist jedenfalls entscheidend dafür, welchen Sachverhalt das Zivilgericht seinem Urteil als feststehend zugrunde zu legen hat.

Fraglich bleibt daneben, ob das Gericht neben der Bindung an den Sachverhalt auch an die von der Kommission vorgenommene materiell-rechtliche Würdigung des festgestellten Sachverhalts gebunden ist. Auch dies ist im Sinne der Rechtsanwendungsgleichheit und im Interesse der durch die Vorschrift angestrebten Rechtssicherheit und einheitlichen Anwendung der europäischen Kartellrechtsnormen zu bejahen.[550] Das Ergebnis folgt aus dem Verständnis der Kohärenzverpflichtung des Art. 16 Abs. 1 VO 1/2003 im Sinne einer Bindungswirkung, die an den Ausspruch im Entscheidungstenor und die tragenden Gründe anknüpft. Zudem lässt sich nur durch dieses Verständnis die intendierte Rechtseinheit in der Union erreichen.[551] Demgegenüber bestünde das Risiko widersprüchlicher Entscheidungen trotz Anwendung derselben Norm auf denselben Sachverhalt weiter, wenn das nationale Gericht weiterhin eine eigene rechtliche Würdigung des Sachverhalts vornehmen könnte. Diese Sicht bestätigt sich auch durch den in Art. 16 Abs. 1 S. 4 VO 1/2003 enthaltenen Hinweis auf die bestehende Möglichkeit zur Durchführung eines Vorabentscheidungsverfahrens, welches nicht der Überprüfung von Tatsachen, sondern der Beurteilung von Rechtsfragen dient. Weiterhin wäre eine gerichtliche Würdigung desselben Sachverhalts im anschließenden Schadensersatzverfahren prozessökonomisch ineffizient und würde lediglich Entscheidungen verzögern.[552] Die Kommission hat somit die Befugnis, die Rechtslage für einen bestimmten Sachverhalt verfahrensübergreifend rechtskonkretisierend und verbindlich festzustellen.

Vereinzelt wird eine Bindung der nationalen Gerichte auch an die rechtliche Einschätzung eines bestimmten Sachverhalts durch die Kommission dennoch abgelehnt.[553] Nach dieser Ansicht kann die rechtliche Bewertung durch

---

550 Vgl. EuG, Urt. v. 12.04.2013, T-421/08, Rn. 196 – *Performing Right Society Ltd.*; EuG, Urt. v. 16.12.2015, T-48/11, Rn. 39 f. – *Luftfrachtkartell British Airways*; vgl. auch OLG Düsseldorf, Urt. v. 29.01.2014, VI-U (Kart) 7/13, Rn. 50 f., 52, „erstreckt sich inhaltlich auf den Tenor und den Sachverhalt"; *Rother/Rieger*, NZKart 2016, 116, 119; Möschel/Bien/*Grünberger*, 135, 172.

551 Möschel/Bien/*Grünberger*, 135, 149.

552 Kommission, Weißbuch Schadenersatzklagen wegen Verletzung des EG-Wettbewerbsrechts v. 02.04.2008, KOM (2008) 165 endg., S. 6; Kommission, Arbeitspapier zum Weißbuch über Schadensersatzklagen wegen Verletzung des EG-Wettbewerbsrecht v. 02.04.2008, SEC (2008) 405, Rn. 144 ff, 160 ff.; Möschel/Bien/*Grünberger*, 135, 148; *Fiedler*, BB 2013, 2179, 2184.

553 *Hausen*, S. 152; *Claussen*, JZ 2006, 157, 163; Loewenheim/*Zuber*, Art. 16 VO 1/2003 Rn. 16.

die Kommission für die Gerichte der Mitgliedstaaten keine bindende Wirkung entfalten, solange sie nicht durch den Gerichtshof der EU bestätigt worden ist.[554] Der Kommission komme nämlich, anders als den europäischen Gerichten, keine Befugnis zur verbindlichen Interpretation des Unionsrechts zu; zumindest nicht im Verhältnis zu Gerichten. Diese Ansicht kann jedoch nicht überzeugen. Eine solche Beschränkung findet im Wortlaut des Art. 16 Abs. 1 VO 1/2003 keine Stütze. Zudem würde die Möglichkeit nationaler Gerichte, eine eigene, womöglich abweichende rechtliche Bewertung der in Kommissionsbeschlüssen festgestellten Tatsachen vorzunehmen, die kohärente Anwendung des Wettbewerbsrechts sowie die Rechtssicherheit in der Union behindern und damit dem Telos des Art. 16 Abs. 1 S. 1 VO 1/2003 widersprechen. Zudem spricht für einen Beschluss der Kommission die Vermutung der Gültigkeit, solange dieser nicht für unionsrechtswidrig und nichtig erklärt wurde.[555] Die mitgliedstaatlichen Gerichte selbst haben weder unmittelbar noch mittelbar die Befugnis, einen Kommissionsbeschluss zu überprüfen und für ungültig zu erklären und entsprechend unangewendet zu lassen.[556] Der Rechtsschutz ist bei den Unionsgerichten monopolisiert. Überdies bleibt dem mitgliedstaatlichen Gericht bei Zweifeln an der Rechtmäßigkeit der Kommissionsentscheidung die Möglichkeit, dem EuGH eine Frage zur Auslegung und Gültigkeit des EU-Wettbewerbsrechts bzw. des Kommissionsbeschlusses vorzulegen.[557] Hieraus folgt jedoch keine Verpflichtung des nationalen Gerichts zur Überprüfung des es bindenden Kommissionsbeschlusses. Eine solche Pflicht wäre nur dann anzunehmen, wenn die Parteien einen Anspruch auf die Durchführung eines Vorabentscheidungsverfahrens nach Art. 267 AEUV hätten.[558] Dies ist jedoch nur – und lediglich als

---

554 Loewenheim/*Zuber*, Art. 16 VO 1/2003 Rn. 16.

555 Vgl. bereits EuGH, Urt. v. 14.12.2000, C-344/98, Rn. 53 – *Masterfoods*; s. zudem EuGH, Urt. v. 12.07.1957, C-7/56 – *Algera;* EuGH, Urt. v. 12.02.1979, C-101/78, Rn. 5 – *Granaria*; EuGH, Urt. v. 15.06.1994, C-137/92, Rn. 48 – *BASF;* dazu auch *Dohrn*, S. 48.

556 Verwerfungsmonopol des EuGH, s. dazu bereits EuGH, Urt. v. 22.10.1987, C-314/95, Rn. 15 – *Foto Frost;* EuGH, Urt. v. 14.12.2000, C-344/98, Rn. 54, 57 – *Masterfoods*; EuGH, Urt. v. 06.11.2012, C-199/11, Rn. 53 – *Otis; Hausen*, S. 77 ff.

557 *Hausen*, S. 144; *Imgrund*, S. 119, 125; *Dohrn*, S. 28, 31; Möschel/Bien/*Grünberger*, 135, 173; *Klees*, § 8 Rn. 113; Kölner Kommentar/*Schütz*, Art. 16 VO 1/2003 Rn. 4. S. für eine Überprüfungspflicht *Hausen*, S. 60.

558 S. zur fehlenden Befugnis der Parteien eines Rechtsstreits, sich mit einer Vorlagefrage unmittelbar an den EuGH zu wenden EuGH, Urt. v. vom 14.12.1962, C-31 und 33/62 – *Wöhrmann*; EuGH, Urt. v. 09.12.1965, C-44/65 – *Hessische Knappschaft*;

Reflexwirkung – der Fall, wenn das mit der Frage befasste nationale Gericht in letzter Instanz entscheidet.

In der Konsequenz geht die überwiegende Ansicht daher zu Recht davon aus, dass die mitgliedstaatlichen Gerichte im Folgeverfahren beim Vorliegen der Voraussetzungen der Kohärenzverpflichtung Abweichungen zu den tatsächlichen Feststellungen und rechtlichen Bewertungen der Kommission im Tenor und den tragenden Gründen des Beschlusses zu vermeiden haben.[559] Diese Ansicht bestätigend führte auch das Europäische Gericht aus, ein mitgliedstaatliches Gericht eine dem Kommissionsbeschluss zuwiderlaufende Entscheidung sowohl dann treffe, wenn es dem untersuchten wettbewerbswidrigen Verhalten eine andere kartellrechtliche Einstufung einräume, als auch wenn seine Entscheidung in Bezug auf das zeitliche und geografische Ausmaß des untersuchten

---

EuGH, Urt. v. 22.11.1979, C-93 /78, Rn. 5 – *Mattheus/Doego*; *Hausen*, S. 25; *Dohrn*, S. 114 m.w.N.

559 *Dohrn*, S. 45 ff., 173; *Körner*, S. 233, 237; *Imgrund*, S. 27 ff., 88 ff.; *Meessen*, S. 115, 132; *Durner*, EuR 2004, 547, 549; *Zöttl/Schlepper*, EuZW 2012, 573, 574; *Weitbrecht*, WuW 2017, 244, 245; Möschel/Bien/*Grünberger*, 135, 148 f., 174; Frankfurter Komm./*Jaeger*, Art. 16 VO 1/2003 Rn. 18; MüKo Kartellrecht/*Schneider*, Art. 16 VO 1/2003 Rn. 11; Berg/Mäsch/*von der Hout/Lux*, Art. 16 VO 1/2003 Rn. 3; a.A. *Hausen*, S. 69. Auch § 33 b GWB führt zu einer Bindung des Gerichts an die tatsächlichen Feststellungen der Kartellbehörde sowie an deren rechtliche Einordnung als Zuwiderhandlung im Anschlussverfahren gem. § 33 a Abs. 1 S. 1 GWB, s. hierzu BGH, Urt. v. 12.07.2016, KZR 25/14, Rn. 14 – *Lottoblock II*; KG, Urt. v. 01.10.2009, 2 U 17/03 Kart – *Transportbeton;* OLG Düsseldorf, Urt. v. 30.09.2009, WuW/E DER 2763, 2766 – *Post-Konsolidierer;* OLG München, Urt. v. 21.02.2013, U 5006/11 Kart, Rn. 90; OLG Karlsruhe, Urt. v. 31.07.2013, 6 U 51/12 (Kart), Rn. 50; OLG Düsseldorf, Urt. v. 29.01.2014, VI U (Kart) 7/13, Rn 44, 50 ff.; LG Mannheim, Urt. v. 04.05.2012, WuW/E DER 3584, 3587 f. – *Feuerwehrfahrzeug*; LG Berlin, Teilurt. v. 06.08.2013, 16 O 193/11 Kart, Rn. 58 – *Fahrtreppen*; LG Köln, Urt. v. 17.01.2013, 88 O 1/11, Rn. 171; LG Köln, Urt. v. 17.01.2013, 88 O 5/11, Rn. 155; LG Düsseldorf, Urt. v. 19.11.2015, 14d O 41/14, Rn. 190; *Imgrund*, S. 223 f. m.w.N.; *Lettl*, S. 397; *Wiedemann/Ollerdißen*, § 61 Rn. 20; *Inderst/Thomas*, S. 104 ff., 107 ff.; *Wagner/Kleine/Liebach*, EWS 2008, 305, 313; *Fritzsche/Klöppner/Schmidt*, NZKart 2016, 412, 414; *Weitbrecht*, WuW 2017, 244, 245; *Klöppner/Preuße*, NZKart 2021, 269, 271; Kamann/Ohlhoff/Völcker/*Ohlhoff*, § 26 Rn. 101; Langen/Bunte/*Bornkamm*, § 33 GWB a.F. Rn. 169; Bechtold/Bosch, § 33 GWB Rn. 46; Schulte/Just/*Staebe*, § 33 GWB a.F. Rn. 50; Berg/Mäsch/*Mäsch*, § 33 b GWB Rn. 6; Immenga/Mestmäcker/*Franck*, § 33 b GWB Rn. 13; vgl. auch Gesetzentwurf der Bundesregierung eines Siebten Gesetzes zur Änderung des Gesetzes gegen Wettbewerbsbeschränkungen, BT-Drucks. 15/3640, S. 54 (r. Sp. 1. Abs.). A.A. *Meyer*, GRUR 2006, 27, 30.

Wettbewerbsverhaltens oder hinsichtlich der Haftung oder Nichthaftung beteiligter Personen von der Bewertung der Kommission abwiche.[560] Die Bindungswirkung des Art. 16 Abs. 1 VO 1/2003 erstreckt sich mithin auf alle Feststellungen tatsächlicher und rechtlicher Natur. Diese Auslegung entspricht dem Telos der Bindungswirkung, die nicht nur darauf abzielt, den Kommissionsbeschluss durchzusetzen. Sie dient vornehmlich einer einheitlichen Anwendung der unionsrechtlichen Wettbewerbsregeln.[561] Die mitgliedstaatlichen Gerichte dürfen also nicht auf Basis der im Beschlusstenor und den tragenden Gründen getroffenen tatsächlichen und rechtlichen Feststellungen zu einer abweichenden Beurteilung kommen. Die Bindung der mitgliedstaatlichen Gerichte an die Feststellungen der Kommission in tatsächlicher und rechtlicher Hinsicht kann jedoch wie aufgezeigt nicht mit der Annahme einer Feststellungswirkung gleichgesetzt werden.[562]

Im Follow-on Verfahren ist die Bindungswirkung, soweit sie Tatsachen betrifft, als Beweisregel gemäß § 286 Abs. 2 ZPO beachtlich mit der Folge, dass die bereits bindend im Kommissionsbeschluss festgestellten Tatsachen nicht mehr bewiesen werden müssen. Die Bindungswirkung hinsichtlich der rechtlichen Beurteilungen der Kommission bewirkt, dass den mitgliedstaatlichen Gerichten eine eigene Prüfungsbefugnis zugunsten der in der Entscheidung dargelegten Rechtsauffassung entzogen ist.[563] Die einzige Möglichkeit für das nationale Gericht, die Rechtsauffassung der Kommission in Frage zu stellen, wäre im Rahmen eines Vorlageverfahrens vor dem EuGH.[564]

Allerdings ist im Hinblick auf eine Bindungswirkung der von der Kommission in ihrem Beschluss geäußerten Rechtsauffassung anders als bei einer Bindung an rein tatsächliche Feststellungen zudem das Erfordernis der Identität beachtlich. [565] Für eine Bindung der mitgliedstaatlichen Gerichte an die rechtlichen Beurteilungen in der Kommissionsentscheidung ist daher zusätzlich zu verlangen, dass die im nationalen Folgeverfahren entscheidende Rechtsfrage bereits auf Basis identischer Maßstäbe, Tatbestandsmerkmale und Zurechnungskonzepte von der Kommission rechtlich bewertet und subsumiert wurde.

---

560 EuG, Urt. v. 16.12.2015, T - 9/11, Rn. 39 – *Luftfrachtkartell.*

561 S. auch Immenga/Mestmäcker/*Franck*, § 33 b GWB Rn. 13 m.w.N.

562 *Dohrn*, S. 173; a.A. offenbar *Hausen*, S. 141.

563 EuGH, Urt. v. 06.11.2012, C-199/11, Rn. 65 f. – *Otis;* Möschel/Bien/*Grünberger* 135, 174; Immenga/Mestmäcker/*Franck*, § 33 b GWB Rn. 16.

564 So ausdrücklich Loewenheim/*Zuber,* Art. 16 VO 1/2003 Rn. 16.

565 GA Cosmas, Schlussanträge v. 16.05.2000, C-344/98, Rn. 6 – *Masterfoods*; *Klotz*, S. 121.

Erst diese Deckungsgleichheit der rechtlich untersuchten Elemente erfordert dem Schutzzweck der Norm des Art. 16 Abs. 1 VO 1/2003 nach überhaupt einen Gleichlauf und kann dementsprechend eine Bindungswirkung auch der rechtlichen Bewertung erst begründen.[566] Rechtliche Beurteilungen als Ergebnis des Subsumtionsvorgangs der Kommission sind neben tatsächlichen Feststellungen somit nur dann bindend, soweit die durch die Kommission und das nationale Gericht zu prüfenden Tatbestandsvoraussetzungen der zugrundeliegenden Rechtsfragen deckungsgleich sind, es sich mithin um identische Prüfungsvorgaben handelt. Sind die rechtlich zu prüfenden Maßstäbe unterschiedlich, enthebt die Bindungswirkung des Art. 16 Abs. 1 VO 1/2003 das mitgliedstaatliche Gericht nicht seiner Prüfungskompetenz und es bleibt bei einer Bindung allein an die tatsächlichen Feststellungen des Kommissionsbeschlusses.

c. *Negative Bindungswirkung*

Art. 16 Abs. 1 VO 1/2003 soll verhindern, dass die Gerichte der Mitgliedstaaten hinsichtlich eines identischen Sachverhalts tatsächlich oder rechtlich andere Beurteilungen treffen als der Kommissionsbeschluss in gleicher Sache. Dies dient nach der Intention der Norm unter anderem dazu, die unionsweite kohärente Anwendung des Kartellrechts sicherzustellen, jedenfalls für die positiven Feststellungen des Kommissionsbeschlusses. Daneben bleibt häufig fraglich, ob auch von Sachverhaltselementen, die sich nicht explizit im Kartellbeschluss wiederfinden, eine sog. negative Bindungswirkung für Follow-on Verfahren ausgeht. Die Problematik abweichender mitgliedstaatlicher Entscheidungen besteht nämliche gleichermaßen auch dann, wenn ein nationales Gericht z.B. in Bezug auf ähnliche, eng verwandte Produktkategorien, benachbarte Märkte oder vor- bzw. nachgelagerte Zeiträume über die tatsächlichen Feststellungen der Kommission hinausgeht.[567] Art. 16 Abs. 1 VO 1/2003 selbst verhält sich nicht zu der Frage, wie das mitgliedstaatliche Gericht mit Behauptungen im Anschlussverfahren umgehen soll, die nicht Inhalt der Kommissionsentscheidung geworden sind.

Nach eher schädigerfreundlicher Auffassung sollten die Feststellungen des Beschlusses nicht nur positiv herangezogen werden, sondern nationalen

---

566 MüKo Kartellrecht/*Schneider*, Art. 16 VO 1/2003 Rn. 9; *Bürger*, WuW 2011, 130, 139f. S. hierzu auch *Körner*, S. 274; *Logemann*, S. 248 f.; Möschel/Bien/*Grünberger*, 135, 161 u. 177; *Thomas/Legner*, NZKart 2016, 155, 158; *Klumpe/Thiede*, NZKart 2017, 332, 333.

567 EuG, Urt. v. 16.12.2015, T-67/11, Rn. 35 – *Martinair*; *Klöppner/Preuße*, NZKart 2021, 269, 271.

Gerichten zudem untersagt sein, beliebig über die getroffenen Feststellungen innerhalb eines bereits untersuchten Sachverhalts hinauszugehen.[568] Die Feststellungen und Bewertungen im Kommissionsbeschluss bildeten demnach die Grenze sowohl der positiven als auch der negativen Bindungswirkung. Im Kern stützt sich diese Ansicht auf eine Analogie zu den vermeintlich vergleichbaren Wirkungen der materiellen Rechtskraft, in welche auch Bußgeldbeschlüsse erwachsen.[569] Es sei davon auszugehen, dass die Kommission im Rahmen ihrer Entscheidung einen Sachverhalt i.S.e. historischen Lebensvorgangs umfassend untersuche und für diesen abschließende Bewertungen treffe.[570] Nachträgliche sachliche, zeitliche oder räumliche Erkenntnisse zum bewerteten Lebenssachverhalt führten aufgrund der materiellen Rechtskraft grundsätzlich nicht zur Wiedereröffnung eines durch eine Behörde mit rechtskräftigem Bescheid abgeschlossenen Bußgeldverfahrens, es sei denn, aus ihnen ergebe sich ein spezifisch erhöhter krimineller Mehrwert.[571] Für die der Bindungswirkung unterliegenden, im Rahmen von Follow-on Verfahren nachfolgend mit dem gleichen Sachverhalt befassten Zivilgerichte könne nichts anderes gelten.[572] Infolgedessen sei eine anschließende, über die Feststellungen des Bußgeldbescheids hinausgehende Verfolgung desselben historischen Vorgangs in einem Follow-on Verfahren durch die materielle Rechtskraft und die ihr innewohnende Rechtssicherheit grundsätzlich ausgeschlossen.[573] Überdies sei davon auszugehen, dass die Kommission für den untersuchten Lebenssachverhalt keine hinreichenden Nachweise für eine andere sachliche, zeitliche und räumliche Bewertung des Wettbewerbsverstoßes ermitteln konnte. Ansonsten hätte sie die historischen Ereignisse nicht in dieser Art, sondern darüberhinausgehend als Verletzung des europäischen Wettbewerbsrechts bewertet. Letztlich müsse daher auch die „Nicht-Feststellung" von Tatsachen im Rahmen des bewerteten historischen Lebenssachverhalts bindend sein, also eine entsprechende negative Bindungswirkung entfalten.

Diese Ansicht kann nicht überzeugen, da sie zum Nachteil potenziell Kartellgeschädigter dem Kommissionbeschluss einen Inhalt zumisst, der keine Stütze in den ausdrücklichen Feststellungen seines verfügenden Teils findet.

568 *Klöppner/Preuße*, NZKart 2021, 269, 271.
569 § 84 Abs. 1 OWiG.
570 Krenberger/Krumm, § 84 Rn. 5; *Klöppner/Preuße*, NZKart 2021, 269, 270 u. 272.
571 Vgl. § 85 Abs. 3 S. 2 OWiG; *Klöppner/Preuße*, NZKart 2021, 269, 272.
572 *Klöppner/Preuße*, NZKart 2021, 269, 272.
573 Krenberger/Krumm, § 84 Rn. 3; *Klöppner/Preuße*, NZKart 2021, 269, 272.

Auch wenn der Kommissionsbeschluss der Auslegung fähig ist, lässt sich von seinem Schweigen nicht darauf schließen, dass die Kommission einen bestimmten Aspekt hinreichend untersucht und aus Mangel an Nachweisen bewusst nicht weiterverfolgt hat.[574] Es lässt sich schlicht nicht sagen, ob die Kommission bewusst oder unbewusst zu bestimmten Aspekten des Untersuchungsgegenstands keine Feststellungen im Kartellbeschluss getroffen hat. Darüber hinaus bestimmt sich die zur Begründung einer negativen Bindungswirkung angeführte Rechtskraft nach dem zweigliedrigen Streitgegenstandsbegriff durch Lebenssachverhalt und geltend gemachtem Anspruch. Über den im Kommissionsbeschluss festgestellten Sachverhalt hinausgehende Aspekte können jedoch nicht einfach als Streitgegenstand der Entscheidung unterstellt werden und damit der Rechtskraft unterfallen. Es scheint zudem wenig überzeugend, die strengen ordnungswidrigkeitenrechtlichen Maßstäbe zur Wiedereröffnung eines Verfahrens auch auf das Zivilrecht zu übertragen. Auch aus rechtsstaatlichen Gesichtspunkten sollte eine Ausschlusswirkung in Form einer negativen Bindungswirkung nur ausnahmsweise dann zur Anwendung kommen, wenn das Gericht mit relativer Sicherheit davon ausgehen kann, dass die Kommission einen bestimmten Aspekt während des Verfahrens behandelt und damit indirekt zum Gegenstand ihres Beschlusses gemacht hat. Auch das Europäische Gericht selbst scheint hier von einer Art Transparenzgebot von Bußgeldbeschlüssen der Kommission auszugehen.[575] Ist der Umfang der von der Kommission vorgenommenen Untersuchungen unklar, kann dies aus rechtsstaatlichen Gründen dem potentiell kartellgeschädigten Antragsteller nicht zum Nachteil gereichen. In diesem Sinne entschied auch das EuG, dass ein nationales Gericht nur dann unter Verstoß gegen Art. 16 Abs. 1 VO 1/2003 ein dem Kommissionsbeschluss zuwiderlaufendes Urteil erlässt, wenn sich seine Entscheidung hinsichtlich des zeitlichen bzw. räumlichen Umfangs der untersuchten Verhaltensweisen oder hinsichtlich der Haftung bzw. fehlenden Haftung von Personen, die Gegenstand der Untersuchung der in Rede stehenden Verhaltensweise gewesen sind und deren Haftung in der Entscheidung der Kommission geprüft worden ist, von dieser unterscheidet.[576]

Nach noch weitergehender Auffassung müsse die Bindungswirkung des Bescheids insgesamt entfallen, sollte das Zivilgericht über die Grenzen des in der Kommissionsentscheidung bewerteten Verstoßes in sachlicher, örtlicher

---

574 S. hierzu auch unten S. 349 f.

575 EuG, Urt. v. 16.12.2015, T-67/11, Rn. 37 – *Martinair.*

576 EuG, Urt. v. 16.12.2015, T-67/11, Rn. 35 – *Martinair.*

oder zeitlicher Weise hinausgehen wollen. Das nationale Gericht habe sodann die vollständigen Ermittlungen inklusive eigenständiger Durchsicht einer Vielzahl von Dokumenten sowie Befragung unterschiedlicher Zeugen neu vorzunehmen.[577] Für eine solch weitreichende Ansicht gibt es keine Rechtfertigung. Sie negiert die Vorgaben des Art. 16 VO 1/2003 und findet auch in der europäischen Rechtsprechung keine Stütze.[578]

Im Ergebnis ist eine wie auch immer geartete Ausschlusswirkung für Sachverhaltsaspekte, die keinen eindeutigen Eingang in den Kommissionsbeschluss gefunden haben, abzulehnen. Hat die Kommission beispielsweise einen Wettbewerbsverstoß in 15 Mitgliedstaaten explizit festgestellt, bleibt es dem potentiell Geschädigten unbenommen, einen Wettbewerbsverstoß in weiteren Mitgliedstaaten selbst darzulegen und zu beweisen. Insgesamt bedeutet dies für den Kartellgeschädigten, dass er seinen Anspruch unter Beachtung der allgemeinen zivilprozessualen Beweisgrundsätze auf Sachverhaltselemente stützen kann, die sich nicht im Kommissionsbeschluss wiederfinden.[579] Darauf basierend kann das nationale Zivilgericht Feststellungen treffen, die sachlich, örtlich oder zeitlich über den durch die kartellbehördliche Entscheidung festgestellten Verstoß hinausgehen.[580] Es ist insoweit auch nicht ersichtlich, dass die Entscheidung eines nationalen Gerichts einem Kommissionsbeschluss „zuwiderlaufen" würde, wenn das Gericht hinsichtlich nicht tragender Gründe oder gänzlich neuen, außerhalb des Beschlusses liegenden Parteivortrags, ein eigenes Urteil trifft.[581] Die fehlenden Äußerungen in einer Entscheidung der Kommission stellen insoweit keine „negative" Feststellung mit bindender Wirkung dar. Außerhalb der

577 *Klöppner/Preuße*, NZKart 2021, 269, 271 u. 273.

578 Vgl. EuG, Urt. v. 16.12.2015, T-67/11, Rn. 35 ff. – *Martinair*, welches einen solchen Entfall der Bindungswirkung nicht einmal ansatzweise diskutiert.

579 Vgl. Kamann/Ohlhoff/Völcker/*Ohlhoff*, § 26 Rn. 97.

580 Vgl. auch EuG, Urt. v. 07.07.1998, T-65/98 – *Van den Bergh Foods Ltd./Kommission*; EuG, Urt. v. 06.10.2005, T-22/02, Rn. 144 – *Sumitomo*; s. weiterhin BGH, Urt. v. 12.07.2016, KZR 25/14, Rn. 17 ff.; OLG München, Urt. v. 21.02.2013, U 5006/11 Kart, Rn. 90; OLG Frankfurt, Urt. v. 17.11.2015, 11 U 73/11 (Kart), Rn. 43 f.; LG Düsseldorf, Urt. v. 19.11.2015, 14d O 4/14, Rn. 202, 210; LG Hannover, Urt. v. 04.02.2019, 18 O 26/17, Rn. 24 – *LKW-Kartell; Fritzsche/Klöppner/Schmidt*, NZKart 2016, 412, 414; Bechtold/Bosch, § 33 GWB Rn 46; Langen/Bunte/*Bornkamm*, § 33 GWB a.F. Rn. 169; Berg/Mäsch/*Mäsch*, § 33 GWB a.F. Rn. 80.

581 *Kling/Thomas*, § 10 Rn. 39; MüKo Kartellrecht/*Schneider*, Art. 16 VO 1/2003 Rn. 11; Kölner Kommentar/*Schütz* Art. 16 VO 1/2003 Rn. 9.

insoweit eng auszulegenden Bindungswirkung greift somit weiterhin der Beibringungsgrundsatz des Zivilverfahrens.[582]

Hebt ein Gericht den einen Kartellverstoß feststellenden Kommissionsbeschluss auf, so stellt sich die Frage, wie Zivilgerichte mit dieser Aufhebung auf Basis der Bindungswirkung in Follow-on Klagen umzugehen haben. Rein formal betrachtet entfällt mit der Aufhebung der Entscheidung durch die europäischen Gerichte der Kommissionsbeschluss und damit der Anknüpfungspunkt für die nach Art. 16 Abs. 1 VO 1/2003 angeordnete Kohärenzverpflichtung.[583] Daher können die Zivilgerichte in einer solchen Konstellation eine eigenständige Entscheidung über das Vorliegen eines Kartellverstoßes treffen.[584] Diese Entscheidungsfreiheit wäre aber zu verneinen, wenn die Aufhebung des Kommissionsbeschlusses das Ergebnis einer materiell-rechtlichen Überprüfung des Sachverhalts ist. Vielmehr müssen die nationalen Gerichte in diesem Fall bindend davon ausgehen, dass das streitgegenständliche Verhalten keinen Wettbewerbsverstoß darstellt. Eine analoge Anwendung des Art. 16 Abs. 1 VO 1/2003 auf solche Fallgestaltungen erscheint sachgerecht, weil die Vorschrift sowohl die positive als auch die negative Feststellung einer wettbewerbsrechtlichen Zuwiderhandlung erfasst.

d. Zwischenergebnis

Durch die Bindungswirkung wird effektiv verhindert, dass über die auch im nationalen Zivilprozess in gleichem Maße relevante Frage des Wettbewerbsverstoßes und seiner konkreten Ausmaße erneut entschieden werden muss und es hierdurch zu widerstreitenden Ergebnissen kommt. Die Bindungswirkung erstreckt sich nicht nur auf den Tenor, sondern auch auf die tragenden Gründe der Entscheidung. Um das Ausmaß der Bindungswirkung eines Kommissionsbeschlusses nach Art. 16 Abs. 1 VO 1/2003 konkret zu ermitteln, hat das nationale Gericht zu prüfen, welche Teile der Entscheidungsgründe die im Tenor des Bescheids getroffene Entscheidung der Kommission tragen. Sind sie nicht tragend, kann den betreffenden Ausführungen keine Bindungswirkung im Follow-on Verfahren zukommen. Ebenso wenig kann angenommen werden, dass der Kommissionsbeschluss auch bindende Wirkung in Bezug auf Aspekte entfaltet, die nicht zu seinem ausdrücklichen Gegenstand geworden sind. Eine so verstandene „negative Bindungswirkung“ ist abzulehnen.

---

582 *Imgrund*, S. 268.

583 S. zur zeitlichen Anwendbarkeit der Bindungswirkung oben S. 103 f.

584 In diesem Sinne wohl Immenga/Mestmäcker/*Franck*, § 33 b GWB Rn. 9.

Für das mitgliedstaatliche Gericht bindend sind dabei tatsächliche Feststellungen und rechtliche Beurteilungen der Kommission, welche die Tatbestandsmerkmale der kartellrechtlichen Verbotsnorm ausfüllen. Im Sinne einer Rechtsanwendungsbindung erfasst das Kohärenzgebot zudem auch die im nationalen Verfahren von dem gebundenen Gericht zu beurteilenden Vorfragen.

II. Aussetzung des Verfahrens

Neben der Berücksichtigung der Kommissionsentscheidung in seinem Verfahren über die Bindungswirkung des Art. 16 Abs. 1 S. 1 VO 1/2003 besteht eine weitere mögliche Vorgehensweise für das nationale Gericht darin, sein Verfahren auszusetzen. Dies kommt nach Art. 16 Abs. 1 S. 3 VO 1/2003 insbesondere in Betracht, wenn die Kommission den Erlass einer Entscheidung in gleicher Sache in einem von ihr eingeleiteten Verfahren erst noch beabsichtigt. Nach Art. 16 Abs. 1 S. 2 VO 1/2003 ist das mitgliedstaatliche Gericht auch verpflichtet es zu vermeiden, Entscheidungen zu erlassen, die einem künftigen Beschluss der Kommission zuwiderlaufen (s. hierzu sogleich unter 1.). Eine Aussetzung des nationalen Gerichtsverfahrens ist aber auch dann naheliegend, wenn vor dem Gericht der Union aktuell noch eine Nichtigkeitsklage gegen den bindenden Kommissionsbeschluss (dazu nachfolgend unter 2.) oder ein Gültigkeits-/Auslegungsvorlageverfahren anhängig ist.

1. Aussetzungsmöglichkeit im Fall eines beabsichtigten Kommissionsbeschlusses

Aufgrund der sog. Vorwirkung von Kommissionsbeschlüssen[585] in Art. 16 Abs. 1 S. 2 VO 1/2003 haben die Gerichte der Mitgliedstaaten nicht nur bestehende Kommissionsentscheidungen zu beachten, sondern sind bereits durch beabsichtigte Beschlüsse in ihrer Entscheidungsbefugnis beschränkt. Dass ein Kartellbeschluss bereits ab dem Zeitpunkt der Verfahrenseinleitung durch entsprechenden Beschluss der Kommission als „beabsichtigt" anzusehen ist, wurde bereits dargelegt.[586] Ein Verlust der Zuständigkeit des mitgliedstaatlichen Gerichtes zur eigenständigen kartellrechtlichen Beurteilung des Untersuchungsgegenstands

585 EuGH, Urt. v. 28.02.1991, C-234/89, Rn. 47 – *Delimitis/Henninger;* EuGH, Urt. v. 14.12.2000, C-344/98, Rn. 53 – *Masterfoods*; Schröter/Jakob/Klotz/Mederer/*Schröter/ van der Hout*, Art. 101 AEUV Rn. 254.

586 S. oben S. 100 ff. zur Auslegung des Tatbestandsmerkmals „beabsichtigte Entscheidung der Kommission".

des Kommissionsverfahrens tritt hierdurch nicht ein. Für das Gericht bindende Feststellungen eines Kommissionsbeschlusses liegen noch nicht vor. Dies birgt die Gefahr der Rechtszersplitterung im Binnenmarkt.[587] Hieran schließt sich die Frage an, ob im Fall der Einleitung eines entsprechenden Verfahrens durch die Kommission eine Verpflichtung des einzelstaatlichen Gerichts zur Aussetzung des vor ihm anhängigen Verfahrens in gleicher Sache besteht.

Die Aussetzungsbefugnis des Art. 16 Abs. 1 S. 2 VO 1/2003 besteht für das einzelstaatliche Gericht aufgrund des Vorrangs des europäischen Rechts auch dann, wenn die Verfahrensvorschriften des Mitgliedstaats sie nicht kennt oder ihr sogar entgegenstehen.[588] In Deutschland richtet sich die Aussetzung des nationalen Zivilverfahrens nach einhelliger Auffassung nach § 148 ZPO, nach dessen Vorgaben es im Rahmen einer Ermessensentscheidung genügt, wenn dem anderen Verfahren ein rechtlich erheblicher Einfluss auf das laufende, nun auszusetzende Verfahren zukommt.[589] Teilweise wird dabei trotz des gegenteiligen Wortlauts des Art. 16 Abs. 1 S. 3 VO 1/2003 angenommen, dass das gerichtliche Ermessen gem. § 148 ZPO im Fall des Vorliegens einer Verfahrenseinleitung der Kommission auf null reduziert und somit eine Verpflichtung des nationalen Gerichts zur Verfahrensaussetzung gegeben ist, da eine eigenständige Sachentscheidung über Vorfragen aufgrund der eingreifenden Bindung des Art. 16 Abs. 1 S. 2 VO 1/2003 nicht mehr möglich ist.[590] Andere bejahen eine Ermessensreduktion auf null für die Verfahrensaussetzung demgegenüber nur dann, wenn das einzelstaatliche Gericht eine Divergenz zwischen den Entscheidungen für wahrscheinlich hält.[591] Das Gericht habe insofern Prozessökonomie und Rechtssicherheit abzuwägen.[592] Bestünde kein Anlass anzunehmen, dass die Kommission von ihrer bisherigen Entscheidungspraxis abweichen wird und ist die Anwendung des Kartellrechts daher ohne vernünftige Zweifel offenkundig, so kann das nationale Gericht entsprechend vorgehen und eine Aussetzung seines Verfahrens vermeiden.[593] Auch wird vertreten, dass sich die

---

587 *Durner*, EuR 2004, 547; 551; MüKo Kartellrecht/*Schneider*, Art. 16 VO 1/2003 Rn. 4.

588 MüKo Kartellrecht/*Schneider*, Art. 16 VO 1/2003 Rn. 16.

589 *Dohrn*, S. 127 m.w.N.; Calliess/Ruffert/*Wegener*, Art. 267 AEUV Rn. 18; Immenga/Mestmäcker/*Schmidt*; Anhang 3 VO 1/2003 Rn. 29 ff., 62.

590 *Dohrn*, S. 85, 127; *Bornkamm*, ZWeR 2003, 73, 83; *Raue*, WRP 2012, 1478, 1482 „müssen" aussetzen.

591 *Imgrund*, S. 195.

592 *Imgrund*, S. 185.

593 Kommission, Bekanntmachung der Kommission über die Zusammenarbeit zwischen der Kommission und den Gerichten der EU-Mitgliedstaaten bei der Anwendung der

Aussetzungsmöglichkeit des mitgliedstaatlichen Gerichts allein dann zu einer Aussetzungspflicht verdichte, wenn ansonsten durch das nationale Gerichtsverfahren vollendete und unumkehrbare Tatsachen geschaffen würden und hierdurch die effektiven Rechtsschutzmöglichkeiten des Betroffenen ausgeschlossen wären.[594] Wieder andere stellen es in das freie richterliche Ermessen des nationalen Gerichts, ob eine Aussetzung im Sinne der einheitlichen Anwendung des unionsrechtlichen Wettbewerbsrechts erforderlich ist und sehen in keinem Fall eine Ermessensreduktion auf Null bzw. die Verpflichtung zur Aussetzung.[595]

Erheblich gegen eine Verpflichtung des mitgliedstaatlichen Gerichts, sein Verfahren in derselben Sache auszusetzen, spricht zunächst der Wortlaut des Art. 16 Abs. 1 VO 1/2003. Nach diesem „kann das einzelstaatliche Gericht prüfen, ob es notwendig ist, das vor ihm anhängige Verfahren auszusetzen". Wenn das nationale Gericht nach den Normvorgaben noch nicht einmal zur Prüfung der Notwendigkeit einer Aussetzung verpflichtet ist, kann es wohl kaum zu einer Aussetzung selbst verpflichtet sein. Allerdings ist entgegen des Wortlauts des Art. 16 Abs. 1 S. 3 VO 1/2003 aufgrund der bindenden Vorwirkung eines künftigen Kommissionbeschlusses für die nationalen Gerichte gem. Art. 16 Abs. 1 S. 2 VO 1/2003 ab der Verfahrenseinleitung durch die Kommission richtigerweise zumindest eine Ermessensreduktion auf null hinsichtlich der Prüfung der Möglichkeit einer Verfahrensaussetzung anzunehmen.[596] Der Erlass einer dem Kommissionsbeschluss entsprechenden Entscheidung kann je nachdem nur über eine Aussetzung des nationalen Gerichtsverfahrens herbeigeführt werden. Das einzelstaatliche Gericht ist demnach jedenfalls verpflichtet zu prüfen, wenn auch nach freiem Ermessen, ob es notwendig ist, sein eigenes Verfahren auszusetzen. Dies ist jedoch ersichtlich nicht mit dem Bestehen einer Aussetzungspflicht gleichzusetzen, die insoweit zu verneinen ist. So ergibt sich bereits aus den Ausführungen des EuGH in *Delimitis*, dass das mitgliedstaatliche Gericht

Art. 81 und 82 des Vertrags v. 27.04.2004, ABl. 2004, C 101 S. 4, Rn. 12; *Imgrund*, S. 194; *Dohrn*, S. 126 m.w.N.

594 von der Groeben/Schwarze/Hatje/*Becker/Vollrath*, Art. 16 VO 1/2003 Rn. 43.

595 Kommission, Bekanntmachung der Kommission über die Zusammenarbeit zwischen der Kommission und den Gerichten der EU-Mitgliedstaaten bei der Anwendung der Art. 81 und 82 des Vertrags v. 27.04.2004, ABl. 2004, C 101 S. 4, Rn. 12; *Hausen*, S. 245, 248; Kölner Kommentar/*Krohs*, § 33 GWB a.F. Rn. 266; wohl in diese Richtung Immenga/Mestmäcker/*Schmidt*, Anhang 3 VO 1/2003 Rn. 30.

596 Vgl. EuGH, Urt. v. 14.12.2000, C-344/98, Rn. 55 – *Masterfoods* für die Anfechtung einer Entscheidung; ebenso Grabitz/Hilf/Nettesheim/*Schuhmacher*, Art. 101 AEUV Rn. 447.

sein Verfahren fortsetzen kann, wenn die Voraussetzungen des Art. 101 Abs. 1 offensichtlich nicht vorliegen oder ohne Zweifel erfüllt sind und auch eine Freistellung nicht in Betracht kommt.[597] Daneben kann es auch denkbar sein, dass eine stimmige Entscheidung in beiden Verfahren auch ohne Aussetzung des mitgliedstaatlichen Gerichtsverfahrens erreicht wird, z.B. wenn das mitgliedstaatliche Gerichtsverfahren erst an seinem Anfang steht und in naher Zukunft mit der Entscheidung der Kommission zu rechnen ist. Überdies erfordert auch die Erreichung des von Art. 16 Abs. 1 VO 1/2003 vorgegebenen Zwecks keine Aussetzungsverpflichtung eines mit der Sache befassten nationalen Zivilgerichts. Ergeht nach dem Urteil des Zivilgerichts ein mit diesem in Widerspruch stehender Kommissionsbeschluss, so kann das abweichende Zivilurteil im Wege eines Rechtsmittelverfahrens, einer Vollstreckungsabwehrklage oder einer Wiederaufnahme des Verfahrens von den höheren Instanzen beseitigt werden.[598] Parallele Kartellverfahren der Kommission und der mitgliedstaatlichen Gerichte denselben Untersuchungsgegenstand nach Art. 101 Abs. 1 AEUV betreffend sind somit durchaus möglich. In der Praxis bleibt dem nationalen Gericht allerdings zumeist kaum eine andere Möglichkeit als das eigene Verfahren auszusetzen, wenn die Entscheidung der Kommission präjudiziell für den vor ihm anhängigen Rechtsstreit ist.[599] So wird das einzelstaatliche Gericht aus pragmatischen Gründen spätestens dann sein Verfahren aussetzen, wenn es mit einer abweichenden oder nicht vorhersehbaren Entscheidung der Kommission rechnen muss. Eine Fortsetzung wäre hier schon nicht prozessökonomisch, da das Urteil spätestens in der nächsten Instanz anhand des bindenden Kommissionsbeschlusses korrigiert werden müsste.

Im Fall der Aussetzung des Verfahrens durch das nationale Gericht kann der Erlass einstweiliger Maßnahmen erforderlich werden, um die Interessen und

---

597 EuGH, Urt. v. 28.02.1991, C-234/89, Rn. 50 – *Delimitis/Henninger*.

598 Bechtold/Bosch/Brinker/*Brinker*, Art. 16 VO 1/2003 Rn. 9; MüKo Kartellrecht/*Schneider*, Art. 16 VO 1/2003 Rn. 11, 12. Die Frage offenlassend, Loewenheim/*Zuber*, Art. 16 VO 1/2003 Rn. 4.

599 Vgl. EuGH, Urt. v. 14.12.2000, C-344/98, Rn. 57 – *Masterfoods* „sollte aufgrund der Verpflichtung zu loyaler Zusammenarbeit aussetzen"; so auch Langen/Bunte/*Sura*, Art. 16 VO 1/2003 Rn. 13; Dalheimer/Feddersen/Miersch/*Dalheimer*, Art. 16 VO 1/2003 Rn. 9 m.w.N.; Kölner Kommentar/*Schütz*, Art. 16 VO 1/2003 Rn. 4; MüKo Kartellrecht/*Schneider*, Art. 16 VO 1/2003 Rn. 15; s. aber auch Grabitz/Hilf/Nettesheim/*Schuhmacher*, Art. 101 AEUV Rn. 446, der sogar eine Verpflichtung zur Aussetzung annimmt.

Rechte der am nationalen Verfahren beteiligten Parteien zu schützen.[600] Um widersprüchliche Entscheidungen bei Verfahrensfortgang zu vermeiden besteht daneben die Möglichkeit, nach Art. 15 Abs. 1 VO 1/2003 bei der Kommission den aktuellen Verfahrensstand und den erwarteten Entscheidungszeitpunkt zu erfragen.[601] Teilt die Kommission dem nationalen Gericht ihre beabsichtige Entscheidung vorab mit, muss dieses sein Verfahren nicht aussetzen, um ein dem laufenden Kommissionsverfahren entsprechendes Urteil zu treffen.[602] Stimmt das mitgliedstaatliche Gericht der zu erwartenden Kommissionsentscheidung hingegen nicht zu, darf es nach Art. 16 Abs. 1 S. 2 VO 1/2003 auch keine zuwiderlaufende Entscheidung mehr treffen, sondern muss sodann nach Erlass des Kommissionsbeschlusses eine entsprechende Vorlage an den EuGH nach Art. 267 AEUV durchführen.

2. *Aussetzungspflicht des nationalen Gerichts im Fall eines anhängigen Nichtigkeitsverfahrens*

Eine vergleichbare Problematik die Aussetzungsbefugnis betreffend zeigt sich im Fall des Fortgangs des Verfahrens vor den Unionsgerichten zur Prüfung der Rechtmäßigkeit des Kommissionsbeschlusses im Wege eines Nichtigkeitsverfahrens. Auch in dieser Lage können die Gerichte der Mitgliedstaaten die

600 EuGH, Urt. v. 14.12.2000, C-344/98, Rn. 58 – *Masterfoods*; Kommission, Bekanntmachung der Kommission über die Zusammenarbeit zwischen der Kommission und den Gerichten der EU-Mitgliedstaaten bei der Anwendung der Art. 81 und 82 des Vertrags v. 27.04.2004, ABl. 2004, C 101 S. 4, 54, 56 Rn. 13 f.; *Hirsch*, ZWeR 2003, 233, 250; von der Groeben/Schwarze/Hatje/*Becker/Vollrath*, Art. 16 VO 1/2003 Rn. 40; Calliess/Ruffert/*Wegener*, Art. 267 AEUV Rn. 17; Berg/Mäsch/*van der Hout/Lux*, Art. 16 VO 1/2003 Rn. 21; Grabitz/Hilf/Nettesheim/*Schuhmacher*, Art. 101 AEUV Rn. 447; Grabitz/Hilf/*Dalheimer*, Art. 16 VO 1/2003 Rn. 9.

601 Vgl. Kommission, Bekanntmachung über die Zusammenarbeit zwischen der Kommission und den Gerichten der EU-Mitgliedstaaten bei der Anwendung der Art. 81 und 82 des Vertrags v. 27.04.2004, ABl. 2004, C 101 S. 4 Rn. 12 f. u 21; so auch schon EuGH, Urt. v. 28.02.1991, C-234/89, Rn. 53 – *Delimitis/Henninger*; Grabitz/Hilf/Nettesheim/*Dahlheimer*, Art. 16 VO 1/2003 Rn. 8; Immenga/Mestmäcker/*Ritter/Wirtz*, Art. 16 VO 1/2003 Rn. 7.

602 So auch Kommission, Bekanntmachung der Kommission über die Zusammenarbeit zwischen der Kommission und den Gerichten der EU-Mitgliedstaaten bei der Anwendung der Art. 81 und 82 des Vertrags v. 27.04.2004, ABl. 2004, C 101 S. 4, 54, 56 Rn. 12; s. auch MüKo Kartellrecht/*Schneider*, Art. 16 VO 1/2003 Rn. 15; Berg/Mäsch/*van der Hout/Lux*, Art. 16 VO 1/2003 Rn. 25.

Aussetzung ihres eigenen Verfahrens nach § 148 ZPO bis zu einem Urteil des EuG erwägen.[603] Zwar hat der Europäische Gerichtshof noch in *Masterfoods* vorgegeben, dass das nationale Gericht prüfen „muss", ob es das Verfahren aussetzen soll, um eine endgültige Entscheidung über die Nichtigkeitsklage abzuwarten.[604] Diese Vorgabe ist jedoch inzwischen von der offeneren Formulierung im Wortlaut des Art. 16 Abs. 1 S. 3 VO 1/2003 überholt.[605] Während der Überprüfung der Gültigkeit des Kommissionsbeschlusses durch den Gerichtshof sind die mitgliedstaatlichen Gerichte nach überwiegender Ansicht ebenfalls nicht zu einer Aussetzung verpflichtet.[606] Dies folgt neben den soeben im Rahmen der Aussetzungsmöglichkeit bei beabsichtigten Kommissionsbeschlüssen ausgeführten Gründen schon daraus, dass der angegriffene Kommissionsbeschluss allein durch die Erhebung einer Nichtigkeitsklage weder aufgehoben noch in seinen Rechtsfolgen suspendiert ist. Der Nichtigkeitsklage kommt nach Art. 278 S. 1 AEUV keine aufschiebende Wirkung zu, so dass ihre Einreichung die von dem angegriffenen Beschluss ausgehenden Wirkungen wie auch die Kohärenzverpflichtung des Art. 16 Abs. 1 VO 1/2003 nicht beschränken kann. Für den Kommissionsbeschluss spricht nach wie vor die Vermutung der Gültigkeit. Er wird zwar aufgrund der Klageerhebung nicht bestandskräftig, aber darauf kommt es für den Eintritt der Bindungswirkung nach Art. 16 Abs. 1 VO 1/2003 wie bereits erörtert auch nicht an.[607] Allerdings besteht für das einzelstaatliche Gericht ein gewisses Risiko, dass das EuG den Beschluss für nichtig erklärt und sich hieraus ein Widerspruch zu dem von dem nationalen Gericht auf Basis des

---

603 EuGH, Urt. v. 14.12.2000, C-344/98, Rn. 55 – *Masterfoods*; Grabitz/Hilf/Nettesheim/*Schuhmacher*, Art. 101 AEUV Rn. 447.

604 EuGH, Urt. v. 14.12.2000, C-344/98, Rn. 55 – *Masterfoods*; *Bartels*, ZfRV 2002, 83, 86; *Klees*, § 8 Rn. 118; Langen/Bunte/*Sura*, Art. 16 VO 1/2003 Rn. 10.

605 So auch *Imgrund*, S. 185.

606 EuGH, Urt. v. 28.02.1991, C-234/89, Rn. 47 – *Delimitis/Henninger*; EuGH, Urt. v. 14.12.2000, C-344/98, Rn. 57 – *Masterfoods*; *Imgrund*, S. 184 f.; *Zöttl/Schlepper*, EuZW 2012, 573, 574; Kölner Kommentar/*Schütz*, Art. 16 VO 1/2003 Rn. 4; Loewenheim/*Zuber*, Art. 16 VO 1/2003 Rn. 20; Grabitz/Hilf/Nettesheim/*Dalheimer*, Art. 16 VO 1/2003 Rn. 10; Grabitz/Hilf/Nettesheim/*Schuhmacher*, Art. 101 AEUV Rn. 447; von der Groeben/Schwarze/Hatje/*Becker/Vollrath*, Art. 16 VO 1/2003 Rn. 43; Berg/Mäsch/*van der Hout/Lux*, Art. 16 VO 1/2003 Rn. 25; a. A., nach der sich die Aussetzungsmöglichkeit zu einer Aussetzungspflicht verdichtet, da nur diese dem Grundsatz des effektiven Rechtsschutzes gerecht werde. Eine Beendigung des nationalen Rechtsstreits würde sonst verfrüht in ungerechtfertigter Weise bereits vollendete und irreversible Tatsachen schaffen: *Dohrn*, S. 78, 232 m. w. Nachw.

607 S. oben S. 97 ff.

ursprünglichen Beschlusses getroffenen Urteil ergibt. Hängt der Ausgang des nationalen Verfahrens vom Bestand der mit der Nichtigkeitsklage angegriffenen Kommissionsentscheidung ab, sollte das Verfahren vor dem nationalen Gericht bis zum rechtskräftigen Abschluss des Nichtigkeitsklageverfahrens vor dem EuG unter dem Gesichtspunkt der Verfahrensökonomie ausgesetzt werden.[608] Auch der EuGH hält die Aussetzung des nationalen Verfahrens in diesem Fall nicht nur durch den Grundsatz der Rechtssicherheit, sondern auch aufgrund der Verpflichtung zur loyalen Zusammenarbeit aus Art. 4 Abs. 3 EUV für geboten.[609] Die in Art. 16 Abs. 1 S. 3 VO 1/2003 gewährte Aussetzungsbefugnis beruht auf dem Vorrang des Unionsrechts und steht dem mitgliedstaatlichen Gericht daher selbst dann zu, wenn das innerstaatliche Prozessrecht eine solche Befugnis nicht vorsieht oder ihr sogar entgegensteht.[610] Als einzige gleichwertige Alternative führt der Gerichtshof die Vorlage einer Vorabentscheidungsfrage gem. § 267 AEUV nach der Gültigkeit der Kommissionsentscheidung auf.[611] Dieses Vorgehen entspricht dem Prozedere für den Fall, dass das nationale Gericht den Erlass eines dem Kommissionsbeschluss zuwiderlaufenden Urteils anstrebt.[612] Auch in diesem Fall würde die Antwort des EuGH auf die Vorlagefrage erhebliche Zeit in Anspruch nehmen. Das vorlegende Gericht wäre hierdurch lediglich erneut mit der Frage der Aussetzung seines Verfahrens konfrontiert, so dass ein solches alternatives Vorgehen tatsächlich keinen praktischen Ausweg aus der Problematik darstellt.[613]

In seine Abwägung über eine Aussetzung seines Verfahrens hat das nationale Gericht zum einen das Interesse an einer alsbaldigen Entscheidung und die

---

608 So auch EuGH, Urt. v. 14.12.2000, C-344/98, Rn. 59 – *Masterfoods*; OLG München, Beschl. v. 09.01.2020, 29 W 1380/19 Kart – *LKW Kartell; Hausen*, S. 121 f.; *Dohrn*, S. 127; Streinz/*Ehricke*, Art. 267 AEUV Rn. 27; Calliess/Ruffert/*Wegener*, Art. 267 AEUV Rn. 17; Berg/Mäsch/*van der Hout/Lux*, Art. 16 VO 1/2003 Rn. 20; Theobald/Kühling/*Bruhn*, Art. 102 AEUV Rn. 121; Kölner Kommentar/*Krohs*, § 33 GWB a.F. Rn. 266; Kölner Kommentar/*Schütz*, Art. 16 VO 1/2003 Rn. 5; MüKo Kartellrecht/*Schneider*, Art. 16 VO 1/2003 Rn. 18.

609 EuGH, Urt. v. 14.12.2000, C-344/98, Rn. 56 f. – *Masterfoods*.

610 Berg/Mäsch/*van der Hout/Lux*, Art. 16 VO 1/2003 Rn. 25 und FN 35.

611 EuGH, Urt. v. 14.12.2000, C-344/98, Rn. 57, 59 – *Masterfoods*; Grabitz/Hilf/Nettesheim/*Dalheimer*, Art. 16 VO 1/2003 Rn. 10. Zum Verhältnis einer anhängigen Nichtigkeitsklage zur einer Gültigkeitsvorlage s. unten S. 217 ff.

612 EuGH, Urt. v. 14.12.2000, C-344/98, Rn. 54 – *Masterfoods*.

613 Zu der Frage, ob eine Vorlage an den EuGH überhaupt zulässig ist, wenn eine Nichtigkeitsklage bereits anhängig ist, s. unten S. 217 ff.

Art und Erfolgsaussichten der Gründe der Nichtigkeitsklage einzubeziehen.[614] Bewertet es die Nichtigkeitsklage als eindeutig unzulässig oder unbegründet oder wird im Nichtigkeitsverfahren nur die Höhe der Bußgeldbemessung angegriffen, die das nationale Gerichtsverfahren ohnehin nicht beeinflussen würde, kann das Gericht sein Verfahren ohne Aussetzung fortführen. Hängt die nationale Gerichtsentscheidung allerdings von der angegriffenen Gültigkeit des Kommissionsbeschlusses ab, folgt aus der Verpflichtung zu loyaler Zusammenarbeit in Art. 4 Abs. 3 EUV und der Kohärenzverpflichtung, dass das mitgliedstaatliche Gericht sein Verfahren aussetzen sollte, bis die europäischen Gerichte eine Entscheidung über die Nichtigkeitsklage getroffen haben.[615] Eine Verpflichtung zur Aussetzung besteht allerdings nicht,[616] wenngleich prozessökonomische Gründe für eine (Teil)Aussetzung sprechen werden. Ein Weiterbetreiben des Verfahrens bleibt dem mitgliedstaatlichen Gericht also möglich, so lange es keine dem Kommissionsbeschluss widersprechende Entscheidung erlässt. Die unionsrechtlich begründete Pflicht zur loyalen Zusammenarbeit gebietet keine ressourcenschonende Prozessführung durch das nationale Gericht.

3. *Erlass eines Kommissionsbeschlusses nach Beendigung des nationalen Gerichtsverfahrens*

Art. 16 Abs. 1 VO 1/2003 enthält keine Regelung für den Fall, dass ein nationales Gericht bereits sein Urteil in einer Kartellsache getroffen hat, in der die Kommission erst im Anschluss ein Verfahren eröffnet. Wie erläutert ist die Kommission jederzeit befugt, in einer Kartellangelegenheit eine Entscheidung zu treffen, auch wenn die betreffende Verhaltensweise bereits Gegenstand rechtskräftiger Entscheidungen mitgliedstaatlicher Gerichte war und selbst dann wenn der Beschluss der Kommission diesen zuwiderläuft.[617] Nach der Rechtsprechung des EuGH darf auch in diesem Fall die praktische Wirksamkeit der chronologisch nachfolgenden Entscheidung der Kommission nach dem *effet utile* nicht

---

614 *Zöttl/Schlepper*, EuZW 2012, 573, 574; Grabitz/Hilf/*Dalheimer*, Art. 16 VO 1/2003 Rn. 9.

615 Vgl. EuGH, Urt. v. 14.12.2000, C-344/98, Rn. 57 – *Masterfoods*; OLG München, Beschl. v. 09.01.2020, 29 W 1380/19 Kart, Rn. 15.

616 OLG München, Beschl. v. 09.01.2020, 29 W 1380/19 Kart, Rn. 16.

617 EuGH, Urt. v. 28.02.1991, C-234/89, Rn. 48 ff. – *Delimitis/Henninger*; EuGH, Urt. v. 14.12.2000, C-344/98, Rn. 47 f. – *Masterfoods; Hausen*, S. 208; MüKo Kartellrecht/*Schneider*, Art. 16 VO 1/2003 Rn. 3; Kölner Kommentar/*Schütz*, Art. 16 VO 1/2003 Rn. 4; Berg/Mäsch/*van der Hout/Lux*, Art. 16 VO 1/2003 Rn. 5, 28.

beeinträchtigt werden.[618] Materielle Abweichungen zwischen der neuen Entscheidung der Kommission und der eines nationalen Gerichts verstoßen ebenso gegen den Grundsatz der Rechteinheit und -sicherheit wie in den gem. Art. 16 Abs. 1 VO 1/2003 explizit geregelten Fällen.

Allerdings kann der Kommissionsbeschluss im Folgenden mangels entsprechender unionsrechtlicher Rechtsgrundlage auch nicht unmittelbar die Rechtskraft eines ihm widersprechenden nationalen Gerichtsurteils beseitigen.[619] Die Wiederherstellung eines unionsrechtskonformen Zustands richtet sich daher nach den Möglichkeiten und Vorgaben des nationalen Rechts. Zunächst muss der Adressat des nationalen Gerichturteils den Verfügungen weiterhin und unabhängig von den Feststellungen des Kommissionsbeschlusses nachkommen.[620] Eine Lösung der Problematik ist über die Wiederaufnahme des mitgliedstaatlichen gerichtlichen Verfahrens zu suchen, um dieses im Ergebnis inhaltlich an die Entscheidung der Kommission anzupassen.[621] Nach teilweise vertretener Auffassung stellt der nachträglich erlassene abweichende Kommissionsbeschluss einen Wiederaufnahmegrund dar.[622] Überdies kann ein nach einem mitgliedstaatlichen Urteil erlassener abweichender Kommissionsbeschluss die Vollstreckbarkeit des nationalen Urteils beseitigen, was im Rahmen einer Vollstreckungsabwehrklage nach § 767 Abs. 2 ZPO geltend gemacht werden kann.[623]

---

618 EuGH, Urt. v. 13.02.1969, C-14/68 – *Walt Wilhelm*, Rn. 4 f.; EuGH, Urt. v. 10.07.1980, verb. Rs. C-253/78 u. 1 bis 3/79, Rn. 16 – *Procureur de la République/Giry und Guerlain*; MüKo Kartellrecht/*Schneider*, Art. 16 VO 1/2003 Rn. 3.

619 EuGH, Urt. v. 16.03.2006, C-234/04, Rn. 21-23 – *Kapferer*, anders aber noch EuGH, Urt. v. 25.09.2003, C-170/02, Rn. 36-37 – *Schlüsselverlag J. S. Moser;* vgl. auch EuG, Urt. v. 18.06.2008, T-410/03 – *Hoechst;* Berg/Mäsch/*van der Hout/Lux*, Art. 16 VO 1/2003 Rn. 5, 28 und FN 40.

620 EuGH, Urt. v. 09.09.2003, C-198/01, Rn. 48 – *CIF*.

621 Berg/Mäsch/*van der Hout/Lux*, Art. 16 VO 1/2003 Rn. 5, Rn. 28 und FN 41; Immenga/Mestmäcker/*Ritter/Wirtz*, Art. 16 VO 1/2003 Rn. 9; MüKo Kartellrecht/*Schneider*, Art. 16 VO 1/2003 Rn. 3.

622 Immenga/Mestmäcker/*Ritter/Wirtz*, Art. 16 Rn. 9; *de Bronett*, Europ. Kartellverfahrensrecht, Art. 16 VO 1/2003 Rn. 3; MüKo Kartellrecht/*Schneider*, Art. 16 VO 1/2003 Rn. 3; a.A. *Imgrund*, S. 202; *Hausen*, S. 216 f.

623 *Kamann/Horstkotte*, WuW 2001, 458, 466; Langen/Bunte/*Sura*, Art. 16 VO 1/2003 Rn. 14. S. hierzu auch im Detail unten S. 411 f.

III. Durchführung eines Vorabentscheidungsverfahrens gem. Art. 267 AEUV

Eine weitere Möglichkeit des Vorgehens einzelstaatlicher Gerichte im Rahmen der Bindungswirkung ist die Durchführung eines Vorabentscheidungsverfahrens. Die mitgliedstaatlichen Gerichte haben jederzeit nach freiem Ermessen gem. Art. 267 AEUV die Möglichkeit, dem EuGH Fragen zur Auslegung und Gültigkeit von Entscheidungen der Unionsorgane und des Unionsrechts zur Vorabentscheidung vorzulegen. Diese primärrechtlich verankerte Klagemöglichkeit kann den mitgliedstaatlichen Gerichten durch die Bindungswirkung des Art. 16 VO 1/2003 ohnehin nicht genommen werden.

Möchte das mitgliedstaatliche Gericht eine den bindenden Feststellungen der Kommission zuwiderlaufende Entscheidung erlassen, so muss es die kontroversen Fragen dem EuGH sogar zur Vorabentscheidung vorlegen.[624] Auch Art. 16 Abs. 1 S. 4 VO 1/2003 normiert ausdrücklich, aber aufgrund des Rangverhältnisses von europäischem Sekundärrecht zum höherrangigen europäischen Primärrecht der Verträge lediglich deklaratorisch,[625] diese Möglichkeit der einzelstaatlichen Gerichte ein Vorabentscheidungsersuchen an den Europäischen Gerichtshof zu richten. Das Vorabentscheidungsverfahren gem. Art. 267 AEUV dient wie die Kohärenzverpflichtung des Art. 16 Abs. 1 VO 1/2003 als „zentrales Instrument richterlicher Zusammenarbeit"[626] der Kooperation und der Koordination der Rechtsanwendung zwischen dem Gerichtshof und den mitgliedstaatlichen Gerichten im dezentralisierten Rechtsschutzsystem der Union mit dem Ziel der einheitlichen Anwendung und Interpretation sowie Fortbildung des Unionsrechts.[627] Der Gerichtshof der Europäischen Union sichert als

---

624 Vgl. auch EuGH, Urt. v. 14.12.2000, C-344/98, Rn. 59 – *Masterfoods; Imgrund*, S. 32; *Hausen*, S. 77 ff.; Calliess/Ruffert/*Wegener*, Art. 267 AEUV Rn. 29; Immenga/Mestmäcker/*Schmidt*, Anhang 3 VO 1/2003 Rn. 47; MüKo Lauterkeitsrecht/*Leible*, Art. 267 Rn. 62; Streinz/*Ehricke*, Art. 267 AEUV Rn. 33; Berg/Mäsch/*van der Hout/Lux*, Art. 16 VO 1/2003 Rn. 19; Grabitz/Hilf/Nettesheim/*Schuhmacher*, Art 101 AEUV Rn. 50.

625 Bechtold/Bosch/Brinker/*Brinker*, Art. 16 VO 1/2003 Rn. 10; MüKo Kartellrecht/*Schneider*, Art. 16 VO 1/2003 Rn. 17.

626 EuGH, Urt. v. 13.03.2001, C-379/98, Rn. 8, 38 – *PreussenElektra*; EuGH, Urt. v. 19.02.2002, C-35/99, Rn. 24 – *Arduino*; EuGH, Urt. v. 04.07.2006, C-212/04, Rn. 40 ff. – *Adeneler;* EuGH, Urt. v. 08.11.2012, C-433/11, Rn. 22 – *SKP;* EuGH, Urt. v. 16.06.2015, C-62/14, Rn. 15 f. – *Gauweiler.*

627 Dazu EuGH, Urt. v. 16.01.1974, C-166/73, Rn. 2 – *Rheinmühlen Düsseldorf*; EuGH, Urt. v. 24.05.1977, C-107/76, Rn. 5 – *Hoffmann-La Roche*; EuGH, Urt. v. 05.07.2016, C-614/14, Rn. 24 f. – *Ognyanov*; Callies/Ruffert/*Wegener*, Art. 267 AEUV Rn. 1; Grabitz/

zentrale Gerichtsinstanz der Union nach Art. 19 Abs. 1 UAbs. 1 S. 2 EUV die Rechtseinheit bei der Anwendung der EU-Verträge, so dass ihm allein das Überprüfungsmonopol für die Rechtsakte der Unionsorgane und das Unionsrecht zukommt.[628] Da der EuGH im Vorlageverfahren nur über abstrakte Rechtsfragen und nicht über die Fakten konkreter Einzelfälle entscheidet, eignet sich eine Vorlage insbesondere dann, wenn ein nach Art. 16 Abs. 1 VO 1/2003 gebundenes mitgliedstaatliches Gericht die im Beschluss der Kommission zum Ausdruck kommende Rechtsauffassung in Bezug auf das einschlägige europäische Recht nicht teilt.[629]

1. Das Vorabentscheidungsverfahren gem. Art. 267 AEUV

Das Vorabentscheidungsverfahren des Art. 267 AEUV stellt ein Zwischenverfahren innerhalb eines mitgliedstaatlichen Gerichtsverfahrens dar.[630] In diesem entscheidet der Gerichtshof der Europäischen Union auf Vorlage eines Gerichts der Mitgliedstaaten[631] nach der abschließenden Aufzählung in Art. 267 Abs. 1 AEUV zum einen über die Auslegung des primären Unionsrechts (lit. a) sowie über die Auslegung und Gültigkeit sämtlicher sekundärer Rechtsakte der in Art. 13 Abs. 1 EUV aufgeführten Unionsorgane, Einrichtungen oder sonstigen Stellen der Union (lit. b).[632] Nach Art. 267 Abs. 2 AEUV sind alle mitgliedstaatlichen Gerichte berechtigt, dem Gerichtshof eine Vorlagefrage zur Entscheidung vorzulegen, wenn sie eine Entscheidung des EuGH in dieser Sache für den Erlass ihres Urteils für erforderlich halten. Lediglich letztinstanzlich entscheidende Gerichte der Mitgliedstaaten, also solche, deren Entscheidungen nicht mehr mit Rechtsmitteln des innerstaatlichen Rechts angefochten werden können,[633] sind

---

Hilf/Nettesheim/*Karpenstein*, Art. 267 AEUV Rn. 2; Streinz/*Ehricke*, Art. 267 AEUV Rn. 5 ff.; von der Groeben/Schwarze/Hatje/*Gaitanides*, Art. 267 AEUV Rn. 3.

628 Streinz/*Ehricke*, Art. 267 AEUV Rn. 6.

629 MüKo Kartellrecht/*Schneider*, Art. 16 VO 1/2003 Rn. 18.

630 Grabitz/Hilf/Nettesheim/*Karpenstein*, Art. 267 AEUV Rn. 3.

631 Siehe zur Vorlageberechtigung und der Auslegung des Begriffs des Gerichts oben S. 60 f.

632 Callies/Ruffert/*Wegener*, Art. 267 AEUV Rn. 9 f.; Grabitz/Hilf/Nettesheim/*Karpenstein*, Art. 267 AEUV Rn. 19 f.; Streinz/*Ehricke*, Art. 267 AEUV Rn. 13, 18 ff.

633 EuGH, Urt. v. 04.06.2002, C-99/00, Rn. 15 – *Lyckeskog*; EuGH, Urt. v. 15.09.2005, C-495/03, Rn. 30 – *Intermodal Transports;* Grabitz/Hilf/Nettesheim/*Karpenstein*, Art. 267 AEUV Rn. 51 ff.; Streinz/*Ehricke*, Art. 267 AEUV Rn. 41; zu den Anforderungen im Einzelnen: von der Groeben/Schwarze/Hatje/*Gaitanides*, Art. 267 AEUV Rn. 62 ff.

gem. Art. 267 Abs. 3 AEUV zur Vorlage an den EuGH verpflichtet. Die rechtswidrige Verletzung der Vorlagepflicht durch ein mitgliedstaatliches Gericht stellt eine Vertragsverletzung des jeweiligen Mitgliedstaates dar, die Gegenstand eines Vertragsverletzungsverfahrens nach Art. 258 f. AEUV sein kann.[634] Auch nach der Rechtsprechung des Bundesverfassungsgerichts kann das Unterlassen einer gebotenen Vorlage an den Europäischen Gerichtshof das Gebot des gesetzlichen Richters gem. Art. 101 Abs. 1 S. 2 GG verletzen und so eine Verfassungsbeschwerde begründen.[635] Des Weiteren kommt bei einer „hinreichend qualifizierten" Verletzung des Unionsrechts, also offenkundigen Fehlurteilen nach der *Köbler*-Rechtsprechung ein Staatshaftungsanspruch für judikatives Unrecht in Betracht.[636] Abweichend vom Wortlaut des Art. 267 Abs. 2 AEUV besteht zudem eine Vorlagepflicht auch für untere Instanzgerichte, wenn diese eine unionsrechtliche Vorschrift oder den Rechtsakt eines Unionsorgans wegen Zweifeln an dessen Gültigkeit unbeachtet lassen wollen.[637] Diese Vorlagepflicht folgt aus dem Rechtsschutzsystem des Unionsrechts, nach dem mitgliedstaatliche Gerichte vor dem Hintergrund der Einheitlichkeit der Anwendung des Unionsrechts, der Rechtssicherheit sowie dem auf diesen gründenden Verwerfungsmonopols des Europäischen Gerichtshofs nicht befugt sind, selbst die „Ungültigkeit von Handlungen der Gemeinschaftsorgane festzustellen."[638]

---

634 Callies/Ruffert/*Wegener*, Art. 267 AEUV Rn. 35 m.w.N.

635 BVerfGE 73, 339, 366 – *Solange II*; BVerfGE 75, 223, 234ff. u. 245 – *Kloppenburg*; BVerfGE 82, 159, 192ff. – *Absatzfonds*; BVerfG, Beschl. v. 30.09.2010, 1 BvR 1631/08, Rn. 49ff. – *VG Wort*.

636 EuGH, Urt. v. 30.09.2003, C-224/01, Rn. 53 – *Köbler*.

637 Vgl. auch EuGH, Urt. v. 14.12.2000, C-344/98, Rn. 59 – *Masterfoods; Imgrund*, S. 32; *Hausen*, S. 77 ff.; Calliess/Ruffert/*Wegener*, Art. 267 AEUV Rn. 29; Immenga/Mestmäcker/*Schmidt*, Anhang 3 VO 1/2003 Rn. 47; MüKo Lauterkeitsrecht/*Leible*, Art. 267 Rn. 62; Streinz/*Ehricke*, Art. 267 AEUV Rn. 33; Berg/Mäsch/*van der Hout/Lux*, Art. 16 VO 1/2003 Rn. 19; Grabitz/Hilf/Nettesheim/*Schuhmacher*, Art 101 AEUV Rn. 50.

638 „*Foto-Frost*-Doktrin", vgl. EuGH, Urt. v. 22.10.1987, C-314/95, Rn. 15 ff. – *Foto Frost*. S. auch EuGH, Urt. v. 04.06.2002, C-99/00, Rn. 15 f. – *Lyckerskog;* EuGH, Urt. v. 06.12.2005, C-461/03, Rn. 17ff. – *Gaston Schul Douane;* EuGH, Urt. v. 10.01.2006, C-344/04, Rn. 27 – *IATA und ELFAA;* vgl. auch Kommission, Bekanntmachungen über die Zusammenarbeit zwischen der Kommission und den Gerichten der EU-Mitgliedstaaten bei der Anwendung der Art. 81 und 82 des Vertrags, ABl. 2004, C 101 S. 54, 56 Rn. 13 unter Hinweis auf EuGH – *Foto Frost*. S. weiterhin *Imgrund*, S. 33; *Büscher*, GPR 2008, 210, 211 ff.; Callies/Ruffert/*Wegener*, Art. 267 AEUV Rn. 29; Grabitz/Hilf/Nettesheim/*Karpenstein*, Art. 267 AEUV Rn. 3, 62; Streinz/*Ehricke*, Art. 267 AEUV Rn. 33, 45; Immenga/Mestmäcker/*Schmidt*, Anhang 3 VO 1/2003 Rn. 47; Berg/Mäsch/*van der Hout/Lux*, Art. 16 VO 1/2003 Rn. 4.

Voraussetzung einer Vorlage an den EuGH ist allerdings, dass das vorlegende Gericht die Frage für entscheidungserheblich hält.[639] Ein Vorabentscheidungsverfahren ist allerdings nach dem grundlegenden Urteil des EuGH in der Rechtssache C.I.L.F.I.T. trotz entscheidungserheblicher Auslegungsfrage[640] entbehrlich, wenn bereits eine Entscheidung des Gerichtshofs in einem gleichgelagerten Fall bzw. eine gesicherte unionsgerichtliche Rechtsprechung zur Klärung der Rechtsfrage besteht *(acte éclairé)* oder die korrekte Anwendung des Unionsrechts derart offenkundig ist, dass für die Gerichte der Mitgliedstaaten kein Raum für vernünftige Zweifel an der EU-rechtskonformen Beantwortung der gestellten Frage bleibt (*acte claire*).[641] Fragen nach der Gültigkeit oder Auslegung mitgliedstaatlichen Rechts[642], der Anwendung einer unionsrechtlichen Bestimmung auf den konkreten Fall[643] sowie die Feststellung und Bewertung von Tatsachen[644] können dagegen grundsätzlich keinen statthaften Verfahrensgegenstand bilden.[645] Im Rahmen seiner Gültigkeitsprüfung ist der EuGH zur vollumfänglichen Kontrolle der Rechtmäßigkeit der Rechtsakte der Unionsorgane, Einrichtungen und sonstigen Stellen am Maßstab des Primärrechts befugt, unabhängig vom Vorbringen oder den Erwägungen des vorlegenden Gerichts.[646]

---

639 S. hierzu weiterführend Grabitz/Hilf/Nettesheim/*Karpenstein*, Art. 267 AEUV Rn. 25.

640 Die aufgeführte Ausnahme greift nicht für Gültigkeitsfragen, s. EuGH, Urt. v. 06.12.2005, C-461/03, Rn. 19 – *Gaston Schul Douane-expediteur*; Grabitz/Hilf/Nettesheim/*Karpenstein*, Art. 267 AEUV Rn. 54 ff.; Immenga/Mestmäcker/*Schmidt*, Anhang 3 zur VO 1/2003 Rn. 46; Streinz/*Ehricke*, Art. 267 AEUV Rn. 47 ff.

641 EuGH, Urt. v. 06.10.1985, C-283/81, Rn. 13 ff. – *CILFIT;* EuGH, Urt. v. 15.09.2005, C-495/03, Rn. 33 – *Intermodal Transports*; EuGH, Urt. v. 06.12.2005, C-461/03, Rn. 19 – *Gaston Schul Douane-expediteur;* EuGH, Urt. v. 11.09.2008, C-428/06, Rn. 43 – *UGT de la Rioja*; *Imgrund*, S. 63; *Kainer/Persch*, GPR 2021, 156 ff.; Calliess/Ruffert/*Wegener*, Art. 267 AEUV Rn. 33; Grabitz/Hilf/Nettesheim/*Karpenstein*, Art. 267 AEUV Rn. 54 ff.; Immenga/Mestmäcker/*Schmidt*, Anhang 3 VO 1/2003 Rn. 46; Streinz/*Ehricke*, Art. 267 AEUV Rn. 47 ff.

642 Grundlegend EuGH, Urt. v. 15.07.1964, C-6/64 – *Costa/E.N.E.L.* Vgl. auch Art. 13 Abs. 2 S. 1 EUV und Art. 19 EUV.

643 EuGH, Urt. v. 12.02.1998, C-366/96, Rn. 9 – *Cordelle.*

644 Vgl. EuGH, Urt. v. 17.06.1975, C-7/75 – *Eheleute F./Belgien*; EuGH, Urt. v. 12.07.1984, C-107/83, Rn. 14 – *Ordre des avocats au barreau de Paris/Klopp.*

645 Callies/Ruffert/*Wegener*, Art. 267 AEUV Rn. 3 m.w.N.; Grabitz/Hilf/Nettesheim/*Karpenstein*, Art. 267 AEUV Rn. 22 f.; Streinz/*Ehricke*, Art. 267 AEUV Rn. 14.

646 EuGH, Urt. v. 18.02.1964, C-73 und 74/63 – *Internationale Credieten Handelsvereinigung Rotterdam;* EuGH, Urt. v. 18.03.1993, C-280/91, Rn. 17 – *Finanzamt Kassel-Goethestrasse/Viessmann*; Callies/Ruffert/*Wegener*, Art. 267 AEUV Rn. 13 f.; Grabitz/

Vor dem Hintergrund der in Art. 16 Abs. 1 VO 1/2003 angeordneten Bindungswirkung sind sämtliche Gerichte der Mitgliedstaaten stets verpflichtet, den Europäischen Gerichtshof um Vorabentscheidung anzurufen, wenn sie von den tragenden tatsächlichen oder rechtlichen Feststellungen in einem Beschluss der Kommission abweichen wollen und damit die Gültigkeit der Kommissionsentscheidung hinterfragen.[647] Erklärt der Gerichtshof den Beschluss der Kommission im Rahmen eines Gültigkeitsvorabentscheidungsverfahren für rechtswidrig, endet damit auch die Bindungswirkung des Beschlusses für die nationalen Gerichte. Dogmatisch betrachtet tritt Art. 16 Abs. 1 VO 1/2003 dann hinter der verbindlichen Beurteilung des einschlägigen europäischen Rechts durch den EuGH zurück.

Vom EuGH im Vorabentscheidungsverfahren erlassenen Auslegungsurteile wirken grundsätzlich *ex tunc*[648] und binden *inter partes* die mit dem Ausgangsrechtsstreit befassten mitgliedstaatlichen Gerichte, also das vorlegende sowie sämtliche mit demselben Verfahrensgegenstand befassten Instanzgerichte.[649] Diese sind in ihren Urteilen an die Entscheidung des Gerichtshofs zur Auslegung des Unionsrechts gebunden, die sie weder überprüfen, ändern noch außer Acht lassen dürfen.[650] Von im Vorabentscheidungsverfahren erlassenen

---

Hilf/Nettesheim/*Karpenstein,* Art. 267 AEUV Rn. 23; Streinz/Ehricke, Art. 267 AEUV Rn. 15; der Groeben/Schwarze/Hatje/*Gaitanides,* Art. 267 AEUV Rn. 34.

647 Vgl. auch EuGH, Urt. v. 22.10.1987, C-314/95, Rn. 15 – *Foto Frost*; GA Cosmas, Schlussanträge v. 16.05.2000, C-344/98, Rn. 32 – *Masterfoods; Imgrund*, S. 118*; Hausen*, S. 77 ff.

648 EuGH, Urt. v. 27.03.1980, C-61/79, Rn. 16 – *Denkavit*; EuGH, Urt. v. 02.02.1988, C-309/85, Rn. 11 – *Barra*; für das Sekundärrecht: EuGH, Urt. v. 12.06.1980, C-130/79, Rn. 14 – *Express Dairy Foods*; EuGH, Urt. v. 22.10.1998, C-10/97 bis 22/97, Rn. 23 – *Ministero delle Finanze/IN.CO;* s. weiterhin Callies/Ruffert/*Wegener*, Art. 267 AEUV Rn. 52; Grabitz/Hilf/Nettesheim/*Karpenstein,* Art. 267 AEUV Rn. 111 ff.; Streinz/*Ehricke*, Art. 267 AEUV Rn. 74 ff., auch zu Ausnahmen in Einzelfällen.

649 Der Urteilstenor ist „im Lichte der Entscheidungsgründe zu verstehen", EuGH, Urt. v. 24.06.1969, C-29/68, Rn. 3 – *Milch-, Fett- u. Eierkontor;* EuGH, Urt. v. 14.07.1977, C-1/77, Rn. 2 f. – *Bosch/HZA Hildesheim;* EuGH, Urt. v. 14.12.2000, C-446/98, Rn. 49 f. – *Fazenda Pública*; Callies/Ruffert/*Wegener*, Art. 267 AEUV Rn. 49; Grabitz/Hilf/Nettesheim/*Karpenstein,* Art. 267 AEUV Rn. 102; Streinz/*Ehricke*, Art. 267 AEUV Rn. 68; Immenga/Mestmäcker/*Schmidt,* Anhang 3 zur VO 1/2003 Rn. 54; Kölner Kommentar/*Schütz*, Art. 16 VO 1/2003 Rn. 5.

650 EuGH, Urt. v. 16.06.2015, C-62/14, Rn. 11 ff., 16 – *Gauweiler;* EuGH, Urt. v. 05.04.2016, C-689/13, Rn. 40 – *PFE;* Callies/Ruffert/*Wegener*, Art. 267 AEUV Rn. 49; Streinz/*Ehricke*, Art. 267 AEUV Rn. 68.

Auslegungsurteilen gehen darüber hinaus auch faktisch präjudizielle Wirkungen jedenfalls für alle letztinstanzlich entscheidenden innerstaatlichen Gerichte aus. Diese sind zum Erhalt eines unionsweit einheitlichen Rechtsverständnisses im Fall einer Abweichung von der durch den Gerichtshof getroffenen Auslegung des Unionsrechts zur Vorlage verpflichtet, so dass insoweit von einer eingeschränkten *erga omnes* Wirkung die Rede ist.[651] Für unterinstanzliche Gerichte besteht nach den Vorgaben des Art. 267 Abs. 2 AEUV aufgrund ihrer sachlichen Unabhängigkeit wohl keine Pflicht zur Vorlage und damit keine präjudizielle Wirkung.[652] Eine uneingeschränkte „*erga omnes*"-Wirkung ohne die Möglichkeit eines erneuten Vorlageverfahrens entfalten dagegen Vorabentscheidungen des EuGH, in denen die Ungültigkeit einer Organhandlung festgestellt wird.[653] Ein solches Urteil verpflichtet alle nationalen Gerichte, auch die außerhalb des Ausgangsrechtsstreits, den Unionsrechtsakt als rechtswidrig anzusehen. Im Falle der Feststellung der Gültigkeit einer Organhandlung besteht dagegen keine *erga omnes*-Wirkung, da die Rechtmäßigkeit der Handlung allein vor dem Hintergrund des unterbreiteten Verfahrensstoffs geprüft wird.[654]

---

651 EuGH, Urt. v. 06.10.1985, C-283/81, Rn. 21 – *CILFIT*; Grabitz/Hilf/Nettesheim/*Karpenstein*, Art. 267 AEUV Rn. 104; Streinz/*Ehricke*, Art. 267 AEUV Rn. 69, 72; Calliess/Ruffert/*Wegener*, Art. 267 AEUV Rn. 48 f..; von der Groeben/Schwarze/Hatje/*Gaitanides*, Art. 267 AEUV Rn. 92.

652 Calliess/Ruffert/*Wegener*, Art. 267 AEUV Rn. 52.; a.A. von der Groeben/Schwarze/Hatje/*Schwarze*, Art. 267 AEUV Rn. 71; Streinz/*Ehricke*, Art. 267 AEUV Rn. 72 aus Gründen der Prozessökonomie.

653 EuGH, Urt. v. 13.05.1981, C-66/80, Rn. 13 – *International Chemical Corporation/Amministrazione delle Finanze dello Stato*; vgl auch EuGH, Urt. v. 08.11.2007, C-421/06, Rn. 52 ff. – *Fratelli Martin;* EuGH, Urt. v. 21.06.2007, verb. Rs. C-231/06 bis 233/06, Rn. 38 ff. – *Jonkman*; EuG; Urt. v. 05.02.2007, T-91/05, Rn. 65 – *Sinara Handel;* Callies/Ruffert/*Wegener*, Art. 267 AEUV Rn. 50; Grabitz/Hilf/Nettesheim/*Karpenstein,* Art. 267 AEUV Rn. 107 f.; Streinz/*Ehricke*, Art. 267 AEUV Rn. 69 f.; von der Groeben/Schwarze/Hatje/*Gaitanides*, Art. 267 AEUV Rn. 90; Immenga/Mestmäcker/*Schmidt,* Anhang 3 zur VO 1/2003 Rn. 55.

654 Dies ergibt sich bereits aus dem Tenor, der regelmäßig nur besagt, dass die Prüfung der vorgelegten Frage nichts ergeben hat, was die Gültigkeit des angegriffenen Rechtsaktes beeinträchtigen könnte, vgl. EuGH, Urt. v. 29.05.1997, C-26/96, Rn. 25 – *Rotexchemie*; EuGH, Urt. v. 25.06.1997, C-114/96, Rn. 39 – *Kieffer u. Thill;* EuGH, Urt. v. 17.07.2008, C-448/06, Rn. 47 – *cp-Pharma*; Grabitz/Hilf/Nettesheim/*Karpenstein,* Art. 267 AEUV Rn. 110; von der Groeben/Schwarze/Hatje/*Gaitanides,* Art. 267 AEUV Rn. 91.

2. *Vorabentscheidungsverfahren zur Gültigkeit nach Ablauf der Anfechtungsfrist des Art. 263 Abs. 4 AEUV*

Uneinigkeit besteht in der Frage, in welchem Verhältnis das Gültigkeitsvorlageverfahren des Art. 267 Abs. 1 lit. b AEUV zum Nichtigkeitsverfahren des Art. 263 Abs. 4 AEUV steht, wenn die Erhebung einer Nichtigkeitsklage durch einen Rechtsunterworfenen aufgrund Fristablaufs gem. Art. 263 Abs. 6 AEUV ausscheidet. Hier ist fraglich, ob eine Vorlage an den EuGH weiterhin zulässig bleibt, wenn eine Nichtigkeitsklage nicht mehr anhängig gemacht werden kann.

a. *Einschränkung einer Gültigkeitsvorlage auf Ersuchen eines Anfechtungsberechtigten nach der* TWD-*Rechtsprechung*

Verwaltungsentscheidungen, die von den Adressaten oder sonstigen Klagebefugten nicht innerhalb der Frist für eine Nichtigkeitsklage gem. Art. 263 Abs. 6 AEUV angefochten werden, erlangen diesen gegenüber Bestandskraft und werden daher vom Gerichtshof der Europäischen Union nicht mehr auf ihre Gültigkeit überprüft.[655]

Insoweit könnte für bestandskräftige Kommissionsbeschlüsse eine Gültigkeitsvorlage im Rahmen eines Follow-on Verfahrens auf Ersuchen des Anfechtungsberechtigten ebenfalls ausgeschlossen sein, da die Zulässigkeit eines solchen Vorlageverfahrens unangemessen erscheint, wenn sich das Ergebnis zugunsten einer Partei des Ausgangsrechtsstreits auswirkte, die selbst die Möglichkeit hat verstreichen lassen, den Rechtsakt fristgemäß anzufechten.[656] Den eigenständig Klagebefugten könne nach Ablauf der zweimonatigen Anfechtungsfrist des Art. 263 Abs. 6 AEUV nicht mehr die Möglichkeit eingeräumt werden, die Rechtmäßigkeit eines Kommissionsbeschlusses erneut in Frage zu stellen; auch nicht indirekt über den Weg eines Vorabentscheidungsersuchens, um so die materielle Bestandskraft der Unionshandlung zu umgehen.[657] Das

---

655 Grdl. EuGH, Urt. v. 17.11.1965, C-20/65 – *Collotti.*

656 *Berrisch/Burianski*, WuW 2005, 878, 882; Immenga/Mestmäcker/*Emmerich* (5. Aufl. 2014), § 33 GWB Rn. 100; Loewenheim/*Kersting*, § 33 b GWB Rn. 17.

657 EuGH, Urt. v. 09.03.1994, C-188/92 Rn. 18 – *TWD*; EuGH, Urt. v. 30.01.1997, C-178/95, Rn. 21 – *Wiljo;* EuGH, Urt. v. 22.10.2002, C-241/01, Rn. 35 – *National Farmer's Union*; EuGH, Urt. v. 18.07.2007, C-119/05, Rn. 53 ff. – *Lucchini;* krit. GA Ruiz-Jarabo Colomer, Schlussanträge v. 28.04.2005, verb. Rs. C-346/03 u. C-529/03, Rn. 87 f. – *Atzeni; s. auch* Callies/Ruffert/*Wegener*, Art. 267 AEUV Rn. 16; Grabitz/Hilf/Nettesheim/*Karpenstein*, Art. 267 AEUV Rn. 47; von der Groeben/Schwarze/Hatje/*Gaitanides*, Art. 267 AEUV Rn. 3.

Vorbringen der Rechtswidrigkeit eines bindenden Kommissionsbeschlusses sei nach Ablauf der Nichtigkeitsklagefrist umfassend, auch durch den Umweg eines Vorlageverfahrens, präkludiert. Die einzige somit verbleibende Möglichkeit des Rechtsunterworfenen wäre daher, die Kommission um eine Aufhebung ihrer Entscheidung zu ersuchen.[658] Diese kann eine rechtswidrige Entscheidung trotz des Eintritts der formellen Bestandskraft weiterhin aufheben.[659]

Ein Ausschluss der Gültigkeitsvorlage in solchen Fällen begründet sich aus der Erwägung, dass Rechtsmittelfristen Rechtssicherheit, ordnungsgemäße Rechtspflege und Verfahrensökonomie gewährleisten sollen,[660] indem die Wirkungen rechtlicher Maßnahmen nicht auf unbestimmte Zeit in Frage gestellt werden können. In diesem Sinne hat auch der Europäische Gerichthof in seiner Grundsatzentscheidung *TWD Textilwerke Deggendorf* entschieden und seine Rechtsprechung in weiteren Urteilen bestätigt.[661] In der Ausgangsrechtssache *TWD*

658 EuG, Urt. v. 10.07.1997, T-227/95, Rn. 72 – *AssiDomän Kraft Products u.a./Kommission*; *Schwarze*, S. 1004; Immenga/Mestmäcker/*Franck*, § 33 b GWB Rn. 33 m.w.N.

659 Immenga/Mestmäcker/*Franck*, § 33 b GWB Rn. 33 unter Verweis auf *Schwarze*, S. 1004.

660 EuGH, Urt. v. 14.09.1999, C-310/97 P, Rn. 60 f. – *Kommission/AssiDomän Kraft Products;* GA Ruiz-Jarabo Colomer, Schlussanträge v. 28.01.1999, C-310/97 P, Rn. 55 u. 58 – *Kommission/AssiDomän Kraft Products.*

661 Grundlegend EuGH, Urt. v. 09.03.1994, C-188/92 Rn. 61 – *TWD;* s. auch EuGH, Urt. v. 12.12.1996, C-241/95, Rn. 16 - *Accrington Beef* sowie EuGH, Urt. v. 11.11.1997, C-408/95, Rn. 29 f. – *Eurotunnel* nach denen gegen eine Verordnung die Voraussetzungen der Deggendorf-Rechtsprechung wegen nicht zweifelsfrei berechtigt zulässiger Nichtigkeitsklage nicht erfüllt seien; s. ebenfalls zum Beihilfenrecht EuGH, Urt. v. 30.01.1997, C-178/95, Rn. 19 ff., 31 – *Wiljo*, in dem sich Fragen wegen der Zahlung eines Sonderbeitrags an den belgischen Abwrackfonds zwischen der Wiljo NV und dem belgischen Staat stellen. Die Kommission hatte den Befreiungsantrag abgelehnt, so dass die zuständigen belgischen Behörden auf Basis dieser Entscheidung von der Wiljo NV einen Sonderbeitrag zum Abwrackfonds forderten. Als die Wiljo NV hiergegen Klage erhob, legte das belgische Gericht dem Gerichtshof die entscheidenden Fragen zur Vorabentscheidung vor; s. weiterhin EuGH, Urt. v. 15.02.2001, C-239/99, Rn. 38 ff. – *Nachi Europe* zur Präklusion einer Klage auf Nichtigerklärung einer Antidumpingverordnung; EuGH, Urt. v. 22.10.2002, C-241/01, Rn. 34 – *National Farmer's Union* zu einer Untersagungsverfügung der Kommission gegen das Vereinigte Königreich nach der die TWD-Rechtsprechung auch für Staaten gilt; EuGH, Urt. v. 23.02.2006, verb. Rs. C-346/03 u. C-529/03, Rn. 31 – *Atzeni;* aus der neueren Rspr.: EuGH, Urt. v. 29.06.2010, C-550/09, Rn. 44 ff. – *E und F*; EuGH, Urt. v. 09.06.2011, verb. Rs. C-71/09 P, C-73/09 P u. C-76/09 P, Rn. 58 f. – *Comitato "Venezia vuole vivere"*; EuGH, Urt. v. 27.11.2012, Rs. C-370/12, Rn. 41 – *Pringle*; EuGH, Urt. v.

Textilwerke Deggendorf hatte das OVG Nordrhein-Westfalen in einem Beihilfeverfahren dem Europäischen Gerichtshof die Frage zur Vorabentscheidung vorgelegt, inwieweit nationale Gerichte auf Ersuchen des Beteiligten die Gültigkeit einer Kommissionsentscheidung in Frage stellen könnten, wenn der am nationalen Verfahren beteiligte Kläger nicht fristgemäß gegen diese vor den Europäischen Gerichten vorgegangen war. Der EuGH stellte dazu fest, dass sich der Empfänger einer staatlichen Beihilfe, die nach einem Beschluss der Kommission mit dem Binnenmarkt unvereinbar und daher als gemeinschaftsrechtswidrig anzusehen war, nicht mehr vor den nationalen Gerichten auf die Unwirksamkeit des Kommissionsbeschlusses berufen könne, wenn er trotz offensichtlich bestehender Klagebefugnis[662] den Kommissionsbeschluss nicht fristgemäß mit der Nichtigkeitsklage vor den Unionsgerichten angegriffen habe.[663] Durch den Verzicht einer Anfechtung im Wege der Nichtigkeitsklage erwachse der Kommissionsbeschluss gegenüber dem Klagebefugten nach Ablauf der in Art. 263 Abs. 6 AEUV vorgesehenen Frist in Bestandskraft,[664] so dass unabhängig von dessen tatsächlicher Rechtmäßigkeit eine gerichtliche Überprüfung aus formalen Gründen nicht mehr stattfinden könne.[665] Hierdurch verliere der Klagebefugte

---

05.03.2015, C-667/13, Rn. 28 ff. – *Banco Privado Português und Massa Insolvente do Banco Privado Português*. S. daneben Stelkens/Bonk/Sachs/*Sachs*, § 43 VwVfG Rn. 44.

662 Der Empfänger einer Beihilfe ist zwar nicht Adressat des Kommissionsbeschlusses, der sich an den die Beihilfe gewährenden Mitgliedstaat richtet. Er ist aber als unmittelbar und individuell Betroffener nach Art. 263 Abs. 4 AEUV zur Erhebung einer Nichtigkeitsklage gegen den Beschluss befugt, s. hierzu EuGH, Urt. v. 17.09.1980, C-730/79, Rn. 5 – *Philip Morris*; EuGH, Urt. v. 09.03.1994, C-188/92 Rn. 18 – *TWD*; EuGH, Urt. v. 30.01.1997, C-178/95, Rn. 21 – *Wiljo;* EuGH, Urt. v. 23.02.2006, verb. Rs. C-346/03 u. C-529/03 – *Atzeni*.

663 EuGH, Urt. v. 09.03.1994, C-188/92 Rn. 17, 26 – *TWD*; ebenso EuGH, Urt. v. 30.01.1997, C-178/95, Rn. 21 – *Wiljo;* EuGH, Urt. v. 15.02.2001, C-239/99, Rn. 30 – *Nachi Europe;* EuGH, Urt. v. 22.10.2002, C-241/01, Rn. 35 – *National Farmer's Union;* EuGH, Urt. v. 23.02.2006, verb. Rs. C-346/03 u. C-529/03, Rn. 31 – *Atzeni*.

664 EuGH, Urt. v. 09.03.1994, C-188/92 Rn. 13 – *TWD* unter Verweis auf st. Rspr. seit EuGH, Urt. v. 17.11.1965, C-20/65 – *Collotti;* s. weiterhin EuGH, Urt. v. 12.10.1978, C-156/77, Rn. 20 ff. – *Kommission/Belgien;* EuGH, Urt. v. 10.06.1993, C-183/91, Rn. 9 f. – *Kommission/Griechenland*; EuGH, Urt. v. 30.01.1997, C-178/95, Rn. 19 – *Wiljo;* EuGH, Urt. v. 15.02.2001, C-239/99, Rn. 29, 37 – *Nachi Europe;* EuGH, Urt. v. 13.01.2004, C-453/00, Rn. 24 – *Kühne & Heitz;* EuGH, Urt. v. 18.07.2007, C-119/05, Rn. 54 f. – *Lucchini;* s. auch Stelkens/Bonk/Sachs/*Sachs*, § 43 VwVfG Rn. 27.

665 EuGH, Urt. v. 09.03.1994, C-188/92 Rn. 15 ff. – *TWD* unter Verweis auf EuGH, Urt. v. 12.10.1978, C-156/77, Rn. 20 ff. – *Kommission/Belgien* und EuGH, Urt. v. 10.06.1993, C-183/91, Rn. 9 f. – *Kommission/Griechenland*; EuGH, Urt. v. 30.01.1997, C-178/

zugleich die Befugnis, in einem anschließenden nationalen Gerichtsverfahren den Einwand der Rechtswidrigkeit des Kommissionsbeschlusses zu erheben und ein Vorabentscheidungsersuchen zur Feststellung der Gültigkeit anzuregen. Die Durchführung eines Vorabentscheidungsverfahrens vor dem Gerichtshof sei insoweit entsprechend präkludiert.[666] Ansonsten würde es dem Rechtsunterworfenen ermöglicht, die Bestandskraft zu umgehen, die einem Rechtsakt nach dem Prinzip der Rechtssicherheit nach Ablauf der Klagefrist zukommt.[667] Die Klagefristen sollen gerade verhindern, dass Rechtswirkungen entfaltende Handlungen der Unionsorgane zeitlich unbeschränkt wieder und wieder in Frage gestellt werden können.[668] Ein Vorabentscheidungsersuchen zur Beurteilung der Gültigkeit eines Kommissionsbeschlusses nach Art. 267 Abs. 1 lit. b AEUV durch das mitgliedstaatliche Gericht auf Betreiben einer eigens klagebefugten Partei müsse als unzulässig ausscheiden.[669] Dies gilt nach dem EuGH allerdings nur insoweit die Partei offenkundig und unzweifelhaft zur Erhebung einer Nichtigkeitsklage berechtigt war.[670] Eine Vorlagemöglichkeit zur nachträglichen

---

95, Rn. 19 ff. – *Wiljo;* EuGH, Urt. v. 14.09.1999, C-310/97 P, Rn. 60 – *Kommission/AssiDomän Kraft Products;* EuGH, Urt. v. 18.07.2007, C-119/05, Rn. 55 – *Lucchini;* s. auch Stelkens/Bonk/Sachs/*Sachs*, § 43 VwVfG Rn. 27; Grabitz/Hilf/Nettesheim/*Karpenstein*, Art. 267 AEUV Rn. 47.

666 Vgl. u. a. EuGH, Urt. v. 09.03.1994, C-188/92 Rn. 23 – *TWD* und EuGH, Urt. v. 14.09.1999, C-310/97 P, Rn. 60 ff. – *Kommission/AssiDomän Kraft Products.*

667 EuGH, Urt. v. 09.03.1994, C-188/92 Rn. 18 – *TWD;* EuGH, Urt. v. 30.01.1997, C-178/95, Rn. 21 – *Wiljo;* EuGH, Urt. v. 15.02.2001, C-239/99, Rn. 30 – *Nachi Europe.*

668 EuGH, Urt. v. 09.03.1994, C-188/92 Rn. 16 – *TWD;* EuGH, Urt. v. 30.01.1997, C-178/95, Rn. 19 – *Wiljo;* EuGH, Urt. v. 14.09.1999, C-310/97 P, Rn. 61 – *Kommission/AssiDomän Kraft Products;* EuGH, Urt. v. 15.02.2001, C-239/99, Rn. 29 – *Nachi Europe;* EuGH, Urt. v. 22.10.2002, C-241/01, Rn. 34 – *National Farmer's Union;* EuGH, Urt. v. 13.01.2004, C-453/00, Rn. 24 – *Kühne & Heitz;* EuGH, Urt. v. 14.11.2017, C 122/16 P, Rn. 84 – *British Airways.*

669 EuGH, Urt. v. 09.03.1994, C-188/92 Rn. 16 – *TWD;* EuGH, Urt. v. 14.09.1999, C-310/97 P, Rn. 60 – *Kommission/AssiDomän Kraft Products.*

670 EuGH, Urt. v. 09.03.1994, C-188/92 Rn. 18, 26 – *TWD;* EuGH, Urt. v. 12.12.1996, C-241/95, Rn. 15 f. – *Accrington Beef;* EuGH, Urt. v. 30.01.1997, C-178/95, Rn. 21 – *Wiljo;* EuGH, Urt. v. 11.11.1997, C-408/95, Rn. 29 f. – *Eurotunnel;* EuGH, Urt. v. 23.02.2006, verb. Rs. C-346/03 u. C-529/03, Rn. 34 – *Atzeni;* EuGH, Urt. v. 18.07.2007, C-119/05, Rn. 55 – *Lucchini;* EuGH, Urt. v. 17.02.2011, C-494/09, Rn. 23 – *Bolton Alimentari;* GA Cosmas, Schlussanträge v. 27.11.2007, C-390/06, Rn. 47 ff. – *Nuovo Agricast* sowie Streinz/*Ehricke*, Art. 267 AEUV Rn. 26; Callies/Ruffert/*Wegener*, Art. 267 AEUV Rn. 8, 16.

Gültigkeitskontrolle einer Handlung nach Art. 267 AEUV auf Anregung eines Rechtsunterworfenen ist daher weiterhin gegeben, wenn diesem aufgrund fehlender oder auch nur zweifelhafter Klagebefugnis keine sichere Klagemöglichkeit zusteht oder die Anfechtungsfrist noch nicht abgelaufen ist.[671] Dies erfordert bereits die grundlegende Garantie eines effektiven gerichtlichen Rechtsschutzes, nach der Belastete eine Möglichkeit haben müssen, sich gegen die betreffende Entscheidung in einem gerichtlichen Verfahren zu wehren.[672] Es wäre auch mit dem Rechtsstaatsprinzip nicht zu vereinbaren, wenn dem Einzelnen Nachteile aus einer rechtswidrigen Handlung eines Unionsorgans entstünden, gegen die er sich aufgrund der Beschränkung seiner Klagebefugnis nicht unmittelbar wehren konnte. Adressaten eines Kommissionsbeschlusses sind nach Ablauf der Klagefrist des Art. 263 Abs. 6 AEUV im Ergebnis somit stets mit der Einrede der Ungültigkeit der Entscheidung präkludiert, da ihnen nach Art. 263 Abs. 4 AEUV offenkundig und unzweifelhaft ein Klagerecht zur Erhebung einer Nichtigkeitsklage zukommt.

Dieser im Beihilfenrecht entwickelte Grundsatz ist später auch auf kartellrechtliche Folgeklagen übertragen worden.[673] Der Vollständigkeit halber sei allerdings angemerkt, dass der EuGH sich in den betreffenden Verfahren nicht

---

671 EuGH, Urt. v. 12.12.1996, C-241/95, Rn. 14 f. – *Accrington Beef*; EuGH, Urt. v. 30.01.1997, C-178/95, Rn. 21 – *Wiljo;* EuGH, Urt. v. 11.11.1997, C-408/95, Rn. 17 ff. – *Eurotunnel;* EuGH, Urt. v. 23.02.2006, verb. Rs. C-346/03 u. C-529/03, Rn. 34 – *Atzeni;* EuGH, Urt. v. 08.03.2007, C-441/05, Rn. 39 ff. – *Roquette Frères;* s. ferner *Dohrn*, S. 114 m.w.N.; *Imgrund*, S. 40; Callies/Ruffert/*Wegener*, Art. 267 AEUV Rn. 16; Streinz/*Ehricke*, Art. 267 AEUV Rn. 26; von der Groeben/Schwarze/Hatje/*Gaitanides*, Art. 267 AEUV Rn. 38;

672 S. z.B. EuGH, Urt. v. 08.03.2007, C-441/05, Rn. 40 – *Roquette Frères*.

673 Ausdrücklich EuGH in Urt. v. 14.09.1999, C-310/97 P, Rn. 57 f., 60 f. – *Kommission/AssiDomän Kraft Products;* GA Cosmas, Schlussanträge v. 16.05.2000, C-344/98, Rn. 41 f. – *Masterfoods;* GA Villalón, Schlussanträge v. 26.06.2012, C-199/11, Rn. 52 – *Otis; Dohrn*, S. 96, 114 m.w.N.; *Hausen*, S. 80, 108 ff.; *Durner*, EuR 2004, 547, 571; *Berrisch/Burianski*, WuW 2005, 878, 882; *Meyer*, GRUR 2006, 27, 33; Möschel/Bien/*Grüneberger*, 135, 181 ff.; Frankfurter Komm./*Jaeger*, Art. 16 VO 1/2003 Rn. 21; Loewenheim/*Rehbinder* (3. Aufl. 2016), § 33 GWB Rn. 76; Calliess/Ruffert/*Wegener*, Art. 234 AEUV Rn. 14; Berg/Mäsch/*van der Hout/Lux*, Art. 16 VO 1/2003 Rn. 22, 26 m.w.N.; von der Groeben/Schwarze/Hatje/*Becker/Vollrath*, Art. 16 VO 1/2003 Rn. 41; Grabitz/Hilf/Nettesheim/*Dörr*, Art. 263 AEUV Rn. 203; BeckOK ZPO/*Gruber*, § 322 ZPO Rn. 1; skeptisch dagegen: Möschel/Bien/*Grünberger*, 135, 182; *Zuber*, S. 60 ff.; *Becker*, Rn. 149; *Imgrund*, S. 183; *Bornkamm*, ZWeR 2003, 73, 79; Loewenheim/*Zuber*, Art. 16 VO 1/2003 Rn. 16.

unmittelbar mit der Problematik einer Vorlagefrage eines nach Art. 16 Abs. 1 VO 1/2003 gebundenen Gerichts eines Mitgliedstaats nach Ablauf der Frist des Art. 263 Abs. 6 AEUV befassen musste.[674] Auch in der in diesem Zusammenhang häufig genannten, die Bindungswirkung begründenden Rechtssache *Masterfoods*, in der der EuGH die Möglichkeit einer Gültigkeitsvorlagefrage aufgestellt hatte, erging das Urteil des Gerichtshofs erst, nachdem die betroffenen Parteien bereits Nichtigkeitsklage vor dem EuG erhoben hatten. Auch die stetigen Verweise auf die nach Art. 173 Abs. 5 EGV (heute Art. 263 Abs. 6 AEUV) fristgerecht erhobene Nichtigkeitsklage innerhalb des *Masterfoods*-Urteils[675], machen deutlich, dass der Gerichtshof bei seinem Urteil stets die Situation einer bereits anhängigen Nichtigkeitsklage im Blick hatte.

Die vorliegend relevante Problematik, ob die *TWD*-Grundsätze auch bei bestandskräftigen Kommissionsbeschlüssen in kartellrechtlichen Follow-on Verfahren vor dem Hintergrund der Bindungswirkung des Art. 16 Abs. 1 VO 1/2003 greifen, hat der EuGH somit bisher nicht unmittelbar entschieden. Dennoch ist aus den oben dargelegten Erwägungen davon auszugehen, dass für kartellrechtliche Folgeklagen nichts anderes gelten kann und dem Rechtsunterworfenen die Möglichkeit zur Anregung einer Gültigkeitsvorlage genommen ist, ohne dass dies seine grundrechtlich gewährleisteten Verfahrensgarantien unzulässig einschränken würde.

---

674 Vielmehr ging es im Verfahren *Kommission/AssiDomän Kraft Products* um die Frage, ob die Kommission eine kartellrechtliche Verbotsverfügung auch gegenüber allen übrigen Adressaten erneut überprüfen und ggf. zurücknehmen müsse, wenn einige Adressaten zuvor diesen Beschluss erfolgreich mit einer Nichtigkeitsklage angegriffen hatten, EuGH, Urt. v. 14.09.1999, C-310/97 P, Rn. 57 f., 60 f. – *Kommission/AssiDomän Kraft Products*. S. dazu auch die Entscheidung der Vorinstanz: EuG, Urt. v. 10.07.1997, T-227/95, Rn. 56 ff – *AssiDomän Kraft Products u. a./Kommission.*

675 EuGH, Urt. v. 14.12.2000, C-344/98, Rn. 55 ff. – *Masterfoods*: Hängt die Entscheidung des bei dem nationalen Gericht anhängigen Rechtsstreits von der Gültigkeit der Entscheidung der Kommission ab und hat der Beschlussadressat fristgerecht eine Nichtigkeitsklage gegen die Entscheidung der Kommission erhoben, so muss das nationale Gericht prüfen, ob es das Verfahren aussetzen soll, um eine endgültige Entscheidung über diese Nichtigkeitsklage abzuwarten oder um dem Gerichtshof eine Vorabentscheidungsfrage vorzulegen.

b. *Durchführung einer Gültigkeitsvorlage nach Ablauf der Anfechtungsfrist der Nichtigkeitsklage auf Initiative eines mitgliedstaatlichen Gerichts*

Keine Anwendung finden sollen die *TWD* Grundsätze, wenn die Gültigkeitsvorlage auf die eigenständige Initiative eines mit der Kommissionsentscheidung befassten mitgliedstaatlichen Gerichts zurückgeht und nicht auf das Ersuchen einer anfechtungsberechtigten Partei des vor ihm anhängigen Rechtsstreits.[676] Mit dieser Einschränkung der *TWD* Rechtsprechung trägt der Gerichtshof Bedenken Rechnung, dass die Bedeutung des Vorabentscheidungsverfahrens erheblich reduziert wäre, wenn auch die Vorlage zur Überprüfung der Unionsrechtskonformität der Entscheidung auf Initiative der Gerichte der Mitgliedstaaten ausgeschlossen wäre, nur weil es eine durch die Verwaltungsentscheidung belastete Partei versäumt hat Nichtigkeitsklage zu erheben.[677] Zur Rechtfertigung einer entsprechenden Gültigkeitsvorlagebefugnis der mitgliedstaatlichen Gerichte werden vornehmlich die unterschiedlichen Funktionen von Nichtigkeitsklage und Vorlageverfahren angeführt sowie Wortlaut und Telos des Art. 267 Abs. 1 lit. b AEUV.[678] Den nationalen Gerichten dürfe nicht die Möglichkeit genommen werden, bei Zweifeln an der der Gültigkeit eines Rechtsakts der Union von ihrem primärrechtlich zuerkannten Recht Gebrauch zu machen und den EuGH anzurufen.[679]

Da die Funktion des Vorabentscheidungsverfahrens nach Art. 267 AEUV darin besteht, trotz der dezentralen Rechtsanwendung von Unionsrechtsnormen die rechtssichere und rechtseinheitliche Anwendung des Unionsrechts in den Mitgliedstaaten zu wahren,[680] muss den nationalen Gerichten ihre

---

676 EuGH, Urt. v. 10.01.2006, C-222/04, Rn. 72–74 – *Cassa di Risparmio di Firenze.*

677 *Seidel,* EuZW 1999, 369, 374; Grabitz/Hilf/Nettesheim/*Karpenstein*, Art. 267 AEUV Rn. 48.

678 S. zur fehlenden Rangordnung zwischen den beiden Rechtsbehelfen: GA Ruiz-Jarabo Colomer, Schlussanträge v. 28.04.2005, verb. Rs. C-346/03 u. C-529/03, Rn. 88 – *Atzeni.*

679 GA Ruiz-Jarabo Colomer, Schlussanträge v. 28.04.2005, verb. Rs. C-346/03 u. C-529/03, Rn. 88 – *Atzeni*; GA Tesauro, Schlussanträge v. 27.05.1997, C-408/95, Rn. 18 – *Eurotunnel*, der von einer „Denaturierung des Vorabentscheidungsverfahrens" spricht; s. weiterhin *Imgrund,* S. 175.

680 Vgl. EuGH, Urt. v. 13.12.1983, C-218/82, Rn. 15 – *Kommission/Rat;* EuGH, Urt. v. 29.06.1995, C-135/93, Rn. 37 – *Spanien/Kommission;* EuGH, Urt. v. 17.07.1997, C-28/95, Rn. 32 – *Leur-Bloem;* bestätigt in der neueren Rechtsprechung EuGH, Urt. v. 08.11.2012, C-271/11, Rn. 34 – *Techniko Epimelitirio Elladas*; s. weiterhin von der Groeben/Schwarze/Hatje/*Gaitanides*, Art. 267 AEUV Rn. 37; Streinz/*Ehricke*, Art. 267

Vorlagemöglichkeit auch dann erhalten bleiben, wenn die Unionshandlung aufgrund Fristablaufs nicht mehr unmittelbar durch den Rechtsunterworfenen mit der Nichtigkeitsklage zu seinem Individualrechtsschutz angegriffen werden kann. Letztlich ist das Vorabentscheidungsverfahren ein Instrument der Zusammenarbeit von mitgliedstaatlichen Gerichten und Europäischem Gerichtshof und dient damit ausschließlich den Gerichten, nicht aber den Adressaten eines Unionsrechtsakts.[681] Überdies sind Einwände der betroffenen Partei gegen den Kommissionsbeschluss nicht notwendig mit den Vorlagefragen des mitgliedstaatlichen Gerichts deckungsgleich. Weiterhin besteht die Berechtigung der nationalen Gerichte dem EuGH Fragen über die Gültigkeit von Handlungen europäischer Organe vorzulegen gem. der gesetzlichen Vorgabe in Art. 267 AEUV zeitlich unbegrenzt. Die Ausnahme zur *TWD* Rechtsprechung enthebt die Rechtsunterworfenen darüber hinaus der Notwendigkeit bereits vorsorglich Nichtigkeitsklage zu erheben, ohne sich deren Zulässigkeit Gewahr zu sein.[682] Letztlich sind so auch die mitgliedstaatlichen Gerichte im Fall einer beabsichtigten Vorlage nicht gezwungen, über die teilweise schwierige Frage der Klagebefugnis zur Erhebung einer Nichtigkeitsklage vor den Unionsgerichten zu urteilen.[683]

Insbesondere vor dem Hintergrund der strengen Bindung der Gerichte in Kartellfolgeverfahren nach Art. 16 Abs. 1 VO 1/2003 muss die Möglichkeit der Durchführung eines Vorabentscheidungsverfahrens vor dem EuGH zur Feststellung der Gültigkeit des bindenden Kommissionsbeschlusses als Ausgleich des durch die Bindungswirkung herbeigeführten Kompetenzverlusts der mitgliedstaatlichen Gerichte bei der eigenständigen Anwendung der Art. 101 f. AEUV erhalten bleiben.[684] Aufgrund dieser umfassenden Bindung mitgliedstaatlicher Gerichte in Follow-on Verfahren haben kartellrechtliche Kommissionsbeschlüsse eine weit über ihren ursprünglichen Adressatenkreis hinausgehende Wirkung. Da die mitgliedstaatlichen Gerichte an sich zur selbstständigen Prüfung nach Art. 101 f. AEUV berechtigt sind, kann ihnen nicht zugemutet werden,

---

AEUV Rn. 26; Calliess/Ruffert/*Wegener*, Art. 267 AEUV Rn. 1 f., 5; Grabitz/Hilf/Nettesheim/*Karpenstein*, Art. 267 AEUV Rn. 2.

681 EuGH, Urt. v. 04.07.2006, C-212/04, Rn. 40 – *Adeneler/ELOG*; Möschel/Bien/*Grünberger*, 135, 181; Grabitz/Hilf/Nettesheim/*Karpenstein*, Art. 267 AEUV Rn. 1.

682 GA Ruiz-Jarabo Colomer, Schlussanträge v. 28.04.2005, verb. Rs. C-346/03 u. C-529/03, Rn. 88 – *Atzeni*; *Imgrund*, S. 175.

683 GA Ruiz-Jarabo Colomer, Schlussanträge v. 28.04.2005, verb. Rs. C-346/03 u. C-529/03, Rn. 88 – *Atzeni*; *Imgrund*, S. 175.

684 Möschel/Bien/*Grünberger*, 135, 181; *Imgrund*, S. 181 und 183.

ihren Urteilen aufgrund der Verpflichtung des Art. 16 VO 1/2003 eine nach ihrer Ansicht rechtswidrige Kommissionsentscheidung ohne eigene Überprüfungsmöglichkeit zugrunde zu legen.[685] Hierdurch wäre den mitgliedstaatlichen Gerichten neben der ihnen eigentlich aufgrund der unmittelbaren Anwendbarkeit der Art. 101 f. AEUV zustehenden Entscheidungskompetenz zudem noch die Prüfungskompetenz entzogen.[686] Überdies stellt ein Vorabentscheidungsersuchen an den EuGH die einzige Möglichkeit für das nationale Gericht dar, die Gültigkeit des Kommissionsbeschlusses im Rahmen der Bindungswirkung in Frage zu stellen und von dieser abzuweichen.[687] Andernfalls liefe auch die daher in Art. 16 Abs. 1 S. 4 VO 1/2003 als Korrelat zur Bindungswirkung ausdrücklich vorgesehene Vorlagebefugnis mitgliedstaatlicher Gerichte weitestgehend leer.[688] Denn gerade die bestehende Möglichkeit der Durchführung eines Vorabentscheidungsverfahrens gem. Art. 267 AEUV wird häufig als Rechtfertigung für die Beschränkung der Entscheidungsbefugnisse angesehen, die die Bindungswirkung des Art. 16 Abs. 1 VO 1/2003 den nationalen Gerichten unter Eingriff in das Kompetenzgefüges des AEUV auferlegt.[689] Die fortbestehende Vorlagekompetenz schützt daher die Unabhängigkeit der nationalen Gerichte und gleichzeitig die Einheit und Kohärenz des Rechtssystems der Union.[690]

In der Konsequenz ist damit aber auch hinzunehmen, dass das mit der Rechtssache befasste, an sich dem zivilrechtlichen Dispositionsgrundsatz unterworfene mitgliedstaatliche Gericht sich mittelbar als „Interessensvertreter" einer Partei geriert und die Gültigkeit einer Entscheidung zur Überprüfung stellt, obwohl der unmittelbar Belastete auf ein entsprechendes Rechtsmittel verzichtet hat. Das Vorabentscheidungsverfahren dient nämlich nicht nur der Zusammenarbeit zum Erhalt von Rechtssicherheit und Rechtseinheit innerhalb der Union, sondern kommt reflexartig gleichermaßen dem individuellen Rechtsschutz zugute.[691]

---

685 *Imgrund*, S. 180 ff.

686 *Imgrund*, S. 183; *Hausen*, S. 104 ff.; Möschel/Bien/*Grünberger*, 135, 180 f.

687 S. zur Vorlagepflicht oben S. 201 ff.

688 Immenga/Mestmäcker/*Franck*, § 33 b GWB Rn. 35; *Imgrund*, 179 f.; Möschel/Bien/*Grünberger*, 135, 183.

689 *Hausen*, S. 69; *Zuber*, S. 119 f.; *Kamann/Horstkotte*, WuW 2001, 458, 468; *Hirsch*, ZWeR 2003, 233, 248 f.; Wiedemann/*Bumiller*, § 62 Rn. 46, 58; Möschel/Bien/*Grünberger*, 135, 181; Frankfurter Komm./*Jaeger*, Art. 16 VO 1/2003 Rn. 9; MüKo Kartellrecht/*Schneider*, Art. 16 VO 1/2003 Rn. 5.

690 GA Villalón, Schlussanträge v. 26.06.2012, C-199/11, Rn. 49 – *Otis*.

691 Grundlegend EuGH, Urt. v. 16.01.1974, C-166/73 – *Rheinmühlen Düsseldorf*; *Dohrn*, S. 96; Grabitz/Hilf/Nettesheim/*Karpenstein*, Art. 267 AEUV Rn. 3; Streinz/*Ehricke*,

Es ist zudem zu Recht eingewandt worden, dass die Differenzierung zwischen Gültigkeitsvorlagen auf Initiative des nationalen Gerichts und auf Ersuchen des Anfechtungsbefugten kaum stringent implementierbar ist[692] bzw. zu praktischen Abgrenzungsproblemen hinsichtlich der gerichtlichen Motivationslage führen kann. Die Vorlage zum EuGH ist bereits – zumindest nach deutschem Prozessrecht – grundsätzlich der Disposition der Parteien des nationalen Ausgangsrechtsstreits entzogen. Diese können die Durchführung eines Vorabentscheidungsverfahrens lediglich anregen, aber nicht beanspruchen oder gar erzwingen.[693] Die Entscheidung zur Vorlage obliegt letztlich stets allein dem mit der Rechtssache befassten nationalen Gericht in freier Disposition nach seinen eigenen Zweckmäßigkeitserwägungen. Eine eng begrenzte Ausnahme gilt nur, wenn das Ermessen des Gerichts auf Null reduziert ist, da die fehlende Vorlage das grundrechtlich garantierte Verfahrensrecht auf den gesetzlichen Richter verletzt.[694] Ein Fall, dem in kartellschadensersatzrechtlichen Follow-on Verfahren quasi keine Bedeutung zukommen sollte.

Ersucht somit das nationale Gericht aus eigener Initiative um Vorabentscheidung zur Gültigkeit, da es den ihn bindenden Kommissionsbeschluss für ungültig hält, liegt somit im Ergebnis keine rechtsmissbräuchliche Umgehung der Fristenregelung zur Erhebung einer Nichtigkeitsklage bzw. der materiellen Bestandskraft eines Kommissionsbeschlusses vor, auf welche sich die

---

Art. 267 AEUV Rn. 5; Immenga/Mestmäcker/*Schmidt,* Anhang 3 VO 1/2003 Rn. 36; Grabitz/Hilf/Nettesheim/*Dörr*, Art. 263 AEUV Rn. 203.

692 Immenga/Mestmäcker/*Franck*, § 33 b GWB Rn. 34 m.w.N.

693 EuGH, Urt. v. 14.12.1962, verb. Rs. C-31 u. 33/62 – *Wöhrmann*; EuGH, Urt. v. 06.10.1985, C-283/81, Rn. 9 – *CILFIT;* EuGH, Urt. v. 10.01.2006, C-344/04, Rn. 28 – *IATA und ELFAA;* EuGH, Urt. v. 12.02.2009, C-2/06, Rn. 41 – *Kempter; Raue*, WRP 2012, 1478, 1482; Callies/Ruffert/*Wegener*, Art. 267 AEUV Rn. 19, 23; Grabitz/Hilf/Nettesheim/*Karpenstein* Art. 267 AEUV Rn. 3; Streinz/*Ehricke*, Art. 267 AEUV Rn. 28; von der Groeben/Schwarze/Hatje/*Gaitanides,* Art. 267 AEUV Rn. 40.

694 EuGH, Urt. v. 30.09.2003, C-224/01, Rn. 53 – *Köbler/Österreich;* zur Staatshaftung: EuGH, Urt. v. 13.06.2006, Rn. 42 ff. – *Traghetti del Mediterraneo*; daneben ist ein Vertragsverletzungsverfahren wegen eines Verstoßes gegen Art. 16 Abs. 1 VO 1/2003 durch die Kommission möglich. S. auch BVerfG, Beschl. v. 04.03.2021, 2 BvR 1161/19 m.w.N; BVerfGE 37, 271, 284 – *Solange I*; BVerfGE 73, 339, 366 – *Solange II*; BVerfGE 75, 223, 234 ff. und 245 – *Kloppenburg*; BVerfGE 82, 159, 192 ff. – *Absatzfonds*; BVerfG, Beschl. v. 08.04.2015, 2 BvR 35/12; s. zudem *Raue*, GRUR Int. 2012, 402, 408; *Raue*, WRP 2012, 1478, 1482; Loewenheim/*Zuber*, Art. 16 VO 1/2003 Rn. 21; Immenga/Mestmäcker/*Ritter,* Art. 16 VO 1/2003 Rn. 14.

TWD-Grundsätze des EuGH maßgeblich stützen.[695] Vielmehr verlangt in diesem Fall die Funktion des Vorabentscheidungsverfahrens als Instrument der gerichtlichen Zusammenarbeit, dass das gem. Art. 16 Abs. 1 VO 1/2003 gebundene, mitgliedstaatliche Gericht dem EuGH seine Zweifel an der Rechtmäßigkeit des von ihm anzuwendenden Beschlusses vorlegen kann. Die im nationalen Verfahren relevante Frage nach der Unionsrechtskonformität einer Entscheidung sollte von den nationalen Gerichten unter dem Gesichtspunkt der materiellen Entscheidungsgerechtigkeit unabhängig von etwaigen Rechtsmitteln der Adressaten des Kommissionsbeschlusses vorgelegt werden können.[696]

3. Auslegungsvorlage nach Ablauf der Anfechtungsfrist des Art. 263 Abs. 6 AEUV

Gegenstand eines Vorabentscheidungsverfahrens können wie dargestellt nicht nur Fragen nach der Gültigkeit eines Rechtsakts sein, sondern auch solche nach der Auslegung der Verträge oder einer Handlung der Organe, Einrichtungen oder sonstigen Stellen der Union. Da im Hinblick auf eine Auslegungsvorlage an den Europäischen Gerichtshof anders als bei einer Gültigkeitsvorlage kein Konflikt mit der Bestandskraft einer Unionshandlung auftreten kann, ist eine solche Vorlage eines mitgliedstaatlichen Gerichts in jedem Fall auch nach Ablauf der Frist des Art. 263 Abs. 6 AEUV zur Anfechtung des zugrundeliegenden Unionsrechtsakts als zulässig anzusehen.[697] Für die Vorlage von Auslegungsfragen betreffend den bindenden Kommissionsbeschluss in einem Vorabentscheidungsersuchen gelten die obigen Ausführungen daher mangels konfliktärer Rechtsprinzipien nicht. Mitgliedstaatliche Gerichte haben somit unbeschränkt jederzeit die Möglichkeit, dem EuGH Fragen zur Auslegung und zum Inhalt des Unionsrechts sowie der Handlungen der Unionsorgane vorzulegen. Fragen zur allgemeinen Auslegung des Unionsrechts und seiner Rechtsakte sind zudem ohnehin bereits kein tauglicher Gegenstand der zeitlich befristeten Nichtigkeitsklage. Überdies greift auch insoweit die verfahrensrechtliche Gewährleistung des

---

695 I.E. verneinend: Möschel/Bien/*Grünberger*, 135, 180; *Schroeder*, S. 270 f., die unüberwindbare Abgrenzungsschwierigkeiten befürchten.

696 So *Imgrund*, S. 172; GA Colomer spricht den Widerstreit zwischen den Prinzipien der Rechtssicherheit und der materiellen Gerechtigkeit in seinen Schlussanträgen im Verfahren vor dem EuGH deutlich an, GA Ruiz-Jarabo Colomer, Schlussanträge v. 28.01.1999, C-310/97 P, Rn. 1 f. – *Kommission/AssiDomän Kraft Products u. a.;* Calliess/Ruffert/*Cremer*, Art. 263 AEUV Rn. 2.

697 EuGH, Urt. v. 30.01.1997, C-178/95, Rn. 23, 25 – *Wiljo*; *Dohrn*, S. 28.

Art. 16 Abs. 1 VO1/2003, die im Interesse der unionsweit einheitlichen Auslegung von EU-Rechtsakten die Zusammenarbeit zwischen den Gerichten vorschreibt, um ein übereinstimmendes Verständnis der bindenden Feststellungen der Kommission sicherzustellen.[698]

4. Zulässigkeit einer Gültigkeitsvorlagefrage bei anhängiger Nichtigkeitsklage

Eine weitere Problematik hinsichtlich der Zulässigkeit einer Vorlagefrage zur Gültigkeit eines Unionsrechtsakts zeigt sich auch dann, wenn dieser Rechtsakt zu diesem Zeitpunkt bereits Gegenstand einer Nichtigkeitsklage ist. Das grundlegende Verhältnis von Vorabentscheidungsverfahren zur Feststellung der Gültigkeit eines Unionsrechtsakts und einer in derselben Sache anhängigen Nichtigkeitsklage ist wie dargelegt nach wie vor ungeklärt. Allerdings zeigt sich in dieser Situation kein Konflikt widerstreitender Rechtsprinzipien, sondern ein Zuständigkeitskonflikt im europäischen Rechtssystem.

In seiner *Masterfoods*-Entscheidung hatte der Gerichtshof selbst in dieser Situation die Möglichkeit der mitgliedstaatlichen Gerichte zur Durchführung eines Vorabentscheidungsverfahrens gem. Art. 267 AEUV zur Feststellung der Gültigkeit eines Kommissionsbeschlusses neben einer in dieser Sache bereits anhängigen Nichtigkeitsklage aufgebracht.[699] Nach den Vorgaben des EuGH sollte das nationale Gericht sein eigenes Verfahren bis zu der Entscheidung über die Nichtigkeitsklage aussetzen und von einer eigenen parallelen Vorlagefrage zur Gültigkeit an den EuGH absehen, wenn es für seine eigene Entscheidung auf die Gültigkeit eines Unionsrechtsakts ankommt, der bereits Gegenstand einer beim Europäischen Gericht anhängigen Nichtigkeitsklage ist. Dies gilt jedoch ausnahmsweise nicht, wenn das mitgliedstaatliche Gericht es unter den gegebenen Umständen für gerechtfertigt hält, dem Gerichtshof eine Vorabentscheidungsfrage nach der Gültigkeit der Handlung des Organs vorzulegen.[700]

Den Ausführungen lässt sich damit eine Vorrangstellung des Nichtigkeitsverfahrens entnehmen. Im Prinzip sollte das mitgliedstaatliche Gericht in einer solchen Situation schon aus praktischen Erwägungen auf die Vorlage einer Gültigkeitsfrage verzichten, um Entscheidungswidersprüche zu vermeiden.[701] Das

---

698 S. hierzu auch Immenga/Mestmäcker/*Franck*, § 33 b GWB Rn. 36 a.

699 EuGH, Urt. v. 14.12.2000, C-344/98, Rn. 57 – *Masterfoods*.

700 Vgl. EuGH, Urt. v. 14.12.2000, C-344/98, Rn. 57 – *Masterfoods*; Callies/Ruffert/*Wegener*, Art. 267 AEUV Rn. 17.

701 *Imgrund*, S. 185 ff.; Streinz/*Ehricke*, Art. 267 AEUV Rn. 27; Calliess/Ruffert/*Wegener*, Art. 267 AEUV Rn. 17; Berg/Mäsch/*van der Hout/Lux*, Art. 16 VO 1/2003 Rn. 20.

mitgliedstaatliche Gericht ist jedoch auch bei einer anhängigen Nichtigkeitsklage gerade nicht grundlegend verpflichtet eine Vorlage zu unterlassen und sein Verfahren auszusetzen, wenn es selbst Zweifel an der Gültigkeit des Rechtsakts hegt und eine Vorlage in Anbetracht der Umstände nach seinem Ermessen als gerechtfertigt erachtet.[702] Die Unabhängigkeit der mitgliedstaatlichen Gerichte und ihre Stellung im europäischen System gebieten zudem, dass sie aufgrund ihrer Bindung nach Art. 16 VO 1/2003 neben einer anhängigen Nichtigkeitsklage die Möglichkeit haben, ihre eigenen Aspekte zur Beurteilung des Falls über die Vorlagefrage der Gültigkeit der Kommissionsentscheidung an den EuGH zu richten.[703] Hierbei ist insbesondere problematisch, dass über die Vorlagefragen mitgliedstaatlicher Gerichte zur Gültigkeit von Unionsrechtsakten unmittelbar der Europäische Gerichtshof selbst entscheidet, während eine Nichtigkeitsklage der Individualklagebefugter zunächst vor dem Europäischen Gericht anhängig wird. Ein paralleles Vorgehen hätte insoweit eine doppelte Befassung der europäischen Gerichte mit denselben Rechtsfragen in einem identischen Fall zur Folge. Letztlich scheint es in dieser Konstellation nicht sinnvoll, dass der EuGH sein Verfahren fortführt und dem EuG ein Urteil vorgibt oder gar über die untere Instanz hinweg selbst eine Entscheidung trifft. Ein solches Vorgehen würde letztlich auch der die Gültigkeit des gegen sie gerichteten Kommissionsbeschlusses mit der Nichtigkeitsklage angreifenden Partei eine Instanz nehmen und sie entsprechend in ihren Rechtsschutzmöglichkeiten beschränken. In der Verfahrensparallelität liegt damit unmittelbar auch die Gefahr einer Verfahrensumgehung.[704] Im Ergebnis kann eine entsprechende Vorabentscheidungsfrage eines mitgliedstaatlichen Gerichts daher sinnvollerweise nur dazu führen, dass der Gerichtshof ebenfalls das Verfahren vor dem Gericht erster Instanz abzuwarten hätte. Aus nachvollziehbaren Gründen wurde ein Vorabentscheidungsersuchen zur Gültigkeit eines Kommissionsbeschlusses neben einer bereits anhängigen Nichtigkeitsklage in gleicher Sache daher auch von Generalanwalt Cosmas im *Masterfoods*-Verfahren und einigen Stimmen in der Literatur als

---

702 GA Ruiz-Jarabo Colomer, Schlussanträge v. 28.04.2005, verb. Rs. C-346/03 u. C-529/03, Rn. 89 – *Atzeni; Hausen*, S. 122 f., 125; *Dohrn*, S. 99; Calliess/Ruffert/*Wegener*, Art. 267 AEUV Rn. 17; Streinz/*Ehricke*, Art. 267 AEUV Rn. 27; von der Groeben/Schwarze/Hatje/*Gaitanides*, Art. 267 AEUV Rn. 38; Loewenheim/*Zuber*, Art. 16 VO 1/2003 Rn. 20 f.; Berg/Mäsch/*van der Hout/Lux*, Art. 16 VO 1/2003 Rn. 20; von der Groeben/Schwarze/Hatje/*Becker/Vollrath*, Art. 16 VO 1/2003 Rn. 42; a.A. *Bartels*, ZfRV 2002, 83, 92.

703 von der Groeben/Schwarze/Hatje/*Becker/Vollrath*, Art. 16 VO 1/2003 Rn. 42.

704 GA Cosmas, Schlussanträge v. 16.05.2000, C-344/98, Rn. 40 – *Masterfoods*.

grundsätzlich unzulässig kritisiert.[705] Der EuGH ist dieser Sichtweise in seinem *Masterfoods*-Urteil wie erläutert allerdings nicht gefolgt.

Auch aus Art. 54 Abs. 3 der Satzung des Gerichtshofs der Europäischen Union ergibt sich ausdrücklich die Möglichkeit, die Frage nach der Gültigkeit desselben Rechtsaktes parallel beim Gerichtshof und dem Gericht der Union anhängig zu machen. Es ist somit nicht ausgeschlossen, dass betreffend dieselbe Rechtssache einer Nichtigkeitsklage beim EuG und ein Gültigkeitsvorlageverfahren beim EuGH anhängig ist. In einem solchen Fall kann sich nach Art. 54 Abs. 3 der Satzung sodann entweder das Gericht für nicht zuständig erklären, damit der Gerichtshof über die ihm vorliegende Klage entscheidet. Ebenso kann nach der Normvorgabe aber auch der Gerichtshof die Aussetzung des bei ihm anhängigen Verfahrens beschließen, so dass die Angelegenheit zunächst vor dem Gericht fortgeführt wird. Wie aus dem Wortlaut der Vorschrift hervorgeht, ist eine Abgabe des Prozesses und Aussetzung des eigenen Verfahrens demnach weder für den Gerichtshof noch für das Gericht zwingend, sondern steht im Ermessen der Gerichte. Im Fall der parallelen Anhängigkeit eines Gültigkeitsvorlageverfahrens und einer Nichtigkeitsklage in gleicher Sache ist es aus den bereits genannten prozessökonomischen Gründen jedoch vorzugswürdig, das Verfahren vor dem EuG gem. Art. 263 AEUV fortzuführen und das Vorabentscheidungsverfahren vor dem Gerichtshof auszusetzen.[706] Hebt das Gericht den streitigen Kommissionsbeschluss im Rahmen des Nichtigkeitsverfahrens auf, so ist auch dem Anliegen des mitgliedstaatlichen Gerichts im Ergebnis Genüge getan, da seine Bindung an den von ihm als ungültig erachteten Beschluss ebenfalls entfällt. Zudem würde hiermit dem vorrangig anzusehenden Bedürfnis der Rechtsunterworfenen nach einer ganzheitlichen Überprüfung der Rechtssache und rechtlichem Gehör im Instanzenzug Rechnung getragen. Die Vorzugswürdigkeit der Durchführung des Nichtigkeitsklageverfahrens besteht daher umso mehr, wenn für die Gültigkeitsprüfung des Rechtsakts die Würdigung der Tatsachengrundlage von Relevanz ist, da nur das Gericht der Europäischen Union eine in rechtlicher und tatsächlicher Hinsicht umfassende Prüfung vornimmt.[707]

---

705 Hierzu GA Cosmas, Schlussanträge v. 16.05.2000, C-344/98, Rn. 42 – *Masterfoods;* vgl. hierzu ebenfalls *Bartels,* ZfRV 2002, S. 83, 90; *Bornkamm*, ZWeR 2003, 73, 79; *Bornkamm/Becker*, ZWeR 2005, 213, 219.

706 A.A. Grabitz/Hilf/Nettesheim/*Karpenstein*, Art. 267 AEUV Rn. 50.

707 EuGH, Urt. v. 15.02.2001, C-239/99, Rn. 37 – *Nachi Europe*; EuG, Urt. v. 05.02.2007, T-91/05 – *Sinara Handel/Rat;* GA Jacobs, Schlussanträge v. 09.03.1994, C-188/92, Rn. 20 – *TWD*; vgl. VerfOEuG, Art. 91 ff. v. 04.03.2015, ABl. 2015, L 105 S. 1; s. auch *Imgrund*, S. 197; *Hausen*, S. 131; Grabitz/Hilf/Nettesheim/*Karpenstein*, Art. 267 AEUV

Im Rahmen des Vorabentscheidungsverfahrens würden demgegenüber nur die konkreten Vorlagefragen des mitgliedstaatlichen Gerichts, mithin ausschließlich Rechtsfragen, geprüft. Die vorrangige Durchführung des Vorabentscheidungsverfahrens scheint dagegen angemessen, wenn Vorlagefragen des nationalen Gerichts gegenüber den Klagegründen des bereits anhängigen Nichtigkeitsverfahrens derart neue Aspekte mit wesentlichem Mehrwert für das gesamte System aufgreifen.[708] So hat in *Masterfoods* das EuG das vor ihm anhängige Nichtigkeitsklageverfahren[709] mit Rücksicht auf das vor dem EuGH anhängige Vorabentscheidungsverfahren ausgesetzt, in dem es um die Klärung rechtlicher Grundsatzfragen zur Zuständigkeit und Zusammenarbeit zwischen den mitgliedstaatlichen und den europäischen Gerichte sowie der Kommission ging. Die Rechte der Betroffenen können während der Verfahrensaussetzung durch einstweilige Maßnahmen gewahrt werden.

Für einzelstaatliche Gerichte besteht die Möglichkeit eines Vorabentscheidungsersuchens trotz anhängiger Nichtigkeitsklage in dieser Sache zudem unproblematisch fort, wenn von dem mitgliedstaatlichen Gericht andere als die Gültigkeit betreffende Fragen zur Anwendung und Auslegung des Unionsrechts oder einer Handlung eines Unionsorgans vorgebracht werden.[710]

5. *Vorgaben des § 33 b GWB*

Auch § 33 b S. 3 GWB eröffnet in Übereinstimmung mit Art. 16 Abs. 1 S. 4 VO 1/2003 den deutschen Gerichten die Möglichkeit, dem EuGH die Frage nach der Gültigkeit eines Kommissionsbeschlusses zur Vorabentscheidung vorzulegen, wenn diese von der Entscheidung der Kommission abweichen möchten. Es ist davon auszugehen, dass hierfür die gleichen Voraussetzungen gelten. Die Regelung in § 33 b GWB ist angesichts der primärrechtlichen Kodifikation in Art. 267 AEUV, der primärrechtsausgestaltenden Rechtsprechung des EuGH sowie der Vorgaben der Verordnungsnorm des Art. 16 VO 1/2003 als deklaratorisch anzusehen.[711]

Rn. 50; vgl. zur Kritik am Verfahren erster Instanz vor dem EuG: *Krohs/Timmerbeil*, BB 2012, 2447, 2452.

708 *Hausen*, S. 122 f.; *Malferrari*, EuR 2001, 605, 612; *Hirsch*, ZWeR 2003, 233, 250; von der Groeben/Schwarze/Hatje/*Becker/Vollrath*, Art. 16 VO 1/2003 Rn. 42.

709 EuG, Urt. v. 23.10.2003, T-65/98 – *Van den Bergh Foods.*

710 Streinz/*Ehricke*, Art. 267 AEUV Rn. 27 m.w.N.; Calliess/Ruffert/*Wegener*, Art. 267 AEUV Rn. 17.

711 *Scheffler*, NZKart 2015, 223, 225; Bechtold/Bosch, § 33 GWB Rn. 54.

D. Plädoyer für die Abschaffung der Bindung von Kommissionsbeschlüssen nach § 33 b GWB

Die Verordnungsnorm des Art. 16 VO 1/2003 und ihre vermeintliche deutsche Parallelvorschrift in § 33 b GWB haben gemein, dass sie beide eine Bindungswirkung von Kommissionbeschlüssen normieren. Darüber hinaus verbinden die beiden Normen bei näherem Hinsehen allerdings nur wenige Gemeinsamkeiten. Anders als Art. 16 Abs. 1 VO 1/2003 limitiert § 33 b GWB die Bindungswirkung inhaltlich von Anfang an auf die Feststellung eines Wettbewerbsverstoßes. Schon nach der Wortlautgrenze der Norm lässt sich eine Bindungswirkung im Hinblick auf Verschulden, Kausalität und Schaden nicht diskutieren. Damit bleibt die Bindungswirkung des § 33 b GWB weit hinter den Vorgaben des Art. 16 Abs. 1 VO 1/2003 zurück. Teilweise wird dieser Unterschied als faktisch irrelevant angesehen, da die Kommission zu weiteren Voraussetzungen des Kartellschadensersatzanspruchs naturgemäß keine rechtlichen Feststellungen treffe, denen Bindungswirkung in einem zivilrechtlichen Follow-on Verfahren zukommen könne.[712] Es wird im Folgenden noch zu untersuchen sein, ob diese Unterscheidung Praxisrelevanz hat. Es bleibt hier jedenfalls festzuhalten, dass § 33 b GWB auch insoweit hinter den rechtlichen Anforderungen des Art. 16 Abs. 1 VO 1/2003 zurückbleibt.

Wie aufgezeigt bezieht sich die Vorschrift des § 33 b GWB zudem anders als die des Art. 16 Abs. 1 VO 1/2003 ausschließlich auf Kartellbeschlüsse, in denen Verhaltensweisen positiv als wettbewerbswidrige Zuwiderhandlung eingestuft werden. Entsprechend beschränkt § 33 b GWB im Vergleich zu der europäischen Verordnungsnorm die Bindungswirkung im mitgliedstaatlichen Verfahren ausschließlich zugunsten der Geschädigten auf die Feststellung eines Kartellrechtsverstoßes. Anders als nach Art. 16 Abs. 1 VO 1/2003 entfalten nach § 33 b GWB somit lediglich Kommissionsbeschlüsse nach Art. 7 VO 1/2003 oder Bußgeldentscheidungen nach Art. 7, 23 VO 1/2003 bindende Wirkung, nicht darüber hinaus aber auch Beschlüsse gem. Art. 8 oder 10 der Kartellverfahrensverordnung. Art. 16 VO 1/2003 gilt dagegen unabhängig davon, ob die Kommission eine Zuwiderhandlung gegen das Wettbewerbsrecht feststellt oder verneint. Trifft die Kommission somit eine Entscheidung nach Art. 10 VO 1/2003, sind die deutschen Gerichte auch gegen den Wortlaut des § 33 b GWB aufgrund des Vorrangs von Art. 16 Abs. 1 VO 1/2003[713] an die Feststellungen

712 Immenga/Mestmäcker/*Franck*, § 33 b GWB Rn. 28.

713 S. hierzu bereits oben S. 89 f.

der Kommission gebunden, dass gerade kein kartellrechtswidriges Verhalten vorlag.[714]

Des Weiteren beschränkt § 33 b GWB die Bindungswirkung ausschließlich auf zivilrechtliche Schadensersatzverfahren. Dies ist grundlegend zu kritisieren.[715] Dementsprechend wäre ein nationales Gericht zwar in einem schadensersatzrechtlichen Folgeverfahren an die wettbewerbsrechtlichen Feststellung der Kommission gebunden, könnte aber in einem Anschlussverfahren über vertragliche Erfüllungsansprüche den gleichen Sachverhalt hinsichtlich seiner Vereinbarkeit mit Art. 101 f. AEUV eigenständig und völlig abweichend beurteilen und so eine divergierende Entscheidung herbeiführen. Dies erscheint im Hinblick auf das grundlegende Normziel sowie das Telos der Bindungswirkung in Form einer einheitlichen Rechtsanwendung sowie der Rechtssicherheit in der Union wenig sinnvoll. Im direkten Vergleich zum umfassenden Normadressatenkreis des Art. 16 Abs. 1 VO 1/2003 zeigt sich bezüglich Kommissionsbeschlüssen in § 33 b GWB eine unionsrechtswidrige Beschränkung auf nationale Zivilgerichte und weiter noch auf lediglich solche Zivilgerichte, die über Schadensersatzansprüche entscheiden.

Weiterhin unterscheidet sich die Kohärenzverpflichtung nach Art. 16 Abs. 1 VO 1/2003 im Hinblick auf europäische Beschlüsse auch von den Vorgaben des § 33 b GWB hinsichtlich der allein von dieser geforderten Voraussetzung der Bestandskraft der behördlichen Entscheidung. Die Kohärenzverpflichtung nationaler Gerichte besteht im Rahmen des Art. 16 VO 1/2003 dagegen spätestens ab dem Zeitpunkt der Wirksamkeit des Kommissionsbeschlusses bzw. sogar bereits vor Erlass der Entscheidung. Überdies ist das nationale Zivilgericht aufgrund der weiterhin bindenden Wirkung angefochtener Kommissionsbeschlüsse nach europäischen Verordnungsrecht gem. Art. 16 Abs. 1 S. 4 VO 1/2003 gehalten, eine Aussetzung des eigenen Verfahrens zu erwägen, während in dieser Konstellation der Kommissionsbeschluss nach § 33 b GWB schlicht noch nicht einmal bindend wäre. Auch hier lässt sich die deutsche Regelung nicht mit den europäischen Vorgaben vereinbaren. Darüber hinaus ordnet Art. 16 Abs. 1 S. 2

---

714 So auch *Logemann*, S. 250; *Meessen*, S. 113 f., *Meyer*, GRUR 2006, 27, 31; Immenga/Mestmäcker/*Franck*, § 33 b GWB Rn. 10.

715 Ebenso *Imgrund*, S. 218; *Fuchs*, WRP 2005, 1384, 1395; *Meyer*, GRUR 2006, 27, 29 u. 32. Für eine Erweiterung jedenfalls auf Beseitigungs- und Unterlassungsklagen Langen/Bunte/*Bornkamm*, § 33 GWB a.F. Rn. 143; für eine Ausdehnung nur auf Beseitigungsklagen Loewenheim/*Rehbinder* (3. Aufl. 2016), § 33 GWB Rn. 54; s. zu allem auch Immenga/Mestmäcker/*Schmidt*, VO 1/2003 Anhang 3 VO 1/2003 Rn. 11 – 33.

VO 1/2003 im Gegensatz zu § 33 b GWB bereits eine Bindung an Entscheidungen an, welche die Kommission erst noch zu erlassen beabsichtigt.

Art. 16 Abs. 1 VO 1/2003 stellt ohnehin bereits eine auf Primärrecht basierende[716], sekundärrechtliche Unionsregelung dar, die als Verordnungsnorm nach Art. 288 S. 2 AEUV in all ihren Teilen verbindliches und in sämtlichen Mitgliedstaaten unmittelbar anwendbares Recht ist. Daher kommt der nationalen Vorschrift des § 33 b GWB hinsichtlich der bindenden Wirkung von Kommissionsbeschlüssen daneben lediglich deklaratorische Wirkung zu.[717] Dies bestätigt ausdrücklich auch die Begründung zum Regierungsentwurf der 7. GWB Novelle, die der inhaltsgleichen Vorgängernorm des § 33 b GWB, § 33 Abs. 4 GWB a.F., insoweit ausdrücklich klarstellende Bedeutung zuweist.[718] Von der intendierten Klarstellung kann insofern jedoch in der tatsächlichen Rechtspraxis nicht die Rede sein. Mangels paralleler Tatbestandsvoraussetzungen und Rechtsfolgen sowie der Verschleierung des unionsrechtlichen Charakters der Vorgabe wird durch die Regelung in § 33 b GWB vielmehr erhebliche Rechtsunsicherheit geschaffen.[719] Denn Art. 16 VO 1/2003 ist als Verordnungsnorm ohne Umsetzungsakt unmittelbar geltendes Recht. Nationale Ausführungsakte sind unnötig und sogar unzulässig, wenn sie die unmittelbare Geltung der Verordnung verbergen.[720] Dies wird bestätigt durch etliche kartellschadensersatzrechtliche Gerichtsurteile, die die eigentlich anwendbare Verordnungsnorm

---

716 EuGH, Urt. v. 14.12.2000, C-344/98, Rn. 53, 57 – *Masterfoods;* EuGH, Urt. v. 28.02.1991, C-234/89, Rn. 43 ff. – *Delimitis/Henninger.*

717 Gesetzentwurf der Bundesregierung eines Siebten Gesetzes zur Änderung des Gesetzes gegen Wettbewerbsbeschränkungen, BT-Drucks. 15/3640, S. 54 (r. Sp. 1. Abs.); *Imgrund*, S. 217; *Berrisch/Burianski*, WuW 2005, 878, 882; Meyer GRUR 2006, 27, 32; *Dreher*, ZWeR 2008, 325, 327; *Bürger*, WuW 2011, 130, 138; *Scheffler*, NZKart 2015, 223, 224; Immenga/Mestmäcker/*Franck*, § 33 b GWB Rn. 4 (mit dem Hinweis, dass es Mitgliedstaaten freistehe, Kommissionsentscheidungen eine über Art. 16 Abs. 1 S. 1 VO 1/2003 hinausgehende Bindungswirkung zuzuweisen); Berg/Mäsch/*Mäsch*, § 33 b GWB Rn. 1.

718 Gesetzentwurf der Bundesregierung eines Siebten Gesetzes zur Änderung des Gesetzes gegen Wettbewerbsbeschränkungen, BT-Drucks. 15/3640, S. 54.

719 So auch *Franck*, Private Enforcement in Germany, S. 30; *Meyer*, GRUR 2006, 27, 29; vgl. auch Möschel/Bien/*Grünberger*, 135, 158 f.; Immenga/Mestmäcker/*Franck*, § 33 b GWB Rn. 4.

720 EuGH, Urt. v. 07.11.1972, C-20/72, Rn. 12/17 – *Belgien/Cobelex*; EuGH, Urt. v. 10.10.1973, C-34/73, Rn. 10 f. – *Variola/Amministrazione italiana delle finanze*; EuGH, Urt. v. 31.01.1978, C-94/77, Rn. 22/27 – *Zerbone*; Callies/Ruffert/*Ruffert* Art. 288 AEUV Rn. 21 m.w.N. auf die Rechtsprechung.

übersehen oder die Anwendung des § 33 b GWB in Verkennung des Vorrangs des EU-Sekundärrechts in Art. 16 VO 1/2003 fälschlicherweise vorziehen.[721] Ein Vorgehen, das bei genauerer Prüfung mangels Übereinstimmung der Regelungsgehalte der beiden vermeintlichen Parallelvorschriften mehr Verwirrung als Klarheit schafft und sich fälschlicherweise in der Praxis durchgesetzt hat. Dies wird sich spätestens dann zeigen, wenn sich die deutsche Rechtsprechung mit den Details der europäischen Bindungswirkung befassen müssen wird. Die Vorschrift des § 33 b GWB ist im Hinblick auf die ausdrücklich enthaltene Regelung für Kommissionsbeschlüsse nämlich nicht nur überflüssig, weil mit der Verordnungsnorm des Art. 16 VO 1/2003 bereits allgemein verbindliches und unmittelbar anwendbares Unionsrecht besteht, neben dem § 33 b GWB ohnehin keine Anwendung mehr finden kann. Die Vorschrift ist überdies noch irreführend[722] und aufgrund ihrer geringeren Reichweite unionsrechtswidrig.

Im Ergebnis gibt § 33 b GWB die Regelung des europäischen Sekundärrechts in wesentlichen Punkten nur unvollständig bzw. abweichend wieder[723] und engt damit in Bezug auf Beschlüsse der Kommission den weitergehenden Anwendungsbereich der unionsrechtlich angeordneten Bindungswirkung der europäischen Verordnungsnorm unzulässigerweise ein. Eine europarechtskonforme

---

721 LG Berlin, Urt. v. 06.08.2013, 16 O 193/11 Kart – *Fahrtreppen*, nach dem sich die Bindung an Kommissionsentscheidungen aus § 33 Abs. 4 GWB a.F. ergibt und nur mittelbar aus Art. 16 VO 1/2003; LG Düsseldorf, Urt. v. 19.11.2015, 14d O 4/14, Leitsatz und Rn. 189 – *Autoglaskartell*, das § 33 Abs. 4 GWB a.F. anwendet, obwohl 16 VO 1/2003 auf den dem Verfahren zugrundeliegenden Kommission, Beschl. v. 12.11.2008, AT.39125 – *Carglass* unmittelbar anzuwenden ist. Ob sich hiervon abgesehen eine Bindung des mitgliedstaatlichen Gerichts an die Bußgeldentscheidung auch für Follow-on Klagen aus Art. 16 Abs. 1 VO 1/2003 ergibt, kann deshalb nach Auffassung des Gerichts dahinstehen.; ebenso LG Stuttgart, Urt. v. 23.06.2016, 11 O 283/14, unter Ziff. 3.a); LG Hannover, Urt. v. 05.07.2016, 18 O 405/14, Rn. 56; s. auch LG Hannover, Urt. v. 18.12.2017, 18 O 8/17, Rn. 66, nach dem die Feststellung des Verstoßes durch die Europäische Kommission für das hiesige Verfahren gem. § 33 Abs. 4 GWB 2005 bindend ist; krit. Langen/Bunte/*Bornkamm*, § 33 GWB a.F. Rn. 166 f.

722 Ebenso *Leffrang*, Rn. 196; *Berrisch/Burianski*, WuW 2005, 878, 882; *Meyer*, GRUR 2006, 27, 29 f., 32; Möschel/Bien/*Grünberger*, 135, 159. Auch Franck weist zu Recht daraufhin, dass eine deklaratorische Übernahme ins nationale Recht die Gefahr birgt, dass dem Rechtsanwender der unionsrechtliche Charakter einer Norm verschleiert bleibt, Immenga/Mestmäcker/*Franck*, § 33 b GWB Rn. 4 m.w.N. auf die EuGH-Rechtsprechung.

723 *Meyer*, GRUR 2006, 27, 32; Loewenheim/*Rehbinder* (3. Aufl. 2016), § 33 GWB Rn. 74; a.A. Kamann/Ohlhoff/Völcker/*Ohlhoff*, § 26 Rn. 112.

Auslegung des § 33 b GWB wäre daher im Hinblick auf die in Art. 16 Abs. 1 VO 1/2003 normierte Bindung von Kommissionbeschlüssen unerlässlich. Diese scheitert jedoch bereits an dessen zu engen Wortlaut. Die Vorschrift mag aus historischer Sicht zum Zeitpunkt ihrer Implementierung eine wichtige Rolle bei der Sicherung des Primats europäischen Rechts gespielt haben. Nach jetzigem Stand, nach dem nunmehr Bedeutung und Reichweite des Art. 16 VO 1/2003 durch die Rechtsprechung gefestigt sind, verliert die Vorschrift des § 33 b GWB insoweit ihren Nutzen. Somit ist die in § 33 b GWB getroffene Anordnung der bindenden Wirkung von Kommissionsbeschlüssen als unionsrechtswidrig anzusehen.[724] Die Anordnung einer Bindungswirkung für Kommissionsbeschlüsse sollte daher konsequenterweise aus dem Normtext des § 33 b GWB gestrichen werden.

E. Vereinbarkeit der in Art. 16 Abs. 1 VO 1/2003 normierten Bindungswirkung mit dem Primärrecht

Letztlich muss sich die Vorschrift des Art. 16 Abs. 1 VO 1/2003 und die vorliegend ermittelten Feststellungen zu Voraussetzungen, Inhalt, Umfang und Reichweite der normierten Bindungswirkung mit den elementaren Rechtsgrundsätzen und Verfassungsprinzipien der Europäischen Union vereinbaren lassen.

Hinsichtlich der Vereinbarkeit der Bindungswirkung des Art. 16 Abs. 1 VO 1/2003 mit den grundrechtlich garantierten Rechtsprinzipien der Union kommen immer wieder Zweifel auf. Die Kritik betrifft insbesondere den Grundsatz der Unabhängigkeit der Gerichte, den Gewaltenteilungsgrundsatz[725] sowie den grundlegenden Anspruch auf effektiven gerichtlichen Rechtsschutz und rechtliches Gehör. Darüber hinaus wird auch die Vereinbarkeit der Bindungswirkung mit dem gesamten Kompetenzgefüge des europäischen Primärrechts zur unmittelbaren Anwendung der EU-Kartellrechtsnormen in Frage gestellt. Diese Vorwürfe sollen im Folgenden genauer überprüft werden.

I. Prüfungsmaßstab

Da es sich bei Art. 16 VO 1/2003 um eine unmittelbar anzuwendende Verordnungsnorm des europäischen Sekundärrechts handelt, ergibt sich der

---

724 Ebenso *Hausen*, S. 18, 118.

725 GA Villalón, Schlussanträge v. 26.06.2012, C-199/11, Rn. 38 – *Otis*; *Geiger*, EuZW 2001, 116, 117; *Montag/Rosenfeld*, ZWeR 2003, 107, 131; *Durner*, EuR 2004, 547, 550 ff.; MüKo Kartellrecht/*Schneider*, Art. 16 VO 1/2003 Rn. 5.

Prüfungsmaßstab für seine Verfassungsmäßigkeit allein aus dem Unionsrecht.[726] Dies gilt selbstredend auch, obwohl die Bindungswirkung des Art. 16 Abs. 1 VO 1/2003 ausschließlich die mitgliedstaatlichen Gerichte verpflichtet und sie in ihrer Befugnis zur eigenständigen Beurteilung kartellrechtlicher Sachverhalte beschränkt. Zwar hatte das Bundesverfassungsgericht im Jahr 1974 in seiner Entscheidung *Solange I*[727] geurteilt, dass sich das innerstaatlich anzuwendende sekundäre Gemeinschaftsrecht am Maßstab des deutschen Grundgesetzes messen lassen müsse, solange das europäische Recht keinen gleichwertigen Grundrechtsschutz bereitstelle. Diese Vorgabe revidierte es jedoch einige Jahre später in seiner Anschlussentscheidung *Solange II*, in der es dem EuGH die Gewährleistung eines wirksamen Grundrechtsschutzes bestätigte, so dass es, solange dieser Schutzstatus andauere, künftig auf eine eigene Prüfung verzichten werde.[728] Bei der verfassungsmäßigen Überprüfung der Bindungswirkung des Art. 16 Abs. 1 VO 1/2003 gilt daher allein der Maßstab der europäischen Grundrechtsordnung.

Der Grundrechtsschutz auf europäischer Ebene richtet sich im Wesentlichen nach den Vorgaben der Charta der Grundrechte der Europäischen Union, die mit Inkrafttreten des Vertrags von Lissabon durch Art. 6 Abs. 1 EUV[729] mit den Europäischen Verträgen auf eine Stufe gestellt und damit zu geltendem

---

726 Grundlegend zum Vorrang des Unionrechts auf jeder Rangstufe, das auch das deutsche Verfassungsrecht erfasst: EuGH, Urt. v. 15.07.1964, C-6/64 – *Costa/E.N.E.L;* EuGH, Urt. v. 17.12.1970, C-11/70, Rn. 3 – *Internationale Handelsgesellschaft*; s. auch *Hausen*, S. 49; *Glöckner*, WRP 2015, 410, 417; *Ackermann*, NZKart 2015, 17, 20; *Dannecker*, NZKart 2015, 25, 27. Nach Art. 51 Abs. 1 EU GrC richtet sich die europäische Grundrechtecharta an die Union selbst sowie an deren Mitgliedstaaten, soweit diese Unionsrecht durchführen. Inwieweit noch eine „Durchführung von Recht der Union" i.S.d. Art. 51 Abs. 1 EU GrC vorliegt, wenn eine Richtlinie in nationales Recht umgesetzt wurde ist jedoch streitig, vgl. EuGH, Urt. v. 13.07.1989, C-5/88 – *Wachauf;* EuGH, Urt. v. 27.06.2006, C-540/03 – *Familienzusammenführung;* v. Bogdandy/Bast/*Kühling*, S. 682 ff.; *Thym*, NJW 2006, 3249, 3250; *Callies*, JZ 2009, 113, 117.

727 BVerfGE 37, 271, 271 ff. – *Solange I.*

728 BVerfG, Beschl. v. 22.10.1986, 2 BvR 197/83, BVerfGE 73, 339, 378 und 387 – *Solange II*; bestätigt durch BVerfG, Urt. v. 12.10.1993, 2 BvR 2134/92, 2 BvR 2159/92, BVerfGE 89, 155, 188 – *Maastricht*; BVerfG, Beschl. v. 07.06.2000, 2 BvL 1/97, BVerfGE 102, 147, 161 ff. – *Bananenmarktordnung*; BVerfG, Beschl. v. 14.05.2007, 1 BvR 2036/05.

729 Vertrag über die Europäische Union v. 07.02.1992, zuletzt geändert mit Vertrag von Lissabon zur Änderung des Vertrags über die Europäische Union und des Vertrags zur Gründung der Europäischen Gemeinschaft v. 13.12.2007, veröffentlicht in ABl. 2007, C 306 S. 1, in Kraft getreten am 01.12.2009.

Primärrecht erklärt wurde.[730] Wie oben bereits dargestellt[731] enthält sie neben grundlegenden Freiheits- und Gleichheitsrechten auch Unionsbürgerrechte sowie justizielle Rechte und gilt nach ihrem Art. 51 Abs. 1 sowohl für die Organe, Einrichtungen und sonstigen Stellen der Union als auch für die Mitgliedstaaten bei der Durchführung des Rechts der Union.[732] Daneben sind nach Art. 6 Abs. 3 EUV auch die in der EMRK[733] niedergelegten und die sich aus den gemeinsamen Verfassungsüberlieferungen der Mitgliedstaaten ergebenden Grundrechte als allgemeine Grundsätze Teil des Unionsrechts. Ein offizieller Beitritt der Europäischen Union zur EMRK nach Art. 6 Abs. 2 EUV ist jedoch bis heute nicht erfolgt,[734] so dass der EMRK keine unmittelbare Anwendbarkeit in der Unionsrechtsordnung zukommt.[735] Nach der Homogenitätsklausel in Art. 52 Abs. 3 S. 1 EU GrC haben aber die in der Charta enthaltenen Rechte, die denen in der EMRK entsprechen die gleiche Bedeutung und Tragweite wie sie ihnen durch die EMRK verliehen wird.[736] Der Gerichtshof ist daher verpflichtet zu beachten,

---

730 EuG, Urt. v. 22.03.2012, verb. Rs. T-458/09 und T 171/10, Rn. 66 – *Slovak Telekom*; Möschel/Bien/*Grünberger*, 135, 195; Berg/Mäsch/*van der Hout/Seitz,* Vorb. Art. 17 ff. VO 1/2003 Rn. 20; Calliess/Ruffert/*Wegener*, Art. 267 AEUV Rn. 9; Grabitz/Hilf/Nettesheim/*Karpenstein,* Art. 267 AEUV Rn. 22.

731 S. hierzu oben S. 70 ff.

732 Vgl. EuGH, Urt. v. 22.12.2010, C-279/09, Rn. 30 und 31 – *DEB*; sowie EuGH Urt. v. 28.07.2011, C-69/10, Rn. 49 – *Samba Diouf*; EuGH, Beschl. v. 01.03.2011, C-457/09, Rn. 25 – *Chartry.*

733 Europäischen Konvention zum Schutz der Menschenrechte und Grundfreiheiten, v. 4.11.1950, BGBl. 1952 II 685, 953, Neubek. BGBl. 2002 II 1054, im Folgenden EMRK.

734 Nach Art. 6 Abs. 2 des Vertrags über die Europäische Union i.d.F. des Vertrags von Lissabon wird die Union der EMRK beitreten. Dazu muss Art. 6 Abs. 2 EUV und das dazugehörige Protokoll (Nr. 8) zu Art. 6 Abs. 2 des Vertrages über den Beitritt der Union zur europäischen Konvention zum Schutze der Menschenrechte und Grundfreiheiten, ABl. 2016, C 202 S. 273.

735 EuGH, Urt. v. 07.05.2013, C-617/10, Rn. 44 – *Akerberg Fransson*; EuGH, Urt. v. 18.07.2013, C-501/11 P, Rn. 32 – *Schindler Holding*; EuGH, Urt. v. 16.07.2020, C-311/18, Rn. 98 und die dort angeführte Rechtsprechung – *Facebook Ireland und Schrems*; EuGH, Urt. v. 22.10.2020, C-702/19 P, Rn. 24 – *Silver Plastics*; Berg/Mäsch/*van der Hout/Amling*, Vorb. Art. 23 f. VO 1/2003 Rn. 21; Berg/Mäsch/*van der Hout/Seitz*, Vorb. Art. 17 ff. VO 1/2003 Rn. 21.

736 EuGH, Urt. v. 26.02.2013, C-399/11, Rn. 50 – *Melloni* unter Hinweis auf EGMR, Urt. v. 14.06.2001, Beschwerde-Nr. 20491/92, Rep. 2001-VI, 81 Rn. 56–59 – *Medenica/Schweiz*, EGMR, Urt. v. 01.03.2006, Beschwerde-Nr. 56581/00 Rep. 2006-II, 201 Rn. 84, 86 u. 98 – *Sejdovic/Italien* und EGMR, Urt. v. 24.04.2012, Beschwerde-Nr. 29648/03, Rn. 32 f. - *Haralampiev/Bulgarien*; s. auch EuGH, Urt. v. 07.05.2013, C-617/10, Rn. 44 – *Akerberg Fransson.* Betreffend die Rechtsweggarantie gem. Art. 6

dass seine Anwendung und Interpretation der Charta ein Schutzniveau gewährleistet, welches das durch den Europäischen Gerichtshof für Menschenrechte garantierte Schutzniveau nicht verletzt.[737]

II. Verletzung der Grundsätze der Unabhängigkeit der Gerichte und der Gewaltenteilung

Die Gerichte der Mitgliedstaaten sind gleichwertige Spruchkörper und somit auch in der Anwendung der unmittelbar geltenden Wettbewerbsvorschriften der Union grundsätzlich frei und unabhängig.[738] Nach Art. 19 Abs. 1 UAbs. 2 EUV sind sie zugleich funktional zur Durchsetzung und Gewährleistung des EU-Rechts verpflichtete Unionsrichter.[739] Aufgrund des durch Art. 16 Abs. 1 VO 1/2003 herbeigeführten Zwangs zur Kohärenz mit den tatsächlichen Feststellungen und rechtlichen Wertungen der Kommission im Rahmen der Bindungswirkung können sie jedoch keine eigene Entscheidung über das Vorliegen eines Verstoßes nach Art. 101 AEUV in der Sache mehr treffen. Vielmehr sind die nationalen Gerichte nicht an ein Urteil eines anderen Spruchkörpers der Europäischen Union gebunden, sondern an die Entscheidungen einer Verwaltungsbehörde, die sie in ihrer unabhängigen richterliche Feststellungs- und Entscheidungskompetenz erheblich beschränken. Die Bindungswirkung erscheint

---

Abs. 1 EMRK vgl. EuGH, Urt. v. 12.07.2012, C-334/12 RX, Rn. 43 – *Arango Jaramillo u.a./EIB* unter Hinweis auf EGMR, Urt. v. 06.12.2011, Beschwerde-Nr. 41959/08, Rn. 24 – *Anastasakis/Griechenland*. S. weiterhin Berg/Mäsch/*van der Hout/Amling*, Vorb. Art. 23 f. VO 1/2003 Rn. 21; Berg/Mäsch/*van der Hout/Seitz*, Vorb. Art. 17 ff. VO 1/2003 Rn. 20, 22; Frankfurter Komm. EUV/GRC/AEUV/*Nehl*, Art. 47 GrC Rn. 11.

737 Vgl. EuGH, Urt. v. 18.07.2013, C-501/11 P, Rn. 32-36 – *Schindler Holding u.a.*; EuGH, Urt. v. 05.06.2014, C–557/12, Rn. 20 ff. – *Kone;* EuGH, Urt. v. 10.07.2014, C-295/12 P, Rn. 40 ff., 50 ff. u. 200–204 – *Telefónica u.a.;* EuGH, Urt. v. 26.09.2018, C-175/17, Rn. 35 und die dort angeführte Rechtsprechung – *Belastingdienst/Toeslagen;* EuGH, Urt. v. 22.10.2020, C-702/19 P, Rn. 25 – *Silver Plastics;* teilweise beschränkt sich der EuGH im EU-Kartellrecht dennoch auf die Prüfung der Anforderungen der Europäischen Grundrechtecharta: EuGH, Urt. v. 08.12.2011, C-386/10 P, Rn. 51 – *Chalkor;* EuGH, Urt. v. 06.11.2012, C-199/11, Rn. 47 – *Otis;* EuGH, Urt. v. 11.07.2013, C-439/11 P, Rn. 129 – *Ziegler.*

738 Immenga/Mestmäcker/*Ritter/Wirtz*, Art. 6 VO 1/2003 Rn. 2; Loewenheim/*Zuber*, Art. 6 VO 1/2003 Rn. 4.

739 Vgl. EuGH, Urt. v. 13.03.2007, C-432/05, Rn. 38 – *Unibet*; Frankfurter Komm. EUV/GRC/AEUV/*Nehl*, Art. 47 GrC Rn. 2; Terhechte/*Nowak*, § 13 Rn. 24; *Hofmann*, Art. 47 GrC Rn. 47.49 - 47.50.

vor dem Hintergrund, dass die Kommission einerseits und die EU-Gerichte andererseits oftmals auch gleichgelagerte Fallkonstellationen unterschiedlich bewerten, umso kritischer. Das rechtsstaatliche Verhältnis zwischen Judikative und Exekutive könnte hierdurch aus dem institutionellen Gleichgewicht geraten sein.[740]

Die Vorschrift des Art. 16 Abs. 1 VO 1/2003 ist daher dem Vorwurf ausgesetzt, gegen den Grundsatz der Unabhängigkeit der Rechtsprechung zu verstoßen und auch mit dem Gewaltenteilungsgrundsatz nicht vereinbar zu sein.[741] Diese Prinzipien sind auch auf europäischer Ebene als maßgebliche Verfassungsprinzipien anerkannt. So basiert die richterliche Unabhängigkeit bereits als allgemeiner Grundsatz des Unionsrechts auf den gemeinsamen Verfassungsüberlieferungen der Mitgliedstaaten.[742] Darüber hinaus wird sie auf europäischer Ebene primärrechtlich durch Art. 19 Abs. 1 EUV und Art. 47 Abs. 2 EU GrC gewährleistet, der Art. 6 Abs. 1 EMRK entspricht[743] und ein faires Verfahren vor einem unabhängigen, unparteiischen und zuvor durch Gesetz errichteten Gericht garantiert.

Das Gewaltenteilungsprinzip ist ebenfalls auf Basis der gemeinsamen Verfassungsüberlieferung der Mitgliedstaaten auf Unionsebene anerkannt. So ist es im deutschen Verfassungsrecht beispielsweise in Art. 79 Abs. 3, 20 Abs. 3 GG kodifiziert. Da die Europäische Union aber an sich keinen Staat, sondern lediglich

---

740 MüKo Kartellrecht/*Schneider*, Art. 16 VO 1/2003 Rn. 5.

741 GA Villalón, Schlussanträge v. 26.06.2012, C-199/11, Rn. 38 – *Otis*, der berechtigte "Zweifel an der Vereinbarkeit [...] mit dem Recht emines jeden auf ein unparteiisches Gericht" einräumt; *Hausen*, S. 44; *Deringer*, EuZW 2000, 5, 7; *Weyer*, ZHR 2000, 611, 630; *Gröning*, WRP 2001, 83, 89. Einzelne Stimmen sprechen sogar von einer Degradierung des nationalen Gerichts zu einem Erfüllungsgehilfen der Kommission, so *Geiger*, EuZW 2001, 116, 117, zur gleichtautenden Regelung im *Masterfoods*-Urteil; *Montag/Rosenfeld*, ZWeR 2003, 107, 131; *Durner*, EuR 2004, 547, 550 ff.; Möschel/Bien/*Grünberger*, 135, 149; MüKo Kartellrecht/*Schneider*, Art. 16 VO 1/2003 Rn. 5; von der Gröben/Schwarze/*Schröter*, Art. 101 Abs. 2 AEUV Rn. 253; a. A. wegen des Vorrangs des Unionsrechts Langen/Bunte/*Sura*, Art. 16 VO 1/2003 Rn. 4; *Kling/Thomas*, § 10 Rn. 40.

742 Möschel/Bien/*Grünberger*, 135, 189; exemplarisch für Deutschland: Art. 97 Abs. 1 GG, nach dem Richter unabhängig und nur dem Gesetz unterworfen sind, s. hierzu Dreier/*Schulze-Fielitz*, Art. 97 GG Rn. 12.

743 Hier geht es ebenfalls um Auswirkung einer öffentlich-rechtlichen Entscheidung auf einen Zivilprozess: "[j]ede Person hat ein Recht darauf, dass über Streitigkeiten in Bezug auf ihre zivilrechtlichen Ansprüche und Verpflichtungen [...] von einem unabhängigen und unparteiischen, auf Gesetz beruhenden Gericht [...] verhandelt wird", vgl. MüKo Kartellrecht/*Schneider*, Art. 16 VO 1/2003 Rn. 5 m.w.N.

eine Rechtsgemeinschaft darstellt,[744] besteht in ihr nicht die gleiche klassische Gewaltenteilung wie im staatlichen Verfassungsrecht, sondern eine der staatlichen Gewaltenteilung funktional ähnliche Zuständigkeitsverteilung in Form eines institutionellen Gleichgewichts i.S.v. Art. 13 EUV.[745] Dem Gerichtshof der Europäischen Union ist im institutionellen Gleichgewicht durch die Verträge in Art. 19 Abs. 1 S. 2 EUV die Aufgabe zugewiesen, die Wahrung des Rechts in der Union bei der Auslegung und Anwendung der Verträge zu sichern.

Nach den Grundsätzen der Gewaltenteilung und der Unabhängigkeit der Gerichte muss jeder Akt rechtsprechender Gewalt in der Union auf der freien richterlichen Entscheidungsbefugnis eines Spruchkörpers beruhen, also selbstständig, ohne äußere Einflüsse, insbesondere frei von Weisungen und Vorgaben staatlicher Verwaltungsorgane, und allein gebunden an Recht und Gesetz getroffen werden.[746] Der Begriff der Unabhängigkeit bedeutet insbesondere, dass die judikativ kontrollierende Stelle von dem für die behauptete Rechtsverletzung zuständigen Organ unabhängig ist, mithin „die Eigenschaft eines Dritten hat".[747] Daher dürfen die Rechtsschutz gewährleistenden Gerichte nicht von der Exekutive abhängig sein.[748] Die Einhaltung dieser Vorgaben könnte im Hinblick auf die Bindung nationaler Gerichte an Beschlüsse der Kommission unter Verlust ihrer eigenen Entscheidungskompetenz problematisch sein. Die materielle Kohärenzverpflichtung eines Kommissionsbeschlusses wirkt jedoch nur im Verhältnis zu den nationalen Gerichten, nicht aber gegenüber der europäischen Gerichtsbarkeit. Hierbei ist wichtig zu unterscheiden, dass die richterliche Unabhängigkeit

---

744 EuGH, Urt. v. 23.04.1986, C-294/83, Rn. 23 – *Les Verts*; EuGH, Urt. v. 28.07.2011, C-69/10, Rn 49 f – *Samba Diouf*; Frankfurter Komm. EUV/GRC/AEUV/*Nehl*, Art. 47 GrC Rn. 1; *Jarass*, Art. 47 GrC Rn. 3; von der Groeben/Schwarze/Hatje/*Lemke*, Art. 47 GrC Rn.3.

745 EuGH, Urt. v. 13.06.1958, C-10/56 – *Meroni/Hohe Behörde;* EuGH, Urt. v. 23.04.1986, C-294/83 – *Les Verts/Parlament;* EuGH, Urt. v. 03.12.1992, C-97/91 – *Borelli*; EuGH, Urt. v. 22.12.2010, C-279/09, Rn. 32 – *DEB;* EuGH, Urt. v. 03.10.2013, C-583/11 P – *Inuit Tapiriit Kanatami*; vgl. auch Möschel/Bien/*Grünberger*, 135, 189 m.w.N.; Frankfurter Komm. EUV/GRC/AEUV/*Nehl*, Art. 47 GrC Rn. 1.

746 EGMR, Urt. v. 28.06.1984, Serie A 84, Z 38, EuGRZ 1985, 534 – *Campbell u. Fell; Hausen*, S. 53; Möschel/Bien/*Grünberger*, 135, 189 m.w.N.

747 EuGH, Urt. v. 30.05.2002, C-516/99, Rn. 36 – *Schmid*; EuGH, Urt. v. 19.09.2006, C-506/04, Rn. 49 – *Willson* unter Hinweis auf EuGH, Urt. v. 30.03.1993, C-24/92, Rn. 15 – *Corbiau*; *Jarass*, Art. 47 GrC Rn. 19 f.; Frankfurter Komm. EUV/GRC/AEUV/*Nehl*, Art. 47 GrC Rn. 54.

748 *Jarass*, Art. 47 GrC Rn. 21.

und der Gewaltenteilungsgrundsatz nicht bereits dann prinzipiell beeinträchtigt sind, wenn Gerichte an Rechtsakte einer Verwaltungsbehörde gebunden werden. Die beiden Grundprinzipien schützen letztlich die Rechtsprechung als Institution, nicht den Zugang zu einem bestimmten Gericht oder dessen Befugnis einen bestimmten Sachverhalt zu beurteilen.[749] Das Grundrecht des Art. 47 EU GrC wird daher dann nicht betroffen, wenn die das Rechtsprechungsorgan bindende Verfügung in einem den Anforderungen des Art. 47 Abs. 2 EU GrC genügenden Verfahren getroffen wurde oder einer wirksamen Überprüfung in einem solchen Verfahren vor einem unabhängigen Gericht[750], sei es ein Unionsgericht oder ein Gericht der Mitgliedstaaten, zugänglich ist.[751] Zwar erfüllt das Kommissionsverfahren selbst nicht die Voraussetzungen des Art. 47 Abs. 2 EU GrC; es unterliegt aber einer den Garantien aus Art. 47 Abs. 2 EU GrC genügenden, unbeschränkten und unabhängigen System der Kontrolle durch die europäischen Gerichte in Form der Nichtigkeitsklage gem. Art. 263 AEUV.[752] Nach der Kompetenzverteilung innerhalb des Organgefüges der Union liegt die ausschließliche Zuständigkeit zur Überprüfung von Kommissionsbeschlüssen allein bei den Unionsgerichten.[753] Die Unionsgerichte bleiben frei darin, von den für sie nicht verbindlichen Kommissionsbeschlüssen im Rahmen des europäischen Rechtsschutzsystems abzuweichen bzw. diese aufzuheben.

Die mitgliedstaatlichen Gerichte sind generell nicht befugt, Handlungen der Unionsorgane für ungültig zu erklären.[754] Vielmehr sind sie nach Art. 4

---

749 *Dohrn*, S. 42; *Hausen*, S. 54.

750 Zur Definition eines Gerichts als ständige, durch Gesetz errichtete und unabhängige Einrichtung, die obligatorisch über Rechtsfragen in einem streitigen Verfahren zu entscheiden hat, s. den Text zu Fußnote 146.

751 EGMR, Urt. v. 28.06.1990, Nr. 6/1989/166/222, EuGRZ 1990, 209, 210 – *Obermeier;* s. zudem *Hausen*, S. 53 f.; *Dohrn*, S. 42; Möschel/Bien/*Grünberger*, 135, 190, nach dem in einer gesetzlich angeordneten Bindung eines Gerichts an das Urteil eines anderen kein Eingriff in die richterliche Unabhängigkeit liegt, da ein solcher nur bei einer Bindung des Richters an Entscheidungen der nichtrechtsprechenden Gewalt bestehen könnte. *Frowein/Peukert,* Art. 6 EMRK Rn. 61, 124; *Grabenwarter/Pabel*, EMRK, § 24 Rn. 38; *Jarass*, Art. 47 GrC Rn. 17; von der Groeben/Schwarze/Hatje/*Lemke,* Art. 47 GrC Rn.3.

752 EuGH, Urt. v. 06.11.2012, C-199/11, Rn. 56 – *Otis.*

753 EuGH, Urt. v. 22.10.1987, C-314/95, Rn. 12 ff. – *Foto Frost*; EuGH, Urt. v. 06.11.2012, C-199/11, Rn. 53 – *Otis;* MüKo Kartellrecht/*Schneider*, Art. 16 VO 1/2003 Rn. 1; Dalheimer/Feddersen/Miersch/*Dalheimer,* Art. 16 VO 1/2003 Rn. 3.

754 Vgl. in diesem Sinne EuGH, Urt. v. 22.10.1987, C-314/95, Rn. 12 ff. – *Foto Frost*; EuGH, Urt. v. 06.11.2012, C-199/11, Rn. 53 – *Otis.*

Abs. 3 EUV zur loyalen Zusammenarbeit verpflichtet, um somit eine kohärente Anwendung der unionsrechtlichen Kartellrechtsregeln sicherzustellen.[755] Die Bindungswirkung ist daher auch eine Ausprägung dieser Verpflichtung zur loyalen Zusammenarbeit zwischen den nationalen Gerichten und der Kommission bzw. den Unionsgerichten.[756] Sie findet ihre Rechtfertigung zudem darin, im Interesse der Rechtssicherheit und europäischen Rechtseinheit inhaltlich zuwiderlaufende Entscheidungen in demselben Einzelfall zu unterbinden.[757]

Letztlich haben die Gerichte der Mitgliedstaaten in den Fällen, in denen sie Inhalt und Rechtmäßigkeit einer Kommissionsentscheidung bezweifeln, nach Art. 16 Abs. 1 S. 4 VO 1/2003 VO 1/2003 die ausdrückliche Befugnis, die Entscheidung der Kommission im Rahmen eines Vorabentscheidungsverfahrens nach Art. 267 AEUV durch den EuGH überprüfen zu lassen, so dass sie keiner absoluten Bindung unterliegen.[758]

Die Kohärenzverpflichtung in ihrer konkreten Ausprägung ist somit ein rechtmäßiger, wenn auch nicht unumstrittener Kompromiss zwischen den widerstreitenden Interessen und Prinzipien.[759] Im Ergebnis scheint ein Verstoß gegen den unionsrechtlichen Grundsatz der richterlichen Unabhängigkeit und der Gewaltenteilung durch das Abweichungsverbot des Art. 16 Abs. 1 VO 1/2003 daher nicht gegeben.

---

755 EuGH, Urt. v. 14.12.2000, C-344/98, Rn. 56 – *Masterfoods*; EuGH, Urt. v. 06.11.2012, C-199/11, Rn. 52 – *Otis; Schröder*, S. 161 f., 171; *Bornkamm*, ZWeR 2003, 73, 77; *Durner*, EuR 2004, 547, 556; *Schreiber*, KSzW 2011, 37, 41; *Raue*, WRP 2013, 147, 149; *Weitbrecht*, WuW 2017, 244, 244; *Mestmäcker/Schweitzer*, § 5 Rn. 43 m.w.N.; Möschel/Bien/*Grünberger*, 135, 193; Immenga/Mestmäcker/*Ritter/Wirtz*, Art. 16 VO 1/2003 Rn. 6.

756 EuGH, Urt. v. 14.12.2000, C-344/98, Rn. 56 – *Masterfoods*; EuGH, Urt. v. 06.11.2012, C-199/11, Rn. 52, 54 – *Otis*.

757 MüKo Kartellrecht/*Schneider*, Art. 16 VO 1/2003 Rn. 1.

758 *Hirsch*, ZWeR 2003, 233, 248 f.; *Kling/Thomas*, § 10 Rn. 41; Langen/Bunte/*Sura*, Art. 16 VO 1/2003 Rn. 13, nach dem Art. 16 Abs. 1 S. 4 VO 1/2003 rein deklaratorischer Natur ist; s. weiterhin Bechtold/Bosch/Brinker/*Brinker*, Art. 16 VO 1/2003 Rn. 10; MüKo Kartellrecht/*Schneider*, Art. 16 VO 1/2003 Rn. 5.

759 MüKo Kartellrecht/*Schneider*, Art. 16 Rn. 5; *Mestmäcker/Schweitzer*, § 5 Rn. 43 m.w.N., wenn auch umstrittener *Durner*, EuR 2004, 549, 572 ff. mwN.

III. Verletzung des Grundrechts auf effektiven gerichtlichen Rechtsschutz und rechtliches Gehör

Darüber hinaus steht die durch Art. 16 Abs. 1 VO 1/2003 angeordnete Bindung zum Nachteil einer Partei vor dem Hintergrund des unionsverfassungsrechtlichen Rechtsstaatsprinzips[760] in der Kritik, einen Eingriff in den Grundsatz auf effektiven gerichtlichen Rechtsschutz und rechtliches Gehör darzustellen. Der Grundsatz auf effektiven gerichtlichen Rechtsschutz und rechtliches Gehör ist ein allgemein anerkanntes Grundprinzip des europäischen Rechts.[761] Er geht auf die gemeinsamen Verfassungstraditionen der Mitgliedstaaten zurück[762] und ist auch unmittelbar in Art. 47 EU GrC durch das Recht auf einen wirksamen Rechtsbehelf und ein unparteiisches Gericht kodifiziert, der sich wiederum auf Art. 13 EMRK stützt. Der in Art. 47 EU GrC festgelegte Grundsatz des wirksamen gerichtlichen Rechtsschutzes umfasst dabei verschiedene Elemente wie das Recht auf Verteidigung, den Grundsatz der Waffengleichheit, das Recht auf Zugang zu einem Gericht und das Recht auf Beteiligung. Art. 47 EU GrC stellt in dieser Hinsicht ein einheitliches Grundrecht dar, das gem. Art. 51 EU GrC alle Organe, Einrichtungen und sonstigen Stellen der Europäischen Union bindet.[763] Aus ihm ergibt sich, dass Betroffene einer beschwerenden Maßnahme eines Unionsorgans die Möglichkeit haben müssen; gegen diesen Rechtsakt effektiven Rechtsschutz vor einem unabhängigen und unparteiischen, durch Gesetz errichteten Gericht in einem fairen Verfahren zu erlangen.[764] Träger des Grundrechts aus Art. 47 EU GrC sind die vom europäischen Kartellrecht adressierten

---

760 S. zum Rechtsstaatsprinzip bereits oben S. 70 ff.

761 Vgl. EuGH, Urt. v. 13.02.1979, C-85/76, Rn. 9 – *Hoffmann-La Roche*; EuGH, Urt. v. 21.11.1991, C-269/90, Rn. 25 – *Technische Universität München/HZA München;* EuGH, Urt. v. 22.12.2010, C-279/09, Rn. 30 f. – *DEB*; EuGH, Urt. v. 28.07.2011, C-69/10, Rn. 49 – *Samba Diouf;* EuGH, Urt. v. 08.12.2011, C-386/10 P, Rn. 52 – *Chalkor;* EuGH, Urt. v. 06.11.2012, C-199/11, Rn. 48 – *Otis;* EuGH, Beschl.v. 01.03.2011, C-457/09, Rn. 25 – *Chartry*; *Imgrund*, S. 113; Möschel/Bien/*Grünberger*, 135, 194 f. m.w.N.; Frankfurter Komm. EUV/GRC/AEUV/*Nehl*, Art. 47 GrC Rn. 1; von der Groeben/Schwarze/Hatje/*Gaitanides*, Art. 263 AEUV Rn. 125; Grabitz/Hilf/Nettesheim/*Dörr*, Art. 263 AEUV Rn. 4.

762 Wie z.B. Art. 19 Abs. 4 GG.

763 *Jarass*, Art. 47 GrC Rn. 2; Calliess/Ruffert/*Blanke*, Art. 47 GrC Rn 2; von der Groeben/Schwarze/Hatje/*Lemke*, Art. 47 GrC Rn. 2; Frankfurter Komm. EUV/GRC/AEUV/*Nehl*, Art. 47 GrC Rn. 11.

764 Möschel/Bien/*Grünberger*, 135, 194 f.

juristischen Personen, soweit ihnen durch das Unionsrecht wie vorliegend ein subjektives Recht zusteht.[765]

Die Kritik an der Vereinbarkeit der Bindungswirkung des Art. 16 VO 1/2003 mit den Vorgaben des Art. 47 EU GrC fußt im Wesentlichen darauf, dass die Prozessparteien des nationalen Rechtsstreits im Wirkungsbereich der Bindung nicht mehr mit ihrem Vorbringen von den mitgliedstaatlichen Gerichten gehört werden (können), weil die nationalen Gerichte ihrem Urteil die tatsächlichen und rechtlichen Feststellungen des Kommissionsbeschlusses zugrunde zu legen haben. Dies bedeutet für die Rechtsunterworfenen des kartellrechtlichen Kommissionsverfahrens, dass sie in einer möglicherweise erheblichen Vielzahl nachfolgender Kartellverfahren vor mitgliedstaatlichen Gerichten innerhalb des Umfangs der Bindungswirkung von rechtlichem Gehör und einer gerichtlichen Überprüfung ihres Handelns ausgeschlossen sind. Ihre grundrechtlich geschützten Rechte auf effektiven gerichtlichen Rechtsschutz und auf rechtliches Gehör können daher lediglich im Rahmen eines Rechtsschutzverfahrens vor den europäischen Gerichten gewahrt werden. Zur grundrechtskonformen Wahrung dieser Rechtsschutzinteressen muss daher ein wirksamer, den Anforderungen des Art. 47 EU GrC entsprechender Rechtsbehelf vor den Unionsgerichten gegen die bindende Entscheidung gegeben sein.

Unter europäischem Recht besteht die Möglichkeit zur Kontrolle der Rechtmäßigkeit von Handlungen der Kommission im Wege der Nichtigkeitsklage gem. 256 Abs. 1 S. 1, Art. 263 Abs. 1, 4, 264 Abs. 1 AEUV vor dem Europäischen Gericht und in zweiter Instanz vor dem Gerichtshof der Europäischen Union. Für eine Nichtigkeitsklage individualklagebefugt sind die in Art. 263 Abs. 4 AEUV genannten Personen.[766] Entsprechend und wie dargelegt ist die Bindungswirkung des Art. 16 Abs. 1 VO 1/2003 auch nur dann mit den grundrechtlichen Rechtsprinzipien des Art. 47 EU GrC vereinbar, wenn eine Partei, der keine effektive gerichtliche Rechtsschutzmöglichkeit gegen einen Kommissionbeschluss zukommt, dessen Feststellungen auch nicht bindend gegen sich gelten lassen muss. Um den Anforderungen des Art. 47 EU GrC zu genügen, muss

---

765 Der EuGH erkannte die Grundrechtsträgerschaft von juristischen Person erstmals im Jahr 1970 an in EuGH, Urt. v. 17.12.1970, C-11/70, Rn. 3 ff. – *Internat. Handelsgesellschaft*; s. sodann auch EuGH, Urt. v. 18.10.1989, C-374/87, Rn. 31 ff. – *Orkem*; EuGH, Urt. v. 22.12.2010, C-279/09, Rn. 59 – *DEB*; vgl hierzu auch EGMR, Urt. v. 26.04.1979, Nr. 6538/74 – *Sunday Times/United Kingdom; Ackermann*, NZKart 2015, 17, 21; *Jarass*, Art. 47 GrC Rn. 12; von der Groeben/Schwarze/Hatje/*Lemke*, Art. 47 GrC Rn. 11.

766 S. zur Klagebefugnis im Rahmen einer Nichtigkeitsklage oben S. 85 ff.

das Unionsrecht mit dem Nichtigkeitsklageverfahren ein System der effektiven gerichtlichen Kontrolle vorsehen, indem es eine von administrativen Feststellungen unabhängige und vor allem unbeschränkte Nachprüfung ermöglicht.[767] Dies gilt es im Folgenden zu untersuchen.

Die Nichtigkeitsklage ist ausschließlich auf die Aufhebung des Unionsrechtsakts gem. Art. 264 Abs. 1 AEUV gerichtet.[768] Sie ist begründet, wenn der angegriffene Rechtsakt mit einem oder mehreren der in Art. 263 Abs. 2 AEUV abschließend aufgeführten vier objektiv-rechtlichen Nichtigkeitsgründen – Unzuständigkeit, Verletzung wesentlicher Formvorschriften, Verletzung des Vertrags bzw. einer bei seiner Durchführung anzuwendenden Rechtsnorm oder einem Ermessensmissbrauch – behaftet ist. Diese müssen entweder vom Kläger geltend gemacht werden oder sind von dem Gericht von Amts wegen zu beachten.[769]

Einer der in Art. 263 Abs. 2 AEUV aufgeführten Rechtsfehler, der zur Aufhebung des angegriffenen Beschlusses führt, ist die Verletzung wesentlicher Formvorschriften. Als wesentlich sind Formvorschriften dann einzustufen, wenn sie geeignet sind, den Inhalt des Rechtsakts zu beeinflussen oder dem Schutz von dessen Adressaten dienen.[770] Wesentlich i.d.S. sind neben den

---

767 Vgl. u. a. bereits EuGH, Urt. v. 12.07.1966, verb. Rs. C-56/64 und 58/64 – *Consten und Grundig*; EuGH, Urt. v. 14.07.1983, C-9/82, Rn. 14 – *Øhrgaard;* EuGH, Urt. v. 05.05.1998, C-157/96, Rn. 39 – *The Queen/Ministry of Agriculture;* EuGH, Urt. v. 15.02.2005, C-12/03 P – *Kommission/Tetra Laval*; EuGH, Urt. v. 08.12.2011, C-389/10 P, Rn. 136 – *KME Germany*; EuGH, Urt. v. 08.12.2011, C-386/10 P, Rn. 51, 67 – *Chalkor;* EuGH, Urt. v. 06.11.2012, C-199/11, Rn. 47 f., 56 f. – *Otis;* EuGH, Urt. v. 14.11.2017, C-122/16 P; Rn. 76 – *British Airways*; EGMR, Urt. v. 28.06.1990, Nr. 6/1989/166/222, Rn. 70, EuGRZ 1990, 209, 210 – *Obermeier;* EGMR, Urt. v. 28.04.2005, 43578/98 Rn. 48, 53 – *D./Bulgarien* (Bindung an Feststelllung über Ursache einer Berufskrankheit); EGRM, Urt. v. 27.09.2011, CE:ECHR:2011:0927JUD004350908, Rn. 59 – *A. Menarini Diagnostics S.r.l./Italien;* s. weiterhin *Imgrund*, S. 113; *Durner*, EuR 2004, 547, 570; *Rother/Rieger*, NZKart 2016, 116, 117.

768 Grabitz/Hilf/Nettesheim/*Dörr*, Art. 263 AEUV Rn. 27; Immenga/Mestmäcker/*Dittert*, Anhang 1 VO 1/2003 Rn. 7.

769 Calliess/Ruffert/*Cremer*, Art. 263 AEUV Rn. 86; Grabitz/Hilf/Nettesheim/*Dörr*, Art. 263 AEUV Rn. 1 f., 159 f.; von der Groeben/Schwarze/Hatje/*Gaitanides*, Art. 263 AEUV Rn. 114.

770 S. bereits EuGH, Urt. v. 10.07.1980, C-30/78, Rn. 26 – *Distillers*; EuGH, Urt. v. 04.02.1982, C-828/79, Rn. 24 – *Adam*; s. Immenga/Mestmäcker/*Dittert*, Anhang 1 VO 1/2003 Rn. 37; von der Groeben/Schwarze/Hatje/*Gaitanides*, Art. 263 AEUV Rn. 121.

Beteiligungs- und Anhörungsrechten auch die Begründungspflichten nach Art. 296 Abs. 2 AEUV.[771] Die Begründung eines Rechtsakts muss daher zum einem den Rechtsunterworfenen in die Lage versetzen, die Gründe für die getroffene Maßnahme nachvollziehen und für die Wahrnehmung seiner Rechte prüfen zu können. Zum anderem müssen die Gründe dem Gericht die Ausübung seiner Kontrolle ermöglichen.[772] Im Rahmen der Rechtmäßigkeitskontrolle des Nichtigkeitsklageverfahrens hat der Unionsrichter die Entscheidung der Kommission von Amts wegen auf etwaige Beurteilungsfehler zu prüfen, also ob die Entscheidung ausreichend begründet und die zu berücksichtigten Faktoren korrekt gewichtet und bewertet wurden.[773] Die Begründungspflicht ist verletzt und die Klage erfolgreich, wenn die Begründung in Art oder Menge unzureichend ist oder ganz fehlt.[774]

Im Rahmen der Prüfung der korrekten Anwendung der Verträge der Union oder den bei ihrer Durchführung anzuwendenden Rechtsnormen ist zu untersuchen, ob die Kommission die konkreten Umstände des Einzelfalls zutreffend ermittelt und daraus vertretbare Schlussfolgerungen gezogen hat, d.h. ihr Ermessen sachgerecht ausgeübt hat.[775] Dem Unionsgericht kommt insoweit eine umfassende Kontrollbefugnis zu, die u.a. die Anwendung der richtigen Rechtsnormen, deren zutreffende Auslegung sowie die korrekte Ermittlung und Würdigung der zugrundeliegenden Tatsachen umfasst.[776] Die den Unionsgerichten

---

771 Calliess/Ruffert/*Cremer*, Art. 263 AEUV Rn. 88 f.; Immenga/Mestmäcker/*Dittert*, Anhang 1 VO 1/2003 Rn. 35; Grabitz/Hilf/Nettesheim/*Dörr*, Art. 263 AEUV Rn. 169 ff.

772 EuGH, Urt. v. 12.11.1996, C-84/94, Rn74 – *Vereinigtes Königreich/Rat*; EuGH, Urt. v. 08.12.2011, C-386/10 P, Rn. 61 – *Chalkor*; EuGH, Urt. v. 06.11.2012, C-199/11, Rn. 60 – *Otis;* Immenga/Mestmäcker/*Dittert*, Anhang 1 VO 1/2003 Rn. 38; Grabitz/Hilf/Nettesheim/*Dörr*, Art. 263 AEUV Rn. 169 ff; von der Groeben/Schwarze/Hatje/*Gaitanides*, Art. 263 AEUV Rn. 131.

773 Vgl. in diesem Sinne EuGH, Urt. v. 03.09.2009, C-534/07 P, Rn. 87 – *Prym und Prym Consumer;* EuGH, Urt. v. 08.12.2011, C-386/10 P, Rn. 61 und die dort angeführte Rechtsprechung – *Chalkor*; EuGH, Urt. v. 06.11.2012, C-199/11, Rn. 60 – *Otis;* EuG, Urt. v. 05.06.2012, T-214/06, Rn. 63 – *ICI/Kommission*; EuG, Urt. v. 16.09.2013, T-482/07, Rn. 181 – *Nynäs Petroleum*.

774 Immenga/Mestmäcker/*Dittert*, Anhang 1 VO 1/2003 Rn 39 f.; Grabitz/Hilf/Nettesheim/*Dörr*, Art. 263 AEUV Rn. 169 ff.

775 EuG, Urt. v. 26. 10. 2000, T-41/96, Rn. 62 – *Bayer/Kommission*; EuG, Urt. v. 05.06.2012, T-214/06, Rn. 63 – *ICI/Kommission*; EuG, Urt. v. 16.09.2013, T-482/07, Rn. 181 – *Nynäs Petroleum*; Kamann/Ohlhoff/Völcker/*Dittert*, § 14 Rn. 52.

776 Grabitz/Hilf/Nettesheim/*Dörr*, Art. 263 AEUV Rn. 160, 186; Immenga/Mestmäcker/*Dittert*, Anhang 1 VO 1/2003 Rn 43 ff.

gem. Art. 263 AEUV obliegende Rechtmäßigkeitskontrolle ist eine Überprüfung der Entscheidung sowohl in rechtlicher als auch in tatsächlicher Hinsicht. Das Unionsgericht hat dabei die sachliche Richtigkeit der angeführten Beweise, ihre Zuverlässigkeit und ihre Kohärenz zu überprüfen, und zu kontrollieren, ob diese Beweise alle relevanten Daten darstellen, die bei der Beurteilung einer komplexen Situation heranzuziehen waren, und ob sie die aus ihnen gezogenen Schlussfolgerungen zu stützen vermögen.[777] Daher ist die von den Unionsgerichten im Rahmen des Nichtigkeitsklageverfahrens durchzuführende Rechtmäßigkeitsprüfung im Hinblick auf den Ermessensspielraum der Kommission bei der Beurteilung komplexer ökonomischer Sachverhalte im Bereich des Wettbewerbsrechts als ausreichend zu betrachten.[778]

Die Rechtmäßigkeitskontrolle wird bei der Auferlegung von Sanktionen gem. Art. 23 Abs. 2 und 3 VO 1/2003 zudem durch die den Unionsgerichten in Art. 31 VO 1/2003 i.V.m. Art. 261 AEUV eingeräumte Befugnis zu unbeschränkter Nachprüfung ergänzt, die das Unionsgericht über die reine Kontrolle der Rechtmäßigkeit der Maßnahme hinaus ermächtigt, die Beurteilung der Kommission vollständig durch seine eigene Beurteilung zu ersetzen. Demgemäß kann das Gericht sowohl die verhängte Geldbuße aufheben, herabsetzen, aufrechterhalten oder erhöhen als auch die angefochtene Entscheidung insgesamt für nichtig erklären.[779] Die Unionsgerichte sind in dieser Entscheidung auch nicht an die Geldbußen-Leitlinien gebunden.[780] Die unionsrechtlich ausgeübte

---

777 Vgl. EuGH, Urt. v. 15.02.2005, C-12/03 P, Rn. 39 – *Kommission/Tetra Laval*; EuGH, Urt. v. 22.11.2007, C-525/04 P, Rn. 56 f. – *Spanien/Lenzing*; EuGH, Urt. v. 08.12.2011, C-386/10 P, Rn. 53 f., 67 und die dort angeführte Rechtsprechung – *Chalkor*; EuGH, Urt. v. 06.11.2012, C-199/11, Rn. 59 – *Otis;* Berg/Mäsch/*Berg/Mudrony*, Art. 101 AEUV Rn. 197.

778 EuGH, Urt. v. 06.11.2012, C-199/11, Rn. 59 – *Otis.*

779 Vgl. in diesem Sinne EuGH, Urt. v. 15.10.2002, verb. Rs. C-238/99 P, C-244/99 P bis 247/99 P, C-250/99 P bis C-252/99 P und C-254/99 P, Rn. 692 – *Limburgse Vinyl Maatschappij u. a.;* EuGH, Urt. v. 08.02.2007, Rs. C-3/06 P, Rn. 61 f. – *Danone*; EuGH, Urt. v. 08.12.2011, C-389/10 P, Rn. 130 – *KME Germany;* EuGH, Urt. v. 08.12.2011, C-386/10 P, Rn. 63, 67 – *Chalkor*; EuGH, Urt. v. 06.11.2012, C-199/11, Rn. 59, 62 – *Otis;* EuGH, Urt. v. 18.07.2013, C-501/11 P, Rn. 36 – *Schindler;* EuGH, Urt. v. 14.11.2017, C-122/16 P, Rn. 104 – *British Airways; Imgrund*, S. 113; *Weitbrecht*, EuZW 2003, 69, 70; *Koch*, ZWeR 2005, 380; *Krohs/Timmerbeil*, BB 2012, 2447, 2452; Frankfurter Komm. EUV/GRC/AEUV/*Nehl*, Art. 47 GrC Rn. 46; Kölner Kommentar/*Schütz*, Art. 10 VO 1/2003 Rn. 15; Berg/Mäsch/*Berg/Mudrony*, Art. 101 AEUV Rn. 195.

780 EuGH, Urt. v. 21.01.2016, C-603/13 P, Rn. 90 – *Galp Energía España u.a.*, unter Hinweis auf EuGH, Urt. v. 06.12.2012, C-441/11 P, Rn. 80 – *Kommission/Verhuizingen Coppens.*

Rechtmäßigkeitskontrolle durch das EuG bzw. den EuGH nach Art. 263 und Art. 261 AEUV i.V.m. Art. 31 VO 1/2003 genügt damit im Hinblick auf kartellrechtliche Sanktionsbeschlüsse der Kommission grundsätzlich den Anforderungen des in Art. 47 EU GrC verankerten Grundsatzes des effektiven gerichtlichen Rechtsschutzes.[781]

Gegen die Vereinbarkeit des unionsgerichtlichen Rechtsschutzes im Rahmen des Nichtigkeitsverfahrens mit Art. 47 EU GrC wird jedoch vorgebracht, dass es sich um ein streitiges Verfahren handele und die vorgenommene Prüfung nicht einer vollständigen Prüfung von Amts wegen entspreche.[782] Während die formellen oder prozessualen Klagegründe zwingenden Rechts von Amts wegen geprüft würden,[783] sei der gerichtliche Streitgegenstand betreffend die materielle Rechtmäßigkeit der angegriffenen Entscheidung durch die von den Parteien vorgebrachten Klagegründe determiniert, für die der Kläger zudem Beweise beizubringen habe.[784] Ein materieller Rechtsmangel werde daher lediglich dann vom Unionsgericht festgestellt und kann eine Nichtigerklärung der angefochtenen Entscheidung begründen, wenn der Kläger diesen explizit gerügt hat. Andernfalls würde das Gericht rechtswidrig *ultra petita* urteilen.[785]

---

781 EuGH, Urt. v. 08.12.2011, C-386/10 P, Rn. 67 – *Chalkor;* EuGH, Urt. v. 06.11.2012, C-199/11, Rn. 56 und 63 – *Otis;* EuGH, Urt. v. 18.07.2013, C-501/11 P, Rn. 38 – *Schindler;* EuGH, Urt. v. 10.07.2014, C-295/12 P, Rn. 57, 59 u. 200 – *Telefónica u.a*; der Umfang der gerichtlichen Kontrolle ist darüber hinaus mit den Anforderungen der EMRK vereinbar vgl. die Urteile EGMR, Urt. v. 23.11.2006, Nr. 73053/01, Rn. 57 – *Jussila/Finnland* und EGMR, Urt. v. 14.11.2006, Nr. 60860/00, Rn. 46 – *Tsfayo/Vereinigtes Königreich.*

782 EuGH, Urt. v. 08.12.2011, C-386/10 P – *Chalkor.*

783 Siehe insbes. EuGH, Urt. v. 08.12.2011, C-386/10 P, Rn. 64 – *Chalkor;* EuGH, Urt. v. 10.12.2013, C-272/12 P, Rn. 28 - *Kommission/Irland* unter Hinweis auf EuGH, Urt. v. 02.04.1998, C-367/95 P, Rn. 67 – *Kommission/Sytraval u. Brink's France*; EuGH, Urt. v. 30.03.2000, C-265/97 P, Rn. 114 – *VBA/Florimex*; EuGH, Urt. v. 02.12.2009, C-89/08 P, Rn. 40 - *Kommission/Irland*; EuGH, Urt. v. 19.12.2013, verb. Rs. C-239/11 P, C-489/11 P u. C-498/11 P, Rn. 321 – *Siemens*; Frankfurter Komm. EUV/GRC/AEUV/*Nehl*, Art. 47 GrC Rn. 40.

784 EuGH, Urt. v. 02.12.2000 C 89/08 P, Rn. 34 und die dort angeführte Rechtsprechung – *Kommission/Irland;* EuGH, Urt. v. 10.07.2014, C-295/12 P, Rn. 213 und die dort angeführte Rechtsprechung – *Telefónica und Telefónica de España*; vgl. auch Art. 44 lit. c und Art. 48 Abs. 2 VerfO-EuG a.F., ABl. 1991, L 136 S. 1; ersetzt durch Art. 76 lit. d und Art. 84, Abs. 1 VerfO-EuG n.F., ABl. 2015, L 105 S. 1.

785 Vgl. EuGH, Urt. v. 14.09.1999, C-310/97 P, Rn. 52 – *Kommission/AssiDomän Kraft Products;* EuGH, Urt. v. 19.01.2006, C-240/03 P, Rn. 43 und die dort angeführte

Nach der zutreffenden Ansicht des Europäischen Gerichtshofs verstößt diese beschränkte gerichtliche Kontrollbefugnis, den gesamten vor ihm angegriffenen Beschluss nicht von Amts wegen und unabhängig von den vorgebrachten Rügen auf seine Rechtmäßigkeit zu prüfen, nicht gegen den Grundsatz eines effektiven gerichtlichen Rechtsschutzes nach Art. 47 EU GrC.[786] Das Erfordernis der Befugnis zu unbeschränkter Nachprüfung entspricht nicht einer umfassenden Prüfung von Amts wegen oder steht einem streitigen Verfahren entgegen. Der Kläger ist im Verfahren vor den EU Gerichten zudem nicht im Hinblick auf Anzahl und Untermauerung der von ihm vorgebrachten Klagegründe begrenzt. Der Rechtsschutzsuchende hat die Reichweite der gerichtlichen Überprüfung somit vollumfänglich selbst in der Hand. Die in Art. 263 AEUV vorgesehene Rechtmäßigkeitskontrolle zur umfassenden Überprüfung der geltend gemachten Klagegründe sowohl in rechtlicher wie in tatsächlicher Hinsicht, ergänzt durch die im Wettbewerbsrecht nach Art. 31 VO 1/2003 vorgesehene Befugnis zu unbeschränkter Nachprüfung, Ersetzung der Begründung und Abänderung der Höhe der Geldbuße sowie die Möglichkeit die angefochtene Entscheidung insgesamt für nichtig zu erklären, wahrt die unionsverfassungsrechtlichen Garantien des Art. 47 EU GrC.[787] Umfang und Maß der bestehenden unionsgerichtlichen Kontrolle sind überdies auch mit den durch die EMRK gestellten

---

Rechtsprechung – *Comunità montana della Valnerina;* EuGH, Urt. v. 14.11.2017, C-122/16 P, Rn. 77, 85 und 98 – *British Airways.*

786 So EuGH, Urt. v. 08.12.2011, C-272/09 P, Rn. 131 – *KME Germany*; EuGH, Urt. v. 08.12.2011, C-386/10 P, Rn. 64, 66 – *Chalkor;* EuGH, Urt. v. 19.12.2013, verb. Rs. C-239/11 P, C-489/11 P u. C-498/11 P, Rn. 321 u. 340 - *Siemens u.a.*; EuGH, Urt. v. 22.10.2015, C-194/14 P, Rn. 75 – *AC Treuhand*; EuGH, Urt. v. 14.11.2017, C-122/16 P, Rn. 103 - *British Airways*; GA Sharpston, Schlussanträge v. 10.02.2011, C-272/09 P, Rn. 74 – *KME Germany; Ackermann*, NZKart 2015, 17, 23.

787 EuGH, Urt. v. 08.12.2011, C-386/10 P, Rn. 66 f. – *Chalkor;* EuGH, Urt. v. 06.11.2012, C-199/11, Rn. 56 - *Otis;* EuGH, Urt. v. 18.07.2013, C-501/11 P, Rn. 38 – *Schindler;* EuGH, Urt. v. 18.12.2014, C-434/13 P, Rn. 75 und die dort angeführte Rechtsprechung – *Kommission/Parker Hannifin Manufacturing und Parker-Hannifin*; EuGH, Urt. v. 22.10.2015, C-194/14 P, Rn. 76 – *AC Treuhand*; EuGH, Urt. v. 14.11.2017, C-122/16 P, Rn. 76 – *British Airways*; s. zudem EGMR, Urt. v. 28.06.1990, Nr. 6/1989/166/222, Rn. 69 ff., EuGRZ 1990, 209, 210 – *Obermeier;* EGMR, Urt. v. 18.02.2003, 49636/99, Rn. 81 – *Chevrol/Frankreich*; EGMR, Urt. v. 28.04.2005, 43578/98 Rn. 46 ff. – *D./Bulgarien*; EGMR, Urt. v. 27.09.2011, CE:ECHR:2011:0927JUD004350908, Rn. 59 – *A. Menarini Diagnostics S.r.l./Italien;* s. weiterhin *Rother/Rieger*, NZKart 2016, 116, 117.

Anforderungen vereinbar.[788] Im Ergebnis sieht auch der EuGH in *Otis* „sämtliche nach Art. 47 der Charta erforderlichen Garantien" als erfüllt an.[789]

Darüber hinaus ist gegen die Entscheidung des EuG gem. Art. 256 Abs. 1 UAbs. 2 AEUV ein Rechtsmittel zum EuGH zulässig. Diese ist zwar allein auf die Überprüfung von Rechtsfehlern bzw. die Klärung von Rechtsfragen beschränkt.[790] Allerdings verlangt der Grundsatz des effektiven gerichtlichen Rechtsschutzes jedoch nicht einmal, dass gegen eine behördliche Entscheidung, die bereits von einem unabhängigen Gericht in ausreichender Art und Weise überprüft wurde oder zumindest hätte überprüft werden können, überhaupt ein weiterer Rechtsweg in einem anderen Instanzenzug eröffnet ist.[791] Soweit der Rechtsunterworfene daher aufgrund der Bindungswirkung des Art. 16 Abs. 1 VO 1/2003 vor einem nationalen Gericht bzgl. der bindend festgestellten Bestandteile eines Kommissionsbeschlusses kein erneutes rechtliches Gehör bzw. eine weitere Überprüfungsmöglichkeit mehr findet, ist dies aufgrund des die Rechtsschutzgarantie des Art. 47 EU GrC erfüllenden Systems der gerichtlichen Kontrolle auf europäischer Ebene unproblematisch.[792] Eine rechtswidrige Reduktion des gerichtlichen Rechtsschutzes der Betroffenen ist durch die Kohärenzverpflichtung nicht gegeben.

Zu einem grundrechtskonformen Verfahren zählt aber ebenso das mit dem Grundsatz auf effektiven gerichtlichen Rechtsschutz verbundene Recht auf rechtliches Gehör, nach dem Betroffenen ausreichend Gelegenheit gegeben werden muss, sich in einem gegen sie gerichteten Verfahren zu den vorgebrachten Tatsachen und Behauptungen zu äußern.[793] Dies gilt nicht nur bei gerichtlichen Verfahren, sondern bei allen staatlichen Verfahren gegenüber dem

---

788 Vgl. EGMR, Urt. v. 23.11.2006, Nr. 73053/01, Rn. 57 – *Jussila/Finnland* und EGMR, Urt. v. 14.11.2006, Nr. 60860/00, Rn. 46 – *Tsfayo/Vereinigtes Königreich.*

789 EuGH, Urt. v. 06.11.2012, C-199/11, Rn. 56 – *Otis.*

790 Berg/Mäsch/*Berg/Mudrony,* Art. 101 AEUV Rn. 199; krit. dazu *Krohs/Timmerbeil,* BB 2012, 2447, 2452.

791 EuGH, Urt. v. 06.11.2012, C-199/11, Rn. 57 – *Otis; Bornkamm/Becker,* ZWeR 2005, 213, 219; *Weitbrecht,* WuW 2017, 244, 244; *Raue,* WRP 2013, 147, 149; Möschel/Bien/*Grünberger,* 135, 215 f.

792 *Hempel,* WuW 2005, 137, 144; *Meyer,* GRUR 2006, 27, 31; *Fiedler,* BB 2013, 2179, 2184.

793 EuGH, Urt. v. 13.02.1979, C-85/76, Rn. 9 – *Hoffmann-La Roche*; EuGH, Urt. v. 07.06.1983, verb. Rs. C-100 bis C-103/80, Rn. 8 ff. – *S.A. Musique Diffussion France*; EuGH, Urt. v. 18.09.2003, C-338/00 P, Rn. 106 ff. – *Volkswagen*; Möschel/Bien/*Grünberger*, 135, 197; von der Groeben/Schwarze/Hatje/*Lemke*, Art. 47 GrC Rn. 14.

Rechtsunterworfenen.[794] Vorliegend sind die Betroffenen jedenfalls im mitgliedstaatlichen Gerichtsverfahren aufgrund der Bindungswirkung der Feststellungen des Kommissionsbeschlusses nach Art. 16 Abs.1 VO 1/2003 mit ihrem Vorbringen präkludiert. Dies könnte jedoch rechtsstaatskonform dadurch ausgeglichen sein, dass den Rechtsunterworfenen bereits vor Erlass des Beschlusses während des laufenden Kartellverfahrens vor der Kommission Anspruch auf rechtliches Gehör nach Art. 27 VO 1/2003 gewährt wird.[795] Auch in einem etwaigen Nichtigkeitsklageverfahren zur Anfechtung des Kommissionsbeschlusses vor dem EuG und ggf. in der Rechtsmittelinstanz erlangt der Kläger rechtliches Gehör. Die Gewährleistung rechtlichen Gehörs verlangt darüber hinaus ebenso wenig wie der Grundsatz des effektiven gerichtlichen Rechtsschutzes, dass der Rechtsunterworfene mehrfach von verschiedenen Gerichten zur gleichen Sache angehört werden muss. Auch hier ist die unionsverfassungsrechtlich statuierte Position der Rechtsunterworfenen durch das Bestehen des Abweichungsverbots nach Art. 16 Abs. 1 VO 1/2003 nicht verletzt.

Die auf europäischer Ebene gegebenen Überprüfungs- und Rechtsschutzmöglichkeiten gegen Kartellbeschlüsse der Kommission entsprechen somit den Vorgaben des Art. 47 EU GrC an einen effektiven gerichtlichen Rechtsschutz und rechtliches Gehör, so dass es durch die in Art. 16 Abs. 1 VO 1/2003 normierte Bindungswirkung nicht zu einer unionsverfassungsrechtswidrigen Verringerung oder gar Lücke des rechtlichen Schutzes Betroffener kommt. Dies kann aber nur soweit gelten, als die bindende Wirkung des Kommissionsbeschlusses nicht zulasten solcher Beteiligter eintritt, welche die sie belastenden Feststellungen einer Kommissionsentscheidung aufgrund der Bindungswirkung weder vor den nationalen Gerichten, noch aufgrund fehlender Klagebefugnis vor den europäischen Gerichten anfechten konnten bzw. rechtliches Gehör gefunden haben. In diesem Fall wäre die Kohärenzverpflichtung des Art. 16 Abs. 1 VO 1/2003 als unionsverfassungswidrig anzusehen. Der Anwendungsbereich der Bindungswirkung des Art. 16 Abs. 1 VO 1/2003 muss insoweit rechtsstaatskonform begrenzt werden.

IV. Verletzung des Kompetenzgefüges des AEUV

Unabhängig von den grundrechtlichen Vorgaben der EU-Grundrechtscharta und des EMRK steht Art. 16 Abs. 1 VO 1/2003 aufgrund der Einschränkung

794 EuGH, Urt. v. 13.02.1979, C-85/76, Rn. 9 – *Hoffmann-La Roche*; Möschel/Bien/*Grünberger*, 135, 197.

795 S. dazu oben S. 84.

der Entscheidungsbefugnis nationaler Gerichte zur Feststellung einer wettbewerbsrechtlichen Zuwiderhandlung in der Kritik, gegen das Primärrecht der Verträge zu verstoßen. Die Kohärenzverpflichtung steht zugegebenermaßen in einem Spannungsverhältnis zur unmittelbaren Anwendbarkeit der materiellrechtlichen Wettbewerbsregeln der Union und der insoweit konkurrierenden Zuständigkeit von Kommission und mitgliedstaatlichen Gerichten, wie sie in Art. 1 VO 1/2003 und durch Rechtsprechung anerkannt ist.[796] Zu diesem Spannungsverhältnis hat sich auch der Generalanwalt im *Otis*-Verfahren geäußert. Nach seiner Auffassung werden die Gerichte der Mitgliedstaaten durch die Bindungswirkung in ihrer richterlichen Entscheidungsmacht nicht rechtswidrig beschränkt, sondern üben diese im Rahmen der üblichen Aufgabenverteilung zwischen ihnen und den Unionsgerichten aus.[797] Haben sie Zweifel an der Gültigkeit des Kommissionsbeschlusses, kommt ihnen zudem die Befugnis zu, ihr „Verfahren auszusetzen, bis das Gericht oder der Gerichtshof ihre Gültigkeit bestätigt hat."[798] Im Ergebnis mag dies richtig sein, greift so jedoch wie bereits gesehen zu kurz. Durch die vorgegebene Bindung der nationalen Gerichte an die tatsächlichen und rechtlichen Feststellungen im Tenor und den tragenden Gründen des Kommissionsbeschlusses wird die ihnen primärrechtlich zustehende Entscheidungskompetenz, eine kartellrechtliche Zuwiderhandlung nach Art. 101 Abs. 1 AEUV selbst zu bewerten, völlig ausgeschlossen. Es ist nicht von der Hand zu weisen, dass hierdurch das durch den AEUV primärrechtlich vorgegebene Kompetenzgefüge verletzt wird. Dies bedarf jedenfalls einer unionsrechtlichen Rechtfertigung.[799]

Zur Rechtfertigung lässt sich zunächst das europäische Rechtsschutzsystem anführen,[800] nach dem aufgrund des Verwerfungsmonopols der Unionsgerichte

---

796 EuGH, Urt. v. 30.01.1974, C-127/73, Rn. 15 f. – *BRT/SABAM;* EuGH, Urt. v. 28.02.1991, C-234/89, Rn. 45 – *Delimitis/Henninger*; EuGH, Urt. v. 14.12.2000, C-344/98, Rn. 52 – *Masterfoods*; vgl. auch *Hausen*, S. 68; *Meessen*, S. 109 ff.; Streinz/*Eilmansberger*, Art. 101 AEUV Rn. 108.

797 GA Villalón, Schlussanträge v. 26.06.2012, C-199/11, Rn. 45, 55 – *Otis.*

798 GA Villalón, Schlussanträge v. 26.06.2012, C-199/11, Rn. 54 – *Otis.*

799 Jedoch ist der Verordnunggeber nicht befugt, die sich aus dem Primärrecht ergebende, unmittelbare Wirkung durch die Anordnung einer Bindung einzuschränken, so *Hausen*, S. 47 mit Ausnahme für Art. 101 Abs. 3 AEUV, dem primärrechtliche keine unmittelbare Wirkung zukommt; vgl. hierzu auch *Hausen*, S. 104 ff.

800 *Hausen*, S. 70; *Bartosch*, EuZW 2001, 101, 106; *Berrisch/Burianski*, WuW 2005, 878, 882 "folgt grundsätzlich schon aus dem Vorrang des Unionsrechts"; Mäger/*Mäger*, Kap. 1 Rn. 53; Langen/Bunte/*Sura*, Art. 16 VO 1/2003 Rn. 4.

ausschließlich diesen die gerichtliche Kontrolle der Rechtmäßigkeit von Unionsrechtsakten wie Kommissionsbeschlüssen zukommen kann, da ansonsten die Einheit der Unionsrechtsordnung gefährdet und die Rechtssicherheit beeinträchtigt würde.[801] Dementsprechend können die Gerichte der Mitgliedstaaten selbst nicht befugt sein, Handlung der Unionsorgane für ungültig zu erklären; auch nicht inzident, indem sie einen Unionsrechtsakt in ihrem nationalen Verfahren schlicht unbeachtet lassen.[802] Für Unionsrechtsakte gilt grundsätzlich vielmehr die Vermutung der Gültigkeit, solange sie nicht durch den Gerichtshof der Europäischen Union aufgehoben oder durch ihren Initiator zurückgenommen wurden. Der Verweis auf die systemische Aufgabenverteilung im Rechtsgefüge der Union kann überzeugen, ist jedoch als Begründung für eine das ausdrückliche Kompetenzgefüge beschränkende Kohärenzverpflichtung allein noch nicht tragfähig. Sie kommt für sich allein betrachtet einem Zirkelschluss nahe, da ohne die primär- bzw. verordnungsrechtlich normierte Bindungswirkung eine eigenständige bzw. eine andere Bewertung desselben Falls durch die mitgliedstaatlichen Gerichte womöglich schon nicht in das Verwerfungsmonopol des Gerichtshofs der Europäischen Union eingreifen würde. Auch vermag sie die Bindung nationaler Gerichte an künftige Kommissionsbeschlüsse in Art. 16 Abs. 1 S. 2 VO 1/2003 nicht erklären.

Sich widersprechende Entscheidungen der Kommission und der Gerichte der Mitgliedstaaten in gleicher Sache stehen darüber hinaus aber auch im Widerspruch zu den unionsverfassungsrechtlichen Grundprinzipen der Rechtssicherheit und Rechtseinheit des europäischen Rechts. Auf Basis dieser Rechtsprinzipien könnte sich angesichts ansonsten vielfach drohender abweichender Beurteilung eines identischen Lebenssachverhalts innerhalb der Union,

---

801 S. u.a. EuGH, Urt. v. 22.10.1987, C-314/95, Rn. 12 ff. – *Foto Frost*; EuGH, Urt. v. 21.02.1991, verb. Rs. C-143/88 und C-92/89, Rn. 17 f. – *Zuckerfabrik Süderdithmarschen und Zuckerfabrik Soest*; EuGH, Urt. v. 10.01.2006, C-344/04, Rn. 27 – *IATA und ELFAA*; EuGH, Urt. v. 18.07.2007, C-119/05, Rn. 53 – *Lucchini*; EuGH, Urt. v. 21.12.2011, C-366/10, Rn. 47 f. – *Air Transport Association of America*; EuGH, Urt. v. 06.11.2012, C-199/11, Rn. 53 – *Otis*; EuGH, Urt. v. 03.10.2013, C-583/11 P, Rn. 95 f. – *Inuit Tapiriit Kanatami u.a./Parlament u. Rat.*

802 EuGH, Urt. v. 22.10.1987, C-314/95, Rn. 12 ff. – *Foto Frost*; EuGH, Urt. v. 06.11.2012, C-199/11, Rn. 53 – *Otis*; s. auch Vorschlag für eine Verordnung des Rats zur Durchführung der in den Art. 81 und 82 EG-Vertrag niedergelegten Wettbewerbsregeln und zur Änderung der Verordnungen (EWG) Nr. 1017/68, (EWG) Nr. 2988/74, (EWG) Nr. 4056/86 und (EWG) Nr. 3975/87 v. 27.9.2000, KOM (2000) 582 endg. ABl. 2000, C 365 E S. 284, Rn. 25.

eine Durchbrechung des Kompetenzgefüges des AEUV im Hinblick auf die Zuständigkeit der einzelstaatlichen Gerichte legitimieren lassen.[803] Aber auch diese beiden Grundsätze vermögen die Einschränkung des Kompetenzgefüges des AEUV durch die Kohärenzverpflichtung des Art. 16 Abs. 1 VO 1/2003 für sich allein nicht zu rechtfertigen. Ihre Einhaltung erfordert nicht zwingend eine Bindung der mitgliedstaatlichen Gerichte an einen Beschluss der Kommission. Ebenso könnte – zur Vermeidung einer Rechtszersplitterung in der Union – beispielsweise auch der ersten in einer Sache getroffenen Entscheidung Vorrang vor allen weiteren Entscheidungen eingeräumt und somit Rechtssicherheit- und -einheit durch eine Bindung an diese erste Beurteilung geschaffen werden.

Letztlich lässt sich zur Rechtfertigung des Abweichungsverbotes für die mitgliedstaatlichen Gerichte gegenüber Beschlüssen der Kommission auch das Gebot der loyalen Zusammenarbeit in der Union anführen, demzufolge „zwischen den nationalen Gerichten und der Kommission bzw. den Gemeinschaftsgerichten, […] jeder entsprechend der ihm durch den Vertrag zugewiesenen Rolle handelt."[804] Aus Art. 4 Abs. 3 EUV ergibt sich somit eine primärrechtliche Pflicht der Mitgliedstaaten, die Union bei der Erfüllung ihrer Aufgaben zu unterstützen und die Ziele der Union gefährdende Maßnahmen zu unterlassen.[805]

---

803 EuGH, Urt. v. 22.10.1987, C-314/95, Rn. 15 – *Foto Frost*; EuGH, Urt. v. 28.02.1991, C-234/89, Rn. 47 – *Delimitis/Henninger*; EuGH, Urt. v. 09.03.1994, C-188/92, Rn. 17, 25 – *Textilwerke Deggendorf*; EuGH, Urt. v. 14.12.2000, C-344/98, Rn. 51 – *Masterfoods*; EuGH, Urt. v. 30.01.1997, C-178/95, Rn. 24 – *Wiljo*. S. auch Vorschlag für eine Verordnung des Rats zur Durchführung der in den Art. 81 und 82 EG-Vertrag niedergelegten Wettbewerbsregeln und zur Änderung der Verordnungen (EWG) Nr. 1017/68, (EWG) Nr. 2988/74, (EWG) Nr. 4056/86 und (EWG) Nr. 3975/87 v. 27.9.2000, KOM (2000) 582 endg. ABl. 2000, C 365 E S. 284, S. Begründung zu Art. 16 Abs. 1 VO 1/2003 sowie ErwG 22 der VO 1/2003. S. weiterhin *Hausen*, S. 69; *Imgrund*, S. 108 f.; *Bartels*, S. 171 ff.; *Schröder*, S. 22; Grabitz/Hilf/Nettesheim/*Stockenhuber*, Art. 101 AEUV Rn. 244. Die Bedeutung der Rechtssicherheit und Rechtseinheit zeigt sich auch an der allgemeinen Rechtsprechung das EuGH, s. grundlegend EuGH, Urt. v. 06.02.1973, C-48/72, Ls. 1 und Rn. 9 - *Brasserie de Haecht;* EuGH, Urt. v. 21.02.1991, verb. Rs. C-143/88 und C-92/89, Rn. 26 – *Zuckerfabrik Süderdithmarschen und Zuckerfabrik Soest*; a.A. *Hausen*, S. 167 ff., ein schutzwürdiges Vertrauen des Einzelnen kann sich wegen der parallelen Zuständigkeit von Kommission und nationalen Gerichten zur Anwendung der Art. 101 f. AEUV schon nicht bilden.

804 EuGH, Urt. v. 14.12.2000, C-344/98, Rn. 56 – *Masterfoods*; EuGH, Urt. v. 06.11.2012, C-199/11, Rn. 52 – *Otis*. S. weiterhin *Martin-Ehlers*, EuZW 2014, 247, 251; Loewenheim/*Zuber*, Art. 16 VO 1/2003 Rn. 2 und 20.

805 S. spezifisch für das Kartellrecht z.B. EuGH, Urt. v. 04.09.2014, verb. Rs. C- 184/13 bis C-187/13, C-194/13, C-195/13 und C-208/13, Rn. 28 – *API*.

Die Europäische Kommission gilt in diesem Gefüge von jeher als „Hüterin der Verträge", zu deren zentralen Aufgaben nach Art. 17 Abs. 1 S. 2 EUV auch die Anwendung der Verträge sowie der Erlass von kraft der Verträge bestimmten Maßnahmen zählt. Hierunter fallen auch die behördliche Durchsetzung des Wettbewerbsrechts sowie die Gewährleistung von dessen kohärenter Anwendung in allen Mitgliedstaaten der Europäischen Union. Der Begriff des Mitgliedstaats umfasst dabei alle nationalen Träger öffentlicher Gewalt, also sowohl die Legislative, als auch die Exekutive und die Judikative.[806] Daher überzeugt es, die mitgliedstaatlichen Gerichte zur Herstellung unionsweiter Kohärenz an die Beschlüsse der Kommission zu binden. Demnach sind die nationalen Gerichte neben ihrer primärrechtlichen Befugnis zur unmittelbaren Anwendung der europäischen Kartellrechtsnormen aus dem ebenfalls primärrechtlich verankerten Grundsatz der loyalen Zusammenarbeit in Art. 4 Abs. 3 EUV verpflichtet, die Kommission bei der Anwendung der unionsrechtlichen Wettbewerbsregeln zu unterstützen, um die volle Wirksamkeit des europäischen Rechts sicherzustellen.[807]

Die Bindungswirkung von Art. 16 Abs. 1 VO 1/2003 im Sinne eines Abweichungsverbots von den rechtlichen und tatsächlichen Feststellungen eines Kommissionsbeschlusses ist von dieser Kooperationspflicht der Gerichte nach Art. 4 Abs. 3 EUV gedeckt. Nach dem Systemgefüge kann sich nur die Kommission als unionsweit institutionell zuständige Stelle mit der komplexen Prüfung einer unionsweiten Zuwiderhandlung gegen die EU-Wettbewerbsvorschriften auseinandersetzen.[808]

Unter dem Grundsatz der loyalen Zusammenarbeit und mit pragmatischem Blick auf die übrigen aufgeführten Punkte ist die Kohärenzverpflichtung des Art. 16 Abs. 1 VO 1/2003 daher in der Gesamtschau als eine rechtfertigende Ausprägung der Verteilung der Zuständigkeiten in der Union anzusehen, um divergierende Entscheidungen im komplexen europäischen Rechtssystem der

806 EuGH, Urt. v. 28.04.1977, C-71/76, Rn. 15/18 – *Thieffry*; EuGH, Urt. v. 14.07.1994, C-91/92, Rn. 26 – *Faccini Dori*; Berg/Mäsch/*van der Hout/Lux*, Art. 16 VO 1/2003 Rn. 32 und dessen FN 48.

807 EuGH, Urt. v. 14.12.2000, C-344/98, Rn. 51 f. – *Masterfoods*; Immenga/Mestmäcker/*Ritter/Wirtz*, Art. 16 VO 1/2003 Rn. 6; Grabitz/Hilf/Nettesheim/*Stockenhuber*, Art. 101 AEUV Rn. 244.

808 S. zur Frage ob eine noch weitere Auslegung von Art. 16 Abs. 1 VO 1/2003 im Sinne einer Feststellungswirkung noch von Art. 4 Abs. 3 EUV gedeckt wäre, *Imgrund*, S. 111 ff.

konkurrierenden Zuständigkeiten zu vermeiden.[809] Eine Einschränkung des Kompetenzgefüges des AEUV zugunsten einer hervorgehobenen Position der Kommission ist vor diesem Hintergrund sachgerecht. Zum Ausgleich ihrer Kompetenzbeschränkung steht mitgliedstaatlichen Gerichten überdies die Möglichkeit zur Gültigkeitsvorlage an den EuGH offen.

809 EuGH, Urt. v. 06.11.2012, C-199/11, Rn. 54 – *Otis,* i.E. auch GA Villalón, Schlussanträge v. 26.06.2012 - C-199/11 Rn. 53 f. – *Otis*; *Imgrund*, S. 119; *Meyer*, GRUR 2006, 27, 29; von der Groeben/Schwarze/Hatje/*Schröter/van der Hout*, Art. 101 AEUV Rn. 254; Grabitz/Hilf/Nettesheim/*Stockenhuber*, Art. 101 AEUV Rn 234.

3. Kapitel: Die Rolle der Bindungswirkung in der privaten Kartellrechtsdurchsetzung am Beispiel des Kartellschadensersatzanspruchs nach § 33 a GWB

Im Bereich der offensiven privaten Kartellrechtsdurchsetzung können Wettbewerbsverstöße drei unterschiedliche Rechtsfolgen nach sich ziehen. Dazu zählen zum einen Ansprüche auf Unterlassen des kartellrechtswidrigen Verhaltens, zum anderen auf Beseitigung der eingetretenen rechtswidrigen Folgen und schließlich Ansprüche auf Ausgleich der entstandenen Schäden. Letztere sollen aufgrund ihrer erheblichen wirtschaftlichen Bedeutung im Mittelpunkt des folgenden Kapitels stehen.

Aus Sicht der Kartellgeschädigten ist die Durchsetzung kartellrechtlicher Schadensersatzansprüche trotz einiger Erleichterungen in den letzten Jahren nach wie vor mit einem hohen finanziellen und zeitlichen Aufwand sowie mit der Ermittlung schwieriger Sach- und Rechtsfragen verbunden. Diese erheblichen Verfahrensrisiken werden unter anderem durch die Bindungswirkung gemindert. Wie erarbeitet gilt für wettbewerbsrechtliche Folgeverfahren vor mitgliedstaatlichen Gerichten, dass bestimmte Feststellungen im verfügenden Teil und der sie tragenden Gründe einer wirksamen Kommissionsentscheidung nach Art. 16 Abs. 1 VO 1/2003 eine die Gerichte bindende Wirkung entfalten. Die Entscheidung des mitgliedstaatlichen Gerichts in einem nachfolgenden Kartellschadensersatzverfahren wird durch die Bindungswirkung des Kommissionsbeschlusses aber nicht vollständig präjudiziert.[810] Obwohl die Bindungswirkung nach dem Wortlaut des Art. 16 Abs. 1 VO 1/2003 nicht auf die reine Feststellung des Wettbewerbsverstoßes beschränkt ist, handelt es sich bei einigen Voraussetzungen des zivilrechtlichen Kartellschadensersatzanspruchs allein um Fragen des nationalen Rechts, die das einzelstaatliche Gericht klägerindividuell und unabhängig von den Feststellungen des Kommissionbeschlusses beurteilen kann und muss. Hieraus folgt entsprechend auch, dass trotz Vorliegens einer bindenden Kommissionsentscheidung in der Sache im Ergebnis dennoch nicht

810 S. zur Erläuterung der Tatbestands- und Feststellungswirkung oben S. 138 ff. und S. 142 ff.

zwangsläufig einheitliche Entscheidungen der Zivilgerichte zu erwarten sind. Dies wirft die Frage auf, welche Voraussetzungen des Kartellschadensersatzanspruchs konkret durch die bindenden Feststellungen im Sinne der Norm prädeterminiert werden.

Im Folgenden sollen daher die einzelnen Anspruchsvoraussetzungen des deutschen zivilrechtlichen Kartellschadensersatzanspruchs im Lichte von Anwendung und Einfluss der Bindungswirkung untersucht werden. Die Grenzziehung zwischen bindender Feststellung des Kommissionsbeschlusses und vom Kläger nachzuweisenden Tatsachen kann im Einzelfall schwierig sein.

A. Grundsätze des kartellrechtlichen Schadensersatzrechts

I. Das nationale Kartellschadensersatzrecht

Eine spezialgesetzliche Regelung kartellzivilrechtlicher Ansprüche wegen Verstößen gegen das GWB oder gegen eine Verfügung der nationalen Kartellbehörden wurde erstmals kurz vor der Jahrtausendwende in einem Absatz des § 33 GWB a.F. 1998 eingeführt. Demjenigen, dessen Schutz die Rechtsvorschrift oder die kartellrechtliche Verfügung explizit bezweckte, stand fortan ein Unterlassungs- bzw. im Fall einer schuldhaften Zuwiderhandlung ein Schadensersatzanspruch auch nach dem GWB zu.[811] Dieses bereits im allgemeinen Deliktsrecht zuvor aufgestellte sog. Schutzzweckerfordernis führte allerdings dazu, dass letztlich nur derjenige einen Anspruch geltend machen konnte, gegen den sich das wettbewerbsbeschränkende Verhalten gezielt im Sinne einer finalen Schädigung richtete.[812] Im Ergebnis fielen somit gerade umfassend angelegte Kartelle aus

811 *Glöckner*, WRP 2007, 490, 491; Dreher/Kulka/*Rittner*, Wettb.- u. KartellR, Rn. 1731; Bechtold/Bosch, § 33 GWB Rn. 1; *Franck*, Private Enforcement in Germany, S. 2 f.

812 Vgl. etwa BGH, Urt. v. 04.04.1975, BGHZ 64, 232, 237 – *Zusatzversicherung*; BGH, Urt. v. 25.01.1983, BGHZ 86, 324, 330 – *Familienzeitschrift*; BGH, Urt. v. 12.05.1998 – *Depotkosmetik* und ihm folgend der größte Teil der Instanzgerichte; OLG Düsseldorf, Urt. v. 23.05.1989 für ein Quotenkartell; OLG Karlsruhe, Urt. v. 28.01.2004 – *Vitaminpreise*; LG Berlin, Urt. v. 23.05.2003 – *Berliner Transportbeton II*; a.A. LG Dortmund, Urt. v. 01.04.2004 – *Vitaminpreise Dortmund* und OLG Frankfurt, Urt. v. 17.11.2015, 11 U 73/11 (Kart), Rn. 30, das die Zielgerichtetheit von Quotenabsprachen und Gebietsaufteilungen in Bezug auf den Abnehmer des kartellierten Produkts verneinte. S. auch Dreher/Kulka/*Rittner*, Wettb.- u. KartellR, Rn. 1731; *Zimmer/Höft*, ZGR 2009, 662, 682; Bechtold/Bosch, § 33 GWB Rn. 1; Bechtold/Bosch/Brinker//*Bosch*, Art. 101 AEUV Rn. 146; Grabitz/Hilf/Nettesheim/*Stockenhuber*, Art. 101 AEUV Rn. 255.

dem Anwendungsbereich der Norm.[813] Auch bei einer Zuwiderhandlung gegen die europäischen Kartellrechtsnormen griff die mitgliedstaatliche Anspruchsnorm des § 33 GWB a.F. nicht, da sie ausschließlich Verstöße gegen deutsche Kartellrechtsnormen umfasste.[814] Insofern musste in zahlreichen Fällen weiterhin auf die allgemeine Anspruchsgrundlage des § 823 Abs. 2 BGB i.V.m. Art. 85 f. EG (jetzt Art. 101 f. AEUV) zurückgegriffen werden.[815] Diesem sprichwörtlich „stumpfe[n] Schwert“[816] des kartellrechtlichen Schadensersatzrechts kam entsprechend nahezu keine praktische Bedeutung zu.[817]

Dies änderte sich erst im Jahr 2001 mit der das Kartellschadensersatzrecht bis heute prägenden, höchst bedeutsamen Grundsatzentscheidung des EuGH in der Rechtssache *Courage*, in der das höchste europäische Gericht die auf Basis des Loyalitätsgrundsatzes des Art. 4 Abs. 3 EUV mit dem Ziel der vollen Wirksamkeit des Gemeinschaftsrechts entwickelten Grundätze der Äquivalenz und

---

813 Gesetzentwurf der Bundesregierung eines Siebten Gesetzes zur Änderung des Gesetzes gegen Wettbewerbsbeschränkungen, BT-Drucks. 15/3640, S. 35; *Berrisch/Burianski*, WuW 2005, 878, 881; *Hartog/Noack*, WRP 2005, 1396, 1397; Grabitz/Hilf/Nettesheim/*Stockenhuber*, Art. 101 AEUV Rn. 255. Vgl. auch BGH, Urt. v. 28.06.2011 – *ORWI.*

814 von der Groeben/Schwarze/Hatje/*Schröter/van der Hout*, Art. 101 AEUV Rn. 235; Loewenheim/*Rehbinder* (3. Aufl. 2016), § 33 GWB Rn. 2; MüKo Kartellrecht/*Lübbig* (2. Aufl. 2015), § 33 GWB Rn. 37.

815 Wettbewerbsregeln wurden als Schutzgesetz im Sinne von § 823 Abs. 2 BGB klassifiziert, Immenga/Mestmäcker/*Emmerich* (5. Aufl. 2014), § 33 GWB Rn. 8; Bechtold/Bosch/Brinker/*Brinker*, Art. 6 VO 1/2003 Rn. 17. Vgl. zum Schutzgesetzcharakter von Art. 101 f. AEUV: *Fritzsche/Klöppner/Schmidt*, NZKart 2016, 412, 412; Dauses/Ludwigs/*Emmerich*, H.I. § 1 Rn 1182; *Roth*, in: FS Huber, 2006, 1133, 1139; Schröter/Jakob/Klotz/Mederer/*Schröter/van der Hout*, Art. 101 AEUV Rn. 235; Loewenheim/*Rehbinder* (3. Aufl. 2016), § 33 GWB Rn. 2; MüKo Kartellrecht/*Lübbig* (2. Aufl. 2015), § 33 GWB Rn. 37.

816 Gesetzentwurf der Bundesregierung eines Siebten Gesetzes zur Änderung des Gesetzes gegen Wettbewerbsbeschränkungen, BT-Drucks. 15/3640, S. 35.

817 2003 erließ das LG Mannheim im zuvor von der Kommission bebußten Vitaminkartell (Kommission, Entsch. v. 21.11.2001, AT/37.512 – *Vitamins*) das erste deutsche Kartellschadensersatzurteil, nach dem die Abnehmer mangels Zielgerichtetheit des Preiskartells nicht zum Ersatz des aufgrund der kartellbedingt überhöhten Preisniveaus entstandenen Schadens berechtigt waren, LG Mannheim, Urt. v. 11.07.2003, GRUR 2004, 182, mit Anm. Köhler, GRUR 2004, 99; bestätigt durch OLG Karlsruhe, Urt. v. 28.01.2004, NJW 2004, 2243. Auch das LG Mainz folgte dieser Beurteilung in LG Mainz, Urt. v. 15.01.2004, NJW-RR 2004, 478. S. weiterhin auch *Bulst*, NJW 2004, 2201, 2201; *Franz/Jüntgen*, BB 2007, 1681, 1682; Monopolkomm., Sondergutachten zur 7. GWB Novelle, Rn. 38.

der Effektivität[818] erstmals auf das Kartellschadensersatzrecht übertrug. Aus der unmittelbaren Anwendbarkeit des europäischen Primärrechts der Art. 101 f. AEUV in Verbindung mit dem Effektivitätsprinzip leitete das höchste europäische Gericht ab, dass grundsätzlich jedermann Ersatz des Schadens verlangen könne, der ihm durch einen Verstoß gegen Unionskartellrecht entstanden ist.[819] Der Gerichtshof führte aus, dass die mitgliedstaatlichen Gerichte, die im Rahmen ihrer Zuständigkeit europäisches Recht anwenden, auch dessen volle Wirksamkeit zu gewährleisten und die Rechte zu schützen haben, die das Unionsrecht dem Einzelnen verleiht.[820] Diese volle Wirksamkeit wäre aber beeinträchtigt, wenn nicht jedermann Ersatz des Schadens verlangen könne, der ihm durch wettbewerbswidrige Abreden oder durch ein entsprechendes Verhalten entstanden ist.[821] Diesem grundsätzlich zuerkannten Recht auf Schadensersatz in Kartellfällen wird zu Recht primärrechtlicher Rang zuerkannt.[822]

Einige Jahre später bot sich dem EuGH die Möglichkeit die in der *Courage*-Entscheidung aufgestellten Grundsätze in der Rechtssache *Manfredi* nochmals zu bestätigen und fortzuentwickeln.[823] Der Gerichtshof statuierte, dass im Interesse der Effektivität des europäischen Wettbewerbsrechts Art. 101 AEUV „dahin auszulegen [sei], dass jeder die Nichtigkeit eines nach dieser Bestimmung verbotenen Kartells oder Verhaltens geltend machen und Ersatz des ihm entstandenen Schadens verlangen kann, wenn zwischen diesem und dem wettbewerbswidrigen Verhalten ein ursächlicher Zusammenhang besteht".

---

818 S. zur Entwicklung der Grundsätze EuGH, Urt. v. 19.11.1991, C-6/90 und C-9/90, Rn. 41 bis 43 – *Francovich I*; EuGH, Urt. v. 10.07.1997, C-261/95, Rn. 27 – *Palmisani*.

819 EuGH, Urt. v. 20.09.2001, C-453/99, Rn. 26, 31 – *Courage/Crehan*; *Mäsch*, EuR 2003, 825, 837.

820 EuGH, Urt. v. 20.09.2001, C-453/99, Rn. 25 – *Courage/Crehan*; so auch EuGH, Urt. v. 06.06.2013, C-536/11, Rn. 21 f. – *Donau Chemie*.

821 EuGH, Urt. v. 20.09.2001, C-453/99, Rn. 26 – *Courage/Crehan*; EuGH, Urt. v. 13.07.2006, C-295/04 bis C-298/04, Rn. 60 – *Manfredi*; EuGH, Urt. v. 06.06.2013, C-536/11, Rn. 21 f. – *Donau Chemie*; EuGH, Urt. v. 05.06.2014, C-557/12, Rn. 21 – *Kone;* EuGH, Urt. v. 14.03.2019, C-724/17, Rn. 16 – *Skanska*. Hierzu auch Monopolkomm., XX. Hauptgutachten, Rn. 943.

822 S. hierzu *Franck*, European Law Review 2018, 837, 840.

823 EuGH, Urt. v. 13.07.2006, C-295/04 bis C-298/04, Rn. 60 – *Manfredi*, dazu *Lübbig/Le Bell*, WRP 2006, 1209, 1209 f. Mittlerweile auch bestätigt durch EuGH, Urt. v. 14.06.2011, C-360/09, Rn. 28 – *Pfleiderer*; EuGH, Urt. v. 06.06.2013, C-536/11, Rn. 33 f. – *Donau Chemie*; EuGH, Urt. v. 05.06.2014, C-557/12, Rn. 29 ff. – *Kone,* vgl. dort auch Rn. 21 f., die die „Jedermann-Formel" wiederholt.

Inzwischen ist nach gefestigter Rechtsprechung des Gerichtshofs der Europäischen Union die volle Wirksamkeit des Art. 101 AEUV stets beeinträchtigt, wenn nicht jedermann Ersatz des Schadens verlangen könnte, der ihm im ursächlichen Zusammenhang durch ein Verhalten, das den Wettbewerb beschränken oder verfälschen kann, entstanden ist.[824] Auch nach Art. 3 Abs. 1 SE-RL haben die Mitgliedstaaten zu gewährleisten, dass jede natürliche oder juristische Person, die durch eine Zuwiderhandlung gegen das Wettbewerbsrecht verursachte Schäden erlitten hat, den vollständigen Ersatz dieser Schäden verlangen kann. Darüber hinaus sollen die in der Rechtsprechung des EuGH formulierten Mindestanforderung an einen kartellrechtlichen Schadenersatzanspruch nach teilweise vertretener und überzeugender Ansicht den Rang einer Primärrechtsnorm haben und damit neben den Mitgliedstaaten auch den EU-Gesetzgeber binden.[825]

Diese sog. „Jedermann- Rechtsprechung" des EuGH[826] führte in der Folge dazu, dass das bisherige deutsche Schutzgesetzerfordernis unhaltbar wurde, so dass der Gesetzgeber im Rahmen der 7. GWB-Novelle vom 13. Juli 2005[827] den Kreis der Anspruchsberechtigten durch die Einführung des allgemeineren Kriteriums der Kartellbetroffenheit erweiterte.[828] Mit der siebten GWB-Novelle wurde zudem § 33 GWB 2005 als einheitliche Zentralnorm für deliktische Kartellschadensersatzansprüche ausgestaltet und fand nunmehr Anwendung bei

824 EuGH, Urt. v. 06.06.2013, C-536/11, insb. Rn. 21 ff., 31, 42 f. – *Donau Chemie;* EuGH, Urt. v. 05.06.2014, C-557/12, Rn. 21, 22 und die dort angeführte Rechtsprechung – *Kone*; EuGH, Urt. v. 14.03.2019, C-724/17, Rn. 25, 26 – *Skanska.*

825 *Franck*, European Law Review 2018, 837, 842 m.w.N.

826 Zur Begrifflichkeit: *Drexl*, in: FS Canaris, 2007, S. 1339, 1359; Schröter/Jakob/Klotz/Mederer/*Schröter/van der Hout*, Art. 101 AEUV Rn. 235.

827 Nach Art. 4 der 7. GWB-Novelle war diese zum 01.07.2005 in Kraft getreten. Die 7. GWB-Novelle datiert jedoch vom 07.07.2005 und wurde erst im BGBl. I Nr. 42/1954 v. 12.07.2005 verkündet.

828 Gesetzentwurf der Bundesregierung eines Siebten Gesetzes zur Änderung des Gesetzes gegen Wettbewerbsbeschränkungen, BT-Drucks. 15/3640 v. 12.08.2004, S. 53 und Ausschussbericht zum GWB 2005, BT-Drucks. 15/5049, S. 49 l. Sp.; Dreher/Kulka/*Rittner*, Wettb.- u. KartellR, Rn. 1731; *Hartog/Noack*, WRP 2005, 1396, 1403; *Zimmer/Höft*, ZGR 2009, 662, 683; Schröter/Jakob/Klotz/Mederer/*Schröter/van der Hout*, Art. 101 AEUV Rn. 235; Loewenheim/*Rehbinder* (3. Aufl. 2016), § 33 GWB Rn. 2, 10; Kölner Kommentar/*Maritzen*, § 1 GWB Rn. 407; Streinz/*Eilmansberger*, Art. 101 AEUV Rn. 130 f.

Vorliegen eines Verstoßes gegen nationales oder europäisches Kartellrecht.[829] Seither regeln § 33 GWB 2005 und seine Nachfolgernormen die zivilrechtlichen Rechtsfolgen sowohl eines wettbewerbswidrigen Verhaltens nach den §§ 1 ff. GWB als auch einer Zuwiderhandlung gegen die Art. 101 f. AEUV. Im Rahmen der Umsetzung der Kartellschadensersatzrichtlinie durch die 9. GWB-Novelle wurden die bis dahin einheitlich in § 33 GWB a.F. geregelten kartellzivilrechtlichen Unterlassungs-, Beseitigungs- und Schadensersatzansprüche zur besseren Verständlichkeit auf mehrere Normen verteilt[830] und um zahlreiche neue Regelungen wie widerlegliche Vermutungen, Auskunftsrechte sowie Begriffsdefinitionen ergänzt. Der deutsche kartellrechtliche Schadensersatzanspruch findet sich seitdem unter Verweis auf § 33 Abs. 1 GWB in § 33 a Abs. 1 GWB.

II. Anspruchsgrundlage des unionskartellrechtlichen Schadensersatzanspruchs

Im Hinblick auf die Anspruchsgrundlage eines auf einem EU-Wettbewerbsverstoß basierenden Kartellschadensersatzanspruchs stellt sich in Anbetracht der europäischen Rechtsprechung die Frage, ob die im nationalen Recht verankerte Anspruchsgrundlage des § 33 a GWB insoweit durch einen unmittelbar auf dem europäischen Recht basierenden „unionsrechtlichen Schadensersatzanspruch" ersetzt werden muss. Bereits in der Rechtssache *BRT/SABAM* hatte der Gerichtshof festgelegt, dass die Art. 101 f. AEUV in den Beziehungen zwischen Einzelnen unmittelbare Wirkungen erzeugen.[831] Auch in *Delimitis* hatte er zweideutig ausgeführt, dass Art. 101 AEUV Rechte entstehen lasse, die die nationalen Gerichte zu wahren haben.[832] Generalanwalt van Gerven vertrat sodann in seinem Schlussantrag in der Rechtssache *Banks* die Ansicht, dass der kartellrechtliche Schadensersatzanspruch wegen eines Verstoßes gegen die Wettbewerbsvorschriften der Union seine Grundlage in der Unionsrechtsordnung selbst finde.[833]

---

829 Ausführlich dazu *Lutz*, WuW 2005, 718, 726; Kamann/Ohlhoff/Völcker/*Ohlhoff*, § 26 Rn. 1. S. auch *Franck*, Private Enforcement in Germany, S. 4, der die 7. GWB-Novelle als „Meilenstein" bezeichnet.

830 Begründung des Referentenentwurfs zur 9. GWB-Novelle v. 01.07.2016, S. 54.

831 EuGH, Urt. v. 27.03.1974, C-127/73, Rn. 16/17 – *BRT I* „Die letzte Frage geht dahin, ob die Vorschrift […] Rechte der einzelnen begründet, die der nationale Richter zu wahren hat."

832 EuGH, Urt. v. 28.02.1991, C-234/89, Rn. 45 – *Delimitis/Henninger Bräu.*

833 EuGH, Urt. v. 13.04.1994, C-128/92 – *Banks*; GA van Gerven, Schlussanträge v. 27.10.1993, C-128/92, Rn. 36 ff., 45 – *Banks.*

Den Mitgliedstaaten komme daneben nur die Ausgestaltung sekundärer Modalitäten wie Regelungen zur Schadenshöhe, zur Aktiv- und Passivlegitimation, sowie zu Präklusion, Verjährung und Beweisfragen zu.[834] Eine insoweit gestellte konkrete Vorlagefrage blieb allerdings vom EuGH unbeantwortet.[835] Die Auffassung, die Voraussetzungen eines unionskartellrechtlichen Schadensersatzanspruchs könnten sich direkt aus dem europäischen Primärrecht des Art. 101 Abs. 1 AEUV ergeben, erhielt zudem durch die Urteile des EuGH in *Courage* und *Manfredi* neuen Nährboden. In diesen Urteilen statuierte der EuGH, dass Verstöße gegen das EU-Kartellrecht grundsätzlich Schadensersatz- und Unterlassungsansprüche für jedermann begründen.[836] Der Auffassung van Gervens schloss sich jüngst auch Generalanwältin Kokott in ihren Schlussanträgen in der Rechtssache *Kone* an, in denen sie vertrat, dass das Schadensersatzrecht nicht „vom nationalen Recht der Mitgliedstaaten abhängig" sein könne.[837]

Trotz einiger in diese Richtung führenden Erwägungen in den Urteilen des Gerichtshofs lässt sich letztlich jedoch kein in der Unionsrechtsordnung im Einzelnen ausdefinierter Schadensersatzanspruch Kartellgeschädigter herleiten. Gegen einen eigenständigen europarechtlichen Kartellschadensersatzanspruch ist bereits anzuführen, dass das primäre Unionsrecht selbst keine detaillierten Regelungen zur privaten Kartellschadensersatzdurchsetzung vorsieht, sondern die Ausgestaltung des grundsätzlich anerkannten Anspruchs den Mitgliedstaaten – in den Grenzen der Schadensersatzrichtlinie – überlässt.[838] Innerhalb der Verbotsnormen der Art. 101 f. AEUV ist nur Art. 101 Abs. 2 AEUV überhaupt eine konkrete Rechtsfolge zu entnehmen. Diese richtet sich jedoch nicht auf Schadensersatz, sondern allein auf die Nichtigkeit kartellrechtswidriger Maßnahmen. Art. 101 AEUV stellt somit keine geeignete Grundlage für einen unionseigenen Schadensersatzanspruch dar. Auch aus der Rechtsprechung des

834 GA van Gerven, Schlussanträge v. 27.10.1993, C-128/92, Rn. 51 – *Banks*.

835 EuGH, Urt. v. 13.04.1994, C-128/92 – *Banks*.

836 EuGH, Urt. v. 20.09.2001, C-453/99, Rn. 26 – *Courage/Crehan*; EuGH, Urt. v. 13.07.2006, C-295/04 bis C-298/04, Rn. 60 – *Manfredi*; GA van Gerven, Schlussanträge v. 27.10.1993, C-128/92, Rn. 43-45 – *Banks*; *Leffrang*, Rn. 58 ff; *Nowak*, EuZW 2001, 715, 717 f.; *Mäsch*, EuR 2003, 825, 841 f. u. 852 f.; *Roth*, ZHR 179 (2015), 668, 672; *Kreße*, WRP 2016, 567, 567; Smit/Herzog/*Smit*, Nr. 85.40; Möschel/Bien/*Grünberger*, 135, 137 f.; Schröter/Jakob/Klotz/Mederer/*Schröter/van der Hout*, Art. 101 AEUV Rn. 235 m.w.N.

837 EuGH, Urt. v. 05.06.2014, C-557/12, Rn. 25 ff., 28 – *Kone*.

838 Schröter/Jakob/Klotz/Mederer/*Schröter/van der Hout*, Art. 101 AEUV Rn. 235; Kölner Kommentar/*Krohs*, § 33 GWB a.F. Rn. 6.

Gerichtshofs lassen sich die Modalitäten eines originären unionsrechtlichen Kartellschadensersatzanspruchs nicht mit der für eine Anspruchsbegründung zu fordernden Klarheit entnehmen, insbesondere wenn man seine Ausführungen beispielsweise mit der rechtsfortbildenden Begründung des unionsrechtlichen Staatshaftungsanspruchs im *Francovich*-Urteil vergleicht.[839] Etwaige Tatbestandsvoraussetzungen sind jedenfalls durch die europäische Rechtsprechung bisher nicht umfassend aufgestellt worden, ein etwaiger unionsrechtlicher Kartellschadensersatzanspruch mithin kaum konturiert.[840] Eine konkrete unionsrechtliche Vorschrift für Kartellschadenersatzklagen mit determinierten Anspruchsvoraussetzungen gibt es schlicht nicht. Hinzu kommt, dass das Unionsrecht kein zivil(prozess)rechtliches Fundament bietet, um Fragen der Anspruchsverfolgung und -durchsetzung zu beantworten, die sich ebenfalls nach nationalem Recht richten.

Der Erlass der Kartellschadensersatzrichtlinie bestätigt diese Sichtweise inzwischen auch. Sie macht in mitgliedstaatliches Recht umzusetzende Vorgaben zum nationalen kartellrechtlichen Schadensersatzverfahren.[841] Zugegebenermaßen verweist die Schadensersatzrichtlinie in ihren Erwägungsgründen 3 und 4 ebenfalls auf einen "Schadensersatzanspruch nach Unionsrecht (...) auch für Zuwiderhandlungen gegen die Artikel 101 und 102 AEUV" bzw. das "nach Unionsrecht geltende(n) Recht auf Ersatz von Schäden infolge von Zuwiderhandlungen gegen das Wettbewerbsrecht der Union oder nationalen Wettbewerbsrechts". Angesichts des Charakters und aufgrund der in ihr getroffenen Normierungen spricht jedoch im Gesamtkontext der Richtlinie mehr dafür, dass es sich bei diesen Ausführungen lediglich um Formulierungsungenauigkeiten handelt, mit denen jedoch nicht insgeheim ein europäischer Schadensersatzanspruch durch die Hintertür eingeführt werden sollte.[842] Dies bestätigt sich auch in den ErwG 11, 12 und 32 der Kartellschadensersatzrichtlinie, aus denen sich

839 EuGH, Urt. v. 19.11.1991, C-6/90 und C-9/90, Rn. 37 – *Francovich I*; EuGH, Urt. v. 05.03.1996, verb. Rs. C-46/93 und C-48/93, Rn. 67 – *Brasserie du pêcheur.*

840 S. hierzu auch *Klotz*, S. 96.

841 ErwG 11 der Richtlinie 2014/104/EU des Europäischen Parlaments und des Rates vom 26. November 2014 über bestimmte Vorschriften für Schadensersatzklagen nach nationalem Recht wegen Zuwiderhandlungen gegen wettbewerbsrechtliche Bestimmungen der Mitgliedstaaten und der Europäischen Union, ABl. 2014, L 349 S. 1: „Da keine entsprechenden unionsrechtlichcn Vorschriften bestehen, gelten für Schadensersatzklagen die innerstaatlichen Vorschriften und Verfahren der Mitgliedstaaten."

842 So auch *Vollrath*, NZKart 2013, 434, 437; *Schweitzer*, NZKart 2014, 335, 336; *Glöckner*, WRP 2015, 410, 413.

deutlich eine Pflicht der Mitgliedstaaten ergibt, die unionsrechtlichen Vorgaben effektiv und vollumfänglich im Rahmen ihrer nationalen Schadensersatzansprüche zu berücksichtigen. Davon abgesehen, wäre für den Fall der Einführung eines unionsrechtlichen Kartellschadensersatzanspruchs das Regelungsinstrument einer Verordnung dem einer Richtlinie vorzuziehen gewesen.

Es bleibt daher dabei, dass es verschiedene Elemente eines Kartellschadensersatzanspruchs auf Unionsebene gibt, die grundsätzliche Pflicht zum Ersatz sich sogar aus dem primären Unionsrecht der Jedermann-Rechtsprechung ergibt. Die Ausgestaltung dieses „Anspruchs auf den Ersatzanspruch", d.h. konkret gerichtlich durchsetzbare – wenn auch durch jene Unionsebene beeinflusste – Ersatzansprüche lassen sich aber (noch) nur aus dem Recht der Mitgliedstaaten herleiten.

Letztlich hat sich auch der EuGH selbst gegen die Existenz einer individuellen, unmittelbar anwendbaren unionskartellschadensersatzrechtlichen Anspruchsgrundlage ausgesprochen. Zwar erwachse Kartellgeschädigten aus dem Unionsrecht ein grundlegendes Recht auf Schadensersatz, das die Mitgliedstaaten entsprechend verpflichte, Kartellgeschädigten einen entsprechenden Anspruch auch grundsätzlich zuzugestehen. Die Ausgestaltung des Rechtsbehelfsverfahrens, die Bestimmung der zuständigen Gerichte sowie der Erlass der formellen und materiellen Modalitäten der Ausübung dieses Rechts sei, wie der EuGH ausdrücklich in seiner gefestigten Rechtsprechung festhält, in Ermangelung einer einschlägigen unionsrechtlichen Regelung Aufgabe der innerstaatlichen Rechtsordnung der einzelnen Mitgliedstaaten.[843]

---

843 Vgl. in diesem Sinne EuGH, Urt. v. 20.09.2001, C-453/99, Rn. 28, 29 – *Courage/Crehan*; EuGH, Urt. v. 13.07.2006, C-295/04 bis C-298/04, Rn. 62, 64 – *Manfredi*; EuGH, Urt. v. 05.06.2014, C-557/12, Rn. 24 – *Kone*; EuGH, Urt. v. 14.03.2019, C-724/17, Rn. 16, 27 – *Skanska,* in Übereinstimmung mit dieser Rechtsprechung ErwG 11 der Richtlinie 2014/104/EU. S. auch Kommission, Weißbuch Schadenersatzklagen wegen Verletzung des EG-Wettbewerbsrechts v. 02.04.2008, KOM (2008) 165 endg., S. 2; Kommission, Arbeitspapier zum Weißbuch über Schadensersatzklagen wegen Verletzung des EG-Wettbewerbsrechts v. 02.04.2008, SEC (2008) 404, S. 22, Rn. 58 "Victims of infringements of EC competition law have a right to compensation conferred upon by the EC Treaty" - Übers.: Opfer eines Verstoßes gegen EG Kartellrecht haben ein durch den EG-Vertrag verliehenes Recht auf Schadensersatz. S. weiterhin *Leffrang* Rn. 62; *Franck*, Private Enforcement in Germany, S. 5; Monopolkomm., XXI. Hauptgutachten, 2016, Rn. 98; Möschel/Bien/*Grünberger*, 135, 137 f.; *Weyer*, ZEuP 2003, 318, 343 f.; *Thomas/Legner*, NZKart 2016, 155, 157; Mestmäcker/Schweitzer, § 22 Rn. 26 ff.

Zu Recht hat daher die Ansicht einer originären unionsrechtlichen Anspruchsgrundlage kaum mehr Anhänger. Ist doch der Kartellschadensersatzanspruch seiner Rechtsnatur nach nicht als Anspruch europäischen Rechts zu qualifizieren.[844] Ganz überwiegend besteht daher auch im Schrifttum Einigkeit darüber, dass sich die Anspruchsgrundlage der zivilrechtlichen Kartellrechtsdurchsetzung wegen Verstößen gegen die Wettbewerbsregeln der Union allein nach nationalem Kartellrecht richtet.[845] Abschließend scheint es ohnehin fraglich, ob der Gerichtshof durch Fortbildung des Unionsrechts an Stelle des europäischen Gesetzgebers einen unionsrechtlichen Schadensersatzanspruch gegen Kartellbeteiligte mit all seinen Modalitäten überhaupt hätte begründen können.[846] Die Ausübung des Anspruchs auf Kartellschadensersatz richtet sich dementsprechend auch bei einer Zuwiderhandlung gegen die EU-Kartellrechtsvorschriften hinsichtlich Anspruchsgrundlage und Modalitäten nach den zivil- und verfahrensrechtlichen Vorschriften der Mitgliedstaaten. Das deutsche Recht kodifiziert die Anspruchsgrundlage für Kartellschadensersatz aufgrund einer Zuwiderhandlung gegen das europäische sowie das nationale Kartellrecht seit der 9. GWB-Novelle in §§ 33 Abs. 1, 33 a Abs. 1 GWB.

Auch wenn ein unionsrechtlicher Kartellschadensersatzanspruch im Ergebnis somit abgelehnt werden muss, beeinflussen die Vorgaben des Unionsrechts aber dennoch das Recht der Mitgliedstaaten, die insoweit unter Beachtung der Rechtsprechung der europäischen Gerichte, der primärrechtlichen Grundsätze der Effektivität und der Äquivalenz[847] sowie den Vorgaben

---

844 Loewenheim/*Kersting*, § 33 a GWB Rn. 28; *Otto*, ZWeR 2019, 354, 372 ff. A.A. GA Wahl, Schlussanträge v. 06.02.2019, C-724/17, Rn. 40 f. 58 – *Skanska*; GA Kokott, Schlussanträge v. 29.07.2019, C-435/18, Rn. 45 – *Otis*; der EuGH hat sich in seinem anschließenden Urteil in der Rs. *Otis* zu dieser Frage nicht explizit geäußert.

845 LG Berlin, Urt. v. 06.08.2013, 16 O 193/11 Kart unter Verweis auf EuGH, Urt. v. 20.09.2001, C-453/99, Rn. 29 – *Courage/Crehan*; *Bulst*, S. 199 ff., 213 ff.; *Klotz*, S. 95 f.; *Körner*, S. 214; *Leffrang*, S. 42 ff.; *Meessen*, S. 26 ff., 43; *Leffrang* Rn. 62, 237; *Berrisch/Burianski*, WuW 2005, 878, 880; *Schmidt*, AcP 206 (2006), 169, 194; *Raue*, WRP 2012, 1478, 1482; *Lettl*, WRP 2015, 537, 537; *Thomas/Legner*, NZKart 2016, 155, 157; Dreher/Kulka/*Rittner*, Wettb.- u. KartellR, Rn. 1729; Streinz/*Eilmansberger*, Art. 101 AEUV Rn. 128; Grabitz/Hilf/Nettesheim/*Stockenhuber*, Art. 101 Rn. 254, 258; Kölner Kommentar/*Krohs*, § 33 GWB a.F. Rn. 6 und 68; Schröter/Jakob/Klotz/Mederer/*Schröter/van der Hout*, Art. 101 AEUV Rn. 235; a.A. *Thomas*, S. 223, *Votteler*, S. 164; *Nowak*, EuZW 2001, 715, 717 ff.; *Komninos*, CMLR 2002, 447, 486 f.; *Mäsch*, EuR 2003, 825, 842 ff.; *Schreiber*, KSzW 2011, 37, 42.

846 Insoweit zu Recht krit. *Franck*, Regelsetzung im Kartellprivatrecht, S. 22.

847 EuGH, Urt. v. 20.09.2001, C-453/99, Rn. 29 – *Courage/Crehan*; EuGH, Urt. v. 13.07.2006, C-295/04 bis C-298/04, Rn. 62 – *Manfredi*; EuGH, Urt. v. 06.06.2013,

der Kartellschadensersatzrichtlinie Anspruchsgrundlage und Verfahrensmodalitäten festzulegen haben. Im Hinblick auf die grundsätzliche Existenz eines Kartellschadensersatzanspruchs sowie die Anspruchsverpflichteten enthält das unionale Primärrecht Gebote, die unmittelbar auf das Recht der Mitgliedstaaten einwirken und vorgeben, dass Schadensersatzansprüche für Kartellfälle bestehen und wen sie treffen müssen.[848] So steht das europäische Recht auch einer Auslegung des nationalen mitgliedstaatlichen Rechts entgegen, nach der es kategorisch ausgeschlossen ist, dass die Kartellbeteiligten zivilrechtlich auf Schadensersatz haften.[849] Aufgrund des Äquivalenzgrundsatzes dürfen Rechtsbehelfe zur Durchsetzung des Unionsrecht materiell und verfahrensrechtlich nicht weniger günstig ausgestaltet sein als gleichartige Rechtsbehelfe, die nur innerstaatliches Recht betreffen.[850] Nach dem Effektivitätsgrundsatz darf die Durchsetzung der dem Einzelnen aus der unmittelbaren Wirkung des Unionsrechts verliehenen Rechte durch die Anwendung des mitgliedstaatlichen Rechts nicht praktisch unmöglich gemacht oder übermäßig erschwert werden.[851] Die

---

C-536/11, Rn. 21 ff. – *Donau Chemie*; EuGH, Urt. v. 05.06.2014, C-557/12, Rn. 25 – *Kone*; *Kersting/Preuß*, Umsetzung der Kartellschadensersatzrichtlinie, Rn. 18 f.; *Körner*, S. 212; *Micklitz*, EWiR 2001, 1141, 1142; *Lettl*, ZHR 167 (2003), 473, 478 ff.; *Köhler*, GRUR 2004, 99, 100; *Keßler*, BB 2005, 1125, 1128; *Wagner/Kleine/Liebach*, EWS 2008, 305, 306; *Schreiber*, KSzW 2011, 37, 37; *Raue*, WRP 2012, 1478, 1482; Grabitz/Hilf/Nettesheim/*von Bogdandy/Schill*, Art. 4 EUV Rn. 94; Streinz/*Eilmansberger*, Art. 101 AEUV Rn. 128.

848 Loewenheim/*Kersting*, § 33 a GWB Rn. 28.

849 EuGH, Urt. v. 28.02.1991, C-234/89, Rn. 45 – *Delimitis/Henninger Bräu;* EuGH, Urt. v. 20.09.2001, C-453/99, Rn. 28 – *Courage/Crehan*; EuGH, Urt. v. 05.06.2014, C-557/12, Rn. 37 – *Kone*; s. auch *Bulst*, S. 213; Dreher/Kulka/*Rittner*, Wettb.- u. KartellR, Rn. 1728; *Körner*, S. 214; *Leffrang*, Rn. 63; *Görner*, S. 57 ff.; *Logemann*, 102 ff.; Möschel/Bien/*Grünberger*, 135, 137 f. u. 210; *Roth*, WRP 2013, 257, 262; *Lettl*, WRP 2015, 537, 537; *Kainer/Persch*, WuW 2016, 2, 4; *Kersting*, VersR 2017, 581, 582; Berg/Mäsch/*Mäsch*, § 33 GWB a.F. Rn. 2; Loewenheim/*Jaeger*, Art. 101 Abs. 2 AEUV Rn. 40 f.; von der Groeben/Schwarze/Hatje/*Puffer-Mariette*, Art. 6 VO 1/2003 Rn. 7; Calliess/Ruffert/*Weiß*, Art. 101 AEUV Rn. 149.

850 EuGH, Urt. v. 20.09.2001, C-453/99, Rn. 29 – *Courage/Crehan*; EuGH, Urt. v. 13.07.2006, C-295/04 bis C-298/04, Rn. 62 – *Manfredi*; EuGH, Urt. v. 13.03.2007, C-432/05, Rn. 43 – *Unibet*; EuGH, Urt. v. 05.06.2014, C-557/12, Rn. 25 – *Kone*; OLG Karlsruhe, Urt. v. 11.06.2010, 6 U 118/05, BeckRS 2011, 26582, beck-online; *Körner*, S. 212; Grabitz/Hilf/Nettesheim/*von Bogdandy/Schill*, Art. 4 EUV Rn. 94; von der Groeben/Schwarze/Hatje/*Puffer-Mariette*, Art. 6 VO 1/2003 Rn. 7.

851 EuGH, Urt. v. 20.09.2001, C-453/99, Rn. 29 – *Courage/Crehan*; EuGH, Urt. v. 13.07.2006, C-295/04 bis C-298/04, Rn. 62 – *Manfredi*; EuGH, Urt. v. 13.03.2007, C-432/05, Rn. 43 – *Unibet*; EuGH, Urt. v. 05.06.2014, C-557/12, Rn. 25 – *Kone*; OLG

Mitgliedstaaten sind entsprechend verpflichtet, auch im Kartellschadensersatzrecht die volle Wirksamkeit der Vorgaben des Unionsrechts zu gewährleisten.[852]

III. Rechtliche Qualifikation des deutschen Kartellschadensersatzanspruchs

Wer schuldhaft einen Verstoß gegen die Kartellvorschriften des GWB, gegen Art. 101 f. AEUV oder gegen eine Verfügung der Kartellbehörde begeht, ist nach §§ 33 Abs. 1, 33 a Abs. 1 GWB dem hierdurch Betroffenen i.S.v. § 33 Abs. 3 GWB zum Ersatz des ihnen daraus entstandenen Schadens verpflichtet. Bei der Norm des § 33 a GWB handelt es sich um eine gesetzliche Haftung, die auf einem rechtswidrigen und schuldhaften Eingriff unabhängig von vertraglichen Beziehungen beruht.[853] §§ 33 Abs. 1, § 33 a GWB sind daher der Sache nach als zivildeliktsrechtliche Anspruchsgrundlagen zu qualifizieren.[854] Durch diese werden zivilrechtliche Ansprüche aufgrund wettbewerbswidrigen Verhaltens grundsätzlich abschließend geregelt. Das allgemeine Deliktsrecht der §§ 823 ff. BGB ist daneben nicht anwendbar.[855] Für kartellrechtliche Schadensersatzansprüche ist § 33 a GWB insbesondere auch *lex specialis* zu der allgemeinen deliktsrechtlichen Norm des § 823 Abs. 1 BGB hinsichtlich eines Eingriffs in den eingerichteten und ausgeübten Gewerbebetrieb, sowie des § 823 Abs. 2 BGB im Hinblick auf eine Schutzgesetzverletzung[856] durch den Verstoß gegen Art. 101

Karlsruhe, Urt. v. 11.06.2010, 6 U 118/05, BeckRS 2011, 26582, beck-online; *Kersting/Preuß*, Umsetzung der Kartellschadensersatzrichtlinie, Rn. 18 f.; *Körner*, S. 212; *Keßler*, BB 2005, 1125, 1128; Grabitz/Hilf/Nettesheim/*von Bogdandy/Schill*, Art. 4 EUV Rn. 94; von der Groeben/Schwarze/Hatje/*Puffer-Mariette*, Art. 6 VO 1/2003 Rn. 7.

852 *Leffrang*, Rn. 62; Mestmäcker/Schweitzer, § 22 Rn. 2; *Köhler*, GRUR 2004, 99, 100.

853 ErwG 13 der Richtlinie 2014/104/EU des Europäischen Parlaments und des Rates vom 26. November 2014 über bestimmte Vorschriften für Schadensersatzklagen nach nationalem Recht wegen Zuwiderhandlungen gegen wettbewerbsrechtliche Bestimmungen der Mitgliedstaaten und der Europäischen Union, ABl. 2014, L 349 S. 1; *Lettl*, WRP 2015, 537, 538.

854 *Lübbig/Le Bell*, WRP 2006, 1209, 1213; *Bürger*, WuW 2011, 130, 136; *Willems*, WRP 2015, 819, 819; Loewenheim/*Kersting*, § 33 a GWB Rn. 1; MüKo Kartellrecht/*Lübbig*, § 33 a GWB Rn. 33.

855 Berg/Mäsch/*Mäsch*, § 33 a GWB a.F. Rn. 30 und Rn. 56; Schröter/Jakob/Klotz/Mederer/*Schröter/van der Hout*, Art. 101 AEUV Rn. 235; Kamann/Ohlhoff/Völcker/*Ohlhoff*, § 26 Rn. 1.

856 In Lehre und Rspr. ist Art. 101 Abs. 1 AEUV mittlerweile unstrittig als Schutzgesetz i.S.d. § 823 Abs. 2 BGB anerkannt: BGH, Urt. v. 12.05.1998, NJW-RR 1999, 190 – *Depotkosmetik*; BGH, Urt. v. 28.06.2011 – *ORWI*; *Hempel*, WuW 2004, 362, 367;

Abs. 1, 102 AEUV.[857] Ob neben den spezialgesetzlichen Anspruchsnormen des GWB ein Anspruch aus § 826 BGB besteht, wird dagegen uneinheitlich beurteilt, von der herrschenden Meinung aber bejaht.[858] Auch ein etwaiger Anspruch aus Bereicherungsrecht nach einer Anfechtung der zugrundeliegende Verträge gem. §§ 142 Abs. 1, 123 Abs. 1 BGB ist durch die Ansprüche gem. §§ 33 Abs. 1, 33 a GWB nicht unmittelbar ausgeschlossen.[859]

IV. Bindungswirkung und Beweislastverteilung

Die Effektivität der privaten Kartellrechtsdurchsetzung hängt letztlich von den Erfolgsaussichten der Kartellschadensersatzkläger bzw. von deren Möglichkeit ab, die Anspruchsvoraussetzungen des Kartellschadensersatzanspruchs vor Gericht zu beweisen. Die zivilrechtliche Anspruchsdurchsetzung vor den mitgliedstaatlichen Gerichten richtet sich nach nationalem Verfahrensrecht.[860] Im deutschen Zivilprozess und damit auch Kartellschadensersatzprozess gilt der Dispositions- und Beibringungsgrundsatz, nach dem es allein den Parteien obliegt, durch ihre Anträge den Streitgegenstand zu bestimmen, die ihrem Anspruch oder ihrer Verteidigung zugrundeliegenden Tatsachen vorzutragen und entsprechende Beweismittel anzubieten.[861] Grundlegend haben die Prozessparteien dabei jeweils die für sie günstigen Tatsachen darzulegen und zu beweisen. Im Fall eines Kartellschadensersatzanspruchs nach § 33 a Abs. 1 i.V.m. § 33 Abs. 1 GWB trägt der Kläger somit die Darlegungs- und Beweislast für die anspruchsbegründenden Elemente der Zuwiderhandlung gegen das nationale oder europäische Kartellrecht oder eine kartellbehördliche Verfügung, die Kartellbefangenheit der getätigten Erwerbe, das Verschulden sowie den Eintritt

---

Schmidt, ZEuP 2004, 881, 885; Grabitz/Hilf/Nettesheim/*Stockenhuber*, Art. 101 AEUV Rn. 254; Loewenheim/*Kersting*, § 33 a GWB Rn. 95; Immenga/Mestmäcker/*Franck*, § 33 a GWB Rn. 39; Schröter/Jakob/Klotz/Mederer/*Schröter/van der Hout*, Art. 101 AEUV Rn. 235.

857 Berg/Mäsch/*Mäsch*, § 33 a GWB a.F. Rn. 30 und Rn. 58; Grabitz/Hilf/Nettesheim/*Stockenhuber*, Art. 101 AEUV Rn. 254; Immenga/Mestmäcker/*Franck*, § 33 a GWB Rn. 39.

858 Für die h.M. Loewenheim/*Kersting*, § 33 a GWB Rn. 95 m.w.N.; zweifelnd Berg/Mäsch/*Mäsch*, § 33 a GWB Rn. 30 und FN 59.

859 Berg/Mäsch/*Mäsch*, § 33 a GWB a.F. Rn. 30 und FN 61.

860 EuGH, Urt. v. 14.12.1995, C-312/93 – *Peterbroeck*; EuGH, Urt. v. 14.12.1995, C-430/93 und C-431/93 – *Van Schijndel*; Bechtold/Bosch/Brinker/*Brinker*, Art. 2 VO 1/2003 Rn. 35.

861 BGH, Urt. v. 28.03.1989, NJW 1989, 3161, 3162; *Kirchhoff*, WuW 2004, 745, 747.

eines adäquat kausalen Schadens.[862] Dabei kommen dem Geschädigten bei der Kartellrechtsdurchsetzung eine Reihe von Beweiserleichterungen zugute, die nachfolgend noch im Einzelnen betrachtet werden sollen. Eine solche Beweiserleichterung im nationalen Follow-on Kartellschadensersatzverfahren folgt auch aus der Bindungswirkung des Art. 16 Abs. 1 VO 1/2003 für Zuwiderhandlungen gegen das europäische Wettbewerbsrecht, die bereits Gegenstand einer Kommissionsentscheidung waren. Soweit die Kohärenzverpflichtung in Bezug auf die rechtliche und tatsächliche Feststellung einzelner Tatbestandsmerkmale des Kartellschadensersatzanspruchs reicht, ist die Darlegungs- und Beweislast der Prozessparteien durch die Bindungswirkung ersetzt.[863] Das mitgliedstaatliche Zivilgericht darf wie dargelegt insoweit keine eigene rechtliche Würdigung des Sachverhalts und freie Entscheidung nach § 286 Abs. 1 ZPO mehr vornehmen. Diese Wirkung ergibt sich unmittelbar aus dem die nationalen Gerichte verpflichtenden Art. 16 Abs. 1 VO 1/2003, so dass es hierfür nicht erforderlich ist, dass sich die Prozessparteien aktiv auf die Feststellungen des Kommissionsbeschlusses berufen.[864] Anders als beim Vorliegen einer gesetzlichen oder tatsächlichen Vermutung bzw. eines Anscheinsbeweises hat die gegnerische Partei im Bereich der Bindungswirkung auch nicht mehr die Möglichkeit, hinsichtlich der bindend festgestellten Elemente einen Gegenbeweis anzutreten.

Stützt sich der Kläger dagegen auf nicht tragende Feststellungen des kartellrechtlichen Bußgeldbescheids, fallen diese nicht unter die Bindungswirkung. Da die Feststellungen eines Kommissionsbeschlusses auch wenn sie nicht tragend sind, aber einer gewissen Grundlage in den Ermittlungsergebnissen nicht entbehren, obliegt den Beklagten aufgrund ihrer Indizwirkung im Zweifel zumindest eine gesteigerte Substantiierungspflicht bis hin zur sekundären Darlegungslast.[865] Überdies tragen die Beklagen die Darlegungs- und Beweislast für etwaige Einreden und Einwendungen, insbesondere die Einrede der Verjährung oder der Passing-on Defence.[866]

---

862 LG Hannover, Urt. v. 04.02.2019, 18 O 26/17, Rn. 24 – *LKW-Kartell*; Möschel/Bien/*Grüneberger*, 135, 139; *Meyer*, GRUR 2006, 27, 28; *Hempel*, EuZW 2014, 297, 297; *Willems*, WRP 2015, 819, 819; *Fritzsche/Klöppner/Schmidt*, NZKart 2016, 412, 413; *Kersting*, WuW 2019, 173, 173; Kamann/Ohlhoff/Völcker/*Raible/Lepper*, § 26 Rn. 593; Loewenheim/*Kersting*, § 33 a GWB Rn. 89; Schröter/Jakob/Klotz/Mederer/*Schröter/van der Hout*, Art. 101 AEUV Rn. 240.

863 *Dohrn*, S. 92.

864 *Dohrn*, S. 92 f.

865 Kamann/Ohlhoff/Völcker/*Ohlhoff*, § 26 Rn. 109.

866 S. zur passing-on defence Kamann/Ohlhoff/Völcker/*Ulshöfer*, § 25 Rn. 84 ff.

B. Einfluss der Bindungswirkung auf die einzelnen Tatbestandsmerkmale des Kartellschadensersatzanspruchs

Ausführungen in den Entscheidungsgründen von Urteilen oder in wissenschaftlichen Kommentierungen erschöpfen sich zumeist darin, dass sich die Bindungswirkung auf tragende tatsächliche und rechtliche Feststellungen der behördlichen Entscheidung bezieht. Darüber hinaus ist weitestgehend unklar und umstritten, was das für die Praxis in Bezug auf die einzelnen Tatbestandsvoraussetzungen des nationalen Schadensersatzanspruchs bedeutet. In diesem Abschnitt soll daher für jedes Tatbestandsmerkmal des nationalen Kartellschadensersatzanspruchs einzeln untersucht werden, welche konkreten Auswirkungen die in Art. 16 Abs. 1 VO 1/2003 normierte Bindungswirkung im deutschen Follow-on Zivilprozess auf die einzelnen Anspruchs- und Tatbestandsvoraussetzungen des Kartellschadensersatzanspruchs nach §§ 33 a Abs. 1 i.V.m. 33 Abs. 1 GWB hat.

I. Passivlegitimation

§§ 33 a Abs. 1 i.V.m. 33 Abs. 1 GWB begründen eine Schadensersatzpflichtigkeit desjenigen, der schuldhaft gegen eine Vorschrift des GWB, gegen die Wettbewerbsregeln des EU-Vertrages oder gegen eine Verfügung der Kartellbehörde verstoßen hat. Neben dem Vorliegen eines rein sachlichen Verstoßes gegen die Wettbewerbsregeln muss der Kläger im zivilen Kartellschadensersatzprozess damit auch die Passivlegitimation, also die Beteiligung der beklagten Gesellschaften bzw. Unternehmen an dem wettbewerbswidrigen Verhalten, darlegen und beweisen.[867] Darüber hinaus ist es für die Anspruchsdurchsetzung auch von erheblicher Bedeutung, inwieweit das kartellrechtswidrige Verhalten anderen Rechtspersonen zugerechnet werden kann. Die Frage nach dem richtigen Anspruchsgegner hat insbesondere in Konzernsachverhalten Bedeutung. Fraglich ist zudem, ob in Follow-on Verfahren diesbezüglich schon Beweis durch die Bindungswirkung in Art. 16 Abs. 1 VO 1/2003 als geführt angesehen werden kann.

Im europäischen Bußgeldrecht stellt die Kommission im verfügenden Teil ihres Beschlusses ausdrücklich fest, welche Gesellschaften gegen Art. 101 Abs. 1 AEUV verstoßen haben. Es handelt sich damit um einen essentiellen Bestandteil des ordnungswidrigkeitenrechtlichen Kommissionsbeschlusses. Daraus folgt nach den bisherigen Ergebnissen, dass die kartellbeteiligten Gesellschaften

---

867 KG, Urt. v. 01.10.2009, 2 U 17/03 Kart, Rn. 40 – *Berliner Transportbeton.*

daher auch mit bindender Wirkung für das nationale Folgeverfahren feststehen.[868] Dementsprechend können sie aufgrund der Kohärenzverpflichtung auch im Follow-on Verfahren nicht mehr ihre Beteiligung an dem durch die Kommission bebußten Kartellrechtsverstoß bestreiten. Die tatsächlich wie rechtlich bindende Ausführungen im Kommissionsbeschluss betreffen aber wie dargelegt nur die Beschlussadressaten, beziehen sich jedoch aus rechtsstaatlichen Gründen nicht auf etwaige in den Beschlussgründen erwähnte Dritte oder gar ähnlich gelagerte Sachverhalte.

Diese Auslegung des Umfangs der Bindungswirkung wirft im Hinblick auf die im Bußgeldbeschluss ebenfalls benannten Pflichtenadressaten nach Art. 101 Abs. 1 AEUV allerdings komplexe dogmatische Probleme im Spannungsfeld nationaler und europarechtlicher Zurechnungsregeln auf. Ihren Ausgangspunkt nimmt die Problematik im kartellrechtlichen Unternehmensbegriffs des Unionsrechts. Wird nämlich im Kommissionsbeschluss ein Unternehmen i.S.e. unionalen wirtschaftlichen Einheit zum Pflichtenadressat nach Art. 101 Abs. 1 AEUV, so decken sich aufgrund abweichender Zurechnungsvorschriften die Pflichtenadressaten und die Haftungsadressaten des Kommissionsbeschlusses sowie damit letztlich auch die beklagten Gesellschaften im nationalen Follow-on Schadensersatzverfahren nicht. Diesbezüglich durchzieht ein „Zurechnungsbruch" das europäische und nationale sowie ordnungswidrigkeiten- und zivilrechtliche Kartellrecht (jedenfalls bis zum *Skanska*-Urteil des EuGH[869]), der auch die Kohärenzverpflichtung nach Art. 16 VO 1/2003 vor schwerlich zu überwindende Hindernisse stellt.

Im Folgenden bietet es sich daher an, das Problem zunächst durch eine Erläuterung der relevanten Grundlagen und aktuellen Entwicklungen der unionalen Rechtsprechungs- und Normvorgaben zum Kartellbußgeldrecht aufzuzeigen (dazu unter 1.a)). Anschließend soll die Frage erörtert werden, inwieweit die europäischen Vorgaben zur wirtschaftseinheitlichen Unternehmenshaftung im nationalen Kartellzivilrecht Anwendung finden (dazu unter 1.b)). In einem nächsten Schritt wird untersucht, ob und inwieweit die Bindungswirkung des

---

868 Vgl. EuG, Urt. v. 16.12.2015, T-48/11, Rn. 39 f – *Luftfrachtkartell British Airways*; LG Dortmund, Urt. v. 27.06.2018, 8 O 13/17, Rn. 45 – *LKW-Kartell* zu § 33 Abs. 4 GWB 2005; LG Nürnberg-Fürth, Urt. v. 11.10.2018, 19 O 8786/15 – *Bildröhrenkartell* zu § 33 b GWB; Kersting/Podszun/*Kersting*, 9. GWB-Novelle, Kap. 7 Rn. 46; *Rother/Rieger*, NZKart 2016, 116, 119; *Körner*, S. 277; *Leffrang* Rn. 238; *Galle*, NZKart 2016, 214, 215; *Wachs*, WuW 2017, 2, 8; von der Groeben/Schwarze/Hatje/*Becker/Vollrath*, Art. 16 VO 1/2003 Rn. 34.

869 S. zum *Skanska*-Urteil des EuGH unten S. 285 ff.

Art. 16 VO 1/2003 die Übernahme des Zurechnungskonzepts der wirtschaftlichen Einheit in das nationale Kartellzivilrecht erfordert (dazu unter 2.).

1. Die wirtschaftliche Einheit als Pflichtenadressatin des Art. 101 AEUV

Normadressat der europäischen materiell-rechtlichen Wettbewerbsvorschriften in Art. 101 f. AEUV und damit alleiniger kartellrechtlicher Pflichtenadressat des EU-Rechts ist das Unternehmen.[870] Der Begriff des Unternehmens ist im Kartellrecht der Europäischen Union selbst allerdings nicht gesetzlich kodifiziert.[871] Seine Definition und damit einhergehend die funktional ausgerichtete, dynamische Bestimmung des Umfangs der kartellrechtlichen Eingriffstatbestände erfolgt vornehmlich durch die Rechtsprechung des Gerichtshof der Europäischen Union in einem Wechselspiel mit der Praxis der Kommission.

a. Die Entwicklung der Rechtsfigur der wirtschaftlichen Einheit im Kartellbußgeldrecht

aa. Die wirtschaftliche Einheit und ihre Träger

Ursprünglich wurde die Rechtsfigur der wirtschaftlichen Einheit in der europäischen Rechtsprechung zur Begründung eines kartellrechtlichen Konzernprivilegs entwickelt. Tragender Gedanke war insoweit, dass zwischen mehreren, in bestimmter Weise wirtschaftlich und rechtlich verbundenen Gesellschaften

---

870 EuGH, Urt. v. 07.02.2013, C-68/12, Rn. 25 – *Protimonopolný úrad Slovenskej republiky/ Slovenská sporitel 'ňa*; EuGH, Urt. v. 10.04.2014, C-231/11 P u. C-233/11 P, Rn. 56 – *Siemens Österreich*; Kersting/Podszun/*Kersting*, 9. GWB-Novelle, Kap. 7 Rn. 24; *Ost/ Kallfaß/Roesen*, NZKart 2016, 447, 448; *Wagner*, ZHR 181 (2017), 203, 225; Bechtold/ Bosch/Brinker/*Bosch*, Art. 101 Rn. 78; Bechtold/Bosch/Brinker/*Brinker*, Art. 23 VO 1/2003 Rn. 2, 29; Immenga/Mestmäcker/*Biermann*, Art. 23 VO 1/2003 Rn. 5; Berg/ Mäsch/*Berg/Mudrony*, Art. 101 AEUV Rn. 13; Berg/Mäsch/*van der Hout/Wiemer*, Vor Art. 23 f. VO 1/2003 Rn. 49 m.w.N.

871 Lediglich Art. 1 des Protokolls 22 zum EWR-Abkommen, zuletzt geändert 2004, ABl. 2004, L 219 S. 13, konkretisiert als Unternehmen "jedes Rechtssubjekt, das eine kommerzielle oder wirtschaftliche Tätigkeit ausübt". S. auch Theobald/Kühling/*Bruhn*, Art. 102 AEUV Rn. 16. In EuGH, Urt. v. 28.07.2005, verb. Rs. C-189/02 P, C-202/02 P, C-205/02 P, C-208/02 P u. C-213/02 P, Rn. 114 f. – *Dansk Rørindustri*, hat der EuGH klargestellt, dass aus der Verwendung des Begriffs „Rechtssubjekt" (lediglich in der deutschen Fassung) nicht abgeleitet werden könne, dass die als Unternehmen bzw. wirtschaftliche Einheit erfasste Gesamtheit von Gesellschaften eigene Rechtspersönlichkeit haben müsse.

realistischerweise kein Wettbewerb zu erwarten ist.[872] Aus Sicht des Kartellrechts ist daher sinnvoll nur von einem am Wirtschaftsverkehr teilnehmenden Unternehmen auszugehen, dessen interne, zwischen seinen Rechtsträgern abgestimmte wettbewerbsrelevante Verhaltensweisen nicht dem Kartellverbot unterfallen.[873] Den hierdurch geborenen sog. europäischen Unternehmensbegriff übertrug der EuGH im Jahr 1972 erstmals auch in das unionsrechtliche Kartellordnungswidrigkeitenrecht. Seitdem zieht er die gesamte Unternehmenseinheit spiegelbildlich zu den Vorteilen des kartellrechtlichen Konzernprivilegs auch haftungsrechtlich für wettbewerbliche Zuwiderhandlungen ihrer Träger zur Verantwortung.[874] Hierdurch kann für das Kartellordnungswidrigkeitenrecht zum einen sichergestellt werden, dass die Grundlage der Bemessung der Bußgeldhöhe die tatsächliche Wirtschaftsstärke des Unternehmens bildet.[875] Zum anderen verringert sich die Gefahr, dass eine Vollstreckung der Geldbuße durch Vermögensverschiebungen zwischen konzernangehörigen Gesellschaften oder durch sonstige konzerninterne Umstrukturierungen konterkariert wird.[876]

---

872 EuGH, Urt. v. 31.10.1974, C-15/74, S. 1168 – *Centrafarm*; EuGH, Urt. v. 04.05.1988, C-30/87, Rn. 19 – *Bodson*; Kommission, Entsch. v. 05.07.1969, ABl. 1969, L 165 S. 12 – *Christiani & Nielsen*; Kersting/Podszun/*Meyer-Lindemann*, 9. GWB-Novelle, Kap. 17 Rn. 24.

873 Grundlegend hierzu EuGH, Urt. v. 24.10.1996, C-73/95 P, Rn. 16 – *Viho*; Dreher/Kulka/*Rittner*, Wettb.- u. KartellR, Rn. 706; *Kling*, WRP 2010, 506, 508; *Kokott/Dittert*, WuW 2012, 670, 672; Kersting/Podszun/*Meyer-Lindemann*, 9. GWB-Novelle, Kap. 17 Rn. 24; Berg/Mäsch/*Berg/Mudrony*, Art. 101 AEUV Rn. 20; Calliess/Ruffert/*Weiß*, Art. 101 AEUV Rn. 40; Kölner Kommentar/*Maritzen*, § 1 GWB Rn. 130; Loewenheim/*Grave/Nyberg*, Art. 101 Abs. 1 AEUV Rn. 164 f.

874 Grundlegend zur Rechtsfigur der wirtschaftlichen Einheit als Zurechnungskonzept EuGH, Urt. v. 14.07.1972, C-48/69, Rn. 132 ff. – *ICI*; EuGH, Urt. v. 08.07.1999, C-49/92 P, Rn. 145 – *Kommission/Anic Partecipazioni*; EuGH, Urt. v. 11.12.2007, C-280/06, Rn. 39 – *ETI*; EuGH, Urt. v. 10.09.2009, C-97/08 P, Rn. 55 f. – *Akzo Nobel*; *Ost/Kallfaß/Roesen*, NZKart 2016, 447, 448; Berg/Mäsch/*van der Hout/Wiemer*, Vor Art. 23 f. VO 1/2003 Rn. 50 m.w.N.

875 Nach Art. 23 Abs. 2 Unterabs. 2 VO 1/2003 sanktioniert die Kommission Wettbewerbsverstöße mit einer Geldbuße in Höhe von bis zu 10 % des von dem an der Zuwiderhandlung beteiligten Unternehmen im letzten Geschäftsjahr erzielten Umsatzes. S. hierzu: *Kellerbauer/Weber*, EuZW 2011, 666, 667; Bechtold/Bosch/Brinker/*Brinker*, Art. 23 VO 1/2003 Rn. 25; Berg/Mäsch/*van der Hout/Amling*, Art. 23 VO 1/2003 Rn. 9; Immenga/Mestmäcker/*Biermann*, Art. 23 VO 1/2003 Rn. 100, 114, 119.

876 *Bürger*, WuW 2011, 130, 139; *Köhler*, WRP 2011, 277, 282; von der Groeben/Schwarze/Hatje/*Kienapfel*, Art. 23 VO 1/2003 Rn. 22.

Letztlich erhöht eine Inanspruchnahme der gesamten Wirtschaftseinheit auch die Abschreckungswirkung.[877]

Nach der seit nunmehr Jahrzehnten etablierten ständigen Rechtsprechung der europäischen Gerichte und Verfahrensweise der Kommission im Kartellordnungswidrigkeitenrecht handelt es sich bei einem Unternehmen im unionsrechtliche Sinn um jede eine wirtschaftliche Tätigkeit ausübende Einheit materieller, immaterieller und personeller Faktoren unabhängig von ihrer Rechtsform und der Art ihrer Finanzierung.[878] Der Begriff des Unternehmens auf europäischer Ebene ist somit ein funktionaler[879] und stimmt nicht mit der Gesellschaft nach mitgliedstaatlichem Recht überein. Vielmehr kann ein Unternehmen im unionskartellrechtlichen Sinn auch aus einer Mehrzahl rechtlich selbständiger natürlicher oder juristischer Personen bestehen, wenn diese eine sog. wirtschaftliche Einheit bilden.[880] Voraussetzung für das Vorliegen einer unionsrechtlichen

---

877 EuGH, Urt. v. 10.04.2014, C-231/11 P, Rn. 59 – *Siemens Österreich*.

878 St. Rspr. EuGH, Urt. v. 23.04.1991, C-41/90, Rn. 21 – *Höfner u. Elser*; EuGH, Urt. v. 11.12.1997, C-55/96, Rn. 21 – *Job Centre*; EuGH, Urt. v. 10.01.2006, C-222/04, Rn. 107 – *Cassa di Risparmio di Firenze u.a.*; EuGH, Urt. v. 11.07.2006, C-205/03 P, Rn. 25 – *FENIN*; EuGH, Urt. v. 10.09.2009, C-97/08 P, Rn. 5 - *Akzo Nobel;* EuGH, Urt. v. 27.04.2017, C-516/15 P, Rn. 47 – *Wärmestabilisatoren*; s. auch *Scheidtmann*, WRP 2010, 499, 500; Bechtold/Bosch/Brinker//*Bosch*, Art. 101 AEUV Rn. 12; Theobald/Kühling/*Bruhn*, Art. 102 AEUV Rn. 17; von der Groeben/Schwarze/Hatje/*Kienapfel*, Art. 23 VO 1/2003 Rn. 20; Calliess/Ruffert/*Weiß*, Art. 101 AEUV Rn. 25.

879 EuGH, Urt. v. 06.10.2021, C-882/19, Rn. 46 – *Sumal* und die dort zitierte Rechtsprechung.

880 EuGH, Urt. v. 10.09.2009, C-97/08 P, Rn. 55 – *Akzo Nobel;* EuGH, Urt. v. 14.12.2006, C-217/05, Rn. 40 – *Confederación Española de Empresarios de Estaciones de Servicio*; EuGH, Urt. v. 20.01.2011, C-90/09 P, Rn. 35 – *General Quimica*; EuGH, Urt. v. 27.04.2017, C-516/15 P, Rn. 48 m.w.N. – *Akzo Nobel*; *Leffrang*, Rn. 141; *Körner*, S. 8; Monopolkomm., Sondergutachten v. 28.01.2016, Strafrechtliche Sanktionen bei Kartellverstößen, BT-Drucks. 18/7508, S. 11; Kersting/Podszun/*Meyer-Lindemann*, 9. GWB-Novelle, Kap. 17 Rn. 24; *Ost*, NZKart 2013, 25, 26; *Kersting*, WuW 2014, 1156, 1157 u. 1158; *Kellerbaue*r, WuW 2014, 1173, 1174; *Braun/Kellerbauer*, NZKart 2015, 175, 176; *Bodenstein*, NZKart 2015, 141, 141; *Rust*, NZKart 2015, 502, 502; *Ost/Kallfaß/Roesen*, NZKart 2016, 447, 455; *Zandler*, NZKart 2016, 98, 99; *Mäger/Schreitter*, NZKart 2017, 264, 266; *Kersting*, VersR 2017, 581, 584; Bechtold/Bosch/Brinker/*Bosch*, Art. 101 AEUV Rn. 11; Calliess/Ruffert/*Weiß*, Art. 101 AEUV Rn. 25, 33; Grabitz/Hilf/Nettesheim/*Schuhmacher*, Art. 101 AEUV Rn. 433; Kölner Kommentar/*Krohs*, § 33 GWB Rn. 66; Langen/Bunte/*Hengst*, Art. 101 AEUV, Rn. 30 ff.; Berg/Mäsch/*Berg/Mudrony*, Art. 101 AEUV Rn. 4 und 18; von der Groeben/Schwarze/Hatje/*Kienapfel*, Art. 23 Rn. 20.

wirtschaftlichen Einheit zwischen mehreren Gesellschaften ist zunächst eine konzernmäßige Verbundenheit[881] dieser Gesellschaften dergestalt, dass einer Gesellschaft die Möglichkeit eines bestimmenden Einflusses auf die andere(n) Gesellschaft(en) zukommt.[882] Dies allein genügt jedoch noch nicht, um das Vorliegen der unionalen Wirtschaftseinheit zu begründen. Vielmehr muss neben die rein rechtliche Möglichkeit der Einflussnahme noch ein weiteres Kriterium hinzutreten, die tatsächliche Ausübung des bestimmenden Einflusses durch die leitende Konzerngesellschaft.[883] Zusammengefasst liegt eine wirtschaftliche Einheit nach dem Unionskartellrecht somit immer dann vor, wenn eine Gesellschaft trotz eigener Rechtspersönlichkeit ihr Verhalten auf dem Markt nicht autonom bestimmen kann, sondern wegen der wirtschaftlichen, organisatorischen und rechtlichen Verbindung zwischen ihr und einer anderen Gesellschaft im Wesentlichen Weisungen letzterer befolgt.[884]

---

881 Trotz dieser Parallele zum Konzern des deutschen Gesellschaftsrechts darf hieraus keineswegs abgeleitet werden, der Begriff des Konzerns sei mit dem Begriff des Unternehmens i.S.d. Art. 101 f. AEUV deckungsgleich.

882 EuGH, Urt. v. 10.09.2009, C-97/08 P, Rn. 60 – *Akzo Nobel*; EuGH, Urt. v. 26.09.2013, C-179/12 P, Rn. 55 – *Dow*; *Leffrang*, Rn. 147; *Zandler*, NZKart 2016, 98, 99; Kölner Kommentar/*Schütz*, Art. 23 VO 1/2003 Rn. 43.

883 St. Rspr., EuGH, Urt. v. 06.03.1974, C-6 und 7/73, Rn. 39 – *Commercial Solvents*; EuGH, Urt. v. 10.09.2009, C-97/08 P, Rn. 58 – *Akzo Nobel;* EuGH, Urt. v. 27.04.2017, C-516/15 P, Rn. 52 – *Wärmestabilisatoren*; Dreher/Kulka/*Rittner*, Wettb.- u. KartellR, Rn. 703; *Scheidtmann*, WRP 2010, 499, 500; *Braun/Kellerbauer*, NZKart 2015, 175, 179; *Zandler*, NZKart 2016, 98, 100; von der Groeben/Schwarze/Hatje/*Kienapfel*, Art. 23 VO 1/2003 Rn. 24; Calliess/Ruffert/*Weiß*, Art. 101 AEUV Rn. 35. Zum durch den EuGH neu in der im Oktober 2021 ergangen *Sumal*-Entscheidung aufgestellten Kriterium eines konkreten Zusammenhangs zwischen der wirtschaftlichen Tätigkeit von Mutter- und Tochtergesellschaft sogleich unten S. 288 ff.

884 EuGH, Urt. v. 28.07.2005, verb. Rs. C-189/02 P, C-202/02 P, C-205/02 P, C-208/02 P u. C-213/02 P, Rn. 117 – *Dansk Rørindustri;* EuGH, Urt. v. 11.12.2007, C-280/06, Rn. 49 – *ETI*; EuGH, Urt. v. 10.09.2009, C-97/08 P, Rn. 65, 74 – *Akzo Nobel*; EuGH, Urt. v. 20.01.2011, C-90/09 P, Rn. 37 – *General Química*; EuGH, Urt. v. 27.04.2017, C-516/15 P, Rn. 37, 52 – *Wärmestabilisatoren*; Dreher/Kulka/*Rittner*, Wettb.- u. KartellR, Rn. 703, 707; *Körner*, S. 52; *Kokott/Dittert*, WuW 2012, 670, 672; *Zandler*, NZKart 2016, 98, 99; *Ost/Kallfaß/Roesen*, NZKart 2016, 447, 448; Calliess/Ruffert/*Weiß*, Art. 101 AEUV Rn. 34, 35; Grabitz/Hilf/Nettesheim/*Stockenhuber*, Art. 101 AEUV Rn. 75; Grabitz/Hilf/Nettesheim/*Schuhmacher*, Art. 101 AEUV Rn. 433; Grabitz/Hilf/Nettesheim/*Schroeder*, Art. 101 AEUV Rn. 808; Immenga/Mestmäcker/*Zimmer*, Art. 101 Abs. 1 AEUV Rn. 31 ff.; Loewenheim/*Nowak*, Art. 23 VO 1/2003 Rn. 18; von der Groeben/Schwarze/Hatje/*Puffer-Mariette*, Artikel 2 VO 1/2003 Rn. 13.

Insbesondere Mutter- und Tochtergesellschaften sind daher nach ständiger Rechtsprechung der europäischen Gerichte und Verfahrensweise der Kommission in ihren Bußgeldbeschlüssen häufig als ein Unternehmen im unionskartellrechtlichen Sinn anzusehen. Zur Begründung einer Wirtschaftseinheit zwischen Mutter und Tochter ist es nach judikativem Prüfungsmaßstab bereits ausreichend, dass die Muttergesellschaft die allgemeine Geschäftspolitik ihrer Tochter maßgeblich beeinflusst.[885] Nach Ansicht des Gerichtshofs sind im Rahmen seiner Gesamtbetrachtung zu berücksichtigende Indizien z.B. das gemeinsame Auftreten im Außenverhältnis[886] oder wenn die Mutter die Entscheidungen leitender Angestellter ihrer Tochtergesellschaft vor deren Umsetzung abschließend überwacht.[887] Darüber hinaus erfordere das Bestehen einer kartellrechtlichen Wirtschaftseinheit nicht, dass die leitende Konzernmutter in Bezug auf das beanstandete Verhalten spezifische Weisungen erteilt, die betroffenen Geschäftsbereiche direkt kontrolliert, selbst Kenntnis von dem Verstoß oder sogar einen eigenen Tatbeitrag im Hinblick auf die konkrete Zuwiderhandlung geleistet hat.[888]

---

885 EuGH, Urt. v. 16.11.2000, C-286/98 P, Rn. 27 f. – *Stora Kopparbergs Bergslags*; EuGH, Urt. v. 20.01.2011, C-90/09 P, Rn. 102 ff.– *General Química*; EuGH, Urt. v. 18.07.2013, C-501/11 P, Rn. 112 und die dort angeführte Rechtsprechung – *Schindler*. S. auch GA Kokott, Schlussanträge v. 23.04.2009, C-97/08 P, Rn. 86 ff. – *Akzo Nobel*; *Braun/Kellerbauer*, NZKart 2015, 175, 177.

886 EuGH, Urt. v. 16.11.2000, C-286/98 P, Rn. 29 – *Stora Kopparbergs Bergslags*; EuGH, Urt. v. 01.07.2010, C-407/08 P, Rn. 104 – *Knauf Gips*; *Braun/Kellerbauer*, NZKart 2015, 175, 177.

887 EuGH, Urt. v. 16.11.2000, C-294/98 P, Rn. 27 ff – *Metsä-Serla* (personelle Verflechtungen der Organe der Mutter- und der Tochtergesellschaft); EuGH, Urt. v. 20.01.2011, C-90/09 P, Rn. 104-109 – *General Química*; EuG, Urt. v. 23.01.2014, T-384/09, Rn. 106 – *SKW Stahl Metallurgie* (Einflussnahme der Mutter auf Entscheidungen der Tochtergesellschaft hinsichtlich zentraler Aufgaben wie Personal, Einstellungen und Finanzierung); s. weiterhin *Kapp*, CCZ 2009, 236, 237; *Kliebisch*, WRP 2012, 295, 297.

888 EuGH, Urt. v. 14.07.1972, C-48/69, Rn. 136/141 – *ICI*; EuGH, EuGH, Urt. v. 25.10.1983, C-107/82, Rn. 49-53 – *AEG*; Urt. v. 11.12.2007, Rs. C-280/06, Rn. 49 – *ETI;* EuGH, Urt. v. 10.09.2009, Rs. C-97/08 P, Rn. 54, 73 – *Akzo Nobel*; EuGH, Urt. v. 10.07.2010, C-407/08 P, Rn. 106 ff. – *Knauf Gips;* EuGH, Urt. v. 20.01.2011, C-90/09 P, Rn. 100 - 102, 103, 109 – *General Química*; EuGH, Urt. v. 19.07.2012, C-628/10 P und C-14/11 P, Rn. 42 ff., 50 ff., Rn. 101 a.E. – *Alliance One*; EuGH, Urt. v. 16.06.2016, Rs. C-155/14, Rn. 40 f. – *Evonik Degussa*; Dreher/Kulka/*Rittner*, Wettb.- u. KartellR, Rn. 703; *Körner*, S. 52; *Köhler*, WRP 2011, 277, 279; *Kokott/Dittert*, WuW 2012, 670, 672; *Kühne/Woitz*, DB 2015, 1028, 1029; *Braun/Kellerbauer*, NZKart 2015, 175, 177; Kölner Kommentar/*Schütz*, Art. 23 VO 1/2003 Rn. 43.

Lange Zeit beschränkte sich die Frage der Zurechnung im Rahmen der wirtschaftlichen Einheit im Kartellordnungswidrigkeitenrecht somit praktisch ausschließlich auf die Frage des Einstehenmüssens einer Konzernmutter für das kartellrechtswidrige Verhalten ihrer Tochter. In einer kürzlich zum Kartellschadensersatzrecht ergangenen Entscheidung hat der Gerichtshof allerdings zur umgekehrten Konstellation Stellung genommen, nämlich ob und unter welchen Voraussetzungen auch eine Tochter auf Basis der wirtschaftlichen Einheit für das kartellrechtliche Fehlverhalten ihrer unmittelbar kartellbeteiligten Konzernmutter einstehen muss. Kurz zusammengefasst hat der EuGH in dieser Rechtssache entschieden, dass mehrere Gesellschaften im Fall einer absteigenden Haftungszurechnung dann eine unionsrechtliche Wirtschaftseinheit bilden, wenn sie einer einheitlichen Willensbildung unterliegen und zudem beide auf dem gleichen Markt tätig sind, auf dem auch die kartellrechtliche Zuwiderhandlung begangen wurde.[889]

bb. Die Entscheidung Akzo Nobel (2009)

In dem Kartellbußgeldverfahren *Akzo Nobel* hatte der EuGH über die korrekte Adressierung einer Bußgeldentscheidung betreffend ein wettbewerbsbeschränkendes Verhalten zu urteilen, an dem unmittelbar oder mittelbar hundertprozentige Tochtergesellschaften der Klägerin Akzo Nobel beteiligt waren.[890] Der Gerichtshof erweiterte in diesem Urteil seine Rechtsprechung zur wirtschaftlichen Einheit dahingehend, dass die Ausübung bestimmenden Einflusses durch die Konzernobergesellschaft nicht in jedem Einzelfall explizit nachgewiesen werden müsse.[891] Vielmehr bestünde bei 100%-igen Tochtergesellschaften aufgrund der wirtschaftlichen Realität auch ohne das Hinzutreten weiterer Indizien eine widerlegliche Vermutung, wonach die Mutter bestimmenden Einfluss ausgeübt habe und damit eine wirtschaftliche Einheit vorliege.[892] Mit dieser Entscheidung beendete der EuGH zudem eine seit seinem Urteil in der Rechtssache *Stora* andauernde Diskussion, ob neben die 100%-ige Anteilseignerschaft noch

---

889 EuGH, Urt. v. 06.10.2021, C-882/19 – *Sumal*; s. zur Entscheidung im Detail unten S. 288 ff. Vgl. weiterhin *Kersting/Otto*, FS Wiedemann, 235 ff.; *Kersting/Otto*, NZKart 2021, 325, 326; *Schweitzer/Woeste*, ZGR 2020, 141, 160 ff.

890 EuGH, Urt. v. 10.09.2009, C-97/08 P, Rn. 55 ff. – *Akzo Nobel.*

891 *Körner*, S. 54; *Emmerich*, JuS 2011, 651, 652; *Ost/Kallfaß/Roesen*, NZKart 2016, 447, 449.

892 EuGH, Urt. v. 10.09.2009, C-97/08 P, Rn. 60-62 – *Akzo Nobel.*

weitere „Plus-Faktoren" hinzutreten müssten, um eine entsprechende Vermutung für die Muttergesellschaft zu begründen.[893]

Seine damit im gleichnamigen Urteil begründete sog. *Akzo*-Vermutung hat der Gerichtshof sodann in den folgenden Jahren in stetiger Rechtsprechung bekräftigt und weiter verschärft.[894] Forderte der EuGH seinerzeit für das Eingreifen der Vermutung noch eine 100%-ige Anteilseignerschaft der Konzernobergesellschaft,[895] so ließ er in nachfolgenden Urteilen auch Beteiligungen von nahezu 100 % ausreichen.[896] Zudem gelte die Vermutung auch in mehrstufigen Konzernen, wenn auf jeder Stufe eine – nahezu – 100%ige Beteiligung der leitenden Gesellschaften bestehe.[897] Eine Beteiligungshöhe von lediglich 80%[898] bzw.

---

893 EuGH, Urt. v. 16.11.2000, C-286/98 P, Rn. 28-29 – *Stora Kopparbergs Bergslags*. Manche Urteile verlangten im Anschluss an das *Stora*-Urteil eine 100-prozentige Beteiligung sowie weitere Anhaltspunkte zu Bergündung der Vermutung, vgl. etwa EuGH, Urt. v. 28.06.2005, C-189/02 P, Rn. 119 f. – *Dansk Rørindustri*, teilweise ließ man auch die bloße 100%-ige Anteilseignerschaft genügen, vgl. etwa EuG, Urt. v. 12.12.2007, T-112/05, Rn. 60-62 – *Akzo Nobel*. S. hierzu auch *Körner*, S. 53; *Kling*, WRP 2010, 506, 510 f., *Emmerich*, JuS 2011, 651, 652; *Braun/Kellerbauer*, NZKart 2015, 175, 178; *Ost/Kallfaß/Roesen*, NZKart 2016, 447, 449; Bechtold/Bosch/Brinker/*Bosch*, Art. 101 AEUV Rn. 34.

894 EuGH, Urt. v. 10.09.2009, C-97/08 P, Rn. 60-62 – *Akzo Nobel*. Bestätigt in EuGH, Urt. v. 29.09.2011, C-521/09 P, Rn. 60 – *Elf Aquitaine;* EuGH, Urt. v. 20.01.2011, C-90/09 P, Rn. 34, 39 – *General Quimica*; EuGH, Urt. v. 29.03.2011, C-201/09 P, C-216/09 P, C-352/09 P, Rn. 95 ff. – *ArcelorMittal Luxembourg;* EuGH, Urt. v. 18.07.2013, C-501/11 P, Rn. 34 – *Schindler;* EuGH, Urt. v. 27.04.2017, C-516/15 P, Rn. 54 – *Wärmestabilisatoren (Akzo Nobel)*. S. hierzu auch Dreher/Kulka/*Rittner*, Wettb.- u. KartellR, Rn. 707; *Zandler*, NZKart 2016, 98, 100; *Beck*, AG 2017, 726, 728; Bechtold/Bosch/Brinker/*Bosch*, Art. 101 AEUV Rn. 34; Berg/Mäsch/*Berg/Mudrony*, Art. 101 AEUV Rn. 23.

895 EuGH, Urt. v. 10.09.2009, C-97/08 P, Rn. 58, 60 – *Akzo Nobel*.

896 EuG, Urt. v. 07.06.2011, T-206/06, Rn. 39, 56 – *Total und Elf Aquitaine* (Beteiligung von 96,48 %); EuGH, Urt. v. 08.05.2013, C-508/11 P, Rn. 47-49 – *ENI SpA* (Kapitalbeteiligung von 99,97 %); EuGH, Urt. v. 22.05.2014, C-36/12 P, Rn. 18 – *Armando Álvarez* (Beteiligung von 98,6 %); von der Groeben/Schwarze/Hatje/*Kienapfel*, Art. 23 VO 1/2003 Rn. 24; Immenga/Mestmäcker/*Zimmer*, Art. 101 Abs. 1 AEUV Rn. 33; Calliess/Ruffert/*Weiß*, Art. 101 AEUV Rn. 35.

897 EuGH, Urt. v. 20.01.2011, C-90/09 P, Rn. 34, 50, 86 – *General Quimica*; EuGH, Urt. v. 08.05.2013, C-508/11 P, Rn. 48 – *ENI SpA*; *Emmerich*, JuS 2011, 651, 652; *Braun/Kellerbauer*, NZKart 2015, 175, 179; Loewenheim/*Grave/Nyberg*, Art. 101 Abs. 1 AEUV Rn. 151.

898 EuG, Urt. v. 14.03.2013, T-587/08, Rn. 70 – *Fresh Del Monte Produce*.

60%[899] genüge nach Auffassung des Gerichtshof allerdings nicht für eine entsprechende Vermutung.[900] In diesen Fällen müsse die Kommission anhand des konkreten Einzelfalls das Vorliegen einer wirtschaftlichen Haftungseinheit, mithin eine bestimmende Einflussnahme der Mutter auf das Marktverhalten ihre Tochter nachweisen.[901]

Im Ergebnis führt die *Akzo*-Vermutung dazu, dass bei Zuwiderhandlungen gegen das Wettbewerbsrecht der Union durch eine Tochtergesellschaft die Bußgeldentscheidung auch an die Muttergesellschaft gerichtet werden kann, ohne dass deren persönliche Beteiligung oder Einflussnahme auf ihrer Tochter nachgewiesen werden muss. Die Vermutung verlagert letztlich die Beweislast für die (Nicht)Ausübung eines bestimmenden Einflusses und damit für das Vorliegen einer wirtschaftlichen Einheit auf die Konzernobergesellschaft. Trotz erheblicher Kritik aus dem Schrifttum hält die europäische Judikatur bis heute an der etablierten Vermutung fest.[902] Hierdurch könne zum einen die Kommission von der Ermittlung schwer zu erlangender Unternehmensinterna befreit werden.[903] Zum anderen könne sich die ohnehin über diese Informationen verfügende leitende Konzerngesellschaft durch den Nachweis eines autonomen Marktverhaltens

---

899 EuG, Urt. v. 06.03.2012, T-64/06, Rn. 35 – *FES Plast*.

900 EuGH, Urt. v. 02.10.2003, C-196/99 P, Rn. 99 – *Aristrain*.

901 S. z.B. im Rückschluss aus EuGH, Urt. v. 20.01.2011, C-90/09 P, Rn. 51 ff. – *General Quimica*; EuGH, Urt. v 22.5.2014, C-36/12 P, Rn. 17 ff. – *Armando Alvarez SA*.

902 *Kling*, WRP 2010, 506, 510 (Verstoß gegen den Grundsatz der persönlichen Verantwortlichkeit; nulla poena sine lege bzw. das Legalitätsprinzip, das Bestimmtheitsgebot sowie das Schuldprinzip respektive in dubio pro reo); *Thomas*, JZ 2011, 485, 492 ff.; *Bodenstein*, NZKart 2015, 141, 141; *Braun/Kellerbauer*, NZKart 2015, 175, 178; *Braun/Kellerbauer*, NZKart 2015, 211, 211; *Suchsland/Rossmann*, NZKart 2016, 342, 342; *Mäger/Schreitter*, NZKart 2017, 264, 265. *Timmerbeil/Blome*, BB 2017, 1544, 1546 (starke Zweifel am Erfahrungssatz); von der Groeben/Schwarze/Hatje/*Schröter/van Vormizeele*, AEUV Artikel 101 Rn. 104 („de facto verschuldensunabhängigen Erfolgshaftung"). a.A. ist freilich der EuGH, z.B. Urt. v. 29.09.2011, C-521/09 P, Rn. 59 ff. – *Elf Aquitaine*; EuGH, Urt. v. 26.01.2017, C-625/13 P, Rn. 145-149 – *Villeroy & Boch AG*.

903 EuGH, Urt. v. 29.09.2011, C-521/09 P, Rn. 60 - *Elf Aquitaine*. Die Kommission ist jedoch nicht verpflichtet sich allein auf die Vermutung zu stützen, sondern kann sich selbst auferlegen den Nachweis einer bestimmenden Einflussnahme anhand anderer Beweise oder durch eine Kombination solcher Beweise mit der genannten Vermutung zu erbringen, EuGH, Urt. v. 17.07.2012, C-628/10 P und C-14/11 P, Rn. 49 – *Alliance One International*. S. auch *Köhler*, WRP 2011, 277, 278; *Frenz/Lülsdorf*, EWS 2012, 504, 505 und 508; *Braun/Kellerbauer*, NZKart 2015, 175, 178 und 211, 212.

ihrer Tochtergesellschaften entlasten.[904] Allerdings gilt eine Widerlegung der *Akzo*-Vermutung durch die Konzernmuttergesellschaft faktisch als nahezu unmöglich und ist seit ihrer Etablierung in der Rechtspraxis bisher noch nicht einmal gelungen.[905] Unter anderem lehnte der EuGH einen Entfall der Vermutung aufgrund der Darlegungen leitender Muttergesellschaften ab, sie hätten alles ihnen Mögliche und Zumutbare getan, um wettbewerbliche Zuwiderhandlungen im Marktverhalten der Tochtergesellschaft zu verhindern oder die Tochter habe den Verstoß ohne oder gegen ihren Willen begangen.[906] Entsprechende Ausführungen träfen schon nicht den Kern der Haftungsfigur der wirtschaftlichen Einheit, für deren Annahme bereits die tatsächliche Einflussnahme auf

---

904 EuGH, Urt. v. 10.09.2009, C-97/08 P, Rn. 60 – *Akzo Nobel*; EuGH, Urt. v. 16.11.2000, C-286/98 P, Rn. 29 – *Stora Kopparbergs Bergslags*; EuGH, Urt. v. 03.05.2012, C-289/11 P, Rn. 46 – *Legris Industries*; EuGH, Urt. v. 08.05.2013, C-508/11 P, Rn. 47 – *ENI SpA*; EuG, Urt. v. 27.09.2006, T-314/01, Rn. 136 – *Avebe; Kling*, WRP 2010, 506, 509 f.; *Köhler*, WRP 2011, 277, 277 ff.; Calliess/Ruffert/*Weiß*, Art. 101 AEUV Rn. 36; Grabitz/Hilf/Nettesheim/*Stockenhuber*, Art. 101 AEUV Rn. 168; Grabitz/Hilf/Nettesheim/*Schuhmacher*, Art. 101 AEUV Rn. 433; von der Groeben/Schwarze/Hatje/*Kienapfel*, Art. 23 VO 1/2003 Rn. 24; Loewenheim/*Grave/Nyberg*, Art. 101 Abs. 1 AEUV Rn. 147.

905 Widerlegung zunächst gelungen in EuG, Urt. v. 16.06.2011, T-208/08 u. 209/08, Rn. 53 - 58 – *Gosselin*, aber aufgehoben durch EuGH, Urt. v. 11.07.2013, C-440/11 P, Rn. 66 – *Stichting Administratiekantoor Portielje*. Nach Ansicht des EuGH bedeutet die Schwierigkeit einer Widerlegung nicht gleichsam, dass die Vermutung tatsächlich unwiderlegbar sei, EuGH, Urt. v. 08.05.2013, C-508/11 P, Rn. 47, 68 – *ENI SpA*; EuGH, Urt. v. 29.09.2011, C-521/09 P, Rn. 70 – *Elf Aquitaine*. S. hierzu auch Kersting/Podszun/*Meyer-Lindemann*, 9. GWB-Novelle, Kap. 17 Rn. 27; *Kokott/Dittert*, WuW 2012, 670, 679; *Kersting*, WuW 2014, 1156, 1163; *Braun/Kellerbauer*, NZKart 2015, 175, 178; *Weitbrecht/Mühle*, EuZW 2015, 166, 167; *von Hülsen/Kasten*, NZKart 2015, 296, 296; *Suchsland/Rossmann*, WuW 2015, 973, 973; *Thomas*, AG 2017, 637, 641 („faktisch eine unwiderlegliche Vermutungsregel"); *Mäger/Schreitter*, NZKart 2017, 264, 272; *König*, EuZW 2017, 241, 242; Immenga/Mestmäcker/*Zimmer*, Art. 101 Abs. 1 AEUV Rn. 34; Loewenheim/*Grave/Nyberg*, Art. 101 Abs. 1 AEUV Rn. 146 ff.

906 EuGH, Urt. v. 20.01.2011, C-90/09 P, Rn. 100 - 102, 109 – *General Quimica*; EuGH, Urt. v. 16.06.2016, C-155/14, Rn. 40 f. – *Evonik Degussa*. So wurden bisher die Einwände, die Tochtergesellschaft habe eine eigenständige Vertriebs- und Preisstrategie verfolgt (EuG, Urt. v. 16.06.2011, T-197/06, Rn. 105 f. und 121 f. – *FMC Corp.*), der Konzern habe eine Organisationsstruktur gehabt (EuG, Urt. v. 06.03.2012, T-65/06, Rn. 31 – *FLSmidt*) oder die Mütter seien lediglich Holdinggesellschaften gewesen (EuG, Urt. v. 07.06.2011, T-217/06, Rn. 107 – *Arkema France*), als für die Widerlegung der Vermutung nicht ausreichend angesehen. S. auch *Körner*, S. 53; *Köhler*, WRP 2011, 277, 279; *Kersting*, WuW 2014, 1156, 1164; *Zandler*, NZKart 2016, 98, 101.

die allgemeine Geschäftspolitik der abhängigen Gesellschaft genüge.[907] Entsprechend sei nach Auffassung des EuGH auch ein durch die leitende Konzernobergesellschaft etabliertes konzernweites Compliance-Programm vielmehr ein haftungsbegründender Beleg für die tatsächlichen Einflussnahme der Mutter auf das Geschäftsverhalten ihrer Tochter als ein Entlastungsbeweis.[908]

b. Übernahme der wirtschaftlichen Einheit in das Kartellschadensersatzrecht

In der kartellrechtlichen Literatur gab es schon länger eine lebhafte Diskussion, ob die Rechtsfigur der wirtschaftlichen Einheit aus dem Kartellordnungswidrigkeitenrecht in das nationale Kartellschadensersatzrecht zu übertragen sei.[909] Der europäische Gesetzgeber hatte im Rahmen der 2014 erlassenen Kartellschadensersatzrichtlinie die Möglichkeit verpasst, eindeutig zu dieser Frage Stellung zu nehmen. Einige Jahre nach Erlass der Richtlinie ist die Frage nach dem Gleichlauf zwischen Kartellordnungswidrigkeiten und Kartellschadensersatzrecht in Bezug auf die wirtschaftliche Einheit dem EuGH vorgelegt worden. Spätestens seit dem Urteil des Gerichtshofs in Sachen *Sumal* kann dieser Streitpunkt nun als im Sinne der Übernahme des Begriffs der wirtschaftlichen Einheit in das Kartellschadensersatzrecht geklärt angesehen werden.

aa. Die Kartellschadensersatzrichtlinie 2014/104/EU

Unklar ist, ob der europäische Gesetzgeber bereits durch die Kartellschadensersatzrichtlinie 2014/104/EU die Übernahme des europäischen Unternehmensbegriffs i.S.e. wirtschaftlichen Einheit in das nationale Kartellzivilrecht vorgegeben hat.

---

907 EuGH, Urt. v. 20.01.2011, C-90/09 P, Rn. 100 - 102, 109 – *General Quimica*; EuGH, Urt. v. 16.06.2016, C-155/14, Rn. 40 f. – *Evonik Degussa*. S. auch *Körner*, S. 53; *Köhler*, WRP 2011, 277, 279; *Kersting*, WuW 2014, 1156, 1164; *Zandler*, NZKart 2016, 98, 101.

908 EuGH, Urt. v. 16.06.2016, C-155/14 P, Rn. 40 – *Evonik Degussa*; EuGH, Urt. v. 18.07.2013, C-501/11 P Rn. 113 – *Schindler Holding*; *Kokott/Dittert*, WuW 2012, 670, 677 und 678; krit. *Suchsland/Rossmann*, WuW 2015, 973, 973; *Mäger/Schreitter*, NZKart 2017, 264, 271; *Thomas*, AG 2017, 637, 637; von der Groeben/Schwarze/Hatje/*Schröter/van Vormizeele*, Artikel 101 AEUV Rn. 10. Zur Rolle von Compliance Programmen siehe *Kersting*, WuW 2014, 1156, 1165; *Braun/Kellerbauer*, NZKart 2015, 175, 179 und 211, 212; *von Hülsen/Kasten*, NZKart 2015, 296, 297.

909 S. hierzu bereits kurz nach dem *Akzo*-Urteil *Kersting*, Der Konzern 2011, 445.

Nach teilweise vertretener Auffassung ist eine entsprechende Vorgabe durch die Richtlinie abzulehnen.[910] Die Ansicht stützt sich im Wesentlichen darauf, dass die europäische Kartellschadensersatzrichtlinie die konkrete Frage, wer auf Schadensersatz in Anspruch zu nehmen ist, nicht direkt regelt. Die Frage sei im Laufe des Entstehungsverfahrens der Richtlinie nicht erörtert worden und ergebe sich zudem nicht aus anderen europäischen Dokumenten.[911] Dies wäre nach den Vertretern dieser Auffassung im Fall einer intendierten Einführung des Haftungskonzepts der wirtschaftlichen Einheit i.S.e. Vollharmonisierung hinsichtlich des offenkundigen Zwiespaltes zu den Gesellschaftsrechten der Mitgliedstaaten aber mindestens erforderlich gewesen.[912] Art. 1 SE-RL enthalte

---

910 *Klotz*, S. 109 ff.; *von Hülsen/Kasten*, NZKart 2015, 296, 299; *Rust*, NZKart 2015, 502, 508; *Müller-Graff*, ZHR 179 (2015), 691, 696 f.; *Suchsland/Rossmann*, WuW 2015, 973, 975 ff.; *Thomas/Legner*, NZKart 2016, 155, 156 ff.; *Bischke/Brack*, NZG 2016, 99, 101; *Klotz*, WuW 2017, 226, 226 f.; *Könen*, NZKart 2017, 15, 17, 20; *Thomas*, AG 2017, 637, 638; *Glöckner*, NZKart 2018, 464, 469; offenlassend Loewenheim/*Grave/Nyberg*, Art. 101 Abs. 1 AEUV Rn. 183, die lediglich auf die *Skanska*-Entscheidung des EuGH verweisen („*Es liegt daher nahe, dass nach Auffassung des EuGH das (gesamte) Unternehmen, und nicht nur der konkret an einem Verstoß beteiligte Rechtsträger, auf Schadensersatz haftet*“).

911 Weder im ursprünglichen Kommissionsentwurf (Europäische Kommission, Entwurf v. 11.06.2013, Vorschlag für eine Richtlinie des Europäischen Parlaments und des Rates über bestimmte Vorschriften für Schadensersatzklagen nach einzelstaatlichem Recht wegen Zuwiderhandlungen gegen wettbewerbsrechtliche Bestimmungen der Mitgliedstaaten und der Europäischen Union, COM(2013) 404 final.) noch im Berichtsentwurf der Wirtschafts- und Währungsunion im Europäischen Parlament (Europäisches Parlament, Ausschuss für Wirtschaft und Währung, Entwurf eines Berichts über den Vorschlag für eine Richtlinie des Europäischen Parlaments und des Rates über bestimmte Vorschriften für Schadensersatzklagen nach einzelstaatlichem Recht wegen Zuwiderhandlungen gegen wettbewerbsrechtliche Bestimmungen der Mitgliedstaaten und der Europäischen Union v. 03.10.2013, PE516.968v01-00.) noch in der gemeinsamen Ausrichtung des Rates (Council of the European Union, Proposal for a Directive of the European Parliament and of the Council on certain rules governing actions for damages under national law for infringements of the competition law provisions of the Member States and of the European Union - Adoption of the general approach v. 27.11.2013, 15983/13.) finden sich Angaben oder Definitionen zum Unternehmen als Passivlegitimiertem. S. zur Gesetzgebungsgeschichte *von Hülsen/Kasten*, NZKart 2015, 296, 301. Vgl. auch *Suchsland/Rossmann*, WuW 2015, 973, 975; *Weitbrecht*, WuW 2015, 959, 964.

912 *Von Hülsen/Kasten*, NZKart 2015, 296, 304; *Bischke/Brack*, NZG 2016, 99, 101; *Thomas/Legner*, NZKart 2016, 155, 156; *Klotz*, WuW 2017, 226, 226.

daher keine Vorgabe zur Passivlegitimation des Unternehmens im funktionalen Sinn, sondern beschreibe lediglich Gegenstand und Anwendungsbereich der Richtlinie, ohne operative Rechtsregeln aufzustellen.[913] Hinzu komme, dass sich die Kartellschadensersatzrichtlinie auf Art. 103 und 114 AEUV stützt, jedoch gerade nicht auf Art. 50 Abs. 1, 2 lit. g AEUV, welcher zur europäischen Harmonisierung des mitgliedstaatlichen Gesellschaftsrechts ermächtige und dementsprechend als Grundlage notwendig gewesen wäre, hätte man den Mitgliedstaaten auch die Auslegung des Unternehmensbegriffs i.S.e. wirtschaftlichen Einheit vorgeben wollen.[914]

Nach anderer, überzeugender Auffassung zwingt die EU-Kartellschadensersatzrichtlinie sehr wohl zu einer Übernahme des europarechtlichen Unternehmensbegriffs in das nationale Kartellschadensersatzrecht.[915] Schon nach ihrem Art. 1 Abs. 1 gewährleistet die Richtlinie, „dass jeder, der einen durch eine Zuwiderhandlung eines Unternehmens oder einer Unternehmensvereinigung gegen das Wettbewerbsrecht verursachten Schaden erlitten hat, das Recht, den vollständigen Ersatz dieses Schadens *von diesem Unternehmen oder dieser Unternehmensvereinigung* zu verlangen, wirksam geltend machen kann" [Hervorhebung durch Verfasserin]. Nach dem ausdrücklichen Wortlaut der EU-Kartellschadensersatzrichtlinie ist somit Anspruchsverpflichteter des kartellzivilrechtlichen Schadensersatzanspruchs offenkundig genau das Unternehmen,

913 *Suchsland/Rossmann*, WuW 2015, 973, 976; *Weitbrecht*, WuW 2015, 959, 964.

914 *Klotz*, S. 110 f.; *Klotz*, WuW 2017, 226, 227; MüKo Kartellrecht/*Lübbig*, § 33 a GWB Rn. 28.

915 *Franck*, Private Enforcement in Germany, S. 28; *Vollrath*, NZKart 2013, 434, 438; *Haus/Serafimova*, BB 2014, 2883, 2884; *Roth*, GWR 2015, 73, 73; *Weitbrecht*, WuW 2015, 959, 965; *Lettl*, WRP 2015, 537, 538; *Makatsch/Mir*, EuZW 2015, 7, 8; *Petrasincu*, WuW 2016, 330; *Weck*, WuW 2016, 404, 409; *Kesting/Preuß*, WuW 2016, 394, 395; *Kersting/Preuß*, WuW 2016, L1, L 2; *Kersting*, VersR 2017, 581, 584 f.; *Könen*, NZKart 2017, 15, 16 u. 20; Kamann/Ohlhoff/Völcker/*Ohlhoff*, § 26 Rn. 42; Kersting/Podszun/*Kersting*, 9. GWB-Novelle, Kap. 7 Rn. 26, 29; Kölner Kommentar/*Krohs*, § 33 GWB a.F. Rn. 59; Loewenheim/*Rehbinder* (3. Aufl. 2016), § 33 GWB Rn. 42; Loewenheim/*Kersting*, § 33 a GWB Rn. 29 (SE-RL und *Skanska*-Urteil zwingen zur unionsrechtskonformen Auslegung deutschen Rechts). S. hierzu weiterhin: *Körner*, S. 277, *Kühne/Woitz*, DB 2015, 1028, 1028 f.; *Müller-Graff*, ZHR 179 (2015), 691, 696; *Stauber/Schaper*, NZKart 2014, 346, 347; *Weitbrecht/Mühle*, EuZW 2015, 116, 172; *Pohlmann*, WRP 2015, 546, 549; *Klumpe/Thiede*, NZKart 2017, 332, 332 f.; *Beck*, AG 2017, 726, 731; Monopolkommission, XXI. Hauptgutachten, Rn. 101. A.A. hingegen: *von Hülsen/Kasten*, NZKart 2015, 296, 300; *Suchsland/Rossmann*, WuW 2015, 973, 977; *Mäger*, NZKart 2015, 329, 330; *Thomas/Legner*, NZKart 2016, 155; *Klotz*, WuW 2017, 226, 226.

das die Zuwiderhandlung nach Art. 101 Abs. 1 AEUV begangen hat.[916] Es ist naheliegend, dass der europäische Richtliniengeber insofern eine Erörterung des Norminhalts als nicht erforderlich angesehen hat, da sich die Auslegung des Unternehmensbegriffs i.S.e. Wirtschaftseinheit im EU-Kartellrecht als Selbstverständlichkeit darstellt.[917] Für eine intendierte zivilrechtliche Haftung der wirtschaftlichen Einheit spricht auch, dass die Vorschrift des Art. 1 Abs.1 SE-RL in dieser Art und Weise erst sehr spät und offenbar bewusst in Kenntnis der Parallelität ihrer Formulierung zum materiell-rechtlichen Kartellrecht der EU-Verträge in den Richtlinienentwurf aufgenommen wurde.[918] Darüber hinaus ergibt sich auch aus anderen Vorschriften der Richtlinie wie z.B. Art. 11 Abs. 2, 5, 6, Art. 17 Abs. 2 und Art. 19 SE-RL sowie etlichen Erwägungsgründen, unter ihnen ErwG 37, 39, 41, 44, 48[919], dass der sog. „Rechtsverletzer" i.S.d. Richtlinie als Schadensersatzschuldner anzusehen ist. Nach den expliziten Begriffsbestimmungen des Art. 2 Nr. 2 SE-RL ist unter dem „Rechtsverletzer" das „Unternehmen oder die Unternehmensvereinigung" zu verstehen, „das bzw. die die Zuwiderhandlung gegen das Wettbewerbsrecht begangen hat." Es ist kaum anders denkbar, als dass die europäische Richtlinie in all diesen Fällen auf das unionsrechtliche Verständnis des Unternehmensbegriffs i.S.e. wirtschaftliche Einheit abstellt.[920] Schließlich ist sie als europäischer Legislativakt ausschließlich unionsautonom auszulegen. Auch das Ziel der Richtlinie, die Rechtsangleichung in der gesamten Union voranzutreiben, spricht im Ergebnis für ein europäisch einheitliches Begriffsverständnis.[921]

Eine ausdrückliche Definition des Unternehmensbegriffs fehlt in der Kartellschadensersatzrichtlinie allerdings.[922] Dennoch ist nicht davon auszugehen, dass der europäische Richtliniengeber in einer EU-Regelung und trotz Verwendung

---

916 Kersting/Podszun/*Kersting*, 9. GWB-Novelle, Kap. 7 Rn. 26; *Kersting/Preuß*, WuW 2016, 394, 395 f.; *Bauermeister*, NZKart 2019, 252; 255; Loewenheim/*Rehbinder* (3. Aufl. 2016), § 33 GWB Rn. 42.

917 *Franck*, Private Enforcement in Germany, S. 28 f.; *Kersting*, WuW 2014, 564, 565; *Kersting*, WuW 2014, 1156, 1171; *Lettl*, WuW 2015, 692, 693.

918 Kamann/Ohlhoff/Völcker/*Ohlhoff*, § 26 Rn. 42.

919 S. z.B. Erwägungsgrund 41 der Schadensersatzrichtlinie 2014/104/EU: „Dieser Schaden sollte von dem Rechtsverletzer ersetzt werden […]."

920 *Körner*, S. 272; *Kersting* WuW 2014, 564, 565 f.; *Kersting*, WuW 2014, 1156, 1171 f.; *Kühne/Woitz*, DB 2015, 1028, 1028; Immenga/Mestmäcker/*Franck* § 33 a Rn. 27 ff. So wohl auch der EuGH, Urt. v. 06.10.2021, C-882/19, Rn. 40 – *Sumal.*

921 *Kersting*, WuW 2014, 564; *Könen*, NZKart 2017, 15, 20.

922 Darauf weisen *von Hülsen/Kasten*, NZKart 2015, 296, 300 hin.

derselben Begrifflichkeit von dem in ständiger Kommissionspraxis und Rechtsprechung der Unionsgerichte verwendeten europäischen Unternehmensbegriff für die schadensersatzrechtliche Verantwortlichkeit abweichen wollte.[923] Gegen den Einwand, es würde merkwürdig erscheinen, dass zwar der Begriff des „Rechtsverletzers", nicht aber der des „Unternehmens" in der Richtlinie definiert worden sei,[924] kann bereits vorgebracht werden, dass der europäische Richtliniengeber den Unternehmensbegriff auch deswegen bewusst nicht definiert hat, um sich auf die umfassende Rechtsprechung des EuGH beziehen und dem Begriff weiterhin Raum zur Fortentwicklung im Rahmen der kontinuierlichen Rechtspraxis des Gerichtshofs geben zu können.[925] Überdies ist davon auszugehen, dass der Richtliniengeber den in der Kommissions- und Rechtsprechungspraxis etablierten Unternehmensbegriff für hinreichend klar und deutlich konturiert erachtete.

Auch der insoweit oftmals als Gegenargument aufgeführte ErwG 11, nach dem die Mitgliedstaaten, die in ihrem nationalen Recht vorgesehenen anderen Voraussetzungen für einen Kartellschadensersatzanspruch wie etwa Zurechenbarkeit, Adäquanz oder Verschulden beibehalten können, spricht nicht gegen die Vorgabe einer Haftung des Unternehmens i.S.e. wirtschaftlichen Einheit im nationalen Kartellzivilrecht. Nach dem ausdrücklichen Wortlaut des ErwG 11 besteht die Möglichkeit zur Beibehaltung nationaler Zusatzvoraussetzungen nur soweit diese mit der Rechtsprechung des Gerichtshofs, dem Effektivitäts- und dem Äquivalenzgrundsatz und den Bestimmungen der Kartellschadensersatzrichtlinie in Einklang stehen. Hinsichtlich der Passivlegitimation der Unternehmenseinheit des EU-Rechts lassen sich jedoch sowohl der Rechtsprechung des Gerichtshofs als auch dem Effektivitätsgrundsatz[926] sowie den Art. 1 Abs. 1 S. 1 und Art. 2 Nr. 2 der Kartellschadensersatzrichtlinie Bestimmungen entnehmen,

---

923 Kersting/Podszun/*Kersting*, 9. GWB-Novelle, Kap. 7 Rn. 26; Monopolkomm., XXI. Hauptgutachten, 2016, Rn. 101; *Kühne/Woitz*, DB 2015, 1028, 1028; *Müller-Graff*, ZHR 179 (2015), 691, 696; *Keßler*, VuR 2015, 83, 85; *Roth*, GWR 2015, 73, 73; *Lettl*, WRP 2015, 537, 538; *Kesting/Preuß*, WuW 2016, 394, 395; *Kersting/Preuß*, WuW 2016, L1, L2; *Petrasincu*, WuW 2016, 330; *Beck*, AG 2017, 726, 731; *Kersting*, VersR 2017, 581, 584; *Klumpe/Thiede*, NZKart 2017, 332, 332; Immenga/Mestmäcker/*Franck*, § 33 a GWB Rn. 27, 29; Kölner Kommentar/*Krohs*, § 33 GWB a.F. Rn. 59. A.A. *Inderst/Thomas* S. 79; *Klotz*, S. 110; *von Hülsen/Kasten*, NZKart 2015, 296, 300; *Kasten/Traugott*, CCZ 2015, 157, 163; *Suchsland/Rossmann* WuW 2015, 973, 977.

924 *Klotz*, S. 110; *Kasten/Traugott*, CCZ 2015, 157, 163.

925 *Bauermeister*, NZKart 2019, 252, 255.

926 Siehe dazu sogleich unten S. 277 ff.

die insoweit nach ErwG 11 S. 4 letzter Hs. abweichenden nationalen Regelungen entgegenstehen.[927] Weiterhin stellt auch Art. 50 Abs. 1, 2 lit. g AEUV anders als behauptet nicht die einzige Ermächtigungsgrundlage für eine Angleichung des mitgliedstaatlichen Gesellschaftsrechts dar. Im Hinblick auf das Ziel der effektiven Durchsetzung der europäischen Kartellrechtsnormen kann eine entsprechende Ermächtigungsgrundlage vielmehr auch im ohnehin explizit als Rechtsbasis benannten Art. 103 AEUV gesehen werden.[928] Nicht zuletzt handelt es sich bei den Vorgaben der Kartellschadensersatzrichtlinie nicht um gesellschaftsrechtliche Regelungen, so dass die Berufung auf die Ermächtigungsgrundlage des Art. 50 Abs. 1, 2 lit. g AEUV bereits im Ausgangspunkt verfehlt erscheint.

Im Ergebnis spricht somit mehr dafür, dass nach den Vorgaben der Kartellschadensersatzrichtlinie der unionsrechtliche Unternehmensbegriff der wirtschaftlichen Einheit auch für kartellzivilrechtliche Schadensersatzansprüche Geltung beansprucht.

bb. Gebot der kartellschadensersatzrechtlichen Haftung der wirtschaftlichen Einheit als Ausfluss des Effektivitätsgrundsatzes

Ist man entgegen der hier vertretenen Ansicht der Meinung, dass die Kartellschadensersatzrichtlinie die zivilrechtliche Haftung des Unternehmens i.S. der wirtschaftlichen Einheit nicht vorgibt, könnte eine solche Haftung dennoch aufgrund des unionsweit zwingend zu beachtenden primärrechtlichen Effektivitätsgrundsatzes geboten sein.[929] Diesen haben die Mitgliedstaaten bei der Anwendung europäischen Rechts unabhängig von etwaigen Vorgaben der Kartellschadensersatzrichtlinie zu beachten mit dem Ziel, den europäischen Kartellrechtsvorschriften zu einer wirksamen Durchsetzung in allen Mitgliedstaaten zu

---

927 *Keßler*, VuR 2015, 83, 85; *Müller-Graff*, ZHR 179 (2015), 691, 697; zweifelnd: *Haus/Serafimova*, BB 2014, 2883, 2884.

928 *Bauermeister*, NZKart 2019, 252, 255; vgl. auch EuGH, Urt. v. 14.03.2019, C-724/17, Rn. 46 – *Skanska*.

929 Dies befürwortend: Kersting/Podszun/*Kersting*, 9. GWB-Novelle, Kap. 7 Rn. 25; *Körner*, S. 272; *Haus/Serafimova*, BB 2014, 2883, 2884; *Weitbrecht*, WuW 2015, 959, 965; *Klumpe/Thiede*, BB 2016, 3011, 3011 f.; *Kersting*, VersR 2017, 581, 585; *Wachs*, WuW 2017, 2, 7. Gegen eine entsprechende Ableitung aus dem Effektivitätsgrundsatz: LG Berlin, Urt. v. 06.08.2013, 16 O 193/11 Kart, WuW/E DE-R 4456, 4466 f.; LG Düsseldorf, Urt. v. 08.09.2016, 37 O 27/11 (Kart), NZKart 2016, 490, 492 – *Aufzugskartell*; *Bürger*, WuW 2011, 130, 139 f.; *von Hülsen/Kasten*, NZKart 2015, 296, 299; *Klotz*, S. 105 f.; *Mäger*, NZKart 2015, 329, 330; *Suchsland/Rossmann*, WuW 2015, 973, 980.

verhelfen.[930] Nach dem unionsrechtlichen Effektivitätsgebot dürfen die Regelungen der Mitgliedstaaten die Ausübung der durch das EU-Recht dem Einzelnen verliehenen Rechte, zu denen auch das Recht des Geschädigten auf Ersatz seines durch einen Verstoß gegen das Unionskartellrecht herbeigeführten Schadens gehört, nicht praktisch unmöglich machen oder auch nur übermäßig erschweren.[931] Neben der Kompensationsfunktion wohnt dem kartellrechtlichen Schadensersatz auch eine Präventionsfunktion inne. Aus dem Effektivitätsprinzip sind im Hinblick auf die Präventionsfunktion die Vorgaben abzuleiten, dass die Haftung „wirksam, verhältnismäßig und abschreckend" auszugestalten ist, andererseits aber nicht über das hierfür erforderliche Maß hinausgehen darf. [932] Insgesamt sollte eine Verletzung des Effektivitätsgebots nur bejaht werden, wenn die zivilrechtliche Anspruchsdurchsetzung systematisch erschwert oder vereitelt wird. Es kann nicht darum gehen, in jedem Einzelfall eine optimale Anspruchsdurchsetzung europarechtlich vorzugeben.

Nach teilweise vertretener Auffassung wird der Effektivitätsgrundsatz im mitgliedstaatlichen Kartellrecht verletzt, wenn das nationale Recht zivilrechtliche Ansprüche nur gegen die unmittelbar zuwiderhandelnde Gesellschaft und somit nur gegen einen zumeist untergeordneten und daher womöglich nicht ausreichend kapitalisierten Teil der unionsrechtlich für den Kartellverstoß verantwortlichen gesamten wirtschaftlichen Unternehmenseinheit ermöglicht. Hierdurch werde die nach europäischem Recht vorgegebene Haftungsmasse unzulässigerweise verkürzt.[933] Die interne gesellschaftsrechtliche Ausgestaltung des Unternehmens dürfe keinen Einfluss auf dessen kartellrechtliche Verantwortung haben.[934] Der Effektivitätsgrundsatz verlange nach der Rechtsprechung

---

930 Vgl. in diesem Sinne EuGH, Urt. v. 05.06.2014, C-557/12, Rn. 24 m.w.N. – *Kone*; EuGH, Urt. v. 14.03.2019, C-724/17, Rn. 27 – *Skanska.*

931 EuGH, Urt. v. 21.01.2016, C-74/14, Rn. 32 f., 35 – *Eturas*; BGH, Urt. v. 12.07.2016, KZR 25/14, Rn. 37 – *Lottoblock II*; *Suchsland/Rossmann*, WuW 2015, 973, 978; *Wiedmann*, BB 2015, 2627, 2627; *Kainer/Persch*, WuW 2016, 2, 4. Eine differernzierende Sicht zum *effet utile*/Effektivitätsgrundsatz vertretend *Soltész*, EuZW 2021, 869.

932 Immenga/Mestmäcker/*Franck*, § 33 a GWB Rn. 4 a.

933 Kersting/Podszun/*Kersting*, 9. GWB-Novelle, Kap. 7 Rn. 27; *Körner*, S. 82, 272; *Kersting*, WuW 2014, 1156, 1171; *Braun/Kellerbauer*, NZKart 2015, 175, 177; *Makatsch/Mir*, EuZW 2015, 7, 8; *Bodenstein*, NZKart 2015, 141, 141; *Weitbrecht*, WuW 2015, 959, 966; *Wiedmann*, BB 2015, 2627, 2634; *Petrasincu*, WuW 2016, 330, 331; *Kesting/Preuß*, WuW 2016, 394, 395; *Könen*, NZKart 2017, 15, 20; *Wachs*, WuW 2017, 2, 7; *Kersting*, VersR 2017, 581, 585.

934 EuGH, Urt. v. 27.04.2017, C-516/15 P, Rn. 61 – *Wärmestabilisatoren (Akzo Nobel)*; EuGH, Urt. v. 22.01.2013, C-286/11 P, Rn. 34, 38, 43, 49 – *Tomkins*; Dreher/Kulka/

des EuGH, dass der Rechtsverletzer zugleich für seinen Kartellrechtsverstoß bußgeld- und zivilrechtlich einzustehen habe.[935] Insbesondere gelte es über die Verhaltenszurechnung zu verhindern, dass ein einheitliches Unternehmen von den aufgrund einer wettbewerblichen Zuwiderhandlung generierten Gewinnen profitiere, sich den haftungs- und schadensersatzrechtlichen Konsequenzen gegenüber den Geschädigten aber durch interne Umstrukturierungen und Vermögensverschiebungen entziehen könne.[936] Das Primärrecht in Verbindung mit dem *effet utile* Grundsatz verlange somit, dass die mitgliedstaatlichen Sanktionen und Rechtsfolgen das gesamte Haftungspotenzial der wirtschaftlichen Einheit ausschöpfen.[937]

Nach der Gegenansicht ergibt sich aus den Vorgaben des unionsrechtlichen Effektivitätsgebotes keine Erweiterung des Kreises der Anspruchsverpflichteten im nationalen Kartellschadensersatzverfahren.[938] Es bestehe schlicht kein sachliches Bedürfnis für eine Übernahme des europäischen Unternehmensbegriffs in das Schadensersatzrecht der Mitgliedstaaten.[939] Der Grundsatz der Effektivität erfordere lediglich, die Durchsetzung des Unionsrechts weder praktisch unmöglich zu machen noch übermäßig zu erschweren, nicht jedoch eine höchstmögliche Wirksamkeit seiner Durchsetzung sicherzustellen.[940] Die Durchsetzung der Rechte Kartellgeschädigter sei aber gerade nicht unzumutbar erschwert, wenn z.B. eine leitende Konzernmuttergesellschaft trotz ausgeübten bestimmenden Einflusses auf ihre unmittelbar kartellrechtswidrig handelnde Tochter

---

Rittner, Wettb.- u. KartellR, Rn. 706; *Kling*, WRP 2010, 506, 510; Calliess/Ruffert/*Weiß*, Art. 101 AEUV Rn. 34; Grabitz/Hilf/Nettesheim/*Stockenhuber*, Art. 101 AEUV Rn. 78.

935 *Kersting/Otto*, NZKart 2021, 651, 653.

936 Kersting/Podszun/*Kersting*, 9. GWB-Novelle, Kap. 7 Rn. 27; *Kesting/Preuß*, WuW 2016, 394, 395; *Otto*, NZKart 2020, 355, 357.

937 Zum Kartellschadensersatzrecht Kersting, in: FIW (Hrsg.), Jahrbuch 2018, S. 113, 126 f.; *Otto*, NZKart 2020, 355, 357.

938 LG Berlin, Urt. v. 06.08.2013, 16 0 193/11 Kart, BeckRS 2013, 22659 unter V.; LG Düsseldorf, Urt. v. 08.09.2016, 37 O 27/11 (Kart), Rn. 189 (zu Art. 16 VO 1/2003); *Klotz*, S. 105; *Bürger*, WuW 2011, 130, 139; *von Hülsen/Kasten*, NZKart 2015, 296, 299 ff.; *Wiedmann*, BB 2015, 2627, 2627; *Brettel/Thomas*, WuW 2016, 363, 340; *Kahlenberg/Heim*, BB 2016, 1863, 1870; *Klotz*, WuW 2017, 226, 227; *Wachs*, WuW 2017, 2, 5.

939 *Thomas/Legner*, NZKart 2016, 155; vgl. auch *Harnos*, ZWeR 2016, 284, 300.

940 *Klotz*, S. 106; *Bürger*, WuW 2011, 130, 134 f.; *Suchsland/Rossmann*, WuW 2015, 973, 978; *von Hülsen/Kasten*, NZKart 2015, 296, 301; *Thomas/Legner*, NZKart 2016, 155, 157; *Kahlenberg/Heim*, BB 2016, 1863, 1870; *Mäger/Schreitter*, NZKart 2017, 264, 270.

zivilrechtlich nicht für die wettbewerbliche Zuwiderhandlungen einzustehen hätte.[941] Das daraus folgende erhöhte Risiko eines Forderungsausfalls sei nicht kartellrechtsspezifisch. Jeder Gläubiger müsse dieses Risiko naturgemäß tragen, so dass weder ein Bedürfnis noch ein Gebot für eine Bevorzugung Kartellgeschädigter durch eine Erweiterung des Kreises der Anspruchsverpflichteten über die unmittelbar kartellbeteiligten Rechtsträger hinaus bestünde.[942] Weitergehende ordnungspolitische Erwägungen, wie dem Geschädigten möglichst viele Schuldner zur Verfügung zu stellen, hätten im zivilen Deliktsrecht, dessen Funktion allein im Ausgleich von tatsächlich entstandenen Vermögensschäden liege, keinerlei Bedeutung.[943] Ein Verstoß gegen den Effektivitätsgrundsatz bestehe angesichts der ohnehin unstreitig bestehenden gesamtschuldnerischen Haftung aller unmittelbar kartellbeteiligter Schadensersatzverpflichteter erst Recht nicht.[944] Weiterhin sei auch in der Rechtspraxis durch nichts belegt oder gar empirisch erwiesen, dass entsprechende Umstrukturierungen zwecks schadensersatzrechtlicher Haftungsvermeidung rechtstatsächlich überhaupt Relevanz aufwiesen.[945] Das deutsche Recht verfüge jedenfalls zur Verhinderung einer gezielten gläubigerbenachteiligenden Handlung über entsprechende Rechtsnachfolgetatbestände zum Schutz der Schuldner, wie etwa die Existenzvernichtungshaftung.[946] Die Nutzung gesellschaftsrechtlicher Gestaltungsmöglichkeiten zur Haftungsbeschränkung stelle zudem einen von Gesetzes wegen vorgesehenen legitimen Zweck und keine Umgehung dar.[947]

---

941 LG Berlin, Urt. v. 06.08.2013, 16 0 193/11 Kart, BeckRS 2013, 22659, Rn. 82; LG Düsseldorf, Urt. v. 08.09.2016, 37 O 27/11 (Kart), Rn. 189 (zu Art. 16 VO 1/2003), ebenso *Scheidtmann*, WRP 2010, 499, 503; *Thomas/Legner*, NZKart 2016, 155, 157.

942 LG Berlin Urt. v. 06.08.2013, 16 0 193/11 Kart, BeckRS 2013, 22659, Rn. 82; LG Düsseldorf, Urt. v. 08.09.2016, 37 O 27/11 (Kart), Rn. 189 (zu Art. 16 VO 1/2003); *Klotz*, S. 106, 188; *Scheidtmann*, WRP 2010, 499, 503; *Bürger*, WuW 2011, 130, 139; *Scheffler*, NZKart 2015, 223, 225; *von Hülsen/Kasten*, NZKart 2015, 296, 299; *Thomas/Legner*, NZKart 2016, 155, 157; *Wachs*, WuW 2017, 2, 5.

943 *Leffrang*, Rn. 245; *Scheidtmann*, WRP 2010, 499, 503 (aus rechtspolitischer Sicht gebotene Zurechnungserwägungen sind nicht unter die Bindungswirkung des § 33 Abs. 4 GWB zu fassen); *Bürger*, WuW 2011, 130, 139.

944 LG Berlin, Urt. v. 06.08.2013, 16 0 193/11 Kart, WuW 2014, 1240, 1251.

945 *Thomas/Legner*, NZKart 2016, 155, 157.

946 *Thomas/Legner*, NZKart 2016, 155, 157 (z.B. §§ 20 Abs. 1 Nr. 1; 131 Abs. 1 Nr. 1 UmwG).

947 *Scheidtmann*, WRP 2010, 499, 501; *von Hülsen/Kasten*, NZKart 2015, 296, 303; *Thomas/Legner*, NZKart 2016, 155, 159; *Schürnbrand*, ZHR 181 (2017), 357, 361; *Werner*, WRP 2018, 286, 289.

Für eine verpflichtende Übernahme der Rechtsfigur der wirtschaftlichen Einheit in das mitgliedstaatliche Kartellzivilrecht aufgrund des Effektivitätsgrundsatzes lässt sich dagegen anführen, dass es nur richtig und sachgerecht erscheint, der gesamten Wirtschaftseinheit als ökonomischer Nutznießerin der aus den kartellrechtswidrigen Verhaltensweisen erwirtschafteten Vorteile nicht nur ordnungswidrigkeitenrechtlich, sondern auch zivilrechtlich ein Haftungsrisiko zuzuweisen.[948] Das Kartellverbot darf nach den eindeutigen Vorgaben der höchstrichterlichen europäischen Rechtsprechung nicht durch gesellschaftsrechtliche Umgestaltungen umgangen werden. Dies untermauern die Aussagen des EuGH in *Kone*, wonach die volle Wirksamkeit von Art. 101 AEUV in Frage gestellt wäre, wenn durch mitgliedstaatliches Recht kategorisch ausgeschlossen ist, dass „die an einem Kartell beteiligten Unternehmen zivilrechtlich für Schäden haften".[949] Geht man davon aus, dass der Gerichtshof bei dieser Ausführung wie stets den europäischen Unternehmensbegriff i.S.d. wirtschaftlichen Einheit im Sinn hatte, hat er bereits hier die kartellzivilrechtliche Passivlegitimation von einheitlichen Unternehmen bzw. deren Rechtsträgern vorgegeben.[950]

Auch wenn die Gegenauffassung hier kein Bedürfnis für eine Bevorzugung Kartellgeschädigter gegenüber anderen Gläubigern bei der Risikotragung eines Forderungsausfalls erkennt, so besteht auf Basis der europäischen Rechtspraxis i.V.m. dem Effektivitätsgrundsatz durchaus ein entsprechendes Gebot für eine Erweiterung der Anspruchsverpflichteten im Kartellschadensersatzrecht. Übt beispielsweise die Obergesellschaft einen bestimmenden Einfluss auf das Marktverhalten ihrer Tochter aus, so ist letztere faktisch nicht von einer unselbstständig geführten Betriebsabteilung zu unterscheiden und nur rein formal rechtlich selbstständig.[951] Die Gewinne aus der kartellrechtlichen Zuwiderhandlung fließen jedoch letztlich direkt – durch einen Gewinnabführungsvertrag, Dividenden

---

948 *Kokott/Dittert*, WuW 2012, 670, 677 f.; für das Bußgeldrecht: *Weck*, WuW 2016, 404, 408 und auch der Gesetzgeber: Gesetzentwurf der Bundesregierung eines Neunten Gesetzes zur Änderung des Gesetzes gegen Wettbewerbsbeschränkungen, BT-Drucks. 18/10207, S. 85 a.E.

949 EuGH, Urt. v. 05.06.2014, C-557/12, Rn. 37 – *Kone*.

950 S. auch Kersting/Podszun/*Kersting*, 9. GWB-Novelle, Kap. 7 Rn. 25. Nun auch nochmal deutlich bestätigt durch EuGH, Urt. v. 06.10.2021, C-882/19 – *Sumal*; s. hierzu ausführlich unten S. 288 ff.

951 *Klotz*, S. 149 f. („bloße Abteilung eines Mutterunternehmens"); *Köhler*, WRP 2011, 277, 282 (zum Bußgeldrecht); *Leffrang*, Rn. 99; von der Groeben/Schwarze/Hatje/*Schröter/van Vormizeele*, Art. 101 AEUV Rn. 104 („der Tochtergesellschaft als verlängerten Arms bedient").

oder andere Abschöpfungsmöglichkeiten – oder indirekt – durch Wertsteigerung der Gesellschaftsanteile – der Muttergesellschaft zu, die aufgrund ihrer Leitungsbefugnis auch über das Vermögen ihrer Tochtergesellschaften verfügen kann.[952] In diesem Fall sind die rechtlich eigenständigen Gesellschaften tatsächlich nicht anders organisiert wie ein einziges Unternehmen, so dass die leitende Obergesellschaft dieselbe Verantwortung trifft wie die unmittelbar kartellbeteiligte Gesellschaft. Im Rahmen der wirtschaftlichen Betrachtungsweise des Kartellrechts, der die Zurechnungstheorie der wirtschaftlichen Einheit entspringt, ist es die bestimmende Muttergesellschaft selbst, die mittels eines Unternehmensteils am Markt tätig wird. Es besteht daher das notwendige Näheverhältnis, um eine Überleitung der Verantwortlichkeit auf die Mutter und damit auch ihre eigene Haftung zu rechtfertigen. Die durch das nationale Gesellschaftsrecht erschaffenen juristischen Personen sind zudem in dieser Form keine per se bestehenden oder gar dauerhaft naturgemäß existenten Größen. Sie sind vielmehr von der Rechtsordnung zur Teilnahme am Wirtschaftsleben vorgegebene Zweckgebilde, die in ihrer konkreten Ausgestaltung aber eben auch Veränderungen und Anpassungen an neue Entwicklungen des Wirtschaftslebens unterliegen können und müssen.[953] Eine solche Anpassung wäre auch die Übernahme des Unternehmensbegriffs in seiner unionsrechtsautonomen Auslegung. Der Begriff der wirtschaftlichen Einheit ist dabei durch die langjährige Praxis der Kommission sowie die ständige Rechtsprechung des Gerichtshofs der Europäischen Union aus der Sicht des Rechtsanwenders ausreichend konkretisiert.[954]

Überdies gilt es auch im Rahmen einer wettbewerbspolitischen Perspektive, Einzelgesellschaften in der Haftung gegenüber Konzernen nicht zu benachteiligen. Konzerne stellen mittlerweile die im Wirtschaftsverkehr vorherrschende Organisationsform dar und würden bevorzugt, wenn sie sich ohne Konsequenzen ihrer Haftung durch Umstrukturierungen entziehen könnten. Anders als die Gegenauffassung suggeriert, sind Konzernunternehmen durchaus bereit, sich durch entsprechende Veränderungen ihrer Organisationsstruktur der

---

952 S. für die vergleichbare Problematik im Bußgeldrecht: *Köhler*, WRP 2011, 277, 284; *Ost/Kallfaß/Roesen*, NZKart 2016, 447, 454.

953 *Klotz*, S. 144 f.

954 BT-Ausschuss für Wirtschaft und Technologie, Beschlussempfehlung und Bericht zum Entwurf eines Gesetzes zur Bekämpfung von Preismissbrauch im Bereich der Energieversorgung und des Lebensmittelhandels v. 14.11.2007, BT-Drucks. 16/7156, S. 11; Gesetzentwurf der Bundesregierung eines Neunten Gesetzes zur Änderung des Gesetzes gegen Wettbewerbsbeschränkungen, BT-Drucks. 18/10207, S. 89 (zum deutschen Kartellordnungswidrigkeitenrecht).

kartellrechtlichen Haftung zu entledigen.[955] Hinsichtlich der Schutzwürdigkeit der kartellgeschädigten Gläubiger kann angeführt werden, dass reguläre Schadensfälle üblicherweise unbeabsichtigt auftreten und fahrlässig verursacht werden, wohingegen bei der Gründung und Durchführung eines oftmals über Jahre aufrecht erhaltenen Kartells von vornherein eine Schädigung von Abnehmern und Marktteilnehmern durch überhöhte Preisgestaltung zum Zielbild gehört, respektive billigend in Kauf genommen wird. Es ist entsprechend folgerichtig, zum Beispiel einer bestimmenden Einfluss ausübenden Konzernobergesellschaft auch eine zivilrechtliche Verantwortlichkeit für den Wettbewerbsverstoß zuzurechnen.[956] In Fällen, in denen die Tochter dagegen autonom am Markt agiert, braucht sich die Mutter richtigerweise die durch ihre Tochter verübte kartellrechtliche Zuwiderhandlung auch im Kartellschadensersatzverfahren nicht als eigene zurechnen lassen, so dass es bei der alleinigen Haftung der unmittelbar kartellrechtswidrig handelnden (Unter-)Gesellschaft bleibt. Jedenfalls im Hinblick auf leitenden Konzernobergesellschaften stellt die Zurechnung über die Rechtsfigur der wirtschaftlichen Einheit somit eine ausgewogene Verbindung zwischen der lenkenden Einflussnahme und der Verantwortung für wettbewerbswidriges Verhalten her. Im Ergebnis muss das Wettbewerbsrecht entsprechend seiner Zielsetzung in einer funktionalen Betrachtungsweise jeden Teilnehmer, der die Prozesse des Marktgeschehens beeinflusst, unabhängig von seiner rechtlichen Verfasstheit erreichen können.

Auch unter Konsistenz- und Gerechtigkeitsgesichtspunkten scheint eine Privilegierung der ordnungswidrigkeitenrechtlichen Ahndung von Kartellrechtsverstößen im Hinblick auf die Haftungssubjekte gegenüber der Rechtsdurchsetzung privater Kartellgeschädigter, insbesondere unter Berücksichtigung der bei diesen tatsächlich realisierten Schäden, nicht gerechtfertigt.[957] Dies würde unmittelbar die Frage aufwerfen, ob das im Ordnungswidrigkeitenverfahren relevante staatliche Vollstreckungsinteresse an Bußgeldern einem höheren Schutzniveau zu unterstellen ist als das Interesse kartellbetroffener Privatkläger an einem

955 Monopolkomm., Sondergutachten v. 28.01.2016, Strafrechtliche Sanktionen bei Kartellverstößen, BT-Drucks. 18/7508, S. 23; *Voet van Vormizeele*, WuW 2010, 1008, 1008; *Weck*, WuW 2016, 404, 404; *Weitbrecht*, WuW 2015, 959, 959. S. hierzu auch beispielshaft die sog. Wurstlücke, s. dazu Fn. 1135 unten.

956 *Köhler*, WRP 2011, 277, 282 zum Bußgeldrecht; *von Hülsen/Kasten*, NZKart 2015, 296, 299; *Mäger/Schreitter*, NZKart 2017, 264, 274.

957 Kersting/Podszun/*Kersting*, 9. GWB-Novelle, Kap. 7 Rn. 32; *Petrasincu*, WuW 2016, 330, 331; Grabitz/Hilf/Nettesheim/*Feddersen*, Art. 23 Rn. 66.

Ausgleich ihrer Schäden.[958] Zwar hätte eine höhere Anzahl an Ersatzpflichtigen zunächst keine unmittelbaren Auswirkungen auf das Haftungspotenzial, das allein in der Ersatzpflicht für konkret und adäquat kausal durch die Wettbewerbsrechtsverletzung entstandene Schäden besteht. Die Anzahl der im Ergebnis tatsächlich zur Verfügung stehenden Schadensersatzschuldner kann sich aber faktisch sehr wohl auf den realisierbaren Schadensersatz auswirken, wenn beispielsweise die Durchsetzung der Forderung gegen manche Kartellbeteiligte aus Liquiditätsgründen ausscheidet.

Auch aus rechtspolitischer Sicht würde sich durch die Annahme einer auf die wirtschaftliche Einheit bezogenen Passivlegitimation im Kartellzivilverfahren die Abschreckungswirkung auf potenzielle Kartelltäter weiter erhöhen. Gerade ein solches in der Praxis möglichst effektives und nachhaltig schützendes Wettbewerbsrecht erfordert, dass seine Normen nicht bei den lediglich formalrechtlich eigenständigen Gesellschaften ansetzen, sondern bei den faktisch wirtschaftlich einheitlichen Unternehmen der Marktrealität.[959] Die Verhaltensbefehle und Rechtsfolgen der Kartellrechtsnormen müssen sich daher konsequenterweise auch im Zivilrecht gegen diejenigen Wirtschaftssubjekte richten, die in der ökonomischen Wirklichkeit die Wirtschaftsprozesse und Geschehensabläufe auf dem Markt steuern. Dies sind heutzutage immer seltener einzelne Gesellschaften, sondern vielmehr große Konzerne. Auch die zivilrechtliche Kartellrechtsdurchsetzung ist neben der öffentlich-rechtlichen Verfolgung ein integraler Bestandteil zur wirksamen Ahndung von Kartellverstößen, Abschreckung und effektiven Verwirklichung der Wettbewerbsregeln auf dem einheitlichen Binnenmarkt der Europäischen Union.

Im Ergebnis wäre die Möglichkeit eines Kartellgeschädigten Ersatz des ihm entstandenen Schadens zu erlangen und damit auch die praktische Wirksamkeit und Durchsetzungskraft des Wettbewerbsregeln der Union unter Verstoß gegen den Effektivitätsgrundsatz beeinträchtigt bzw. übermäßig erschwert, wenn sich Unternehmen im Sinne des Art. 101 AEUV auf nationaler Ebene ihrer zivilrechtlichen Verantwortlichkeit durch Umstrukturierungen entziehen könnten.[960] Eine mitgliedstaatliche Regelung, nach der über ihre Zugehörigkeit zu einer wirtschaftlichen Einheit mittelbar an unionrechtswidrigen Kartellabreden

---

958 *Petrasincu*, WuW 2016, 330, 331; *Kersting*, VersR 2017, 581, 584; *Könen*, NZKart 2017, 15, 19.

959 Monopolkomm., XXI. Hauptgutachten, 2016, Rn. 107: Der Konzern nimmt Einfluss.

960 EuGH, Urt. v. 14.03.2019, C-724/17, Rn. 45 – *Skanska*; GA Wahl, Schlussanträge v. 06.02.2019, C-724/17, Rn. 80 – *Skanska*.

beteiligte Gesellschaften zivilrechtlich nicht für den Ersatz der durch dieses wettbewerbsbeschränkende Verhalten verursachten Schäden haften, erscheint damit nicht nur als inkonsequent, sondern auch als Verstoß gegen den Effektivitätsgrundsatz des Unionsrechts.

cc. Stellungnahme des Europäischen Gerichtshofs zur Übernahme des Begriffs der wirtschaftlichen Einheit in das Kartellschadensersatzrecht

Die Diskussion um die Übernahme des Begriffs der wirtschaftlichen Einheit in das private Kartellschadensersatzrecht hat in drei Verfahren auch den EuGH erreicht. Während die Entscheidungen *Skanska* und *Kone*[961] diese Frage nur am Rande streiften und erneut verschiedene Interpretationsmöglichkeiten zuließen, führte die Entscheidung *Sumal* diese seit Langem schwelende Diskussion endlich einer finalen Klärung zu.

(1) Die Entscheidung Skanska (2019)

In dem Verfahren *Skanska* hatte der Gerichthof über eine Vorlagefrage des Obersten Gerichtshofs von Finnland betreffend kartellrechtswidrige Absprachen auf dem finnischen Asphaltmarkt zu entscheiden.[962] Im Anschluss an die finnische Behördenentscheidung waren Schadensersatzansprüche gegen mehrere Rechtsnachfolger der nach verschiedenen Umstrukturierungsvorgängen aufgelösten ursprünglich kartellbeteiligten Unternehmen geltend gemacht worden. Eine entsprechende Haftung war nach finnischem Recht unklar. Im Rahmen der Beantwortung der Vorlagefrage stellte der EuGH fest, dass die effektive Verwirklichung der europäischen Kartellrechtsvorgaben erfordere, dass sich Unternehmen, die durch einen Verstoß gegen die Wettbewerbsregeln der Union einen Schaden verursacht hatten, nicht durch Umstrukturierungen, Übertragungen oder sonstige Änderungen ihrer Identität ihrer Haftungsverpflichtung entziehen können.[963] Diese Frage hat der Gerichtshof in seinem Urteil für das Kartellzivilrecht somit in gleicher Weise beantwortet wie für das Kartellbußgeldrecht und dabei u.a. auf die erhöhte Durchsetzungskraft der Wettbewerbsregeln der Union durch das Nebeneinander von Public und Private Enforcement verwiesen.[964]

---

961 S. zu *Kone* den Text zu Fußnote 949 oben.

962 EuGH, Urt. v. 14.03.2019, C-724/17 – *Skanska*.

963 EuGH, Urt. v. 14.03.2019, C-724/17, Rn. 39, 46, 51 – *Skanska* (unter Verweis auf EuGH, Urt. v. 05.12.2013, C-448/11 P, Rn. 23 – *SNIA*); EuGH, Urt. v. 11.12.2007, C-280/06, Rn. 41 – *ETI*.

964 EuGH, Urt. v. 14.03.2019, C-724/17, Rn. 44 – *Skanska*.

Im Kern ging es im Fall *Skanska* allerdings nicht um eine Haftung im Konzernverbund, sondern um die Frage einer Rechtsnachfolgehaftung von Unternehmen, in denen die kartellbeteiligten Gesellschaften aufgegangen waren, aufgrund des im Bußgeldrecht anerkannten Grundsatzes der wirtschaftlichen Kontinuität. Dennoch wurde das Urteil vielfach bereits als Bestätigung dafür aufgefasst, der EuGH habe seine Rechtsprechung zum europäischen Unternehmensbegriff nun aus dem Bußgeldrecht in das Kartellschadensersatzrecht übertragen und entsprechend festgelegt, dass sich die Passivlegitimation im Rahmen von Kartellschadensersatzansprüchen unmittelbar aus dem Primärrecht ergebe.[965] Diese Interpretation stützt sich neben der oben genannten Äußerung im Wesentlichen auf die Ausführung des Gerichts, Unternehmen i.S.d. Art. 101 Abs. 1 AEUV sei ein autonomer Begriff des Unionsrechts, der im Zusammenhang mit der Verhängung von Geldbußen durch die Kommission nach Art. 23 Abs. 2 VO 1/2003 keine andere Bedeutung haben könne als bei Schadensersatzansprüchen aufgrund eines Verstoßes gegen die Wettbewerbsregeln der Union.[966] Die Verfasser der Verträge hätten sich nach dem Wortlaut des Art. 101 Abs. 1 AEUV dafür entschieden, den Begriff des Unternehmens zu verwenden, um den Urheber einer Zuwiderhandlung gegen das in dieser Bestimmung aufgestellte Verbot zu bestimmen, so der EuGH.[967]

Nach der Gegenauffassung ist das Urteil des Europäischen Gerichtshofes in *Skanska* viel enger zu verstehen und gerade keine Entscheidung zugunsten einer Haftung der wirtschaftlichen Einheit für kartellrechtliche Schadensersatzansprüche.[968] Die Vorgaben des EuGH verschärften lediglich die kartellzivilrechtliche Erwerberhaftung von Rechtsnachfolgern für die von Rechtsvorgängern verursachten Schäden auf Grundlage der wirtschaftlichen Kontinuität. Der Gerichtshof habe sein Urteil ausdrücklich auf eine "Situation wie [die] des Ausgangsverfahrens" begrenzt.[969] Es ging ihm folglich allein um die Frage der

---

965 So auch *Bauermeister*, WuW 2021, 559, 560; *Bauermeister*, NZKart 2021, 385, 389 f.; Vgl. auch *Bauermeister*, NZKart 2019, 252, 253 ff.; *Hutschneider/Bäuerle*, WuW 2019, 253, 257; *Kersting*, WuW 2014, 1156, 1159; *Kersting*, WuW 2019, 290, 290 f.; *Kersting*, CB 2019, 273; *Kersting/Otto*, NZKart 2021, 651, 651 unter Verweis auf EuGH, Urt. v. 14.03.2019, C-724/17, Rn. 28 – *Skanska*: *Kreße*, GPR 2019, 240; *Richter*, BB 2019, 1154; *Wagener*, NZKart 2019, 535, 537; *Wagener*, NZKart 2020, 238, 238.

966 EuGH, Urt. v. 14.03.2019, C-724/17, Rn. 47 – *Skanska*.

967 EuGH, Urt. v. 14.03.2019, C-724/17, Rn. 29 – *Skanska*.

968 *Harms/Kirst*, EuZW 2019, 374, 378; *Kremer/Nowak*, WuW 2020, 358, 358; *Haus/Schmid*, Der Konzern, 2020, 1, 5.

969 EuGH, Urt. v. 14.03.2019, C-724/17, Rn. 23, 51 – *Skanska*.

schadensersatzrechtlichen Nachfolgehaftung, nachdem eine Gesellschaft die kartellbeteiligte, bebußte und mittlerweile nicht mehr existente Gesellschaft vollständig übernommen und deren Geschäftstätigkeit fortgeführt habe.[970] Weiterhin füge sich die Entscheidung des EuGH bei diesem Verständnis unmittelbar in den Willen des europäischen Gesetzgebers ein, der nach vorliegender Auffassung ebenfalls bewusst auf die Einführung einer zivilrechtlichen Haftung der wirtschaftlichen Einheit verzichtet habe.[971]

Diese Ansicht vermag allerdings im Ergebnis nicht überzeugen. Letztlich musste der EuGH hier nicht deutlicher werden, da sich der Fall im Rechtsnachfolge- und nicht im Konzernkontext abspielte.[972] Betrachtet man jedoch die Ausführungen des Gerichtshofs in *Skanska* gesamtheitlich, kann kaum mehr bezweifelt werden, dass nach Auffassung des EuGH der einheitliche unionsrechtliche Unternehmensbegriff auch im Recht der Mitgliedstaaten zu etablieren ist. Wie der EuGH in seinem Urteil deutlich macht, sind die zum kartellzivilrechtlichen Schadensersatz Verpflichteten ebenfalls genau die Unternehmen i.S.e. wirtschaftlichen Einheit, welche die Zuwiderhandlung gegen Art. 101 Abs. 1 AEUV begangen haben.[973] Diese sowie die bereits oben erwähnten Äußerungen des Gerichtshofs im *Skanska*-Urteil müssen daher so verstanden werden, dass die für das Kartellordnungswidrigkeitenrecht etablierten Zurechnungsgrundsätze *a maiore ad minus* auch für das zivile Kartellschadensersatzrecht Anwendung finden müssen. Die zivilrechtliche Haftungsverantwortlichkeit für Kartellschäden, die auf Zuwiderhandlungen gegen die Wettbewerbsregeln der Union beruhen, wird unmittelbar durch das Primärrecht determiniert.[974]

---

970 *Kremer/Nowak*, WuW 2020, 358, 358.

971 EuGH, Urt. v. 05.12.2013, C-448/11 P, Rn. 25 – *SNIA*; EuGH, Urt. v. 14.03.2019, C-724/17, Rn. 40 – *Skanska*; *Kremer/Nowak*, WuW 2020, 358, 358.

972 In der Konzernkonstellation geht es um eine gesamtschuldnerische Haftung mehrerer Gesellschaften auf Basis u.a. des Vorliegens eines bestimmenden Einflusses. Nachfolgekonstellationen betreffen dagegen die alleinige Haftung einer Gesellschaft für die Zuwiderhandlung einer anderen aufgrund Fortführung der wirtschaftlichen Tätigkeit (wirtschaftliche Kontinuität/Identität); vgl. *Bauermeister*, WuW 2021, 559, 560; Immenga/Mestmäcker/*Biermann*, Vorb. zu Art. 23 f. VO 1/2003 Rn. 111 f.

973 EuGH, Urt. v. 14.03.2019, C-724/17, Rn. 35, 47 – *Skanska*.

974 Vgl. dazu EuGH, Urt. v. 14.03.2019, C-724/17, Rn. 28, 31 – *Skanska*; S. ergänzend GA Wahl, Schlussanträge v. 06.02.2019, C-724/17, Rn. 40 f. – *Skanska*; GA Kokott, Schlussanträge v. 29.07.2019, C-435/18, Rn. 45 f. – *Otis/Land Oberösterreich;* LG Mannheim, Urt. v. 24.04.2019, 14 O 117/18 Kart = NZKart 2019, 389 ff. – *LKW-Kartell*. S. hierzu auch *Franck*, Private Enforcement in Germany, S. 30.

Bei Zuwiderhandlungen gegen die europäischen Wettbewerbsvorschriften in Art. 101 f. AEUV bleibt somit im Ergebnis bei der Verhaltenszurechnung kein Raum mehr für eine Anwendung rein nationaler Zurechnungsnormen mit geringerem Umfang wie z.B. §§ 31, 831 BGB. Der Streit über die richtige Auslegung des *Skanska*-Urteils kann aber im Lichte der eindeutigen Äußerungen des Gerichtshofs im Verfahren *Sumal* dahinstehen.

(2) Die Entscheidung Sumal (2021)

Zwei Jahre nach *Skanska* hatte sich der Europäische Gerichtshof im Vorabentscheidungsverfahren *Sumal* unmittelbar mit der Frage der Anwendbarkeit der Rechtsfigur der wirtschaftlichen Einheit im Kartellschadensersatzrecht zu befassen.[975] Die dem EuGH unterbreiteten Vorlagefragen betrafen darüber hinaus eine im Kartellordnungswidrigkeitenrecht bisher nicht behandelten Punkt, nämlich ob auf Basis der Rechtsfigur der wirtschaftlichen Einheit nicht nur eine Haftung der Mutter für ein Verhalten der Tochter in einem Zivilverfahren hergeleitet werden könne, sondern auch umgekehrt die Haftung der Tochter für ein Verhalten der Mutter.

Dem Vorlageverfahren vor dem EuGH lag im Ausgangsrechtstreit eine Schadensersatzklage des spanischen Unternehmens Sumal gegen die spanische LKW-Vertriebstochter der Daimler AG zugrunde.[976] Die Vertriebstochter war – anders als ihre Muttergesellschaft – keine Adressatin des Kommissionsbeschlusses im LKW-Kartell.[977] In erster Instanz hatte das spanische Gericht die Klage der Sumal im Einklang mit der bisherigen Rechtsprechung des Gerichtshofs zum Kartellordnungswidrigkeitenrecht aufgrund fehlender Passivlegitimation der Vertriebstochter abgewiesen.[978] Dies erschien folgerichtig, da sich die Haftung einer nicht unmittelbar selbst kartellbeteiligten, die kartellbeteiligte Gesellschaft auch nicht kontrollierenden juristischen Person für kartellbedingte Schäden nicht anhand der bis dato geltenden Definition der wirtschaftlichen

975 EuGH, Urt. v. 06.10.2021, C-882/19 – *Sumal.*

976 EuGH, Urt. v. 06.10.2021, C-882/19, Rn. 8 ff. – *Sumal.*

977 Komission., Entsch. v. 19.07.2016, C (2016) 4673 final (AT.39824) – *Trucks.*

978 EuGH, Urt. v. 06.10.2021, C-882/19, Rn. 12 – *Sumal;* Genauer zum Sachverhalt und den Hintergründen auch die erstinstanzliche Entscheidung des Juzgado de lo Mercantíl No. 7 de Barcelona, Urt. v. 23.01.2019, ECLI:ES:JMB:2019:981 – *Sumal SL v. Mercedes Benz Trucks España SL.*

Einheit konstruieren ließ.[979] Für eine Ausweitung der Kriterien bestanden keinerlei Anhaltspunkte in der höchstrichterlichen Rechtsprechung.

Das Vorabentscheidungsverfahren *Sumal* nutzte der Gerichtshof um richtungsweisende Entscheidungen für das Kartellrecht zu treffen. Im Rahmen seiner Äußerungen zur Mithaftung einer Tochter für einen Kartellverstoß der Mutter modifizierte er nicht nur *en passant* den etablierten kartellrechtlichen Unternehmensbegriff, sondern übertrug auch erstmalig eindeutig die ordnungswidrigkeitenrechtlich geprägte Haftungsfigur der wirtschaftlichen Einheit auf das Kartellschadensersatzrecht. Er bestätigt damit insoweit den Gleichlauf von Kartellbußgeld- und Kartellschadensersatzrecht.[980]

Im Einzelnen erläutert der Gerichtshof, dass für eine kartellrechtliche Zuwiderhandlung das Unternehmen i.S.e. wirtschaftlichen Einheit verantwortlich ist, welches entsprechend auch für den Kartellschaden einzustehen hat.[981] Hierfür führt der Gerichtshof zunächst aus, dass es sich bei dem Unternehmen als Urheber einer Zuwiderhandlung gegen das Wettbewerbsrecht i.S.v. Art. 101 f. AEUV um einen autonomen Begriff des Unionsrechts handelt.[982] Weiterhin macht er erstmals in seiner Rechtsprechungspraxis unmittelbar deutlich, dass der Unternehmensbegriff sowohl im Verbotstatbestand des Art. 101 Abs. 1 AEUV als auch im Zusammenhang mit der Verhängung von Geldbußen durch die Kommission nach Art. 23 Abs. 2 VO Nr. 1/2003 wie auch im Rahmen der Passivlegitimation bei der Durchsetzung nationaler Schadensersatzansprüche aufgrund eines Verstoßes gegen die EU-Wettbewerbsregeln einheitlich verstanden werden muss. Nach der Auffassung des EuGH kann dabei bei einem aus mehreren Gesellschaften bestehenden Unternehmen im unionskartellrechtlichen Sinn auch eine nicht selbst am Kartell beteiligte Gesellschaft für den durch einen Wettbewerbsverstoß entstandenen Schaden zivilrechtlich haftbar gemacht werden, für welchen die Kommission bußgeldrechtlich nur die Gesellschaft in Anspruch genommen

---

979 In diesem Sinne bspw. LG Mannheim, Urt. v. 24.04.2019, 14 O 117/18 Kart = NZKart 2019, 389 ff. – *LKW-Kartell*; LG München I, Urt. v. 07.06.2019, 37 O 6039/18 = NZKart 2019, S. 392 f. – *Löschfahrzeuge*. A.A. *Wagener*, NZKart 2020, 238, 239.

980 EuGH, Urt. v. 06.10.2021, C-882/19, Rn. 38 – *Sumal*.

981 EuGH, Urt. v. 06.10.2021, C-882/19, Rn. 41 ff., 48 – *Sumal*, s. zuvor bereits in der Literatur *Kersting/Otto*, FS Wiedemann, 235, 242; Kersting, ZHR 182 (2018), 8, 14; *Wagener*, NZKart 2019, 535, 537; *Otto*, NZKart 2020, 285 f.; *Kersting/Otto*, NZKart 2021, 325 und *dies.*, NZKart 2021, 651, 652; *Fischer*, ZfPW 2021, 310, 316; Berg/Mäsch/*Mudrony*, Art. 101 AEUV Rn. 18 f.; Langen/Bunte/*Hengst*, Art. 101 AEUV Rn. 36.

982 EuGH, Urt. v. 06.10.2021, C-882/19, Rn. 38 – *Sumal*.

hat, die sie kontrolliert, sofern sie beide zusammen eine wirtschaftliche Einheit bilden.[983] Wie ausgeführt erforderte das Vorliegen einer wirtschaftlichen Einheit bisher die Interessensgleichheit der sie tragenden natürlichen oder juristischen Personen, wofür eine Muttergesellschaft bestimmenden Einfluss auf die Geschäftspolitik ihrer kartellrechtswidrig handelnden Tochter ausgeübt haben musste.[984] Implizit wurde damit berücksichtigt, dass das kartellrechtswidrige Verhalten der Tochtergesellschaft in gewisser Weise auf die Muttergesellschaft zurückgeht, entweder durch einen tatsächlichen aktiven Einfluss oder aufgrund Nichtausübung ihrer Leitungs- und Kontrollbefugnisse angesichts eines möglichen kartellrechtswidrigen Verhaltens.[985]

Nunmehr soll im Rahmen der wirtschaftlichen Einheit aber nicht nur einer Muttergesellschaft das Verhalten ihrer Tochtergesellschaft zugerechnet werden können, sondern auch umgekehrt.[986] Hierfür stellt der Gerichtshof in *Sumal* einen zusätzlichen Anknüpfungspunkt für die Zurechnung eines Rechtsträgers zur wirtschaftlichen Einheit auf damit die Definition für das Vorliegen einer wirtschaftlichen Einheit auf vollkommen neue Füße. Eine im Bußgeldbeschluss nicht adressierte Tochtergesellschaft bildet dann eine wirtschaftliche Einheit mit ihrer Mutter und haftet daher schadensersatzrechtlich mit, wenn zum einen ihr Marktverhalten zum Zeitpunkt der Begehung der Zuwiderhandlung wegen der wirtschaftlichen, organisatorischen und rechtlichen Beziehungen zwischen den beiden Rechtssubjekten einem bestimmenden Einfluss der Muttergesellschaft unterliegt[987] und zum anderen ein konkreter Zusammenhang zwischen der wirtschaftlichen Tätigkeit der Tochtergesellschaft und dem Gegenstand des kartellrechtswidrigen Verhaltens, für das die Muttergesellschaft haftbar gemacht wurde, besteht, z. B. durch den Verkauf der kartellbefangenen

---

983 EuGH, Urt. v. 06.10.2021, C-882/19, Ls. 1 – *Sumal.*

984 S.o.; vgl. hierzu auch die Überlegungen von GA Pitruzzella, Schlussanträge v. 15.04.2021, C-882/19, Rn. 34 – *Sumal.*

985 GA Pitruzzella, Schlussanträge v. 15.04.2021, C-882/19, Rn. 37 – *Sumal*; GA Kokott, Schlussanträge v. 23.04.2009, C-97/08 P – *Akzo Nobel.*

986 Weitergehend sogar eine Haftung von Schwestergesellschaften untereinander bejahend, Immenga/Mestmäcker/*Franck*, § 33 a GWB Rn. 30. Dieser Ansicht lässt sich entgegenhalten, dass bereits die bußgeldrechtliche Haftung von Schwestergesellschaften umstritten ist, s. hierzu Berg/Mäsch/*Berg/Mudrony*, Art. 101 AEUV Rn. 23 m.w.N. Nach hier vertretener Ansicht fehlt es zwischen Schwestergesellschaften an einem bestimmenden Einfluss als Grundlage der einheitlichen Haftung.

987 Die Entscheidung des EuGH, Urt. v. 6.10.2021, C-882/19 – *Sumal*, scheinbar anders deutend: *Otto*, NZKart 2020, 355, 358; *Kersting/Otto*, NZKart 2021, 325, 326.

Güter.[988] Den Grund für die Einführung dieses ergänzenden Merkmals im Rahmen der absteigenden Haftung sieht der Gerichtshof in der Haftungsbegrenzung in Konglomeraten. Führt eine beherrschte Tochtergesellschaft eine Tätigkeit aus, die nicht zu dem wirtschaftlichen Bereich gehört, in dem ihre Mutter den Wettbewerbsverstoß verübt hat, so ist die Tochter kein Teil des Unternehmens im funktionalen Sinn. Generalanwalt Pitruzzella hatte zuvor in seinen Schlussanträgen vom 15. April 2021 zwar ebenfalls eine Haftung der Tochtergesellschaft befürwortet,[989] jedoch neben dem Tätigsein der Tochtergesellschaft auf demselben, von dem rechtswidrigen Verhalten der Muttergesellschaft betroffenen Markt als weitere Voraussetzung zudem gefordert, dass das Verhalten der Tochtergesellschaft auf diesem Markt wesentlich zur Verwirklichung der Auswirkungen der Zuwiderhandlung beigetragen haben müsse.[990] Auf letztgenanntes Kriterium verzichtet der EuGH allerdings und lässt allein einen konkreten Zusammenhang zwischen der wirtschaftlichen Tätigkeit der Tochtergesellschaft und dem Gegenstand der Zuwiderhandlung genügen.[991] Die Kriterien für eine gesamtschuldnerisch haftende kartellrechtliche Unternehmenseinheit sind in diesem Fall jedenfalls aber nicht deckungsgleich mit denen, anhand derer eine leitende Muttergesellschaft bisher für die von ihrer Tochter begangene Zuwiderhandlungen im Kartellordnungswidrigkeitenrecht haftbar gemacht werden konnte. Innerhalb eines Konzerns können somit mehrere wirtschaftliche Einheiten existieren, zu denen stets die Mutter, aber jeweils unterschiedliche Töchter gehören können.[992]

Zeitlich gesehen beschränkt der EuGH die gesamtschuldnerische Haftung richtigerweise auf diejenigen Träger, die zum Zeitpunkt der Begehung der

988 EuGH, Urt. v. 06.10.2021, C-882/19, Rn. 51 f. – *Sumal*; vgl. auch GA Pitruzzella, Schlussanträge v. 15.04.2021, C-882/19, Rn. 56, 77 f. – *Sumal*.

989 GA Pitruzzella, Schlussanträge v. 15.04.2021, C-882/19, Rn. 47 – *Sumal*.

990 GA Pitruzzella, Schlussanträge v. 15.04.2021, C-882/19, Rn. 59, 77 f. – *Sumal* unter missverständlichem Verweis auf die EuG, Urt. v. 12.12.2018, T-677/14 – *Biogaran*, in der sich die Zuwiderhandlung jedoch zu einem Teil aus dem Verhalten der Mutter, zum anderen Teil aus dem Verhalten der Tochter egeben hat, das Urteil ist nunmehr in der Rechtsmittelinstanz vor dem EuGH, C-207/19 P; ablehnend hierzu ebenfalls *Kersting/Otto*, NZKart 2021, 325, 326; *Kersting/Otto*, NZKart 2021, 651, 652.

991 EuGH, Urt. v. 06.10.2021, C-882/19, Rn. 51 – *Sumal*.

992 EuGH, Urt. v. 06.10.2021, C-882/19, Rn. 46 f. – *Sumal*; so bereits *Kersting/Otto*, FS Wiedemann, 235, 245; *Kersting*, Der Konzern 2011, 445, 453 f.; *ders.*, WuW 2019, 290, 294 f.; *Kersting/Otto*, NZKart 2021, 651, 654.

Zuwiderhandlung die wirtschaftliche Einheit bildeten.[993] Nach Abschluss der Zuwiderhandlung neu hinzutretende Träger haften unter der Rechtsfigur der wirtschaftlichen Einheit entsprechend nicht. Es kann allerdings weiterhin eine Haftung aufgrund der Rechtsnachfolge bei wirtschaftlicher Kontinuität begründet werden. Scheidet eine Gesellschaft während des Kartellzeitraums aus der wirtschaftlichen Einheit aus, so kommt eine Haftung für die Schäden aus der wettbewerbsrechtlichen Zuwiderhandlung nur entsprechend zeitanteilig in Betracht, endet aber nicht absolut mit dem Ausscheiden.[994]

Durch die Erweiterung des Konzepts der wirtschaftlichen Einheit hat der EuGH im Hinblick auf eine effiziente Kartellrechtsdurchsetzung Geschädigten die Möglichkeit eröffnet, inländische (Tochter-) Gesellschaften ausländischer Konzernobergesellschaften zu verklagen, mit denen sie beispielsweise unmittelbar eine Geschäftsbeziehung unterhalten haben. Dies erleichtert die Erhebung einer Schadensersatzklage insbesondere dann, wenn die Muttergesellschaft im Gegensatz zu ihrer Tochter und dem Geschädigten in einem anderen Mitgliedstaat ansässig ist, da Hindernisse im Zusammenhang mit der Zustellung einer Klage und der Urteilsvollstreckung im Ausland vermieden werden. Zudem ermöglicht die Inanspruchnahme von Tochtergesellschaften ein Forum Shopping in Mitgliedstaaten, in denen das Recht klägerfreundlicher ausgelegt wird oder gestaltet ist, bspw. durch gesetzliche Vermutungen für die Schadensentstehung oder normativ vorgegebene spezifische Kartellaufschläge.[995] Ergänzend werden auch nationale Prozesskosten sowie Effizienz und Kompetenz der erkennenden mitgliedstaatlichen Gerichte die Entscheidung für einen Gerichtsstand beeinflussen. Nach Art. 7 Nr. 2 VO 1215/2012[996] hat der Geschädigte eines

---

993 EuGH, Urt. v. 06.10.2021, C-882/19, Rn. 44 – *Sumal*; s. bereits GA Pitruzzella, Schlussanträge v. 15.04.2021, C-882/19, Rn. 77 f. – *Sumal; Fischer*, ZfPW 2021, 310, 319; *Otto*, in *Kersting/Otto*, NZKart 2021, 651, 655; a.A. nicht nachvollziehbarerweise *Kersting*, in *Kersting/Otto*, NZKart 2021, 651, 655, nach dem die akzessorische Haftung stets die aktuellen Träger der unverändert haftenden wirtschaftlichen Einheit trifft.

994 So ebenfalls *Kersting/Otto*, NZKart 2021, 651, 657.

995 *Klumpe*, Vermutung von 20 % Kartellpreisaufschlag - Rumänien verleiht der privaten Kartellrechtsdurchsetzung Biss!, D'Kart v. 26.10.2020, abrufbar unter: https://hbfm.link/11542, zuletzt abgerufen am 05.11.2021. *Uebele*, WuW 2021, 683, 684; *Weitbrecht*, NZKart 2021, 208, 209.

996 Verordnung (EU) Nr. 1215/2012 des Europäischen Parlaments und des Rates vom 12. Dezember 2012 über die gerichtliche Zuständigkeit und die Anerkennung und Vollstreckung von Entscheidun-gen in Zivil- und Handelssachen, ABl. 2012, L 351 S. 1 (Brüssel-Ia-Verordnung).

Wettbewerbsverstoßes aber ohnehin die Möglichkeit, den Zuwiderhandelnden sowohl an dem Ort zu verklagen, an dem die Marktpreise verfälscht wurden, wie auch an dem Ort der Schadensentstehung. Der aufgeführte Nutzen und Mehrwert ist damit gering und rechtfertigt nicht die durch die Erweiterung des Konzepts der wirtschaftlichen Einheit verursachten schweren dogmatischen Friktionen.

dd. Bestätigter konzeptioneller Gleichlauf zwischen Kartellbußgeld- und Kartellzivilrecht

Seit der Entscheidung des EuGH in der Rechtssache *Sumal* dürfte der Meinungsstreit um die Übertragbarkeit des Konzepts der wirtschaftlichen Einheit in das Kartellzivilrechts im Sinne eines konzeptionellen Gleichlaufs der beiden Rechtsbereiche entschieden worden sein. Aus Sicht des unionsrechtlichen Kartellrechts bestimmt dieses unmittelbar den Anspruchsgegner. Die Herleitung aus der primärrechtlichen Norm des Art. 101 Abs. 1 AEUV hat zur Folge, dass die Übernahme des Konzepts der wirtschaftlichen Einheit in das Kartellschadensersatzrecht Geltung auch für Sachverhalte beansprucht, die vor Erlass der *Sumal* Entscheidung (und der Umsetzung der Kartellschadensersatzrichtlinie) liegen. Für das deutsche Recht bedeutet dies etwa, dass zumindest für diese Frage unerheblich ist, ob der Anspruch vor oder nach der siebten, achten, neunten oder zehnten GWB-Novelle entstanden ist.[997]

Allerdings sind die – scheinbar – unterschiedlichen Kriterien für das Vorliegen einer wirtschaftlichen Einheit im Kartellordnungswidrigkeitenrecht einerseits und im Kartellschadensersatzrecht andererseits zu beachten. Es muss sich diesbezüglich noch zeigen, ob vom EuGH eine vollständige Kongruenz zwischen den beiden Rechtsbereichen bzw. zwischen auf- und absteigender Haftung postuliert werden wird. Eigentlich wäre davon auszugehen, dass die neue Definition der wirtschaftlichen Einheit als an Art. 101 AEUV anknüpfende Bestimmung des Unternehmensbegriffs künftig auch im Kartellordnungswidrigkeitenrecht Geltung beanspruchen muss. Perspektivisch ist allerdings ohnehin nicht davon auszugehen, dass die Mithaftung von Tochterunternehmen unmittelbar kartellbeteiligter Konzernmütter im europäischen Kartellordnungswidrigkeitenrecht je eine praktisch relevante Rolle spielen wird. Die Kommission wird bei der Durchsetzung ihrer Bußgelder wenig Interesse an einer Haftungserstreckung nach unten auf eine Vielzahl im Vergleich zur Mutter in der Regel weniger solvente Töchter haben.

---

997 So auch Immenga/Mestmäcker/*Franck*, § 33 a GWB Rn. 31.

In bestimmten Konstellationen sind die in *Sumal* aufgestellten Anforderungen an das Vorliegen einer wirtschaftlichen Einheit aus Kommissionssicht sogar nachteilig. Beispielsweise würde die Haftung von Konzernobergesellschaften in Form von reinen Holdings und Finanzinvestoren für das kartellrechtswidrige Verhalten ihrer Töchter ausgeschlossen, weil sie auf unterschiedlichen Märkten tätig sind. Um in diesen Konstellationen weiterhin eine Zurechnung zu ermöglichen, müsste der Begriff der wirtschaftlichen Einheit künftig gespalten definiert werden, je nachdem, ob es sich um eine auf- oder absteigende Haftungszurechnung handelt.[998]

Für das Kartellschadenersatzrecht ist die Geltung des Zurechnungskonzepts der wirtschaftlichen Einheit sowie die Haftungserstreckung nach unten nun aber postuliert und beeinflusst damit auch das Verständnis der mitgliedstaatlichen Kartellschadensersatznormen wie z.B. des § 33 a GWB.

ee. Primärrechtskonforme Auslegung des § 33 a GWB

(1) Auslegungsspielraum der Norm – Kein entgegenstehender Wille des Gesetzgebers

Aufgrund der obigen Ausführungen steht fest, dass eine kartellzivilrechtliche Unternehmenshaftung im funktionalen Sinn Eingang in das deutsche Recht finden muss. Dies wäre im Wege einer primärrechtskonformen Auslegung der §§ 33, 33 a GWB möglich. In § 33 a Abs. 1 GWB und dem dazugehörigen Gesetzesentwurf findet sich aktuell keine ausdrückliche Regelung des Gesetzgebers zum kartellschadensersatzrechtlichen Haftungsadressaten.[999] Nach dem offenen Wortlaut der Norm ist schadensersatzpflichtig, „*wer* einen Verstoß nach § 33 Abs. 1 GWB vorsätzlich oder fahrlässig begeht“ [Hervorhebung durch Verfasserin]. Über § 33 Abs. 1 GWB verweist § 33 a GWB weiterhin unmittelbar auf die Verwirklichung der materiell-rechtlichen Wettbewerbsvorschriften des AEUV

---

998 Ebenso Immenga/Mestmäcker/*Franck*, § 33 a GWB Rn. 30 b, der davon ausgeht, dass das Kriterium des „konkreten Zusammenhangs“ keine Geltung für die Bestimmung einer Haftung der Muttergesellschaft für eine unmittelbar durch die Tochtergesellschaft begangene Zuwiderhandlung beanspruchen sollte, da andernfalls die sanktionenrechtliche Effektivität erheblich gemindert wäre.

999 Vgl. etwa Gesetzentwurf der Bundesregierung eines Neunten Gesetzes zur Änderung des Gesetzes gegen Wettbewerbsbeschränkungen, BT-Drucks. 18/10207, S. 55 f. Anders z.B. die Legislative in Polen, den Niederlanden und Frankreich. In Spanien und Portugal hat der Gesetzgeber eine Haftung der am Kartellverstoß unbeteiligten Mutter angeordnet; vgl. hierzu Loewenheim/*Kersting*, § 33 a GWB Rn. 29.

und könnte sich somit direkt auf dessen Pflichtenadressaten, also Unternehmen bzw. Unternehmensvereinigungen im wirtschaftlich-funktionalen Sinn beziehen.[1000] Aus dieser Verbindung von §§ 33 a, 33 Abs. 1 GWB mit Art. 101 Abs. 1 AEUV könnte sich daher bereits ableiten lassen, dass bei Verstößen gegen das europäische Kartellrecht auch die Haftungsadressaten des deutschen Schadenersatzanspruchs denen der europäischen Verbotsnorm entsprechen.[1001] Die offene Formulierung des § 33 a GWB, die selbst über die ursprünglichen Absichten des Gesetzgebers spekulieren lässt, könnte den Weg zu einer europarechtskonformen Auslegung der Normvorgaben durch die Rechtsprechung eröffnen.

Gegen ein entsprechendes Normverständnis spricht jedoch, dass die Formulierung des aktuellen § 33 a Abs. 1 S. 1 GWB und damit womöglich auch sein Regelungsgehalt dem bisherigen § 33 Abs. 3 S. 1 GWB a.F. entspricht. Letzterer hatte seinerzeit gerade nicht die Haftungsfigur der wirtschaftlichen Einheit inkorporiert, so dass ein anderes Verständnis der wortgleichen Nachfolgenorm somit dem Willen des Gesetzgebers widersprechen könnte.[1002] Dem kann man entgegen halten, dass § 33 a Abs. 1 GWB i.V.m. § 33 Abs. 1 GWB den Kartellschadensersatzpflichtigen wortwörtlich mit dem durch die EU-Kartellschadensersatzrichtlinie im Sinne des europäischen Unternehmensbegriffs vorgeprägten Terminus des „Rechtsverletzers" i. S. d. Art. 2 Nr. 2 SE-RL definiert.[1003] Dass dem nationalen Gesetzgeber eine wirtschaftliche

---

1000 *Franck*, Private Enforcement in Germany, S. 29 f.; Loewenheim/*Kersting*, § 33 a GWB Rn. 30; Kersting, WuW 2014, 1156, 1171; *Kersting*, VersR 2017, 581, 584; a.A. *Klotz*, S. 109 ff.; *von Hülsen/Kasten*, NZKart 2015, 296, 301; *Kasten/Traugott*, CCZ 2015, 157, 163; *Thomas/Legner*, NZKart 2016, 155, 156. Zur Referenz zur Kartellschadensersatzrichtlinie über den Terminus des „Rechtsverletztzers" s. unten S. 272 ff.

1001 *Scheidtmann*, WRP 2010, 499, 501 (der mangels Rechtspersönlichkeit des "Unternehmens" dann aber auf die dahinterstehenden Rechtsträger abstellt); *Kersting*, Der Konzern 2011, 445, 457 f.; Loewenheim/*Kersting*, § 33 GWB a Rn. 28 ff. („*Das deutsche Recht ist […] im Hinblick auf den Anspruchsverpflichteten unionsrechtskonform auszulegen*"); Immenga/Mestmäcker/*Franck*, § 33 a GWB Rn. 31.

1002 *Scheffler*, NZKart 2015, 223, 225; *Könen*, NZKart 2017, 15, 19.

1003 Kersting/Podszun/*Kersting*, 9. GWB-Novelle, Kap. 7 Rn. 33; *Makatsch/Mir*, EuZW 2015, 7, 8; *Kersting/Preuß*, WuW 2016, 394, 396; *Kersting*, VersR 2017, 581, 585. Für eine richtlinienkonforme Auslegung des § 33 a GWB basierend auf dem Verständnis, dass die Richtlinie eine zivilrechtliche Haftung der wirtschaftlichen Einheit vorgibt: Kersting/Podszun/*Kersting*, 9. GWB-Novelle, Kap. 7 Rn. 31; *Pohlmann*, WRP 2015, 546, 549; *Kersting/Preuß*, WuW 2016, 394, 395; *Kersting/Preuß*, WuW 2016, L1, L 2; *Kersting*, VersR 2017, 581, 584; Kölner Kommentar/*Krohs*, § 33 GWB a.F. Rn. 59, 69.

Betrachtungsweise unternehmerischer Einheiten auch nicht grundlegend fremd ist, zeigt sich zudem bereits an der Verbundklausel des § 36 Abs. 2 GWB sowie der im Rahmen der 9. GWB-Novelle eingeführten bußgeldrechtlichen Haftungsnorm in § 81 Abs. 3 a, Abs. 4 S. 3 GWB.[1004] § 81 GWB spricht ausdrücklich von „Pflichten, welche das Unternehmen treffen", einer „Bereicherung des Unternehmens" sowie „juristischen Personen oder Personenvereinigungen, die das Unternehmen zum Zeitpunkt der Begehung der Ordnungswidrigkeit gebildet haben". Ausweislich der Gesetzesbegründung zu § 81 Abs. 3 a GWB ist zudem ausdrücklich die „Gesamtheit Unternehmen (wirtschaftliche Einheit) [...] materiell verantwortlich".[1005] Es wäre vor diesem Hintergrund daher nicht nachvollziehbar, wenn der deutsche Gesetzgeber im Gegensatz dazu einer Haftung der wirtschaftlichen Einheit im Bereich der zivilrechtlichen Schadensersatzhaftung wegen Kartellrechtsverletzungen nach § 33 a GWB ablehnend gegenüber stehen sollte. Vielmehr befördert die bereits eingeführte Regelung im deutschen Kartellbußgeldrecht das Bedürfnis nach einer einheitlichen Haftungsregel und der Vermeidung von Wertungswidersprüchen im gesamten deutschen Kartellrecht.[1006]

Durch die Entscheidung des EuGH im Verfahren *Sumal* ohnehin überholt, ist das vormals häufiger vorgebrachte Argument, es gebe kein methodisches Gebot, den Unternehmensbegriff des deutschen Kartellzivilrechts dem der europäischen Vorschriften anzugleichen.[1007] Nicht mehr haltbar ist insoweit auch die Sichtweise, im Hinblick auf das zivile Schadensersatzrecht bestünden keine Vorgaben des EU-Rechts sowie der europäischen Rechtsprechung, die eine schadensersatzrechtliche Haftung der Teile eines einheitlichen Unternehmens verlangten. Der Unternehmensbegriffs könne für die unterschiedlichen Rechtsgebiete des zivilen Delikts- und des Ordnungswidrigkeitenrechts durchaus unterschiedlich verstanden werden.[1008] Zudem negieren diese Auffassungen die Tatsache, dass

---

1004 A.A. *Scheidtmann*, WRP 2010, 499, 503, nach dem sich aus § 81 Abs. 4 S. 3 GWB a.F. unmittelbar ableiten lässt, dass der Unternehmensbegriff des gesamten GWB gerade nicht im Sinne einer Wirtschaftseinheit nach EU-Vorbild gilt und *Klotz*, S. 171, nach dessen Auffassung der Gesetzgeber bewusst die Begrifflichkeit des „einheitlichen Unternehmens" im Wortlaut der Norm verankert hat um den europarechtlich geprägten Begriff der „wirtschaftlichen Einheit" mit all seinen Konsequenzen zu vermeiden.

1005 Begründung des Referentenentwurfs v. 01.07.2016 zur 9. GWB-Novelle, S. 54; *Kersting/Preuß*, WuW 2016, L 1, L 13.

1006 *Thomas/Legner*, NZKart 2016, 155, 158 m.w.N; *Kersting/Preuß*, WuW 2016, 394, 396; *Könen*, NZKart 2017, 15, 20.

1007 Kölner Kommentar/*Maritzen*, § 1 GWB a.F. Rn. 52.

1008 *Wiedmann/Funk*, BB 2015, 2627, 2633.

auch die zivilrechtlichen Folgen des deutschen Kartellschadensersatzrechts im Falle eines Verstoßes gegen EU-Wettbewerbsrecht unmittelbar an die Tatbestandserfüllung gem. Art. 101 Abs. 1 AEUV anknüpfen, der das Unternehmen i.S.e. wirtschaftlichen Einheit versteht. Bei einem unterschiedlichen Verständnis gerade der zivilrechtlichen Verantwortlichkeit für eine Zuwiderhandlung nach Art. 101 Abs. 1 AEUV ist die Einheit der Kartellrechtsordnung überdies in besonderer Weise gefährdet, da sich die schadensersatzrechtlichen Konsequenzen eines Verstoßes gegen europäisches Kartellrecht nach den unterschiedlichen nationalen Rechtsordnungen der Mitgliedstaaten richten und vor den nationalen Gerichten individuell geltend gemacht werden. Dies ist im Bereich des Kartellordnungswidrigkeitenrechts anders. Hier kommt allein der Kommission die Kompetenz zu, europaweite Wettbewerbsverstöße nach Art. 101 Abs. 1 AEUV i.V.m. Art. 7 Abs. 1, 23 Abs. 2 VO 1/2003 zu bebußen, so dass es keine parallelen Zuständigkeiten geben kann.

Entsprechend darf angesichts der Rechtseinheit in der Union auch nach mitgliedstaatlichem Kartellschadensersatzrecht nicht nur die Gesellschaft schadensersatzpflichtig sein, die den Verstoß unmittelbar selbst begangen hat, sondern auch andere Rechtsträger des kartellbeteiligten Unternehmens, wie es nun auch die europäische Rechtsprechung verbindlich vorschreibt. Der offene Wortlaut der deutschen Anspruchsnorm in §§ 33 a, 33 Abs. 1 GWB bietet nach hier vertretener Ansicht insoweit Raum für eine unionsrechtskonforme weite Auslegung der Vorschrift.

(2) Konvergenz zwischen Kartellrecht und Gesellschaftsrecht i.S.d. Einheit der Rechtsordnung

Gegen die Übernahme des europäischen einheitlichen Unternehmensbegriffs in das deutsche Kartellzivilrecht und somit gegen einen Durchgriff der Kartellgeschädigten auf das Vermögen anderer Rechtsträger der wirtschaftlichen Einheit wird häufig eingewandt, dass diese zu einem Verstoß gegen das dem deutschen Kapitalgesellschaftsrecht wesensimmanente Trennungsprinzip führe.[1009]

1009 *Kling*, ZWeR 2011, 169, 180 f.; *Thomas*, JZ 2011, 485, 493; *Gehring/Kasten/Mäger*, CCZ 2013, 1, 5 f.; *Bodenstein*, NZKart 2015, 141, 141; *Thomas/Legner*, NZKart 2016, 155, 159; *Suchsland/Rossmann*, NZKart 2016, 342, 343; *von Hülsen/Kasten*, NZKart 2015, 296, 305; *Könen*, NZKart 2017, 15, 16; *Schürnbrand*, ZHR 181 (2017), 357, 361; *Kahlenberg/Heim*, BB 2017, 1155, 1157; *Werner*, WRP 2018, 286, 289; *Glöckner*, NZKart 2018, 464, 471; a.A. *Kersting*, WuW 2014, 564, 565. Dies ist ohnehin ein Dauerthema der kartellrechtlichen Diskussion, bisher jedoch vermehrt im bußgeldrechtlichen Bereich bzw. im Hinblick auf das Konzernprivileg, s. dazu auch *Scheidtmann*,

Das Trennungsprinzip ist in § 1 Abs. 1 Satz 2 AktG und § 13 Abs. 2 GmbHG kodifiziert. Es besagt, dass Kapitalgesellschaften auch im Konzernverbund rechtlich eigenständige juristische Personen darstellen, die ihren Gesellschaftern in Bezug auf die Zuordnung ihrer Rechte und Pflichten grundsätzlich wie Dritte gegenüberstehen und die für ihre Verbindlichkeiten ausschließlich mit dem eigenen Gesellschaftsvermögen und nicht mit dem Vermögen ihrer Gesellschafter haften.[1010] Weitere Folge des Trennungsprinzips ist, dass Eigenschaften, Verhalten und Kenntnisse einer Gesellschaft – mit Ausnahme spezifischer Sonderkonstellationen – grundlegend nur ihr und nicht ihren Gesellschaftern zugerechnet werden können.[1011] Eine entsprechende Verantwortungs- und Vermögenstrennung ist notwendig, um im System der juristischen Personen die Delegation von Verantwortung zu ermöglichen und Investitionsanreize zu schaffen und zu erhalten.

Das gesellschaftsrechtliche Trennungsprinzip steht damit auch einem zivilrechtlichen Haftungsdurchgriff auf einzelne Rechtsträger aufgrund schlichter Konzernverbundenheit entgegen.[1012] Nach teilweise vertretener Ansicht dürfe daher über die Zurechnungsfigur der wirtschaftlichen Einheit grundsätzlich keine kartellzivilrechtlichen Haftung einer Gesellschaft für die unmittelbare Zuwiderhandlung einer anderen mit ihr gesellschaftsrechtlich verbundenen Gesellschaft hergeleitet werden.[1013] Dieses Haftungsmodell führe im Ergebnis zu einer aus der bloßen Beteiligung an einer Gesellschaft abgeleiteten „Zustandshaftung"[1014] bzw. „Strukturhaftung"[1015] ohne individuell eigene Verantwortung der Gesellschafterin.

WRP 2010, 499, 503; *Wiedmann*, BB 2015, 2627, 2633; *Fritzsche/Klöppner/Schmidt*, NZKart 2016, 412, 415; *Beck*, AG 2017, 726, 73; *Seeliger/de Crozals*, ZRP 2017, 37, 38; Kölner Kommentar/*Krohs*, § 33 GWB a.F. Rn. 68.

1010 BGH, Urt. v. 24.01.2006, XI ZR 384/03, NJW 2006, 830 ff. – *Kirch/Deutsche Bank*; OLG München, Urt. v. 21.2.2013, U 5006/11 Kart, Juris Rn. 116; *Emmerich/Habersack*, Konzernrecht, § 20 Rn. 25; *Leffrang*, Rn. 256; *Scheidtmann*, WRP 2010, 499, 501; *Bodenstein*, NZKart 2015, 141, 141; *von Hülsen/Kasten*, NZKart 2015, 296, 303; *Fritzsche/Klöppner/Schmidt*, NZKart 2016, 412, 415; *Timmerbeil/Blome*, BB 2017, 1544, 1545; *Beck*, AG 2017, 726, 731; *Werner*, WRP 2018, 286, 289.

1011 Kamann/Ohlhoff/Völcker/*Ohlhoff*, § 26 Rn. 25, 30.

1012 *Kahlenberg/Heim*, BB 2017, 1155, 1157.

1013 *Köhler*, WRP 2011, 277, 282; *Braun/Kellerbauer*, NZKart 2015, 175, 177; *Fritzsche/Klöppner/Schmidt*, NZKart 2016, 412, 415.

1014 *Kapp*, CCZ 2009, 236, 238; *Köhler*, WRP 2011, 277, 282; *Kersting*, WuW 2014, 1156, 1173; *Wiedmann/Funk*, BB 2015, 2627, 2633.

1015 *Beck*, AG 2017, 726, 728.

Nach der Gegenauffassung würde eine unreflektierte, formaljuristische Anwendung des Trennungsprinzips demgegenüber letztlich zu Ergebnissen führen, die mit den Zielen der Rechtsordnung und der tatsächlichen Wirtschaftsrealität nicht vereinbar seien.[1016] Zudem sei der europäische Gesetzgeber grundsätzlich nicht an nationale Rechtsprinzipien wie das Trennungsprinzip gebunden.[1017] Unter dem Prinzip des Anwendungsvorrangs des Unionrechts komme den europäischen Normen und Grundsätzen des Primärrechts jedenfalls Vorrang vor dem nationalen Trennungsprinzip zu.[1018] Wie zudem der EuGH bestätigt, stehe der Feststellung einer Zuwiderhandlung in Bezug auf einen unmittelbar kartellunbeteiligten Rechtsträger des Unternehmens der Grundsatz der persönlichen Haftung nicht entgegen, da die wirtschaftliche Einheit selbst die Zuwiderhandlung begangen und für diese mit all ihren Rechtsträgern einzustehen habe.[1019]

Betrachtet man die beiderseitig vorgebrachten Argumente ist zunächst festzustellen, dass der Trennungsgrundsatz auch im deutschen Recht nicht ohne Ausnahmen geblieben ist. So hat der BGH die persönliche Haftung von hinter der juristischen Person stehenden Gesellschaftern unter besonderen Umständen und engen Voraussetzungen anerkannt. Diese Durchgriffshaftung kommt in Betracht, wenn der Schutz des redlichen Geschäftsverkehrs es nach Treu und Glauben verbietet, dass sich die Gesellschafter auf die eigenständige Rechtspersönlichkeit der Gesellschaft berufen können.[1020] Als Haftungsinstitute sind dabei der existenzvernichtende Eingriff,[1021] die Vermögens-/Sphärenvermischung[1022]

1016 MüKo AktG/*Heider*, § 1 AktG Rn. 47; *Kokott/Dittert*, WuW 2012, 670, 677.

1017 Kersting/Podszun/*Kersting*, 9. GWB-Novelle, Kap. 7 Rn. 28. Vgl. zur Unerheblichkeit einer Rechtspersönlichkeit EuGH, Urt. v. 16.11.2000, C-286/98 P, Rn. 26 – *Stora Kopparbergs Bergslags*; EuGH, Urt. v. 28.06.2005, C-189/02 P, Rn. 113 – *Dansk Rørindustri*; *Otto*, NZKart 2020, 285, 285.

1018 *Wachs*, WuW 2017, 2, 7.

1019 EuGH, Urt. v. 06.10.2021, C-882/19, Rn. 58 – *Sumal*.

1020 BGH, Urt. v. 29.11.1956, II ZR 156/55; BGH, Urt. v. 22.10.1987, VII ZR 12/87; BGH, Urt. v. 10.12.2007, II ZR 239/05, BGHZ 175, 12 = NZG 2008, 670 – *Kolpingwerk*, Leitsatz b; LG Düsseldorf, Urt. v. 08.09.2016, 37 O 27/11 (Kart) unter B. II; *Leffrang*, Rn. 283; *von Hülsen/Kasten*, NZKart 2015, 296, 302; *Werner*, WRP 2018, 286, 290.

1021 BGH, Urt. v. 17.09.2001, II ZR 178/99 – *Bremer Vulkan*; BGH, Urt. 24.06.2002, II ZR 300/00.

1022 BGH, Urt. v. 13.04.1994, II ZR 16/93, BGHZ 125, 366, 368; BGH, Urt. v. 14.11.2005, II ZR 178/03, BGHZ 165, 85; *Körner*, S. 90; *Leffrang*, Rn. 313; *Werner*, WRP 2018, 286, 289.

und der Missbrauch der Gesellschaftsform[1023] herausgearbeitet worden. Jedenfalls die Existenzvernichtungshaftung hat der BGH inzwischen als Innenhaftung des Gesellschafters gegenüber der Gesellschaft als Fallgruppe der vorsätzlichen sittenwidrigen Schädigung nach § 826 BGB eingeordnet und zumindest insoweit die Durchgriffshaftung aufgegeben.[1024] Es ginge nach hier vertretener Ansicht aber zu weit, einen vergleichbaren missbräuchlichen Sonderfall bzw. nach neuerer Rechtsprechung des BGH eine vorsätzliche sittenwidrige Schädigung allein aufgrund der Nutzung gesellschaftsrechtlicher Gestaltungsmöglichkeiten sowie der Ausübung eines bestimmenden Einflusses auf das Marktverhalten einer Tochtergesellschaft anzunehmen.[1025] Ein Durchgriff auf das Vermögen der Muttergesellschaft für Kartellschadensersatzansprüchen gegen die Tochtergesellschaft auf Basis von Treu und Glauben besteht demnach nicht. Dies gilt erst recht für die in *Sumal* begründete umgekehrte Konstellation der Haftung einer Tochtergesellschaft für die Zuwiderhandlung der allein kartellbeteiligten Mutter. Insoweit mangelt es bereits an jeglichen gesellschaftsrechtlichen Gestaltungs- bzw. Einflussnahmemöglichkeiten seitens der Tochter.

Allerdings erscheint es bei genauer rechtsdogmatischer Betrachtung zweifelhaft, ob das Trennungsprinzip durch die Einführung einer kartellzivilrechtlichen Schadensersatzhaftung der wirtschaftlichen Einheit überhaupt berührt würde.[1026] Dies gilt jedenfalls für die bis vor *Sumal* allein behandelte Konstellation der Haftung einer leitenden Konzernmuttergesellschaft für das Verhalten ihrer unmittelbar kartellbeteiligten Tochter. Nach der Rechtsprechung des Europäischen Gerichtshofs reicht in diesen Fällen allein die konzernrechtliche Verbundenheit sowie die bloße Kapitalbeteiligung der Konzernobergesellschaft an der kartellrechtswidrig handelnden Tochtergesellschaft nicht aus, um eine Zurechnung der schadensersatzrechtlichen Verantwortung zur

---

1023 S. dazu BGH, Urt. v. 08.07.1970, VIII ZR 28/69, BGHZ 54, 222, 224; BGH, Urt. v. 04.05.1977, VIII ZR 298/75, BGHZ 68, 312, 315 f.; BGH, Urt. v. 10.12.2007, II ZR 239/05, BGHZ 175, 12 = NZG 2008, 670 – *Kolpingwerk*; *Leffrang*, Rn. 283; *Werner*, WRP 2018, 286, 290.

1024 BGH, Urt. v. 16.07.2007, II ZR 3/04 – *Trihotel*; BGH, Urt. v. 28.04.2008, II ZR 264/06, NJW 2008, 2437 – *GAMMA*; BGH, Urt. v. 21.02.2013, IX ZR 52/10.

1025 LG Berlin, Urt. v. 06.08.2013, 16 O 193/11 Kart, Rn. 86 f. – *Fahrtreppen; Inderst/Thomas*, S. 78; *von Hülsen/Kasten*, NZKart 2015, 296, 302, 303.

1026 Dies ebenfalls abl. Kersting/Podszun/*Kersting*, 9. GWB-Novelle, Kap. 7 Rn. 28; Kamann/Ohlhoff/Völcker/*Ohlhoff*, § 26 Rn. 40; *Kersting*, WuW 2014, 1156, 1172; *Braun/Kellerbauer*, NZKart 2015, 211, 211 u. 216; *Kesting/Preuß*, WuW 2016, 394, 395; *Könen*, NZKart 2017, 15, 16.

Muttergesellschaft zu begründen.[1027] Für die Begründung einer entsprechenden Haftungseinheit genügt es nicht einmal, dass die Muttergesellschaft auf die Tochtergesellschaft theoretisch einen bestimmenden Einfluss nehmen konnte. Vielmehr musste sie diesen auch tatsächlich ausgeübt haben, so dass die Tochtergesellschaft ihr Verhalten auf dem Markt nicht autonom bestimmt, sondern im Wesentlichen Weisungen der Muttergesellschaft befolgt hat. Es haftet nach den europäischen Vorgaben somit nicht der bloße Anteilseigner, sondern nur ein das Geschäftsverhalten des kartellrechtswidrig agierenden Unternehmens maßgeblich bestimmender Gesellschafter.

Das deutsche Trennungsprinzip besagt wie dargelegt nicht, dass die Haftung einer Gesellschaft für Zuwiderhandlungen einer anderen, mit ihr verbundenen Gesellschaft in jeder Hinsicht ausgeschlossen ist, sondern dass es hierfür jedenfalls eines Zurechnungsgrundes bedarf, der über die reine Gesellschafterstellung hinausgeht.[1028] Diese Anforderung wird durch die von der Kommission und der europäischen Gerichtsbarkeit aufgestellten Kriterien im Hinblick auf eine aufgrund der wirtschaftlichen Einheit mithaftende Konzernmutter durchaus erfüllt. Die Mutter wird nach dem europäischen Konzept gerade nicht aufgrund ihrer Stellung als Gesellschafterin der Tochter für deren Schulden in Anspruch genommen. Sie haftet vielmehr aufgrund eines ihrer Kontrolle unterstehenden Verpflichtungsgrunds in Form der tatsächlich ausgeübten bestimmenden Einflussnahme auf die Geschäftspolitik ihrer Tochter.[1029] Aufgrund der zwischenzeitlich hinlänglich bekannten Haftungsanforderungen der europäischen Exekutive und Judikative steht es letztlich zur Disposition der Muttergesellschaft, durch ihr eigenes Verhalten zu bestimmen, ob sie mit ihrer Tochter eine wirtschaftliche Einheit bilden und die damit kartellrechtlich verbundenen

---

1027 LG Düsseldorf, Urt. v. 08.09.2016, 37 O 27/11 (Kart) unter B. II; *Körner*, S. 90; *Gasteyer/Goldschmidt*, AG 2016, 116, 123; *Schürnbrand*, ZHR 181 (2017), 357, 360; a.A. wohl nur *Schwintowski*, ZIP 2015, 617, 622.

1028 LG Berlin, Urt. v. 06.08.2013, 16 O 193/11 Kart, BeckRS 2013, 22659 unter V; *Klotz*, S. 61; *Körner*, S. 116; *Scheidtmann*, WRP 2010, 499, 501; *Emmerich*, JuS 2011, 651, 652; *von Hülsen/Kasten*, NZKart 2015, 296, 297, 303; *Fritzsche/Klöppner/Schmidt*, NZKart 2016, 412, 415. Für einen Überblick über den sehr umfangreichen Stand der Diskussion im Gesellschafts- und Konzernrecht was ein Durchbrechungsgrund ist siehe Michalski/Heidinger/Leible/Schmidt, GmbHG, § 13 Rn. 376.

1029 *Köhler*, WRP 2011, 277, 281 und 283 mit Verweis auf EuGH, Urt. v. 01.07.2010, C-407/08 P, Rn. 84 – *Knauf*; *Kersting*, WuW 2014, 1156, 1156 f. und 1160; *Braun/Kellerbauer*, NZKart 2015, 211, 211; *Kersting/Preuß*, WuW 2016, L1, L 2; *Beck*, AG 2017, 726, 739; *Otto*, NZKart 2020, 355, 359.

Risiken tragen möchte.[1030] Die Wertung erscheint entsprechend transparent und systemgerecht. Wer die konzernrechtlichen Beherrschungsmöglichkeiten nutzt, muss für sein Vorgehen eine entsprechend höhere Verantwortung tragen als derjenige, der seine Tochtergesellschaften weitgehend selbstständig agieren lässt.[1031] Der Einwand eines Verstoßes gegen das Trennungsprinzip verkennt im Ergebnis auch die rechtliche Konzeption der wirtschaftlichen Einheit. Sie ist originär für die kartellrechtliche Zuwiderhandlung verantwortlich, nicht ihre Träger.

Die hier vertretene Ansicht kann sich auch auf ein Urteil des Europäischen Gerichtshofs stützen. In *Eni SpA* hatte der EuGH explizit das Vorbingen einer Klägerin zurückgewiesen, ihre Inanspruchnahme als lenkende Konzernmuttergesellschaft verstoße gegen den Grundsatz der beschränkten Haftung von Kapitalgesellschaften.[1032] So besteht auch nach Ansicht des Gerichtshofs, kein Konkordanzproblem zwischen dem gesellschaftsrechtlichen Trennungsprinzip und der kartellrechtlichen Haftung des Unternehmens im funktionalen Sinn.[1033] Unerheblich ist, dass es sich bei *Eni SpA* um die Überprüfung einer Kartellbußgeldentscheidung gehandelt hat. Die Ausführungen des Gerichtshofs im Hinblick auf das gesellschaftsrechtliche Trennungsprinzip sind allgemeingültig und auf das Zivilkartellrecht gleichermaßen übertragbar.

Die vorstehenden Überlegungen rechtfertigen die Haftung der wirtschaftlichen Einheit vor dem Hintergrund des Trennungsprinzips mit der Ausübung tatsächlichen Einflusses durch die Muttergesellschaft. In der Rechtssache *Sumal* bejaht der EuGH eine Haftungserstreckung allerdings auch auf Tochtergesellschaften, wenn die Zuwiderhandlung unmittelbar durch die Konzernobergesellschaft begangen wurde. Die Haftungserstreckung basiert aus Perspektive der Tochter gerade nicht auf dem hierarchischen Element des bestimmenden Einflusses. Sie ist nicht einmal durch einem von der Tochtergesellschaft ansatzweise beeinflussbaren Vorgang gekennzeichnet, sondern beruht nun tatsächlich allein auf der konzernrechtlichen Verbundenheit mit der unmittelbar kartellbeteiligten Muttergesellschaft. Selbst die vom EuGH als Zurechnungskriterium aufgestellte Vermarktung der kartellbefangenen Produkte durch die Tochter kann das

1030 Loewenheim/*Grave/Nyberg*, Art. 101 Abs. 1 AEUV Rn. 137; *Werner*, WRP 2018, 286, 289.

1031 *Leffrang*, Rn. 268.

1032 EuGH, Urt. v. 08.05.2013 – C-508/11 P, Rn. 46 – *ENI SpA*.

1033 In diesem Sinne auch: EuGH, Urt. v. 18.07.2013, C-501/11 P, Rn 102 – *Schindler*; Monopolkomm., Sondergutachten v. 28.01.2016, Strafrechtliche Sanktionen bei Kartellverstößen, BT-Drucks. 18/7508, S. 23.

Ergebnis einer von der Muttergesellschaft im Rahmen ihres bestimmenden Einflusses ausgeübten Weisung sein. Eine Möglichkeit der Tochtergesellschaft sich vor den Folgen kartellrechtswidrigen Verhaltens der Muttergesellschaft schützen, ist nicht ersichtlich. Schlussendlich ist eine solch weitreichende Haftungserstreckung mit dem gesellschaftsrechtlichen Trennungsprinzip unvereinbar.[1034] Zuzugeben ist, dass der Vorrang des EU-Rechts im Rahmen der Normenhierarchie eine Überwindung des Trennungsprinzips durchaus rechtfertigt. Andererseits drängt sich die Frage auf, ob die Aushebelung eines tragenden Grundsatzes des deutschen Rechts wie des Trennungsprinzips vorliegend verhältnismäßig ist. Das scharfe Schwert der Normenhierarchie sollte nicht leichtfertig zum Einsatz gebracht werden. Durch die eindeutige Vorgabe der Sumal-Entscheidung, das Konzept der wirtschaftlichen Einheit auch im Kartellzivilrecht anzuwenden, ist die deutsche Rechtsprechung aber nunmehr insoweit gebunden, ohne dass hierfür eine ausreichende sachliche Rechtfertigung gegeben wäre.

Das vom EuGH postulierte Kriterium eines gemeinsamen Marktauftritts ist zudem keine hinreichende Grundlage für eine entsprechende Zurechnung.[1035] Die Lehre von der wirtschaftlichen Einheit rechtfertigt die Haftung der Tochter für eine ausschließlich von der Muttergesellschaft ausgehende Zuwiderhandlung nicht. Auf Basis des primärrechtlichen Effektivitätsgrundsatzes und des unionalen Ziels der Abschreckung ist eine solche Haftung nicht zu begründen, da von ihr keine verhaltenssteuernde Wirkung ausgeht. Zwar kommt der kartellprivatrechtlichen Verfolgung nicht nur eine kompensierende Funktion zu. Vielmehr ist sie als essentieller Bestandteil der einheitlichen Kartellrechtsdurchsetzung auch ein Instrument zum Schutz des Wettbewerbs im öffentlichen Interesse. Ein effektiver Wettbewerbsschutz kann jedoch nicht über die Verhaltenssteuerung von Tochtergesellschaften erfolgen, die mangels Einfluss auf das Verhalten ihrer Muttergesellschaften ohnehin keine Schadensvermeidungsmaßnahmen ergreifen können. Für eine effektive Präventionswirkung kommt es vielmehr darauf an, diejenigen Parteien zu erfassen und zu steuern, die das Marktgeschehen tatsächlich beeinflussen können. Weiterhin lässt sich eine Haftung der

---

1034 Für das Trennungsprinzip im Rahmen der Schadensersatzhaftung *von Hülsen/Kasten*, NZKart 2015, 296, 303 f.; *Braun/Kellerbauer*, NZKart 2015, 175, 179 f.; *Thomas/Legner*, NZKart 2016, 155; a.A. *Kersting*, WuW 2014, 1156, 1156 f., 1160; *Otto*, NZKart 2020, 355.

1035 A.A. Loewenheim/*Kersting*, § 33 a GWB Rn. 24 mit der Begründung, dass das Merkmal des bestimmenden Einflusses lediglich den Zweck habe, Grenzen und Umfang der wirtschaftlichen Einheit zu bestimmen.

Tochtergesellschaft für einen durch ihre Mutter begangenen Wettbewerbsverstoß weder mit der Umgehungsgefahr aufgrund gesellschaftsrechtlicher Umstrukturierungen noch durch den ökonomischen Abschöpfungsgedanken begründen. Auch rechtspolitisch scheint eine Haftungserstreckung auf Tochtergesellschaften fragwürdig, da mit einem invasiven Eingriff in das Rechtsgefüge letztlich nur ein kleiner Mehrwert für die vermeintlich Kartellgeschädigten herbeigeführt wird.

(3) Keine Einführung eines kartellrechtlichen Sonderhaftungsregimes

Daneben wird im Zusammenhang mit der Einführung der Zurechnungsfigur der wirtschaftlichen Einheit in die deutsche kartellzivilrechtliche Unternehmenshaftung die Befürchtung geäußert, dass eine solche Haftung ein Einfallstor für ausufernde Haftungsfolgen im Konzern auch in anderen Rechtsbereichen darstellen könnte.[1036] Insbesondere würde das allgemeine Verursacherprinzip bzw. das Prinzip der persönlichen Verantwortlichkeit geschwächt und für das Kartellschadensersatzrecht eine nicht gerechtfertigte Sonderhaftung geschaffen.[1037] Diese Bedenken erweisen sich am Ende jedoch als nicht begründet.

Zum einen werden und wurden die zur Umsetzung der Kartellschadensersatzrichtlinie und sonstiger unionsrechtlichen Vorgaben im Bereich des Wettbewerbsrechts erforderlichen Änderungen des deutschen Schadens- und Zivilprozessrechts bisher ausschließlich im GWB kodifiziert und hierdurch auf das Kartellrecht als Spezialrechtsgebiet begrenzt.[1038] Hierdurch wird vermieden, dass die kartellrechtsspezifischen Regelungen zur Durchsetzung von auf wettbewerbswidrigem Verhalten basierenden Schadensersatzansprüchen Wirkungen auf die allgemeinen Normen und Vorgaben des deutschen Zivilrechts haben. Auch etwaige Widersprüche zum nationalen Gesellschaftsrecht sollten so wirksam vermieden werden.[1039]

Zum anderen sind Spezialregelungen für die Erfassung der Besonderheiten eines spezifischen Rechtsgebietes nichts Außergewöhnliches. Sogar ein der wirtschaftlichen Einheit entsprechendes Zurechnungsprinzip ist dem

---

1036 *Von Hülsen/Kasten*, NZKart 2015, 296, 302; *Thomas/Legner*, NZKart 2016, 155, 159; *Klotz*, WuW 2017, 226, 229.

1037 *Kremer/Nowak*, WuW 2020, 358, 358.

1038 BKartA, Tätigkeitsbericht 2013/2014, S. 14; *Bischke/Brack*, NZG 2016, 99, 102; *Könen*, NZKart 2017, 15, 17.

1039 *Schmidt*, NZKart 2016, 126, 128; *Könen*, NZKart 2017, 15, 17. Kritisch im Hinblick auf weitere Sektoralisierungen *Meessen*, S. 614, 626 („Wenn es nicht notwendig ist, ein Gesetz zu erlassen, dann ist es notwendig, kein Gesetz zu erlassen").

deutschen Zivilrecht in anderen spezialgesetzlich geregelten Rechtsbereichen nicht fremd.[1040] So sieht beispielsweise das Gesetz gegen unlauteren Wettbewerb in § 8 Abs. 2 UWG eine Schadensersatzhaftung des Unternehmensinhabers für Wettbewerbsverstöße seiner Beauftragten vor.[1041] Auch das Urheber-. Geschmacksmuster- und Markenrecht enthalten für Unterlassungsansprüche[1042] in § 99 UrhG, § 2 Abs. 1 Satz 2 UKlaG, § 44 DesignG sowie in § 14 Abs. 7 MarkenG sogar für Schadensersatzansprüche vergleichbare Zurechnungstatbestände für die Haftung leitender Konzernobergesellschaften.[1043] Der Unternehmensinhaber, der sich zur Aufgabenerfüllung abhängiger, in seinem Interesse tätiger Dritter bedient, hat nach den aufgeführten Normen auch für in seinem Unternehmen durch diese Beauftragten unmittelbar begangene Rechtsverletzungen einzustehen.[1044] Als Beauftragter ist dabei anzusehen, wer, ohne Mitarbeiter zu sein, derart in die betriebliche Organisation des Unternehmensinhabers eingegliedert ist, dass dieser einen bestimmenden, durchsetzbaren Einfluss auf ihn hat und der Erfolg der Geschäftstätigkeit des Beauftragten unmittelbar dem Unternehmensinhaber zugutekommt.[1045] Der Begriff des Beauftragten ist dabei weit

---

1040 *Klotz*, S. 195, 216, für einen Ansatz über die Inhaberhaftung für das Kartellrecht. Die Verwendung eines zusätzlichen, gesondert zu bestimmenden Unternehmensbegriffs würde daneben nur zusätzliche terminologische Unsicherheit in das GWB tragen; *Leffrang*, S. 270 f.; *Köhler*, WRP 2011, 277, 281 (zur gesellschaftsrechtlichen Existenzvernichtungshaftung); *Thomas/Legner*, NZKart 2016, 155, 159 (Begründung einer Haftung der Konzernmutter für einen spezifischen Rechtsbereich ist daneben abzulehnen).

1041 *Leffrang*, Rn. 394.

1042 BGH, Urt. v. 09.02.2006, I ZR 73/02, GRUR 2006, 426, 428 – *Direktansprache am Arbeitsplatz II;* BGH, Urt. v. 25.04.2012, I ZR 105/10, GRUR 2012, 1279, 1283 – *Das große Rätselheft*; Regierungsentwurf v. 22.08.2003 zum UWG, BT-Drucks. 15/1487, S. 22; Köhler/Bornkamm/Feddersen/*Köhler*, UWG, § 8 Rn. 2.36; MüKo Lauterkeitsrecht/*Fritzsche*, § 8 UWG Rn. 296.

1043 BGH, Urt. v. 07.10.2009, I ZR 109/06, WRP 2009, 1520 – *Partnerprogramm*; *Klotz*, S. 190; *Leffrang*, Rn. 507; *Renner/Schmidt*, GRUR 2009, 908, 912; *Klotz*, WuW 2017, 226, 228; *Werner*, WRP 2018, 286, 290; MüKo Lauterkeitsrecht/*Fritzsche*, § 8 UWG Rn. 295.

1044 BGH, Urt. v. 29.06.2000, I ZR 29/98, GRUR 907, 909 – *Filialleiterfehler; Leffrang*, Rn. 395; *Köhler*, WRP 2010, 475, 477; Köhler/Bornkamm/Feddersen/*Köhler*, UWG, § 8 UWG Rn. 2.33.

1045 BGH, Urt. v. 07.04.2005, I ZR 221/02, GRUR 2005, 864, 865 – *Meißner Dekor II*; BGH, Urt. v. 07.10.2009, I ZR 109/06, GRUR 2009, 1167, 1170 – *Partnerprogramm*; BGH, Urt. v. 05.04.1995, I ZR 133/93, GRUR 1995, 605 – *Franchise-Nehmer*; OLG Köln, Urt. v. 24.05.2006, 6 U 200/05; OLG Stuttgart, Urt. v. 27.11.2014, 2 U 175/13,

auszulegen und betrifft anders als § 831 Abs. 1 BGB auch unabhängige Unternehmen.[1046] Im Hinblick auf Tochterunternehmen basiert er damit nicht auf dem Einfluss aufgrund einer gesellschaftsrechtlichen Mehrheitsbeteiligung nach § 17 Abs. 2 AktG, sondern erfasst Konzerntochterunternehmen bereits dann, wenn für diese ein Beherrschungs- und Gewinnabführungsvertrag nach §§ 291 Abs. 1 S. 1, 292 Abs. 1 Nr. 2 AktG zugunsten der Konzernobergesellschaft besteht.[1047] Unter dem Unternehmensinhaber ist die natürliche oder juristische Person zu verstehen, mithin der Rechtsträger, in dessen Namen der Betrieb geführt wird und der im Rechtsverkehr die Verantwortung für das Unternehmen übernommen hat.[1048] Dem Unternehmensinhaber muss zur Anspruchsverwirklichung ähnlich wie bei der Zurechnungsfigur der wirtschaftlichen Einheit zudem ein bestimmender und durchsetzbarer Einfluss auf die Betriebstätigkeit des Beauftragten, in dessen Bereich das rechtsverletzende Verhalten fällt, zukommen.[1049] Auf dessen tatsächliche Ausübung kommt es demgegenüber anders als bei der Rechtsfigur der wirtschaftlichen Einheit nicht an.[1050] Handelt der Beauftragte im geschäftlichen Betrieb sodann vorsätzlich oder fahrlässig, kann ein Geschädigter im Marken- sowie Lauterkeitsrecht einen Schadensersatzanspruch über die

---

Tz. 84; OLG Hamburg, Urt. v. 25.02.2016, 5 U 26/12, I.2.c; KG, Beschl. v. 15.09.2017, 5 U 65/17; s. hierzu auch *Scheidtmann*, WRP 2010, 499, 502.

1046 BGH, Urt. v. 07.04.2005, I ZR 221/02, GRUR 2005, 864, 865 – *Meißner Dekor II* (zu § 8 Abs. 2 UWG, aber laut BGH auf andere Fälle übertragbar); BGH, Urt. v. 07.10.2009, I ZR 109/06, GRUR 2009, 1167, 1170 – *Partnerprogramm*; BGH, Urt. v. 25.04.2012, I ZR 105/10, GRUR 2012, 1279, 1284 – *Das große Rätselheft*; Dreier/Schulze/*Dreier*, UrhG, § 99 UrhG Rn. 5, 7; a.A. *Ballerstedt*, DB 1956, 813, 813.

1047 BGH, Urt. v. 07.04.2005, I ZR 221/02, GRUR 2005, 864 – *Meißner Dekor II*; OLG Frankfurt, Urt. v. 17.05.2001, 6 U 23/01, WRP 2001, 1111, 1113 – *Ratgeber Selbstmedikation*; *Scheidtmann*, WRP 2010, 499, 502; *Werner*, WRP 2018, 286, 287 ff. u. 291.

1048 *Fezer*, Markenrecht, § 14 Rn. 1064; Köhler/Bornkamm/Feddersen/*Köhler*, UWG, § 8 UWG Rn. 2.48; *Renner/Schmidt*, GRUR 2009, 908, 908.

1049 BGH, Urt. v. 07.04.2005, I ZR 221/02, GRUR 2005, 864, 865 – *Meißner Dekor II*; BGH, Urt. v. 28.10.2010, 1 ZR 174/08, GRUR 2011, 543, 544 – *Änderung der Voreinstellung II*.

1050 BGH, Urt. v. 05.04.1995, I ZR 133/93, GRUR 1995, 605, 607 – *Franchisenehmer* (zu § 13 Abs. 4 UWG a.F.); BGH, Urt. v. 07.10.2009, I ZR 109/06, GRUR 2009, 1167, 1170 – *Partnerprogramm*; *Klotz*, S. 208; *Renner/Schmidt*, GRUR 2009, 908, 909; Köhler/Bornkamm/Feddersen/*Köhler*, UWG, § 8 Rn. 2.41. a.A. OLG Frankfurt, Urt. v. 13.09.2001, 6 U 79/01, MDR 2002, 229; LG Köln, Urt. v. 12.07.2005, 33 0 94/05.

Unternehmensinhaberhaftung gegen die leitende Konzernobergesellschaft auch ohne deren eigenes Verschulden geltend machen.[1051]

Wie aufgezeigt kann in diesen Spezialrechtsgebieten bei Bestehen des geforderten operativen Einflusses somit auch eine Konzernmuttergesellschaft Unternehmensinhaberin eines selbstständigen Konzernunternehmens sein, sobald dieses in ihre betriebliche Organisation entsprechend eingebunden ist.[1052] Im Ergebnis begründen § 8 Abs. 2 UWG, § 99 UrhG, § 2 Abs. 1 Satz 2 UKlaG, § 44 DesignG und § 14 Abs. 7 MarkenG damit einen zusätzlichen selbständigen Anspruch gegen den Unternehmensinhaber.[1053] Dahinter steht vergleichbar der Überlegung zur wirtschaftlichen Einheit auf europäischer Ebene der Gedanke, dass ein Unternehmensinhaber, der selbst alle operativen Entscheidungen trifft, nicht seinen Aktions- und Geschäftskreis durch gesellschaftsrechtliche Strukturen und arbeitsteilige Organisation seines Betriebs zu seinem Vorteil erweitern können soll, ohne für das damit einhergehende erhöhte Risiko einer Zuwiderhandlung innerhalb seines „erweiterten" Unternehmens auch zu haften.[1054] Diese Wertung trifft in gleicher Weise auf die unionskartellrechtliche Haftung leitender Konzernmuttergesellschaften für wettbewerbsrechtliche Zuwiderhandlungen ihrer Tochtergesellschaften in ihrem erweiterten Geschäftskreis zu.[1055] Es verwundert daher nicht, dass nach der Regierungsbegründung zur 7.

1051 BGH, Beschl. v. 04.04.2012, I ZR 103/11, Rn. 7 ff; OLG Hamm, Urt. v. 05.04.2011, I-4 U 193/10, B.2.a.bb; OLG Stuttgart, Urt. v. 27.11.2014, 2 U 175/13, Rn. 82; KG, Beschl. v. 15.09.2017, 5 U 65/17.

1052 *BGH, Urt. v. 28.10.2010, I ZR 174/08, Rn. 11 – Änderung der Voreinstellung III*; BGH, Urt. v. 25.04.2012, I ZR 105/10, Rn. 61 – *Das große Rätselheft*; OLG Hamm, Urt. v. 05.04.2011, I-4 U 193/10, B.2.a.bb; KG, Beschl. v. 15.09.2017, 5 U 65/17; *Werner*, WRP 2018, 286, 287 und 291; Köhler/Bornkamm/Feddersen/*Köhler*, UWG, § 8 UWG Rn. 2.42 und 2.45.

1053 BGH, Urt. v. 05.04.1995, I ZR 133/93, GRUR 1995, 605, 608 – *Franchisenehmer* (zu § 13 Abs. 4 UWG a.F.); Köhler/Bornkamm/Feddersen/*Köhler*, UWG, § 8 UWG Rn. 2.32; MüKo Lauterkeitsrecht/*Fritzsche*, § 8 UWG Rn. 293.

1054 BGH, Urt. v. 05.04.1995, 1 ZR 133/93, GRUR 1995, 605, 607 – *Franchisenehmer*; BGH, Urt. v. 25.04.2012, I ZR 105/10 – *Das große Rätselheft*; OLG Hamm, Urt. v. 05.04.2011, I-4 U 193/10, B.2.a.bb; KG, Beschl. v. 15.09.2017, 5 U 65/17; *Werner*, WRP 2018, 286, 286.

1055 *Thomas/Legner*, NZKart 2016, 155, 159; *Klotz*, WuW 2017, 226, 226. Die Prüfung eines eigenen Verschuldens der Muttergesellschaft im Rahmen der Rechtsfigur der wirtschaftlichen Einheit auf EU-Ebene fordernd *Zandler*, NZKart 2016, 98 ff.; s. auch *Gehring/Kasten/Mäger*, CCZ 2013, 1, 8 ff.

GWB-Novelle die kartellrechtlichen Ansprüche des § 33 GWB a.F. sogar an das Rechtsschutzsystem des UWG anknüpfen sollten.[1056]

Eine weitere dogmatische Grundlage, um die europarechtlichen Haftungsvorgaben zur wirtschaftlichen Einheit in das bestehende System des deutschen Rechts einzuführen, könnte sich überdies aus dem Rechtsinstitut der Gefährdungshaftung ergeben. Die ausgeübte Einflussnahme auf die Tochtergesellschaft wäre dabei vergleichbar der Eröffnung und Beherrschung einer Gefahrenquelle bzw. eines Verkehrsbereichs, in dessen Zusammenhang sodann derjenige das Risiko einer rechtswidrigen Verhaltensweise verschuldensunabhängig zu tragen hätte, der sie veranlasst hat und durch zweckmäßige Organisation beherrschen kann.[1057] In diesem Fall wäre das die Muttergesellschaft. Diese Argumentation ist aber nur eine tragfähige Grundlage für eine aufsteigende Haftungszurechnung von einer Tochter zu ihrer beherrschenden Mutter. Sie ist damit nicht geeignet, die vom EuGH in *Sumal* postulierte Konstellation der absteigenden Haftung zu erfassen und würde damit den unionsrechtlichen Vorgaben nur teilweise gerecht. In eine ähnliche Richtung zielt der Gedanke, die wirtschaftliche Einheit im deutschen Recht über die Postulierung einer konzerndimensionalen kartellrechtlichen Aufsichtspflicht der Muttergesellschaft über die mit ihr verbundenen Tochterunternehmen zu etablieren.[1058] Dieser Begründungsansatz ist aus dem oben dargelegten Grund ebenfalls zu eng. Weiterhin berücksichtigt er auch nicht, dass die Haftung einer Muttergesellschaft als Teil der wirtschaftlichen Einheit nicht erfordert, dass die Muttergesellschaft Kenntnis von der unmittelbaren Tatbeteiligung der Tochter hatte.

Mit der Verbundklausel des § 36 Abs. 2 GWB enthält auch das deutsche Kartellrecht selbst bereits eine Vorschrift, die zeigt, dass es dem Gesetzgeber nicht fremd ist, rechtlich selbstständige Gesellschaften zu einem einheitlich verbundenen Unternehmen zusammenzufassen. Nach den Vorgaben des § 36 Abs. 2

1056 Gesetzentwurf der Bundesregierung eines Siebten Gesetzes zur Änderung des Gesetzes gegen Wettbewerbsbeschränkungen, BT-Drucks. 15/3640, S. 35, re. Sp.; *Scheidtmann,* WRP 2010, 499, 503, der daraus den Schluss zieht der Gesetzgeber habe bewusst auf eine Zurechnungsnorm wie im UWG verzichtet.

1057 BGH, Urt. v. 02.02.1996, V ZR 239/94, BGHZ 132, 30, 37 f. = NJW 1996, 1339; BGH, Urt. v. 12.11.1998, IX ZR 145/98, NJW 1999, 284, 286; *Verse*, AG 2015, 413, 419 f.; *Schürnbrand*, ZHR 181 (2017), 357, 364.

1058 *Brettel/Thomas*, WuW 2016, 363, 341; *Thomas/Legner*, NZKart 2016, 155, 159 f.; *Könen*, NZKart 2017, 15, 17; Loewenheim/*Rehbinder* (3. Aufl. 2016), § 33 GWB Rn. 41. Für eine Lösung über § 830 BGB: OLG Düsseldorf, Urt. v. 13.11.2013, VI-U (Kart) 11/13, WuW/E DE-R 4117, 4127 f. – *Badarmaturen*; *Meessen*, S. 379 ff.

GWB gelten als ein einheitlich verbundenes Unternehmen abhängige und herrschende Unternehmen i.S. des § 17 AktG oder unter einheitlicher Leitung stehende Konzernunternehmen i.S. des § 18 AktG. Trotz seiner eigentlichen systematischen Stellung im Recht der Fusionskontrolle wurde der Anwendungsbereich des § 36 Abs. 2 GWB durch die höchstrichterliche Rechtsprechung[1059] mit Bestätigung des Gesetzgebers[1060] zunehmend erweitert. Die Verbundklausel gilt damit nicht mehr nur für die Beurteilung potenzieller Auswirkungen eines Zusammenschlusses, sondern für den gesamten Anwendungsbereich des GWB.[1061] Zudem erstreckt die kartellrechtliche Verbundklausel das einheitliche Unternehmen nicht ausschließlich vertikal nach oben, sondern auch zur Seite und nach unten und erfasst damit theoretisch Konzernunternehmen aller Stufen. Bei § 36 Abs. 2 GWB handelt es sich allerdings nicht um eine Anspruchsgrundlage.[1062] Ein etwaiger Zurechnungsdurchgriff in Bezug auf Verhalten, Eigenschaften und Kenntnisse einer Gesellschaft darf auch nicht mit einem Haftungsdurchgriff gleichgesetzt werden.[1063] Außerdem gilt die Norm trotz ihres weiten Anwendungsbereichs ihrem Normzweck nach nicht für Konstellationen, denen ein fusionskontrollrechtlichen Entscheidungen vergleichbares Element der Prognose fehlt.[1064] Sie ist insoweit in Bezug auf haftungsrechtliche Folgen deliktischen Verhaltens nicht einschlägig. Eine einheitliche kartellzivilrechtliche

---

1059 BGH, Urt. v. 23.06.2009, KZR 21/08, NJW-RR 2010, 618 – *Entega*; Dreher/Kulka/*Rittner*, Wettb.- u. KartellR, Rn. 701.

1060 Regierungsentwurf v. 29.01.1998 zur 6. GWB-Novelle, BT-Drucks. 13/9720, S. 56 f.

1061 BGH, Beschl.v. 07.11.2006, KVR 39/05, WuW 2007, 262 – *Radio Ton*; BGH, Urt. v. 23.06.2009, KZR 21/08, NJW-RR 2010, 618, 619, Rn. 15 – *Entega* (unter Verweis auf BT-Drucks. 13/9720, S. 56); OLG Düsseldorf, Beschl. v. 20.06.2007, VI-Kart 14/06 (V), WuW/E DE-R 2146, 2148 f. S. auch *Dreher/Schmidt*, EWiR 2007, 241, *Koch*, ZHR 2007, 554, 563; *Kling*, WRP 2010, 506, 513; *Scheidtmann*, WRP 2010, 499, 502; Dreher/Kulka/*Rittner*, Wettb.- u. KartellR, Rn. 701; Kölner Kommentar/*Maritzen*, § 1 GWB a.F. Rn. 51.

1062 *Thomas/Legner*, NZKart 2016, 155, 156.

1063 So ausdrücklich BGH, Urt. v. 23.06.2009, KZR 21/08 – *Entega*; *Klotz*, S. 171; *Suchsland/Rossmann*, WuW 2015, 973, 974; Immenga/Mestmäcker/*Zimmer*, Art. 101 Abs. 1 AEUV Rn. 46. Vgl. dazu auch *Inderst/Thomas*, S. 78; *Klotz*, S. 171; *Scheidtmann*, WRP 2010, 499, 503; Kamann/Ohlhoff/Völcker/*Ohlhoff*, § 26 Rn. 33.

1064 *Kling*, WRP 2010, 506, 512 f.; *Könen*, NZKart 2017, 15, 16; implizit *Scheidtmann*, WRP 2010, 499, 502 f.; Immenga/Mestmäcker/*Zimmer*, Art. 101 Abs. 1 AEUV Rn. 46.

Unternehmenshaftung lässt sich nicht bereits aus der Verbundklausel des § 36 Abs. 2 GWB ableiten.[1065]

(4) Zwischenergebnis

Einer europarechtskonformen Auslegung des § 33 a GWB i.S.e. Übernahme des Zurechnungskonzepts der wirtschaftlichen Einheit steht weder der Wille des Gesetzgebers entgegen noch führt sie zu Friktionen mit tradierten Konzepten der deutschen Rechtsordnung wie dem gesellschaftsrechtlichen Trennungsprinzip. Letzteres gilt jedenfalls insoweit als die Rechtsfigur der wirtschaftlichen Einheit auf die aufsteigende Haftung beschränkt wird und nicht auch, wie in *Sumal* vom EuGH vorgegeben, die Konstellation der absteigenden Haftung erfasst. Jedenfalls lässt die offene Formulierung des § 33 a GWB hinreichend Spielraum für eine europarechtskonforme Lesart. Weiterhin zeigt ein Blick auf andere Rechtsbereiche wie z.B. das Lauterkeits- und Markenrecht, dass dem deutschen Recht ein der wirtschaftlichen Einheit vergleichbares Zurechnungsprinzip durchaus geläufig ist. Im Ergebnis ist passivlegitimiert nach §§ 33 Abs. 1, 33 a Abs. 1 GWB somit das Unternehmen i.S.v. Art. 101 Abs. 1 AEUV, das gegen materielles Kartellrecht verstoßen hat bzw. seine Rechtsträger.[1066] Im Folgenden wird im Detail untersucht, ob tatsächlich die Wirtschaftseinheit, ihre Rechtsträger oder beide Passivlegitimierte sind.

c. Passivlegitimation der wirtschaftlichen Einheit

Wie oben erläutert ist Norm- und Pflichtenadressat des europäischen Wettbewerbsrechts das Unternehmen i.S.e. wirtschaftlichen Einheit, nicht die auf Basis des Rechtsträgerprinzips nach den Rechten der Mitgliedstaaten definierte und mit eigener Rechtspersönlichkeit ausgestattete juristische Person. Liegen die oben genannten Voraussetzungen einer Wirtschaftseinheit vor, wird der Kartellrechtsverstoß einer Gesellschaft der wirtschaftlichen Einheit als Verstoß des Unternehmens im funktionalen Sinn und letztlich reziprok als eigene Zuwiderhandlung seiner Rechtsträger angesehen.[1067] Das Vorliegen eines Unternehmens

---

1065 BGH, Urt. v. 23.06.2009, KZR 21/08, NJW-RR 2010, 618, 619 – *Entega*; Kersting/Podszun/*Meyer-Lindemann*, 9. GWB-Novelle, Kap. 17 Rn. 54; *Klotz*, S. 171; *Scheidtmann*, WRP 2010, 499, 502; *Schnelle*, WuW 2015, 332, 337; *Klumpe/Thiede*, BB 2016, 3011, 3012; *Thomas/Legner*, NZKart 2016, 155, 156; *Könen*, NZKart 2017, 15, 16; Kölner Kommentar/*Krohs*, § 33 GWB Rn. 68.

1066 Immenga/Mestmäcker/*Franck*, § 33a GWB Rn. 31.

1067 EuGH, Urt. v. 11.07.2013, C-440/11, Rn. 37-42 – *Stichting Administratiekantoor Portielje*; *Kersting*, WuW 2014, 1156, 1158; *Ost/Kallfaß/Roesen*, NZKart 2016, 447, 449.

im funktionalen Sinn führt im europäischen Kartellrecht somit zu einer Verhaltenszurechnung des direkt kartellbeteiligten Unternehmensteils zur wirtschaftlichen Einheit sowie über diese Unternehmenseinheit zu einer persönlichen Verantwortlichkeit all ihrer Rechtsträger.[1068]

In diesem Zusammenhang stellt sich zunächst die Frage, ob die derart bestimmte wirtschaftliche Einheit auch Rechtsfähigkeit besitzt und damit selbst Adressatin eines Kartellbeschlusses bzw. Passivlegitimierte eines Kartellschadenersatzverfahrens sein kann.

Im Kartellordnungswidrigkeitenrecht findet keine bußgeldrechtliche Inanspruchnahme der wirtschaftlichen Einheit statt. Adressat des Kartellbeschlusses der Kommission ist nicht die wirtschaftliche Einheit, sondern stets ihre Träger, die als juristische Personen gesamtschuldnerisch für das verhängte Bußgeld haftbar gemacht werden.[1069] Der Rückgriff auf die Rechtsträger des Unternehmens im kartellrechtlichen Sinn ist auch notwendig, da die wirtschaftliche Einheit des Unionsrechts weder vermögens- noch rechtsfähig ist oder eine

---

1068 EuGH, Urt. v. 16.11.2000, C-294/98 P, Rn. 28 und 34 – *Metsä-Serla;* EuGH, Urt. v. 10.09.2009, C-97/08 P, Rn. 57, 77 – *Akzo Nobel*; EuGH, Urt. v. 03.09.2009 – C-322/07 P, Rn. 38 – *Papierfabrik August Koehler*; EuGH, Urt. v. 29.09.2011, C-521/09 P, Rn. 55 – *Elf Aquitaine*; EuGH, Urteil vom 22.01.2013, C-286 /11 P, Rn. 34, 38, 43, 49 – *Kommission/Tomkins*; EuGH, Urt. v. 26.11.2013, C-50/12 P, Rn. 55 – *Kendrion;* EuGH, Urt. v. 10.04.2014, C-231/11 P bis C-233/11 P, Rn. 45, 49 – *Siemens Österreich*; EuGH, Urt. v. 27.04.2017, C-516/15 P, Rn. 56, 57, 73 – *Wärmestabilisatoren*; Kommission, Beschl. v. 15.07.2015, AT.40098 – *Blocktrains*; Kommission, Beschl. v. 10.12.2014, AT.39780 – *Envelopes*; Monopolkomm., XXI. Hauptgutachten, 2016, Rn. 96. In der Literatur wird auch eine Zurechnung von der Tochtergesellschaft zur wirtschaftlichen Einheit vertreten, s. *Kersting*, WuW 2014, 1156, 1158. S. weiterhin *Körner*, S. 22, 118; *Leffrang*, Rn. 144; *Kellerbauer/Weber*, EuZW 2011, 666, 668; *Kokott/Dittert*, WuW 2012, 670, 672; *Kersting*, WuW 2014, 1156, 1158; *Braun/Kellerbauer*, NZKart 2015, 175, 176; *Schnelle*, WuW 2015, 332, 334; *Wachs*, WuW 2017, 2, 3; *Wagner*, ZHR 181 (2017), 203, 225; *Kersting*, VersR 2017, 581, 584; Berg/Mäsch/*Berg/Mudrony*, Art. 101 AEUV Rn. 32; Loewenheim/*Grave/Nyberg*, Art. 101 Abs. 1 AEUV Rn. 136; von der Groeben/Schwarze/Hatje/*Kienapfel*, Art. 23 Rn. 30. Andere Stimmen in der Literatur bewerten die Auferlegung von Sanktionen als eine verschuldensunabhängige Haftung, Dreher/Kulka/*Rittner*, Wettb.- u. KartellR, Rn. 706; *Bosch*, ZWeR 2012, 368, 373 f.; *Bodenstein*, NZKart 2015, 141, 141; Thomas, in FS Möschel (2011), S. 675, 677 ff.; *Heinichen*, S. 145 f.

1069 EuGH, Urt. v. 24.10.1996, C-73/95 P, Rn. 51 f. – *Viho*; EuGH, Urt. v. 10.09.2009, C-97/08 P, Rn. 60 – *Akzo Nobel*; EuGH, Urt. v. 10.04.2014, verb. Rs. C-231/11 P bis C-233/11 P, Rn. 45, 55 – *Siemens Österreich*; *Körner*, S. 81; *Kersting*, WuW 2014, 1156, 1163; *Thomas*, AG 2017, 637, 637.

Vertretungsstruktur aufweist.[1070] Bereits die Geltendmachung von Verfahrensrechten sowie die Zustellung und Vollstreckbarkeit des Kommissionsbeschlusses, die sich gem. Art. 299 Abs. 2 S. 1 AEUV nach den Vorschriften der nationalen Zivilprozessrechte der Mitgliedstaaten richtet, erfordern aber eine Identifikation von Rechtspersönlichkeit und daher eine Überleitung der materiellen Haftung der wirtschaftlichen Einheit auf ihre Träger.[1071] Zwischen allen Rechtsträgern der wirtschaftlichen Einheit steht der Kommission ein Auswahlermessen zu.[1072]

Auch das Kartellschadensersatzrecht kennt aus vergleichbaren Gründen keine Passivlegitimation des wirtschaftlichen Unternehmens. Kartellschadensersatzschuldner ist daher auch nicht die wirtschaftliche Einheit, sondern die juristische Person, die unmittelbar durch zurechenbar für sie Handelnde am Kartellverstoß beteiligt war sowie die Rechtsträger, denen als Teil der wirtschaftlichen Einheit der Verstoß nach europarechtlichen Grundsätzen zuzurechnen ist.[1073]

Als überschießend abzulehnen ist die Ansicht, dass das Unionsrecht eine Pflicht begründe, die wirtschaftliche Einheit selbst als Passivlegitimierte und

---

1070 Vgl. hierzu auch Art. 18 Abs. 4 VO 1/2003, wonach „zur Vertretung berufene [...] Personen" dem an das Unternehmen gerichtete Auskunftsverlangen nachkommen müssen. S. auch *Otto*, NZKart 2020, 355, 356.

1071 EuGH, Urt. v. 10.09.2009, C-97/08 P, Rn. 57, 61 – *Akzo Nobel*; *Körner*, S. 84; *Braun/Kellerbauer*, NZKart 2015, 175, 176; *Otto*, NZKart 2020, 355, 356; Calliess/Ruffert/*Weiß*, Art. 101 AEUV Rn. 27; Grabitz/Hilf/Nettesheim/*Stockenhuber*, Art. 101 AEUV Rn. 52; Loewenheim/*Grave/Nyberg*, Art. 101 Abs. 1 AEUV Rn. 164; von der Groeben/Schwarze/Hatje/*Kienapfel*, Art. 23 Rn. 20.

1072 EuGH, Urt. v. 14.07.1972, C-48/69, Rn. 44 – *ICI*; EuGH, Urt. v. 24.09.2009, C-125/07 P, Rn. 81 f. – *Erste Group Bank*; EuGH, Urt. v. 20.01.2011, C-90/09 P, Rn. 37 – *General Quimica*; EuGH, Urt. v. 10.04.2014, C-231/11 P bis C-233/11 P, Rn. 57 – *Siemens Österreich*; *Körner*, S. 120; *Braun/Kellerbauer*, NZKart 2015, 175, 181; *Bodenstein*, NZKart 2015, 141, 141; *Ost/Kallfaß/Roesen*, NZKart 2016, 447, 448; Berg/Mäsch/*Berg/Mudrony*, Art. 101 AEUV Rn. 28; Berg/Mäsch/*van der Hout/Wiemer*, Vor Art. 23 f. VO 1/2003 Rn. 53; von der Groeben/Schwarze/Hatje/*Kienapfel*, Art. 23 VO 1/2003 Rn. 24, 26, 33; Grabitz/Hilf/Nettesheim/Stockenhuber, Art. 101 AEUV Rn.75; Grabitz/Hilf/Nettesheim/*Schroeder*, Art. 101 AEUV Rn. 808; Calliess/Ruffert/*Weiß*, Art. 101 AEUV Rn. 73.

1073 Überdies führt das Konzept der wirtschaftlichen Einheit auch nicht zu einer Erweiterung der Anspruchsberechtigung i.S. einer Aktivlegitimation des Unternehmens im funktionalen Sinn; Immenga/Mestmäcker/*Franck*, § 33 a GWB Rn. 21 m.w.N.

Schuldnerin der Geldbuße anzuerkennen.[1074] Vertreter dieser Auffassung argumentieren, dass die Abstrahierung der Rechtsform der wirtschaftlichen Einheit sowie die Zuweisung persönlicher Verantwortung und die Anerkennung von Verteidigungsrechten durch die Rechtsprechung so zu verstehen sein könnten, dass die wirtschaftliche Einheit selbst Schuldnerin des Kartellschadensersatzanspruchs wie des Bußgelds ist.[1075] Die wirtschaftliche Einheit müsste dementsprechend aber in weiterem Umfang als bislang angenommen als rechtlich verselbständigt anerkannt, jedenfalls als vermögensfähig angesehen werden und Verfahrensrechte wahrnehmen können.[1076] Diese Sichtweise missachtet zudem Integrationsprobleme in das gesamtkonzeptionelle Rechtssystem der Mitgliedstaaten. Das Haftungskonzept lässt sich rechtsdogmatisch sauber nicht ad hoc und schon gar nicht rückwirkend in die nationalen Rechtssysteme der Mitgliedstaaten transferieren, nach deren Vorgaben sich die Rechtsfähigkeit von Gesellschaften sowie die einzelnen Modalitäten des Kartellschadensersatzanspruchs richten. Durch eine Passivlegitimation der wirtschaftlichen Einheit würden sich auf nationaler Ebene schwierige Fragen nach dem Umfang der rechtlichen Verselbständigung des Unternehmens im kartellrechtlichen Sinn stellen, da Rechtsfähigkeit nach den hierfür maßgeblichen Gesellschaftsrechten der Mitgliedstaaten bisher nur einzelnen Gesellschaften i.S. juristischer Personen zukommt.[1077] Die wirtschaftliche Einheit verfügt weder über Parteifähigkeit nach § 50 Abs. 1 ZPO, um die ihr angeblich zugewiesenen Rechte einfordern bzw. sich gegen die Inanspruchnahme aus den zugewiesenen Pflichten verteidigen zu können,[1078] noch über Vermögens- oder Vollstreckungsfähigkeit oder gar eine zustellungsfähige Anschrift, so dass sie nach bisherigem Rechtsstand als taugliche passivlegitimierte Anspruchsgegnerin des nationalen Zivilprozesses ausscheidet.[1079] Auch die höchstrichterliche europäische Rechtsprechung

---

1074 Vgl. auch GA Pitruzzella, Schlussanträge v. 15.04.2021, C-882/19, Rn. 51 f. – *Sumal;* hierzu bereits davor: *Kersting,* Der Konzern 2011, 445, 448 ff.; *Otto,* NZKart 2020, 285, 286 f.; *Schweitzer/Woeste,* ZGR 2020, 141, 149 ff.

1075 Kersting/Podszun/*Kersting,* 9. GWB Novelle, Kap. 7 Rn. 34 ff.; *Kersting,* Der Konzern 2011, 445, 448 ff., 452 ff.; *Kersting,* WuW 2019, 290, 295 f.; *Kersting,* in: *Kersting/Otto,* NZKart 2021, 651, 653.

1076 *Kersting,* WuW 2019, 290, 297 f.; *Kersting,* in: *Kersting/Otto,* NZKart 2021, 651, 653; s. auch LG Dortmund, NZKart 2020, 553, 554 f.; a.A. *Stancke,* NZKart 2017, 636, 642.

1077 Vgl. *Otto,* NZKart 2020, 285, 287 ff.; *Otto,* NZKart 2020, 355 ff.; *Otto,* in: *Kersting/Otto,* NZKart 2021, 651, 653.

1078 *Otto,* NZKart 2020, 355, 360.

1079 EuGH, Urt. v. 10.09.2009, C-97/08 P, Rn. 57 – *Akzo Nobel; Körner,* S. 272; *Scheidtmann,* WRP 2010, 499, 501; *Weck,* WuW 2016, 404, 408; *Könen,* NZKart 2017, 15, 19;

hat eine Lösung im Unionskartellordnungswidrigkeitenrecht bisher nur in der Überleitung auf eine gesamtschuldnerische Haftung der rechtsfähigen Träger der wirtschaftlichen Einheit gefunden.[1080] Insgesamt ist daher der Ansicht zu folgen, dass dem Unternehmen i.S.e. wirtschaftlichen Einheit, obwohl Haftungs- und Pflichtenadressat der Verbotsnorm, nach derzeitigem Rechtsstand jedenfalls über eine sehr begrenzte Kartellrechtsfähigkeit[1081] hinaus keine Rechtsfähigkeit zukommt.

Weiterhin ist es zugegebenermaßen auch kritisch zu betrachten, wenn der Gerichtshof in seiner Aufgabe nach Art. 19 Abs. 1 S. 2 EUV das Unionsrecht fortzubilden durch die Etablierung von Standards für die Schadensersatzhaftung die Kompetenzen des Unionsgesetzgebers unterläuft.[1082] Es ist fraglich, ob der europäische Gesetzgeber mit der Übernahme des Unternehmensbegriffs in

---

Otto, NZKart 2020, 355, 359, 362; Kling/Thomas, § 21 Rn. 51; Kölner Kommentar/*Krohs*, § 33 GWB a.F. Rn. 58, 68.

1080 Vgl. EuGH, Urt. v. 10.09.2009, C-97/08 P, Rn. 57 – *Akzo Nobel*; GA Kokott, Schlussanträge v. 23.04.2009, C-97/08 P, Rn. 37 – *Akzo Nobel*; s. dazu *Otto*, NZKart 2020, 285, 356 f.; *Bauermeister*, NZKart 2021, 385, 386 m.w.N.

1081 Der wirtschaftlichen Einheit wird teilweise Teilrechtsfähigkeit in Form einer sog. Kartellrechtsfähigkeit zugesprochen; *Dannecker/Dannecker*, NZWiSt 2016, 162, 166; *Kersting*, in: FIW (Hrsg.), Jahrbuch 2018, S. 113, 117; *Kersting*, WuW 2019, 290, 295 ff.; *Otto*, NZKart 2020, 285, 287; *Kersting/Otto*, NZKart 2021, 651, 653. So auch GA Pitruzzella, Schlussanträge v. 15.04.2021, C-882/19, Rn. 35 – *Sumal*; der EuGH schweigt hierzu. Auch § 81 Abs. 3 a GWB sowie der dazugehörigen Gesetzesbegründung wird teilweise die kartellrechtsspezifische Teilrechtsfähigkeit der wirtschaftlichen Einheit entnommen: So auch *Kesting/Preuß*, WuW 2016, 394, 396; *Ost/Kallfaß/Roesen*, NZKart 2016, 447, 455; *Dannecker/Dannecker*, NZWiSt 2016, 162, 166 u. 168; vgl. auch *Könen*, NZKart 2017, 15, 19. Die Vereinbarkeit mit verfassungsrechtlichen Vorgaben bezweifelnd: *Mäger/Schreitter*, NZKart 2017, 264, 264, vgl. hierzu auch *Kesting/Preuß*, WuW 2016, 394, 400. Gegen eine bußgeldrechtliche Konzernverantwortlichkeit der Muttergesellschaft u.a. wegen des gesellschaftsrechtlichen Trennungsprinzips zuvor noch BGH, Urt. v. 10.08.2011, KRB 55/10 – *Versicherungsfusion*; BGH, Urt. v. 16.12.2014, KRB 47/13, NZKart 2015, 272, Rn. 19 - 21 – *Silostellgebühren III/Maxit*. S. hierzu weiterhin Monopolkomm., Sondergutachten v. 28.01.2016, Strafrechtliche Sanktionen bei Kartellverstößen, BT-Drucks. 18/7508, S. 25; Gesetzentwurf der Bundesregierung eines Neunten Gesetzes zur Änderung des Gesetzes gegen Wettbewerbsbeschränkungen, BT-Drucks. 18/10207, S. 89 f.; *Buerger*, WuW 2011, 130, 133; *Rust*, NZKart 2015, 502,502; *Suchsland/Rossmann*, WuW 2015, 973, 974; *Schnelle*, WuW 2015, 332, 337; *Timmerbeil/Blome*, BB 2017, 1544, 1545.

1082 *Franck*, Regelsetzung im Kartellprivatrecht, S. 22.

Art. 1 der Kartellschadensersatzrichtlinie die Befugnis zugestehen wollte, den Begriff des Unternehmens uferlos weiterzuentwickeln. Aber selbst wenn man die wirtschaftliche Einheit über das bisherige Maß hinaus als verselbständigt ansehen und ihr Beteiligten- und Vermögensfähigkeit zuschreiben würde, [1083] erschiene ein Verfahren gegen eine wirtschaftliche Einheit kaum erfolgsversprechend, da diese in der Regel kein Vermögen haben wird. Zur Durchsetzung von Bußgeld- oder Schadensersatzansprüchen gibt es daher keine andere Möglichkeit als sich an die rechtsfähigen Rechtsträger des wirtschaftlichen Unternehmens zu wenden.

Zusammenfassend ist festzuhalten, dass mangels Rechts-, Vermögens- und Parteifähigkeit keine Passivlegitimation der wirtschaftlichen Einheit im Kartellzivilrecht besteht. Der Follow-on Kartellschadensersatzprozess ist somit nicht gegen die kartellrechtswidrige handelnde wirtschaftliche Einheit, sondern nur gegen ihre Rechtsträger als Gesamtschuldner zu führen, die als Kartellbeteiligte im Kommissionsbeschluss festgestellt und adressiert wurden.[1084] Konsequenterweise befassen sich die folgenden Ausführungen daher auch nur mit der Übernahme des Zurechnungskonzepts der wirtschaftlichen Einheit in das nationale Kartellschadensersatzrecht.

2. *Bindungswirkung auf Grundlage von Art. 16 Abs. 1 VO 1/2003 hinsichtlich des Zurechnungskonzepts der wirtschaftlichen Einheit*

Das richterrechtlich entwickelte Konzept der wirtschaftlichen Einheit ist mit dem Urteil des Europäischen Gerichtshof im Verfahren *Sumal* in das Kartellschadensersatzrecht übertragen worden.[1085] Dabei sieht sich der EuGH unter anderem dem Vorwurf ausgesetzt, durch seine Rechtsfortbildung eine Grenze zu überschreiten und sich entgegen dem institutionellen Gefüge der Union als Gesetzgeber zu gerieren.[1086] Dieser Vorwurf wäre allerdings unbegründet, wenn

---

1083 *Kersting/Otto*, NZKart 2021, 651, 663 f. Der EuGH selbst hat bereits geurteilt, dass jeder Staat selbst bestimmt, welche Anknüpfung mit seinem Gebiet eine Gesellschaft aufweisen muss, um sich nach seinem Recht zu gründen bzw. nach diesem Recht fortzubestehen, s. z.B. EuGH, Urt. v. 16.12.2008, C-210/06 – *Cartesio*.

1084 *Körner*, S. 271, 272; a.A. *Kersting*, Der Konzern 2011, 445, 449 ff. (insbes. 452, 458 f.), *Kersting*, WuW 2014, 1156, 1172 und *Kersting*, VersR 2017, 581, 585, der die wirtschaftliche Einheit als Außen-GbR im nationalen Recht konstuiert und damit als parteifähig einstuft, s. hierzu zu Recht kritisch, Immenga/Mestmäcker/*Franck*, § 33 a GWB Rn. 32.

1085 S. zum Urteil in *Sumal* oben S. 288 ff.

1086 *Franck*, Regelsetzung im Kartellprivatrecht, S. 22.

die Verordnungsnorm des Art. 16 Abs. 1 VO 1/2003 bereits die Übertragung des Zurechnungskonzepts der wirtschaftlichen Einheit auf den Kartellschadensersatzprozess vorgeben würde.[1087] Die *Sumal* Entscheidung wäre in diesem Fall keine Rechtsfortbildung in Anmaßung gesetzgeberischer Kompetenzen, sondern der Vollzug des unionsgesetzgeberischen Willens.

Im Folgenden soll daher untersucht werden, ob die aufgrund des Zurechnungskonzepts der wirtschaftlichen Einheit haftenden, nicht unmittelbar kartellbeteiligten Adressaten des Bußgeldbeschlusses bereits aufgrund der bindenden Wirkung gem. Art. 16 Abs. 1 VO 1/2003 als Kartelltäter und damit Passivlegitimierte des nationalen Follow-on Schadensersatzprozesses vordeterminiert sind. Da Kartellschadensersatzverfahren vor nationalen Gerichten auf Basis mitgliedstaatlicher Normen geführt werden, fand die Auseinandersetzung mit dieser Frage – wenn überhaupt – vor allem vor den nationalen Gerichten statt. Erst die Entscheidung des EuGH in der Rechtssache *Sumal* hob die Befassung mit diesem Punkt auf die europäische Ebene.

a. *Stand der Diskussion in Gesetzgebung, Rechtsprechung und Literatur in Deutschland*

Im Wesentlichen haben sich bisher weder die deutsche Rechtsprechung noch der nationale Gesetzgeber eingehend mit der Übernahme des Zurechnungskonzepts der wirtschaftlichen Einheit in das deutsche Kartellzivilrecht in Follow-on Verfahren auseinandergesetzt. Falls überhaupt einmal thematisiert, wurde eine Übernahme von der Rechtsprechung uneinheitlich beantwortet.[1088] Allein in der kartellrechtlichen Literatur hat die Frage für einen kontroversen Meinungsaustausch gesorgt.[1089]

1087 Wie oben S. 294 ff. ausgeführt hat der Gesetzgeber der Kartellschadenersatzrichtlinie die Übernahme des Haftungskonzepts der wirtschaftlichen Einheit in das Kartellschadensersatzrecht nicht eindeutig entschieden, wenn auch nach hier vertretener Auffassung vieles dafür spricht, dass er von einer Übernahme ausging.

1088 Eine Übernahme des Konzepts der wirtschaftlichen Einheit in das Kartellzivilrecht verneinend LG Berlin, Urt. v. 06.08.2013, 16 O 193/11 Kart, BeckRS 2013, 22659 und LG Düsseldorf, Urt. v. 08.09.2016, 37 O 27/11 Kart. A.A. LG Mannheim, Urt. v. 24.04.2019, 14 O 117/18, NZKart 2019, 389 (wenn auch das Vorliegen einer wirtschaftlichen Einheit im konkreten Fall verneinend); LG München I, Urt. v. 07.06.2019, 37 O 6039/18, NZKart 2019, 392 (zur „*Sumal*-Konstellation“ vor Erlass des EuGH-Urteils); LG Dortmund, Urt. v. 08.07.2020, 8 O 75/19, NZKart 2020, 450 im Rahmen eines obiter dictum.

1089 S. hierzu sogleich S. 323 ff. unten.

Die fehlende forensische Befassung erstaunt vor dem Hintergrund der Praxisrelevanz des Themas. Die in der Regel erheblich besser kapitalisierten Konzernmütter dürften für die teilweise erhebliche Schäden einklagenden privaten Antragsteller ein interessanter Klagegegner sein. In Anbetracht der verhängten Bußgelder sowie im Raum stehender Schadensersatzforderungen in erheblicher Höhe scheint das Ende der finanziellen Leistungsfähigkeit der unmittelbar kartellbeteiligten Tochtergesellschaften keineswegs fernliegend. Ein Risiko, das bisher nur durch die gesamtschuldnerische Haftung aller Kartellbeteiligter abgemildert wird.

aa. Gesetzgebung

Im Rahmen der 9. GWB-Novelle hat sich der deutsche Gesetzgeber ausgiebig mit der Überarbeitung des deutschen Kartellordnungswidrigkeitenrechts befasst und eine Unternehmensverantwortlichkeit nach europäischem Vorbild eingeführt. Mit § 81 Abs. 3 a GWB wurde der Sache nach ein „level-playing-field" mit dem EU-Wettbewerbsrecht geschaffen.[1090] Hierdurch wurden auch Gesetzeslücken geschlossen, die es juristischen Personen ermöglicht hatten, sich der Bußgeldhaftung durch eine konzerninterne Umstrukturierung zu entziehen.[1091]

Der seinerzeit neu eingeführte § 81 Abs. 3 a GWB erweiterte die bußgeldrechtliche Haftung der unmittelbar kartellbeteiligten Gesellschaft vor diesem Hintergrund auf weitere juristische Personen, die als Teil des verantwortlichen Unternehmens auf die direkt involvierte Gesellschaft unmittelbar oder mittelbar

---

1090 Gesetzentwurf der Bundesregierung eines Neunten Gesetzes zur Änderung des Gesetzes gegen Wettbewerbsbeschränkungen, BT-Drucks. 18/10207, S. 40, 85, 89 f. Die Begründung zum insofern wortidentischen Referentenentwurf selbst sprach zudem in diesem Zusammenhang von einer Angleichung des Kartellordnungswidrigkeitenrechts an das europäische Recht. S. auch Kersting/Podszun/*Meyer-Lindemann*, 9. GWB-Novelle, Kap. 17 Rn. 43; *Ost/Kallfaß/Roesen*, NZKart 2016, 447, 452 und 456; *Brettel/Thomas*, WuW 2016, 336, 340; *Wachs*, WuW 2017, 2, 4; *Kahlenberg/Heim*, BB 2017, 1155, 1161; *Jungbluth*, NZKart 2017, 257, 258; *Mäger/Schreitter*, NZKart 2017, 264; *Thomas*, AG 2017, 637, 640; *Beck*, AG 2017, 726, 730; *Werner*, WRP 2018, 286, 289; Berg/Mäsch/*Berg/Mudrony*, § 1 GWB Rn. 22 f.

1091 Berühmtheit erreichte insbesondere die sog. Wurstlücke. S. hierzu auch Kersting/Podszun/*Meyer-Lindemann*, 9. GWB-Novelle, Kap. 17 Rn. 17 ff.; *Wiedmann/Funk*, BB 2015, 2627, 2633; *Jungbluth*, NZKart 2017, 257, 258; *Mäger/Schreitter*, NZKart 2017, 264, 265 ff. Zum Status quo ante und den Änderungen im Bußgeldrecht auch Berg/Mäsch/*Berg/Mudrony*, § 1 GWB Rn. 17; Loewenheim/*Meyer-Lindemann*, § 81 GWB Rn. 8 f.

einen bestimmenden Einfluss ausgeübt hatten.[1092] Nach der Gesetzesbegründung entsprach der Begriff des „Unternehmens“ in § 81 Abs. 3 a GWB a.F. dem der „wirtschaftlichen Einheit“ in § 81 Abs. 4 S. 3 GWB a.F., demzufolge für die Bußgeldbemessung auf der Rechtsfolgenseite die Umsätze der gesamten Wirtschaftseinheit zu berücksichtigen sind.[1093] Für die Bestimmung des Begriffs der wirtschaftlichen Einheit verwies die Gesetzesbegründung zudem ausdrücklich auf das europäische Kartellbußgeldrecht.[1094] Konsequenterweise sollte es auf eine Kenntnis, ein Kennenmüssen oder ein sonstiges Verschulden der bestimmenden Gesellschaft hinsichtlich der konkreten kartellrechtswidrigen Verhaltensweisen wie im EU-Recht nicht ankommen.[1095]

Allerdings ist der deutsche Gesetzgeber trotz der bußgeldrechtlichen Angleichung an das europäische System hinsichtlich der schadensersatzrechtlichen Haftung der Unternehmenseinheit im deutschen Kartellzivilrecht untätig geblieben.[1096] Eine legislative Lösung wäre angesichts der im Rahmen der 9.

1092 Zum Merkmal des bestimmenden Einflusses Gesetzentwurf der Bundesregierung eines Neunten Gesetzes zur Änderung des Gesetzes gegen Wettbewerbsbeschränkungen, BT-Drucks. 18/10207, S. 90; *Beck*, AG 2017, 726, 729 f. und *Klotz*, WuW 2017, 226, 228.

1093 Gesetzentwurf der Bundesregierung eines Neunten Gesetzes zur Änderung des Gesetzes gegen Wettbewerbsbeschränkungen, BT-Drucks. 18/10207, S. 89; Kersting/Podszun/*Meyer-Lindemann*, 9. GWB-Novelle, Kap. 17 Rn. 5; *Koch*, AG 2009, 564, 564; *Brettel/Thomas*, WuW 2016, 336, 340; Bechtold/Bosch, § 81 a GWB Rn. 6 f.; Berg/Mäsch/*Berg/Mudrony*, § 1 GWB Rn. 18, 20.

1094 Gesetzentwurf der Bundesregierung eines Neunten Gesetzes zur Änderung des Gesetzes gegen Wettbewerbsbeschränkungen, BT-Drucks. 18/10207, S. 85 f., 89; s. weiterführend auch: Monopolkomm., Sondergutachten v. 28.01.2016, Strafrechtliche Sanktionen bei Kartellverstößen, BT-Drucks. 18/7508, S. 23; *Brettel/Thomas*, WuW 2016, 336, 338 f.; *Weck*, WuW 2016, 404, 406; *Mäger/Schreitter*, NZKart 2017, 264, 265; *Thomas*, AG 2017, 637, 639; *Kahlenberg/Heim*, BB 2017, 1155, 1161; *Weitbrecht*, NJW 2017, 1574, 1578; *Diekmann*, jurisPR-WettbR 12/2016 Anm. 1, 4; Berg/Mäsch/*Berg/Mudrony*, § 1 GWB Rn. 19.

1095 Gesetzentwurf der Bundesregierung eines Neunten Gesetzes zur Änderung des Gesetzes gegen Wettbewerbsbeschränkungen, BT-Drucks. 18/10207, S. 89 f.; *Ost/Kallfaß/Roesen*, NZKart 2016, 447, 455; *Kersting/Preuß*, WuW 2016, 394, 400; *Kahlenberg/Heim*, BB 2017, 1155, 1161.

1096 *Kokott/Dittert*, WuW 2012, 670, 671; *Mäger*, NZKart 2015, 329, 330 (insbes. Gefahr der Ausweitung der Konzernhaftung auch in andere Rechtsbereiche); *Petrasincu*, WuW 2016, 330, 331; *Suchsland/Rossmann*, NZKart 2016, 342, 343; *Weck*, WuW 2016, 404, 405; *Thomas/Legner*, NZKart 2016, 155, 157 (insbes. gesellschaftsrechtliches Trennungsprinzip; zudem kein sachliches Bedürfnis); *de Bronett*, NZKart 2017, 46 (insbes. fehlende Legitimation).

GWB-Novelle umgesetzten EU-Kartellschadensersatzrichtlinie und den damit einhergehenden Diskussionen aus Gründen der Rechtssicherheit durchaus wünschenswert gewesen. Eine solche ist jedoch weder durch die 9. noch durch die 10. GWB-Novelle erfolgt. Gerade die offene Formulierung der schadensersatzrechtlichen Anspruchsnorm des § 33 a i.V.m. § 33 Abs. 1 GWB hatte in Verbindung mit den Vorgaben der europäischen Schadensersatzrichtlinie zum Terminus des Rechtsverletzers insoweit zu Recht für Spekulationen gesorgt.[1097] Im Ergebnis hat der Gesetzgeber damit die Frage der kartellschadensersatzrechtlichen Unternehmenshaftung im funktionalen Sinn zunächst erst einmal der Rechtsprechung im Rahmen der Normauslegung überantwortet.[1098]

bb. Rechtsprechung

Bisher nahm die höchstrichterliche Rechtsprechung zur Frage der Anwendung des Zurechnungskonzepts der wirtschaftlichen Einheit auf die Kartellschadensersatzhaftung nicht Stellung. Zwar befasste sich der BGH in den Entscheidungen *Versicherungsfusion* und *Silostellgebühren III* mit einer Übertragung des europarechtlichen Zurechnungsmodells und lehnte dieses ab.[1099] Allerdings handelte es sich hierbei um Ordnungswidrigkeitenverfahren, die für die vorliegend maßgebliche zivilrechtliche Bewertung ohnehin nicht einschlägig sind. Weiterhin bekräftigte der BGH seine gegenüber einer rechtsträgerübergreifenden Haftung grundlegend ablehnende Sichtweise in einem zivilrechtlichen Verfahren über einen Verstoß gegen das kartellrechtliche Missbrauchsverbot.[1100] In diesem führte der BGH aus, dass bei einem Wettbewerbsverstoß von Tochtergesellschaften eine schadensersatzrechtliche Inanspruchnahme der Muttergesellschaft durch die Kartellgeschädigten „regelmäßig nicht in Betracht“ komme.[1101] Diese Entscheidung erging allerdings weder zu Art. 101 Abs. 1 AEUV, noch im Nachgang zu einem Kartellbußgeldbeschluss der Europäischen Kommission und überdies zudem vor Erlass der europäischen Kartellschadensersatzrichtlinie sowie der 9. GWB-Novelle. Auf die skizzierten Entscheidungen soll daher nicht

---

1097 Dazu bereits oben S. 272 ff.

1098 *Kersting/Preuß*, WuW 2016, 394, 395; *Petrasincu*, WuW 2016, 330, 336; *Müller-Graff*, ZHR 179 (2015), 691, 697.

1099 BGH, Urt. v. 10.08.2011, KRB 55/10, Rn. 12 f., 15, 20 – *Versicherungsfusion*; BGH, Urt. v. 16.12.2014, KRB 47/13, NZKart 2015, 272, Rn. 10 ff. – *Silostellgebühren III/ Maxit*.

1100 BGH, Urt. v. 23.06.2009, KZR 21/08, Rn. 11 ff. – *Entega*.

1101 BGH, Urt. v. 23.06.2009, KZR 21/08, Rn. 13 – *Entega*.

weiter eingegangen werden. Weitere höchstrichterliche Rechtsprechung scheint nicht vorzuliegen.

Auf der Ebene der Instanzgerichte hatten sich, trotz einer Vielzahl anhängiger Verfahren, mit dem Landgericht Berlin und dem Landgericht Düsseldorf soweit ersichtlich in den letzten Jahren lediglich zwei Gerichte eingehend mit der Bindungswirkung in Verbindung mit der Passivlegitimation der wirtschaftlichen Einheit im Rahmen einer Follow-on Kartellschadensersatzklage mit Konzernbezug befasst.[1102] Beide Urteile sind zum Fahrtreppen- und Aufzugskartell[1103] ergangen und verneinen im Ergebnis trotz einer Verpflichtung und Adressierung der leitenden Konzernmuttergesellschaft im Bußgeldbeschluss der Kommission eine entsprechende zivilrechtliche Haftung der im nationalen Verfahren auf Schadensersatz verklagten Muttergesellschaft.[1104] Die jeweilige Begründung der beiden Landgerichte für ihre Entscheidung ist angesichts der Vorgaben des Unionsrechts, der Regelung des Art. 16 Abs. 1 VO 1/2003 und der bereits kartellbehördlich durch die Kommission festgestellten wettbewerbsrechtlichen Zuwiderhandlung der Konzernmutter kaum vertretbar. Die in jüngster Zeit diese Thematik streifenden Urteile des LG Stuttgart und LG Dortmund lassen bereits eine dogmatisch fundierte Auseinandersetzung mit dem Problem vermissen.

Die Klageabweisung des LG Berlin gegen die leitende Mutter basiert im Wesentlichen auf dem Argument, dass es im Hinblick auf diese an einer eigenen kartellrechtswidrigen Tathandlung fehle.[1105] Eine solche ergebe sich gerade nicht mit bindender Wirkung aus dem Kommissionsbeschluss, da sich die ordnungswidrigkeitenrechtliche Verantwortlichkeit der Konzernobergesellschaft dort allein auf das Vorliegen einer wirtschaftlichen Einheit stütze.[1106] Diese Haftungsbegründung des Unionsrechts beanspruche im deutschen zivilrechtlichen Schadensersatzverfahren jedoch keine entsprechende Anwendbarkeit.[1107] Einer Übernahme stehe insbesondere das der deutschen Rechtsordnung als

---

1102 LG Berlin, Urt. v. 06.08.2013, 16 O 193/11, BeckRS 2013, 22659; LG Düsseldorf, Urt. v. 08.09.2016, 37 O 27/11 (Kart), WuW 2017, 106 – *Fahrtreppenkartell*.

1103 Kommission, Entsch. v. 21.02.2007, ABl. EU 2008 Nr. C 75, S. 19 – *Fahrtreppen und Aufzüge*.

1104 LG Berlin, Urt. v. 06.08.2013, 16 O 193/11 Kart, WuW/E DE-R 4456, 4466 f. = WuW 2014, 1240, 1250 f. – *Fahrtreppen* und LG Düsseldorf, Urt. v. 08.09.2016, 37 O 27/11 [Kart], NZKart 2016, 490, 491 f. – *Aufzugskartell*; *Wachs*, WuW 2017, 2, 2.

1105 LG Berlin, Urt. v. 06.08.2013, 16 O 193/11 Kart, BeckRS 2013, 22659, Rn. 79 f.

1106 LG Berlin, Urt. v. 06.08.2013, 16 O 193/11 Kart, BeckRS 2013, 22659, Rn. 80.

1107 LG Berlin, Urt. v. 06.08.2013, 16 O 193/11 Kart, BeckRS 2013, 22659, Rn. 80.

fundamentaler Rechtsgrundsatz immanente Trennungsprinzip entgegen.[1108] Es bedürfe für eine kartellschadensersatzrechtliche Haftung der Muttergesellschaft nach deutschem Recht somit eines eigenen Verpflichtungsgrundes, der nicht allein in der Zugehörigkeit zu einer wirtschaftlichen Einheit bzw. der Nutzung gesellschaftsrechtlicher Gestaltungsmöglichkeiten zur Risiko- und Haftungsminimierung gesehen werden könne.[1109] Dem Geschädigten werde die Durchsetzung seiner Rechte durch die Ablehnung eines Anspruchs gegen die übergeordnete Muttergesellschaft angesichts der schadenersatzpflichtigen, unmittelbar kartellbeteiligten Gesellschaften auch vor dem Hintergrund des *effet utile* nicht in unzumutbarer Weise erschwert.[1110] Bewusst klammerte das LG Berlin neben seinen Ausführungen zu § 33 Abs. 4 GWB a.F. eine Auseinandersetzung mit Art. 16 VO 1/2003 aus, da sich nach seiner Auffassung aus der Verordnungsnorm eine Bindung ohnehin nur mittelbar ergebe.[1111]

Erneut im Aufzug- und Fahrtreppenkartell entschied auch das LG Düsseldorf einige Jahre später über die Frage der Passivlegitimation einer leitenden Konzernmuttergesellschaft.[1112] Wie das LG Berlin lehnte auch das LG Düsseldorf eine schadensersatzrechtliche Haftung der Konzernobergesellschaft ab, da sich aus der Begründung des Bußgeldbeschlusses nicht ergebe, dass die Konzernobergesellschaft mit eigenen Tatbeiträgen an dem streitgegenständlichen Kartell teilgenommen habe.[1113] Der Haftungsgrundsatz der wirtschaftlichen Einheit des europäischen Wettbewerbsrechts könne nicht in das deutsche Kartelldeliktsrecht übertragen werden, dem eine solche Zurechnung fremd sei.[1114] Einer entsprechenden Zurechnung stehe, wie bereits durch das LG Berlin ausgeführt, der grundlegende Trennungsgrundsatz entgegen, der allein unter Hinweis auf die Nutzung gesellschaftsrechtlicher Gestaltungsmöglichkeiten zur Haftungsminimierung nicht durchbrochen werden dürfe.[1115] Diese Auslegung verstoße auch nicht gegen den Effektivitätsgrundsatz.[1116] Anders als das LG Berlin zuvor befasste sich das LG Düsseldorf im Weiteren auch mit dem Umfang der durch

---

1108 S. zum gesellschaftsrechtlichen Trennungsprinzip des deutschen Rechts oben S. 297 ff.

1109 LG Berlin, Urt. v. 06.08.2013, 16 O 193/11 Kart, BeckRS 2013, 22659, Rn. 80.

1110 LG Berlin, Urt. v. 06.08.2013, 16 O 193/11 Kart, BeckRS 2013, 22659 Rn. 80, 82.

1111 LG Berlin, Urt. v. 06.08.2013, 16 O 193/11 Kart, BeckRS 2013, 22659 Rn. 45.

1112 LG Düsseldorf, Urt. v. 08.09.2016, 37 O 27/11 Kart, unter B. I. 1.

1113 LG Düsseldorf, Urt. v. 08.09.2016, 37 O 27/11 Kart, Rn. 184 f.

1114 LG Düsseldorf, Urt. v. 08.09.2016, 37 O 27/11 Kart, Rn. 187.

1115 LG Düsseldorf, Urt. v. 08.09.2016, 37 O 27/11 Kart, Rn. 187.

1116 LG Düsseldorf, Urt. v. 08.09.2016, 37 O 27/11 Kart, Rn. 190.

Art. 16 Abs. 1 VO 1/2003 angeordneten Bindungswirkung. Zwar stellte es dabei richtigerweise auch fest, dass gegenüber der im Kommissionsbeschluss adressierten Konzernmutter in „personeller Hinsicht Bindungswirkung bestehe", löste aber den hierdurch entstehenden Widerspruch zwischen den Feststellungen des Kommissionsbeschlusses und seiner Ansicht im nationalen Follow-on Verfahren nicht auf.[1117] Schlussendlich umgeht das LG Düsseldorf eine weitere Auseinandersetzung mit dem aufgeworfenen Konflikt durch das Argument, ein Schadensersatzanspruch gegen die Muttergesellschaft scheitere ohnehin an deren fehlendem Verschulden im Hinblick auf die wettbewerbsrelevanten Verstöße ihrer Tochtergesellschaft.[1118]

In jüngerer Zeit hatten sich sodann auch das Landgericht Stuttgart[1119] sowie das Landgericht Dortmund[1120] mit der Frage der Übernahme des Konzepts der wirtschaftlichen Einheit in das Kartellschadensersatzverfahren befasst. Mit der Begründung, dass rechtlich, wenn auch nicht wirtschaftlich selbstständige Tochtergesellschaften ein eigenes Aktiv- als auch Passivvermögen besitzen, sprach sich vor allem das LG Stuttgart dafür aus, dass die Muttergesellschaft trotz der weiten Auslegung des Unternehmensbegriffs im Anwendungsbereich des Art. 101 AEUV regelmäßig nicht von den Gläubigern der Tochtergesellschaft im nationalen Kartellschadensersatzverfahren in Anspruch genommen werden könne.[1121] Dies ändere sich auch nicht angesichts der *Skanska* Rechtsprechung des Europäischen Gerichtshofs, die lediglich einen Fall der Rechtsnachfolge betreffe und keine kartellschadensersatzrechtliche Haftung der wirtschaftlichen Einheit.[1122]

1117 LG Düsseldorf, Urt. v. 08.09.2016, 37 O 27/11 Kart, Rn. 175.

1118 LG Düsseldorf, Urt. v. 08.09.2016, 37 O 27/11 Kart, Rn. 186.

1119 LG Stuttgart, Urt. v. 14.12.2018, 30 O 26/17, Rn. 76 f. m.w.N.; LG Stuttgart, Urt. v. 19.12.2019, 30 O 8/18, NZKart 2020, 94, 96, Rn. 34.

1120 LG Dortmund, Urt. v. 08.07.2020, 8 O 75/19 (Kart) – *Sanitärgroßhändler*; LG Dortmund, Beschl. v. 09.09.2020, 8 O 42/18 (Kart), Rn. 14 ff. (für die Aktivlegitimation).

1121 LG Stuttgart, Urt. v. 14.12.2018, 30 O 26/17, Rn. 76 f. m.w.N.; LG Stuttgart, Urt. v. 19.12.2019, 30 O 8/18, NZKart 2020, 94, 96, Rn. 34; in Teilen ebenso: LG Dortmund, Beschl. v. 09.09.2020, 8 O 42/18 (Kart), Rn. 14 ff. (für die Aktivlegitimation); a.A. LG Dortmund, Urt. v. 08.07.2020, 8 O 75/19 (Kart) – *Sanitärgroßhändler.*

1122 LG Stuttgart, Urt. v. 19.12.2019, 30 O 8/18, NZKart 2020, 94, 96, Rn. 34, 38; abl. dagegen LG Dortmund, Urt. v. 08.07.2020, 8 O 75/19 (Kart) – *Sanitärgroßhändler*. Zur *Skanska*-Rechtsprechung EuGH, Urt. v. 14.03.2019, C-724/17 – *Skanska* und oben S. 285 f.

Eine Auseinandersetzung weiterer Instanzgerichte mit diesem Problemfeld liegt soweit ersichtlich nicht vor. Dies überrascht; ob die Rechtsprechung dieser Problematik bislang keine Bedeutung beigemessen oder schlichtweg die Beantwortung komplexer Rechtsfragen umgehen wollte, lässt sich nicht klären.

cc. Literatur

Anders als Judikatur und Legislative hat sich die kartellrechtliche Literatur intensiv und höchst kontrovers mit der Frage der Übertragung des Konzepts der wirtschaftlichen Einheit in das Kartellschadensersatzrecht beschäftigt.[1123] Allerdings spielte die in Art. 16 Abs. 1 VO 1/2003 normierte Bindungswirkung in dieser Diskussion lediglich eine unwesentliche Rolle. Nach überwiegender Auffassung steht eine kartellschadensersatzrechtliche Haftung einer leitenden Konzernobergesellschaft auch für das Zivilverfahren gem. Art. 16 Abs. 1 VO 1/2003 bindend fest, wenn diese neben anderen Rechtsträgern der wirtschaftlichen Einheit oder alleine unmittelbar selbst an den kartellrechtswidrigen Absprachen beteiligt war.[1124] Eine Auseinandersetzung mit dem Fall einer lediglich aufgrund ihrer Zugehörigkeit zu einer wirtschaftlichen Einheit haftenden Konzernmutter erfolgt daneben nicht. Einigkeit besteht darüber hinaus lediglich dahingehend, dass die Kohärenzverpflichtung des Art. 16 Abs. 1 VO 1/2003 nur dann zu einer bindend festgestellten schadensersatzrechtlichen Verantwortlichkeit von Rechtsträgern der wirtschaftlichen Einheit führen kann, wenn diese als Adressaten im Kommissionsbeschluss genannt sind.[1125] Dem ist zuzustimmen. Es

---

1123 Für eine Haftung der leitenden Konzerngesellschaft bei Vorliegen einer wirtschaftlichen Einheit: *Meessen*, S. 379 ff.; s. auch *Dreher*, WuW 2009, 133, 139; *Kersting*, VersR 2017, 581, 584; Immenga/Mestmäcker/*Franck*, § 33 a GWB Rn. 30 (aber nicht ohne weiteres Haftung aller Konzerngesellschaften); dagegen *Klotz*, S. 109 ff.; *Scheidtmann*, WRP 2010, 499, 501 f.; *Bürger*, WuW 2011, 130, 136 ff.; *von Hülsen/Kasten*, NZKart 2015, 296, 301 und 305; *Kasten/Traugott*, CCZ 2015, 157, 160 f.; *Suchsland/Rossmann*, WuW 2015, 973, 977 ff.; *Thomas/Legner*, NZKart 2016, 155, 156.

1124 *Klotz*, S. 125; von der Groeben/Schwarze/Hatje/*Kienapfel*, Art. 23 VO 1/2003 Rn. 23 und 25; EuGH, Urt. v. 16.11.2000, C-248/98 P, Rn. 73 – *KNP BT;* EuG, Urt. v. 14.12.2006, T-259/02 etc., Rn. 330 – *Raiffeisen Zentralbank Österreich u.a.*

1125 Nur diese konnten sich im behördlichen Verfahren und durch die Einlegung von Rechtsmitteln gegen den Vorwurf eines wettbewerbswidrigen Verhaltens verteidigen. S. auch OLG Düsseldorf, Urt. v. 29.01.2014, VI-U Kart 7/13, WuW/E DE-R 4477; LG Berlin, Urt. v. 06.08.2013, 16 0 193/11 Kart, BeckRS 2013, 22659 unter II.; *Klotz*, S. 118; *Bürger*, WuW 2011, 130, 137; *Galle*, NZKart 2016, 214, 215; Bechtold/Bosch, § 33 GWB Rn. 50. Zur Identität der beteiligten Personen als Voraussetzung der Bindungswirkung s. oben S. 112 ff.

handelt sich insoweit wie bereits erörtert um eine zwingende Folge rechtsstaatlicher Grundsätze.[1126]

Unabhängig von den Vorgaben des Art. 16 Abs. 1 VO 1/2003 spricht sich die Literatur teilweise für eine generelle Übernahme des europäischen Haftungskonzepts der wirtschaftlichen Einheit in das nationale Kartellschadensersatzrecht aus.[1127] Einige Stimmen sahen eine entsprechende Anwendungspflicht bereits vor der 9. GWB-Novelle,[1128] während andere die Einführung erst seit Erlass der Kartellschadensersatzrichtlinie für erforderlich halten.[1129] Die Befürworter einer Rezeption des Zurechnungskonzepts der wirtschaftlichen Einheit stützen sich im Wesentlichen darauf, dass sowohl die schadensersatzrechtliche als auch die ordnungswidrigkeitenrechtliche Verantwortlichkeit auf eine Zuwiderhandlung gegen das europäische Kartellrecht zurückgeht, welches das Unternehmen i.S.d. wirtschaftlichen Einheit adressiert.[1130] Die gegen die Zurechnungsfigur der wirtschaftlichen Einheit vorgetragenen verfassungsrechtlichen Bedenken betreffend den Schuld- und Bestimmtheitsgrundsatz sowie das Prinzip *nulla poena*

1126 Vgl. OLG München, Urt. v. 21.02.2013, U 5006/11 Kart, Rn. 116 – *Fernsehvermarktung*; LAG Düsseldorf, Urt. v. 27.11.2015, 14 Sa 800/15, Rn. 263; LG Stuttgart, Urt. v. 23.6.2016, 11 O 283/14, unter Ziff. 3.b; *Rother/Rieger*, NZKart 2016, 116, 117; *Weitbrecht*, WuW 2017, 244, 245; Bechtold/Bosch, § 33 GWB Rn. 50; Immenga/Mestmäcker/*Franck*, § 33 b GWB Rn. 20; Langen/Bunte/*Bornkamm*, § 33 GWB a.F. Rn. 162, 171; von der Groeben/Schwarze/Hatje/*Becker/Vollrath*, Art. 16 VO 1/2003 Rn. 33.

1127 Kersting/Podszun/*Kersting*, 9. GWB-Novelle, Kap. 7 Rn. 72; *Körner*, S. 277; Monopolkomm., XXI. Hauptgutachten, 2016, Rn. 96; *Weitbrecht*, WuW 2015, 959, 964 f.; *Scheffler*, NZKart 2015, 223, 225; *Kersting*, VersR 2017, 581, 584, 585; *Wachs*, WuW 2017, 2, 7 ff.; *Otto*, NZKart 2020, 285, 286; Immenga/Mestmäcker/*Franck* § 33 a Rn. 31 ff.; eine finale Lösung offenlassend *Bürger*, WuW 2011, 130, 137, der für eine Ausdehnung der Bindungswirkung auf die Passivlegitimation ist, aber die Haftung der wirtschaftlichen Einheit letztlich am Verschulden scheitern lässt; *Könen*, NZKart 2017, 15, 17 ff.; *Thomas*, AG 2017, 637, 638.

1128 Kersting/Podszun/*Kersting*, 9. GWB-Novelle, 2017, Rn. 25; *Kersting*, WuW 2014, 1156, 1171 f.; *Weitbrecht*, WuW 2015, 959, 964; *Klumpe/Thiede*, BB 2016, 3011; so für das Haftungsrecht vor Umsetzung der Kartellschadensersatzrichtlinie Immenga/Mestmäcker/*Franck*, § 33 a Rn. 31. A.A. Langen/Bunte/*Bornkamm/Tolkmitt*, § 33a GWB, Rn. 15; *von Hülsen/Kasten*, NZKart 2015, 296, 299; *Thomas/Legner*, NZKart 2016, 155, 157 f.; *Klotz*, WuW 2017, 226, 227; *Könen*, NZKart 2017, 15, 16.

1129 *Vollrath*, NZKart 2013, 434, 438; *Kersting*, WuW 2014, 564, 565; *Roth*, GWR 2015, 73, 74; *Weitbrecht*, WuW 2015, 959, 964 ff

1130 Monopolkomm., XXI. Hauptgutachten, 2016, Rn. 101; Loewenheim/*Kersting*, § 33 a GWB Rn. 28 ff.

sine lege[1131] seien für die Haftung der wirtschaftlichen Einheit im Zivilrecht ohnehin nicht von Bedeutung.[1132] Ein Verstoß gegen das gesellschaftsrechtliche Trennungsprinzip liege ebenfalls nicht vor.[1133] Die Tatsache, dass der deutsche Gesetzgeber eine Unternehmenshaftung nach europäischem Vorbild bisher lediglich im deutschen Kartellbußgeldrecht etabliert habe, führe nicht automatisch zu dem Umkehrschluss, dass eine solche im Zivilrecht aus legislativer Sicht nicht gewollt sei.[1134] Das Bedürfnis nach einer gesetzlichen Normierung habe im Ordnungswidrigkeitenrecht angesichts verfassungsrechtlicher Gründe und aufgrund einer gravierenden Regelungslücke,[1135] schlicht wesentlich höher gelegen.[1136]

1131 *Wiedmann/Funk*, BB 2015, 2627, 2633; *Mäger*, NZKart 2015, 329 f. Zum Bußgeldrecht: *Rust*, NZKart 2015, 502, 502; *Brettel/Thomas*, WuW 2016, 336, 338 ff.; *Mäger/Schreitter*, NZKart 2017, 264, 273 ff.; a.A. *Weck*, WuW 2016, 404, 407.

1132 *Klotz*, S. 76; Kersting/Podszun/*Kersting*, 9. GWB-Novelle, Kap. 7 Rn. 28; *Brettel/Thomas*, WuW 2016, 336, 337 ff; *Ost/Kallfaß/Roesen*, NZKart 2016, 447, 455 f.; *Podszun/Kreifels/Schmieder*, WuW 2017, 114, 115 f.; *Seeliger/Gürer*, BB 2017, 195, 196; krit. *Kersting*, Der Konzern 2011, 445, 451 f.; *Kersting*, WuW 2014, 1156, 1159 f.

1133 Zum Trennungsprinzip detailliert oben S. 297 ff.

1134 *Scheidtmann*, WRP 2010, 499, 503 bereits zur 7. GWB-Novelle.

1135 Die sog. Wurstlücke soll zu Bußgeldausfällen i.H.v. EUR 128 Mio. geführt haben, BKartA, Pressemitteilung v. 19.10.2016. S. auch *Bünder/Grossarth*, Wurstfabrikant Tönnies führt das Kartellamt vor, Frankfurter Allgemeine Zeitung v. 03.02.2015; *Brück/Schumacher*, Fleischkonzern umgeht Kartellstrafe, Wirtschaftswoche v. 31.01.2015; *Chmielewski*, Wurstkartell: Kartellamt gibt auf, Tönnies ist aus dem Schneider, JUVE v. 19.10.2016, abrufbar unter: https://www.juve.de/nachrichten/verfahren/2016/10/wurstkartell-kartellamt-gibt-auf-toennies-ist-aus-dem-schneider, zuletzt abgerufen am 23.01.2022.

1136 Vgl. hierzu Gesetzentwurf der Bundesregierung eines Neunten Gesetzes zur Änderung des Gesetzes gegen Wettbewerbsbeschränkungen, BT-Drucks. 18/10207, S. 40, 87 ff.; Monopolkomm., Sondergutachten v. 28.01.2016, Strafrechtliche Sanktionen bei Kartellverstößen, BT-Drucks. 18/7508, S. 5; *Wiedmann/Funk*, BB 2015, 2627, 2628; *Suchsland/Rossmann*, NZKart 2016, 342, 342; *Mäger/Schreitter*, NZKart 2017, 264, 265; *Podszun/Kreifels*, GWR 2017, 67, 67; *Kahlenberg/Heim*, BB 2017, 1155, 1161; Kersting/Podszun/*Kersting*, 9. GWB-Novelle, Kap. 7 Rn. 32; Kersting/Podszun/*Meyer-Lindemann*, 9. GWB-Novelle, Kap. 17 Rn. 1; Kölner Kommentar/*Maritzen*, § 1 GWB a.F. Rn. 21; *Diekmann*, jurisPR-WettbR 12/2016 Anm. 1, 4; Kölner Kommentar/*Krohs*, § 33 GWB a.F. Rn. 67; Berg/Mäsch/*Berg/Mudrony*, § 1 GWB a.F. Rn. 17. Zur Diskussion der bußgeldrechtlichen Haftung der leitenden Konzerngesellschaft als Inhaberin des Betriebs bzw des Unternehmens der Tochtergesellschaft nach § 130 OWiG, vgl. BKartA, Fallbericht v. 12.04.2012, Az. B1–200/06-P2 und B1-200/06-U13 – *Tondachziegel;* BKartA, Tätigkeitsbericht 2011/2012, S. 26; *Ost/Kallfaß/Roesen*,

Nach der im Schrifttum gleichsam vertretenen Gegenauffassung ist eine Kartellschadensersatzhaftung von nicht unmittelbar an der Zuwiderhandlung beteiligten Rechtsträgern der wirtschaftlichen Einheit *de lege lata* abzulehnen, obwohl das Konzept seine Grundlage in Art. 101 Abs. 1 AEUV findet.[1137] Eine zivilrechtliche Verantwortlichkeit eines nicht unmittelbar kartellbeteiligten Rechtsträges bestehe nicht und sei auch über die Bindungswirkung des Kommissionsbeschlusses nicht erreichbar.[1138] Ein Konflikt mit dem Unionsrecht sei hinsichtlich der Frage der Passivlegitimation in nationalen Kartellschadensersatzverfahren schon deswegen nicht denkbar, weil das europäische Recht keine Vorgaben für zivilrechtliche Ansprüche enthalte. Vielmehr gebe die ständige Rechtsprechung des EuGH vor, dass sich die Einzelheiten der Ausübung des Anspruchs auf Kartellschadensersatz nach dem Recht der einzelnen Mitgliedstaaten bestimmen.[1139] Die Mitgliedstaaten seien folgerichtig auch frei, festzulegen, inwieweit im Rahmen nationaler Kartellschadensersatzverfahren, z.B. auf das Vermögen einer leitenden Konzernmuttergesellschaft durchgegriffen werden könne.[1140] Darüber hinaus begründet sich diese Ansicht mit dem im deutschen Recht vorherrschenden gesellschaftsrechtlichen Trennungsprinzip[1141] und der bisher

NZKart 2016, 447, 453 f.; *Schnelle*, WuW 2015, 332, 336; krit.: *Kersting*, WuW 2014, 1156; *Rust*, NZKart 2015, 502, 502; *Suchsland/Rossmann*, WuW 2015, 973, 974; *Weck*, WuW 2016, 404, 404; 1169; *von Schreitter*, NZKart 2016, 253, 259; *Beck*, AG 2017, 726, 727.

1137 *Scheidtmann*, WRP 2010, 499, 504; *Thomas*, KSzW 2011, 10, 12; *Gehring/Kasten/Mäger*, CCZ 2013, 1, 5; *von Hülsen/Kasten*, NZKart 2015, 296, 303; *Thomas/Legner*, NZKart 2016, 155, 156; *Klotz*, WuW 2017, 226 ff.

1138 *Scheidtmann*, WRP 2010, 499, 503; *Fritzsche/Klöppner/Schmidt*, NZKart 2016, 412, 415.

1139 EuGH, Urt. v. 14.03.2019, C-724/17, Rn. 16 – *Skanska* und bereits oben S. 252 ff.

1140 *Klotz*, S. 105; *Bürger*, WuW 2011, 130, 139 f.; *Suchsland/Rossmann*, WuW 2015, 973, 980.

1141 *Scheidtmann*, WRP 2010, 499, 504; *Thomas*, KSzW 2011, 10, 12; *Gehring/Kasten/Mäger*, CCZ 2013, 1, 5; von *Hülsen/Kasten*, NZKart 2015, 296, 303. *Könen*, NZKart 2017, 15, 17 f., will mit Rücksicht auf das Trennungsprinzip die Kartellschadensersatzpflichtigkeit der Muttergesellschaft in Form einer subsidiären Ausfallhaftung der Konzernmutter in Form einer Verlustdeckungshaftung ähnlich einer solchen der Vor-GmbH gem. § 24 GmbHG den europäischen Vorgaben angleichen. Demnach wäre die kartellrechtswidrig handelnde Konzerntochter Primärschuldnerin. Bei Uneinbringlichkeit der Forderung kann der Anspruch auch im Außenverhältnis gegenüber der Konzernmutter als Ausfall-Haftungsschuldnerin durchgesetzt werden. Nach *Kliebisch*, WRP 2012, 295, 296, soll eine Gesellschaft für ihr eigenes Überwachungsverschulden gegenüber anderen Unternehmensgesellschaften haften.

fehlenden ausdrücklichen Regelung durch den deutschen Gesetzgeber.[1142] Aufgrund der erheblichen praktischen und haftungsrechtlichen Relevanz einer kartellrechtlichen Haftungszuordnung durch die Rechtsfigur der wirtschaftlichen Einheit hätte dieser eine parlamentarische Lösung vorgeben müssen, wenn er eine entsprechende Modifikation der kartelldeliktsrechtlichen Schadensersatzhaftung befürwortet hätte.[1143]

b. Bindende Festlegung des Passivlegitimierten auf Basis des Zurechnungskonzepts der wirtschaftlichen Einheit als Ausfluss des Kohärenzgebots

Im Folgenden soll untersucht werden, ob und wenn ja, inwiefern die Rechtsfigur der wirtschaftlichen Einheit in ihrer Auslegung durch die Unionsgerichte an der Bindungswirkung des Art. 16 Abs. 1 VO 1/2003 teilhat.

aa. Wortlaut des Art. 16 Abs. 1 S. 1 VO 1/2003

Aus dem Bußgeldbeschlusses der Kommission ergibt sich, welche Gesellschaften entweder durch eigenes Handeln oder aufgrund ihrer Zugehörigkeit zu einer kartellrechtswidrig handelnden wirtschaftlichen Einheit eine kartellrechtliche Zuwiderhandlung begangen haben. Der Wortlaut des Art. 16 Abs. 1 VO 1/2003 spricht insoweit klar dafür, dass die im Tenor und den tragenden Beschlussgründen beschriebene wirtschaftliche Einheit auch als Kartelltäter mit bindender Wirkung für den nationalen Kartellzivilprozess feststeht. Die mitgliedstaatlichen Gerichte dürfen nach der normierten Kohärenzverpflichtung keine Entscheidungen treffen, die der Entscheidung der Kommission in gleicher Sache zuwiderlaufen, ohne dass diese Verpflichtung nach dem Wortlaut der Norm auf bestimmte Merkmale oder Prüfungspunkte begrenzt wäre. Ein solches Zuwiderlaufen zu den Feststellungen der Kommission wäre aber gerade gegeben, könnte das Zivilgericht einen Kartellrechtsverstoß eines Rechtsträgers der wirtschaftlichen Einheit verneinen, obwohl die wirtschaftliche Einheit im Kommissionsbeschluss als Verletzerin des Wettbewerbsrechts aufgeführt ist.

Gegen diese Sichtweise wird angeführt, die Bindungswirkung des Art. 16 VO 1/2003 sei dahingehend auszulegen, dass sie sich auf die inhaltliche Feststellung des wettbewerbswidrigen Verhaltens beschränke und nicht die Beteiligten bzw.

1142 *Bürger*, WuW 2011, 130, 139; *Thomas*, KSzW 2011, 10, 12; *Klotz*, WuW 2017, 226, 229.

1143 *Körner*, S. 90; *Suchsland/Rossmann*, WuW 2015, 973, 974; *Kahlenberg/Heim*, BB 2017, 1155, 1157; *Könen*, NZKart 2017, 15, 16, 20.

die zivilrechtliche Passivlegitimation betreffe.[1144] Ein rechtswidriger Widerspruch zwischen der zivilrechtlichen Entscheidung und dem Kommissionsbeschluss würde hierdurch in ausreichendem Maße vermieden. Dies kann jedoch schon deshalb nicht überzeugen, da der Inhalt eines Wettbewerbsverstoßes und die Frage, wer diesen begangen hat, nicht sinnvoll getrennt werden können. Verstoßinhalt und Kartelltäter sind elementarer Teil der Zuwiderhandlung. Weiterhin ist für eine entsprechende Trennung des Anwendungsbereichs der Kohärenzverpflichtung weder eine Veranlassung noch eine tragfähige Grundlage ersichtlich. Dem Wortlaut des Art. 16 Abs. 1 S. 1 VO 1/2003 lässt sich eine solche Beschränkung der Reichweite des Abweichungsverbotes jedenfalls nicht entnehmen. Auch dogmatisch lässt sich eine entsprechende Aufteilung nicht begründen.

Nach hier vertretener Ansicht führt die Wortlautauslegung somit zu dem Ergebnis, dass ein Zivilgericht im Follow-on Verfahren ein wettbewerbswidriges Verhalten jeder beklagten Gesellschaft annehmen muss, die Teil der im Kommissionsbeschluss benannten wirtschaftlichen Einheit ist. Da wie bereits erläutert der wirtschaftlichen Einheit keine Rechtsfähigkeit und damit keine Passivlegitimation zukommt, wird das Zivilgericht sich nur mit der Frage zu befassen haben, ob die Beklagte als Teil der wirtschaftlichen Einheit den Kartellverstoß begangen hat. Dem Wortlaut des Art. 16 Abs. 1 VO 1/2003 lässt sich dabei nicht entnehmen, dass die beklagte Gesellschaft auch Adressatin des Kommissionsbeschlusses oder wenigstens ausdrücklich in den Entscheidungsgründen des Bußgeldbescheids benannt worden sein müsste und sich im Bußgeldverfahren gegen den Vorwurf wettbewerbswidrigen Verhaltens hätte wehren können müssen. Eine Einschränkung muss sich aber wie bereits erläutert aus den unionsverfassungsrechtlichen Rechtsgrundsätzen, insbesondere dem Rechtsstaatsprinzip ergeben.

bb. Telos des Art. 16 Abs. 1 S. 1 VO 1/2003

(1) Gleichlauf zwischen ordnungswidrigkeiten- und zivilrechtlicher Haftung dogmatisch geboten

Fraglich ist, ob der durch den Wortlaut begründete weite Anwendungsbereich der Norm aus teleologischen Erwägungen einzuschränken ist. Hierfür wird unter anderem angeführt, ein Gleichlauf der europäischen bußgeldrechtlichen

---

1144 *Scheidtmann*, WRP 2010, 499, 504; *Leffrang*, S. 113 ff., 136 f. für § 33 Abs. 4 GWB a.F., nach dem zwischen einem Verstoß und der Frage wer ihn begangen hat unterschieden werden müsse; s. auch *Klotz*, S. 121.

mit der nationalen kartellschadensersatzrechtlichen Haftung sei bereits dogmatisch verfehlt.[1145]

Bei der wirtschaftlichen Einheit auf europäischer Ebene handele es sich zum einen um eine rein sanktionsrechtliche Zurechnungsfigur, die nicht präjudiziell für das mitgliedstaatliche Zivilverfahren sei.[1146] Zivil- und ordnungswidrigkeitenrechtliche Verantwortlichkeit sowie die damit verbundenen Fragen der Verhaltenszurechnung seien in wesentlichen Aspekten erheblich voneinander abweichende Regelungsbereiche mit bedeutenden dogmatischen Unterschieden.[1147] Zurechnungserwägungen des Bußgeldrechts könnten dementsprechend nicht auf das Zivilrecht übertragen werden.[1148] Die kartellzivilrechtlichen Haftungszuweisung sei eine Frage des nationalen Rechts.

Selbst wenn das EU-Bußgeldrecht in seinem Anwendungsbereich die rechtliche Eigenständigkeit der juristischen Person aufheben könne, vermöge es dies zum anderen dennoch nicht für das mitgliedstaatliche Kartellschadensersatzrecht.[1149] Durch ihre ausschließlich ordnungswidrigkeitenrechtliche Prüfung habe die Kommission im Ergebnis keineswegs die Prüfung der zivilhaftungsrechtlichen Zurechnung des nationalen Gerichts vorweggenommen. Eine für den Eintritt der Bindungswirkung erforderliche Identität der von der Kommission und dem mitgliedstaatlichen Gericht zu prüfenden Sach- und Rechtsfragen liege in diesem Punkt gerade nicht vor.[1150] Eine zivilprozessual feststehende Passivlegitimation einer Gesellschaft in kartellschadensersatzrechtlichen Follow-on Verfahren könne es in Folge der Bindungswirkung daher nur dann geben, wenn sich aus den Gründen des Kommissionsbeschlusses ein eigener Tatbeitrag der Gesellschaft zum Wettbewerbsverstoß ergebe.[1151]

1145 *Rust*, NZKart 2015, 502, 507 f.; *Wiedmann/Funk*, BB 2015, 2627, 2633; *Thomas/Legner*, NZKart 2016, 155, 158. Für den Gleichlauf: *Klotz*, S. 164, 189; *Leffrang*, Rn. 179; *Scheidtmann*, WRP 2010, 499, 499; *Bürger*, WuW 2011, 130, 140.

1146 LG Berlin, Urt. v. 06.08.2013, 16 O 193/11 Kart, NZKart 2014, 37 – *Fahrtreppen*; *Körner*, S. 276; *von Hülsen/Kasten*, NZKart 2015, 296, 298; *Kahlenberg/Heim*, BB 2016, 1863, 1870; *Klotz*, WuW 2017, 226, 228 (analog zu § 33 b); a. A. *Kersting*, Der Konzern 2011, 445, 457; *Weitbrecht*, WuW 2015, 959, 965; *Wachs*, WuW 2017, 2 ff.

1147 *Klotz*, S. 166; *Leffrang*, Rn. 169; *Thomas/Legner*, NZKart 2016, 155, 158; *Klotz*, WuW 2017, 226, 228; *Könen*, NZKart 2017, 15, 20.

1148 *Leffrang*, Rn. 175.

1149 *Körner*, S. 276; *Scheidtmann*, WRP 2010, 499, 502.

1150 *Klotz*, S. 122 ff.; a.A. Kersting/Podszun/*Kersting*, 9. GWB-Novelle, Kap. 7 Rn. 72.

1151 Loewenheim/*Grave/Nyberg* (3. Aufl. 2016), Art. 101 Abs. 1 AEUV Rn. 206; *Rust*, NZKart 2015, 502, 508; *Klotz*, WuW 2017, 226, 228, analog zu § 33 b GWB. Allerdings lässt sich das dargelegte Argument, die Bindungswirkung umfasse nach dem

Die Zurechnung von Wettbewerbsverstößen zu den Rechtsträgern einer wirtschaftlichen Einheit sei auch kein originärer Teil des Tatbestandes des Art. 101 AEUV, sondern eine Frage der richterrechtlich entwickelten Haftungszuweisung im Bußgeldrecht.[1152] Darüber hinaus enthalte das europäische Wettbewerbsrecht gerade keine Bestimmungen zur zivilrechtlichen Durchsetzung des Kartellrechts.[1153] Dies sei als bewusste Entscheidung des Europäischen Gerichtshofs gegen einen unionsrechtlichen und damit einheitlichen Kartellschadensersatzanspruch zu werten. Unterschiede in den kartelldeliktischen Haftungssystemen der Mitgliedstaaten würden somit in Kauf genommen.[1154] Die Regelung der zivilrechtlichen Zurechnungs- und Haftungsmaßstäbe und damit auch der zivilprozessualen Passivlegitimation unterfalle dementsprechend allein dem Recht der Mitgliedstaaten.[1155]

Diese aus der Zeit vor der *Sumal* Entscheidung stammenden Einwände sind im Lichte dieser Entscheidung nicht mehr aufrechtzuerhalten, sondern wurden durch die Rechtsprechung des EuGH zum Kartellschadensersatzrecht überholt.[1156] Weiterhin kann den eine beschränkende Auslegung von Art. 16 Abs. 1 VO 1/2003 vertretenden Ansichten entgegengehalten werden, dass sie die dogmatische Grundlage der zivilkartellrechtlichen Verantwortlichkeit der wirtschaftlichen Einheit grundlegend verkennen. Diese ergibt sich nämlich nicht aus den ordnungswidrigkeitenrechtlichen Vorschriften der Verfahrensverordnung Nr. 1/2003 über den Erlass von Geldbußen, sondern findet sich vielmehr in den primärrechtlichen Verbotsnormen in Art. 101 f. AEUV i.V.m. dem Effektivitätsgrundsatz, die ihrem Wortlaut nach das Unternehmen im Unterschied zur juristischen Person adressieren. Nach der höchstrichterlichen europäischen Rechtsprechung ist das Unternehmen nach Art. 101 Abs. 1 AEUV unionsrechtsautonom als wirtschaftliche Einheit definiert, die für einen Verstoß gegen die

---

Wortlaut des § 33 b GWB und der Gesetzesbegründung zur 7. GWB-Novelle, BT-Drs. 15/3640, S. 54, nur den „Verstoß", also lediglich die Bewertung eines bestimmten Verhaltens als Zuwiderhandlung gegen das Kartellrecht, nicht jedoch die Passivlegitimation, angesichts des wesentlich weiteren Wortlauts des Art. 16 Abs. 1 VO 1/2003 nicht auf diesen übertragen.

1152 *Bulst*, S. 229 ff.; *Leffrang*, Rn. 166.

1153 *Klotz*, S. 110; *Inderst/Thomas*, S. 75 ff.

1154 *Klotz*, S. 164; *Leffrang*, Rn. 177; *Hirsch*, ZWeR 2003, 233, 245 f.

1155 GA van Gerven, Schlussanträge v. 27.10.1993, C-128/92, Rn. 51 ff. – *Banks*; *Klotz*, S. 100 f.; *Körner*, S. 276; *Schnelle*, WuW 2015, 332, 337 (für die bußgeldrechtliche Seite); *Thomas/Legner*, NZKart 2016, 155, 156; *Klotz*, WuW 2017, 226, 227.

1156 Zum *Sumal*-Urteil s. oben S. 288 ff.

Wettbewerbsregeln nach dem Grundsatz der persönlichen Verantwortung einzustehen hat.[1157] Das Unternehmen i.S. einer wirtschaftlichen Einheit ist somit identischer Norm- und Pflichtenadressat des Art. 101 AEUV sowie Sanktionsadressat des Art. 23 Abs. 2 VO 1/2003 und Haftungsadressat der §§ 33 Abs. 1, 33 a Abs. 1 GWB i.V.m. Art. 101 AEUV.[1158] Die Feststellung der Kartelltäterschaft eines Unternehmens beruht damit unmittelbar auf der Vorschrift des Art. 101 Abs. 1 AEUV, deren Erfüllung gleichermaßen Grundlage für die an ein- und dieselbe kartellrechtswidrigen Verhaltensweise geknüpften ordnungswidrigkeiten- sowie kartelldeliktsrechtlichen Rechtsfolgen ist.[1159] Die Kartelltäterschaft kann dort konsequenterweise nicht anders verstanden werden.[1160] Es ist daher nicht als systemwidrig einzuordnen, die primärrechtlich determinierte Verantwortlichkeit der wirtschaftlichen Einheit auch auf den zivilrechtlichen Schadensersatzanspruch zu übertragen. Im Gegenteil, die Normen des EU-Wettbewerbsrecht und die Vorgaben der europäischen Rechtsprechung beanspruchen unmittelbare Geltung im Recht aller Mitgliedstaaten.[1161]

(2) Gleichlauf zwischen ordnungswidrigkeiten- und zivilrechtlicher Haftung nach den Normzielen geboten

Eine gleichlaufende Auslegung von bußgeldrechtlicher und zivilrechtlicher Haftung entspricht zudem den Normzielen des Art. 16 Abs. 1 VO 1/2003. Sinn und Zweck der Norm ist die Sicherstellung einer EU-weit einheitlichen Lösung identischer Sachverhalte zur Gewährleistung von Rechtseinheit und -sicherheit.[1162]

1157 EuGH, Urt. v. 29.09.2011, C-521/09, Rn. 53 – *Elf Aquitaine*; EuGH, Urt. v. 27.04.2017, C-516/15 P, Rn. 46 – *Akzo Nobel*; EuGH, Urt. v. 14.03.2019, C-724/17, Rn. 29, 31 – *Skanska*; EuGH, Urt. v. 06.10.2021, C-882/19, Rn. 41 f. – *Sumal*. S. hierzu auch *Franck*, Private Enforcement in Germany, S. 26 ff.

1158 EuG, Urt. v. 03.03.2011, T-122/07 bis T-124/07, Rn. 187 – *Siemens*; EuGH, Urt. v. 04.09.2014, C-408/12, Rn. 59 – *YKK*; Monopolkomm., Sondergutachten v. 28.01.2016, Strafrechtliche Sanktionen bei Kartellverstößen, BT-Drucks. 18/7508, S. 27; *Franck*, Private Enforcement in Germany, S. 28; *Ost/Kallfaß/Roesen*, NZKart 2016, 447, 448; *Braun/Kellerbauer*, NZKart 2015, 175, 176.

1159 Vgl. *Leffrang*, Rn. 241; *Könen*, NZKart 2017, 15, 20.

1160 *Kokott/Dittert*, WuW 2012, 670, 683; *Könen*, NZKart 2017, 15, 19.

1161 Gesetzentwurf der Bundesregierung eines Neunten Gesetzes zur Änderung des Gesetzes gegen Wettbewerbsbeschränkungen, BT-Drucks. 18/10207, S. 41. S. auch EuGH, Urt. v. 20.09.2001, C-453/99, Rn. 19 und 23 – *Courage/Crehan*.

1162 *Glöckner*, WRP 2015, 410, 417; *Weitbrecht*, WuW 2015, 959, 959; *Kersting/Preuß*, WuW 2016, L1, L 2; *Weck*, WuW 2016, 404, 404.

Weiterhin soll die Bindungswirkung die private Durchsetzung von Kartellschadensersatzansprüchen erleichtern, die auf einem bereits durch die Kommission festgestellten Wettbewerbsverstoß basieren. Es ist insoweit Aufgabe der nationalen Gericht zu gewährleisten, dass die unionsrechtlichen Wettbewerbsvorschriften ihre volle Wirkung entfalten und die Rechte durchzusetzen, die das Unionsrecht Einzelpersonen einräumt.[1163] Die Vorschriften des Unionsrechts sowie die in ihnen verwendeten Bestimmungen und Begriffe müssen, um eine Rechtszersplitterung in der Union zu verhindern, übereinstimmend ausgelegt werden, unabhängig davon, unter welchen Voraussetzungen sie angewandt werden.[1164] Es ist kein Grund ersichtlich, warum die im ordnungswidrigkeitenrechtlichen Verfahren auf Basis des Art. 101 AEUV sowie auf Grundlage der wirtschaftlichen Unternehmenseinheit festgestellte Haftungszurechnung nicht auch die zivilrechtliche Inanspruchnahme determinieren sollte.[1165] Bei öffentlich-rechtlicher und privater Kartellrechtsdurchsetzung handelt es sich schließlich um zwei derselben Quelle entspringende ebenbürtige Säulen des europäischen Wettbewerbsrechts. Nicht zuletzt ist insbesondere ein gemeinsames Wettbewerbsrecht von besonderer Bedeutung für das Funktionieren des europäischen Binnenmarktes. Gerade dieses Recht ist auch eine bedeutende Richtschnur für über die Grenzen der Mitgliedstaaten hinaus europaweit agierende Unternehmen. Ihm ist daher wie kaum einem anderen Rechtsbereich ein Bedürfnis nach einer unionsweit kohärenten Regelung immanent.[1166]

Die Verwendung eines EU-weit einheitlichen Unternehmensbegriffs nach den Vorgaben der europäischen Gerichtsbarkeit würde zudem die (Aus)Nutzung von *Forum Shopping* in den europäischen Jurisdiktionen und die Zersplitterung der Union in verschiedene Schadensrechtsregime verhindern.[1167] Beispielhaft sei für die gegenwärtig unterschiedliche Rechtsanwendung in der Union die Rechtsprechung des Obersten Gerichtshofs Österreichs angeführt, der die europäische Unternehmenshaftung gegen die Mitglieder der wirtschaftlichen Einheit bereits lange vor der *Sumal*-Entscheidung über eine europarechtsnahe Auslegung des österreichischen Kartellzivilrechts in § 37a Abs. 3 ÖKartG

1163 EuGH, Urt. v. 06.06.2013, C-536/11, Rn. 21 ff. – *Donau Chemie*.

1164 Callies/Ruffert/*Wegener*, Art. 267 AEUV Rn. 3.

1165 Loewenheim/*Rehbinder* (3. Aufl. 2016), § 33 GWB Rn. 43.

1166 Schröter/Jakob/Klotz/Mederer/*Schröter*, Vorb. zu den Art. 101 bis 105 AEUV, Rn. 163; vgl. auch EuGH, Urt. 13.02.1969, C-14/68, Rn 15 – *Walt Wilhelm*.

1167 GA van Gerven, Schlussanträge, 27.10.1993, C-128/92, Rn. 45 – *Banks*; *Leffrang*, Rn. 64; *Weitbrecht*, WuW 2015, 959, 965.

eingeführt hat.[1168] Auch das englische, allein auf die Behandlung von Kartellfällen spezialisierte Competition Appeal Tribunal hat im Zusammenhang mit der EU-Kartellschadensersatzrichtlinie eine zivilrechtlichen Haftung der Mutter für ihre Tochter im englischen Kartellzivilrecht befürwortet.[1169] In Umsetzung der Kartellschadensersatzrichtlinie haben auch Portugal[1170], Spanien[1171], Polen[1172] und die Niederlande[1173] eine Regelung zur zivilrechtlichen Haftung der Wirtschaftseinheit vorgesehen.

Aus rein nationaler Sicht wird allerdings gegen eine weite, die Zurechnungsfigur der wirtschaftlichen Einheit einschließende Auslegung des Art. 16 VO 1/2003 eingewandt, dass nach den Neuerungen durch die 9. GWB-Novelle noch nicht einmal mehr im rein innerdeutschen Recht eine Konkordanz zwischen kartellbußgeldrechtlicher und zivilrechtlicher Haftung eines Rechtsträgers der wirtschaftlichen Einheit für eine andere unmittelbar kartellbeteiligte Gesellschaft bestehe. Eine entsprechende zivilrechtliche Haftung z.B. der Muttergesellschaft könne nicht analog der mit der 9. GWB-Novelle in das deutsche Ordnungswidrigkeitenrecht eingeführten Zurechnungsnorm des § 81 Abs. 3 a GWB angenommen werden.[1174] Dem ist entgegenzuhalten, dass es hierauf nicht ankommen kann. Der deutsche Gesetzgeber kann in rein innerdeutschen Sachverhalten eine eigenständige Regelung vorsehen. Für zivilrechtliche Ansprüche wegen Verletzung von Art. 101 Abs. 1 AEUV unterliegt er dagegen den Vorgaben des europäischen Rechts. Dieses ist im Sinne einer Übernahme der Zurechnungsfigur der wirtschaftlichen Einheit in das Kartellschadensersatzrecht auszulegen wie nunmehr auch durch die *Sumal* Rechtsprechung bestätigt.

1168 OGH, Beschl. v. 02.08.2012, 4 Ob 46/12, WuW 2013, 313, Rn. 7.4. – *Debitkarten*; OGH als Kartellgericht, Beschl. v. 08.10.2015, 16 Ok 2/15 b, NZKart 2016, 92, Rn. 5.11 – *SPAR* (zum Bußgeldrecht); *Kriechbaumer/Bamberger*, WuW 2014, 690; *Hoffer*, NZKart 2016, 466, 467; *Zandler*, NZKart 2016, 98, 102, 103.

1169 Competition Appel Tribunal, Urt. v. 14.07.2016, Case 1241/5/7/15 (T), [2016] CAT 11, Rn. 363, S. 217 - *Sainsbury's Supermarkets Ltd v MasterCard*.

1170 Art. 3(2) Lei n. 23/2018. Vgl. dazu auch Rodger/Ferro/Marcos/*Ferro*, The EU Antitrust Damages Directive, S. 304, 318 ff.

1171 Art. 71.2(b) Ley de Defensa de la Competencia.

1172 Art. 3 des polnischen Gesetzes zu Schadensersatzansprüchen wegen Verletzung des Wettbewerbsrechts v. 21.04.2017.

1173 Art. 6:193m Burgerlijk Wetboek.

1174 *Inderst/Thomas*, S. 415; *Rust*, NZKart 2015, 502, 508; *Suchsland/Rossman*, WuW 2015, 973 ff.; *von Hülsen/Kasten*, NZKart 2015, 296 ff.

(3) *Gleichlauf führt nicht zur rechtswidrigen Auslegung des Art. 16 Abs. 1 VO 1/2003 als Anspruchsgrundlage*

Rechtssystematisch handelt es sich bei Art. 16 Abs. 1 VO 1/2003 um eine Beweisregel i.S.v. § 286 Abs. 2 ZPO für tatsächliche Feststellungen[1175] bzw. eine Vorgabe für die Subsumtion im Hinblick auf Rechtsausführungen, die das nationale Gericht verpflichten, die tragenden tatsächlichen und rechtlichen Feststellungen eines Kommissionsbeschlusses seinem Verfahren zugrunde zu legen. Art. 16 VO 1/2003 soll damit eine einheitliche Rechtsanwendung sicherstellen und die Durchsetzung kartellschadensersatzrechtlicher Ansprüche erleichtern. Die Vorschrift selbst ist aber keine solche Anspruchsgrundlage.[1176] Subjektive Rechte ergeben sich ausschließlich aus Art. 101 Abs. 1 AEUV in seiner Auslegung durch die europäische Rechtsprechung sowie den nationalen Kartellschadensersatznormen.[1177]

Es könnte daher eine Überdehnung der Vorgabe des Art. 16 Abs. 1 VO 1/2003 darstellen, wenn die Auslegung der Vorschrift dazu führen würde, Ansprüche gegen einen nach nationalem Kartellschadensersatzrecht nicht passivlegitimierten Rechtsträger der wirtschaftlichen Einheit zu begründen. In diesem Sinne entschied auch das LG Berlin als es eine Bindungswirkung gegen eine nicht unmittelbar kartellbeteiligte Muttergesellschaft mit der Begründung ablehnte, dass das deutsche Recht gegen diese keinen eigenen Verpflichtungsgrund vorsehe.[1178]

Wie oben dargelegt ging die deutsche Rechtsprechung ursprünglich davon aus, dass passivlegitimierter Schadensersatzschuldner nach §§ 33 Abs. 1, 33 a Abs. 1 GWB nur der unmittelbar kartellbeteiligte Rechtsträger einer wirtschaftlichen Einheit sei. Dies führte zu einem Widerspruch mit der in Art. 16 Abs. 1 VO 1/2003 normierten Bindungswirkung, soweit der zugrundeliegende Bußgeldbeschluss der Kommission weitere nicht unmittelbar kartellbeteiligte Rechtsträger der wirtschaftlichen Einheit als Kartelltäter identifizierte. Da nach deutschem

---

1175 Immenga/Mestmäcker/*Franck*, § 33 b GWB Rn. 16.

1176 S. zum vergleichbaren Problem bei § 33 b GWB: *Klotz*, S. 123; Monopolkomm., XXI. Hauptgutachten, 2016, Rn. 103; *Klotz*, WuW 2017, 226, 228.

1177 EuGH, Urt. v. 20.09.2001, C-453/99, Rn. 26 – *Courage/Crehan*; EuGH, Urt. v. 13.07.2006, C-295/04 bis C-298/04, Rn. 60 – *Manfredi*; EuGH, Urt. v. 06.06.2013, C-536/11, Rn. 21 f. – *Donau Chemie*; EuGH, Urt. v. 05.06.2014, C-557/12, Rn. 21 – *Kone;* EuGH, Urt. v. 14.03.2019, C-724/17, Rn. 16 – *Skanska.*

1178 LG Berlin, Urt. v. 06.08.2013, 16 O 193/11 Kart, BeckRS 2013, 22659; s. zu diesem Urteil oben S. 319 ff.

Kartellschadensersatzrecht eine materiell-rechtliche Anspruchsgrundlage gegen diese Rechtsträger nicht gegeben war, konnten diese nicht als passivlegitimiert angesehen werden, es sei denn man hätte Art. 16 Abs. 1 VO 1/2003 entgegen seiner Rechtsnatur eine quasi anspruchsbegründende Wirkung in Follow-on Verfahren zugeschrieben. Eine solche Rechtswirkung würde allerdings die Normgrenze des Art. 16 Abs. 1 VO 1/2003 sprengen. Über die Kohärenzverpflichtung lässt sich nicht rechtlich determinieren, wer Anspruchsgegner eines Kartellschadensersatzanspruchs sein kann.[1179] Dies richtet sich allein nach den Regeln der Passivlegitimation in § 33 a GWB.

Diesen anfänglich berechtigten Bedenken ist inzwischen durch die *Sumal* Entscheidung des EuGH die Grundlage entzogen worden. Wie dargelegt greift die Bindungswirkung des Art. 16 Abs. 1 VO 1/2003 nur dann und nur soweit wie in tatsächlicher und rechtlicher Hinsicht zwischen den von der Kommission geprüften und vom nationalen Gericht zu prüfenden Sach- und Rechtsfragen Identität besteht.[1180] Eine entsprechende Identität liegt in Bezug auf die Passivlegitimation vor, wenn die Zurechnungsfigur der wirtschaftlichen Einheit Geltung beansprucht, unabhängig davon, ob sich an die Feststellung eines Verstoßes gegen Art. 101 Abs. 1 AEUV ordnungswidrigkeitenrechtliche, verwaltungsrechtliche oder zivilrechtliche Rechtsfolgen anschließen. Die Pflicht zur einheitlichen Anwendung dieser Zurechnungsfigur des materiellen Kartellrechts der Art. 101 f. AEUV auch im nationalen Kartellschadensersatzrecht steht nunmehr seit der EuGH Entscheidung im Verfahren *Sumal* fest. Damit liegt insoweit nunmehr ein Gleichlauf zwischen den ordnungswidrigkeitenrechtlich und zivilrechtlich zu prüfenden Sach- und Rechtsfragen vor. Dementsprechend sind die durch die Kommission im Bußgeldverfahren auf Basis der wirtschaftlichen Einheit getroffenen Feststellungen zur Kartelltäterschaft nach Vorgabe des Art. 16 Abs. 1 VO 1/2003 für das mitgliedstaatliche Kartellzivilverfahren bindend. Da die Passivlegitimation auch materiell rechtlich unionsrechtlich und in Übereinstimmung mit den bußgeldrechtlichen Grundsätzen determiniert ist, erstreckt sich Bindungswirkung ebenfalls insoweit.

1179 Ebenso Immenga/Mestmäcker/*Franck*, § 33 a GWB Rn. 33 und § 33 b GWB Rn. 21.

1180 GA Cosmas, Schlussanträge v. 16.05.2000, C-344/98, Rn. 16 – *Masterfoods*; Möschel/Bien/*Grüneberger*, 135, 139; *Klotz*, S. 121; in diese Richtung auch Immenga/Mestmäcker/*Franck*, § 33 a GWB Rn. 33 sowie § 33 b Rn. 21.

(4) *Zwischenergebnis*

Abschließend ist somit festzuhalten, dass es in einem System der parallelen Zuständigkeiten gerade dem Sinn und Zweck des Abweichungsverbotes des Art. 16 Abs. 1 VO 1/2003 entspricht, eine umfassende kohärente Anwendung der EU-Wettbewerbsregeln und eine durchgängig einheitliche Beurteilung identischer Sachverhalte im Interesse der Rechtssicherheit und -einheit in allen europäischen Mitgliedstaaten zu gewährleisten.[1181] Damit einher gehen muss sinnvollerweise auch ein Gleichlauf der Haftungsverantwortlichkeit für die Rechtsfolgen ein- und derselben Zuwiderhandlung gegen das europäische Wettbewerbsrecht. Ein solcher Gleichlauf verhindert *forum shopping* und führt damit zu Wettbewerbsgleichheit im Binnenmarkt. Ein entsprechendes Verständnis erleichtert zudem die Durchsetzung kartellschadensersatzrechtlicher Follow-on Ansprüche und wird somit auch der zweiten Zielsetzung der Kohärenzverpflichtung des Art. 16 Abs. 1 VO 1/2003 gerecht. Eine nationale Nichtbeachtung widerspräche dagegen nicht nur den Vorgaben der Bindungswirkung nach Art. 16 Abs. 1 VO 1/2003, sondern auch der Auslegung des Art. 101 Abs. 1 AEUV durch die höchstrichterliche europäische Rechtsprechung sowie dem aus Art. 4 Abs. 3 EUV folgenden Gebot der loyalen Zusammenarbeit.

Die Bindungswirkung des Art. 16 Abs. 1 VO 1/2003 erfasst somit grundsätzlich auch die Frage der Kartelltäterschaft.[1182] In der Praxis bedeutet dies, dass die mitgliedstaatlichen Gerichte aufgrund der Kohärenzverpflichtung im nationalen Folgeverfahren davon auszugehen haben, dass jedenfalls zumindest die Adressaten[1183] eines bindenden Kommissionsbeschlusses eine wettbewerbliche Zuwiderhandlung begangen haben, egal ob als Rechtsträger der wirtschaftlichen Einheit oder als unmittelbar Tatbeteiligte.[1184] Folglich können die durch die

---

1181 *Kersting*, WuW 2014, 564, 565; *Makatsch/Mir*, EuZW 2015, 7, 8; Berg/Mäsch/*van der Hout/Lux*, Art. 16 VO 1/2003 Rn. 1; Immenga/Mestmäcker/*Ritter/Wirtz*, Art. 16 VO 1/2003 Rn. 1; Loewenheim/*Zuber*, Art. 16 VO 1/2003 Rn. 13; von der Groeben/Schwarze/Hatje/*Becker/Vollrath*, Art. 16 VO 1/2003 Rn. 3.

1182 S. auch *Wachs*, WuW 2017, 2, 8; *Weitbrecht*, WuW 2015, 959, 965 für § 33 Abs. 4 GWB a.F.

1183 S. zur bindenden Feststellung der Kartelltäterschaft nicht adressierter Rechtsträger einer wirtschaftlichen Einheit sogleich, S. 344 ff.

1184 Kersting/Podszun/*Kersting*, 9. GWB-Novelle, Kap. 7 Rn. 33; *Körner*, S. 273, 274; *Bürger*, WuW 2011, 130, 137 für § 33 Abs. 4 GWB; *Kokott/Dittert*, WuW 2012, 670, 683; *Kersting*, WuW 2014, 564, 565; *Weitbrecht*, WuW 2015, 959, 965 f.; *Wachs*, WuW 2017, 2, 8. Anderer Ansicht LG Berlin, Urt. v. 06.08.2013, 16 O 193/13, WuW/E DE-R 4388, 4398 f. = WuW 2014, 1240, 1250 f. – *Aufzugskartell*.

Kommission adressierten Rechtsträger der wirtschaftlichen Einheit gegen eine entsprechende Inanspruchnahme aufgrund der Bindungswirkung nicht einwenden, sie hätten (unmittelbar selbst) keine Zuwiderhandlung begangen.[1185] Der Kommissionsbeschluss ist auch dahingehend rechtlich bindend, welche verfahrensbeteiligten Gesellschaften die Kommission einer wirtschaftlichen Einheit als zugehörig einstuft. Die Aussage der Kommission, ein Unternehmen i.S.e. wirtschaftliche Einheit habe gegen das Wettbewerbsrecht verstoßen, ist deckungsgleich mit der Feststellung, dass jeder die wirtschaftliche Einheit tragenden Gesellschaft ein Kartellverstoß angelastet werden kann.[1186] Feststellungen der Kommission dahingehend, dass ein bestimmender Einfluss der Muttergesellschaft auf ihre Tochter während des Kartellzeitraums vorlag, unterfallen ebenfalls der Bindungswirkung.[1187]

Möchte ein nationales Gericht in einem Follow-on Verfahren die Passivlegitimation eines am Kommissionsverfahren beteiligten Rechtsträgers der bebußten wirtschaftlichen Einheit ablehnen, so müsste es mangels eigener rechtlicher Prüfungs- bzw. Abweichungskompetenz nach Art. 16 Abs. 1 S. 4 VO 1/2003 ein Vorabentscheidungsverfahren vor dem EuGH anstrengen.[1188]

cc. *Durch höherrangiges Recht begründete Grenzen der Bindungswirkung*

Die Auslegung des Art. 16 Abs. 1 VO 1/2003 muss sich wie die Auslegung jeder Norm an der Vereinbarkeit des Ergebnisses mit höherrangigem Recht messen lassen. Es ist an dieser Stelle daher zu prüfen, ob es mit den durch die Charta der Grundgerechte garantierten Verfahrensrechten vereinbar ist, Art. 16 VO 1/2003 dahingehend auszulegen, dass eine zivilrechtliche Verantwortlichkeit aller Rechtsträger der bebußten wirtschaftlichen Einheit im zivilrechtlichen Folgeverfahren bindend feststeht.

Hierzu hat der EuGH in der *Sumal* Entscheidung Stellung bezogen. Wie bereits oben erläutert, ging es in dem Verfahren um die Frage, ob eine nicht unmittelbar kartellbeteiligte Tochtergesellschaft zivilrechtlich in Anspruch genommen werden kann, nur weil sie eine wirtschaftliche Einheit mit ihrer

1185 Kersting/Podszun/*Kersting*, 9. GWB-Novelle, Kap. 7 Rn. 72; *Wachs*, WuW 2017, 2, 6 ff.; *Weitbrecht*, WuW 2015, 959, 965.

1186 A.A. *Klotz*, S. 123, der in diesem Zusammenhang die wirtschaftliche Einheit zudem fälschlicherweise mit einem Konzern i.S.d. deutschen Gesellschaftsrechts gleichsetzt.

1187 *Franck*, Private Enforcement in Germany, S. 34.

1188 *Kokott/Dittert*, WuW 2012, 670, 683.

kartellbeteiligten Mutter bildet. Nach Ansicht des EuGH ergibt sich aus den in Art. 47 EU GrC grundrechtlich garantierten Anforderungen auf einen wirksamen Rechtsbehelf und auf Zugang zu einem unparteiischen Gericht, dass die zivilrechtlich beklagte Tochtergesellschaft über alle Mittel verfügen müsse, ihre fundamentalen Verteidigungsrechte vor dem nationalen Gericht sachdienlich auszuüben, insbesondere um nachzuweisen, dass sie nicht Teil desselben Unternehmens wie ihre Mutter ist.[1189] Zudem soll es der Tochtergesellschaft zustehen, gegen ihre Haftung jeden Grund geltend zu machen, den sie auch in dem von der Kommission gegen ihr Muttergesellschaft eingeleiteten, die Zuwiderhandlung feststellenden Verfahren hätte geltend machen können.[1190] Dies vermag zu überzeugen, soll allerdings aufgrund der Kohärenzverpflichtung des Art. 16 Abs. 1 VO 1/2003 dann nicht gelten, wenn sich die Schadensersatzklage auf einen durch die Kommission in einem an die Mutter der beklagten Tochtergesellschaft gerichteten Beschluss festgestellten Wettbewerbsverstoß stützt. In diesem Fall soll die Tochter das Vorliegen der von der Kommission festgestellten Zuwiderhandlung in einem nationalen Kartellschadensersatzverfahren nicht mehr bestreiten können.[1191] Nach Art. 16 Abs. 1 VO 1/2003 dürfen die nationalen Gerichte nämlich keine Entscheidungen erlassen, die dem Beschluss der Kommission zuwiderlaufen. Der zivilgerichtliche Kläger müsse für eine Haftung der Tochter im Follow-on Verfahren somit nur nachweisen, dass diese zum Zeitpunkt des Wettbewerbsverstoßes mit ihrer Mutter eine wirtschaftliche Einheit bildete.[1192]

Diese Ansicht ist abzulehnen, denn sie ist widersprüchlich, überdehnt die Bindungswirkung und verletzt die rechtsstaatlichen Grundsätze der Union.[1193] Der Gerichtshof selbst verweist in diesem Zusammenhang auf Art. 47 EU GrC sowie Art. 27 Abs. 1 VO 1/2003, der vorgibt, dass die Kommission vor dem Erlass eines kartellrechtlichen Bußgeldbeschlusses den betroffenen Personen Gelegenheit geben muss, sich zu den Beschwerdepunkten zu äußern und ihre Verteidigungsrechte auszuüben.[1194] Die Möglichkeit der Wahrnehmung dieser Verteidigungsrechte im ordnungswidrigkeitenrechtlichen Verfahren sei entbehrlich, wenn die

1189 EuGH, Urt. v. 06.10.2021, C-882/19, Rn. 53 – *Sumal*.
1190 EuGH, Urt. v. 06.10.2021, C-882/19, Rn. 54 – *Sumal*.
1191 EuGH, Urt. v. 06.10.2021, C-882/19, Rn. 55, 67 – *Sumal*.
1192 EuGH, Urt. v. 06.10.2021, C-882/19, Rn. 52 – *Sumal*.
1193 A.A und dem EuGH wohl zustimmend: Immenga/Mestmäcker/*Franck*, § 33 b GWB Rn. 20 a.
1194 EuGH, Urt. v. 06.10.2021, C-882/19, Rn. 56 – *Sumal*.

Kommission nicht die Absicht habe, eine Zuwiderhandlung gegenüber einem Rechtsträger der wirtschaftlichen Einheit festzustellen, so der EuGH.[1195] Dies vermag noch zu überzeugen. Nicht nachvollziehbarerweise zieht der EuGH hieraus aber die Schlussfolgerung, dass in einem anschließenden Schadensersatzverfahren aufgrund der Bindungswirkung alle Rechtsträger der wirtschaftlichen Einheit die kartellrechtliche Zuwiderhandlung nicht angreifbar gegen sich gelten lassen müssen, obwohl allein die Adressatin des Bußgeldbeschlusses Gelegenheit hatte, ihre Verteidigungsrechte im Bußgeldverfahren wahrzunehmen.[1196] Nicht erforderlich soll demnach sein, dass auch die im Follow-on Verfahren nunmehr in Anspruch genommenen, nicht adressierten Rechtsträger der wirtschaftlichen Einheit Verteidigungsrechte im Bußgeldverfahren ausüben konnten.[1197]

Dies widerspricht dem Grundrecht einer jeden Person auf rechtliches Gehör sowie effektiven gerichtlichen Rechtsschutz aus Art. 47 EU GrC und führt zu unionsverfassungswidrigen Rechtsschutzlücken. Die rechtsstaatlichen Grundsätze stehen nicht unter einem Pragmatismusvorbehalt. Zwar könnte man hiergegen einwenden, dass es sich bei juristischen Personen ohnehin nur um erst durch die Rechtsordnung geschaffene Strukturen handelt, deren rechtliche Zulässigkeit sich dementsprechend nach Zweckmäßigkeitserwägungen bemisst. Die Verfahrensgrundrechte gelten ihrem Wesen nach aber auch für diese juristischen Zweckgebilde, wie auch der EuGH selbst feststellt. Zudem gebietet auch das Rechtsstaatsprinzip einen Gleichlauf von Haftung und Rechtsschutz. Wem eine rechtliche Verpflichtung auferlegt wird, der soll sich – egal ob natürliche oder juristische Person – auch dagegen wehren können. Eine eigenständige juristische Person muss sich ihre Kartellteilnahme aufgrund der Bindungswirkung aus rechtsstaatlichen Gründen daher letztlich nicht entgegenhalten lassen, wenn sie keine Möglichkeit hatte, sich zuvor vor europäischen oder nun vor den nationalen Gerichten gegen die Feststellung des geahndeten Wettbewerbsverstoßes zur Wehr zu setzen. Wie oben festgestellt, wird der inhaltliche Umfang und die persönliche Reichweite der Bindungswirkung entscheidend durch die Möglichkeit zur Wahrnehmung der grundrechtlich eingeräumten Verfahrensrechte determiniert.[1198] Es ist daher zur Begründung der Passivlegitimation in

1195 EuGH, Urt. v. 06.10.2021, C-882/19, Rn. 56 – *Sumal.*

1196 EuGH, Urt. v. 06.10.2021, C-882/19, Rn. 59 – *Sumal.*

1197 EuGH, Urt. v. 06.10.2021, C-882/19, Rn. 59 – *Sumal.*

1198 S. oben S. 157 ff. (zum inhaltlichen Umfang) und oben S. 112 ff. (zur persönlichen Reichweite); s. überdies LG Hannover, Urt. v. 04.02.2019, 18 O 26/17, BeckRS 2019, 1447, Rn. 27 f., das die Passivlegitimation eines Rechtsträger der wirtschaftlichen Einheit abgelehnt hatte, weil gegen diesen kein Bußgeldbeschluss vorlag.

einem Kartellschadensersatzverfahren keineswegs ausreichend, wenn der potentiell Geschädigte in diesem Follow-on Verfahren zur Überzeugung des Gerichts nachweist, dass der beklagte Rechtsträger Teil der ordnungswidrigkeitenrechtlich in Verantwortung genommenen wirtschaftlichen Einheit war. Dieser Nachweis im Zivilverfahren kann die fehlende Möglichkeit zur Wahrnehmung von Verfahrensrechten zur Verteidigung im Bußgeldverfahren nicht ausgleichen.

Für die Anwendbarkeit der Bindungswirkung nach Art. 16 VO 1/2003 ist auch nach hier vertretener Ansicht nicht entscheidend, ob ein Rechtsträger einer kartellrechtswidrig handelnden wirtschaftlichen Einheit schlussendlich Adressat des Bußgeldbeschlusses geworden ist. Es ist aber Voraussetzung, dass der Rechtsträger zuvor in einer Weise am Bußgeldverfahren beteiligt war, die ihm hinreichend rechtliches Gehör verschafft und ihm einen Rechtsweg gegen die Kommissionsentscheidung eröffnet hat. Dem wäre beispielsweise auch dadurch Genüge getan, dass die Kommission allen Rechtsträgern der wirtschaftlichen Einheit ein Anhörungsrecht gem. Art. 27 Abs. 3 S. 2 VO 1/2003 einräumt, auch wenn sie diese nicht zum Adressat ihrer Bußgeldentscheidung machen will. Dies würde bei weit verzweigten Konzernen zugegebenermaßen zu praktischen Herausforderungen führen, da ggf. eine Vielzahl von Rechtsträgern (in der Praxis wohl vor allem Tochtergesellschaften) in dem Kartellbußgeldverfahren angehört werden müssten. Allerdings steht die Beachtung von Grundrechten nicht unter einem Praktikabilitätsvorbehalt. Aufgrund des Anhörungsrechts, bzw. spätestens mit dessen Wahrnehmung im Verwaltungsverfahren steht den Rechtsunterworfenen dann auch eine Klagebefugnis gegen den Kommissionsbeschluss zu.[1199] In der Konsequenz führt die hier vertretene Ansicht auch dazu, dass in bereits mit einem Bußgeldbeschluss abgeschlossenen Kartellverfahren die zivilrechtliche Inanspruchnahme aufgrund der Bindungswirkung des Art. 16 Abs. 1 VO 1/2003 auf die Adressaten beschränkt bleibt. Praktisch würde dies die zeitliche Anwendbarkeit der *Sumal* Entscheidung auf nach ihrem Erlass ergangene Kartellbußgeldbeschlüsse beschränken. Die Kartellgeschädigten hätten allerdings weiterhin die Möglichkeit, die Adressaten der Entscheidung auf Basis der Bindungswirkung in Anspruch zu nehmen. Dies entspricht dem Status quo und führt zu keiner unzumutbaren Verkürzung der Rechte potenziell Kartellgeschädigter im Hinblick auf den Effektivitätsgrundsatz. Die zeitliche Einschränkung wäre daher im Sinne einer praktischen Konkordanz mit dem Unionsverfassungsrecht hinzunehmen.

1199 S. zur Klagebefugnis eines Anhörungsberechtigten bereits oben S. 85 ff.

Auch wenn die Rechtsfigur der wirtschaftlichen Einheit mit den rechtstatsächlichen Entwicklungen Schritt halten und an diese angepasst werden sollte, schießt die Auffassung des EuGH in *Sumal* im Ergebnis über das Ziel hinaus.[1200] Die wenigen positiven Aspekte können die rechtsdogmatischen Nachteile des Urteils nicht aufwiegen. Fraglich ist, ob der EuGH seinen Kompetenzbereich mit den dargelegten Vorgaben nicht sogar unangemessen überdehnt. Die Entscheidung macht jedenfalls deutlich, dass der Gerichtshof in seiner Zielsetzung, die private Kartellrechtsdurchsetzung auf Basis des *effet utile* weiter zu erleichtern, mit der bindenden Feststellung kartellrechtswidrigen Handelns nicht verfahrensbeteiligter Rechtsträger einer wirtschaftlichen Einheit zu weit gegangen ist. Die Vorgaben des EuGH könnten zu einer Haftung über das erforderliche Maß hinaus führen sowie Marktteilnehmer von legalem Verhalten abhalten und somit den durch das Effektivitätsprinzip gegebenen Rahmen überdehnen.[1201]

dd. Ergebnis

Die Bindungswirkung des Art. 16 VO 1/2003 erfasst grundsätzlich die Frage der Kartelltäterschaft. Spätestens seit *Sumal* gilt dies nicht nur für die unmittelbar kartellbeteiligten Gesellschaften, sondern auch für alle anderen Rechtsträger der wirtschaftlichen Einheit. Der ursprünglich im Rahmen des EU-Kartellordnungswidrigkeitenrechts entwickelte ökonomische Unternehmensbegriff der wirtschaftlichen Einheit muss aufgrund der gemeinsamen Anspruchsgrundlage in Art. 101 Abs. 1 AEUV bei gegen europäisches Recht verstoßenden wettbewerbswidrigen Verhaltensweisen auch im zivilrechtlichen Kartellschadensersatzrecht Anwendung finden. Der Begriff des Unternehmens entstammt der primärrechtlichen Vorschrift des Art. 101 Abs. 1 AEUV und ist als solcher unionsweit einheitlich nach den Vorgaben der europäischen Rechtspraxis zu verstehen. Da damit ein Gleichlauf zwischen den ordnungswidrigkeiten- und zivilrechtlichen Rechts- und Sachfragen vorliegt, sind auch die durch die Kommission im Bußgeldbeschluss auf Basis der wirtschaftlichen Einheit zur Kartelltäterschaft getroffenen Feststellungen nach der Kohärenzverpflichtung des Art. 16 VO 1/2003 für das mitgliedstaatliche Gericht bindend. Diese Bindungswirkung steht unter dem Vorbehalt der Gewährung rechtlichen Gehörs

---

1200 S. allgemein zu den Grenzen der Rechtsfortbildungsbefugnis des EuGH im Kartellschadensersatzrecht unter Hinweis auf das institutionelle Gleichgewicht *Franck*, European Law Review 2018, 837, 849 ff.

1201 Zu den Grenzen des Effektivitätsprinzips: Immenga/Mestmäcker/*Franck*, § 33 a GWB Rn. 4a.

im Verwaltungsverfahren sowie der Möglichkeit effektiven Rechtsschutzes des Rechtsunterworfenen gegen den Kommissionsbeschluss.

II. Rechtswidrige Zuwiderhandlung gegen das Wettbewerbsrecht

1. Tatbestandsmerkmal

Dem kartellgeschädigten Kläger, der seine Ansprüche auf eine Zuwiderhandlung gegen Art. 101 Abs. 1 AEUV stützt, obliegt der Nachweis einer Zuwiderhandlung gegen das Wettbewerbsrecht. Die unternehmerische Verhaltenskoordinierung nach Art. 101 Abs. 1 AEUV kann dabei in drei verschiedenen Formen erfolgen, etwa durch eine Vereinbarung zwischen Unternehmen, Beschlüsse von Unternehmensvereinigungen oder aufeinander abgestimmte Verhaltensweise. Nach ständiger Rechtsprechung der Europäischen Gerichte ist das Tatbestandsmerkmal der Vereinbarung zwischen Unternehmen erfüllt, wenn zwei oder mehr Parteien derselben Wirtschaftsstufe, sog. Horizontalvereinbarung, oder verschiedener Wirtschaftsstufen, sog. Vertikalvereinbarung, ihren gemeinsamen Willen zum Ausdruck gebracht haben, sich auf dem Markt in einer bestimmten Weise zu verhalten.[1202] Die zweite Variante ist wettbewerbsrelevanter Koordinierung liegt vor, wenn Unternehmensvereinigungen, also Zusammenschlüsse mehrerer Unternehmen zu einem Verband, durch ein satzungsmäßig hierzu berufenes Organ oder durch ihre Mitglieder selbst wettbewerbswidrige Beschlüsse, also Rechtsakte mit denen der Verband auf der Grundlage seiner Satzung seinen Willen bildet, erlassen.[1203] Das Merkmal der aufeinander abgestimmte Verhaltensweise dient als Auffangtatbestand und definiert sich darüber, dass obwohl noch nicht bis zum Abschluss eines Vertrages im eigentlichen Sinn gediehen oder einer Vereinbarung im Sinne des Kartellverbotstatbestandes verdichtet, bewusst eine praktische Zusammenarbeit an die Stelle des mit Risiken

---

1202 EuGH, Urt. v. 15.07.1970, C-41/69, Rn. 112 – *ACF Chemiefirma*; EuGH, Urt. v. 11.01.1990, C-277/87 – *Sandoz Prodotti Farmaceutici*; EuGH, Urt. v. 04.06.2009, C-8/08, Rn. 26 – *T-Mobile Netherlands*; EuGH, Urt. v. 05.12.2013, C-455/11 P, Rn. 36 – *Solvay*; EuG, Urt. v. 09.07.2009, T-450/05, Rn. 168 – *Peugeot*; Bechtold/Bosch/Brinker/*Bosch*, Art. 101 AEUV Rn. 42; Berg/Mäsch/*Berg/Mudrony*, Art. 101 AEUV Rn. 59, 63, 71; Grabitz/Hilf/Nettesheim/*Stockenhuber*, Art. 101 AEUV Rn. 91 m.w.N. und Informationen.

1203 Grabitz/Hilf/Nettesheim/*Stockenhuber*, Art. 101 AEUV Rn. 103 ff.; Immenga/Mestmäcker/*Zimmer*, Art. 101 AEUV Rn. 58; MüKo Kartellrecht/*Paschke*, Art. 101 AEUV, Rn. 139 ff.

verbundenen Wettbewerbs gestellt wird.[1204] Alle drei Formen gemeinsamen Zusammenwirkens stehen gleichrangig nebeneinander und unterscheiden sich weder hinsichtlich der übrigen für das Vorliegen einer Zuwiderhandlung gegen Unionskartellrecht geforderten Tatbestandsvoraussetzungen noch hinsichtlich der durch sie begründeten Rechtsfolgen.[1205] In der Folge wird eine präzise Subsumtion unter die Untergruppen in der Entscheidungspraxis, insbesondere in Bezug auf die Einordnung zahlreicher Einzelhandlungen, oftmals für verzichtbar gehalten und das Verhalten stattdessen unter dem Oberbegriff der Wettbewerbsbeschränkung, Koordinierung oder Abstimmung erfasst.[1206] Die Rechtswidrigkeit der Zuwiderhandlung wird indiziert, soweit nicht in Ausnahmefällen ein Rechtfertigungsgrund gegeben ist.[1207]

Als weitere Tatbestandsvoraussetzung einer Zuwiderhandlung gegen Art. 101 Abs. 1 AEUV muss die Verhaltenskoordinierung zur Eröffnung des Anwendungsbereichs europäischen Rechts dazu geeignet sein, den Handel zwischen den Mitgliedstaaten zu beeinträchtigen.[1208] Weiterhin muss eine Behinderung, Einschränkung oder Verfälschung des Wettbewerbs innerhalb des gemeinsamen

---

1204 EuGH, Urt. v. 14.07.1972, C-48/69, Rn. 64, 67 – *ICI*; EuGH, Urt. v. 16.12.1975, C- 40/73 bis 48, 50, 54 bis 56, 111, 113 und 114-73, Rn. 173 – *Suiker Unie u. a./Kommission*; EuGH, Urt. v. 04.06.2009, C-8/08, Rn. 26 – *T-Mobile Netherlands*; EuGH, Urt. v. 05.12.2013, C-455/11 P, Rn. 36 – *Solvay*; Berg/Mäsch/*Berg/Mudrony*, Art. 101 AEUV Rn. 64; Langen/Bunte/*Hengst*, Art. 101 AEUV Rn. 117; Grabitz/Hilf/Nettesheim/*Stockenhuber*, Art. 101 AEUV Rn. 106 ff.; MüKo Kartellrecht/*Paschke*, Art. 101 AEUV, Rn.152 ff.

1205 Grabitz/Hilf/Nettesheim/*Stockenhuber*, Art. 101 AEUV Rn. 88; Langen/Bunte/*Hengst*, Art. 101 AEUV Rn. 82; Immenga/Mestmäcker/*Zimmer*, Art. 101 AEUV Rn. 123 f.; MüKo Kartellrecht/*Paschke*, Art. 101 AEUV, Rn. 139 ff.

1206 Vgl. hierfür z.B. EuGH, Urt. v. 25.10.1977, C-26/76, Rn. 27 – *Metro/Kommission*; Kommission, Entsch.v. 13.07.1994, IV/C/33.833, ABl. 1994 L 243, 1 – *Karton*; Kommission, Entsch.v. 11.06.2002, COMP/36.571, ABl. 2004, L 56, 1 – *Österreichische Banken*; Kommission, Entsch.v. 30.10.2002, COMP/E-2/37.784, ABl. 2005 L 200, 92 – *Kunstauktionshäuser*; Kommission, Entsch.v. 21.02.2007, COMP/E-1/38.823, ABl. 2008 C 75, 19 – *Aufzüge und Fahrtreppen*; Kölner Kommentar/*Füller*, Art. 101 AEUV Rn. 1.; Immenga/Mestmäcker/Zimmer AEUV Art. 101 Abs. 1 Rn. 124; Berg/Mäsch/*Berg/Mudrony*, Art. 101 AEUV Rn. 78; Grabitz/Hilf/Nettesheim/*Stockenhuber*, Art. 101 AEUV Rn. 88 f. m.w.N.

1207 *Körner*, S. 273; Loewenheim/*Kersting*, § 33 a GWB Rn. 6.

1208 Zur Zwischenstaatlichkeitsklausel betreffend die Zuständigkeitsabgrenzung; EuGH, Urt. v. 13.12.2012, C-226/11, Rn. 37 – *Expedia*; Berg/Mäsch/*Berg/Mudrony*, Art. 101 AEUV Rn. 102 ff. und FN 257; Kölner Kommentar/*Füller*, Art. 101 AEUV Rn. 1.

Marktes bezweckt oder bewirkt werden. Die beiden Tatbestandsmerkmale des Bezweckens bzw. Bewirkens einer Wettbewerbsbeschränkung stehen dabei in einem Alternativverhältnis.[1209] Vorrangig ist dabei das abstrakte Gefährdungsdelikt einer bezweckten Wettbewerbsbeschränkung zu prüfen, also ob eine Vereinbarung objektiv in sich selbst das Ziel einer hinreichenden Beeinträchtigung des Wettbewerbs erkennen lässt, die letztlich weder absichtlich verfolgt worden noch tatsächlich eingetreten sein muss.[1210] Liegt eine bezweckte Wettbewerbsbeeinträchtigung nicht vor, so sind die tatsächlichen Auswirkungen einer Verhaltensweise auf den Wettbewerb im Rahmen des Erfolgsdelikt einer bewirkten Wettbewerbsbeeinträchtigung zu untersuchen.[1211] In diesem Fall ist auch das Erfordernis der Spürbarkeit zu prüfen, das nach der Rechtsprechung des EuGH inzwischen nur noch bei bewirkten Wettbewerbsbeschränkungen vorliegen muss.[1212]

2. *Bindungswirkung auf Grundlage des Art. 16 Abs. 1 VO 1/2003 hinsichtlich des Wettbewerbsverstoßes*

Das Vorliegen einer wettbewerbsrechtlichen Zuwiderhandlung nach Art. 101 Abs. 1 AEUV gehört zu den Tatbestandselementen, die sowohl die Kommission für den Erlass ihrer Bußgeldverfügung als auch das mitgliedstaatliche Gericht im Rahmen eines kartellrechtlichen Schadensersatzverfahrens sachlich und

---

1209 EuGH, Urt. v. 30.6.1966, C-56/65 – *Société Technique Minière/Maschinenbau Ulm*; EuGH, Urt. v. 13.10.2011, C-439/09, Rn. 34 ff. – *Pierre Fabre Dermo-Cosmétique SAS;* Immenga/Mestmäcker/*Zimmer*, Art. 101 AEUV Rn. 132; Berg/Mäsch/*Berg/Mudrony*, Art. 101 AEUV Rn. 83 m.w.N.

1210 EuGH, Urt. v. 30.6.1966, C-56/65 – *Société Technique Minière/Maschinenbau Ulm*, EuGH, Urt. v. 28.03.1984, verb. Rs. C-29/83 u. a., Rn. 26 – *CRAM und Rheinzink/Kommission*; EuGH, Urt. v. 06.04.2006, C-551/03 P, Rn. 64 – *General Motors BV;* EuGH, Urt. v. 04.06.2009, C-8/08, Rn. 28 f. – *T-Mobile Netherlands*; Berg/Mäsch/*Berg/Mudrony*, Art. 101 AEUV Rn. 84 f. Immenga/Mestmäcker/*Zimmer*, Art. 101 AEUV Rn. 129, 132.

1211 EuGH, Urt. v. 30.6.1966, C-56/65 – *Société Technique Minière/Maschinenbau Ulm*; EuGH, Urt. v. 12.12.1967, C-23/67 – *Brasserie de Haecht*; EuGH, Urt. v. 28.09.2006, C-552/03 P, Rn. 53, 84 – *Unilever*, EuGH, Urt. v. 23.11.2006, C-238/05, Rn. 50 – *Asnef-Equifax/Ausbanc*; EuGH, Urt. v. 04.06.2009, C-8/08, Rn. 28 f. – *T-Mobile Netherlands*; Berg/Mäsch/*Berg/Mudrony*, Art. 101 AEUV Rn. 90.

1212 EuGH, Urt. v. 13.12.2012, C-226/11, Rn. 37 – *Expedia*; Berg/Mäsch/*Berg/Mudrony*, Art. 101 AEUV Rn. 98 und FN 249; a.A. noch z.B: EuGH, Urt. v. 09.07.1969, C-5/69, Rn. 6, 7 – *Völk/Vervaecke.*

rechtlich identisch prüfen müssen. Hat die Europäische Kommission daher in ihrem Beschluss festgestellt, dass ein Wettbewerbsverstoß gem. Art. 101 Abs. 1 AEUV gegeben ist, so ist dieser bei Vorliegen der Voraussetzung eines in doppelter Hinsicht identischen Sachverhalts aufgrund der Bindungswirkung des Art. 16 Abs. 1 VO 1/2003 auch für das mitgliedstaatliche Follow-on Zivilverfahren präjudiziell festgestellt.[1213] Aufgrund seiner Verpflichtung, keine Entscheidungen zu erlassen, die einer Entscheidung der Kommission nach Art. 101 AEUV zuwiderlaufen, muss der nationale Richter somit gem. Art. 16 Abs. 1 VO 1/2003 vom Vorliegen einer Zuwiderhandlung gegen Art. 101 Abs. 1 AEUV ausgehen.[1214] Der Nachweis einer kartellrechtswidrigen Verhaltensweise, welche eine unionale Wettbewerbsbeschränkung bezweckt oder bewirkt hat, muss durch den Kläger eines nationalen Follow-on Verfahrens zur Begründung seiner Schadensersatzklage dementsprechend nicht mehr geführt werden.[1215]

Die Bindungswirkung erstreckt sich aber nicht nur auf das reine Ob des Vorliegens eines Wettbewerbsverstoßes, sondern auch auf dessen konkrete Ausgestaltung. Die Kohärenzverpflichtung umfasst dabei alle wesentlichen Elemente der Zuwiderhandlung. Wie dargelegt erfasst die Bindungswirkung die im vorangegangenen Kommissionsverfahren getroffenen tatsächlichen und rechtlichen Feststellungen im operativem Teil, sowie den tragenden Gründen des Beschlusses, die den Lebenssachverhalt bilden, bezüglich dessen ein Kartellrechtsverstoß festgestellt wurde, und die seine rechtliche Einordnung als Verstoß gegen das Wettbewerbsrecht tragen.[1216] Ein Abweichen der mitgliedstaatlichen Gerichte von den Feststellungen im Kommissionbeschluss ist nach der Bindungswirkung des Art. 16 Abs. 1 VO 1/2003 somit nicht möglich hinsichtlich (i) der rechtlichen Einordnung des Verhaltens als Wettbewerbsverstoß, (ii) der Art und Schwere der Zuwiderhandlung wie ihres sachlichen, zeitlichen und räumlichen Ausmaßes, und (iii) der Zuweisung der Verantwortlichkeit zu den für den Verstoß

1213 EuGH, Urt. v. 06.11.2012, C-199/11, Rn. 65 f. – *Otis*; *Leffrang*, Rn. 247; Loewenheim/*Zuber*, Art. 16 VO 1/2003 Rn. 17. Zu § 33 Abs. 4 GWB 2005: LG Dortmund, Urt. v. 27.06.2018, 8 O 13/17, Rn. 44 – *LKW-Kartell*; LG Hannover, Urt. v. 04.02.2019, 18 O 26/17, Rn. 27 – *LKW-Kartell*. S. weiterhin: *Bürger*, WuW 2011, 130, 140; *Kainer/Persch*, WuW 2016, 2, 5; *Bach/Wolf*, NZKart 2017, 285, 286; *Kersting*, VersR 2017, 581, 582.

1214 So ausdrücklich EuGH, Urt. v. 06.11.2012, C-199/11, Rn. 50 ff., 65 – *Otis*; Kamann/Ohlhoff/Völcker/*Ohlhoff*, § 26 Rn. 112.

1215 *Galle*, NZKart 2016, 214, 214; *Klumpe/Thiede*, NZKart 2017, 332, 333.

1216 S. zum Umfang der Bindungswirkung oben S. 136 ff.

verantwortlichen juristischen Personen.[1217] In zeitlicher Hinsicht treffen insbesondere Kartellbußgeldbescheide, anders als Entscheidungen des Kartellverwaltungsverfahrens außerhalb des ordnungswidrigkeitenrechtlichen Bereichs, regelmäßig bindende Feststellungen zur Dauer des Verstoßes, da es sich hierbei um ein nach Art. 23 Abs. 3 VO 1/2003 wesentliches Zumessungskriterium der verhängten Geldbuße handelt.[1218] Diesbezüglich ist zu beachten, dass die Bindungswirkung der Kommissionsentscheidung nur den Zeitraum umfasst, für den die Kommission einen Verstoß festgestellt hat.[1219] Ihr kommt jedoch keine Wirkung für darüberhinausgehende Zeiträume, sowohl im Vorfeld als auch im Nachgang zu der festgestellten Kartellperiode, zu.[1220] In räumlicher Hinsicht ist die Kohärenzverpflichtung maximal auf das Hoheitsgebiet und damit den Zuständigkeitsbereich der erlassenden Kartellbehörde beschränkt.[1221] Anders sieht dies lediglich eine literarische Einzelmeinung, nach der es unabhängig von der territorialen Kompetenz der entscheidenden Kartellbehörde auf die räumlichen Feststellungen in der kartellbehördlichen Entscheidung ankommen soll.[1222] Inwiefern eine Behörde allerdings ermächtigt sein kann, rechtsverbindliche Entscheidungen außerhalb ihrer Befugnisse bzw. ihres Zuständigkeitsbereichs zu treffen, ist nicht ersichtlich. Die letztgenannte Ansicht vermag daher nicht zu überzeugen. Die Bindungswirkung von Kommissionbeschlüssen nach Art. 16 Abs. 1 VO 1/2003 erstreckt sich somit im Ergebnis auf das gesamte Gebiet des EU-Binnenmarktes, es sei denn, die Kommission selbst beschränkt

---

1217 EuG, Urt. v. 16.12.2015, T-48/11, Rn. 39 f. – *Luftfrachtkartell British Airways*; EuG, Urt. v. 16.12.2015, T-9/11, Rn. 39, 40 – *Luftfrachtkartell Air Canada*; *Rother/Rieger*, NZKart, 2016, 116, 119; vgl. auch zu § 33 Abs. 4 GWB 2005: LG Dortmund, Urt. v. 27.06.2018, 8 O 13/17, Rn. 45 – *LKW-Kartell*. S. zur Bindungswirkung betreffend die für den Verstoß verantwortlichen Personen im Detail oben S. 315 ff.

1218 So auch zu Bußgeldentscheidungen des BKartA: BGH, Urt. v. 12.07.2016, KZR 25/14, Rn. 18 – *Lottoblock II*; zu einem derartigen Fall vgl. etwa OLG Karlsruhe, Urt. v. 31.07.2013, 6 U 51/12 (Kart), Rn. 46 (juris); Berg/Mäsch/*van der Hout/Wiemer*, Art. 23 VO 1/2003 Rn. 30.

1219 *Rother/Rieger*, NZKart, 2016, 116, 117; von der Groeben/Schwarze/Hatje/*Becker/Vollrath*, Art. 16 VO 1/2003 Rn. 36.

1220 *Dohrn*, S. 83.

1221 Gesetzentwurf der Bundesregierung eines Siebten Gesetzes zur Änderung des Gesetzes gegen Wettbewerbsbeschränkungen, BT-Drucks. 15/3640, S. 54; *Meyer*, GRUR 2006, 27, 32; *Wagner/Kleine/Liebach*, EWS 2008, 305, 307 m.w.N. in Fn. 16; *Scheffler*, NZKart 2015, 223, 224; BeckOK VwVfG/*Schemmer*, § 43 VwVfG Rn. 30; Bechtold/Bosch, § 33 GWB Rn. 49; Berg/Mäsch/*Mäsch*, § 33 b GWB Rn. 7.

1222 Loewenheim/*Rehbinder* (3. Aufl. 2016), § 33 GWB Rn. 75.

die Zuwiderhandlung gegen das Wettbewerbsrecht oder deren Auswirkungen in ihrem Beschluss lediglich auf bestimmte Mitgliedstaaten.[1223]

An der Bindungswirkung nehmen somit alle Feststellungen zu wesentlichen Elementen der wettbewerbsrechtlichen Zuwiderhandlung teil, die für die Erfüllung des Tatbestands eines Kartellrechtsverstoßes vorliegen müssen.[1224] Dies wird insbesondere auch an der europäischen Rechtsprechung zum Luftfrachtkartell deutlich.[1225] Damit steht immanent fest, dass es sich bei den im Kommissionsbeschluss aufgeführten Handlungen um Vereinbarungen zwischen Unternehmen, Beschlüsse von Unternehmensvereinigungen und aufeinander abgestimmte Verhaltensweisen handelt, welche den Handel zwischen Mitgliedstaaten zu beeinträchtigen geeignet sind und eine Verhinderung, Einschränkung oder Verfälschung des Wettbewerbs innerhalb des Binnenmarktes bezwecken oder bewirken, mithin rechtlich um einen Kartellverstoß nach Art. 101 Abs. 1 AEUV und folglich bei seinen Teilnehmern um die Kartellanten. Das mitgliedstaatliche Gericht würde somit nicht nur dann eine Entscheidung treffen, die den Feststellungen im Kommissionsbeschluss zuwiderläuft, wenn es das Vorliegen einer kartellrechtlichen Zuwiderhandlung im Allgemeinen verneinte, sondern auch dann, wenn es das wettbewerbswidrige Verhalten hinsichtlich dessen sachlichen, räumlichen und zeitlichen Geltungsbereich oder hinsichtlich der Haftung der beteiligten Personen anders beurteilte.[1226] Hierzu zählt beispielsweise auch, ob es sich um einen systematischen oder formalisierten Informationsaustausch, um konkrete Absprachen oder abgestimmten Verhaltensweisen oder um ein Preis-, Gebiets-, oder Konditionenkartell handelte, sowie welche Märkte,

---

1223 *Wagner/Kleine/Liebach*, EWS 2008, 305, 307 m.w.N. in Fn. 16; Bechtold/Bosch, § 33 GWB Rn. 49.

1224 Gesetzentwurf der Bundesregierung eines Neunten Gesetzes zur Änderung des Gesetzes gegen Wettbewerbsbeschränkungen, BT-Drucks. 18/10207, S. 56; OLG Stuttgart, Urt. v. 04.04.2019, 2 U 101/18, Rn. 169 – *LKW-Kartell*; von der Groeben/Schwarze/Hatje/*Becker/Vollrath*, Art. 16 VO 1/2003, Rn. 37.

1225 EuG, Urt. v. 16.12.2015, T-48/11, Rn. 39 f. – *Luftfrachtkartell British Airways*; EuG, Urt. v. 16.12.2015, T-9/11, Rn. 39 – *Luftfrachtkartell Air Canada*.

1226 EuG, Urt. v. 16.12.2015, T-48/11, Rn. 39 f. – *Luftfrachtkartell British Airways*; OLG Karlsruhe, Urt. v. 11.06.2010, 6 U 118/05, BeckRS 2011, 26582; LG Stuttgart, Urt. v. 19.07.2018, 30 O 33/17, Rn. 55 – *LKW-Kartell* (wendet aber dennoch § 33 b GBW an); *Weitbrecht*, WuW 2017, 244, 246. A.A. OLG München, Urt. v. 21.02.2013, U 5006/11 Kart, Rn. 101 – *Fernsehvermarktung*, das sich nicht an die Marktdefinition des BKartA gebunden sah, vgl. hierzu auch Bien et. al./*Franck*, Implementation of the EU Damages Directive into Member State Law, S. 39.

Zeiträume und konkreten Produkte von den Absprachen erfasst wurden.[1227] Hat die Kommission in ihrem Beschluss zudem positiv festgestellt, dass ein wettbewerbswidriges Verhalten eine Verhinderung, Einschränkung oder Verfälschung des Wettbewerbs innerhalb des Binnenmarkts bewirkt hat, sind dementsprechend sämtliche Nachweise der Verfahrensbeteiligten, dass es keine negativen Auswirkungen auf den Wettbewerb gab, aufgrund der Bindungswirkung des Kommissionsbeschlusses vereitelt. Dieses nationalgerichtliche Abweichungsverbot hinsichtlich der kartellrechtlichen Zuwiderhandlung und ihrer Modalitäten stößt gegenüber den Verfahrensbeteiligten des Kommissionsverfahrens auch nicht auf unionsverfassungsrechtliche Bedenken. Die verfahrensbeteiligten Kartellteilnehmer haben im Verwaltungsverfahren vor der Kommission zum Ausmaß der ihnen vorgeworfenen Verhaltensweisen ein Anhörungsrecht erhalten und konnten die in ihren Augen insoweit fehlerhaften Feststellungen im Kommissionbeschluss zudem nachfolgend mit der Nichtigkeitsklage vor den europäischen Gerichten angreifen. Die Garantien rechtlichen Gehörs und effektiven gerichtlichen Rechtsschutzes sind damit gewahrt.

Die Modalitäten der Zuwiderhandlung sowie die konkrete Ausgestaltung der zeitlichen, örtlichen und sachlichen Dimension des Wettbewerbsverstoßes sind auch für das nationale Verfahren und die dort geltend gemachten Ansprüche von hoher Relevanz. Aus klägerischer Sicht kann eine Bindungswirkung, die nicht auch die wesentlichen Modalitäten der festgestellten Zuwiderhandlung umfasst und somit den Kartellbetroffenen letztlich weiterhin aufbürdet, die Konturen des Wettbewerbsverstoßes selbst darzulegen und zu beweisen, kaum einen Mehrwert bieten. Ein entsprechender Nachweis der konkreten Ausgestaltung des Kartellrechtsverstoßes würde den Kartellbetroffenen wohl auch schwerlich gelingen. Würde man den Umfang der Bindungswirkung auf das Vorliegen eines Verstoßes beschränken ohne dessen konkrete Ausgestaltung ebenfalls zu erfassen, zerfiele das scharfe Schwert der Bindungswirkung des Kommissionsbeschlusses im Hinblick auf den Normzweck des Art. 16 VO 1/2003, die private Kartellrechtsdurchsetzung zu erleichtern, zu einer leeren Hülle. Daneben würde

---

1227 EuG, Urt. v. 16.12.2015, T-48/11, Rn. 39 f. – *Luftfrachtkartell British Airways*; BGH, Urt. v. 12.07.2016, KZR 25/14, Ls. a und Rn. 18 – *Lottoblock II* (für § 33 b GWB); Kersting/Podszun/*Kersting*, 9. GWB-Novelle, Kap. 7 Rn. 71; *Galle*, NZKart 2016, 214, 214; *Rother/Rieger*, NZKart 2016, 116, 120; a. A. LG Stuttgart, Urt. v. 23.06.2016, 11 O 283/14, unter Ziff. 3.b; LG Hannover, Urt. v. 05.07.2016, 18 O 405/14, Rn. 59 ff. (zu § 33 Abs. 4 GWB 2005); LG Hannover, Urt. v. 18.12.2017, 18 O 8/17, Rn. 68 – *LKW-Kartell* (Feststellung des Tatzeitraums ist von der Bindungswirkung umfasst). S. auch Loewenheim/*Rehbinder* (3. Aufl. 2016), § 33 GWB Rn. 75.

auch das Normziel einer kohärenten Rechtsanwendung in der Union teilweise verfehlt. Dies kann ersichtlich nicht gewollt sein.

Im Hinblick auf im Bußgeldbeschluss nur andeutungsweise bzw. ungenau beschriebene Kartellzeiträumen, Ausmaße und Modalitäten ist die Bindungswirkung eher restriktiv auszulegen oder gar zu verneinen. Ansonsten würden Haftungsfolgen an einen Vorwurf geknüpft, der einseitig zulasten der potentiell Anspruchsverpflichteten überdehnt würde.[1228] Insoweit ist die Kohärenzverpflichtung aus unionsverfassungsrechtlichen Gründen einzuschränken, so dass das ansonsten gebundene mitgliedstaatliche Gericht eine eigene tatsächliche und rechtlich Würdigung vornehmen kann bzw. muss. Überdies kann die bindende Wirkung allein die im Zeitpunkt des Erlasses des Kommissionsbeschlusses maßgebliche Sach- und Rechtslage erfassen.[1229]

3. *Möglichkeiten mitgliedstaatlicher Gerichte zur Bestimmung des Umfangs tatsächlicher Feststellungen des bindenden Kommissionsbeschlusses*

Von der abstrakten Rechtsfrage, wie weit die Bindungswirkung eines Kommissionsbeschlusses hinsichtlich des dort festgestellten Kartellrechtsverstoßes inhaltlich reicht, ist die in der Gerichtspraxis häufige, rein praktische Problematik zu unterscheiden, welche Tatsachen die Kommission in ihrem Beschluss überhaupt bindend festgestellt bzw. bewusst außen vor gelassen hat. So lässt ein Kommissionbeschluss beispielsweise oftmals nicht hinreichend genau erkennen, für welche konkreten Produktkategorien die Kommission Kartellabsprachen ermittelt hat, z.B. ob von ihren Feststellungen auch etwaige Spezial- und Sonderprodukte umfasst sein sollen. Oftmals ist die Beschreibung der vom Kartell betroffenen Produkte im Kommissionsbeschluss schon nicht ausreichend detailliert, um zu erkennen, welche konkreten Erzeugnisse im Detail darunter zu subsumieren sind. Damit ist auch die Bandbreite der Kartellprodukte groß. Hätte die Kommission in ihrem Bescheid zum Beispiel wettbewerbswidrige Absprachen auf dem Markt für Industrieöle festgestellt, dabei jedoch nicht im Detail ausgeführt,

---

1228 BGH, Urt. v. 12.07.2016, KZR 25/14, Rn. 17-19 (juris) – *Lottoblock II* (Entscheidung im Kartellverwaltungverfahren); OLG Frankfurt, Urt. v. 17.11.2015, 11 U 73/11 (Kart), II.1.b.ee. (Nichtzulassungsbeschwerde zurückgewiesen durch BGH, Beschl. v. 15.11.2016, KZR 60/15); s. weiterhin auch *Fritzsche/Klöppner/Schmidt*, NZKart 2016, 412, 414.

1229 Vgl. EuG, Urt. v. 22.03.2000, T-125 und 127/95, Rn. 85 – *Coca-Cola*; Stelkens/Bonk/Sachs/*Sachs*, § 43 VwVfG Rn. 103.

ob sich der Wettbewerbsverstoß auch auf Spezialprodukte dieser Kategorie wie Kerosin, Bitumen, Isobutan, Synthetiköl und Alkylatbenzin oder nur auf offensichtlich zugehörige Produkte wie Heizöl, Schweröl, Diesel und Benzin bezieht, so bliebe der konkrete inhaltliche Umfang des Verstoßes offen. Werden zudem bestimmte Ausprägungen einer Produktkategorie im Bußgeldbeschluss neben anderen nicht explizit erwähnt, so ist unsicher, ob diese Kategorien von der Kommission gar nicht erst untersucht wurden oder aber im Gegenteil, nach eingehender Prüfung mit negativem Ergebnis, absichtlich nicht als kartellbefangene Produkte gelten sollten.

In den sich anschließenden nationalen Kartellschadensersatzverfahren wird sodann nicht selten um das richtige Verständnis der tatsächlichen Feststellungen der Kommission zum bebußten wettbewerbswidrigen Verhalten gestritten, insbesondere dann, wenn vermeintlich Kartellgeschädigte Ansprüche für von ihnen bezogene Spezialprodukte geltend machen. Beispiele hierfür finden sich zahlreich in der aktuellen Rechtsprechung. So hatten sich die Gerichte in Folge des vom Bundeskartellamt bebußten Feuerwehrfahrzeugkartells[1230] in zahlreichen Fällen mit der Frage auseinanderzusetzen, ob Gelenkleiterfahrzeuge in die behördliche Verfügung miteinbezogen worden waren, nachdem sich die Entscheidung des Bundeskartellamtes dezidiert nur zu Feuerwehrfahrzeugen im Allgemeinen und Drehleiterfahrzeugen und halb-automatischen Drehleiterfahrzeugen im Speziellen verhalten hatte.[1231]

In einem durch das LG Hannover[1232] veranlassten Vorlageverfahren zum LKW-Kartell hat sich gegenwärtig sogar der EuGH mit der Frage zu befassen, ob Sonderfahrzeuge wie Betonmischer, Feuerwehrfahrzeuge, Lowliner und insbesondere Müllfahrzeuge ebenfalls von der Kommissionsentscheidung zum Lastkraftwagenkartell[1233] erfasst sind.[1234] Der Kläger des Ausgangsverfahrens ist hierbei aufgrund des Wortlauts des Beschlusses der Auffassung, dass die von ihm angeschafften Müllfahrzeuge ebenfalls unter den Begriff des Lastkraftwagens des Kommissionsbeschlusses fallen. Die beklagte LKW-Herstellerin lehnt dies indes unter Hinweis auf den allgemeinen Sprachgebrauch, das Verständnis der

---

1230 BKartA, Beschl. v. 29.06.2011, B12-KB-12/10-U2; BKartA, Pressemitteilung v. 21.07.2011.

1231 LG Nürnberg-Fürth, Urt. v. 16.12.2015, 4 HK O 2378/12, Rn. 44; ebenso im anschließenden Berufungsverfahren OLG Nürnberg, Urt. v. 19.07.2016, 3 U 116/16, Rn.73.

1232 LG Hannover, Beschl. v. 19.10.2020, 13 O 24/19 – *Spezialfahrzeuge*.

1233 Kommission, Beschl. v. 19.07.2016, AT.39824 – *Trucks*.

1234 EuGH, Vorabentscheidungsersuchen v. 10.11.2020, C-588/20 – *Landkreis Northeim*.

Entscheidung sowie ein im Vorfeld des Beschlusses von der Kommission übermitteltes Auskunftsersuchen ab, welches derartige Sonderfahrzeuge aus dem Umfang der Untersuchungen ausgenommen haben soll.[1235] Die Frage, zu wessen Lasten die unklare Sachlage letztlich gehen muss, hat nun das höchste europäische Gericht zu beantworten. Soweit ersichtlich ist in diesem Verfahren das erste Präzedenzurteil zur Auslegung von Kommissionsentscheidungen in Follow-on Verfahren zu erwarten. Indes gibt es für die mitgliedstaatlichen Gerichte neben einem Vorabentscheidungsverfahren am EuGH theoretisch noch andere Möglichkeiten, Unklarheiten betreffend den inhaltlichen Umfang des ihrer Entscheidung zugrundezulegenden Kommissionbeschlusses zu beseitigen.

a. Auslegung des Kommissionsbeschlusses durch die nationalen Gerichte

Eingangs stellt sich zunächst die Frage, inwieweit es den mitgliedsstaatlichen Gerichten bei derartigen Unklarheiten selbst möglich sein kann, dem Kommissionsbeschluss durch eigene Auslegung die notwendige Kontur zur Lösung der im mitgliedstaatlichen Follow-on Verfahren aufgekommenen Streitfragen zu verleihen. Hierbei ist bereits unklar, ob ein Kommissionsbeschluss insoweit den gleichen Auslegungsmethoden zugänglich ist wie ein Gesetz.[1236] Würde man dies bejahen, so könnten Wortlaut und Telos des Beschlusses sowie im Rahmen der historischen Auslegung auch Äußerungen und Pressemitteilungen der Kommission im Vorfeld zur Interpretation des Inhalts des Kommissionsbeschlusses herangezogen werden. Soweit ersichtlich hat der EuGH bisher allerdings nur in Bezug auf Richtlinien bestätigt, dass die den Erlass solcher EU-Sekundärrechtsakte vorbereitenden Dokumente im Rahmen der Auslegung zu berücksichtigen sind.[1237] Pressemitteilungen und Vorabinformationen der Kommission haben schon nicht den Anspruch, die bebußten Verhaltensweisen rechtlich derart präzise zu beschreiben, dass sie gegenüber den letztlichen Ausführungen im eigentlichen Beschluss einen spezifischen oder gar zuverlässigen Mehrwert erbringen. Auch während des Verfahrens getroffenen Äußerungen der Kommission gegenüber den Kartellbeteiligten, sofern diese dem Gericht überhaupt vorliegen, kann lediglich Indizwirkung zugeschrieben werden.[1238]

1235 LG Hannover, Beschl. v. 19.10.2020, 13 O 24/19, Rn. 13 – *Spezialfahrzeuge.*

1236 LG Hannover, Beschl. v. 19.10.2020, 13 O 24/19, Rn. 20 – *Spezialfahrzeuge.*

1237 EuGH, Urt. v. 17.06.1998, C-321/96, Rn. 28 – *Mecklenburg/Kreis Pinneberg*; EuGH, Urt. v. 03.04.2008, C-306/06, Rn. 25 – *01051 Telecom*; EuGH, Urt. v. 28.05.2020, C-796/18, Rn. 33 – *Informatikgesellschaft für Software-Entwicklung.*

1238 S. BGH, Urt. v. 23.09.2020, KZR 35/19, Rn. 35 a.E. – *LKW-Kartell I* wie auch die Vorinstanz OLG Stuttgart, Urt. v. 04.04.2019, 2 U 101/18, Rn. 141 – *LKW-Kartell.* Vgl.

In Anbetracht der Bindungswirkung mit ihren weitreichenden Konsequenzen für alle Verfahrensparteien müssen sich Modalitäten und Art der wettbewerbsrechtlichen Zuwiderhandlung aus dem Bußgeldbescheid der Kommission selbst ergeben. Im Fall von Zweifeln in mitgliedstaatlichen Follow-on Verfahren an den Konturen des Wettbewerbsverstoßes liegt es jedenfalls nicht in der Kompetenz der nationalen Gerichte, dem Kommissionsbeschluss durch Auslegung einen Bedeutungsgehalt zu verleihen, der nicht in ihm angelegt ist, den die Kommission so womöglich nicht intendiert hat und durch den der inhaltliche Umfang der bindend festgestellten Tatsachen zulasten der Betroffenen unionsverfassungswidrig überdehnt wird. Wann das nationale Gericht eine in diesem Sinne erweiternde Auslegung vornimmt, ist naturgemäß selbst eine Auslegungsfrage. Eine erweiternde Auslegungskompetenz würde jedenfalls dem Telos des Art. 16 VO 1/2003, eine einheitliche Rechtsanwendung in der Union sicherzustellen, nicht gerecht. Die Rechtseinheit in der Union gebietet an sich, auch die Auslegungskompetenz in einer Instanz zu bündeln, um eine Zersplitterung des Rechtsraums durch unterschiedliche Ergebnisse der erweiternden Auslegung ein- und desselben Kommissionsbeschlusses zu verhindern. Wie dargelegt kann sich das mitgliedstaatliche Gericht bei Zweifeln über die Auslegung des Kommissionsbeschlusses über Art. 267 AEUV an den Europäischen Gerichtshof wenden. Die vom vorlegenden Gericht erbetene Auslegung des Anwendungsbereichs des Kommissionsbeschlusses ist auch erforderlich, damit es feststellen kann, inwieweit die vor es gebrachte Schadensersatzklage begründet ist. Auch im Interesse der Rechtseinheit erscheint es sinnhaft von dieser Vorlagebefugnis großzügig Gebrauch zu machen.

b. Zusammenarbeit mit der Kommission gem. Art. 15 Abs. 1 VO 1/2003

Kann das mitgliedstaatliche Gericht der es bindenden Kommissionentscheidung weder aus dem verfügenden Teil noch aus den Gründen eine eindeutige Aussage hinsichtlich der Bedeutung eines essentiellen Faktors entnehmen, hat es neben der Möglichkeit eines Vorlageverfahrens zum EuGH nach Art. 267 AEUV auch die Alternative, die Kommission selbst als *amicus curiae*[1239] anzurufen.

---

auch LG Hannover, Urt. v. 19.10.2020 – 13 O 24/19, Rn. 30–33 (Auskunftsersuchen als Element der Entstehungsgeschichte); Immenga/Mestmäcker/*Franck*, § 33 b GWB Rn. 28 a.

1239 Grabitz/Hilf/Nettesheim/*Dalheimer*, Art. 15 VO 1/2003 Rn. 1; Immenga/Mestmäcker/*Ritter/Wirtz*, Art. 15 VO 1/2003 Rn. 8; Loewenheim/*Zuber*, Art. 15 VO 1/2003 Rn. 1; von der Groeben/Schwarze/Hatje/*Becker*, Art. 15 VO 1/2003 Rn. 2.

aa. Grundlage und Inhalt der Zusammenarbeit

Gem. Art. 15 Abs. 1 VO 1/2003 können die Gerichte der Mitgliedstaaten im Rahmen von Verfahren betreffend das unionale Wettbewerbsrecht die Kommission um die Übermittlung von weiterführenden Informationen oder eine Stellungnahme zu Fragen, die die Anwendung der Wettbewerbsregeln der Union betreffen, bitten. Die Einbeziehung der Kommission als *amicus curiae* ist Ausprägung des primärrechtlichen Grundsatzes der loyalen Zusammenarbeit zwischen den nationalen Gerichten und den EU-Institutionen gem. Art. 4 Abs. 3 EUV. Sie trägt wie das Vorabentscheidungsverfahren vor dem EuGH im Sinne der Rechtssicherheit und Einheit der Rechtsordnung der Union zu einer konsistenten Anwendung und Auslegung des EU-Rechts bei. Bereits in seinem *Delimitis*-Urteil hatte der EuGH nationalen Gerichten das Recht zuerkannt, bei Schwierigkeiten mit der konkreten Anwendung der Art. 101 f. AEUV und der Auslegung europäischer Beschlüsse bei der Kommission wirtschaftliche und rechtliche Auskünfte einzuholen.[1240] Nach Art. 4 Abs. 3 EUV besteht für die Kommission daher auch eine Pflicht, dem Ersuchen der einzelstaatlichen Gerichte so schnell wie möglich nachzukommen.[1241]

Die Anfrage nach Informationsübermittlung gem. Art. 15 Abs. 1 VO 1/2003 umfasst inhaltlich alle Arten von Informationen wie fallspezifische Auskünfte zu Verfahrensfragen oder materiellen Aspekten des Sachverhalts und schließt dabei auch die Mitteilung von Berichten, Marktanalysen oder sonstigen Dokumenten aus der Verfahrensakte nicht aus.[1242] Eine Verpflichtung der Kommission zu weiteren Ermittlungen infolge der Anfrage besteht jedoch nicht.[1243] Daneben

---

1240 EuGH, Urt. v. 28.02.1991, C-234/89, Rn. 53 – *Delimitis/Henninger Bräu*; Loewenheim/*Zuber*, Art. 15 VO 1/2003 Rn. 11.

1241 EuGH, Beschl. v. 13.07.1990, C-2/88-IMM., Rn. 17 ff., 22 – *Zwartveld*; EuGH, Urt. v. 28.02.1991, C-234/89, Rn. 53 – *Delimitis/Henninger Bräu*; Kommission, Bekanntmachung über die Zusammenarbeit zwischen der Kommission und den Gerichten der EU-Mitgliedstaaten bei der Anwendung der Art. 81 und 82 des Vertrags, ABl. 2004, C 101 S. 54, Rn. 27; Loewenheim/*Zuber*, Art. 15 VO 1/2003 Rn. 28 (rechtlich nicht bindende Selbstverpflichtung der Kommission); von der Groeben/Schwarze/Hatje/*Becker*, Art. 15 VO 1/2003 Rn. 25, 42.

1242 EuG, Urt. v. 18.09.1996, T-353/94, Rn. 64 – *Postbank NV*; Grabitz/Hilf/Nettesheim/*Dalheimer*, Art. 15 VO 1/2003 Rn. 5; Loewenheim/*Zuber*, Art. 15 VO 1/2003 Rn. 11; von der Groeben/Schwarze/Hatje/*Becker*, Art. 15 VO 1/2003 Rn. 26.

1243 Grabitz/Hilf/Nettesheim/*Dalheimer*, Art. 15 VO 1/2003 Rn. 5; Loewenheim/*Zuber*, Art. 15 VO 1/2003 Rn. 11; von der Groeben/Schwarze/Hatje/*Becker*, Art. 15 VO 1/2003 Rn. 28.

können die einzelstaatlichen Gerichte die Kommission auch um eine Stellungnahme ersuchen, die im Vergleich zur reinen Informationsübermittlung eine Meinungsäußerung der Kommission enthält.[1244] Diese kann sich sowohl auf wirtschaftliche, sachliche als auch rechtliche Aspekte des untersuchten Wettbewerbsverhaltens beziehen.[1245]

Der Vorteil einer Kooperation mit der Kommission nach Art. 15 Abs. 1 VO 1/2003 gegenüber der Durchführung eines Vorabentscheidungsverfahrens am Gerichtshof zur Auslegung des Kommissionsbeschlusses besteht zum einen darin, dass der Kommission umfassendere Fragen, auch zu nicht-bindenden Feststellungen im Kommissionsbeschluss, gestellt werden können.[1246] Darüber hinaus ist das Verfahren im Rahmen von Art. 15 Abs. 1 VO 1/2003 weniger zeitaufwendig und die Kommission als ursprüngliche Ermittlungsbehörde vor allen anderen prädestiniert, ihr Vorgehen und den Inhalt ihrer Entscheidung zu erläutern. Die Möglichkeit der nationalen Gerichte, den europäischen Gerichten eine Frage zur Auslegung des Kommissionsbeschlusses vorzulegen, besteht daneben unbeschadet fort.[1247] Abseits eines expliziten Ersuchens durch das einzelstaatliche Gericht räumt Art. 15 Abs. 3 S. 3 VO 1/2003 der Kommission aber auch die Option ein, sich aus eigener Initiative an einem nationalen Verfahren durch die Übermittlung einer schriftlichen Stellungnahme zu beteiligen.

bb. Einbringung in den nationalen Zivilprozess

Da es sich bei der Beteiligung der Kommission als *amicus curiae* nach Art. 15 Abs. 1 VO 1/2003 um eine Zusammenarbeit zwischen den Gerichten der Mitgliedstaaten und der Kommission handelt, haben die am Verfahren beteiligten

---

1244 Die Kommission veröffentlicht ihre Stellungnahmen auf ihrer Website, abrufbar unter: https://ec.europa.eu/competition/court/antitrust_requests.html, um ihnen eine breitere Wirkung zukommen zu lassen.

1245 *Imgrund*, S. 70; Kommission, Bekanntmachung über die Zusammenarbeit zwischen der Kommission und den Gerichten der EU-Mitgliedstaaten bei der Anwendung der Art. 81 und 82 des Vertrags, ABl. 2004, C 101 S. 54, Rn. 27; von der Groeben/Schwarze/Hatje/*Becker*, Art. 15 VO 1/2003 Rn. 44; Grabitz/Hilf/Nettesheim/*Dalheimer*, Art. 15 VO 1/2003 Rn. 7.

1246 Siehe z.B. EuGH, Urt. v. 21.01.1993, C-188/01, Rn. 18 m.w.W. – *Deutsche Shell*.

1247 Kommission, Bekanntmachung über die Zusammenarbeit zwischen der Kommission und den Gerichten der EU-Mitgliedstaaten bei der Anwendung der Art. 81 und 82 des Vertrags, ABl. 2004, C 101 S. 54, Rn. 27 und 29; Grabitz/Hilf/Nettesheim/*Dalheimer*, Art. 15 VO 1/2003 Rn. 3; Immenga/Mestmäcker/*Ritter/Wirtz*, Art. 15 VO 1/2003 Rn. 9; von der Groeben/Schwarze/Hatje/*Becker*, Art. 15 VO 1/2003 Rn. 48.

Parteien keinen Anspruch auf eine entsprechende Einbeziehung der Kommission, können diese aber anregen.[1248] Im Hinblick auf den im deutschen Zivilprozessrecht geltenden Beibringungsgrundsatz scheint ein eigeninitiatives Vorgehen des Gerichts ohnehin nicht angezeigt, wenn die Verfahrensparteien die Tatsache nicht zuvor streitig gestellt haben.[1249]

Die von der Kommission als *amicus curiae* übermittelten Informationen oder Stellungnahmen können im Anschluss nach nationalem Verfahrensrecht verwertet werden.[1250] Sie sind je nach Art entweder als Urkunden- oder als Zeugen-/ Sachverständigenbeweis zu qualifizieren.[1251] Eine Partei des nationalen Follow-on Verfahrens, welche die Ausführungen der Kommission zu ihren Gunsten in das Verfahren einführen möchte, kann sich diese dementsprechend vollumfänglich zu eigen machen.[1252] Kann selbst durch die Stellungnahme der Kommission gem. Art. 15 Abs. 1 VO 1/2003 die Frage, auf welche Produkte sich die sanktionierte kartellrechtliche Zuwiderhandlung bezogen hat, nicht abschließend geklärt werden, so muss abseits sonstiger Beweismittel der Verfahrensbeteiligten nach den allgemeinen Regeln der Beweislastverteilung im Zivilprozess eine *non-liquet* Entscheidung akzeptiert werden.

Der Vollständigkeit halber sei klargestellt, dass den nachträglichen Wertungen, Stellungnahmen und Erläuterungen der Kommission keine Bindungswirkung in nationalen Follow-on Verfahren zukommt.[1253] Dies gilt auch dann, wenn die Stellungnahme der Kommission dazu dient, die bereits ergangene

---

1248 Berg/Mäsch/*van der Hout*, Art. 16 VO 1/2003 Rn. 46; Grabitz/Hilf/Nettesheim/*Dalheimer*, Art. 15 VO 1/2003 Rn. 3; von der Groeben/Schwarze/Hatje/*Becker*, Art. 15 VO 1/2003 Rn. 20.

1249 Hirsch, ZWeR 2003, 233, 240; MüKo Kartellrecht/*Nothdurft*, Art. 15 VO 1/2003 Rn. 20.

1250 Grabitz/Hilf/Nettesheim/*Dalheimer*, Art. 15 VO 1/2003 Rn. 8; Loewenheim/*Zuber*, Art. 15 VO 1/2003 Rn. 25; von der Groeben/Schwarze/Hatje/*Becker*, Art. 15 VO 1/2003 Rn. 3 u 49.

1251 *Jaeger*, WuW 2000, 1062, 1073; Loewenheim/*Zuber*, Art. 15 VO 1/2003 Rn. 26; zur amtlichen Auskunft als Beweismittel: BGH, Urt. v. 23.01.1974, IV ZR 92/72, BGHZ 62, 93, 95. A.A. Immenga/Mestmäcker/*Ritter/Wirtz*, Art. 15 VO 1/2003 Rn. 14 (Tatsacheninformationen der Kommission wie gerichtsbekannte Informationen zu behandeln).

1252 A.A. Immenga/Mestmäcker/*Ritter/Wirtz*, Art. 15 VO 1/2003 Rn. 14.

1253 Kommission, Bekanntmachung über die Zusammenarbeit zwischen der Kommission und den Gerichten der EU-Mitgliedstaaten bei der Anwendung der Art. 81 und 82 des Vertrags, ABl. 2004, C 101 S. 54, Rn. 19, 29; s. weiterhin *Imgrund*, S. 71; Immenga/Mestmäcker/*Franck*, § 33 b GWB Rn. 28 a.

Entscheidung zu konkretisieren und damit Feststellungen mit bindender Wirkung zu präzisieren, denn den Betroffenen steht gegen die Stellungnahme der Kommission nach Art. 15 Abs. 2 VO 1/2003 – anders als gegen Kommissionsbeschlüsse – keine Rechtsschutzmöglichkeit zu.[1254] Da das anfragende Gericht dementsprechend auch in seiner Beurteilung frei bleibt und die Äußerung der Kommission dementsprechend außer Acht lassen kann, bestehen hinsichtlich einer Stellungnahme der Kommission nach Art. 15 Abs. 1 VO 1/2003 auch keine Bedenken im Hinblick auf die Unabhängigkeit der Rechtsprechung und auf die Gewaltenteilung.[1255]

III. Kartellbetroffenheit

Ein weiteres Tatbestandsmerkmal des nationalen Kartellschadensersatzanspruchs war bisher die sog. (Kartell-)Betroffenheit. Der Begriff der Betroffenheit ist in der Handhabung schwierig. Weder der EuGH noch der Unionsgesetzgeber greifen auf das Merkmal einer Betroffenheit zurück, um dem kartellrechtlichen Schadensersatzanspruch Konturen und damit Grenzen zu verleihen.[1256] Mit den Merkmalen der Betroffenheit, der Kartellbetroffenheit sowie der Kartellbefangenheit existiert zudem eine unterschiedliche Terminologie im deutschen Kartellrecht, die in Literatur und Rechtsprechung teilweise synonym und teilweise uneinheitlich mit abweichendem Bedeutungsgehalt verwendet wird.[1257] Insgesamt lässt sich wohl nur konstatieren, dass der kartellrechtliche Schadensersatzanspruch die sog. Kartellbetroffenheit des Anspruchsberechtigten sowie die Kartellbefangenheit der einzelnen Beschaffungen voraussetzt. Darüber hinaus

---

1254 von der Groeben/Schwarze/Hatje/*Becker*, Art. 15 VO 1/2003 Rn. 45.

1255 S. hierzu *Durner*, EuR 2004, 547, 550, „Direktanweisung der Exekutive".

1256 *Franck*, WRP 2020, 536, 538.

1257 Vgl. hierzu *Oppolzer/Seifert*, WuW 2019, 71, 71; *Hutschneider/Stieglitz*, NZKart 2020, 180, 180; Loewenheim/*Kersting*, § 33 a GWB Rn. 46 (Kartellbetroffenheit gleichbedeutend mit der Beschaffung bzw. Lieferung eines kartellbefangenen Produktes). Nach vorliegend vertretener Ansicht besteht Kartellbefangenheit, wenn durch die festgestellten kartellrechtswidrigen Wettbewerbsbeschränkungen in Bezug auf konkrete Beschaffungsvorgänge des Klägers Vermögensnachteile eingetreten sind, vgl. hierzu BGH, Urt. v. 11.12.2018, KZR 26/17, Rn. 59 m.w.N. – *Schienenkartell I*; OLG München, Urt. v. 28.6.2018, 29 U 2644/17 Kart, NZKart 2018, 379, Rn. 108 – *Weichenkartell*; LG Mannheim, Urt. v. 27.02.2019, 14 O 117/18 Kart, Rn. 28 (beck-online); LG Mannheim, Urt. v. 24.04.2019, 14 O 117/18 Kart.

unterschiedlich beurteilt wurde lange Zeit auch, wo diese Anspruchsvoraussetzungen dogmatisch jeweils zu verorten sind.[1258]

Eine Legaldefinition der Kartellbetroffenheit findet sich zunächst in § 33 Abs. 3 GWB im Hinblick auf Beseitigungs- und Unterlassungsansprüche des deutschen Kartellrechts. Zwar fehlt für den Kartellschadensersatzanspruch eine entsprechende Bestimmung von Gesetzes wegen. Dies bedeutet jedoch nicht, dass nach deutschem Kartellschadensersatzrecht allein eine Zuwiderhandlung gegen ein kartellrechtliches Verbot einen Anspruch für jedermann begründet.[1259] In Anwendung von § 33 a Abs. 1 i.V.m. § 33 Abs. 1, 3 GWB ist daher das Tatbestandsmerkmal der Kartellbetroffenheit auch im Rahmen eines Kartellschadensersatzanspruchs dafür maßgeblich, wer grundsätzlich einen materiellrechtlichen Anspruch geltend machen kann. Da sich bei der Haftung aufgrund reiner Vermögensschäden eine andere Abgrenzung zwischen Haftungsbegründung und Haftungsausfüllung ergibt als bei der Haftung aufgrund der Verletzung absoluter Rechtsgüter, ist, um offenbar unbegründete Ansprüche von Anfang an auszuschließen, im Rahmen des Merkmals der Betroffenheit festzustellen, dass der Geschädigte von der Verhaltenspflichtverletzung derart betroffen ist, dass eine Gefährdungslage für sein Vermögen geschaffen wurde.[1260]

Die Frage der Kartellbetroffenheit gehört als Teil der primären Rechtsgutsverletzung zur Haftungsbegründung, so dass sie im Wege des Vollbeweises nach dem Regelbeweismaßstab des § 286 Abs. 1 S. 1 ZPO darzulegen ist.[1261]

1258 *Franck* weist daher zu Recht darauf hin, dass die Betroffenheit „kein Juwel in der Sammlung nationaler Eigentümlichkeiten des Kartellschadensersatzrechts" ist, WRP 2020, 536, 540. Zu den Einzelheiten s. sogleich S. 358 ff.

1259 *Alexander*, S. 352 f.; *Thiede/Träbing*, NZKart 2016, 422, 422; Bechtold/Bosch, § 33 GWB Rn. 12; Berg/Mäsch/*Mäsch*, § 33 GWB a.F. Rn. 59; Kölner Kommentar/*Krohs*, § 33 GWB a.F. Rn. 193; Loewenheim/*Rehbinder* (3. Aufl. 2016), § 33 GWB Rn. 38. A. A. *Bulst*, S. 113; Kersting/Podszun/*Kersting*, 9. GWB-Novelle, Kap. 7 Rn. 21; *Kersting*, VersR 2017, 581, 582 (das Betroffenheitskriterium ist für den Schadensersatzanspruch nicht (mehr) maßgeblich, da nach der Jedermann-Rechtsprechung jeder Geschädigte als betroffen anzusehen ist).

1260 BGH, Urt. v. 24.06.1986, VI ZR 21/85, NJW 1987, 705, 706; BGH, Urt. v. 15.06.1993, XI ZR 111/92; BGH, NJW 2008, 1381 Rn. 9; BGH, Urt. v. 06.05.2015, VIII ZR 161/14, NJW 2015, 2111, Rn. 10; BGH, Urt. v. 12.07.2016, KZR 25/14, Rn. 42, 43 – *Lottoblock II*; BGH, Urt. v. 28.01.2020, KZR 24/17, Rn. 29 – *Schienenkartell II*; LG Dortmund, Urt. v. 27.06.2018, 8 O 13/17, Rn. 131, 132 – *LKW-Kartell*; LG Stuttgart, Urt. v. 11.02.2019, 45 O 4/17, Rn. 47 – *LKW-Kartell*; *Fritzsche/Klöppner/Schmidt*, NZKart 2016, 412, 415; *Stancke*, NZKart 2017, 636, 639.

1261 BGH, Urt. v. 11.12.2018, KZR 26/17, Rn. 59 m.w.N. – *Schienenkartell I*; BGH, Urt. v. 12.07.2016, KZR 25/14, Rn. 47 – *Lottoblock II; Lahme/Ruster*, NZKart 2019, 196, 200,

Erforderlich ist damit die subjektive Überzeugung des Richters.[1262] Die Darlegungs- und Beweislast für ihre Kartellbetroffenheit tragen nach deutschem Zivilprozessrecht grundsätzlich die durch das Vorliegen dieser Tatsache begünstigten Kläger.[1263] Durch die Rechtsprechung der Instanzgerichte und deren Abwandlung durch die Urteile des Bundesgerichtshofs im Schienenkartell kommen den potenziell geschädigten Klägern hierbei jedoch erhebliche Beweiserleichterungen zugute.[1264]

1. *Tatbestandsmerkmal*

Nach der Legaldefinition in § 33 Abs. 3 GWB, die wie dargelegt ebenfalls im Rahmen des Kartellschadensersatzanspruchs anzuwenden ist, ist kartellbetroffen, wer als Mitbewerber oder sonstiger Marktteilnehmer durch den Verstoß gegen das Wettbewerbsrecht beeinträchtigt ist.[1265] Marktbeteiligte sind neben Mitbewerbern und Verbrauchern alle Personen, die als Anbieter oder Nachfrager von Waren oder Dienstleistungen auf den von der Kartellabsprache betroffenen oder benachbarten Märkten tätig sind.[1266] Der Kreis der möglichen Schadensersatzanspruchsteller ist insbesondere vor dem Hintergrund der europäischen

---

Kamann/Ohlhoff/Völcker/*Ohlhoff*, § 26 Rn. 120.; dagegen – und für die Anwendung von § 287 ZPO – *Hutschneider/Stieglitz*, NZKart 2019, 363, 367; s. auch *Hutschneider/Stieglitz*, NZKart 2020, 180, 180.

1262 Zöller/*Greger*, ZPO, § 286 Rn. 17 ff.

1263 BGH, Urt. v. 12.07.2016, KZR 25/14, Rn. 42, 47 – *Lottoblock II*; OLG München, Urt. v. 28.06.2018, 29 U 2644/17 Kart, unter 1. aa) – *Weichenkartell*; LG Hannover, Urt. v. 18.12.2017, 18 O 8/17, Rn. 72 – *LKW-Kartell*, NZKart 2018, 100, 100; LG Dortmund, Urt. v. 27.06.2018, 8 O 13/17; LG Stuttgart, Urt. v. 19.07.2018, 30 O 33/17, Rn. 62; LG Kiel, Urt. v. 18.04.2019, 6 O 347/18; *dos Santos Goncalves/Wunner*, GRUR-Prax 2016, 463, 463; *Fritzsche/Klöppner/Schmidt*, NZKart 2016, 412, 415; *Hertel/Nuys/Penz*, NZKart 2019, 86, 86; *Rützel*, WuW 2019, 130, 130.

1264 S. hierzu sogleich unten S. 365 ff.

1265 Vor der 9. GWB-Novelle fand sich die gesetzliche Definition der „Betroffenheit" in § 33 Abs. 1 S. 3 GWB a. F. Durch die Neunummerierung im Rahmen der Novelle haben sich keine sachlichen Änderungen im Hinblick auf die Betroffenheit ergeben, Gesetzentwurf der Bundesregierung eines Neunten Gesetzes zur Änderung des Gesetzes gegen Wettbewerbsbeschränkungen, BT-Drucks. 18/10207, S. 55; s. auch *Stancke*, NZKart 2017, 636, 637.

1266 *Roth*, Festschrift für Dirk Schroeder zum 65. Geburtstag, S. 709, 711. S. u.a. auch LG Erfurt, Urt. v. 03.07.2015, 3 O 1050/14, S. 8; LG Mannheim, Urt. v. 30.10.2015, 7 O 34/15 Kart, S. 5; LG Hannover, Urt. v. 31.05.2016, 18 O 418/14, BeckRS 2016, 12506, S. 6; LG Dortmund, Urt. v. 21.12.2016, 8 O 90/14 (Kart), Rn. 82 f., WuW 2017, 98.

"Jedermann"-Rechtsprechung in *Courage*, *Manfredi* und *Kone* weit zu fassen.[1267] Die Auslegung des Merkmals der Betroffenheit durch die deutschen Gerichte sah sich daher zeitweilig dem Vorwurf der Unionsrechtswidrigkeit ausgesetzt.[1268] Denn das Unionsrecht steht nationalen Vorschriften entgegen, nach denen nur diejenigen, die Teil einer von dem kartellierten Produkt ausgehenden Wertschöpfungskette sind, von den Beteiligten eines Kartells Schadensersatz verlangen können.[1269] Vielmehr können auch Unternehmen und natürliche Personen außerhalb der klassischen Wertschöpfungskette betroffen sein.[1270] Insbesondere kommt es nicht darauf an, ob sich die wettbewerbswidrige Absprache gezielt gegen bestimmte Marktteilnehmer gerichtet habe[1271] oder es sich bei den Klägern gar um Kartellmitglieder handelt.[1272] Auch die Kartellbetroffenheit mittelbarer Abnehmer steht seit der *Orwi*-Entscheidung des BGH und der mit der 9. GWB-Novelle erfolgten gesetzlichen Festschreibung in § 33 c Abs. 2 GWB unstreitig fest.[1273] Die Kartellbetroffenheit gilt darüber hinaus auch für Erwerbe

---

1267 EuGH, Urt. v. 20.09.2001, C-453/99 – *Courage/Crehan*; EuGH, Urt. v. 13.07.2006, C-295/04 bis C-298/04, Rn. 61 – *Manfredi*; EuGH, Urt. v. 12.12.2019, C-435/18, Rn. 37 – *Otis/Land Oberösterreich;* vgl. auch *Stancke*, NZKart 2017, 636, 637 f.; *Lahme/Ruster*, NZKart 2019, 196, 198.

1268 So etwa *Franck*, WRP 2020, 536, 538.

1269 EuGH, Urt. v. 12.12.2019, C-435/18 – *Otis/Land Oberösterreich*. Hierzu ausführlich *Weitbrecht*, EWS 2020, 8 und *Heithecker/Hainz*, WuW 2020, 83, 85.

1270 *Inderst/Thomas*, S. 413 ff.

1271 BGH, Urt. v. 28.06.2011, KZR 75/10 – *ORWI*; OLG Karlsruhe, Urt. v. 31.07.2013, 6 U 51/12 (Kart), WuW/E DE-R 3584, Rn. 56 ff., 65 – *Feuerwehrfahrzeuge*; OLG Karlsruhe, Urt. v. 09.11.2016, 6 U 204/15, WuW 2017, 43, 45 – *Grauzement* (zu § 33 Abs. 4 GWB 2005); LG Hannover, Urt. v. 31.05.2016, 18 O 259/14, Rn. 44; LG Hannover, Urt. v. 18.12.2017, 18 O 8/17, Rn. 80 – *LKW-Kartell; Inderst/Thomas*, S. 134; *Glöckner*, WRP 2015, 410, 412; Bechtold/Bosch, § 33 GWB Rn. 10; Immenga/Mestmäcker/*Franck*, § 33 a GWB Rn. 19.

1272 Gesetzentwurf der Bundesregierung eines Siebten Gesetzes zur Änderung des Gesetzes gegen Wettbewerbsbeschränkungen, BT-Drucks. 15/3640, S. 53; *Stancke*, NZKart 2017, 636, 640.

1273 BGH, Urt. v. 28.06.2011, KZR 75/10, Rn. 18 ff. – *ORWI*; LG Dortmund, Urt. v. 27.06.2018, 8 O 13/17, Rn. 53 ff. – *LKW-Kartell*; Dreher/Kulka/*Rittner*, Wettb.- u. KartellR, Rn. 1733; *Zöttl/Schlepper*, EuZW 2012, 573, 574; *Lettl*, WRP 2015, 537, 538; *Klumpe/Thiede*, NZKart 2017, 332, 333; Berg/Mäsch/*Mäsch*, § 33 a GWB Rn. 23; Bechtold/Bosch, § 33 GWB Rn. 11; Loewenheim/*Kersting*, § 33 a GWB Rn. 15; Grabitz/Hilf/Nettesheim/*Stockenhuber*, Art. 101 AEUV Rn. 255; Schröter/Jakob/Klotz/Mederer/*Schröter/van der Hout*, Art. 101 AEUV Rn. 243. Vgl. zudem entsprechend auch Art. 12 Abs. 1 Kartellschadensersatzrichtlinie 2014/104/EU und EuGH, Urt. v. 05.06.2014, C-557/12, Rn. 24 – *Kone*.

von Kartellaußenseitern, die „unter dem Schirm" des Kartells möglicherweise ebenfalls überhöhte Preise aufgerufen haben, sog. Preisschirmeffekt.[1274] Spätestens seit dem Urteil des Europäischen Gerichtshof in der Rechtssache *Otis* ist zudem auch die Beschränkung der Aktivlegitimation auf "Marktteilnehmer" nicht mehr zu halten.[1275] In *Otis* erfüllte das klagende Land Oberösterreich bei der Subventionierung von sozialem Wohnungsbau eine ausschließlich staatliche Aufgabe, ohne dabei auf irgendeinem Markt tätig zu sein.[1276]

Kartellbetroffen ist damit allgemein gesagt jeder, für den vorstellbar ist, dass sich die Kartellabsprache auf seine Vermögensposition aufgrund der geltend gemachten Beschaffungsvorgänge wirtschaftlich nachteilig in Form eines auf den Kartellverstoß zurückzuführenden Schadens ausgewirkt hat.[1277] Einer darüber hinausgehenden Einschränkung des Kreises der Anspruchsberechtigten steht das Unionsrecht entgegen.[1278]

1274 EuGH, Urt. v. 05.06.2014, C-557/12, Rn. 29 ff. – *Kone*; *Lettl*, WRP 2015, 537, 538; *Fritzsche/Klöppner/Schmidt*, NZKart 2016, 412, 415; *Thiede*, NZKart 2017, 68, 68; *Klumpe/Thiede*, NZKart 2017, 332, 333; *Stancke*, NZKart 2017, 636, 637; Berg/Mäsch/*Mäsch*, § 33 Rn. 20 f., 59; Bechtold/Bosch, § 33 GWB Rn. 11; Kölner Kommentar/*Maritzen*, § 1 GWB a.F. Rn. 404; Loewenheim/*Kersting*, § 33 a GWB Rn. 15; Schröter/Jakob/Klotz/Mederer/*Schröter/van der Hout*, Art. 101 AEUV Rn. 242; kritisch im Hinblick auf die Vernachlässigung des Kausalitätsnachweises *Pauer*, WuW 2015, 14, 24 ff.; *Fritzsche*, NZKart 2014, 428, 430 f. Instruktiv zu einer ökonomisch begründeten Bestimmung der Ersatzfähigkeit bestimmter mittelbarer Schadensposten: Immenga/Mestmäcker/*Franck*, § 33 a GWB Rn. 5 f.

1275 Generalanwältin Kokott hat in ihren Schlussanträgen in Sachen *Otis* erneut klargestellt, dass kategorische Einschränkungen der Aktivlegitimation nicht mit europäischem Recht vereinbar sind, GA Kokott, Schlussanträge v. 29.07.2019, C-435/18 – *Otis/Land Oberösterreich,* so auch Immenga/Mestmäcker/*Franck*, § 33 a GWB Rn. 19 f.

1276 EuGH, Urt. v. 12.12.2019, C-435/18 – *Otis/Land Oberösterreich.*

1277 EuGH, Urt. v. 12.12.2019, C-435/18, Rn. 30 ff. – *Otis/Land Oberösterreich*; *Petzold/Steinle*, NZKart 2020, 176, 177, ebenso Immenga/Mestmäcker/*Franck*, § 33 a GWB Rn. 20 b.

1278 GA Kokott, Schlussanträge v. 29.07.2019, C-435/18, Rn. 50 ff. – *Otis/Land Oberösterreich.* Für einen gänzlichen Verzicht oder eine Marginalisierung des Merkmals der Betroffenheit als Eigentümlichkeit des deutschen Kartellschadensersatzrechts, Immenga/Mestmäcker/*Franck*, § 33 a GWB Rn. 20 b m.w.N.

a. Instanzgerichtliche Rechtsprechung

Nachdem der BGH in *Lottoblock II* die Frage offengelassen hatte, welche Anforderungen an die haftungsbegründende Kartellbetroffenheit zu stellen sind, waren die im Nachgang mit den Einzelverfahren befassten Instanzgerichte aufgerufen, dieses Tatbestandsmerkmal zu konkretisieren.[1279] Die große Mehrheit der instanzgerichtlichen Urteile zu kartellrechtlichem Schadensersatz forderte fortan für die Betroffenheit des Klägers nicht nur dessen (abstrakte) Kartellbetroffenheit, sondern im Rahmen einer ebenfalls darzulegenden sog. Kartellbefangenheit zudem die Feststellung, dass die vom Anspruchsteller geltend gemachten Beschaffungsvorgänge aufgrund einer kartellbedingten Preisüberhöhung konkret nachteilig beeinflusst waren.[1280] Denn auch wenn die Beschaffungsvorgänge des Klägers abstrakt kartellbetroffen seien, hieße dies nicht automatisch, dass deshalb auch ihr Preis höher war als er es ohne das Kartell gewesen wäre. Kartellkläger mussten daher zunächst einmal zu den jeweiligen Beschaffungsvorgängen vortragen, die sich sachlich, räumlich und zeitlich in die Reichweite der Kartellabsprachen fügen mussten. Zudem hatten sie entsprechend darzulegen und zu beweisen, dass der Kartellverstoß preiserhöhende Auswirkungen gerade auf diese Beschaffungsvorgänge gehabt hatte.

Dieses Vorgehen der Land- und Oberlandesgerichte vermag bereits materiellrechtlich nicht zu überzeugen. Bei genauer dogmatischer Betrachtung regelt das Tatbestandsmerkmal der Betroffenheit die Aktivlegitimation. Die Kartellbefangenheit einzelner Transaktionen ist dagegen nicht Teil der Definition des anspruchsberechtigten Personenkreises. Vielmehr ist die Feststellung einer preissteigernden Auswirkung eines Kartells auf einzelne Beschaffungsvorgänge eindeutig und ausschließlich der nachgeordneten Schadensprüfung vorbehalten.[1281] Um die aus ihren Anforderungen resultierenden Beweisschwierigkeiten der Anspruchsteller abzumildern, gingen die deutschen Instanzgerichte über

---

1279 S. hierzu umfassend auch *Franck*, WRP 2020, 536, 537, der die Aufspaltung in ein Element der Betroffenheit und ein Element der Schadensentstehung als von Anfang an „mit Schwächen behaftet“ einstuft.

1280 LG Hannover, Urt. v. 18.12.2017, 18 O 8/17, Rn. 72 – *LKW-Kartell*; LG Hannover, Urt. v. 16.04.2018, 18 O 21/17, Rn. 93; LG Frankfurt, Urt. v. 30.05.2018, 2-06 O 334/17, S. 3 ff.

1281 S. hierzu wegweisend: BGH, Urt. v. 11.12.2018, KZR 26/17, Rn. 59 ff. – *Schienenkartell I*; vorher bereits OLG München, Urt. v. 08.03.2018, U 3497/16 Kart, Rn. 59 ff., 71 ff.; KG Berlin, Urt. v. 28.06.2018, 2 U 13/14 Kart, Rn. 76 ff.; LG München, Urt. v. 27.07.2016, 37 O 24526/14, Rn. 89 ff.; LG Stuttgart, Urt. v. 30.04.2018, 45 O 1/17, Rn. 36 ff.; LG Stuttgart, Urt. v. 19.07.2018, 30 O 33/17, Rn. 60, 63, 71, 74 ff.

Jahre hinweg und nahezu ausnahmslos von der Anwendbarkeit eines sog. doppelten Anscheinsbeweises im Rahmen der Betroffenheit aus.[1282]

Bei der Rechtsfigur des Anscheinsbeweises handelt es sich rechtstheoretisch um eine typisierte Form des Indizienbeweises.[1283] Die Grundlage des Anscheinsbeweises bilden dabei typische Geschehensabläufe, die nach besonders zuverlässigen Sätzen der Lebenserfahrung auf das Bewirken einer bestimmten Folge oder deren Verursachung durch ein bestimmtes Verhalten schließen lassen. Dabei tragen sie so sehr das Gepräge des Gewöhnlichen und Üblichen, dass die besonderen individuellen Umstände des Falls in ihrer Bedeutung zurücktreten.[1284] Entsprechend genügt der Nachweis von Hilfstatsachen in Verbindung mit dem gesicherten Erfahrungssatz der typisierten Lebenserfahrung, um den Beweis der Haupttatsache zu erbringen.[1285] Liegen die Voraussetzungen des Anscheinsbeweises vor, bleibt der Gegenseite nur noch die Möglichkeit diesen Rückschluss zu erschüttern. Hierzu muss sie substantiiert Tatsachen darlegen und beweisen,

---

1282 Vgl. exemplarisch etwa OLG Karlsruhe, Urt. v. 10.03.2017, 6 U 132/15 Kart, Rn. 72, BeckRS 2017, 149111– *Schienenkartell*; KG Berlin, Urt. v. 28.06.2018, 2 U 13/14 Kart, NZKart 2018, S. 376 ff. – *Schienenkartell*; OLG München, Urt. v. 8.3.2018, U 3497/16 Kart, NZKart 2018, 230, 231 f. – *Schienenkartell*; OLG München, Urt. v. 28.06.2018, 29 U 2644/17 Kart, Rn. 64 ff., NZKart 2018, 379, 380 f. – *Weichenkartell*; LG Hannover, Urt. v. 18.12.2017, 18 O 8/17, Rn. 72 – *LKW-Kartell*; LG Köln, Urt. v. 15.5.2018, 31 O 133/14, Rn. 82 ff. – *Schienenkartell*; LG Dortmund, Urt. v. 27.06.2018, 8 O 13/17 Kart – *LKW-Kartell*, NZKart 2018, 382 ff.; LG Nürnberg-Fürth, Urt. v. 11.10.2018, 19 O 8786/15 – *Bildröhrenkartell*; LG Stuttgart, Urt. v. 30.11.2018, 30 O 53/17 – *LKW-Kartell*; *Stancke*, NZKart 2017, 636, 637; *Thiede*, NZKart 2017, 68, 68. Für eine Übersicht der älteren Rechtsprechung vgl. etwa *Thiede/Träbing*, NZKart 2016, 422 ff.

1283 Der Anscheinsbeweis ist gesetzlich nicht geregelt und seine dogmatische Grundlage ungeklärt, jedoch ist er inzwischen gewohnheitsrechtlich in der gerichtlichen Praxis anerkannt *Galle*, NZKart 2016, 214, 214 m.w.N. in Fn. 2 u. 3; *Thomas*, ZHR 180 (2016), 45, 54. Zum Streitstand des Anscheinsbeweises s. *Fritzsche/Klöppner/Schmidt*, NZKart 2016, 412; *Galle*, NZKart 2016, 214, 214.

1284 BGH, Urt. v. 09.11.1977, IV ZR 160/76, Rn. 15; BGH, Urt. v. 17.02.1988, IVa ZR 277/86, NJW-RR 1988, 789, 790; BGH, Urt. v. 19.01.2010, VI ZR 33/09, NJW 2010,1072; BGH, Urt. v. 10.04.2014, VII ZR 254/13, Rn. 9 m.w.N.; LG Düsseldorf, Urt. v. 19.11.2015, 14d O 4/14, Ls. und Rn. 194 (Anwendung von § 33 Abs. 4 GWB a.F., obwohl ein Kommissionsbeschluss zugrundeliegt); *Galle*, NZKart 2016, 214, 214; *Stancke*, NZKart 2017, 636, 639; *Hertel/Nuys/Penz*, NZKart 2019, 86, 86.

1285 *Klöppner/Preuße*, NZKart 2021, 663, 665; *Thiede/Träbing*, NZKart 2016, 422, 423.

die im konkreten Fall ausnahmsweise entgegen dem gesicherten Erfahrungssatz einen atypischen Geschehensablauf als ernsthaft möglich erscheinen lassen.[1286]

Im Kartellschadensersatzrecht nahm die instanzgerichtliche Rechtsprechung in einem ersten Schritt jedenfalls für Preis- und Quotenkartelle einen Beweis des ersten Anscheins dahingehend an, dass ein Beschaffungsvorgang, der sich in sachlicher, räumlicher und zeitlicher Hinsicht in den Wirkungsbereich der festgestellten kartellrechtswidrigen Verhaltenskoordinierung einpasste, von dieser auch betroffen war.[1287] Ob ein entsprechender Anscheinsbeweis im Hinblick auf die Kartellbetroffenheit eines Klägers ausscheiden müsse, wenn die bebußten Absprachen nicht kontinuierlich bzw. nicht flächendeckend und umfassend praktiziert wurden[1288] und ob ein Beweis des ersten Anscheins auch in Bezug auf Erwerbsvorgänge bei Kartellaußenseitern anzunehmen sei,[1289] wurde

---

1286 BGH, Urt. v. 11.12.2018, KZR 26/17, Rn. 50 – *Schienenkartell I*; OLG München, Urt. v. 28.06.2018, 29 U 2644/17 Kart – *Weichenkartell*; OLG Schleswig, Urt. v. 17.12.2010, 4 U 171/09, NJW-RR 2011, 692; LG Düsseldorf, Urt. v. 19.11.2015, 14d O 4/14, Ls. und Rn. 194 (Anwendung von § 33 Abs. 4 GWB a.F., obwohl ein Kommissionsbeschluss zugrundeliegt); Zöller/*Greger*, Vor § 284 ZPO Rn. 29 ff.; *Kersting*, WuW 2019, 173, 176; *Galle*, NZKart 2016, 214, 214; *Becker*, NZKart 2016, 58, 62; *Fritzsche/Klöppner/Schmidt*, NZKart 2016, 412, 415, 416; *Thiede/Träbing*, NZKart 2016, 422, 422; *Thomas*, ZHR 180 (2016), 45, 54; *Thiede*, NZKart 2017, 68, 68.

1287 KG Berlin, Urt. v. 1.10.2009, 2 U 10/03, Rn. 57 – *Transportbeton*; OLG Karlsruhe, Urt. v. 31.07.2013, 6 U 51/12 Kart, Rn. 50, 53 f., 56, 58 – *Feuerwehrfahrzeuge*; OLG Karlsruhe, Urt. v. 09.11.2016, 6 U 204/15, Rn. 64; OLG München, Urt. v. 28.06.2018, 29 U 2644/17 Kart – *Weichenkartell*; OLG Düsseldorf, Urt. v. 22.08.2018, VI-U (Kart) 1/17 – *Schienenkartell*; LG München I, Urt. v. 27.07.2016, 37 O 24526/14, S. 13, 16 ff. – *Schienenkartell*; LG Stuttgart, Urt. v. 23.06.2016, 11 O 283/14, unter Ziff. 3.c; LG Hannover, Urt. v. 05.07.2016, 18 O 405/14, Rn. 62 zu § 33 Abs. 4 GWB 2005; LG Dortmund, Urt. v. 28.06.2017, 8 O 25/16 (Kart), NZKart 2017, 440, 441 – *Schienenkartell*; LG Stuttgart, Urt. v. 19.07.2018, 30 O 33/17, Rn. 65; LG Hannover, Urt. v. 18.12.2017, 18 O 8/17, Rn. 42 ff., 80 – *LKW-Kartell*; LG Hannover, Urt. v. 15.10.2018, 18 O 13/17; LG Nürnberg-Fürth, Urt. v. 11.10.2018, 19 O 8786/15 – *Bildröhrenkartell*; LG Kiel, Urt. v. 18.04.2019, 6 O 347/18; *Galle*, NZKart 2016, 214; *Fritzsche/Klöppner/Schmidt*, NZKart 2016, 412, 415.

1288 LG München, Urt. v. 25.04.2012, 37 O 1634/11 – *Auftausalz I*; LG München, Urt. v. 25.04.2012, 37 O 16435/11 – *Auftausalz II*; LG Stuttgart, Urt. v. 23.06.2016, 11 O 273/14, S. 14; LG Düsseldorf, Urt. v. 08.09.2016, 37 O 27/11 (Kart.), Rn. 229 und 239 (juris).

1289 Anscheinsbeweis bejaht: OLG Karlsruhe, Urt. v. 31.07.2013, 6 U 51/12 (Kart), Rn. 43 ff., 58 – *Feuerwehrfahrzeuge*; OLG Karlsruhe, Urt. v. 09.11.2016, 6 U 204/15, WuW 2017, 43, 45 – *Grauzement*; LG Dortmund, Urt. v. 28.06.2017, 8 O 25/16 (Kart), NZKart 2017, 440, 442 – *Schienenkartell*; LG Hannover, Urt. v. 05.07.2016 – 18 O

uneinheitlich beurteilt. Im Hinblick auf indirekte Abnehmer wurde ein entsprechender Anscheinsbeweis jedenfalls abgelehnt.[1290]

Im Wege eines zweiten Anscheinsbeweises bejahte die instanzgerichtliche Rechtsprechung eine allgemein preissteigernde Wirkung eines Kartells im betroffenen Marktgefüge und damit in Bezug auf kartellbefangene Geschäfte einen Schadenseintritt.[1291] Es entspreche einem allgemeinen Lebens- bzw. Erfahrungssatz, dass die Beteiligten eines Kartells nur deshalb unzulässige wettbewerbsbeschränkende Absprachen, die regelmäßig einen erheblichen organisatorischen Aufwand der Teilnehmer erforderten, träfen und insoweit das Risiko einer Aufdeckung des Kartells und einer straf- oder bußgeldrechtlichen Verfolgung auf sich nähmen, weil sie sich von der Umsetzung des abgestimmten Verhaltens am Markt einen wirtschaftlichen Erfolg in Form steigender Gewinne versprechen,

---

405/14, S. 19; LG Dortmund, Urt. v. 28.6.2017, 8 O 25/16 (Kart), NZKart 2017, 440, 442, Leitsatz - *Schienenkartell*. Anscheinsbeweis verneint: LG München, Urt. v. 27.07.2016, 37 O 24526/14, S. 22 ff. - *Schienenkartell*; s. hierzu auch *Galle*; NZKart 2016, 214, 217; *Stadtaus/Wiedeck*, WuW 2017, 43, 49. Eine vermittelnde Ansicht will die Annahme eines Anscheinsbeweises für Preisschirmeffekte nur bei Vorliegen bestimmter Voraussetzungen wie einer erheblichen Marktabdeckung durch das Kartell und einer hinreichend langen Dauer der Zuwiderhandlung annehmen, *Inderst/Thomas*, S. 333.

1290 BGH, Urt. v. 28.06.2011, KZR 75/10, Rn. 44 - *ORWI*; LG Düsseldorf, Urt. v. 19.11.2015, 14 d O 4/14, Rn. 218 ff.; *Fritzsche/Klöppner/Schmidt*, NZKart 2016, 412, 417.

1291 KG Berlin, Urt. v. 01.10.2009, 2 U 10/03, Rn. 38, 55 ff. - *Berliner Transportbeton*; OLG Karlsruhe, Urt. v. 09.11.2016, 6 U 204/15, Rn. 63 f.; Thüringer Oberlandesgericht, Urt. v. 22.02.2017, 2 U 583/15, Rn. 64, 68; OLG München, Urt. v. 28.06.2018, 29 U 2644/17 Kart, NZKart 2018, 379, 381 - *Weichenkartell;* OLG Düsseldorf, Urt. v. 22.08.2018, VI-U (Kart) 1/17 - *Schienenkartell*; OLG Celle, Urt. v. 14.08.2018, 13 U 105/16 (Kart) - *Schienenkartell*; OLG München, Urt. v. 08.03.2018, U 3497/16 Kart, Rn. 77 ff.; LG Mannheim, Urt. v. 30.10.2015, 7 O 34/15 Kart, BeckRS 2015, 115229, Rn. 42-44; LG Dortmund, Urt. v. 21.12.2016, 8 O 90/14 (Kart), Rn. 67, 100 ff. (juris); LG München I, Urt. v. 27.07.2016, 37 O 24526/14 Rn. 70; LG Hannover, Urt. v. 18.12.2017, 18 O 8/17, Rn. 73 ff. - *LKW-Kartell*; LG Frankfurt, Urt. v. 30.05.2018, 2-06 O 334/17; LG Dortmund, Urt. v. 27.06.2018, 8 O 13/17, Rn. 86 - *LKW-Kartell*; LG Stuttgart, Urt. v. 19.07.2018, 30 O 33/17, Rn. 77 f., 84 - *LKW-Kartell*; LG Stuttgart, Urt. v. 12.11.2018, 45 O 6/17. Zum Ganzen auch s. auch *Makatsch/Mir*, EuZW 2015, 7, 8; *Scheffler*, NZKart 2015, 223, 227; *Galle*, NZKart 2016, 214, 216; *Kersting*, VersR 2017, 581, 583; Berg/Mäsch/*Mäsch*, § 33 a GWB Rn. 16 m.w.N. in Fn. 33; Frankfurter Komm./*Roth*, § 33 GWB a.F. Rn. 161; Kamann/Ohlhoff/Völcker/*Ohlhoff*, § 26 Rn. 129.

von dem sie meinen, ihn ohne die verbotene Verhaltenskoordinierung nicht in adäquatem Umfang erzielen zu können.[1292] Aufgrund der gegenseitigen Absprachen bestünde zudem keine Veranlassung mehr, neue Marktanteile zu erschließen oder Preissetzungsspielräume ökonomisch zu nutzen.[1293] Die natürlichen Marktmechanismen seien außer Kraft gesetzt. Notwendige Konsequenz des kartellbedingt erhöhten Preisniveaus im Markt sei die Entstehung eines Schadens beim Kartellbetroffenen. Ein derartiger Anscheinsbeweis bestehe nicht nur für Quotenkartelle, sondern in gleicher Weise für preisbezogene Kartelle, denn eine Einschränkung des Preiswettbewerbs führe ebenso zu einer preissteigernden Wirkung wie eine Verteilung von Marktsegmenten nach Quoten.[1294]

b. Korrektur durch den Bundesgerichtshof

In den vergangenen Jahren hatte sich sodann der Bundesgerichtshof mehrfach mit der Kartellbetroffenheit und der Schadenswahrscheinlichkeit im Kartellschadensersatzrecht auseinanderzusetzen. Das Tatbestandsmerkmal der Betroffenheit in der soeben erläuterten Rechtspraxis der deutschen unter- und oberinstanzlichen Gerichte hat in der Folge durch die Spruchpraxis des Bundesgerichtshofs sowie durch die bereits aufgeführten Vorgaben der europäischen Rechtsprechung eine umfassende Wandlung erfahren. Seit der ersten

---

1292 LG Stuttgart, Urt. v. 19.07.2018, 30 O 33/17; LG Stuttgart, Urt. v. 21.12.2018, 45 O 10/17.

1293 BGH, Beschl. v. 28.06.2005, KRB 2/05, Rn. 20 – *Berliner Transportbeton* (betreffend ein Ordnungswidrigkeitenverfahren und nicht den durch ein Kartell verursachten Schaden, sondern die Frage des den Kartellbeteiligten entstandenen Vorteils); KG, Urt. v. 01.10.2009, 2 U 17/03 Kart, Rn. 55 ff. – *Berliner Transportbeton* (Quotenkartell); OLG Karlsruhe, Urt. v. 31.07.2013, 6 U 51/12 (Kart.), Rn. 53 f. – *Feuerwehrfahrzeuge* (Quotenkartell); OLG Karlsruhe, Urt. v. 09.11.2016, 6 U 204/15, Rn. 63; Thüringer Oberlandesgericht, Urt. v. 22.02.2017, 2 U 583/15, Rn. 64; LG Düsseldorf, Urt. v. 19.11.2015, 14d O 4/14, Leitsatz und Rn. 196 – *Autoglaskartell* (Anwendung von § 33 Abs. 4 GWB 2005, obwohl das Verfahren auf einem Beschluss der Kommission, Entsch. v. 12.11.2008, AT.39.125 - Carglass, beruht); LG München I, Urt. v. 27.07.2016, 37 O 24526/14, S. 16 – *Schienenkartell*; LG Dortmund, Urt. v. 21.12.2016, 8 O 90/14, Rn. 99-103; LG Hannover, Urt. v. 05.07.2016, 18 O 405/14, Rn. 62, 67 zu § 33 Abs. 4 (Quotenkartell); LG Hannover, Urt. v. 18.12.2017, 18 O 8/17, Rn. 74, 76 – *LKW-Kartell;* s. weiterhin Kamann/Ohlhoff/Völcker/*Ohlhoff*, § 26 Rn. 130; *Thiede/Träbing*, NZKart 2016, 422, 424.

1294 LG Hannover, Urt. v. 18.12.2017, 18 O 8/17 – *LKW-Kartell*; LG Frankfurt, Urt. v. 30.05.2018, 2-06 O 334/17; LG Berlin, Urt. v. 26.06.2018, 16 O 117/17; LG Stuttgart, Urt. v. 12.11.2018, 45 O 6/17.

Schienenkartell-Entscheidung des BGH[1295] sind der bis dahin instanzgerichtlich angewandte doppelte Anscheinsbeweis für Kartellbetroffenheit und Kartellbefangenheit bzw. Schadenseintritt sowie die Verortung der Kartellbefangenheit im Tatbestandsmerkmal der Betroffenheit nicht mehr haltbar.

aa. Urteil des Bundesgerichtshofs zum Schienenkartell vom 11.12.2018 - Schiene I

In seinem wegweisenden Urteil zum Schienenkartell vom 11.12.2018 trat der BGH einem Urteil des OLG Karlsruhe entgegen, das unter Anwendung des in der instanzgerichtlichen Rechtsprechung bis dato üblichen doppelten Anscheinsbeweises sowohl die Kartellbefangenheit der konkreten Transaktion als auch die Wahrscheinlichkeit eines durch das Schienenkartell verursachten Schadens angenommen hatte. In Bezug auf die Schadensentstehung stellte der Bundesgerichtshof sodann zwar ebenfalls fest, dass es eine Wahrscheinlichkeit dafür gebe, dass die Gründung und Durchführung eines Kartells häufig zu einem Mehrerlös der daran beteiligten Unternehmen führe.[1296] Diese reiche jedoch in ihrer Typizität nicht aus, um einen entsprechenden Beweis des ersten Anscheins zu begründen.[1297] Bei wettbewerbsbeschränkenden Absprachen im Rahmen von Quoten- und Kundenschutzkartellen fehle es nach Ansicht des BGH angesichts der Vielgestaltigkeit und Komplexität solcher Absprachen, ihrer Durchführung sowie ihrer Intensität und Wirkung vielmehr an der für die Anwendung eines Anscheinsbeweises erforderlichen Typizität des Geschehensablaufs.[1298] Keinesfalls sei es daher als hinreichend gesichert anzusehen, dass eine sehr große Wahrscheinlichkeit dafür bestehe, dass solche Absprachen tatsächlich in jedem einzelnen Fall beachtet und umgesetzt würden, die Kartellbefangenheit der einzelnen Aufträge mithin als typischer Geschehensablauf anzusehen sei.[1299] Ein Unterlassen der konkreten Bewertung des jeweiligen Sachverhalts im Einzelnen sei daher nicht als gerechtfertigt anzusehen. Infolgedessen ist nach Ansicht des Senats statt der Annahme eines Anscheinsbeweises nur die Annahme einer

---

1295 BGH, Urt. v. 11.12.2018, KZR 26/17 – *Schienenkartell I*. S. zum Ganzen auch *Weitbrecht*, WuW 2020, 257, 257 ff.

1296 BGH, Urt. v. 11.12.2018, KZR 26/17, Rn. 55 – *Schienenkartell I*.

1297 BGH, Urt. v. 11.12.2018, KZR 26/17, Rn. 57 – *Schienenkartell I*; hierzu *Dworschak/Jopen*, NZKart 2019, 126; *Hertel/Nuys/Penz*, NZKart 2019, 86, 86; *Hutschneider/Stieglitz*, NZKart 2019, 363; *Lahme/Ruster*, NZKart 2019, 196, 196 ff.

1298 BGH, Urt. v. 11.12.2018, KZR 26/17, Rn. 57, 61, 62 – *Schienenkartell I*.

1299 BGH, Urt. v. 11.12.2018, KZR 26/17, Rn. 59, 62 – *Schienenkartell I*.

tatsächlichen Vermutung dafür geboten, dass die im Rahmen eines Kartells erzielten Preise im Schnitt über denjenigen liegen, die sich ohne die wettbewerbsbeschränkende Absprache gebildet hätten.[1300] Diese tatsächliche Vermutung gilt umso mehr, je länger und nachhaltiger ein Kartell praktiziert wurde. Weiterhin könne eine tatsächliche Vermutung dahingehend begründet werden, dass Beschaffungsvorgänge, die sachlich, zeitlich und räumlich in den Bereich der Absprachen fallen, von diesen erfasst wurden und damit kartellbefangen waren.[1301]

Unklar bleibt, ob diese tatsächliche Vermutung nur bei „harten" Kartellabsprachen gilt oder auch für kartellrechtswidriges Verhalten minderer Intensität eingreift. Sowohl die Begründung der Entscheidung als auch alle darin in Bezug genommenen BGH-Entscheidungen stellen maßgeblich auf das Vorliegen von "harten" Kartellabsprachen ab. Aber auch wenn der BGH seine Ausführungen ausweislich der Leitsätze des Urteils ausschließlich auf die allein streitgegenständlichen Quoten- und Kundenschutzabsprachen bezieht, dürften die aufgestellten Grundsätze auch für qualitativ gleichwertige Marktaufteilungs- und Preisabsprachen sowie sonstige Arten von Kartellabsprachen minderer Intensität Geltung beanspruchen.[1302] In Anbetracht der zugrundeliegenden Argumentation müsste die Ablehnung eines Anscheinsbeweises für Quoten- und Kundenschutzkartelle jedenfalls umso mehr für Kartellverstöße gelten, die in ihrer Intensität hinter solchen "harten" Wettbewerbsabsprachen zurückbleiben.[1303]

Auch bei der tatsächlichen Vermutung handelt es sich um einen Indizienbeweis. Anders als dem Anscheinsbeweis liegt ihr aber lediglich ein „einfacher"

1300 BGH, Urt. v. 11.12.2018, KZR 26/17, Rn. 55 – *Schienenkartell I.*

1301 BGH, Urt. v. 11.12.2018, KZR 26/17, Rn. 61 ff. – *Schienenkartell I*; OLG Düsseldorf; Urt. v. 03.01.2019, VI-U (Kart) 17/17, 18/17 und 19/17.

1302 Im Ergebnis ebenso mit weiteren Argumenten Immenga/Mestmäcker/*Franck*, § 33 a GWB Rn. 71, 86 sowie *Franck*, WRP 2020, 536, 539; s. hierzu auch *Bellinghausen/Grothaus*, NZKart 2018, 116, 117; *Ritz/Marx*, WuW 2019, 91, 98; *Rützel*, WuW 2019, 130, 130. Den Anscheinsbeweis bei einem Verstoß ablehnend, der als Informationsaustausch und Preisskoordination charakterisiert wurde, BGH, Urt. v. 23.9.2020, KZR 35/19, Rn. 38 – *LKW-Kartell I.* Für eine Beschränkung auf Quoten- und Kundenschutzkartelle hingegen *Oppolzer/Seifert*, WuW 2019, 71, 73, 76 f; *Richter*, NZKart 2019, S. 90 f.

1303 Die von *Hutschneider/Stieglitz*, NZKart 2020, 180, 181 insoweit geäußerte Vermutung, wonach der BGH für bestimmte Ausprägungen von Kartellabsprachen den Anscheinsbeweis (im Gegensatz zu einer tatsächlichen Vermutung) weiterhin für denkbar halte, findet im Urteil keine Stütze.

Erfahrungssatz zugrunde, nach dem der Schluss von der Hilfs- auf die Haupttatsache nicht zwingend ist.[1304] Der tatsächlichen Vermutung kommt in der freien richterlichen Überzeugungsbildung bei der Beurteilung des Vorliegens eines Tatbestandsmerkmals somit lediglich eine starke indizielle Bedeutung im Zusammenspiel mit der Gesamtheit aller sonstigen einzelfallspezifisch zu würdigenden Indizien zu.[1305] Die Gegenseite muss zur Entkräftung dementsprechend auch keinen atypischen Geschehensablauf mehr darlegen und nachweisen, sondern kann ihrerseits ebenfalls Anhaltspunkte im Rahmen dieser Gesamtwürdigung vortragen und beweisen, welcher den klägerseitig vorgebrachten Behauptungen sowie dem Erfahrungssatz, dass Kartelle regelmäßig zu überhöhten Preisen führen, entgegenstehen.[1306] Ob diese erhöhten Anforderungen an die gerichtliche Beweisaufnahme und -würdigung in der Praxis im Ergebnis zu unterschiedlichen Ergebnissen führen bleibt abzuwarten.[1307]

bb. Urteil des Bundesgerichtshofs zum Schienenkartell vom 28.01.2020 – Schiene II

Mit Neubesetzung des Kartellsenats und veranlasst durch das zwischenzeitlich ergangene Urteil des EuGH in der Rechtssache *Otis* im Dezember 2019[1308], in dem der EuGH in Bezug auf das klagende Land Oberösterreich urteilte, dass tatsächlich „jedermann“ Ersatz seines in Zusammenhang mit einer Zuwiderhandlung gegen Art. 101 AEUV entstandenen Schadens verlangen könne, sah

---

1304 *Klöppner/Preuße*, NZKart 2021, 663, 665; *Dworschak/Jopen*, NZKart 2019, 126, 128.

1305 BGH, Urt. v. 11.12.2018, KZR 26/17, Rn. 65 – *Schienenkartell I*; bestätigt durch BGH, Urt. v. 28.01.2020, KZR 24/17, Rn. 41 – *Schienenkartell II*. Zu den in *Schienenkartell I* aufgeführten Unterscheidungskriterien und mit einer krit. Würdigung im Detail *Kersting*, WuW 2019, 173, 173; s. auch *Richter*, NZKart 2019, 90, 91; *Rützel*, WuW 2019, 130, 132. Zur Kritik des OLG Düsseldorf am *Schienekartell I*-Urteil des BGH, der sich nach dessen Ansicht ohne sachlichen Grund seiner bisherigen Rechtsprechung entgegenstellt, OLG Düsseldorf, Urt. v. 23.01.2019, VI-U (Kart) 18/17, S. 160 f. – *Schienenkartell*. Zum Anscheinsbeweis i. Allg. s. *Burmann/Heß*, NJW Spezial 2008, 233, 233 ff.

1306 BGH, Urt. v. 23.9.2020 – KZR 35/19, Rn. 56 – *LKW-Kartell I*; BGH, Urt. v. 13.04.2021 – KZR 19/20, Rn. 64 – *LKW-Kartell II*; *Rützel*, WuW 2019, 130, 131, 132 f.

1307 Ebenfalls skeptisch *Franck*, WRP 2020, 536, 539 sowie *Franck*, Private Enforcement in Germany, S. 19.

1308 Auch Beteiligte, die nicht Teil einer von dem kartellierten Produkt ausgehenden Wertschöpfungskette sind, können Ersatz ihrer Schäden verlangen, EuGH, Urt. v. 12.12.2019, C-435/18 – *Otis/Land Oberösterreich*. Hierzu ausführlich *Weitbrecht*, EWS 2020, 8.

sich der Bundesgerichtshof ein gutes Jahr nach seinem Urteil in *Schiene I* zu einer neuerlichen Anpassung des deutschen Kartellrechts verpflichtet und konkretisierte bzw. korrigierte wesentliche Aspekte seines ersten Urteils zum Schienenkartell.[1309]

Zur Angleichung der deutschen an die europäische Rechtsprechung in *Otis* verschob der Bundesgerichtshof in seinem zweiten Urteil zum Schienenkartell zunächst den bis dato im Rahmen des Tatbestandsmerkmals der Betroffenheit wesentlichen Prüfungspunkt der Kartellbefangenheit, also ob sich die Kartellabsprache auf den streitgegenständlichen Beschaffungsvorgang tatsächlich nachteilig ausgewirkt hat, dogmatisch korrekt von der haftungsbegründenden in die haftungsausfüllende Kausalität im Rahmen der Schadensfeststellung.[1310] Dies hatte zudem zur Folge, dass für die Feststellung der Kartellbefangenheit kein Vollbeweis nach § 286 ZPO mehr erforderlich ist, sondern nunmehr die Grundsätze des § 287 ZPO zur Anwendung kommen.[1311]

Im Übrigen aber hielt der BGH im Einklang mit seiner ständigen Rechtsprechung zu Schadensersatzansprüchen bei primären Vermögensschäden, die eine Rechtsgutsverletzung nicht voraussetzen, am Merkmal der Betroffenheit fest.[1312] Nach den neuen Vorgaben des BGH kommt dem Merkmal der Betroffenheit im Rahmen des haftungsbegründenden Tatbestands eines kartellrechtlichen Schadensersatzanspruchs damit jedoch europarechtskonform Bedeutung nur noch für die Frage zu, ob das Verhalten des Anspruchsgegners – vermittelt durch den Abschluss von Umsatzgeschäften oder in anderer Weise – generell geeignet ist, einen Schaden des Anspruchstellers unmittelbar oder mittelbar zu begründen.[1313] Der Anspruchsteller müsse somit im nationalen Kartellschadensersatzverfahren

---

1309 BGH, Urt. v. 28.01.2020, KZR 24/17 – *Schienenkartell II*. S. hierzu auch *Franck*, WRP 2020, 536, 537.

1310 BGH, Urt. v. 28.01.2020, KZR 24/17, Rn. 24 – *Schienenkartell II*.

1311 BGH, Urt. v. 28.01.2020, KZR 24/17, Rn. 26 – *Schienenkartell II*; *Klöppner/Preuße*, NZKart 2021, 663, 666; *Hutschneider/Stieglitz*, NZKart 2020, 180, 180.

1312 BGH, Urt. v. 15.06.1993, XI ZR 111/92, Rn. 24 (juris); *Petzold/Steinle*, NZKart 2020, 176, 177; vgl. zu Amtspflichtverletzungen BGH, Urt. v. 07.03.1996, IX ZR 169/95, NJW-RR 1996, 781; zu Vertragspflichtverletzungen BGH, Urt. v. 15.06.1993, XI ZR 111/92, NJW 1993, 3073, 3076 m.w.N. Für einen gänzlichen Verzicht oder jedenfalls eine Marginalisierung des Merkmals der Betroffenheit als Eigentümlichkeit des deutschen Kartellschadensersatzrechts, Immenga/Mestmäcker/*Franck*, § 33 a GWB Rn. 20 b m.w.N.

1313 BGH, Urt. v. 28.01.2020, KZR 24/17, Rn. 25 – *Schienenkartell II* mit Verweis auf EuGH, Urt. v. 12.12.2019, C-435/18, Rn. 30 ff. – *Otis*.

die Lieferung oder den Erwerb eines Produkts beweisen, auf welches sich der Verstoß sachlich, räumlich und zeitlich bezogen hat, jedoch nicht mehr die Kartellbefangenheit des konkreten Liefer- oder Erwerbsvorgangs. Für die derartige Feststellung der Betroffenheit gelte ausweislich des BGH in *Schiene II* weiterhin der Maßstab des § 286 ZPO.[1314] Ob sich die Kartellabsprache auf die streitgegenständlichen Beschaffungsvorgänge tatsächlich konkret vermögensnachteilig ausgewirkt habe und das Geschäft damit im vormaligen Sinn kartellbefangen sei, ist dagegen an dieser Stelle nicht mehr relevant.[1315] Dieser Gesichtspunkt betreffe nach Darlegung des BGH von nun an allein die Schadensfeststellung und sei damit Teil der haftungsausfüllenden Kausalität, für die der erleichterte Beweismaßstab des § 287 Abs. 1 ZPO gelte.[1316]

Zu Schwierigkeiten beim Nachweis der Betroffenheit sollte es somit nur noch in Konstellationen kommen, in denen sich die geltend gemachten Erwerbsvorgänge nicht sachlich, räumlich und zeitlich in den festgestellten Rahmen des Kartells einfügen. Die Beurteilung der konkret nachteiligen Auswirkungen der kartellrechtlichen Zuwiderhandlung auf die streitgegenständlichen Beschaffungsvorgänge hat sich in den Prüfungspunkt der Schadensentstehung verlagert. Dem Tatbestandsmerkmal der abstrakte (Kartell-)Betroffenheit kommt in Anschauung der niedrigen Hürden damit allenfalls noch in Ausnahmefällen Bedeutung zu.[1317]

In Bezug auf die Kartellbefangenheit bzw. nun Schadenswahrscheinlichkeit bekräftigte der Kartellsenat seine Auffassung einer fehlenden Typizität des Geschehensablaufs i.S. eines Anscheinsbeweises sowie der Erforderlichkeit einer umfassenden Gesamtabwägung aus seiner *Schiene-I*-Entscheidung.[1318] Er stellte insoweit nochmals klar, dass der tatsächlichen Vermutung anders als dem Anscheinsbeweis kein abstrakt quantifizierbarer Einfluss auf das Ergebnis der

1314 BGH, Urt. v. 28.01.2020, KZR 24/17, Rn. 25 – *Schienenkartell II.*

1315 BGH, Urt. v. 28.01.2020, KZR 24/17, Rn. 26 – *Schienenkartell II*; s. dazu weiterführend Immenga/Mestmäcker/*Franck*, § 33 a GWB Rn. 20 d; so aber noch OLG Karlsruhe, Urt. v. 31.07.2016, 6 U 51/12 (Kart), Rn. 50 (juris); OLG Düsseldorf, Urt. v. 23.01.2019, VI-U (Kart) 18/17 Rn. 59 f. (juris) – *Schienenkartell*; dazu Kamann/Ohlhoff/Völcker/*Ohlhoff*, § 26 Rn. 121; *Thomas/Inderst*, S. 123; *Wagner*, JZ 2019, 470 f.

1316 BGH, Urt. v. 28.01.2020, KZR 24/17, Rn. 27 – *Schienenkartell II*; *Gollan/Thiede*, NZKart 2018, 338, 339; *Lahme/Ruster*, NZKart 2019, 196, 198.

1317 Vgl. auch *Klöppner/Preuße*, NZKart 2021, 663, 668; sowie insbesondere Immenga/Mestmäcker/*Franck*, § 33 a GBW Rn. 72.

1318 BGH, Urt. v. 28.01.2020, KZR 24/17, Rn. 31, 40 – *Schienenkartell II*, bezogen auf den zu beurteilenden Fall eines Quoten- und Kundenschutzkartells.

Würdigung aller Umstände des Einzelfalles zukomme. Das Gewicht des Erfahrungssatzes hänge vielmehr von der konkreten Gestaltung des Kartells und den individuellen Indizien des Einzelfalls ab.[1319]

Die dargestellten wegweisenden Grundsätze des Kartellschadensersatzrechts zur Betroffenheit und Schadenswahrscheinlichkeit wurden vom Bundesgerichtshof im Folgenden in seinen weiteren Urteilen zum Schienenkartell bestätigt und haben sich mittlerweile zur ständigen Rechtsprechung des BGH entwickelt.[1320] Rechtstheoretisch führt die Einführung der tatsächlichen Vermutung durchaus zu einer Verbesserung der zivilprozessualen Stellung der zuvor mit der Widerlegung des Anscheinsbeweises belasteten Kartellanten. Praktisch scheint jedoch fraglich, wie sehr sich Anscheinsbeweis und tatsächliche Vermutung in der Spruchpraxis der Gerichte im Ergebnis tatsächlich unterscheiden werden.[1321]

2. *Zwischenergebnis*

Die ersten zwei Urteile des Bundesgerichtshofs zum Schienenkartell haben die Weichen des Kartellschadensersatzrechts neu gestellt. Sie sind auf verschiedenen Ebenen aufgrund vermeintlich fehlender dogmatischer Begründung vielfach kritisiert worden.[1322] Unter den kritischen nachfolgenden instanzgerichtlichen Urteilen sticht insbesondere die offene Ablehnung der neuen BGH-Rechtsprechung durch den ersten Kartellsenat des OLG Düsseldorf hervor, welches dem höchsten deutschen Zivilgericht unter anderem vorwirft, sich ohne

---

1319 BGH, Urt. v. 28.01.2020, KZR 24/17, Rn. 41 – *Schienenkartell II.*

1320 Vgl. BGH, Urt. v. 19.5.2020, KZR 70/17, Rn. 24 ff. – *Schienenkartell III*; BGH, Urt. v. 19.5.2020, KZR 8/18, Rn. 25, 27 f. – *Schienenkartell IV;* BGH, Urt. v. 23.9.2020, KZR 4/19, Rn. 16 f. und 25 f. – *Schienenkartell V* und BGH, Urt. v. 10.2.2021, KZR 63/18, Rn. 15, 59, 61 – *Schienenkartell VI.* S. weiterhin auch BGH, Urt. v. 23.9.2020, KZR 35/19, Rn. 31, 40 – *LKW-Kartell I*; BGH, Urt. v. 13.4.2021, KZR 19/20, Rn. 21, 36 – *LKW-Kartell II.*

1321 Ob sich Anscheinsbeweis und tatsächliche Vermutung wirklich so trennscharf abgrenzen lassen wie der BGH suggeriert, ist zweifelhaft; nach Langen/Bunte/*Bornkamm/Tolkmitt*, § 33a GWB Rn. 8 gehen beide Konzepte ineinander über. Ebenfalls skeptisch *Franck,* WRP 2020, 536, 539 sowie *Franck*, Private Enforcement in Germany, S. 19.

1322 *Lahme/Ruster*, NZKart 2019, 196; ähnlich *Hutschneider/Stieglitz*, NZKart 2019, 363; vgl. im Übrigen auch schon *Kersting*, WuW 2019, 173 und *Weitbrecht*, NZKart 2019, 70, 75 f.; s. auch *Weitbrecht*, WuW 2020, 257, 260.

sachliche Gründe in Widerspruch zu seiner gesamten bisherigen Rechtsprechung zu setzen.[1323]

In seinen Urteilen zu *Schiene I* und *II* hatte der BGH zudem die Ablehnung eines Anscheinsbeweises zugunsten der tatsächlichen Vermutung auf Quoten- und Kundenschutzabsprachen beschränkt und damit ausdrücklich offengelassen, ob weiterhin ein Anscheinsbeweis für die Kartellbetroffenheit bzw. Kartellbefangenheit außerhalb dieser Art von Absprachen – wie vorliegend verneint beispielsweise im Fall von Marktaufteilungs- oder Preiskartellen[1324] – fort gelte oder von nun an bei allen kartellrechtswidrigen Verhaltensweisen nur noch eine tatsächliche Vermutung angenommen werden dürfe.[1325] Auch in seinen Anschlussurteilen hat der BGH einen Anscheinsbeweis für bestimmte Ausprägungen von Kartellabsprachen ausgeschlossen.[1326]

Im Ergebnis führten die *Schiene*-Urteile des Bundesgerichtshofs daher dazu, dass sich der Gesetzgeber dazu veranlasst sah, mit der 10. GWB-Novelle neben der gesetzlichen Schadensvermutung eine widerlegliche Vermutung der Kartellbefangenheit in § 33 a Abs. 2 S. 4 GWB aufzunehmen, nach der Rechtsgeschäfte über Waren oder Dienstleistungen mit kartellbeteiligten Unternehmen, die sachlich, zeitlich und räumlich in den Bereich eines Kartells fallen, als von diesem Kartell erfasst gelten.[1327] Hiermit wollte der Gesetzgeber angesichts der höchstrichterlichen Rechtsprechung sicherstellen, dass potentiell Geschädigte

---

1323 OLG Düsseldorf, Urt. v. 23.01.2019, VI-U (Kart) 18/17, WuW 2019, 158, 160 – *Schienenkartell*. Zweifelnd auch LG Dortmund, Urt. v. 30.09.2020, 8 O 115/14 (Kart), Rn. 69 – *Schienenkartell*.

1324 S. den Text zu Fußnoten 1302 f.

1325 S. hierzu auch LG Stuttgart, Urt. v. 28.02.2019, 30 O 47/17; LG Stuttgart, Urt. v. 06.06.2019, 30 O 38/17; *Oppolzer/Seifert*, WuW 2019, 71, 73. Für eine umfassende Anwendung der tatsächlichen Vermutung: OLG Stuttgart, Urt. v. 04.04.2019, 2 U 101/18, Rn. 153 ff. (juris).

1326 Den Anscheinsbeweis bei einem Verstoß ablehnend, der als Informationsaustausch und Preisskoordination charakterisiert wurde, BGH, Urt. v. 23.9.2020, KZR 35/19, Rn. 38 – *LKW-Kartell I*.

1327 S. § 33a Abs. 2 S. 4 GWB und Gesetzentwurf der Bundesregierung eines Gesetzes zur Änderung des Gesetzes gegen Wettbewerbsbeschränkungen für ein fokussiertes, proaktives und digitales Wettbewerbsrecht 4.0, BT-Drs. 19/23492, S. 89. Die Einführung dieser Vermutungsregelung darf allerdings nicht als implizite Billigung der Fortgeltung der Rechtsprechung zur Betroffenheit ausgelegt werden, so überzeugend Immenga/Mestmäcker/*Franck*, § 33 a GWB Rn. 20 c, sowie auch *Franck*, WRP 2020, 536, 538.

ihre Schadensersatzansprüche auch im Hinblick auf das Kriterium der Kartellbefangenheit wirksam durchsetzen können.[1328]

Nach dem Urteil des BGH in *Schiene II* ist nun jedenfalls dogmatisch korrekt zwischen der Kartellbetroffenheit des potentiell Geschädigten sowie der Kartellbefangenheit der jeweiligen Beschaffungsvorgänge und dem Eintritt eines kartellbedingten Schadens zu unterscheiden. Es ist nämlich durchaus gut vorstellbar, dass ein Kläger unter den gegebenen Voraussetzungen zwar kartellbetroffen ist, aber letztlich durch die wettbewerbswidrige Verhaltensweise tatsächlich doch keinen kausalen Schaden erlitten hat.[1329] Das Tatbestandsmerkmal der Betroffenheit regelt nunmehr ausschließlich die Aktivlegitimation, mithin den anspruchsberechtigten Personenkreis, um Popularklagen zu vermeiden.[1330] Wie dargelegt ist das Merkmal auf der Grundlage des *Otis*-Urteils inzwischen noch weiter zu definieren. Zur Erfüllung des haftungsbegründenden Tatbestands ist mit dem Beweismaß des § 286 ZPO daher lediglich noch festzustellen, ob dem Anspruchsgegner ein wettbewerbsbeschränkendes Verhalten anzulasten ist, das – vermittelt durch den Abschluss von Umsatzgeschäften oder in anderer Weise – geeignet ist, einen Schaden des Anspruchstellers mittelbar oder unmittelbar zu begründen.[1331] Im Ergebnis sinken damit die Beweisforderungen an Anspruchsteller, wodurch potentiellen Konflikten mit dem unionsrechtlichen Effektivitätsgrundsatz ein Riegel vorgeschoben wird.[1332] Ob dem Tatbestandsmerkmal der Kartellbetroffenheit damit auch künftig noch große Bedeutung im Rahmen der kartellschadensersatzrechtlichen Anspruchsprüfung zukommen wird, ist eher zweifelhaft. Zustimmungsbedürftig ist insofern die Auffassung,

---

1328 Gesetzentwurf der Bundesregierung eines Gesetzes zur Änderung des Gesetzes gegen Wettbewerbsbeschränkungen für ein fokussiertes, proaktives und digitales Wettbewerbsrecht 4.0, BT-Drs. 19/23492, S. 88 f. Die praktische Bedeutung der Vermutung in § 33 a Abs. 2 S. 4 GWB ist neben der allgemeinen Schadenvermutung in § 33 a Abs. 2 S. 1 GWB allerdings zweifelhaft, s. hierzu Bien/Käseberg/Klumpe/Ost/*Lahme/Ruster*, S. 392.

1329 *Lahme/Ruster*, NZKart 2019, 196, 199; so auch *Klumpe/Thiede*, NZKart 2017, 332, 334; *Stancke*, NZKart 2018, 636, 637.

1330 *Lahme/Ruster*, NZKart 2019, 196, 198.

1331 BGH, Urt. v. 28.01.2020, KZR 24/17, Rn. 25 – *Schienenkartell II;* s. hierzu auch BGH, Urt. v. 13.04.2021, KZR 19/20, Rn. 21 m.w.N. – *LKW-Kartell II* sowie mit weiteren Erläuterungen *Franck,* WRP 2020, 536, 539.

1332 So ausdrücklich *Franck,* WRP 2020, 536, 536, der zugleich Bedenken äußert im Hinblick auf die unionsrechtskonforme Anwendung der Betroffenheit mit Blick auf mittelbare Abnehmer und Lieferanten, a.a.O., S. 539.

dass eine Kartellbetroffenheit auch unter den neuen Vorgaben jedenfalls dann nicht bejaht werden kann, wenn ein Kausalzusammenhang zwischen den wettbewerbswidrigen Absprachen und möglichen Schäden des Klägers aufgrund der festgestellten Tatsachen vernünftigerweise schon von vornherein nicht vorstellbar ist.[1333]

3. *Bindungswirkung auf Grundlage des Art. 16 Abs. 1 VO 1/2003 hinsichtlich der Kartellbetroffenheit*

Die bindende Wirkung des Kommissionsbeschlusses nach Art. 16 Abs. 1 VO 1/2003 erstreckt sich nach zustimmungsbedürftiger einhelliger Auffassung nicht auf das Tatbestandsmerkmal der Kartellbetroffenheit eines Individualklägers. In der überwiegenden Zahl der Fälle lässt sich eine entsprechende Information – wie etwa die gezielte Schädigung ganz bestimmter Marktteilnehmer – dem Kommissionsbeschluss bereits rein praktisch nicht entnehmen, weil sich die Kommission hierzu nicht verhalten hat.

Aber selbst wenn die Kommission in ihrem Beschluss einmal solche konkreten Feststellungen getroffen haben sollte, nach denen sich die kartellrechtliche Zuwiderhandlung gezielt gegen bestimmte Marktteilnehmer oder auf konkrete Beschaffungsvorgänge gerichtet habe, würde sich die Bindungswirkung des Bescheids nicht auf die Frage der Kartellbetroffenheit dieser Lieferanten oder Abnehmer erstrecken.[1334] Dies gründet sich aus dem Rechtsstaatsprinzip. Der Umfang der Bindungswirkung beschränkt sich wie dargelegt aus unionsverfassungsrechtlichen Gründen auf die Feststellungen im Tenor und den ihn tragenden Gründen des Kommissionsbeschlusses. Hierzu gehören Ausführungen zur spezifischen Kartellbetroffenheit von Marktteilnehmern oder Beschaffungsvorgängen, die sich ohnehin allenfalls in der Begründung der Entscheidung finden

---

1333 Beispielhaft werden Erwerbsvorgänge auf anderen sachlichen oder räumlichen Märkten oder eine schwach ausgeprägte Verhaltenskoordinierung aufgeführt, *Petzold/Steinle*, NZKart 2020, 176, 177.

1334 Vgl. insbes. zu § 33 Abs. 4 GWB a.F.: BGH, Urt. v. 12.07.2016, KZR 25/14, BGHZ 211, 146, 164, Rn. 47 - *Lottoblock II*; OLG München, Urt. v. 21.02.2013, U 5006/11 Kart, Rn. 90; OLG Karlsruhe, Urt. v. 31.7.2013, 6 U 51/12 (Kart), Rn. 48 – *Feuerwehrfahrzeuge*; OLG München, Urt. v. 28.06.2018, 29 U 2644/17 Kart – *Weichenkartell*; s. weiterhin *Scheffler*, NZKart 2015, 223, 225 f.; *Fritzsche/Klöppner/Schmidt*, NZKart 2016, 412, 416; *Thiede/Träbing*, NZKart 2016, 422, 423; *Bach/Wolf*, NZKart 2017, 285, 286; *Weitbrecht*, WuW 2017, 244, 245; krit. *Nothdurft*, FS Tolksdorf, S. 533, 543 ff.; *Stancke*, NZKart 2017, 636, 638, *Kirchhoff*, WuW 2017, 487, 489 ff.; *Klumpe/Thiede*, NZKart 2017, 332, 333.

lassen würden, jedoch gerade nicht. Eine tragende Funktion für den Entscheidungsausspruch kommt ihnen nicht zu. Daher können entsprechende Ausführungen der Kommission als nicht anfechtbare Teile der Entscheidung schon aus Rechtsschutzgesichtspunkten nicht von der Bindungswirkung des Art. 16 Abs. 1 VO 1/2003 umfasst sein.

Eine Ausnahme müsste insoweit allerdings dann angenommen werden, wenn sich das Kartell in seiner Gesamtheit gezielt gegen lediglich einen einzelnen Betroffenen gerichtet hat. In diesem – praktisch eher unwahrscheinlichen – Fall stünde die Kartellbetroffenheit für das anschließende Follow-on Kartellschadensersatzverfahren mit Bindungswirkung fest. In den übrigen Fällen hat das das Zivilgericht eine Betroffenheit des Anspruchsstellers durch die kartellrechtswidrigen Absprachen nach dem Beweismaßstab des Vollbeweises gem. § 286 Abs. 1 S. 1 ZPO und damit zu seiner vollen Überzeugung selbst festzustellen.[1335]

Allerdings lässt sich die Kartellbetroffenheit, zu deren Nachweis darzulegen und zu beweisen ist, dass sich die geltend gemachten Beschaffungsvorgänge in sachlicher, zeitlicher und räumlicher Hinsicht in die von der EU-Kommission festgestellte Kartellabsprache einfügen, durchaus mittelbar auf Basis der Bindungswirkung des Kommissionsbeschlusses nach Art. 16 Abs. 1 VO 1/2003 begründen.[1336] Kartellzeitraum, geographische Reichweite und sachlicher Bezug des sanktionierten Verhaltens ergeben sich nämlich wie dargelegt bindend aus den Feststellungen der Kommission im Tenor und den tragenden Gründen des Bußgeldbeschlusses.[1337] So kann der Anspruchsteller seiner Darlegungs- und Beweislast hinsichtlich seiner Betroffenheit bereits durch einen Verweis auf diese für das Gericht im Follow-on Verfahren bindenden Feststellungen der Behördenentscheidung genügen.

IV. Verschulden

1. Tatbestandsmerkmal

Weiterhin erfordert der Kartellschadensersatzanspruch im deutschen Recht gem. § 33 a i.V.m. § 33 Abs. 1 GWB einen schuldhaften Verstoß der den kartellrechtlichen Vorgaben zuwiderhandelnden Unternehmen. Insoweit gelten die

1335 OLG München, Urt. v. 28.06.2018, 29 U 2644/17 Kart – *Weichenkartell*; s. nur BGH, Urt. v. 12.07.2016, KZR 25/14, Rn. 47 – *Lottoblock II*.

1336 Vgl. LG Dortmund, Urt. v. 27.06.2018, 8 O 13/17, Rn. 45 (beck-online).

1337 S. hierzu ausführlich oben S. 344 ff.

grundlegenden zivilrechtlichen Verschuldensformen Vorsatz und Fahrlässigkeit.[1338] Da juristische Personen aber selbst weder handlungs- noch schuldfähig sind, setzt ihre Haftung die schuldhafte Zuwiderhandlung einer natürlichen Person voraus, welche dem Unternehmen rechtlich zugerechnet werden kann. Die Darlegungs- und Beweislast für das Verschulden der an dem Kartellrechtsverstoß beteiligten Unternehmen obliegt der Klagepartei des mitgliedstaatlichen Zivilverfahrens.[1339]

2. *Bindungswirkung nach Art. 16 Abs. 1 VO 1/2003 hinsichtlich des Verschuldens*

a. *Vorgehen der deutschen Gerichtspraxis*

Der Erlass eines Bußgeldbeschlusses durch die Kommission infolge eines Verstoßes gegen europäisches Wettbewerbsrecht setzt gem. Art. 23 Abs. 2 VO 1/2003 ebenfalls die Feststellung schuldhaften Handelns der beteiligten Unternehmen voraus. Die einschlägige deutsche Rechtsprechung hat sich in kartellzivilrechtlichen Folgeverfahren allerdings bisher nicht dogmatisch vertieft mit der Problematik einer bindenden Wirkung des im Kommissionbeschluss festgestellten Verschuldens auseinandergesetzt. Sie bejaht in schadensersatzrechtlichen Follow-on Verfahren die Schuldhaftigkeit des Handelns der Kartellbeteiligten zumeist ohne nähere Begründung mit einem knappen Verweis auf die bindenden Feststellungen des Kommissionsbeschlusses sowie die deutsche Zurechnungsnorm des § 31 BGB.[1340] Exemplarisch aufgeführt, erläutert das LG Stuttgart in seinem Urteil zum LKW-Kartell vom Juni 2019 zum Verschuldenserfordernis

1338 OLG Düsseldorf, Urt. v. 13.11.2013, VI-U (Kart) 11/13, Rn. 66 ff. – *Badarmaturen*; *Scheffler*, NZKart 2015, 223, 225; Bechtold/Bosch, § 33 a GWB Rn 3 und § 33 GWB Rn. 24; Berg/Mäsch/*Mäsch*, § 33 a GWB Rn. 3, 5; Immenga/Mestmäcker/*Franck*, § 33 a GWB Rn. 44; Kölner Kommentar/*Krohs*, § 33 GWB a.F. Rn. 197, 199, 200; Loewenheim/*Kersting*, § 33 a GWB Rn. 7.

1339 Kamann/Ohlhoff/Völcker/*Ohlhoff*, § 26 Rn. 113.

1340 BGH, Urt. v. 12.07.2016, KZR 25/14, Rn. 39 – *Lottoblock II*; LG Düsseldorf, Urt. v. 19.11.2015, 14d O 4/14, Rn. 187, 191; LG Düsseldorf, Urt. v. 8.9.2016, unter A. II. – *Aufzugskartell*; LG Hannover, Urt. v. 05.07.2016, 18 O 405/14, Rn. 84 – *Schienenkartell*; LG Dortmund, Urt. v. 27.06.2018, 8 O 13/17, Rn. 118 – *LKW-Kartell* (unter Verweis auf Kamann/Ohlhoff/Völcker/*Ohlhoff*, § 26 Rn. 113, 116 mit Fn. 346, wonach sich insoweit eine Bindungswirkung aus § 33 Abs. 4 GWB a.F. ergibt, als die Tatsachen den Schluss auf ein Verschulden zulassen); LG Stuttgart, Urt. v. 19.07.2018, 30 O 33/17, Rn. 58; LG Hannover, Urt. v. 15.10.2018, 18 O 19/17, Rn. 95; *Wachs*, WuW 2017, 2, 6; *Weitbrecht*, WuW 2017, 244, 246.

des Kartellschadensersatzverfahrens, dass „die Beklagte […] die von der Kommission festgestellte Zuwiderhandlung ausweislich der bindenden Feststellungen im Beschluss vom 19. Juli 2016 auch vorsätzlich begangen [hat]. Sie muss sich das Verhalten der für sie handelnden Personen nach § 31 BGB zurechnen lassen."[1341] Auch das LG Düsseldorf führt zum Verschulden lapidar und knapp aus, dass „von der Bindungswirkung […] auch die in Bußgeldentscheidungen getroffenen Feststellungen zum Verschulden [erfasst werden]".[1342] Das LG Köln geht immerhin unter Verweis auf eine vermeintlich „erforderliche Gleichschaltung zum EU-Kartellrecht", aber ebenfalls ohne vertiefte Auseinandersetzung, vom Bestehen einer Bindungswirkung und Vorgreiflichkeit für das nationale Follow-on Verfahren hinsichtlich des bußgeldrechtlich festgestellten Verschuldens aus.[1343] Für das LG Dortmund besteht „angesichts des durch den Bußgeldbescheid mit Bindungswirkung feststehenden Sachverhalts […] an einem Verschulden der Beklagten i.S.v. § 33 GWB a.F. angesichts der langjährigen Teilnahme an den bebußten Verhaltensweisen kein Zweifel".[1344] Diese Sichtweise bestätigt auch das OLG Düsseldorf in seinem Urteil über Schadensersatzansprüche im Autoglaskartell, in dem es mit zwei Sätzen zum Verschulden darlegt, dass „eine Kartellbildung [...] nach den bindenden Feststellungen der Kommission [vorliegt]. Die Beklagten haben danach als aktive Teilnehmer vorsätzlich und damit schuldhaft gehandelt."[1345] Jedenfalls bei schweren Kartellrechtsverletzungen wie Preis-, Quoten-, Gebiets- und Kundenabsprachen wird ein Verschulden

1341 LG Stuttgart, Urt. v. 06.06.2019, 30 O 124/18, Rn. 51, unter Verweis auf OLG Stuttgart, Urt. v. 04.04.2019, 2 U 101/18, Rn. 129, das daneben auch auf ein Organisationsverschulden abstellt; LG Hannover, Urt. v. 15.10.2018, 18 O 19/17.

1342 LG Düsseldorf, Urt. v. 08.09.2016, 37 O 27/11 (Kart), Rn. 176 (zu Art. 16 VO 1/2003).

1343 LG Köln, Urt. v. 17.01.2013, 88 O 5/11, Rn. 181: „Die Bindungswirkung erfasst die Feststellungen zum Kartellrechtsverstoß, einschließlich der tatbestandlichen Feststellungen zum Verschulden".

1344 LG Dortmund, Urt. v. 27.06.2018, 8 O 13/17.

1345 LG Düsseldorf, Urt. v. 19.11.2015, 14d O 4/14, Rn. 191 – *Autoglaskartell*. Das LG wendet jedoch wie oftmals der Fall fälschlicherweise § 33 Abs. 4 GWB 2005 statt Art. 16 VO 1/2003 auf einen Beschluss der EU-Kommission (Kommission, Entsch. v. 12.11.2008, AT.39.125 – *Carglass*) an, s. Rn. 187: "Es liegt [...] ein schuldhafter Verstoß der Beklagten gegen das in Artikel 101 Abs. 1 AEUV normierte Kartellverbot vor. [...] Die Bußgeldentscheidung der Kommission [...] entfaltet gemäß § 33 Abs. 4 GWB [...] gegenüber den Beklagten Bindungswirkung".

der unmittelbar Kartellbeteiligten aufgrund der objektiven Pflichtwidrigkeit des Verhaltens überwiegend einfach angenommen.[1346]

Vertiefte Ausführungen zur Grundlage und dogmatischer Herleitung einer Bindungswirkung des Art. 16 Abs. 1 VO 1/2003 in Bezug auf das bußgeldrechtliche Verschulden auf EU-Ebene in den Feststellungen des Kommissionsbeschlusses finden sich in deutschen Kartellschadensersatzurteilen aber bisher nicht.

b. Auseinandersetzung mit einem für das Follow-on Verfahren bindend festgesellten Verschulden in der Literatur

In der kartellrechtlichen Literatur ist die Frage, ob mit dem Erlass eines Bußgeldbeschlusses der Kommission, der eine schuldhafte Zuwiderhandlung nach europäischem Ordnungswidrigkeitenrecht statuiert, auch das zivilrechtliche Verschulden der Kartellbeteiligten in einem kartellschadensersatzrechtlichen Follow-on Verfahren bindend feststeht, dagegen höchst umstritten.[1347] Art. 101 Abs. 1 AEUV selbst enthält kein Verschuldenserfordernis, so dass sich die Kommission in Beschlüssen nach Art. 7, 8, 9 und 10 VO 1/2003 folglich ohnehin nicht mit der Frage nach der Schuldhaftigkeit eines wettbewerbswidrigen Verhaltens befasst.[1348] Die Frage, ob sich die Bindungswirkung des Art. 16 Abs. 1 VO 1/2003 auch auf die Feststellungen zum Verschulden des Kommissionsbeschlusses erstreckt, stellt sich daher ohnehin nur dann, wenn es sich bei dem zugrundeliegenden Bescheid um einen Bußgeldbeschluss handelt, zugegebenermaßen in der Praxis die mit Abstand häufigste Grundlage kartellschadensersatzrechtlicher Folgeverfahren. Wie dargelegt muss in diesem Fall bereits die Kommission für den Erlass einer Bußgeldverfügung nach der ordnungswidrigkeitenrechtlichen Sanktionsnorm des Art. 23 Abs. 2 VO 1/2003 die Schuldhaftigkeit des Verhaltens der Kartellbeteiligten feststellen.

Da das Verschulden aber damit letztlich kein Tatbestandsmerkmal des Art. 101 Abs. 1 AEUV ist, wird im Rahmen einer besonders einschränkenden

---

1346 Eine Bindungswirkung der entsprecheden Feststellungen des Bundeskartellamts gem. § 33 Abs. 4 GWB a.F. bejahend OLG Karlsruhe, Urt. v. 31.07.2013, 6 U 51/12 (Kart), Rn. 70 – *Feuerwehrfahrzeuge*. S. weiterhin *Bürger*, WuW 2011, 130, 136; *Scheffler*, NZKart 2015, 223, 225; *Kainer/Persch*, WuW 2016, 2, 5; *Zandler*, NZKart 2016, 98, 103; *Weitbrecht*, WuW 2017, 244, 246.

1347 Vgl. hierzu *Scheffler*, NZKart 2015, 223, 225 m.w.N, ablehnend *Franck*, Private Enforcement in Germany, S. 33.

1348 Bechtold/Bosch/Brinker/*Brinker*, Art. 23 VO 1/2003 Rn. 29; Berg/Mäsch/*Berg/Mudrony*, Art. 101 AEUV Rn. 111; Berg/Mäsch/*van der Hout/Wiemer*, Vor Art. 23 f. VO 1/2003 Rn. 61 m.w.N. in Fn. 254.

Sichtweise vertreten, dass die Bindungswirkung des Art. 16 Abs. 1 VO 1/2003 die Feststellungen der Kommission zum rein ordnungswidrigkeitenrechtlichen Verschulden nach Art. 23 Abs. 2 VO 1/2003 in Bußgeldbeschlüssen schon aus formalen Gründen nicht erfasse.[1349] Gestützt wird diese Auffassung unter anderem auf den Wortlaut der Verordnungsnorm selbst, nach dem die Kohärenzverpflichtung eintritt, wenn die mitgliedstaatlichen Gerichte „nach [Art. 101] des Vertrags über Vereinbarungen, Beschlüsse oder Verhaltensweisen zu befinden haben, die bereits Gegenstand einer Entscheidung der Kommission sind". Der Formulierung sei eine Begrenzung der Kohärenzverpflichtung auf die Tatbestandsmerkmale des Art. 101 Abs. 1 AEUV und somit das objektive Vorliegen einer kartellrechtlichen Zuwiderhandlung entnehmen.[1350] Dieses Verständnis der Bindungswirkung lasse sich zudem auf den Telos des Art. 16 Abs. 1 VO 1/ 2003 stützen, nach dem die Regelung eine kohärente Anwendung des materiellen europäischen Kartellrechts sicherstellen solle, die sich im Gleichlauf der objektiven Tatbestandsmerkmale des Art. 101 AEUV erschöpfe.[1351] Bestätigung finde diese Auffassung zudem in Äußerungen der Kommission, die sich ebenfalls auf das objektive Vorliegen eines Kartellverstoßes bezögen und denen nichts für eine weitreichendere Wirkung der Kohärenzverpflichtung etwa zu Einbeziehung des Verschuldens zu entnehmen sei.[1352]

Nach der Gegenauffassung handelt es sich bei der Schuldhaftigkeit um die der objektiven Zuwiderhandlung immanente subjektive Seite einer Handlung, die den festgestellten Kartellverstoß nach Art. 101 Abs. 1 AEUV untrennbar konkretisiere. Dementsprechend erstrecke sich die Kohärenzverpflichtung des Art. 16 Abs. 1 VO 1/2003 auch auf die Feststellungen zum Verschulden als

---

1349 *Dohrn*, S. 72; Kamann/Ohlhoff/Völcker/*Ohlhoff*, § 26 Rn. 112, 117; *Körner*, S. 255; Bechtold/Bosch/Brinker/*Brinker*, Art. 16 VO 1/2003 Rn. 5; MüKo Kartellrecht/ *Schneider*, Art. 16 VO 1/2003 Rn. 9.

1350 Kamann/Ohlhoff/Völcker/*Ohlhoff*, § 26 Rn. 117.

1351 Kamann/Ohlhoff/Völcker/*Ohlhoff*, § 26 Rn. 117.

1352 Vgl. die Untersuchungen der Kommission im Zusammenhang mit ihrem Weißbuch zu Schadensersatz wegen Kartellrechtsverstößen, das sich mit dem Acquis Communautaire zur Bindungswirkung von Kommissionsentscheidungen nach Art. 16 VO 1/ 2003 befasst: Kommission, Arbeitspapier zum Weißbuch über Schadensersatzklagen wegen Verletzung des EG-Wettbewerbsrechts v. 02.04.2008, SEC (2008) 404, Rn. 139 ff. Vgl. beispielsweise auch die Formulierung der Kommission in ihrer Pressemitteilung v. 09.11.2010 zum Luftfrachtkartell (IP/10/1487): Entscheidungen der Kommission sind „ein bindender Nachweis dafür, dass das Verhalten stattgefunden hat und rechtswidrig war." Verschulden erwähnt die Kommission nicht.

Teil des bindend festgestellten Wettbewerbsverstoßes.[1353] Die Ansicht verweist zudem auch auf den ihrer Ansicht nach insoweit offenen Wortlaut der Verordnungsnorm, nach der die nationalen Gerichte *jeglichen* Widerspruch zwischen ihren eigenen Entscheidungen und Entscheidungen der Kommission zu vermeiden hätten. Dies gelte entsprechend auch für den Verschuldensaspekt.[1354] Eine Stütze finde diese Auffassung zudem in den Erwägungsgründen 13 und 22 der Kartellverfahrensverordnung, die eine Bindung der nationalen Gerichte an Verpflichtungszusagen der Kommission nach Art. 9 VO 1/2003 ausschließen. Wäre die Bindungswirkung bereits von Anfang an ausschließlich auf die objektiven Feststellungen einer kartellrechtlichen Zuwiderhandlung begrenzt, wäre dieser explizite Ausschluss offensichtlich nicht erforderlich gewesen. Denn in Beschlüssen nach Art. 9 VO 1/2003 erfolge ohnehin keine Feststellung eines Wettbewerbsverstoßes.[1355] Nach ErwG 13 S. 3 VO 1/2003 sei das nationale Gericht zudem durch eine Verpflichtungszusagenentscheidung nicht gehindert, eigenständig eine Zuwiderhandlung festzustellen und „über den Fall zu entscheiden". Dieser letzte Satzteil wäre ebenfalls nicht zu erklären, würde sich das Abweichungsverbot bereits grundlegend allein auf die objektive Feststellung eines Wettbewerbsverstoßes beschränken.[1356]

c. Stellungnahme

Obwohl die erste Auffassung im Hinblick auf den recht eindeutigen Wortlaut des Art. 16 Abs. 1 S. 1 VO 1/2003 auf guten Gründen basiert, spricht nach Abwägung aller Umstände und angesichts des Telos der Verordnungsnorm einer

---

1353 OLG Karlsruhe, Urt. v. 31.07.2013, 6 U 51/12 (Kart), Rn. 46, 70 – *Löschfahrzeuge* (für § 33 Abs. 4 GWB 2005); *Imgrund*, S. 224; *Meessen*, S. 393 f.; *Bürger*, WuW 2011, 130, 138; *Hartlieb*, NZKart 2017, 458, 461; *Wachs*, WuW 2017, 2, 7; *Weitbrecht*, WuW 2017, 244, 246; Möschel/Bien/*Grünberger*, 135, 162, 179; Wiedemann/*Ollerdißen*, § 61 Rn. 20; Kersting/Preuß, Umsetzung der Kartellschadensersatzrichtlinie (2014/104/EU), S. 38; Mestmäcker/Schweitzer, § 23 Rn. 9. Str. für das Verschulden bei Beschlüssen deutscher Kartellbehörden: OLG München, Urt. v. 21.02.2013, NZKart 2013, 162, 163 – *Fernsehvermarktung*; offenlassend *Fritzsche/Klöppner/Schmidt*, NZKart 2016, 412, 417.

1354 *Imgrund*, S. 224; *Meessen*, S. 393 f.; *Bürger*, WuW 2011, 130, 138; *Hartlieb*, NZKart 2017, 458, 461; *Wachs*, WuW 2017, 2, 7; *Weitbrecht*, WuW 2017, 244, 246; Möschel/Bien/*Grünberger*, 135, 162, 179; Wiedemann/*Ollerdißen*, § 61 Rn. 20; Kersting/Preuß, Umsetzung der Kartellschadensersatzrichtlinie (2014/104/EU), S. 38.

1355 *Hartlieb*, NZKart 2017, 458, 461.

1356 *Hartlieb*, NZKart 2017, 458, 461.

möglichst umfassenden Vereinheitlichung von Entscheidungen in europäischen Rechtsraum mehr für die weite Sichtweise, nach der Feststellungen zum Verschulden grundsätzlich in die Bindungswirkung miteinbezogen werden können. Auch unionsverfassungsrechtliche Rechtsschutzgesichtspunkte stehen dieser Ansicht nicht entgegen. Da eine ordnungswidrigkeitenrechtliche Sanktionierung kartellbeteiligter Unternehmen nach Art. 23 Abs. 2 VO 1/2003 zwingend schuldhaftes Handeln erfordert, handelt es sich bei den Ausführungen der Kommission zum Verschulden in den Beschlussgründen einer Bußgeldentscheidung zweifelsohne um unmittelbar den Tenor tragende Gründe, deren Wegfall zur Aufhebung der Entscheidung führen würde. Die hinsichtlich des Verschuldens getroffenen Feststellungen der Kommission lassen sich durch die Verfahrensbeteiligten dementsprechend auch unmittelbar im Wege der Nichtigkeitsklage vor den europäischen Gerichten überprüfen.[1357] Feststellungen zum Verschulden im Bußgeldbeschluss können nach diesem Maßstab somit der Kohärenzverpflichtung des Art. 16 Abs.1 VO 1/2003 unterfallen. Dies gilt jedenfalls für die von der Kommission insoweit getroffenen tragenden tatsächlichen Feststellungen, die damit im nationalen Folgeverfahren nicht mehr bewiesen werden müssen.

Problematisch erscheint hinsichtlich des Tatbestandsmerkmals des Verschuldens allerdings eine über die tatsächlichen Feststellungen im Bußgeldbeschluss hinausgehenden Bindung der mitgliedstaatlichen Gerichte an die rechtliche Beurteilung der Kommission und die Einordnung der festgestellten Tatsachen als schuldhafte Handlung im juristischen Sinn. Grundlegend erfasst die Kohärenzverpflichtung des Art. 16 Abs. 1 VO 1/2003 sowohl tatsächliche Feststellungen als auch rechtliche Bewertungen der Kommissionsentscheidung.[1358] Im Hinblick auf letztere steht die Bindungswirkung allerdings unter dem Vorbehalt der Identität der zu subsumierenden Tatbestandsmerkmale, d.h. dass rechtliche Bewertungen der Kommission das mitgliedstaatliche Gericht nur insoweit bindend von seiner eigenen Prüfungskompetenz entheben, wie die durch die Kommission und das nationale Gericht zu beurteilenden Tatbestandsvoraussetzungen der zu prüfenden Rechtsfragen identisch sind. Dies ist hinsichtlich der Schuldhaftigkeit des wettbewerbswidrigen Handelns fraglich. Es bestehen vielmehr begründete Zweifel, dass zwischen dem Verschuldensmaßstab sowie der

1357 Möschel/Bien/*Grünberger*, 135, 160; *Wagner/Kleine/Liebach*, EWS 2008, 305, 313 f.; *Hartlieb*, NZKart 2017, 458, 462; von der Groeben/Schwarze/Hatje/*Becker/Vollrath*, Art. 16 VO 1/2003 Rn. 36.

1358 S. hierzu ausführlich oben S. 181 ff. S. überdies GA Cosmas, Schlussanträge v. 16.05.2000, C-344/98, Rn. 6 – *Masterfoods*; *Klotz*, S. 121.

Zurechnung schuldhaften Handelns natürlicher Personen keine erforderliche Deckungsgleichheit zwischen dem europäischen Ordnungswidrigkeitenrecht und dem deutschen Zivilrecht besteht.[1359] Dies wird nachfolgend im Einzelnen zu prüfen sein.

aa. Prüfung der Deckungsgleichheit zwischen den Anforderungen an das Verschulden im europäischen Ordnungswidrigkeitenrecht und deutschen Kartellzivilrecht

(1) Zurechnung des Handelns natürlicher Personen

Im europäischen Kartellbußgeldverfahren ist dem Unternehmen das schuldhafte Verhalten jeder organschaftlich oder vertraglich befugtermaßen für dieses handelnden natürlichen Person unmittelbar zuzurechnen, ohne Rücksicht auf die arbeits- und gesellschaftsrechtliche Stellung dieser Person im Innenverhältnis.[1360]

1359 S. hierzu auch *Körner*, S. 274; *Logemann*, S. 248 f.; Möschel/Bien/*Grünberger*, 135, 161 u. 177; Bien et. al./*Franck*, Implementation of the EU Damages Directive into Member State Law, S. 39; *Bürger*, WuW 2011, 130, 138; *Müller-Graff/Kainer*, WM 2013, 2149, 2153; *Scheffler*, NZKart 2015, 223, 225; *Kainer/Persch*, WuW 2016, 2, 5; *Thomas/Legner*, NZKart 2016, 155, 158; *Klumpe/Thiede*, NZKart 2017, 332, 333; Kersting/Podszun/*Kersting*, 9. GWB-Novelle, Kap. 7 Rn. 71; MüKo Kartellrecht/*Schneider*, Art. 16 VO 1/2003, Rn. 8; Bechtold/Bosch/Brinker/*Brinker irsbr*, Art. 16 VO 1/2003 Rn. 5. Nach § 33 b GWB bzw. seiner Vorgängernorm § 33 Abs. 4 GWB a.F. besteht ohnehin schon dem Wortlaut nach keine bindende Wirkung hinsichtlich des Verschuldens in mitgliedstaatlichen Folgerechtsstreit. Dies bestätigt auch der Gesetzentwurf der Bundesregierung eines Siebten Gesetzes zur Änderung des Gesetzes gegen Wettbewerbsbeschränkungen, BT-Drucks. 15/3640, S. 54, r. Sp. 1. Abs.; ebenso OLG München, Urt. v. 21.2.2013, U 5006/11 Kart, juris Rn. 90: *„Die Bindungswirkung beschränkt sich allerdings allein auf die Feststellung des Verstoßes; sie erstreckt sich nicht auf die weiteren Voraussetzungen eines Schadensersatzanspruches, die von einem Dritten - wie hier der Klägerin - in einem nachfolgenden Zivilprozess darzulegen sind“*; s. hierzu auch *Willems*, WRP 2015, 819, 819; Thomas/Legner, NZKart 2016, 155, 157; Loewenheim/*Rehbinder* (3. Aufl. 2016), § 33 GWB Rn. 75; Langen/Bunte/*Bornkamm*, § 33 GWB a.F. Rn. 169; Kölner Kommentar/*Krohs*, § 33 GWB a.F. Rn. 198, 206 und 267; Berg/Mäsch/*Mäsch*, § 33 b GWB Rn. 6 m.w.N.

1360 EuGH, Urt. v. 07.06.1983, C-100 bis 103/80, Rn. 97 – *Musique diffusion française*; EuGH, Urt. v. 07.02.2013, C-68/12, Rn. 25 – *Slovenská sporiteľňa*; EuGH, Urt. v. 21.07.2016, C-542/14, Rn. 23 ff. – *SIA VM Remonts*; *Lettl*, WRP 2013, 728, 729; *Glöckner*, NZKart 2018, 464, 467; *Otto*, NZKart 2020, 285, 286; *Kersting/Otto*, NZKart 2021, 651, 652; Bechtold/Bosch/Brinker/*Brinker*, Art. 23 VO 1/2003 Rn. 29; Berg/Mäsch/*Berg/Mudrony*, Art. 101 AEUV Rn. 56; Berg/Mäsch/*van der Hout/Wiemer*,

Im deutschen Zivilrecht sieht § 278 BGB sehr weitreichende Zurechnungsmöglichkeiten vor. Diese Haftung für Erfüllungsgehilfen ist aber auf Vertragsverhältnisse beschränkt und kann damit im deliktischen Kartellschadensersatzrecht keine Anwendung finden. Daneben statuiert § 831 Abs. 1 BGB eine deliktische Haftung des Geschäftsherrn für die durch seine Verrichtungsgehilfen verursachten Schäden. Hierbei handelt es sich allerdings um eine eigenständige Anspruchsgrundlage, nach der der Geschäftsherr für sein eigenes Verschulden haftet, und nicht um eine Zurechnungsnorm im eigentlichen Sinne.[1361]

Zivildeliktsrechtlich erfolgt die Zurechnung schuldhaften Handelns natürlicher Personen zu Gesellschaften im deutschen Recht ausschließlich über § 31 BGB (analog). Nach § 31 BGB (analog) ist die Gesellschaft für einen Schaden verantwortlich, den der Vorstand, ein Mitglied des Vorstands oder ein anderer verfassungsmäßig berufener Vertreter durch eine in Ausführung der ihm zustehenden Verrichtungen begangene Handlung einem Dritten zufügt.[1362] Die kartellzivilrechtliche Zurechnung nach deutschem Recht ist damit wesentlich engeren Grenzen unterworfen als die des europäischen Ordnungswidrigkeitenrechts. Zwar hat die deutsche Rechtsprechung § 31 BGB extensiv ausgelegt und eine weitreichende Repräsentantenhaftung entwickelt, nach der einem Rechtsträger auch das Verhalten von Mitarbeitern zuzurechnen ist, denen „durch die allgemeine Betriebsregelung und Handhabung bedeutsame, wesensmäßige Funktionen der juristischen Person zur selbständigen, eigenverantwortlichen Erfüllung zugewiesen sind" und die das Unternehmen „auf diese Weise repräsentierten".[1363] Trotz dieser Ausdehnung bleiben die zivilrechtlichen Zurechnungsmöglichkeiten nach § 31 BGB aber weit hinter der umfassenden Verschuldenszurechnung

---

Vor Art. 23 f. VO 1/2003 Rn. 49; ähnlich Immenga/Mestmäcker/*Biermann*, vor Art. 23 VO 1/2003, Rn. 125 ff. und 184 ff.

1361 BeckOK BGB/*Förster*, § 831 Rn. 1. Auf ein etwaiges Verschulden des Verrichtungsgehilfen kommt es daneben noch nicht einmal an, Kamann/Ohlhoff/Völcker/*Ohlhoff*, § 26 Rn. 18. S. zudem zum sog. dezentralisierten Entlastungsbeweis MüKo BGB/*Wagner*, § 831 Rn. 49-51.

1362 S. hierzu mit weiteren Informationen: BGH, Urt. v. 28.06.2016, VI ZR 536/15, Rn. 13; BeckOK BGB/*Schöpflin*, § 31 Rn. 1, 4 ff.; Loewenheim/*Kersting*, § 33 a GWB Rn. 37.

1363 BGH, Urt. v. 05.03.1998, III ZR 183/96, NJW 1998, 1854, 1856; BGH, Urt. v. 11.12.2018, KZR 26/17, Rn. 87 – *Schienenkartell I*; BeckOK BGB/*Förster*, § 831 BGB Rn. 10; MüKo BGB/*Wagner*, § 823 BGB Rn. 102 m.w.N. in Fn 295; Berg/Mäsch/*Mäsch*, § 33 GWB a.F. Rn. 36.

des Unionsrechts zurück.[1364] Dies insbesondere, weil im europäischen Kartellbußgeldrecht die Handlung eines jeden Mitarbeiters unabhängig von seiner Stellung als (Quasi-)Repräsentant haftungsbegründend wirkt.

(2) Verschuldensmaßstab

Neben dem Kreis der Personen, deren Handeln eine Anknüpfungstat darstellen kann, ist zu untersuchen, welche Anforderungen das europäische und das deutsche Recht an den Verschuldensmaßstab des Handelns stellen. Der Verschuldensmaßstab des europäischen Kartellbußgeldrechts in seinem niedrigsten Grad ist nach der Rechtsprechung des Europäischen Gerichtshofs und der Kommissionspraxis erfüllt, wenn die handelnde Person sich über die Wettbewerbswidrigkeit ihres Handelns nicht im Unklaren befinden konnten, unabhängig davon, ob ihr dabei der konkrete Rechtsverstoß gegen die Wettbewerbsregeln des Vertrags unmittelbar bewusst war.[1365] Damit wird ausschließlich auf das Wissenselement abgestellt und das Bewusstsein vom Regelverstoß faktisch für unerheblich angesehen.[1366] Die geringen Anforderungen an den Verschuldensmaßstab spiegeln sich auch darin wieder, dass nach der europäischen Rechtsprechung ein Verbotsirrtum unbeachtlich sein soll.[1367] Nach deutschem Recht ist die Fahrlässigkeit gem. § 276 Abs. 2 BGB die niedrigste Stufe des Verschuldens. Fahrlässigkeit setzt ein intellektuelles Element der Erkennbarkeit der sich aus dem jeweiligen Normkontext ergebenden haftungsbegründenden Umstände sowie eine voluntative Komponente in Form der Vermeidbarkeit der Schädigung voraus, beides bei

---

1364 *Voet van Vormizeele*, WuW 2010, 1008, 1014 f.; *Bürger*, WuW 2011, 130, 136; Berg/Mäsch/*Mäsch*, § 33 a.F. GWB Rn. 36. S. zu einer unionskonformen Auslegung des deutschen Verschuldensmaßstabs sogleich S. 392 f.

1365 EuGH, Urt. v. 14.10.2010, C-280/08 P, Rn. 124 ff. – *Deutsche Telekom*; EuGH, Urt. v. 18.06.2013, C-681/11, Rn. 37 – *Schenker*; Kommission, Entsch. v. 24.07.2002, AT.36.700, Rn. 412 – *Industriegase und medizinische Gase*; Bechtold/Bosch/Brinker/*Brinker*, Art. 23 VO 1/2003 Rn. 29; Berg/Mäsch/*van der Hout/Wiemer*, Vor Art. 23 f. VO 1/2003 Rn. 62; Berg/Mäsch/*Berg/Mudrony*, Art. 101 AEUV Rn. 113.

1366 EuGH, Urt. v. 08.11.1983, C-96/82, Rn. 45 – *IAZ International Belgium u.a.*; EuGH, Urt. v. 09.11.1983, C-322/81, Rn. 107 – *Nederlandsche Banden-Industrie-Michelin*; EuGH, Urt. v. 14.10.2010, C-280/08 P, Rn. 124 – *Deutsche Telekom*; EuGH, Urt. v. 18.06.2013, C-681/11, Rn. 37 – *Bundeswettbewerbsbehörde u. a./Schenker & Co. AG u. a.*; EuGH, Urt. v. 10.07.2014, C-295/12 P, Rn. 156 – *Telefónica*.

1367 EuGH, Urt. v. 18.06.2013, C-681/11, Rn. 37, 43 – *Bundeswettbewerbsbehörde u. a./Schenker & Co. AG u. a.*; EuGH, Urt. v. 10.07.2014, C-295/12 P, Rn. 156 – *Telefónica*.

Anwendung der gebotenen Sorgfalt.[1368] Die Verschuldensmaßstäbe der beiden Rechtssysteme sind letztlich nicht deckungsgleich. Insoweit ist zurecht angemerkt worden, dass sich in der spärlichen Rechtsprechung des Europäischen Gerichtshofs zum Verschulden im Unionsrecht eine Entwicklung abzeichnet, die sich vom deutschen Recht abkoppelt, nicht zuletzt, weil es dem Unionsrecht nach wie vor an einer genaueren Konturierung des Verschuldensbegriffs fehlt.[1369]

Für eine Bindung des mitgliedstaatlichen Gerichts im Follow-on Verfahren an die rechtliche Einordnung der Kommission, dass die Zuwiderhandlung gegen das Wettbewerbsrecht schuldhaft erfolgte, ist wie ausgeführt zu fordern, dass die Kommission und das nationale Gericht insoweit identische Rechtsfragen zu prüfen haben. Allerdings unterscheiden sich wie dargelegt die durch die Kommission im Rahmen des Bußgeldverfahrens gem. Art. 23 Abs. 2 VO 1/2003 zu subsumierenden Tatbestandsmerkmale des Verschuldensaspekts und der Zurechnung auf EU-ordnungswidrigkeitenrechtlicher Ebene erheblich von den in einem Kartellschadensersatzverfahren zu prüfenden Verschuldens- und Zurechnungsgrundsätzen des deutschen Zivilrechts. Die dem Kommissionsbeschluss zugrundeliegenden Zurechnungsregeln und der europäische Verschuldensmaßstab lassen sich dementsprechend nicht deckungsgleich auf das deutsche bürgerliche Recht übertragen. Es besteht insoweit kein Junktim. Die rechtlichen Beurteilungen der Kommission zum sanktionsrechtlichen Verschulden auf europäischer Ebene können somit im Ergebnis nicht darüber entscheiden, was im nationalem Kartellschadensersatzrecht als verschuldet anzusehen ist.[1370] Die Kommissionsentscheidung kann das Verschulden für den mitgliedstaatlichen Zivilprozess nicht nach Art. 16 Abs. 1 VO 1/2003 präjudizieren.

Die fehlende Bindungswirkung gilt allerdings nur für das Ergebnis des Subsumtionsvorgangs, nicht auch für die tatsächlichen Feststellungen der Kommission, die ihrer rechtlichen Beurteilung eines vorsätzlichen oder fahrlässigen Verhaltens zugrunde liegen. Insoweit dürfen sich Feststellungen der mitgliedstaatlichen Gerichte im Follow-on Verfahren aufgrund der Kohärenzverpflichtung des Art. 16 Abs. 1 VO 1/2003 nicht in Widerspruch setzen zu den

---

1368 BeckOK BGB/*Schaub*, § 276 BGB Rn. 57, 60, 65; MüKo BGB/*Grundmann*, § 276 BGB Rn. 52 f., 60; Jauernig/*Stadler*, § 276 BGB Rn. 29.

1369 BeckOK BGB/*Schaub*, § 276 BGB Rn. 7.2.

1370 *Scheffler*, NZKart 2015, 223, 224; *Glöckner*, NZKart 2018, 464, 471; Berg/Mäsch/*Mäsch*, § 33 a GWB Rn. 4.

tatsächlichen Feststellungen im Bußgeldbescheid, auf die sich die Kommission zur Bejahung des Verschuldensvorwurfs stützt.[1371]

(3) Verschuldenszurechnung über die wirtschaftliche Einheit

Das Unionsrecht wendet überdies im Unterschied zum tradierten deutschen Kartellzivilrecht die Zurechnungsfigur der wirtschaftlichen Einheit an. Es stellt sich daher die Folgefrage, ob eine Verschuldenszurechnung über die wirtschaftliche Einheit auch im kartellschadensersatzrechtlichen Folgeverfahren möglich ist. Denn wie bereits erläutert, setzt eine Bindung an rechtliche Beurteilungen der Kommission voraus, dass die zu prüfenden Tatbestandsmerkmale auf unionsrechtlicher und nationaler Ebene identisch sind.

Ausgangspunkt der kartellrechtlichen Bußgeldbeschlüsse auf europäischer Ebene ist regelmäßig kein individueller Verschuldensvorwurf, sondern ein Verschuldensvorwurf gegenüber der wirtschaftlichen Einheit.[1372] Das Verschulden bezieht sich nämlich auf ein rechtswidriges Verhalten, welches das Unternehmen im funktionalen Sinn als Normadressat des europäischen Kartellverbots begeht, nicht seine Träger.[1373] Eine Verschuldenszurechnung zwischen den Rechtsträgern des kartellrechtlichen Unternehmens erfolgt nicht, sondern das schuldhafte Handeln der wirtschaftlichen Einheit erstreckt sich systembedingt auf all ihre Rechtsträger.[1374] Es geht hierbei auch nicht um eine Haftung für fremdes Verschulden oder dessen Zurechnung.[1375] Vielmehr haftet jeder Rechtsträger der

---

1371 Immenga/Mestmäcker/*Franck*, § 33 b GWB Rn. 28. Weitergehend noch Immenga/Mestmäcker/*Emmerich* (5. Aufl. 2014), § 33 GWB Rn. 96 (Feststellung des schuldhaften Handelns bindend); s. auch Möschel/Bien/*Grünberger* 135, 162.

1372 EuGH, Urt. v. 20.01.2011, C-90/09 P, Rn. 36 – *General Quimica*; EuGH, Urt. v. 29.09.2011, C-521/09 P, Rn. 53 – *Elf Aquitaine*; *Köhler*, WRP 2011, 277, 281.

1373 EuGH, Urt. v. 10.04.2014, C-231/11 P bis C-233/11 P, Rn. 56 – *Siemens Österreich*; EuGH, Urt. v. 05.03.2015, C-93/13 P und C-123/13 P, Rn. 52 – *Versalis*; EuGH, Urt. v. 06.10.2021, C-882/19, Rn. 42, 58 – *Sumal*; *Fischer*, ZfPW 2021, 310, 325 f.; *Otto*, NZKart 2020, 355, 360; *Otto*, NZKart 2020, 285, 286; *Schweitzer/Woeste*, ZGR 2020, 141, 149; *Kersting/Otto*, NZKart 2021, 651, 653.

1374 EuGH, Urt. v. 10.09.2009, C-97/08 P, Rn. 55 ff. – *Akzo Nobel*; EuGH, Urt. v. 05.03.2015, C-93/13 P und C-123/13 P, Rn. 40 – *Versalis*; EuGH, Urt. v. 06.10.2021, C-882/19, Rn. 43, 51 – *Sumal*; a.A. LG Düsseldorf, Urt. v. 08.09.2016, 37 O 27/11 [Kart] – *Aufzugskartell*. S. auch *Kling*, WRP 2010, 506, 518; *Wachs*, WuW 2017, 2, 6; *Kersting/Otto*, NZKart 2021, 325, 325.

1375 St. Rspr., s. nur EuGH, Urt. v. 10.09.2009, C-97/08 P, Rn. 59 – *Akzo Nobel*; s. weiterhin *Braun/Kellerbauer*, NZKart 2015, 175, 175; a.A. etwa *Kling*, ZWeR 2011, 169, 177.

wirtschaftlichen Einheit originär für eigenes schuldhaftes Verhalten, wenn und weil er zum Zeitpunkt der Zuwiderhandlung mit der unmittelbar kartellbeteiligten Gesellschaft ein Unternehmen i.S.v. Art. 101 Abs. 1 AEUV bildete.[1376]

Im deutschen Deliktsrecht ist eine Zurechnung schuldhaften Handelns von Repräsentanten einer Konzerngesellschaft zu mit ihr gesellschaftsrechtlich verbundenen Gesellschaften über § 31 BGB (analog) nicht möglich.[1377] Die nationale Zivilrechtsdogmatik knüpft eine Verantwortlichkeit mithin nicht an das funktionale Unternehmen, sondern an einen deliktischen Täter in Gestalt einer eigenständigen juristischen Person.[1378] Die Haftung einer nicht unmittelbar kartellbeteiligten Muttergesellschaft käme im deutschen Kartellschadensersatzverfahren somit nur dann in Betracht, wenn mindestens einem ihrer Repräsentanten eine eigene schuldhafte Beteiligung an der Zuwiderhandlung vorgeworfen werden kann. Für die Fälle, in denen die Muttergesellschaft im Unionsrecht für die von einer Tochtergesellschaft unmittelbar begangenen Kartellrechtsverstöße allein aufgrund ihrer Zugehörigkeit zur wirtschaftlichen Einheit haftet, existiert keine entsprechende Verschuldenszurechnung im deutschen Deliktsrecht.[1379] Dies gilt auch für die umgekehrte Konstellation einer absteigenden Haftung innerhalb der wirtschaftlichen Einheit.

Würde man eine Verschuldensüberleitung analog der Zurechnungsfigur der wirtschaftlichen Einheit im deutschen Kartellzivilrecht konstruieren wollen, könnte man § 31 BGB unionsrechtskonform erweiternd auslegen. Hierfür könnte man auch in § 31 BGB auf die Zurechnung des Verschuldens eines Repräsentanten der kartellbeteiligten Gesellschaft zur Unternehmenseinheit abstellen. Alternativ ließe sich eine zivilrechtliche Verschuldenszurechnung jedenfalls im Verhältnis von Tochter zur Mutter über eine Verletzung der Organisations- oder

---

1376 EuGH, Urt. v. 10.09.2009, C-97/08 P, Rn. 76, 77 – *Akzo Nobel*; EuGH, Urt. v. 20.01.2011, C-90/09 P, Rn. 52 - *General Quimica*; s. auch *Köhler*, WRP 2011, 277, 278 und 282; krit. *Steinle*, EWS 2004, 118; *Kling*, WRP 2010, 506, 518.

1377 Der Repräsentant wird nicht als Vertreter der juristischen Person, sondern gleichsam als diese Person behandelt. Siehe zur damit begründeten Ablehnung einer „Konzernorganschaft" Kamann/Ohlhoff/Völcker/*Ohlhoff*, § 26 Rn. 41.

1378 Kamann/Ohlhoff/Völcker/*Denzel/Holm-Hadulla*, § 26 Rn. 443 mit Hinweis auf BGH, Urt. v. 23.06.2009, KZR 21/08, WuW/E DE-R 2739, 2741 – *Entega* und BGH, Urt. v. 23.03.1982, KZR 28/80, GRUR 1982, 576 – *Meierei-Zentrale*.

1379 LG Berlin, Urt. v. 06.08.2013, 16 O 193/11 Kart, BeckRS 2013, 22659, Rn. 81 – *Fahrtreppen*; LG Düsseldorf, Urt. v. 08.09.2016, 37 O 27/11 [Kart], unter I – *Aufzugskartell; Körner*, S. 255; *Kling*, ZWeR 2011, 169, 177; *Löbbe*, ZHR 177 (2013), 518, 550 f.; Kamann/Ohlhoff/Völcker/*Raible/Lepper*, § 26 Rn. 603.

Aufsichtspflicht durch den Unternehmensträger herleiten, der ein kartellrechtswidriges Verhalten trotz bestimmenden Einflusses auf die unmittelbar kartellrechtswidrig handelnde Gesellschaft nicht verhindert habe.[1380] So wird jedenfalls auch vertreten, dass bei anhaltenden Hardcore-Kartellverstößen eher unwahrscheinlich sei, dass die Zuwiderhandlung dauerhaft unbemerkt von der Geschäftsleitung fortgeführt werden konnte, so dass eine Zurechnung nach § 31 BGB möglich wird.[1381] Zumindest letztere Ansicht würde allerdings zu Friktionen mit den europäischen Haftungsgrundsätzen führen, nach denen es auf ein Organisationsverschulden oder eine Aufsichtspflichtverletzung der leitenden Konzernobergesellschaft nicht ankommt.[1382]

Eine andere Option wäre auf Grundlage einer Gesetzesänderung das Verschuldensmerkmal im Rahmen des Kartellschadensersatzanspruchs gemäß den unionsrechtlichen Vorgaben anhand der Rechtsfigur der wirtschaftlichen Einheit zu determinieren und die wirtschaftliche Einheit im deutschen Kartellzivilrecht wie im Unionsrecht als verschuldensrechtlichen Zurechnungstatbestand anzuerkennen.[1383] Ein entsprechendes Prinzip jedenfalls für die aufsteigende Haftungszuordnung findet sich in Form der Betriebsinhaberhaftung bereits in § 8 Abs. 2 UWG und in § 14 Abs. 7 MarkenG.[1384] Überdies wäre es eine weitere Möglichkeit, der wirtschaftlichen Einheit Rechts- und Deliktsfähigkeit zuzusprechen. Dies würde jedoch zu mannigfaltigen Folgeproblemen und Verwerfungen im gesamten Rechtssystem führen. So wäre ganz praktisch etwa die Frage zu stellen, wo der Sitz der wirtschaftlichen Einheit sein soll und über welche Vermögenswerte sie verfügt. All diesen Begründungssträngen wird zudem

---

1380 Vgl. hierzu OLG Stuttgart, Urt. v. 04.04.2019, 2 U 101/18, Rn. 129; MüKo BGB/*Wagner*, § 823 BGB Rn. 110 ff.; Frankfurter Komm./*Roth*, § 33 a GWB Rn. 10; *Habersack/Zickgraf*, ZHR 2018, 252, 252 ff. Die im Innenverhältnis bestehenden Pflichten sind dabei teilweise nicht ohne weiteres auf das Außenverhältnis übertragbar. Seit Sumal muss sich die Frage zudem auch umgekehrt stellen, wie einer nicht vom Kartellbeschluss erfassten Tochter das schuldhafte Verhalten ihrer Muttergesellschaft nach deutschen zivilrechtlichen Maßstäben zugerechnet werden kann.

1381 Löwenheim/*Kersting*, § 33 a GWB Rn. 37.

1382 *Dreher*, WuW 2009, 133, 135; *Köhler*, WRP 2011, 277, 281 f.; *Gehring/Kasten/Mäger*, CCZ 2013, 1, 4; *Thomas/Legner*, NZKart 2016, 155, 159; Berg/Mäsch/*Mäsch*, § 33 GWB Rn. 37 f.; krit. *Zandler*, NZKart 2016, 98, 104.

1383 In diese Richtung *Kersting*, WuW 2019, 290, 294; *Otto*, NZKart 2020, 285, 287; a. A. unter Verweis auf den Vorbehalt nationalen Rechts *Harms/Kirst*, EuZW 2019, 377, 378.

1384 S. zu dieser aufsteigenden Haftungszuordnung bereits oben S. 304 ff.

entgegengebracht, dass sie mit wesentlichen Grundsätzen des deutschen Zivilrechts wie dem Gebot der Eigenverantwortlichkeit, dem Prinzip der Organzurechnung, dem Verschuldensgrundsatz und dem gesellschaftsrechtlichen Trennungsprinzip konfligieren.[1385]

Letztgenannter Einwand ist insoweit anzuerkennen, als dass nach gegenwärtiger Rechtslage jedenfalls eine gesetzgeberische Lösung vorzugswürdig wäre.[1386] Richterrecht würde diese Fragen schwerlich umfassend lösen können. Nach aktueller Rechtslage kommt im deutschen Recht jeder juristischen Person eine eigene Rechtspersönlichkeit zu, so dass das schuldhafte Verhalten einer anderen Gesellschaft für sie deliktsrechtlich ein Fremdverschulden darstellt. Inhaltlich ist aber die Einführung einer kartellschadensersatzrechtlichen Verschuldensregelung innerhalb der wirtschaftlichen Einheit geboten, um den unionsrechtlichen Vorgaben der Äquivalenz und Effektivität sowie dem Gebot loyaler Zusammenarbeit zu entsprechen.[1387] Im Rahmen einer effektiven Kartellrechtsdurchsetzung darf die zivilrechtliche Zurechnung schuldhafter Tätigkeiten von Organen und Mitarbeitern eines Rechtsträger innerhalb der wirtschaftlichen Einheit nicht an den Grenzen dieses Rechtsträgers Halt machen. Denn die Haftungsverantwortlichkeit des Unternehmens i.S.e. wirtschaftlichen Einheit ergibt sich unmittelbar aus Art. 101 f. AEUV und gilt auch für das Kartellschadensersatzrecht,

---

1385 LG Berlin, Urt. v. 06.08.2013, 16 O 193/11 Kart, Rn. 86 f. – *Fahrtreppen*; LG Düsseldorf, Urt. v. 08.09.2016, 37 O 27/11 [Kart], unter II. – *Aufzugskartell*; *Bürger*, WuW 2011, 130, 135; *Emmerich*, JuS 2011, 651, 652; *von Hülsen/Kasten*, NZKart 2015, 296, 303; *Kahlenberg/Heim*, BB 2017, 1155, 1157; *Otto*, NZKart 2020, 355, 360.

1386 Für notwendige Änderung der Rechtslage: BGH, Urt. v. 10.08.2011, KRB 55/10, Rn. 20 – *Versicherungsfusion*; LG Berlin, Urt. v. 06.08.2013, 16 O 193/11 Kart, Rn. 80 – *Fahrtreppen*; LG Düsseldorf, Urt. v. 08.09.2016, 37 O 27/11 [Kart], unter II. – *Aufzugskartell*; *Inderst/Thomas*, S. 78 f.; *Klotz*, S. 84; *Körner*, S. 277, 294; *Wachs*, WuW 2017, 2, 5; s. auch OGH Österreich, Urt. v. 02.08.2012 Ziff. 7.2 ff. WuW 2013, 313, 325 – *Debitkarten*, der unter Bezugnahme auf die europäische Rechtsprechung zur wirtschaftlichen Einheit geurteilt hatte, dass neben dem kartellrechtswidrigen Verhalten auch das Verschulden eines derselben wirtschafltiche Einheit angehörenden Unternehmensteils sämtlichen andere Unternehmensteilen im Rahmen der zivilrechtlichen Haftung zugerechnet werden, so dass alle Rechtsträger gleichermaßen haften.

1387 In diesem Sinne EuGH, Urt. v. 20.09.2001, C-453/99, Rn. 25 – *Courage/Crehan*; EuGH, Urt. v. 13.03.2007, C-432/05, Rn. 43 – *Unibet*; EuG, Urt. v. 12.12.2018, T-677/14 – *Biogaran;* a.A. LG Düsseldorf, Urt. v. 08.09.2016, 37 O 27/11 [Kart], Rn. 189 unter III. – *Aufzugskartell*; *Harms/Kirst*, EuZW 2019, 374, 378; *Otto*, NZKart 2020, 285, 286.

wie der EuGH nun ausdrücklich in *Sumal* bestätigt hat. Die Verantwortlichkeit des Unternehmens als wirtschaftliche Einheit würde konterkariert, wenn die Haftung nicht unmittelbar kartellbeteiligter Rechtsträger der wirtschaftlichen Einheit davon abhängig gemacht würde, dass ihnen ein individueller Verschuldensvorwurf gemacht werden kann. Vielmehr muss das Konzept der wirtschaftlichen Einheit jedenfalls dazu führen, dass das individuelle Verschulden eines einzelnen Rechtsträgers den Verschuldensvorwurf gegen alle anderen Rechtsträger der wirtschaftlichen Einheit begründet, insoweit also eine Zurechnung des Verschuldens erfolgt.[1388]

bb. Lediglich Indizwirkung des ordnungswidrigkeitenrechtlich festgestellten Verschuldens

Im Ergebnis lässt sich feststellen, dass den ordnungswidrigkeitenrechtlichen Verschuldens- und Zurechnungsgrundsätzen im europäischen Kartellbußgeldverfahren gegenüber den Zurechnungsregeln und dem zivilrechtlichen Verschuldensmaßstab des deutschen Schadensersatzrecht ein eigenständiger, von dem nationalen Maßstab abweichender Gehalt zukommt.[1389] Die Feststellungen eines Kommissionsbeschlusses, dass eine wirtschaftliche Einheit schuldhaft gehandelt hat, sind keineswegs gleichbedeutend damit, dass ihr oder den sie tragenden Gesellschaften auch ein individueller deliktsrechtlicher Schuldvorwurf nach deutschem Recht zu machen ist. Mangels Identität der zu prüfenden Sach- und Rechtsfragen besteht für die mitgliedstaatlichen Gerichte insofern keine Bindung an das im Kommissionsbeschluss festgestellte Verschulden der sanktionierten Rechtsträger nach Art. 16 Abs. 1 VO 1/2003.

Eine Kohärenzverpflichtung gilt infolgedessen nur für den festgestellten (teil-) identischen Sachverhalt, nicht hingegen in Bezug auf rechtliche Bewertungen, für die unterschiedliche Maßstäbe nach europäischem Ordnungswidrigkeitenrecht einerseits und nationalem Zivilrecht andererseits bestehen. Das nationale Gericht hat somit das Verschulden der beklagten Gesellschaften eigenständig nach nationalem Recht zu würdigen. Dieser im Ergebnis überzeugenden vermittelnden Lösung ist auch das LG Köln gefolgt. Die Bindungswirkung bzgl. der subjektiven Umstände des bebußten Kartellrechtsverstoßes bestehe nur hinsichtlich der tatbestandlichen Feststellungen des Kommissionbeschlusses. Die rechtliche Bewertung dieser Tatsachen als Verschulden im zivilrechtlichen Sinn

---

1388 Immenga/Mestmäcker/*Franck*, § 33 a GWB Rn. 47.

1389 *Klotz*, S. 122; *Bürger*, WuW 2011, 130, 137 ff.; Berg/Mäsch/*van der Hout/Wiemer*, Vor Art. 23 f. VO 1/2003 Rn. 62 m.w.N. in Fn. 255.

obliege anders als sonst im Rahmen der Bindungswirkung aber dem nationalen Gericht.[1390]

Demgegenüber hielt es das LG Hannover ohne dogmatische Erwägungen für abwegig, anzunehmen, dass die im Rahmen des EU-Bußgeldverfahrens getroffenen Feststellungen zum Verschulden für ein schuldhaftes Handeln im zivilrechtlichen Sinn nicht ausreichten.[1391] In einem späteren Verfahren legte es seiner Beurteilung eines deliktsrechtlichen Verschuldens der Kartellteilnehmer allerdings nicht die Feststellungen der Kommission zum ordnungswidrigkeitenrechtlichen Verschulden im Bußgeldbeschluss zugrunde, sondern die sich ebenfalls aus dem Bußgeldbeschluss ergebende, ein Tatbestandsmerkmal des Verstoßes nach Art. 101 Abs. 1 AEUV darstellende „Bezweckung" der Verfälschung des Wettbewerbs.[1392] Aus dem Bezwecken als tragender und daher bindender Feststellung des Kartellbeschlusses soll sich nach Ansicht des Gerichts im Follow-on Verfahren gleichbedeutend unmittelbar ein zivilrechtlicher Vorsatz der beklagten Kartellteilnehmer ergeben. Dies scheint jedoch dogmatisch verfehlt und ergebnisgetrieben, da es richtigerweise auch zwischen dem Bezwecken einer Wettbewerbsbeschränkung und dem zivilrechtlich determinierten Verschulden des deutschen Rechts an einer identischen Rechtsprüfung fehlt. Dem Tatbestandsmerkmal der bezweckten Wettbewerbsbeschränkung lässt sich letztlich höchstens ein Indiz für schuldhaftes Handeln entnehmen, nicht jedoch dessen bindende und damit zivilprozessrechtlich unwiderlegbare Feststellung. Entsprechend der Auffassung des LG Köln wäre insoweit besser von einer Tatsachengrundlage für die eigenständige Beurteilung des Verschuldensvorwurfs durch das nationale Gericht auszugehen gewesen.

Obwohl hinsichtlich des im Kommissionsbeschluss festgestellten Verschuldens im Ergebnis richtigerweise keine rechtlich indizierte Bindung nach Art. 16 Abs. 1 VO 1/2003 greift, stellen die Feststellungen zum ordnungswidrigkeitenrechtlichen Verschulden im Bußgeldbescheid der Kommission im Rahmen der Follow-on Klage zugegebenermaßen jedenfalls ein starkes Indiz dar.[1393] Entsprechend könnten diese Feststellungen beispielsweise als Beweis prima-facie oder

---

1390 LG Köln, Urt. v. 17.01.2013, 88 O 5/11, Rn. 152, 168 ff: „[…] eine Bindungswirkung [ist] auf die tatbestandlichen Festlegungen der Europäischen Kommission Entscheidungen beschränkt […], während eine Bindung bei der Rechtsfolgenbetrachtung unterbleibt […]."; LG München I, Verf. v. 18.06.2019, 37 O 8759/18.

1391 LG Hannover, Urt. v. 05.07.2016, 18 O 405/14, Rn. 84.

1392 LG Hannover, Urt. v. 16.04.2018, 18 O 21/17.

1393 *Inderst/Thomas*, S. 137; *Kersting*, VersR 2017, 581, 582; Berg/Mäsch/*Mäsch*, § 33 a GWB Rn. 6.

als tatsächliche Vermutung in das mitgliedstaatliche Kartellgerichtsverfahren eingeführt werden und so die ursprüngliche zivilrechtliche Beweis- und Darlegungslast zugunsten der kartellgeschädigten Anspruchsteller verschieben.[1394] Durch die Annahme eines Anscheinsbeweises oder einer tatsächlichen Vermutung liegt die Bewertung des Tatbestandsmerkmals anders als beim Vorliegen einer Kohärenzverpflichtung nach Art. 16 Abs. 1 VO 1/2003 zum einen vollständig in der Zuständigkeit des nationalen Zivilgerichts. Zum anderen haben die beklagten Kartellbeteiligten weiterhin die Möglichkeit, abweichende Tatsachen vorzutragen und den Beweis des ersten Anscheins zu erschüttern bzw. die tatsächliche Vermutung der Schuldhaftigkeit ihres Handelns in Frage zu stellen.

d. Europarechtskonformität des deutschen Verschuldensmerkmals

Abschließend stellt sich die Frage, ob das zwingende Tatbestandsmerkmal des Verschuldens des deutschen Kartellschadensersatzanspruchs in seiner gegenwärtigen Auslegung bzw. nach gegenwärtiger Rechtslage gegen die Vorgaben des Europarechts verstößt und somit gänzlich entfallen müsste. Der Verschuldensaspekt des deutschen Schadensersatzrechts findet kein Fundament auf Unionsebene. Weiterhin erschwert er die Anspruchsdurchsetzung für Kartellgeschädigte. Insbesondere macht das Verschuldenserfordernis des deutschen Zivilrechts de lege lata die Durchsetzung von Schadensersatzansprüchen gegen nicht unmittelbar kartellbeteiligte Rechtsträger der wirtschaftlichen Einheit praktisch unmöglich. Dies widerspricht auch dem Normzweck des Art. 16 VO 1/2003, der eine erleichterte Durchsetzung kartellschadensersatzrechtlicher Ansprüche in Follow-on Verfahren ermöglichen soll.

Auch die Kommission sprach sich während der Arbeit an der Kartellschadensersatzrichtlinie für eine privatrechtliche Gefährdungshaftung der Unternehmen für Kartellrechtsverletzungen bzw. die Vorgabe eines vermuteten Verschuldens aus, nach dem allein ein unvermeidbarer Verbotsirrtum haftungsausschließend zu berücksichtigen sei.[1395] Der europäische Gesetzgeber hat es

---

1394 von der Groeben/Schwarze/Hatje/*Becker/Vollrath*, Art. 16 VO 1/2003 Rn. 26.

1395 Kommission, Weißbuch, Schadenersatzklagen wegen Verletzung des EG-Wettbewerbsrechts v. 02.04.2008, KOM (2008) 165 endg., S. 7 f.: die Kommission erkannte im Weißbuch „keine rechtspolitischen Einwände" gegen eine Gefährdungshaftung und wollte den Einwand mangelnden Verschuldens auf den Tatbestand des unentschuldbaren Verbotsirrtums beschränken. S. auch Kommission, Grünbuch, Schadenersatzklagen wegen Verletzung des EU-Wettbewerbsrechts v. 19.12.2005, KOM (2005) 672 endg., S. 7.

den Mitgliedstaaten im Ergebnis aber nach ErwG 11 S. 5 SE-RL freigestellt, „in ihrem nationalen Recht andere Voraussetzungen für Schadensersatz vor[zu] sehen, wie etwa Zurechenbarkeit, Adäquanz oder Verschulden." Diese ergänzenden Anspruchsvoraussetzungen können allerdings nach den Vorgaben der Schadensersatzrichtlinie nur beibehalten werden, sofern sie mit der Rechtsprechung des Gerichtshofs, dem Effektivitäts- und dem Äquivalenzgrundsatz und den Bestimmungen der Richtlinie selbst im Einklang stehen.

Das Verschuldenserfordernis des deutschen Rechts in seiner gegenwärtigen Ausgestaltung verhindert eine Erstreckung des Verschuldens auf alle Rechtsträger der wirtschaftlichen Einheit und steht damit nach hier vertretener Auffassung der vollen Wirksamkeit des Art. 101 Abs. 1 AEUV entgegen.[1396] Da das kartellzivilrechtliche Verschulden der kartellbeteiligten Gesellschaft in der gängigen Gerichtspraxis gegenwärtig aber unter wenig hohen Anforderungen bejaht wird,[1397] kann lediglich aus rein praktischer Perspektive betrachtet, nicht gesagt werden, dass das deutsche Verschuldenserfordernis eine effektive Durchsetzung von Kartellschadensersatzansprüchen insofern tatsächlich mehr als unerheblich beeinträchtigt oder gar praktisch unmöglich macht.[1398] Dies erscheint aus rechtlicher Perspektive jedoch nicht ausreichend. Die Unzulänglichkeit der nationalen Regelung betrifft zudem die Verschuldenszurechnung im Rahmen der wirtschaftlichen Einheit. Auch diese Haftung darf nach dem Effektivitäts- und Äquivalenzgrundsatz nicht grundlegend an den Verschuldens- und Zurechnungsvorgaben des deutschen Zivilrechts scheitern.[1399] Vielmehr ist

1396 S. zum Gebot der vollen Wirksamkeit den EuGH in der Rechtssache *Kone*, nach dem die generelle Annahme eines fehlenden Kausal- und Rechtswidrigkeitszusammenhangs im Hinblick auf von Kunden von Kartellaußenseiten erlittenen Preisschirmschäden die „volle Wirksamkeit" von Art. 101 AEUV in Frage stellt, EuGH, Urt. v. 05.06.2014, C-557/12, Rn. 33 – *Kone*.

1397 S. zu den aktuellen Anforderungen der Gerichte an den Nachweis des Verschuldens, S. 376 f.

1398 Monopolkomm., XXI. Hauptgutachten, 2016, Rn. 102; Kersting/Podszun/*Kersting*, 9. GWB-Novelle, Kap. 7 Rn. 19; *Bürger*, WuW 2011, 130, 139; *Müller-Graff*, ZHR 179 (2015), 691, 697 f.; *Kersting*, VersR 2017, 581, 582; Loewenheim/*Kersting*, § 33 a GWB Rn. 8 und 9.

1399 *Körner*, S. 274 f., 277; *Klotz*, S. 103; Loewenheim/*Kersting*, § 33 a GWB Rn. 37; Berg/Mäsch/*Mäsch*, § 33 a GWB Rn. 6 m.w.N. in Fn. 16. Vgl. grundlegend hierzu auch GA van Gerven, Schlussanträge v. 27.10.1993, C-128/92, Rn. 53 – *Banks*; LG Berlin, Urt. v. 06.08.2013, 16 O 193/11 (Kart); LG Düsseldorf, Urt. v. 08.09.2016, 37 O 27/11 (Kart) – *Aufzugskartell*, jeweils unter Verweis auf BGH, Urt. v. 10.12.2007, II ZR 239/05, BGHZ 175, 12-28, 4 – *Kolpingwerk*; *Bürger*, WuW 2011, 130, 140; *Schreiber*, KSzW 2011, 37, 42.

davon auszugehen, dass die vom Europäischen Gerichtshof in *Sumal* unmittelbar aus dem Primärrecht abgeleitete Passivlegitimation auch zivilrechtliche Zurechnungsfragen im Unternehmen umfasst und somit europarechtlich vordeterminiert.

Ein gesetzgeberisches Tätigwerden wäre demnach wünschenswert.[1400] Wie sich anhand der gefährdungsdeliktischen Haftungsnormen zeigt, ist schuldhaftes Handeln nach deutschem Haftungsrecht nicht einmal eine zwingende Voraussetzung einer Schadensersatzpflicht.[1401] Daher wäre die Ausgestaltung der Kartellschadensersatzhaftung als Gefährdungshaftung neben den oben aufgeführten Möglichkeiten eine weitere Option des Gesetzgebers seinen europarechtlichen Verpflichtungen gerecht zu werden.

V. Handlungserfolg: Kausaler Schaden

Letztlich setzt der Kartellschadensersatzanspruch des § 33 a i.V.m. § 33 Abs. 1 GWB den Eintritt eines durch die wettbewerbsrechtliche Zuwiderhandlung verursachten Schadens dem Grunde und der Höhe nach voraus.[1402] Die grundsätzliche Problematik kartellrechtlicher Schadensersatzansprüche in puncto Schadensfeststellung besteht darin, dass zwar die tatsächlich am Markt verlangten, kartellierten Preise bekannt sind, nicht jedoch die fiktive Entwicklung der Marktpreise im vergangenen Kartellzeitraum im Falle eines hypothetisch zugrunde zulegenden funktionierenden Wettbewerbs.[1403] Ein Kartellschaden kann zudem nicht nur aus Transaktionen mit Kartellbeteiligten resultieren, sondern auch aus Geschäften mit Kartellaußenseitern aufgrund eines durch das kartellbedingt insgesamt erhöhte Marktpreisniveau hervorgerufenen Preisschirmeffekts.[1404]

1400 S. zu den Vorschlägen im Detail S. 386 f.

1401 Zur Entwicklung der Gefährdungshaftung etwa MüKo BGB/*Wagner*, Vorbemerkung vor § 823 Rn. 17 ff.

1402 LG Düsseldorf, Urt. v. 08.09.2016, 37 O 27/11 [Kart] – *Aufzugskartell*; *Lettl*, WuW 2015, 692, 694; Bechtold/Bosch, § 33 GWB Rn. 30; Immenga/Mestmäcker/*Franck*, § 33 a GWB Rn. 60.

1403 Die Kosten für Schadensgutachten liegen oft im sechsstelligen Bereich; s. auch *Weitbrecht*, WuW 2015, 959, 967; *Klumpe/Thiede*, NZKart 2017, 332, 334; Kölner Kommentar/*Krohs*, § 33 GWB a.F. Rn. 215.

1404 EuGH, Urt. v. 05.06.2014, C-557/12, Rn. 33 ff. – *Kone*; OLG Karlsruhe, Urt. v. 31.7.2013, 6 U 51/12 (Kart.), NZKart 2014, 366, 367 – *Löschfahrzeuge*; *Lettl*, WRP 2015, 537, 540; Berg/Mäsch/*Mäsch*, § 33 a GWB Rn. 15 und Fn. 31; Loewenheim/*Kersting*, § 33 a GWB Rn. 15; a.A. LG München, Urt. v. 27.07.2016, 37 O 24526/14, S. 22 f.: „*Ein typischer Geschehensablauf dahingehend, dass die von den*

1. Tatbestandsmerkmal

Nach den Vorgaben des Unionsrechts ist jeder Schaden ersatzfähig, der in einem ursächlichen Zusammenhang mit einer Zuwiderhandlung gegen Art. 101 Abs. 1 AEUV steht.[1405] Der Begriff der haftungsausfüllenden Kausalität ist damit im Ausgangspunkt unionsrechtlich determiniert.[1406] Die nähere Ausgestaltung der Modalitäten obliegt jedoch dem nationalen Recht der Mitgliedstaaten.

In deutschen kartellrechtlichen Follow-on Verfahren richtet sich die Frage, ob durch das kartellrechtswidrige Verhalten ein Schaden verursacht wurde sowie in welcher Höhe nach der Differenzmethode der §§ 249 ff. BGB. Nach dieser ist der Kartellgeschädigte so zu stellen, wie er ohne das wettbewerbswidrige Verhalten stünde.[1407] Die entstandenen Schäden bestehen im Kartellschadensersatzrecht vornehmlich aus der Differenz zwischen kartelliertem Preis und hypothetischem Wettbewerbspreis, sog. Preisüberhöhungsschäden, die dadurch entstehen, dass der Beschaffungs- oder Erwerbsvorgang ohne den Wettbewerbsverstoß zu günstigeren Konditionen hätte abgeschlossen werden können.[1408] Hierbei zeigt sich deutlich die Problematik der kartellrechtlichen Schadensermittlung, die darin liegt, dass zwar die tatsächlich gezahlten kartellierten Preise, nicht jedoch die hypothetischen Wettbewerbspreise des kontrafaktischen Szenarios eines funktionierenden Wettbewerbs bekannt sind. Zur Ermittlung dieser hypothetischen Wettbewerbspreise hat sich in der Praxis überwiegend die Gegenüberstellung des Kartellmarkts mit der Referenzgröße eines kartellfreien zeitlichen, räumlichen oder sachlichen Vergleichsmarkts oder die Simulation eines artifiziellen Vergleichsmarkts etabliert.[1409] Hierbei darf zudem nicht außer Acht gelassen

---

Kartellanten bestimmten Preise von den Kartellaußenseitern übernommen werden, liegt nicht vor." Kritisch zum *Kone*-Urteil des EuGH *Franck*, European Law Review 2018, 837, 853.

1405 EuGH, Urt. v. 12.12.2019, C-435/18, Rn. 30 – *Otis/Land Oberösterreich.*

1406 BGH, Urt. v. 28.01.2020, KZR 24/17, Rn. 30 – *Schienenkartell II.*

1407 Immenga/Mestmäcker/*Franck*, § 33 a GWB Rn. 58; Berg/Mäsch/*Mäsch,* § 33 a GWB Rn. 11.

1408 *Kersting*, VersR 2017, 581, 581 f.; Dreher/Kulka/*Rittner*, Wettb.- u. KartellR, Rn. 1735; Bechtold/Bosch, § 33 GWB Rn. 36; Berg/Mäsch/*Mäsch*, § 33 a GWB Rn. 9; Immenga/Mestmäcker/*Franck*, § 33 a GWB Rn. 98 ff.; Kölner Kommentar/*Krohs*, § 33 GWB a.F. Rn. 214; Loewenheim/*Kersting*, § 33 a GWB Rn. 43.

1409 BGH, Beschl. v. 09.10.2018, KRB 51/16, NZKart 2019, 146 – *Flüssiggas I;* OLG Düsseldorf, Urt. v. 13.11.2013, VI-U 11/13 (Kart), WuW/E DE-R 4117, 4125 f. – *Badarmaturen*; Kommission, Praktischer Leitfaden zur Ermittlung des Schadensumfangs bei Schadensersatzklagen im Zusammenhang mit Zuwiderhandlungen gegen Art. 101 oder 102 AEUV v. 13.06.2013, ABl. C 167, Rn. 25 ff.; 96 ff; Dreher/

werden, mit welcher Wahrscheinlichkeit zum Beispiel ein zulässiges Parallelverhalten der Marktteilnehmer zu erwarten gewesen wäre oder wie erhöhte Verkaufs- auch erhöhte Einkaufspreise beeinflussen.[1410]

Die zur Schadensermittlung erforderlichen aufwändigen und komplexen ökonometrischen Gutachten in Form von Regressionsanalysen und Simulationsmodellen der Datenforensik sind letztlich theoretisch, äußerst kostenintensiv und mit ungewissen Erfolgsaussichten vor dem mit der Rechtssache befassten Gericht behaftet.[1411] Die Erstellung eines kartellrechtlichen Schadensgutachtens kann die Schadenshöhe, insbesondere bei Streuschäden, jedenfalls schnell übersteigen und damit Betroffene von der Durchsetzung ihrer Kartellschadensersatzansprüche abhalten.[1412] Aus diesem Grund und zur Vermeidung langwieriger Klageverfahren sehen zahlreiche Verträge heutzutage bereits Schadenspauschalierungsklauseln für den Fall einer wettbewerbsrechtlichen Zuwiderhandlung vor. Eine solche Schadenspauschalierungsklausel war auch einer der Anknüpfungspunkte für die jüngst vom Landgericht Dortmund im Rahmen eines Kartellschadensersatzverfahrens gewählte Vorgehensweise. Als erstes deutsches Gericht machte das LG Dortmund von der Möglichkeit Gebrauch, den kartellbedingten Preisaufschlag der Höhe nach anhand von Anknüpfungstatsachen und allgemeinen Erfahrungssätzen gem. § 287 ZPO zu schätzen, anstatt auf die übliche Einholung eines umfangreichen gerichtlichen Sachverständigengutachtens zurückzugreifen[1413] Es bleibt mit Spannung abzuwarten, ob dieses

---

Kulka/*Rittner*, Wettb.- u. KartellR, Rn. 1735; *Inderst/Thomas*, S. 141 ff.; *Weitbrecht*, NZKart 2020, 106, 108 f.; Kölner Kommentar/*Krohs*, § 33 GWB a.F. Rn. 216 ff.

1410 *Inderst/Schwalbe*, WuW 2012, 122, 125.

1411 *Franck*, Private Enforcement in Germany, S. 13, *Inderst/Schwalbe*, WuW 2012, 122, 124; Bechtold/Bosch, § 33 GWB Rn. 36; Berg/Mäsch/*Mäsch*, § 33 a GWB Rn. 33 und FN 68; Schröter/Jakob/Klotz/Mederer/*Schröter/van der Hout*, Art. 101 AEUV Rn. 249. S. zu den ökonomischen Methoden *Coppik/Heimeshoff*, S. 41 ff.; *Haucap/Heimeshoff*, ZWeR, 2022, 80, 80 ff.

1412 LG Dortmund, Urt. v. 30.09.2020, 8 O 115/14 (Kart), Rn. 135 = NZKart 2020, 612, 613 – *Schienenkartell*; so auch *Kühnen*, NZKart 2019, 515, 518 ff., auf den sich das LG Dortmund in seinen Überlegungen weitestgehend stützt. S. hierzu auch *Hornkohl*, NZKart 2020, 661, 663; *Schweizer/Woeste*, ZWeR 2022, 46, 62.

1413 LG Dortmund, Urt. v. 30.09.2020, 8 O 115/14 (Kart), NZKart 2020, 612 ff. – *Schienenkartell*; LG Dortmund, Urt. v. 04.11.2020, 8 O 26/16 (Kart) – *Schienenkartell*; LG Dortmund, Urt. v. 03.02.2021, 8 O 116/14 (Kart) – *Schienenkartell*. Die drei Verfahren sind in der Berufungsinstanz beim OLG Düsseldorf anhängig. Siehe hierzu auch *Kühnen*, NZKart 2019, 515, 518, 519; *Thiede*, NZKart 2020, 657, 661; *Weitbrecht*, WuW 2021, 86, 86 ff. Kritisch hierzu: *Hornkohl*, NZKart 2020, 661, 661 ff.; Thole,

Beispiel in Deutschland weiter Schule machen wird.[1414] Eine Entscheidung des Europäischen Gerichtshofs zur Möglichkeit der Schadensschätzung im Kartellrecht steht noch aus. Ein diesbezügliches Vorabentscheidungsverfahren ist aber bereits anhängig.[1415]

Neben Preisüberhöhungsschäden kann die kartellrechtliche Zuwiderhandlung auch zu nach § 252 BGB ersatzfähigen Mengenschäden führen, die dadurch entstehen, dass der Kartellbetroffene seine erhöhten Einkaufspreise ganz oder teilweise an die nachgelagerte Marktstufe weitergegeben hat und aus diesem Grund Umsatzrückgänge und Kundenabwanderungen hinnehmen musste.[1416] Eine weitere ersatzfähige Schadensart im Rahmen von Kartellschadensersatzverfahren stellen Schäden dar, die durch den Warenbezug von Kartellaußenseitern, welche im Preisschirm des Kartells eigenständig ihre Preise erhöht und an den Kartellpreis angeglichen haben.[1417] Auch für die Ermittlung dieser Schäden gelten die soeben dargelegten Herausforderungen.

Nach § 33 d Abs. 1 S. 1 GWB haften alle an der Zuwiderhandlung gegen das Wettbewerbsrecht beteiligten Unternehmen gesamtschuldnerisch für den durch die Zuwiderhandlung verursachten Schaden.[1418] Der Kartellgeschädigte kann seinen Schaden somit in voller Höhe von jedem der Gesamtschuldner ersetzt verlangen.[1419] Allein für kleine und mittlere Unternehmen und Kronzeugen sind nach §§ 33 d Abs. 4, 5, 33 e GWB Ausnahmen beachtlich. Als besonders interessant ist hier hervorzuheben, dass die Gesamtschuldner beim Innenausgleich

---

NZKart 2021, 5, 5 f.; *Deuflhard/Heller/Winkler*, NZKart 2021, 147, 151; *Hellmann/Schliffke*, WuW 2022, 83, 83.

1414 S. z.B. OLG Celle, Urt. v. 12.08.2021, 13 U 120/16 (Kart), Rn. 97 ff., das im Spanplattenkartell einen Preisaufschlag i.H.v. 12 % geschätzt hat.

1415 EuGH, Vorabentscheidungsersuchen Rs. C-267/20, eingereicht von der Audiencia Provincial de León (Spanien) am 15.06.2020 – *AB Volvo und DAF TRUCKS N. V./RM*.

1416 Art. 12 Abs. 3 Kartellschadensersatzrichtlinie 2014/104/EU und § 33 c Abs. 1 S. 3 GWB; *Kersting*, VersR 2017, 581, 581 f.; *Schwalbe*, NZKart 2017, 157; *Oppolzer/Seifert*, WuW 2019, 71, 72 ff.; Berg/Mäsch/*Mäsch*, § 33 a GWB Rn. 9 und 13; Kölner Kommentar/*Krohs*, § 33 GWB Rn. 212.

1417 EuGH, Urt. v. 05.06.2014, C-557/12, Rn. 34 – *Kone*; BGH, Urt. v. 19.05.2020, KZR 8/18 – *Schienenkartell IV*; *Weitbrecht*, NZKart 2018, 106, 108; Loewenheim/*Kersting*, § 33 a GWB Rn. 15.

1418 S. auch Art. 11 Abs. 1 Kartellschadensersatzrichtlinie 2014/104/EU; Kersting/Podszun/*Mackenrodt*, 9. GWB-Novelle, Kap. 9 Rn. 2; *Lettl*, WuW 2015, 692, 695; *Kersting/Preuß*, WuW 2016, L1, L 4.

1419 Kersting/Podszun/*Mackenrodt*, 9. GWB-Novelle, Kap. 9 Rn. 3 m.w.N.

untereinander für den geleisteten Schadensersatz nach § 33 d Abs. 2 GWB nicht nach Kopfteilen haften, sondern abhängig von den Umständen. Maßgeblich ist dabei darauf abzustellen, in welchem Maß sie den Schaden verursacht haben. In diesem Zusammenhang lassen sich bereits jetzt spannende Verfahren erwarten, wenn die Kartellanten untereinander auf Ausgleich klagen.

2. *Gerichtliche Schadensfeststellung*

Nach den allgemeinen Beweisgrundsätzen des Zivilverfahrens trifft die Darlegungs- und Beweislast nach dem Beweismaßstab des § 286 ZPO für den Eintritt eines auf einem rechtswidrigen Verhalten kausal beruhenden Schadens den klagenden Schadensersatzgläubiger.[1420] Die korrespondierende Schadenshöhe kann das Gericht sodann nach dem erleichterten Beweismaßstab § 287 Abs. 1 ZPO auf Grundlage der durch den Geschädigten schlüssig dargelegten und bewiesenen Anknüpfungstatsachen schätzen.[1421] Für die richterliche Überzeugungsbildung genügt dbzgl. bereits eine deutlich überwiegende, auf gesicherter Grundlage beruhende Wahrscheinlichkeit.

Im kartellrechtlichen Schadensersatzverfahren gelten die erleichterte Darlegungslast des Anspruchsstellers und die reduzierten Anforderungen an die Überzeugungsbildung des Gerichts nach § 287 Abs. 1 ZPO jedoch nicht nur wie sonst üblich für die Ermittlung der Schadenshöhe, sondern bereits für die Feststellung der Entstehung eines ursächlich auf dem Kartellverstoß beruhenden Schadens dem Grunde nach.[1422] Diese Besonderheit beruht darauf, dass es sich

---

1420 BGH, Urt. v. 05.11.2013, VI ZR 527/12, Rn. 13; BGH, Urt. v. 12.02.2008, VI ZR 221/06, Rn. 9; Dreher/Kulka/*Rittner*, Wettb.- u. KartellR, Rn. 1734; *Lettl*, WRP 2015, 537, 540; *Fritzsche/Klöppner/Schmidt*, NZKart 2016, 412, 418; *Galle*, NZKart 2016, 214, 214; *Kersting*, WuW 2019, 173, 173; *Rützel*, WuW 2019, 130, 130.

1421 BGH, Urt. v. 12.07.2016, KZR 25/14, Rn. 42 – *Lottoblock II*; BGH, Urt. v. 28.01.2020, KZR 24/17, Rn. 35 – *Schienenkartell II*; OLG München, Urt. v. 28.06.2018, 29 U 2644/17 Kart – *Weichenkartell*; BeckOK ZPO/*Bacher*, § 287 ZPO Rn. 14; *Hutschneider/Stieglitz*, NZKart 2020, 180, 182.

1422 BGH, Urt. v. 08.05.2012, VI ZR 37/11, NJW 2012, 2267, 2268; BGH, Urt. v. 12.07.2016, KZR 25/14, Rn. 41 ff. – *Lottoblock II*; BGH, Urt. v. 11.12.2018, KZR 26/17, Rn. 52 – *Schienenkartell I*; BGH, Urt. v. 28.01.2020, KZR 24/17, Rn. 35 – *Schienenkartell II* m.w.N.; BGH, Urt. v. 13.04.2021, KZR 19/20, Rn. 64 – *LKW-Kartell II*; OLG Düsseldorf, Urt. v. 29.01.2014, VI-U (Kart) 7/13, Rn. 76 bis 82; LG Dortmund, Urt. v. 27.06.2018, 8 O 13/17, Rn. 133 – *LKW-Kartell*; LG Stuttgart, Urteil v. 19.07.2018, 30 O 33/17 – *LKW-Kartell*; LG Stuttgart, Urteil v. 11.02.2019, 45 O 4/17, Rn. 47– *LKW-Kartell*; *Makatsch/Mir*, EuZW 2015, 7, 8; *Thomas*, ZHR 180 (2016), 45, 50; *dos Santos Goncalves/Wunner*, GRUR-Prax 2016, 463, 463; *Fritzsche/Klöppner/Schmidt*, NZKart

beim Kartellschadensersatzanspruch um eine Haftung für reine Vermögensschäden handelt, die unabhängig von der Verletzung eines bestimmten, dem Geschädigten zuzuordnenden absoluten Rechtsguts entsteht.[1423] Insofern ist bereits die Schadensentstehung dem Grunde nach der haftungsausfüllenden Kausalität zuzuordnen. Die insofern erforderlichen Feststellungen kann das Gericht somit bereits unter dem Beweismaßstab des § 287 Abs. 1 ZPO unter Würdigung aller Umstände nach freier Überzeugung zu treffen.[1424] Der geltende Beweismaßstab ändert aber nichts an der Darlegungs- und Beweislast, die weiterhin der Schadensersatz fordernden Partei obliegt.

a. *Instanzgerichtliches Vorgehen zur Schadensfeststellung*

Mit dem Ziel die geheimen Kartellabsprachen symptomatisch innewohnende Informationsasymmetrie zwischen Kartellgeschädigten und Kartellbeteiligten auszugleichen und die Beweislast der geschehensnäheren Beklagtenseite zuzuweisen, hatten die Instanzgerichte in ihrer ständigen Entscheidungspraxis bis zum *Schiene I*-Urteil des BGH bei Preis-, Quoten- und Kundenschutzabsprachen hinsichtlich des durch das Kartell verursachten Schadens einen sog. doppelten Anscheinsbeweis angenommen.[1425] Dieser bezog sich zum einen darauf, dass ein Kläger, dessen Beschaffungsvorgänge sich sachlich, räumlich und zeitlich in den Wirkungsbereich des Kartells einpassten, von den Auswirkungen der Zuwiderhandlung betroffen sei. Zum anderen, und für die Schadensfeststellung insoweit relevant, wurde ein weiterer Anscheinsbeweis dafür postuliert, dass sich ein Wettbewerbsverstoß allgemein preissteigernd auf den betroffenen

---

2016, 412, 418; *Stancke*, NZKart 2017, 636, 637; *Rützel*, WuW 2019, 130, 130; Berg/Mäsch/*Mäsch*, § 33 a GWB Rn. 33 m.w.N. in Fn. 65; Loewenheim/*Kersting*, § 33 a GWB Rn. 78 und 79; Schröter/Jakob/Klotz/Mederer/*Schröter/van der Hout*, Art. 101 AEUV Rn. 249; a.A. *Zöttl/Schlepper*, EuZW 2012, 573, 575; Dreher/Kulka/*Rittner*, Wettb.- u. KartellR, Rn. 1734.

1423 BGH, Urt. v. 24.06.1986, VI ZR 21/85, NJW 1987, 705, 706; BGH, Urt. v. 15.06.1993, XI ZR 111/92; BGH, NJW 2008, 1381 Rn. 9; BGH, Urt. v. 06.05.2015, VIII ZR 161/14, NJW 2015, 2111, Rn. 10; BGH, Urt. v. 12.07.2016, KZR 25/14, Rn. 42, 43 – *Lottoblock II*; BGH, Urt. v. 28.01.2020, KZR 24/17, Rn. 29 – *Schienenkartell II*; LG Dortmund, Urt. v. 27.06.2018, 8 O 13/17, Rn. 131, 132 – *LKW-Kartell*; LG Stuttgart, Urt. v. 11.02.2019, 45 O 4/17, Rn. 47 – *LKW-Kartell*; *Fritzsche/Klöppner/Schmidt*, NZKart 2016, 412, 415; *Stancke*, NZKart 2017, 636, 639.

1424 BGH, Urt. v. 28.01.2020, KZR 24/17, Rn. 34 – *Schienenkartell II*.

1425 S. bereits ausführlich zum doppelten Anscheinsbeweis im Rahmen der Kartellbetroffenheit, oben S. 361 f.

Markt auswirke und so dem Betroffenen in Bezug auf die vom Wettbewerbsverstoß erfassten Beschaffungsvorgänge ein konkreter Schaden entstanden sei.[1426] Der doppelte Anscheinsbeweis erstreckte sich mithin wie dargelegt sowohl auf die Schadensentstehung als auch auf die kausale Verursachung dieses Schadens durch den Kartellrechtsverstoß.[1427] Auf seiner Basis genügte ein Kartellkläger somit bereits seiner Darlegungs- und Beweislast zum Vorliegen eines kausalen Schadens, indem er nachwies, dass die Beklagten an einem Kartell beteiligt waren, das sachlich, örtlich und zeitlich mit dem Bezug von Waren oder Dienstleistungen durch den potentiell Geschädigten korrespondierte.[1428]

Wie im Rahmen der Betroffenheit bereits näher ausgeführt, lag dem doppelten Anscheinsbeweis die Annahme zugrunde, dass ein Kartell nur deshalb gebildet und erhalten würde, um höhere als am Markt übliche Preise zu erzielen. Es verstieße gegen grundlegende ökonomische Denkgesetze, eine kartellrechtswidrige Verhaltensweise aufrechtzuerhalten und dafür Sanktionen zu riskieren, wenn sich durch die verbotene Verhaltenskoordinierung keine vorteilhafteren Preissetzungsspielräume eröffneten. Dabei sei desto eher von einem wirtschaftlichen Vorteil der Kartellanten zulasten der Kartellgeschädigten auszugehen, je länger, nachhaltiger und flächendeckender ein Kartell praktiziert würde.[1429] Entsprechend hohe Anforderungen wurden im Gegenzug an den Begründungsaufwand der Beklagten gestellt, einen atypischen Geschehensablauf zur Widerlegung des Anscheinsbeweises darzulegen.[1430] Dementsprechend ist den kartellbeteiligten

---

1426 OLG Karlsruhe, Urt. v. 09.11.2016, 6 U 204/15 Kart (2), Rn. 63 – *Grauzementkartell;* OLG München, Urt. v. 28.06.2018, 29 U 2644/17 Kart, NZKart 2018, 379, 381 – *Weichenkartell*; OLG Celle, Urt. v. 14.08.2018, 13 U 105/16 (Kart), BeckRS 2018, 30077, Rn. 51 – *Schienenkartell*; vertiefend *Hutschneider/Stieglitz*, NZKart 2019, 363.

1427 Berg/Mäsch/*Mäsch*, § 33 a GWB Rn. 16.

1428 *Müller-Graff/Kainer*, WM 2013, 2149, 2154.

1429 BGH, Beschl. v. 28.06.2005, KRB 2/05 – *Berliner Transportbeton;* OLG Frankfurt, Urt. v. 17.11.2015, 11 U 73/11 (Kart) – *Kartellpreisermittlung*; LG Berlin, Urt. v. 06.08.2013, 16 O 193/11 (Kart), Rn. 59 – *Fahrtreppenkartell*; *Logemann*, S. 443; *Müller-Graff/Kainer*, WM 2013, 2149, 2154.

1430 Diese Grundsätze sind auch vom BGH im Hinblick auf die aus einem Kartell gewonnenen Mehrerlöse bestätigt worden, BGH, Beschl. v. 28.06.2005, KRB 2/05, Rn. 20 f. – *Berliner Transportbeton* (betreffend ein Ordnungswidrigkeitenverfahren und nicht den durch ein Kartell verursachten Schaden, sondern die Frage des den Kartellbeteiligten entstandenen Vorteils, aber grundlegend); BGH, Beschl. v. 19.06.2007, KRB 12/07 – *Papiergroßhandel*; *Müller-Graff/Kainer*, WM 2013, 2149, 2154; *Thiede/Träbing*, NZKart 2016, 422, 424 und 426; *Bellinghausen/Grothaus*, NZKart 2018, 116, 117.

Anspruchsgegnern die Erschütterung des Anscheinsbeweises im Kartellschadensersatzverfahren soweit ersichtlich auch nie gelungen.[1431] Argumente der Kartellanten zu einer marktmächtigen Klägerseite[1432], mangelnder Kartelldisziplin[1433] oder ohnehin bestehender Auslastung der Produktionskapazitäten[1434] wurden jedenfalls als unzureichend angesehen.

b. Vom Anscheinsbeweis zur tatsächlichen Vermutung

Mit seinen ersten beiden Urteilen zum Schienenkartell vom 11.12.2018 und 28.01.2020[1435] hat sich der Bundesgerichtshof der bisherigen Praxis der Instanzgerichte entgegengestellt und dem doppelten Anscheinsbeweis eine Absage erteilt.[1436] Angesichts der Vielgestaltigkeit und Komplexität wettbewerbsbeschränkender Absprachen, ihrer individuellen Durchführung und Auswirkungen fehle es für die Anwendung der Grundsätze des Anscheinsbeweises an der erforderlichen Typizität des Geschehensablaufs.[1437] Eine kartellrechtliche

---

1431 OLG Celle, Urt. v. 14.08.2018, 13 U 105/16 (Kart), NZKart 2018, 583, 584 – *Schienenkartell*; OLG Düsseldorf, Urt. v. 22.08.2018, VI-U (Kart) 1/17, NZKart 2018, 477, 480 f. – *Schienenkartell*; *Fritzsche/Klöppner/Schmidt*, NZKart 2016, 412, 416 f.; *Bellinghausen/Grothaus*, NZKart 2018, 116, 118.

1432 KG, Urt. v. 01.10.2009, 2 U 17/03 Kart, Leitsatz 5 b, Rn. 40 – *Berliner Transportbeton*; LG Düsseldorf, Urt. v. 19.11.2015, 14d O 4/14, Rn. 209, NZKart 2016, 88, 90 – *Autoglas*.

1433 KG, Urt. v. 01.10.2009, 2 U 10/03 Kart, Rn. 48 f. – *Berliner Transportbeton*; OLG Karlsruhe, Urt. v. 31.07.2013, 6 U 51/12 (Kart.), Rn. 61 u. 65 – *Löschfahrzeuge*; LG Mannheim, Urt. v. 30.10 2015, 7 O 34/15 Kart, S. 12 – *Grauzement*.

1434 KG, Urt. v. 01.10.2009, 2 U 17/03 Kart, Rn. 64 – *Berliner Transportbeton*.

1435 BGH, Urt. v. 11.12.2018, KZR 26/17 – *Schienenkartell I*; BGH, Urt. v. 28.01.2020, KZR 24/17 – *Schienenkartell II*.

1436 Zum Anscheinsbeweis i. Allg., s. *Burmann/Heß*, NJW Spezial 2008, 233, 233 ff. Zu den BGH Entscheidungen *Schiene I* und *Schiene II*, s. ausführlich oben S. 366 ff. Zur Ablehnung der Betroffenheit als „Vorfilter" der Schadensentstehung, s. Immenga/Mestmäcker/*Franck*, § 33 a GWB Rn. 67.

1437 BGH, Urt. v. 11.12.2018, KZR 26/17, Rn. 57, 60 ff. – *Schienenkartell I*; BGH, Urt. v. 28.01.2020, KZR 24/17, Rn. 31 – *Schienenkartell II*; s. hierzu auch *Bellinghausen/Grothaus*, NZKart 2018, 116, 117; *Ritz/Marx*, WuW 2019, 91, 98; *Rützel*, WuW 2019, 130, 130. Zur Kritik des OLG Düsseldorf am *Schienenkartell I*-Urteil des BGH, der sich nach dessen Ansicht ohne sachlichen Grund seiner bisherigen Rechtsprechung entgegenstellt, s. OLG Düsseldorf, Urt. v. 23.01.2019, VI-U (Kart) 18/17, S. 160 f. – *Schienenkartell* und *Kersting*, WuW 2019, 173, 173 insbes. auch im Hinblick auf den unionsrechtlichen Effektivitätsgrundsatz.

Zuwiderhandlung müsse nicht stets typischerweise zu einem Preiseffekt führen bzw. dieser könne insbesondere bei langanhaltenden oder großflächig angelegten Wettbewerbsverstößen erheblichen Veränderungen und Intensitätsschwankungen unterliegen.[1438]

Zum Ersatz des Anscheinsbeweises postulierte der BGH eine tatsächliche Vermutung i.S. eines Erfahrungssatzes[1439], welcher im Rahmen der Gesamtwürdigung als Umstände des Einzelfalls indiziell dafür streite, dass die im Rahmen eines Kartells auf dem Markt „erzielten Preise im Schnitt über denen liegen, die sich ohne die wettbewerbsbeschränkende Absprache" gebildet hätten.[1440] Die tatsächliche Vermutung gewinne an Gewicht, „je länger und nachhaltiger ein Kartell praktiziert wurde".[1441] Der Erfahrungssatz ändere aber nichts an der Verteilung der Darlegungs- und Beweislast, sondern sei lediglich in der vorzunehmenden richterlichen Gesamtwürdigung aller Indiztatsachen mit dem ihm zukommenden Gewicht zu berücksichtigen.[1442]

Infolge der *Schiene*-Rechtsprechung des Bundesgerichtshofs müssen Anspruchssteller im Kartellschadensersatzverfahren künftig die ihnen günstigen Umstände für einen Preiseffekt vortragen und beweisen, die Beklagten andererseits Indizien, die gegen den Eintritt einer preiserhöhenden Wirkung sprechen. Anders als beim Anscheinsbeweis müssen die Beklagten die tatsächliche Vermutung nicht erschüttern oder gar den Beweis des Gegenteils führen.[1443] Ob ein Schaden entstanden ist, ist sodann unter Berücksichtigung des Erfahrungssatzes aufgrund einer tatrichterlichen Gesamtwürdigung sämtlicher für und gegen die Entstehung eines Schadens sprechender Indizien, welche bindend festgestellt

---

1438 BGH, Urt. v. 11.12.2018, KZR 26/17, Rn. 57, 64 – *Schienenkartell I.*

1439 Zum Unterschied zwischen Anscheinsbeweis und tatsächlicher Vermutung s. oben S. 366 ff.

1440 BGH, Urt. v. 11.12.2018, KZR 26/17, Rn. 55 – *Schienenkartell I.*

1441 BGH, Urt. v. 11.12.2018, KZR 26/17, Rn. 55 – *Schienenkartell I* mit umfassenden Nachweisen zur BGH-Rechtsprechung. Unklar bleibt, ob diese tatsächliche Vermutung nur bei den allein streitgegenständlichen Quoten- und Kundenschutzkartellen gilt oder auch für kartellrechtswidriges Verhalten minderer Intensität, s. hierzu bereits oben S. 366 ff.

1442 BGH, Urt. v. 28.01.2020, KZR 24/17, Rn. 41 – *Schienenkartell II*; BGH, Urt. v. 23.9.2020, KZR 35/19, Rn. 57 f. – *LKW-Kartell I.*

1443 BGH, Urt. v. 23.9.2020, KZR 4/19, Rn. 26 ff. – *Schienenkartell V*; BGH, Urt. v. 23.9.2020, KZR 35/19, Rn. 57 ff. – *LKW-Kartell I*; BGH, Urt. v. 13.4.2021, KZR 95/18, Rn. 17 f.; BGH, Urt. v. 13.4.2021, KZR 42/19, Rn. 15 f.

oder durch die Parteien bewiesen sind, zu beurteilen.[1444] Der Indizienbeweis ist geführt, wenn nach der richterlichen Überzeugungsbildung eine deutlich überwiegende, auf gesicherter Grundlage beruhende Wahrscheinlichkeit dafür besteht, dass ein Schaden entstanden ist.[1445]

Diese Rechtsprechungsänderung des BGH bedeutet eine erhebliche Verbesserung der zivilprozessualen Stellung der zuvor mit der Widerlegung des Anscheinsbeweises belasteten kartellbeteiligten Unternehmen.[1446] Es erstaunt allerdings, dass sich der BGH in seinen Urteilen zur tatsächlichen Vermutung mit der gesetzlichen Schadensvermutung des Art. 17 Abs. 2 der Kartellschadensersatzrichtlinie (zwischenzeitlich umgesetzt in § 33 a Abs. 2 S. 1 GWB) nicht einmal ansatzweise auseinandergesetzt hat. Dies hätte aufgrund der allgemeinen Rechtsfortbildungsfunktion des höchsten deutschen Zivilgerichts nahegelegen, auch wenn die Schadensvermutung der Kartellschadensersatzrichtlinie auf den dem BGH zur Entscheidung vorgelegten Sachverhalt zeitlich nicht anwendbar war.[1447] Gemäß Art. 22 Abs. 1 der Kartellschadensersatzrichtlinie finden ihre materiell-rechtlichen Vorschriften, zu denen auch Art. 17 Abs. 2 SE-RL zählt,[1448] keine rückwirkende Anwendung, sondern gelten nur für nach dem 26. Dezember 2016 entstandene Ansprüche.

c. *Die gesetzliche Schadensvermutung bei Kartellen*

Als Reaktion auf die *Schiene*-Rechtsprechung hat der Gesetzgeber mit der 10. GWB-Novelle in § 33 a Abs. 2 S. 4 GWB eine gesetzliche Vermutung des Inhalts eingeführt, dass Rechtsgeschäfte über Waren oder Dienstleistungen mit kartellbeteiligten Unternehmen, die sachlich, zeitlich und räumlich in den Bereich

---

1444 BGH, Urt. v. 28.01.2020, KZR 24/17, Rn. 36 – *Schienenkartell II*; bestätigt durch BGH, Urt. v. 23.09.2020, KZR 4/19, Rn. 26 f. – *Schienenkartell V*; BGH, Urt. v. 13.04.2021, KZR 19/20, Rn. 63 – *LKW-Kartell II*.

1445 Siehe hierzu auch BGH, Urt. v. 13.04.2021, KZR 19/20, Rn. 65 ff. – *LKW-Kartell II*; BGH, Urt. v. 28.01.2020, KZR 24/17, Rn. 35 – *Schienenkartell II*; LG München, Urt. v. 19.02.2021, 37 O 10526/17, Rn. 193 – *LKW-Kartell*; LG Dortmund, Urt. v. 30.09.2020, 8 O 115/14 (Kart), Rn. 74 – *Schienenkartell*; *Inderst/Thomas*, S. 27, *Klöppner/Preuße*, NZKart 2021, 663, 666.

1446 Vgl. ähnlich *Franck*, der auch von einer Verschlechterung der Position der Kartellkläger ausgeht, Private Enforcement in Germany, S. 17.

1447 Den Verfahren im Komplex *Schiene* lag eine Zuwiderhandlung im Zeitraum 2001 bis 2011 zugrunde, BKartA, Fallbericht vom 06.09.2013, B12 - 16/12, B12 - 19/12, S. 1.

1448 S. auch GA Rantos, Schlussanträge v. 28.10.2021, C-267/20, Rn. 84 f. – *Volvo and DAF Trucks*.

der wettbewerbswidrigen Absprache fallen, als von dieser erfasst gelten.[1449] Die Vermutungsregel soll im Rahmen der Kartellbefangenheit die zeitgleich in Umsetzung von Art. 17 Abs. 2 SE-RL in § 33 a Abs. 2 S. 1 GWB kodifizierte gesetzliche Vermutung ergänzen, nach der ein Kartell einen Schaden verursacht. Diese allgemeine Schadensvermutung zielt nach ErwG 47 der Kartellschadensersatzrichtlinie darauf, „die wirksame Geltendmachung von Schadensersatzansprüchen zu gewährleisten". Da die Schadensvermutung für Kartellabsprachen allerdings als materiell-rechtliche Norm einzuordnen ist, gilt sie gem. Art. 22 Abs. 1 SE-RL, § 186 Abs. 3 S. 1 GWB erst für Schadensersatzansprüche, die nach dem 26. Dezember 2016 entstanden sind.[1450] Insoweit verdrängt sie die durch die *Schiene*-Urteile geschaffenen richterrechtlichen Regelungen zum Nachweis der Schadensentstehung.[1451] Für Ansprüche aus der Zeit vor dem 26. Dezember 2016 bleibt es allerdings bei der durch die Rechtsprechung entwickelten Beweiserleichterung, auch wenn diese als Erfahrungssatz in Form einer tatsächlichen Vermutung mit dem künftig nach Maßgabe der EU-Kartellschadensersatzrichtlinie anzuwendenden Recht konfligiert.[1452]

Als Beweisregel schreibt eine gesetzliche Vermutung vor, dass im Fall des Vorliegens bestimmter Ausgangstatsachen, die in der Regelung als Vermutungsbasis definiert sind, ohne weiteren Nachweis vom Bestehen bestimmter anderer Umstände auszugehen ist.[1453] Auf Basis der gesetzlichen Schadensvermutung in § 33 a Abs. 2 S. 1 GWB ist aufgrund des Nachweises einer wettbewerbsrechtlichen Zuwiderhandlung ein auf dieser beruhender Schaden anzunehmen. Sobald also klägerseitig nachgewiesen wurde oder aufgrund der Bindungswirkung des Art. 16 Abs. 1 VO 1/2003 unumstößlich feststeht, dass ein Kartell vorliegt, in welches sich das klägerseitig geltend gemachte Rechtsgeschäft sachlich, räumlich und zeitlich einordnet, ist aufgrund der Vorgaben des § 33 a Abs. 2 S. 1 und 4 GWB zu vermuten, dass der konkrete Erwerbs- oder Liefervorgang

---

1449 Die praktische Bedeutung dieser Vermutung neben der allgemeinen Schadenvermutung in § 33 a Abs. 2 S. 1 GWB ist allerdings zweifelhaft, s. hierzu Bien/Käseberg/Klumpe/Ost/*Lahme/Ruster*, S. 392.

1450 *Weitbrecht*, NZKart 2018, 106, 107; Loewenheim/*Kersting*, § 33 a GWB Rn. 58; a.A. *Petrasincu/Schaper*, WuW 2017, 306, 311; *Richter*, NZKart 2019, 90, 91.

1451 Loewenheim/*Kersting*, § 33 a GWB Rn. 58.

1452 Eine der gesetzlichen Vermutung entsprechende Beweiserleichterung hatte der BGH für das alte Recht ausdrücklich abgelehnt, BGH, Urt. v. 23.09.2020, KZR 4/19, Rn. 25 – *Schienenkartell V*: „keine Umkehr der Beweislast".

1453 BeckOK ZPO/*Bacher*, § 292 Rn. 2; BeckOK Kartellrecht/*Hempel*, § 33 a GWB Rn. 129.

nachteilig betroffen, mithin kartellbefangen, war.[1454] Dabei beschränkt sich die Vermutungswirkung allein auf die durch den Kartellrechtsverstoß verursachte Schadensentstehung dem Grunde nach, erstreckt sich aber nicht auf eine Schadensfeststellung der Höhe nach, welche auf Basis von § 33 a Abs. 3 Satz 1 GWB i.V.m. § 287 ZPO sodann einer richterlichen Schätzung zugänglich ist.[1455] Hinsichtlich der zu vermutenden Schadensentstehung unterscheidet § 33 a Abs. 2 S. 1 GWB inhaltlich allerdings nicht zwischen den verschiedenen kartellrechtlichen Schadensarten, so dass sowohl Preiserhöhungs-, Mengen- als auch Preisschirmschäden sowie entgangener Gewinn erfasst sind.[1456] In Umsetzung von Art. 17 Abs. 2 der Kartellschadensersatzrichtlinie ist die gesetzliche Schadensvermutung des GWB allerdings auf Kartelle i. S. des § 33a Abs. 2 S. 2 GWB[1457] begrenzt, so dass jedenfalls wettbewerbsbeschränkende Absprachen im Vertikalverhältnis sowie der einseitige Missbrauch einer marktbeherrschenden Stellung von der Anwendung der Vermutung ausgeschlossen sind.[1458]

Die allgemeine Schadensvermutung des § 33 a Abs. 2 S. 1 GWB kommt zunächst unmittelbaren Abnehmern bzw. Lieferanten der Kartellanten zugute.[1459] Fraglich ist, ob sich auch mittelbare Abnehmer bzw. Lieferanten der

---

1454 Loewenheim/*Kersting*, § 33 a GWB Rn. 65; *Kersting*, WuW 2019, 173, 179; vgl. Gesetzentwurf der Bundesregierung eines Gesetzes zur Änderung des Gesetzes gegen Wettbewerbsbeschränkungen für ein fokussiertes, proaktives und digitales Wettbewerbsrecht 4.0, BT-Drs. 19/23492, S. 13 und 88.

1455 Gesetzentwurf der Bundesregierung eines Neunten Gesetzes zur Änderung des Gesetzes gegen Wettbewerbsbeschränkungen, BT-Drs. 18/10207, S. 55; *Kahlenberg/Heim* BB 2016, 1863, 1866; *Kersting/Preuß*, WuW 2016, L1, L3; Loewenheim/*Kersting*, § 33 a GWB Rn. 65; MüKo Kartellrecht/*Lübbig*, § 33 a GWB Rn. 33.

1456 Loewenheim/*Kersting*, § 33 a GWB Rn. 72; *Inderst/Thomas*, auf Basis eines Umkehrschlusses zur Formulierung in § 33 c GWB, der zwischen Preiserhöhungsschäden und Mengenschäden differenziert; a.A. *Galle*, NZKart 2016, 214, 220.

1457 § 33 a Abs. 2 S. 2 und S. 3 GWB enthält eine gesetzliche Definition des Kartells, die direkt aus Art. 2 Nr. 14 RL 2014/104/EU übernommen ist. S. auch *Funke*, Mehr Sein als (An-)Schein?, abrufbar unter: https://www.d-kart.de/mehr-sein-als-an-schein-schienenkartell/, zuletzt abgerufen am 18.04.2022; *Kahlenberg/Heim*, BB 2017, 1155, 1155 ff.

1458 Kersting/Podszun/*Kersting*, 9. GWB-Novelle, Kap. 7 Rn. 52; *Makatsch/Mir*, EuZW 2015, 7, 8; *Kersting/Preuß*, WuW 2016, L1, L 3; *Fritzsche*, NZKart 2017, 581, 581; *Kahlenberg/Heim*, BB 2017, 1155, 1157; *Kersting*, VersR 2017, 581, 583; Berg/Mäsch/*Mäsch*, § 33 a GWB Rn. 18 m.w.N.; Loewenheim/*Kersting*, § 33 a GWB Rn. 61 f. m.w.N.; MüKo Kartellrecht/*Lübbig*, § 33 a GWB Rn. 32.

1459 Loewenheim/*Kersting*, § 33 a GWB Rn. 67 f.

kartellbeteiligten Unternehmen auf die Vermutung stützen können, um gem. § 33 c Abs. 2 Nr. 2 GWB nachzuweisen, dass der Verstoß einen Preisaufschlag beim unmittelbaren Abnehmer/Lieferanten des Rechtsverletzers zur Folge hatte, der sodann an die nächste Marktstufe weitergewälzt wurde.[1460] Letzteres ist nach § 33 c Abs. 2 GWB jedenfalls zugunsten des mittelbaren Abnehmers/Lieferanten zu vermuten. Auch die Schadensvermutung des § 33 a Abs. 2 S. 1 GWB muss indirekten Abnehmern bzw. Lieferanten zumindest insoweit zugutekommen, dass sich Kartellbeteiligte ihnen gegenüber nicht mehr mit dem Argument verteidigen können, das Kartell habe zu keiner Preissteigerung geführt.

Im Gegenzug verlagert die gesetzliche Vermutung die Beweislast nach § 292 ZPO vollumfänglich auf die Kartellanten, die fortan die Vermutung widerlegen müssen. Hierfür können die Kartellteilnehmer einerseits zeigen, dass die Voraussetzungen der Vermutung schon nicht vorliegen.[1461] In Bezug auf das Vorliegen eines Kartells i.S.v. § 33 a Abs. 2 S. 2 GWB als Vermutungsbasis ist aufgrund der Bindungswirkung des Art. 16 Abs.1 VO 1/2003 eine Widerlegung in Follow-on Verfahren allerdings ausgeschlossen. Andererseits können Kartellanten gegen die gesetzliche Vermutung selbst den Vollbeweis des Gegenteils führen, also das Gericht davon überzeugen, dass das Kartell keinen Schaden verursacht hat.[1462] § 33 a Abs. 2 S. 1 GWB erklärt die Schadensvermutung explizit für widerleglich. Dogmatisch wenig überzeugend führt die Regierungsbegründung allerdings insoweit beispielhaft aus, die Kartellbeteiligten könnten die gesetzliche Vermutung durch die sog. Passing on-Defence, also durch den Nachweis widerlegen, dass der Kläger seinerseits die Preiserhöhung an die nächste Marktstufe weitergegeben habe.[1463] Die Tatsache, dass ein Schaden weitergewälzt wurde, setzt aber denklogisch gerade voraus, dass dieser Schaden zunächst einmal auch

---

1460 Für eine Vermutungswirkung auch zugunsten des indirekten Abnehmers: Loewenheim/*Kersting*, § 33 a GWB Rn. 65, 68; *Kersting*, WuW 2019, 173, 179; *Otto*, ZWeR 2019, 354, 392, 390 f.; a.A.: *Galle*, NZKart 2016, 214, 219; Immenga/Mestmäcker/*Franck*, § 33 a GWB Rn. 85.

1461 Loewenheim/*Kersting*, § 33 a GWB Rn. 73; BeckOK Kartellrecht/*Hempel*, § 33 a GWB Rn. 133.

1462 Loewenheim/*Kersting*, § 33 a GWB Rn. 73; BeckOK Kartellrecht/*Hempel*, § 33 a GWB Rn. 132.

1463 Gesetzentwurf der Bundesregierung eines Neunten Gesetzes zur Änderung des Gesetzes gegen Wettbewerbsbeschränkungen, BT-Drs. 18/10207, S. 15 f.; *Lettl*, WM 2016, 1961, 1961; Berg/Mäsch/*Mäsch*, § 33 a GWB Rn. 19 und Fn. 44. S. zur Passing-on defence bei Streuschäden auch BGH, Urt. v. 23.09.2020, KZR 4/19 – *Schienenkartell V;* dazu *Weitbrecht*, WuW 2021, 86, 86 ff.

entstanden ist. Der Weiterwälzungseinwand ist daher nicht geeignet, die Vermutung der Schadensentstehung entfallen zu lassen.

Wie die in § 33 a Abs. 2 GWB kodifizierte Schadensvermutung die Ermittlung der konkreten Schadenshöhe beeinflussen wird, hat sich noch nicht gezeigt. Eigentlich beschränkt sich die Vermutungswirkung wie dargelegt auf die kausale Schadensfeststellung dem Grunde und gerade nicht der Höhe nach. Dennoch wird teilweise vertreten, dass aus der gesetzlichen Schadensvermutung zwingend hervorgehen müsse, dass der Kartellschaden jedenfalls nicht mit null bemessen werden könne; also ein bestimmter Mindestschaden vorliegen müsse.[1464] Diese Ansicht kann schon nicht überzeugen, da sie eine Durchbrechung der strikten Trennung von Schadensgrund und Schadenshöhe zur Folge hätte.[1465] Weiterhin findet nach § 33 a Abs. 3 S. 1 GWB auf die Bemessung des Schadens § 287 ZPO Anwendung, der dem Gericht in Bezug auf die Höhe des entstandenen Schadens eine Schätzmöglichkeit unter Würdigung aller Umstände nach freier Überzeugung eröffnet.[1466] Auch hieraus ergibt sich, dass sich die Schadensvermutung nicht auf die Höhe des Kartellschadens erstreckt.[1467] Die für eine Schadensschätzung nach § 287 Abs. 1 ZPO erforderlichen Anknüpfungstatsachen muss der Schadensersatzgläubiger vortragen und ggf. nach § 286 ZPO beweisen.[1468] Eine

---

1464 *Kersting*, WuW 2020, 619, 630 f. (Forderung nach Mindestschadensvermutung); *Makatsch/Mir*, EuZW 2015, 7, 8; *Kersting/Preuß*, Umsetzung der Kartellschadensersatzrichtlinie, Rn. 58 ff.; Loewenheim/*Kersting*, § 33 a GWB Rn. 80 m.w.N.

1465 Krit. *Hornkohl*, NZKart 2020, 661, 666.

1466 Dass eine Schätzung der Höhe des Schadens möglich sein muss, wird auch von der Richtlinie vorgegeben (Art. 17 Abs. 1 RL 2014/104/EU); s. auch Erwägungsgrund 46 RL 2014/104/EU.

1467 Gesetzentwurf der Bundesregierung eines Neunten Gesetzes zur Änderung des Gesetzes gegen Wettbewerbsbeschränkungen, BT-Drs. 18/10207, S. 55 sowie Gesetzentwurf der Bundesregierung eines Gesetzes zur Änderung des Gesetzes gegen Wettbewerbsbeschränkungen für ein fokussiertes, proaktives und digitales Wettbewerbsrecht 4.0, BT-Drs. 19/23492, 89: „kein Handlungsbedarf"; BeckOK Kartellrecht/*Hempel*, § 33 a GWB Rn. 129; Loewenheim/*Kersting*, § 33 a GWB Rn. 66; MüKo Kartellrecht/*Lübbig*, § 33 a GWB Rn. 33.

1468 St. Rspr., vgl. nur BGH, Urt. v. 17.12.2014, VIII ZR 88/13, Rn. 46; BGH, Urt. v. 13.09.2016, VI ZR 654/14; BGH, Urt. v. 23.09.2020, KZR 4/19, Rn. 27 – *Schienenkartell V*; BGH, Urt. v. 23.09.2020, KZR 35/19, Rn. 58 – *Lkw-Kartell* 1; OLG Düsseldorf, Urt. v. 09.04.2014, VI-U (Kart) 10/12; LG Nürnberg-Fürth, Urt. v. 14.01.2021, 19 O 9454/15, Rn. 73 – *Süßwarenkartell*; *Hellmann/Schliffke*, WuW 2022, 83, 83; BeckOK ZPO/*Bacher*, § 287 ZPO Rn. 13 f. m.w.N. Umfassend zur Schadensschätzung nach § 287 ZPO: *Thole*, NZKart 2020, 227, 231; *Hornkohl*, NZKart 2020, 661, 664.

Vermutung für einen Schaden in einer bestimmten Höhe ist zudem auch durch den Normgeber nicht gewollt.[1469] Der deutsche Gesetzgeber ist insoweit nicht dem Beispiel von Ungarn, Lettland und Rumänien gefolgt. In diesen Rechtsordnungen wurde – in überschießender Umsetzung der Vorgaben der Kartellschadensersatzrichtlinie – eine gesetzliche Vermutung für einen auch der Höhe nach vorbestimmten Kartellaufschlag eingeführt.[1470]

3. Bindungswirkung auf Grundlage von Art. 16 Abs. 1 VO 1/2003 hinsichtlich der Schadensfeststellung

Obwohl sich das Kohärenzgebot des Art. 16 Abs. 1 VO 1/2003 seinem Wortlaut nach nicht auf die Feststellung eines Wettbewerbsverstoßes beschränkt, erstreckt sich die Bindungswirkung eines Kommissionsbeschlusses nach herrschender Meinung und höchstrichterlicher EU-Rechtsprechung dennoch weder auf Fragen der Schadensentstehung bei der Kartellgegenseite noch der konkreten Schadenshöhe.[1471] Diese unterliegen weiterhin der freien Beweiswürdigung des mitgliedstaatlichen Gerichts. Der EuGH führt hierzu näher aus, dass es Sache des nationalen Gerichts bliebe, jeweils den Schaden eines Kartellklägers zu bestimmen, selbst wenn die Kommission in ihrer Entscheidung die genauen Auswirkungen der Zuwiderhandlung bestimmt habe. Eine eigenständige Beurteilung

---

1469 Gesetzentwurf der Bundesregierung eines Neunten Gesetzes zur Änderung des Gesetzes gegen Wettbewerbsbeschränkungen, BT-Drs. 18/10207, S. 55 sowie Gesetzentwurf der Bundesregierung eines Gesetzes zur Änderung des Gesetzes gegen Wettbewerbsbeschränkungen für ein fokussiertes, proaktives und digitales Wettbewerbsrecht 4.0, BT-Drs. 19/23492, 89: „kein Handlungsbedarf"; ErwG 47 S. 3 Kartellschadensersatzrichtlinie.

1470 Das ungarische Gesetz Nr. XIV, § 88/C Abs. 6 i.d.F. vom 23.3.2009, abrufbar unter: https://mkogy.jogtar.hu/jogszabaly?docid=a0900014.TV, lautet übersetzt: „Für eine nicht unerhebliche Verletzung des Wettbewerbsrechts wird vermutet, dass dies zu einem Preisaufschlag von 10% durch die Rechtsverletzer geführt hat.", vgl. dazu auch *Makatsch/Mir*, EuZW 2015, 7, 8; *Klumpe/Thiede*, NZKart 2017, 332, 334; *Hornkohl*, NZKart 2020, 661, 661.

1471 Explizit der EuGH, Urt. v. 06.11.2012, C-199/11, Rn. 65 f. – *Otis;* OLG München, Urt. v. 21.02.2013, U 5006/11 Kart; LG Berlin Urt. v. 06.08.2013, 16 O 193/11 Kart – *Fahrtreppen*; LG Düsseldorf, Urt. v. 08.09.2016, 37 O 27/11 (Kart), Rn. 176 zu Art. 16 VO 1/2003; *Franck*, Private Enforcement in Germany, S. 33; Möschel/Bien/*Grünberger*, 135, 177; *Raue*, WRP 2013, 147, 148; *Harms/Petrasincu*, NZKart 2014, 304, 304; *Rother/Rieger*, NZKart 2016, 116, 117; *Klumpe/Thiede*, NZKart 2017, 332, 333; Berg/Mäsch/*Mäsch*, § 33 b GWB Rn. 6 m.w.N. in Fn. 14; Loewenheim/*Zuber*, Art. 16 VO 1/2003 Rn. 17.

des mitgliedstaatlichen Gerichts zur Schadensfeststellung verstoße nicht gegen Art. 16 VO 1/2003.[1472] Die Beurteilungen eines Schadenseintritts dem Grunde und der Höhe nach bleibt damit dem nationalen Gericht im Follow-on Verfahren ohne Bindung vorbehalten. Aufgrund der Kohärenzverpflichtung darf das mitgliedstaatliche Gericht aber auch im Rahmen der Schadensfeststellung und Schadensursächlichkeit seine Entscheidung nicht auf Erwägungen stützen, die in Widerspruch zu den von der Kommission im Tenor oder den tragenden Gründen nach Art. 16 Abs. 1 VO 1/2003 bindend getroffenen Feststellungen stehen.[1473] Darüber hinaus wird auch vertreten, dass in deutschen Kartellschadensersatzverfahren ein Mindestschaden häufig bereits auf der Grundlage der Tatsachenfeststellungen zu Art, Inhalt und Umfang des Wettbewerbsverstoßes im Bußgeldbescheid nach § 287 ZPO geschätzt werden könne.[1474]

Einer Bindungswirkung hinsichtlich eines im Einzelfall jeweils konkret entstandenen Schadens stehen oftmals zunächst ganz praktische Hindernisse entgegen. Für die Tatbestandsverwirklichung einer Zuwiderhandlung nach Art. 101 Abs. 1 AEUV reicht es bereits aus, dass das kartellrechtswidrige Verhalten eine nachteilige Auswirkung auf den Wettbewerb bezweckt hat, also als Gefährdungsdelikt abstrakt dazu geeignet war, den Wettbewerb einzuschränken. Dabei ist wie dargelegt, das Vorliegen einer bezweckten Wettbewerbsbeschränkung vorrangig vor dem einer bewirkten Wettbewerbsbeschränkung zu prüfen.[1475] Es ist insoweit auch empirisch belegt, dass ein nicht geringer Anteil von Kartellen durchaus wirkungslos ist.[1476] Der Eintritt konkreter wettbewerblicher Auswirkungen i.S.e. Erfolgsdelikts ist somit zur Erfüllung des Tatbestands nicht zwingend erforderlich und spielt für die ordnungswidrigkeitenrechtliche Sanktionierung daher auch häufig keine maßgebliche Rolle.[1477] Die Kommission begnügt sich in ihren Beschlüssen somit regelmäßig mit der Feststellung, dass die Zuwiderhandlung auf eine Wettbewerbsbeschränkung abzielte und abstrakt dazu geeignet war, den Wettbewerb zu beschränken. Darüber hinaus stellt sie keine weitergehenden Ermittlungen zu konkreten Auswirkungen auf den Markt oder gar auf einzelne Kartellbetroffene an. Dementsprechend finden sich

---

1472 EuGH, Urt. v. 06.11.2012, C-199/11, Rn. 66 – *Otis.*

1473 Vgl. hierzu auch OLG Düsseldorf, Urt. v. 09.04.2014, VI-U (Kart) 10/12; OLG Stuttgart, Urt. v. 04.04.2019, 2 U 101/18 – *LKW-Kartell.*

1474 *Kühnen*, NZKart 2019, 515, 518 ff.

1475 S. hierzu im Detail bereits oben S. 342 ff.

1476 *Coppik/Heimeshoff*, WuW 2020, 584, 592.

1477 Monopolkomm., Sondergutachten 41, März 2004, S. 30 Rn. 43; *Müller-Graff/Kainer*, WM 2013, 2149, 2153.

in Kommissionsbeschlüssen überwiegend keinerlei Feststellungen zu einer tatsächlichen Beschränkung des Wettbewerbs, einer preissteigernden Wirkung der Kartellabsprachen oder gar zu einer etwaigen Schadensentstehung in bestimmter Höhe. Entsprechende Feststellungen können sich somit schon rein praktisch nicht bindend auf das Follow-on Verfahren auswirken.[1478] Dagegen kommt es im Rahmen der Schadensfeststellung des nationalen Follow-on Verfahrens aber gerade darauf an, inwiefern durch die kartellrechtliche Zuwiderhandlung letztlich eine Wettbewerbsbeschränkung und damit ein spezifischer Schaden bei dem klagenden Kartellbetroffenen überhaupt entstanden ist.

Selbst wenn die Kommission sich in ihrer Entscheidung aber ausnahmsweise zu den tatsächlichen Auswirkungen einer Wettbewerbsbeschränkung auf den Gesamtmarkt verhalten würde,[1479] ist durch diese Feststellung noch keine Aussage zur konkreten Art und Höhe eines bei einem bestimmten Marktteilnehmer eingetretenen Schadens getroffen. Die allgemeine Aussage über bewirkte Auswirkungen auf den ganzheitlichen Wettbewerb ist nicht gleichbedeutend mit der Tatsache, dass einem konkreten Kläger der konkret geltend gemachte Schaden auch tatsächlich entstanden ist. Der durch ein Kartell verursachte gesamtwirtschaftliche Schaden lässt sich für gewöhnlich keinem spezifischen Geschädigten zuordnen.

Unklar ist in Rechtsprechung und Lehre, ob in dem äußerst theoretischen Ausnahmefall, dass die Kommission in ihrem Beschluss Ausführungen zur konkreten Auswirkung einer Zuwiderhandlung auf einen bestimmten Betroffenen gemacht hätte, eine Bindungswirkung hinsichtlich dieser Schadensfeststellung angenommen werden könnte.[1480] Nach hier vertretener Ansicht ist der Umfang

---

1478 LG Stuttgart, Urt. v. 28.02.2019, 30 O 39/17; LG Mannheim, Urt. v. 24.04.2019, 14 O 117/18 Kart; *Gollan/Thiede*, NZKart 2018, 338, 338.

1479 Z.B. indem die Kommission feststellt, dass die Absprache zu einer Erhöhung des Marktpreisniveaus um 5 % geführt hat oder der Marktgegenseite durch das Kartell ein Schaden von insg. EUR 17 Mrd. entstanden ist.

1480 EuGH, Urt. v. 06.11.2012, C-199/11, Rn. 66 – *Otis*; OLG Düsseldorf, Urt. v. 09.04.2014, VI-U (Kart) 10/12, Rn. 96; *Körner*, S. 274; *Müller-Graff/Kainer*, WM 2013, 2149, 2153; *Scheffler*, NZKart 2015, 223, 227; *Fritzsche/Klöppner/Schmidt*, NZKart 2016, 412, 418; *Galle*, NZKart 2016, 214, 215; *Weitbrecht*, WuW 2017, 244, 245; Kölner Kommentar/*Krohs*, § 33 GWB a.F. Rn. 267. A.A. OLG Düsseldorf, Bindungswirkung i.w.S. angenommen und festgestellt, dass „*eine Verneinung der Schadensursächlichkeit im Folgeprozess nicht tragend auf Erwägungen gestützt werden [kann], die im Widerspruch zu der im Vorprozess getroffenen Feststellung eines Kartellrechtsverstoßes stehen*", OLG Düsseldorf, Urt. v. 09.04.2014, VI-U (Kart) 10/12, Rn. 96, WuW/E DE-R 4394,4405 – *Lottoblock*.

der Bindungswirkung an der unionsverfassungsrechtlichen Gewährleistung effektiven gerichtlichen Rechtsschutzes und rechtlichen Gehörs zu messen. Sollten sich der Kommissionbeschluss auf einen oder wenige Einzelfälle stützen und dementsprechend Ausführungen zu konkreten Auswirkungen der Zuwiderhandlung bei individuellen Marktteilnehmern enthalten sein, dürfte es sich insoweit um tragende Erwägungen der Entscheidung handeln. Diese sind als solche einer gerichtlichen Überprüfung zugänglich und nach dem vorliegend vertretenen Maßstab somit von der Bindungswirkung erfasst. Dem stünde auch nicht zwingend ErwG 34 SE-RL entgegen, wonach sich die bindenden Feststellungen einer behördlichen Entscheidung nur auf "die Art der Zuwiderhandlung sowie ihre sachliche, persönliche, zeitliche und räumliche Dimension" erstrecken. Zum einen leitet sich die in Art. 16 Abs. 1 VO 1/2003 kodifizierte Bindungswirkung rechtsdogmatisch aus dem Primärrecht ab und steht damit in der Normenhierarchie über der Kartellschadensersatzrichtlinie. Zum anderen ist aber auch rein tatsächlich anzunehmen, dass der Richtliniengeber wie auch die europäische Rechtsprechung den Fall einer konkreten Schadensfeststellung in einem Kommissionsbeschluss mit Einzelfallcharakter mangels praktischer Relevanz nicht vor Augen hatten. Die Judikatur des EuGH lässt sich jedenfalls ohne Weiteres dahingehend auslegen, dass sie lediglich die Feststellung von Auswirkungen der Zuwiderhandlung auf die allgemeinen Marktbedingungen im Sinn hatte.

C. Rechtsfolgen eines Verstoßes gegen die Bindungswirkung

Das europäische Recht enthält keine Vorschriften, die die Rechtsfolgen eines bewussten oder unbewussten Verstoßes gegen die Bindungswirkung des Art. 16 Abs. 1 VO 1/2003 regeln. Auch der Spruchpraxis des Europäischen Gerichtshofs sind diesbezüglich soweit ersichtlich keine Vorgaben zu entnehmen. Soweit einzelstaatliche Gerichte gegen die Kohärenzverpflichtung der Durchführungsverordnung 1/2003 verstoßen, ergeben sich somit die Rechtsschutzmöglichkeiten der Betroffenen hiergegen aus dem nationalen Recht der Mitgliedstaaten.[1481]

Wurde der Verstoß gegen Art. 16 Abs. 1 VO 1/2003 durch das einzelstaatliche Gericht unbewusst begangen und kommt diesem erst nach Erlass des Urteils zur Kenntnis, hat das Gericht basierend auf den übergeordneten Gründen des *effet utile* und der allgemeinen Loyalitätspflicht nach Art. 4 Abs. 3 EUV die Möglichkeit der Wiederaufnahme des Verfahrens, um seine zuwiderlaufende

1481 von der Groeben/Schwarze/Hatje/*Becker/Vollrath*, Art. 16 VO 1/2003 Rn. 50.

Entscheidung selbst zu korrigieren.[1482] Daneben kann auch die durch die fehlerhafte Anwendung oder gar bewusste Missachtung der verpflichtenden Bindungswirkung durch das einzelstaatliche Gericht benachteiligte Verfahrenspartei diesen Rechtsfehler mit den im nationalen Recht vorgesehenen Rechtmitteln rügen und sich im Rechtsmittelverfahren der nächsten Instanz gegen das fehlerhafte Urteil wenden.[1483] Überdies kann ein Verstoß des Urteils gegen europäisches Recht die Vollstreckbarkeit des nationalen Urteils beseitigen, was im Rahmen einer Vollstreckungsabwehrklage nach § 767 Abs. 2 ZPO geltend gemacht werden kann. Ein entsprechendes Vorgehen wäre auch bei Erlass eines abweichenden Kommissionsbeschlusses erst nach Erlass des mitgliedstaatlichen Urteils im Kartellverfahren möglich.[1484]

Würde im Rahmen des Instanzenzugs schließlich auch das letztinstanzlich entscheidende Gericht gegen die zwingenden Vorgaben der Bindungswirkung des Art. 16 Abs. 1 VO 1/2003 verstoßen, so wäre ein endgültiger Verstoß gegen sekundäres Unionsrecht manifestiert. Im Fall eines solchen schwerwiegenden offenkundigen oder gar wiederholten Verstoßes eines mitgliedstaatlichen Gerichts kommen Schadenersatzansprüche des Rechtsunterworfenen gegen den Mitgliedstaat im Rahmen des unionsrechtlichen Staatshaftungsanspruchs in Betracht.[1485] Überdies verletzt auch ein Verstoß gegen sekundäres Unionsrecht den Vertrag im Sinne des Art. 258 AEUV, ohne dass es dabei auf ein Verschulden des Entscheidungsorgans ankäme.[1486] Die Kommission könnte daher auch ein Vertragsverletzungsverfahren nach Art. 258 AEUV zur Beseitigung der zuwiderlaufenden Entscheidung gegen den betroffenen Mitgliedstaat einleiten.[1487]

1482 MüKo Kartellrecht/*Schneider*, Art. 16 VO 1/2003 Rn. 12.

1483 Immenga/Mestmäcker/*Ritter/Wirtz*, Art. 16 VO 1/2003 Rn. 14; Loewenheim/*Zuber*, Art. 16 VO 1/2003 Rn. 21.

1484 *Kamann/Horstkotte*, WuW 2001, 458, 466; Langen/Bunte/*Sura*, Art. 16 VO 1/2003 Rn. 14.

1485 EuGH, Urt. v. 30.09.2003, C-224/01, Rn. 100 – *Gerhard Köbler*; EuGH, Urt. v. 13.06.2006, C-173/03, Rn. 42 - 45 – *Traghetti del Mediterraneo;* Immenga/Mestmäcker/*Ritter/Wirtz*, Art. 16 VO 1/2003 Rn. 14; Loewenheim/*Zuber*, Art. 16 VO 1/2003 Rn. 21; MüKo Kartellrecht/*Schneider*, Art. 16 VO 1/2003 Rn. 12; von der Groeben/Schwarze/Hatje/*Becker/Vollrath*, Art. 16 VO 1/2003 Rn. 52.

1486 MüKo Kartellrecht/*Schneider*, Art. 16 VO 1/2003 Rn. 12.

1487 EuGH, Urt. v. 09.12.2003, C-129/00, Rn. 29 – *Kommission/Italien;* EuGH, Urt. v. 30.09.2003, C-224/01, Rn. 53 – *Gerhard Köbler* (in Bezug auf die Pflicht des letztinstanzlichen Richters, den EuGH nach Art. 267 AEUV anzurufen); EuGH, Urt. v. 13.06.2006, C-173/03, Rn. 46 – *Traghetti del Mediterraneo* (zur Schadensersatzpflicht des Mitgliedstaats); kritisch zu dieser Möglichkeit: *Geiger*, EuZW 2001, 116, 117.

Liegt im Vorgehen des nationalen, in letzter Instanz entscheidenden Gerichts zudem eine willkürliche Unterlassung der Vorlage gemäß Art. 267 Abs. 1 AEUV, kann die betroffene Verfahrenspartei eine Urteilsverfassungsbeschwerde nach Art. 101 Abs. 1 S. 1 GG zum Bundesverfassungsgericht aufgrund der Verletzung des Rechts auf den gesetzlichen Richter einlegen.[1488]

S. auch Loewenheim/*Zuber*, Art. 16 VO 1/2003 Rn. 22; Bechtold/Bosch/Brinker/*Brinker*, Art. 16 VO 1/2003 Rn. 9; Immenga/Mestmäcker/*Ritter*/*Wirtz*, Art. 16 VO 1/2003 Rn. 14; MüKo Kartellrecht/*Schneider*, Art. 16 VO 1/2003 Rn. 12.

1488 Vgl. BVerfG, Beschl. v. 08.04.2015, 2 BvR 35/12. S. zudem Loewenheim/*Zuber*, Art. 16 VO 1/2003 Rn. 21.

4. Kapitel: Zusammenfassung der Ergebnisse in Thesen

Ziel der Untersuchung war es, den Begriff der Bindungswirkung auch und gerade aufgrund der steigenden Bedeutung von Follow-on Kartellschadensersatzklagen umfassend zu beleuchten sowie diesem mehr Konturen zu verleihen. Hierfür sollten der geltende Rechtsrahmen, Rechtsprechung sowie Literatur kritisch analysiert und Grundsätze für die Rechtspraxis entwickelt werden.

Nachfolgend werden die wesentlichen Ergebnisse dieser Arbeit in Thesen zusammengefasst.

- Die effektive Durchsetzung des Wettbewerbsrechts der Union basiert auf zwei gleichrangigen Säulen, dem öffentlich-rechtlichen Public Enforcement im Rahmen kartellbehördlicher Verfahren und dem Private Enforcement im Wege zivilrechtlicher Rechtsstreitigkeiten zwischen Privaten vor den Gerichten der Mitgliedstaaten.
- Die Bindungswirkung kartellbehördlicher Entscheidungen ist auf europäischer Ebene durch Art. 16 Abs. 1 VO 1/2003 und Art. 9 Abs. 1 der Europäischen Kartellschadensersatzrichtlinie sowie auf deutscher Ebene durch § 33 b GWB geregelt.
  - o Art. 16 Abs. 1 der Kartellverfahrensverordnung 1/2003 begründet eine Verpflichtung der mitgliedstaatlichen Gerichte, die nach Art. 101 oder 102 AEUV über Verhaltensweisen befinden, die bereits Gegenstand einer Entscheidung der Kommission sind, keine Entscheidungen zu erlassen, die der Entscheidung der Kommission zuwiderlaufen. Dies gilt auch für Entscheidungen, die die Kommission in einem Verfahren erst noch zu erlassen beabsichtigt.
  - o Aufgrund ihrer Verortung in den EuGH-Entscheidungen *Foto Frost, Delimitis* sowie *Masterfoods* beruht die kartellrechtliche Bindungswirkung des Art. 16 Abs. 1 VO 1/2003 trotz ihres Verordnungscharakters auf Primärrecht.
- Ziel der Bindungswirkung ist zum einen die Implementierung der kohärenten Anwendung des europäischen Wettbewerbsrechts auf identische Lebenssachverhalte zur Vermeidung einer Rechtszersplitterung im europäischen System konkurrierender Einzelzuständigkeiten; zum anderen die Verwertung von Ermittlungsergebnissen der Kommission zur erleichterten Durchsetzung privater Kartellrechtsansprüche im Sinne ganzheitlicher Abschreckung.

- Die in § 33 b GWB angeordnete Kohärenzverpflichtung beschränkt die bindende Wirkung auf die positive Feststellung eines Wettbewerbsverstoßes, auf bestandskräftige Kommissionsbeschlüsse und auf kartellschadensersatzrechtliche Follow-on Verfahren. Neben der unmittelbar anwendbaren Verordnungsnorm ist § 33 b GWB somit überflüssig und irreführend. Die Anordnung einer Bindungswirkung für Kommissionsbeschlüsse sollte aus dem Normtext des § 33 b GWB gestrichen werden.
- Nur Kommissionsentscheidungen, die Verhaltensweisen nach Art. 101 f. AEUV zum Gegenstand haben, entfalten eine bindende Wirkung nach Art. 16 Abs. 1 VO 1/2003. Die Bindungswirkung gilt für konstitutive und deklaratorische Regelungen.
- Art. 16 Abs. 1 VO 1/2003 gibt eine Bindung in materieller Hinsicht vor. Bindungswirkung entfalten daher nur Kommissionsbeschlüsse, die materielle Kartellrechtsnormen auf einen konkreten Sachverhalt anwenden und eine abschließende Sachentscheidung im Einzelfall treffen. Keine Bindungswirkung entfalten daher Verpflichtungszusagen nach Art. 9 VO 1/2003 sowie bußgeldrechtliche Sanktionen nach Art. 23 Abs. 2 lit. a VO 1/2003. Dasselbe gilt für Bekanntmachungen und Leitlinien der Kommission.
- Voraussetzung der Bindungswirkung ist, dass dem Kommissionbeschluss und dem nationalen Gerichtsverfahren ein in (doppelter), also sachlicher (inhaltlich, räumlich und zeitlich) und persönlicher (dieselbe(n) Person(en) sind sowohl Partei des Kommissionsverfahrens als auch des mitgliedstaatlichen Gerichtsverfahrens), Hinsicht identischer Lebenssachverhalt zugrunde liegt. Nur insoweit kommt ein die Rechtseinheit gefährdendes *Zuwiderlaufen* überhaupt in Betracht. Eine Bindungswirkung für sachlich gleichgelagerte bzw. ähnliche Fälle oder hinsichtlich der abstrakten Rechtsauffassung der Kommission besteht nicht.
- Eine Partei muss belastende Auswirkungen der Bindungswirkung zudem nur dann gegen sich gelten lassen, wenn sie auch die Möglichkeit hatte sich hierzu zu äußern und gerichtlich zur Wehr zu setzen.
- Belastende Auswirkungen der Bindungswirkung gelten gleichermaßen für Kronzeugen und Adressaten eines Settlement-Beschlusses. Eine Bevorzugung aus rechtspolitischen Gründen ist nicht angezeigt.
- Umfang und Grenze der Bindungswirkung des Art. 16 Abs. 1 VO 1/2003 stehen aus rechtsstaatlichen Gründen in direktem Zusammenhang mit den Rechtsschutzmöglichkeiten gegen kartellrechtliche Kommissionsbeschlüsse vor den Unionsgerichten. Es besteht demnach nur eine Bindung an den verfügenden Teil des Kommissionsbeschlusses einschließlich der ihn tragenden Gründe. Nur gegen diese Teile des Kommissionsbeschlusses steht den

Rechtsunterworfenen eine Möglichkeit zur unionsgerichtlichen Rechtmäßigkeitskontrolle zu. Eine im Umfang über die in Art. 16 Abs. 1 VO 1/2003 statuierte Bindungswirkung hinausgehende Kohärenzverpflichtung auf Basis nationaler Rechtsvorschriften ist abzulehnen.

- Die Bindungswirkung im unionskartellrechtlichen Sinne lässt sich nicht nahtlos in die Begrifflichkeiten der deutschen Verwaltungsrechtsdogmatik einfügen.
- Nach seinem Telos statuiert Art. 16 Abs. 1 VO 1/2003 keine Rechtsfolgen-, sondern eine Rechtsanwendungsbindung. Daher verstößt es bereits gegen Art. 16 Abs. 1 VO 1/2003, wenn reine Vorfragen durch das nationale Gericht abweichend vom Tenor und den tragenden Gründen des Kommissionsbeschlusses beantwortet werden.
- Dem Kohärenzgebot des Art. 16 Abs.1 VO 1/2003 unterfallen sowohl tatsächliche Sachverhaltsfeststellungen als auch deren materiell-rechtliche Würdigung durch die Kommission. Für eine Bindung an die materiell-rechtliche Würdigung der Kommission müssen die durch die Kommission und das nationale Gericht zu prüfenden Tatbestandsvoraussetzungen deckungsgleich sein.
- Das Schweigen des Kommissionsbeschlusses zu einem bestimmten Thema kann nur höchst ausnahmsweise eine Ausschlusswirkung in Form einer negativen Bindungswirkung zur Folge haben. Dies kommt nur in Betracht, wenn das Gericht mit relativer Sicherheit davon ausgehen kann, dass die Kommission einen spezifischen Punkt während des Verfahrens behandelt und damit indirekt zum Gegenstand ihres Beschlusses gemacht hat.
- Im Fall eines beabsichtigten Kartellbeschlusses der Kommission, der Anhängigkeit einer Nichtigkeitsklage oder eines Gültigkeitsvorlageverfahrens kann das mitgliedstaatliche Gerichts sein Verfahren in derselben Sache aussetzen. Eine Aussetzungspflicht besteht allerdings nicht.
- Das Recht der mitgliedstaatlichen Gerichte, dem EuGH Fragen zur Auslegung und Gültigkeit von Entscheidungen der Unionsorgane zur Vorabentscheidung vorzulegen, ist auch nach Ablauf der Rechtsbehelfsfrist des Rechtsunterworfenen möglich.
- Möchte das mitgliedstaatliche Gericht eine den bindenden Feststellungen der Kommission zuwiderlaufende Entscheidung erlassen, so muss es die entscheidungserheblichen Fragen dem EuGH zuvor zur Vorabentscheidung vorlegen.
- Die in Art. 16 Abs. 1 VO 1/2003 normierte Bindungswirkung ist mit dem Primärrecht vereinbar. Ihr steht weder der Grundsatz der Gewaltenteilung und der Unabhängigkeit der Gerichte noch die in Art. 47 EU GrC kodifizierte unionsverfassungsrechtliche Rechtsschutzgarantie entgegen. Der Eingriff in das

primärrechtlich vorgegebene Kompetenzgefüge ist aufgrund des Gebots der loyalen Zusammenarbeit in der Union nach Art. 4 Abs. 3 EUV gerechtfertigt.

- Norm- und Pflichtenadressat des europäischen Wettbewerbsrechts nach Art. 101 Abs. 1 AEUV ist das Unternehmen in Form der wirtschaftlichen Einheit. Der primärrechtliche Effektivitätsgrundsatz erfordert die Übernahme des europäischen Unternehmensbegriffs auch in das Kartellschadensersatzrecht. Daher ist unerheblich, ob auch die Kartellschadensersatzrichtlinie diese Übernahme vorschreibt (wovon allerdings richtigerweise auszugehen ist).
- Der Unternehmensbegriff basiert unmittelbar auf Art. 101 Abs. 1 AEUV. Er kann aufgrund dessen im Kartellordnungswidrigkeitenrecht nicht anders verstanden werden als im Kartellschadensersatzrecht. Das Unternehmen i.S. einer wirtschaftlichen Einheit ist somit identischer Norm- und Pflichtenadressat des Art. 101 Abs. 1 AEUV, Sanktionsadressat des Art. 23 Abs. 2 VO 1/2003 sowie Haftungsadressat des §§ 33 Abs. 1, 33 a Abs. 1 GWB.
- In der Rechtssache Sumal hat der EuGH die Rechtsfigur der wirtschaftlichen Einheit erweitert und deren Anwendbarkeit im Kartellschadensersatzrecht bestätigt. Die Erweiterung des Konzepts der wirtschaftlichen Einheit ist abzulehnen. Sie verursacht schwere dogmatische Friktionen, überdehnt die Bindungswirkung und verletzt die rechtsstaatlichen Grundsätze der Union sowie das nationale Trennungsprinzip. Demgegenüber erscheinen die vermeintlichen Vorteile der Haftungserweiterung gering.
- Die deutsche kartellschadensersatzrechtliche Anspruchsnorm des § 33 a Abs. 1 GWB i.V.m. § 33 Abs. 1 GWB ist ihrem Wortlaut nach offen für eine unionsrechtskonforme Auslegung und damit für die Übernahme des Haftungskonzepts der wirtschaftlichen Einheit.
- Die ursprüngliche Haftungsfigur der wirtschaftlichen Einheit verstößt nicht gegen das dem deutschen Kapitalgesellschaftsrecht wesensimmanente Trennungsprinzip. Die Haftung der Mutter basiert nicht einzig auf ihrer Stellung als Gesellschafterin der Tochter. Anderes gilt für die Haftungserweiterung durch *Sumal*. Die Inanspruchnahme der Tochter für das Fehlverhalten ihrer Mutter beruht nicht auf einem für erstere beeinflussbaren Vorgang, sondern quasi allein auf gesellschaftsrechtlicher Verbundenheit.
- Mangels Rechts-, Vermögens- und Parteifähigkeit sowie mangels einer Vertretungsstruktur ist die wirtschaftliche Einheit kein tauglicher Adressat des Kommissionsbeschlusses. Aus den gleichen Gründen kann ihr keine Passivlegitimation im deutschen Kartellzivilrecht zukommen.
- Art. 16 Abs. 1 VO 1/2003 selbst als Beweisregel kann seiner Rechtsnatur nach eine Haftung der wirtschaftlichen Einheit im Kartellschadensersatzrecht nicht begründen. Die Übernahme des Haftungskonzepts der wirtschaftlichen

Einheit in das Kartellzivilrecht auf Basis des Effektivitätsprinzips hat zur Folge, dass in Follow-on Verfahren ein wettbewerbswidriges Verhalten jeder Gesellschaft angenommen werden muss, die Teil der im Bußgeldbescheid benannten wirtschaftlichen Einheit ist und sich im Bußgeldverfahren gegen diesen Vorwurf wehren konnte.

- Der Kreis der möglichen Schadensersatzanspruchsteller ist insbesondere vor dem Hintergrund der europäischen "Jedermann"-Rechtsprechung in *Courage*, *Manfredi* und *Kone* weit zu fassen. Der von den Instanzgerichten früher angewendete doppelte Anscheinsbeweis zur Kartellbetroffenheit und -befangenheit ist durch die neue Rechtsprechung des Bundesgerichtshofs überholt.
- Die bindende Wirkung des Art. 16 Abs. 1 VO 1/2003 erstreckt sich nicht auf die Kartellbetroffenheit eines Individualklägers, es sei denn das Kartell hat sich in seiner Gesamtheit gezielt gegen lediglich einen oder wenige Betroffene gerichtet. Durch die sachliche, zeitliche und räumliche Reihweite der Bindungswirkung lässt sich die Kartellbetroffenheit aber mittelbar aufgrund der Kohärenzverpflichtung herleiten.
- Von der Kommission getroffene tatsächliche Feststellungen zur subjektiven Seite der Zuwiderhandlung sind als tragende Gründe des Bußgeldbeschlusses von der Bindungswirkung umfasst. Eine Bindung der mitgliedstaatlichen Gerichte an die rechtliche Beurteilung als Verschulden besteht aufgrund fehlender Identität der zu subsumierenden Tatbestandsmerkmale nicht. Zwischen europäischem Ordnungswidrigkeitenrecht und deutschem Zivilrecht besteht insoweit keine Deckungsgleichheit.
- Das Verschuldenserfordernis des deutschen Rechts in seiner gegenwärtigen Ausgestaltung verhindert eine Erstreckung des Verschuldens auf alle Rechtsträger der wirtschaftlichen Einheit. Es steht damit der vollen Wirksamkeit des Art. 101 Abs. 1 AEUV entgegen.
- Das Kohärenzgebot des Art. 16 Abs. 1 VO 1/2003 erstreckt sich nicht auf die Entstehung eines kausalen Schadenseintritts dem Grunde und der Höhe nach. Dem stehen zumeist bereits praktische Hindernisse entgegen. Die Kommission verhält sich im Regelfall nicht zu den tatsächlichen Auswirkungen auf den Gesamtmarkt. Eine solche Feststellung würde zudem keine Aussage zu der konkreten Art und Höhe eines bei einem bestimmten Marktteilnehmer eingetretenen Schadens innewohnen. In dem äußerst theoretischen Ausnahmefall einer Feststellung konkreter Auswirkungen einer Zuwiderhandlung auf einen bestimmten Betroffenen im Kommissionsbeschluss kann eine Bindungswirkung aber hinsichtlich dieser Schadensfeststellung angenommen werden.

- Das nationale Gericht darf seine Entscheidung auch im Rahmen der Schadensfeststellung nicht auf Erwägungen stützen, die in Widerspruch zu den von der Kommission nach Art. 16 Abs. 1 VO 1/2003 bindend getroffenen tatsächlichen Feststellungen stehen.
- Rechtsfolge eines Verstoßes gegen die Bindungswirkung kann neben der Rüge des Rechtsfehlers im Rechtsmittelverfahren oder in einer Vollstreckungsabwehrklage nach § 767 Abs. 2 ZPO auch die Einleitung eines Vertragsverletzungsverfahrens nach Art. 258 AEUV sein oder eine Urteilsverfassungsbeschwerde nach Art. 101 Abs. 1 S. 1 GG aufgrund der Verletzung des Rechts auf den gesetzlichen Richter.

Literatur- und Quellenverzeichnis

A

Ackermann, Thomas: Grundrechte juristischer Personen im kartellrechtlichen Sanktionenverfahren: Ein Reformhindernis?, NZKart 2015, S. 17.

Ahrens, Hans-Jürgen: Der Beweis im Zivilprozess, 1. Auflage 2015.

zitiert als: Ahrens, nach Kapitel und Randnummer

Alexander, Christian: Schadensersatz und Abschöpfung im Lauterkeits- und Kartellrecht. Privatrechtliche Sanktionsinstrumente zum Schutz individueller und überindividueller Interessen im Wettbewerb, 2010.

zitiert als: Alexander, nach Seite

Ascheberg, Leonie: Kartellrechtliche Schadensersatzrichtlinie 2014/104/EU - Neuerungen und Schwierigkeiten bei der Umsetzung in deutsches Recht, Jura 2016, S. 1101.

B

Bach, Albrecht/Wolf, Christoph: Neue Instrumente im Kartellschadensersatzrecht – Zu den Regeln über Offenlegung, Verjährung und Bindungswirkung, NZKart 2017, S. 285.

Ballerstedt, Kurt: Handels- und gesellschaftsrechtliche Probleme der Organschaft (Teil I), DB 1956, S. 813.

Bartels, Wolfgang: Kooperation zwischen EU-Kommission und nationalen Gerichten im europäischen Wettbewerbsverfahren - Einige Anmerkungen zum Masterfoods-Urteil des EuGH, ZfRV 2002, S. 83.

Bartels, Wolfgang: Kohärente Rechtsanwendung im europäischen Kartellverfahren - Das Zusammenwirken von Kommission und nationalen Gerichten, 2006.

zitiert als: Bartels, nach Seite

Bartosch, Andreas: Von der Freistellung zur Legalausnahme: Der Vorschlag der EG-Kommission für eine „neue Verordnung Nr. 17", EuZW 2001, S. 101.

Bauermeister, Tabea: Eltern haften für ihre Kinder – jetzt auch im Schadensersatzverfahren? – zugleich Anmerkung zum Urteil des EuGH in Sachen Vantaan kaupunki –, NZKart 2019, S. 252.

Bauermeister, Tabea: Die Rs. Vantaan kaupunki/Skanska und Biogaran – Grundbausteine einer Sippenhaft?, NZKart 2021, S. 385.

Bauermeister, Tabea: Zugehörigkeit zur wirtschaftlichen Einheit und wesentlicher Beitrag zur Umsetzung des Rechtsverstoßes, WuW 2021, S. 559.

Bechtold, Rainer/Bosch, Wolfgang: Gesetz gegen Wettbewerbsbeschränkungen (§§ 1-96, 185, 186), 10. Auflage 2021.

zitiert als: Bechtold/Bosch, nach § und Randnummer

Bechtold, Rainer/Bosch, Wolfgang/Brinker, Ingo: EU-Kartellrecht, 3. Auflage 2014.

zitiert als: Bechtold/Bosch/Brinker/*Bearbeiter*, nach § und Randnummer

Beck, Lukas: Konzernrecht für die Konzernwirklichkeit, AG 2017, S. 726.

Becker, Björn Christian: Kartellschadensersatz trotz Zusagenentscheidung? Behördenermessen – Wirkungen im Zivilprozess – Informationszugang, 2018.

zitiert als: Becker, nach Rn.

Becker, Björn Christian: Faktische Bindungswirkung kartellbehördlicher Zusagenentscheidungen zu Gunsten von follow-on-Schadensersatzklägern - Das Urteil des Tribunal de commerce de Paris im Fall DKT v. Eco-Emballages als Türöffner für private Schadensersatzklagen?, NZKart 2016, S. 58.

Beck´scher Online-Kommentar BGB, hrsg. von Wolfgang Hau und Roman Poseck, 57. Edition, Stand: 01.02.2021.

zitiert als: BeckOK BGB/*Bearbeiter*, nach § und Randnummer

Beck´scher Online-Kommentar Kartellrecht, hrsg. von Klaus Bacher, Rolf Hempel und Florian Wagner-von Papp, 3. Edition, Stand: 07.01.2022.

zitiert als: BeckOK Kartellrecht/*Bearbeiter*, nach § und Randnummer

Beck´scher Online-Kommentar ZPO, hrsg. von Volkert Vorwerk und Christian Wolf, 40. Edition, Stand: 01.03.2021.

zitiert als: BeckOK ZPO/*Bearbeiter*, nach § und Randnummer

Beck´scher Online-Kommentar VwVfG mit VwVG und VwZG, hrsg. von Johann Bader und Michael Ronellenfitsch, 54. Edition, Stand: 01.01.2022.

zitiert als: BeckOK VwVfG/*Bearbeiter*, nach § und Randnummer

Bellinghausen, Rupert/Grothaus, Julia: Erstes Urteil zum LKW-Kartell – Rückenwind für Kartellgeschädigte? – Anmerkung zur Entscheidung des LG Hannover in Sachen Stadt Göttingen/MAN, NZKart 2018, S. 116.

Berg, Werner/Mäsch, Gerald: Deutsches und Europäisches Kartellrecht – Kommentar, 3. Auflage 2018.

zitiert als: Berg/Mäsch/*Bearbeiter*, nach § und Randnummer

Berrisch, Georg M./Burianski, Markus: Kartellrechtliche Schadensersatzansprüche nach der 7. GWB-Novelle, WuW 2005, S. 878.

Bien, Florian: Wozu brauchen wir die Richtlinie über private Kartellschadensersatzklagen noch?, NZKart 2013, S. 481.

Bien, Florian/Negri, Marcella/Idot, Laurence/Petrasincu, Alex/Kroes, Frank/Franck, Jens-Uwe/Osti, Cristoforo/Prieto, Catherine/von Papp, Florian Wagner/Remien, Oliver/Bernhard, Jochen/Paul, Thomas B.: Implementation of the EU Damages Directive into Member State law, Concurrences N° 3-2017, S. 36.

zitiert als: Bien et. al./*Bearbeiter*, Implementation of the EU Damages Directive into Member State Law, nach Seite

Bien, Florian/Käseberg, Thorsten/Klumpe, Gerhard/Körber, Torsten/Ost, Konrad: Die 10. GWB-Novelle – Das neue Kartellrecht, 1. Auflage 2021.

zitiert als: Bien/Käseberg/Klumpe/Ost/*Bearbeiter*, nach Seite

Bischke, Alf-Henrik/Brack, Sebastian: Neuere Entwicklungen im Kartellrecht - Was bringt 2016? Die 9. GWB-Novelle, NZG 2016, S. 99.

Bodenstein, Ines: Zurück zum bewährten Grundsatz: Wer handelt, haftet - Wegweisende Klärung zum Gesamtschuldnerausgleich bei Kartellgeldbußen durch den BGH in Sachen Calciumcarbid, NZKart 2015, S. 141.

von Bogdandy, Armin/Bast, Jürgen (Hrsg.): Europäisches Verfassungsrecht, 2. Auflage 2009.

zitiert als: v. Bogdandy/Bast/*Bearbeiter*, nach Seite

von Bogdandy, Armin/Buchhold, Frank: Die Dezentralisierung der europäischen Wettbewerbskontrolle, Schritt 2 - Der Verordnungsvorschlag zur dezentralen Anwendung von Art. 81 III EG, GRUR 2001, S. 798.

Bornkamm, Joachim: Anwendung des EG-Kartellrechts durch den nationalen Zivilrichter, in: Schwerpunkte des Kartellrechts 1992/93 (FIW Heft 158), S. 51.

zitiert: Bornkamm, FIW 1993, nach Seite

Bornkamm, Joachim: Die Masterfoods-Entscheidung des EuGH, Bindung der Zivilgerichte an Kommissionsentscheidungen – Lehren für das neue Kartellverfahren?, ZWeR 2003, S. 73.

Bornkamm, Joachim/Becker, Mirko: Die privatrechtliche Durchsetzung des Kartellverbots nach der Modernisierung des EG-Kartellrechts - Einflussmöglichkeiten der Kommission, ZWeR 2005, S. 213.

Bosch, Wolfgang: Haftung für kartellrechtswidriges Handeln der Tochtergesellschaft – Neue Rechtslage nach dem Urteil in der Rechtssache Elf Aquitaine/Kommission?, ZWeR 2012, S. 368.

Braun, Dominik/Kellerbauer, Manuel: Das Konzept der gesamtschuldnerischen Verantwortlichkeit von Konzerngesellschaften bei Zuwiderhandlungen gegen das EU-Wettbewerbsrecht – Teil 1, NZKart 2015, S. 175.

Braun, Dominik/Kellerbauer, Manuel: Das Konzept der gesamtschuldnerischen Verantwortlichkeit von Konzerngesellschaften bei Zuwiderhandlungen gegen das EU-Wettbewerbsrecht – Teil 2, NZKart 2015, S. 211.

Braun, Jens-Daniel/Kettner, Moira: Die Absage des EuGH an eine richterrechtliche Reform des EG Rechtsschutzsystems – „Plaumann" auf immer und ewig?, DÖV 2003, S. 58.

Brettel, Hauke/Thomas, Stefan: Der Vorschlag einer bußgeldrechtlichen "Konzernhaftung" nach § 81 IIIa RefE 9. GWB-Novelle, WuW 2016, S. 336.

Brinker, Ingo: Anmerkung zur BGH Entscheidung *Lottoblock II*, BB 2016, S. 2188.

de Bronett, Georg-Klaus: Europäisches Kartellverfahrensrecht - Kommentar zur VO 1/2003, 2. Auflage 2012.

zitiert als: de Bronett, Europ. Kartellverfahrensrecht, nach Artikel und Randnummer

de Bronett, Georg-Klaus: Plädoyer für eine Reform der Aufgabenverteilung zwischen der Kommission und dem Gerichtshof der EU bei der Anwendung der Art. 101 und 102 AEUV in Einzelfällen, ZWeR 2012, S. 157.

de Bronett, Georg-Klaus: Die 9. GWB-Novelle – Kein Beitrag zur Beseitigung des „Enforcement-Flickenteppichs" des Kartellrechts in der EU, NZKart 2017, S. 46.

Brömmelmeyer, Christoph: Die Ermittlung des Kartellschadens nach der Richtlinie 2014/104/EU, NZKart 2016, S. 2.

Bues, Micha-Manuel/Fritzsche, Alexander: EU erlässt Kartellschadensersatzrichtlinie - Kommt jetzt die Klageflut?, DB 2014, S. 2881.

Bulst, Friedrich Wenzel: Private Kartellrechtsdurchsetzung durch die Marktgegenseite - deutsche Gerichte auf Kollisionskurs zum EuGH, NJW 2004, S. 2201.

Bulst, Friedrich Wenzel: Schadensersatzansprüche der Marktgegenseite im Kartellrecht: Zur Schadensabwälzung nach deutschem, europäischem und US-amerikanischem Recht, 2006.

zitiert als: Bulst, nach Seite

Burmann, Michael/Heß, Rainer: Anscheinsbeweis – Typischer Geschehensablauf als Voraussetzung, NJW-Spezial 2008, S. 233.

Busse, Monika/Leopold, Anders: Entscheidungen über Verpflichtungszusagen nach Art.9 VO (EG) Nr. 1/2003, WuW 2005, S. 146.

Bürger, Christian: Die Haftung der Konzernmutter für Kartellrechtsverstöße ihrer Tochter nach deutschem Recht, WuW 2011, S. 130.

Bürger, Christian: Anmerkung zu BGH, KZR 25/14 – *Lottoblock II*, GWR 2016, S. 387.

Büscher, Wolfgang: Interdependenzen zwischen der Rechtsprechung der Gerichte der Europäischen Gemeinschaft und der nationalen Gerichte, GPR 2008, S. 210.

C

Callies, Christian: Europa als Wertegemeinschaft - Integration und Identität durch europäisches Verfassungsrecht?, JZ 2004, S. 1033.

Callies, Christian: Europäische Gesetzgebung und nationale Grundrechte – Divergenzen in der aktuellen Rechtsprechung von EuGH und BVerfG?, JZ 2009, S. 113.

Callies, Christian/Ruffert, Matthias (Hrsg.): EUV/AEUV - Das Verfassungsrecht der Europäischen Union mit Europäischer Grundrechtecharta, 5. Auflage 2016.

zitiert als: Calliess/Ruffert/*Bearbeiter*, nach Artikel und Randnummer

Claussen, Claus Dieter: Effektive und kohärente Justizgewährleistung im europäischen Rechtsschutzverbund, JZ 2006, S. 157.

Coppik, Jürgen/Heimeshoff, Ulrich: Praxis der Kartellschadensermittlung: Empirische Evidenz zur Effektivität von Kartellen, WuW 2020, S. 584.

Coppik, Jürgen/Heimeshoff, Ulrich: Ökonomische Evidenz zur Effektivität von Kartellen, 1. Auflage 2021.

zitiert als: Coppik/Heimeshoff, nach Seite

D

Dalheimer, Dorothe/Feddersen, Christoph T./Miersch, Gerald: EU-Kartellverfahrensverordnung, 1. Auflage 2005.

zitiert als: Dalheimer/Feddersen/Miersch/*Bearbeiter*, nach Artikel und Randnummer

Dannecker, Gerhard: Der Grundrechtsschutz im Kartellordnungswidrigkeitenrecht im Lichte der neueren Rechtsprechung des EuGH, NZKart 2015, S. 25.

Dannecker, Gerhard/Dannecker, Christoph: Europäische und verfassungsrechtliche Vorgaben für das materielle und formelle Unternehmensstrafrecht, NZWiSt 2016, S. 162.

Dauses, hrsg. von Markus Ludwigs: Handbuch des EU-Wirtschaftsrechts, 51. Ergänzungslieferung, Werkstand Oktober 2020.

zitiert als: Dauses/Ludwigs/*Bearbeiter*, nach Kapitel und Randnummer

Deringer, Arved: Stellungnahme zum Weißbuch der Europäischen Kommission über die Modernisierung der Vorschriften zur Anwendung der Art. 85 und 86 EG-Vertrag (Art. 81 und 82 EG), EuZW 2000, S. 5.

Deuflhard, Florian/Heller, C.-Philipp/Winkler, Anne-Christin: Industrieökonomische Simulationsmodelle zur Schadensquantifizierung bei Kartellverstößen, NZKart 2021, S. 147.

Diekmann, Rolf: Entwurf eines Gesetzes zur Änderung des Gesetzes gegen Wettbewerbsbeschränkungen (GWB), jurisPR-WettbR 12/2016.

Dohrn, Daniel: Die Bindungswirkung kartellrechtlicher Entscheidungen der Kommission sowie deutscher und mitgliedstaatlicher Kartellbehörden und Gerichte im deutschen Zivilprozess, 2010.

zitiert als: Dohrn, nach Seite

Dreher, Meinrad: Der Zugang zu Entscheidungen mit Bindungswirkung für den kartellrechtlichen Schadensersatzprozess - Die Effektivierung der Feststellungswirkung nach § 33 Abs. 4 GWB, ZWeR 2008, S. 325.

Dreher, Meinrad: Die persönliche Außenhaftung von Geschäftsleitern auf Schadensersatz bei Kartellrechtsverstößen, WuW 2009, S. 133.

Dreher, Meinrad/Kulka, Michael: Wettbewerbs- und Kartellrecht – Eine systematische Darstellung des deutschen und europäischen Rechts, 10. Auflage 2018.

zitiert als: Dreher/Kulka/*Bearbeiter*, Wettb.- u. KartellR, nach Randnummer

Dreher, Meinrad/Schmidt, Johannes: BGH, 7.11.2006 - KVR 39/05: Gemeinsamer beherrschender Einfluss zweier Gesellschafter trotz satzungsmäßigen Stichentscheids durch Dritten bei Meinungsverschiedenheiten („Radio TON Regional"), EWiR 2007, S. 241.

Dreier, Horst (Hrsg.): Grundgesetz Kommentar: GG,

Band 3: Band III: Artikel 83–146, 3. Auflage 2018.

zitiert als: Dreier/*Bearbeiter*, nach Artikel und Randnummer

Dreier, Thomas/Schulze, Gernot: Urheberrechtsgesetz, 6. Auflage 2018.

zitiert als: Dreier/Schulze/*Bearbeiter*, UrhG, nach § und Randnummer

Drexl, Josef: Zur Schadensersatzberechtigung unmittelbarer und mittelbarer Abnehmer im europäisierten Kartelldeliktsrecht; in: Andreas Heldrich, Jürgen Prölss, Ingo Koller, Katja Langenbucher, Hans Christoph Grigoleit, Johannes Hager, Felix Christopher Hey, Jörg Neuner, Jens Petersen, Reinhard Singer (Hrsg.), Festschrift für Claus-Wilhelm Canaris zum 70. Geburtstag, 2007, S. 1339.

zitiert als: Drexl, in: FS Canaris, 2007, nach Seite

Durner, Wolfgang: Die Unabhängigkeit nationaler Richter im Binnenmarkt - Zu den Loyalitätspflichten nationaler Gerichte gegenüber der EG-Kommission, insbesondere auf dem Gebiet des Kartellrechts, EuR 2004, S. 547.

Dworschak, Sebastian/Jopen, Christian: Zum Nachweis der Kartellbefangenheit und des Schadenseintritts nach der BGH-Entscheidung in Sachen Schienenkartell, NZKart 2019, S. 126.

E

Ehlers, Dirk/Pünder, Hermann (Hrsg.): Allgemeines Verwaltungsrecht, 15. Auflage 2015.

zitiert als: Ehlers/Pünder/*Bearbeiter*, nach Kapitel und Randnummer

Ehricke, Ulrich: Die Bindungswirkung von Negativattesten und Verwaltungsschreiben im Gemeinschaftsrecht, ZHR 158 (1994), S. 170.

Eilmansberger, Thomas: Zum Vorschlag der Kommission für eine Reform des Kartellvollzugs, JZ 2001, S. 365.

Emmerich, Volker: Wettbewerbsrecht: Haftung der Muttergesellschaft für die Tochtergesellschaft, JuS 2011, S. 651.

Emmerich, Volker/Habersack, Mathias: Konzernrecht, 11. Auflage 2020.

zitiert als: Emmerich/Habersack, Konzernrecht, nach Kapitel und Randnummer

Esken, Nadia: Das Expedia-Urteil des EuGH - Folgen für die kartellrechtliche Praxis, WRP 2013, S. 443.

F

Fezer, Karl-Heinz: Markenrecht, 4. Auflage 2009.

zitiert als: Fezer, Markenrecht, nach § und Randnummer

Fiedler, Lilly: Der aktuelle Richtlinienvorschlag der Kommission – der große Wurf für den kartellrechtlichen Schadensersatz?, BB 2013, S. 2179.

Fischer, Eva: Grundlegungen zur Konzernhaftung – Der Standard der Haftungszurechnung im Kartellrecht, ZfPW 2021, S. 310.

Franck, Jens-Uwe: Striking a Balance of Power between the Court of Justice and the EU Legislature: The Law on Competition Damages Actions as a Paradigm, European Law Review, 43 (2018), S. 837.

Franck, Jens-Uwe: Regelsetzung im Kartellprivatrecht – Schadensersatzhaftung als Herausforderung für das institutionelle Gleichgewicht in der Europäischen Union, in: Florian Möslein (Hrsg.): Regelsetzung im Privatrecht, 2019.

zitiert als: Franck, Regelsetzung im Kartellprivatrecht, nach Seite

Franck, Jens-Uwe: Private Enforcement in Germany, in: Ferdinand Wollenschläger, Wolfgang Wurmnest, Thomas M.J. Möllers (Hrsg.): Private Enforcement of European Competition and State Aid Law, 2020, S. 77, vorgelegen als Preprint: https://papers.ssrn.com/sol3/papers.cfm?abstract_id=3728716

zitiert als: Franck, Private Enforcement in Germany, nach Seite im Preprint

Franck, Jens-Uwe: Ein Solitär wird geschrumpft: Von der Neuvermessung der Kartellbetroffenheit, WRP 2020, S. 536.

Frankfurter Kommentar zu EUV, GRC und AEUV, hrsg. von Matthias Pechstein, Carsten Nowak und Ulrich Häde.

Band 1: EUV und GRC, 2017.

Band 2: AEUV, Präambel, Artikel 1-100, 2017.

Band 3: AEUV, Artikel 101-215, 2017.

Band 4: AEUV, Artikel 216-358, 2017.

zitiert als: Frankfurter Komm. EUV/GRC/AEUV/*Bearbeiter*, nach Artikel und Randnummer

Frankfurter Kommentar zum Kartellrecht - Mit Kommentierung des EG-Kartellrechts, des GWB und einer Darstellung ausländischer Kartellrechtsordnungen, hrsg. von Wolfgang Jaeger, Juliane Kokott, Petra Pohlmann und Dirk Schroeder, Loseblatt, Stand: 98. Ergänzungslieferung, Januar 2021.

zitiert als: Frankfurter Komm./*Bearbeiter*, nach § und Randnummer

Franz, Alexander/Jüntgen, David A.: Die Pflicht von Managern zur Geltendmachung von Schadensersatzansprüchen aus Kartellverstößen, BB 2007, S. 1681.

Frenz, Walter/Lülsdorf, Tanja: Kontinuität und Zurechnung im Kartellrecht, EWS 2012, S. 504.

Fritzsche, Alexander: Jedermann kann – Anmerkungen zum Kone-Urteil des EuGH (Rs. C-557/12) zum Schadensersatz bei kartellbedingt eintretenden Preisschirmeffekten –, NZKart 2014, S. 428.

Fritzsche, Alexander: Die Schadensvermutung – Auslegungsfragen zum Kartellzivilrecht nach der 9. GWB-Novelle, NZKart 2017, S. 581.

Fritzsche, Alexander/Klöppner, Carsten/Schmidt, Miriam: Die Praxis der privaten Kartellrechtsdurchsetzung in Deutschland – Teil 1: Aspekte des kartellrechtlichen Schadensersatzanspruchs, NZKart 2016, S. 412.

Frowein, Jochen Abr./Peukert, Wolfgang: Europäische Menschenrechtskonvention, 4. Auflage 2019.

zitiert als: Frowein/Peukert, nach Artikel und Randnummer

Fuchs, Andreas: Die 7. GWB-Novelle - Grundkonzeption und praktische Konsequenzen, WRP 2005, S. 1384.

Fuchs, Andreas/Weitbrecht, Andreas (Hrsg.): Handbuch Private Kartellrechtsdurchsetzung, 1. Auflage 2019.

zitiert als: Fuchs/Weitbrecht/*Bearbeiter*, Handbuch Private Kartellrechtsdurchsetzung, nach Kapitel und Randnummer

G

Galle, René: Der Anscheinsbeweis in Schadensersatzfolgeklagen – Stand und Perspektiven, NZKart 2016, S. 214.

Galle, René: Gemeinschaftliche Verteidigung gegen Schadensersatzfolgekosten: Effektiver Rechtsschutz oder Kartell nach dem Kartell? WuW 2020, S. 576.

Gasteyer, Thomas/Goldschmidt, Christof-Ulrich: Wissenszurechnung bei juristischen Personen und im Konzern, AG 2016, S. 116.

Gehring, Stefan/Kasten, Boris/Mäger, Thorsten: Unternehmensrisiko Compliance? Fehlanreize für Kartellprävention durch EU-wettbewerbsrechtliche Haftungsprinzipien für Konzerngesellschaften, CCZ 2013, S. 1.

Geiger, Andreas: Anmerkung zu C-344/98 - *Masterfoods*, EuZW 2001, S. 116.

Glöckner, Jochen: Individualschutz und Funktionenschutz in der privaten Durchsetzung des Kartellrechts - Der Zweck heiligt die Mittel nicht, er bestimmt sie! WRP 2007, S. 490.

Glöckner, Jochen: Verfassungsrechtliche Fragen um das Verhältnis staatlicher und privater Kartellrechtsdurchsetzung, WRP 2015, S. 410.

Glöckner, Jochen: Norm- und Zurechnungsstrukturen im Kartellrecht – Haftung von Unternehmen, Handelnden und Organen – Teil 2, NZKart 2018, S. 464.

Gollan, Karin/Thiede, Thomas: Antwort auf alle Einwände eines Lkw-Kartellanten – Anmerkung zu LG Dortmund, 8 O 13/17 [Kart] –, NZKart 2018, S. 338.

Görner, André: Die Anspruchsberechtigung der Marktbeteiligten nach § 33 GWB, 2007.

zitiert als: Görner, nach Seite

Grabenwarter, Christoph/Pabel, Katharina: Europäische Menschenrechtskonvention, 7. Auflage 2021.

zitiert als: Grabenwarter/Pabel, EMRK, nach § und Randnummer

Grabitz/Hilf, hrsg. von Martin Nettesheim: Das Recht der Europäischen Union: EUV/AEUV, Loseblatt, Stand: 71. Ergänzungslieferung August 2020.

zitiert als: Grabitz/Hilf/Nettesheim/*Bearbeiter*, nach Artikel und Randnummer

Grafunder, René/Gänswein, Olivier: Das Merkblatt des Bundeskartellamtes zu Settlements, BB 2015, S. 968.

von der Groeben, Hans/Schwarze, Jürgen/Hatje, Armin (Hrsg.): Europäisches Unionsrecht, 7. Auflage 2015.

zitiert als: von der Groeben/Schwarze/Hatje/*Bearbeiter*, nach Artikel und Randnummer

Gröning, Jochem: Die dezentrale Anwendung des EG-Kartellrechts gem. dem Vorschlag der Kommission zur Ersetzung der VO 17/62, WRP 2001, S. 83.

Gruber, Peter Johannes: Verpflichtungszusagen im europäischen Kartellrecht, EWS 2005, S. 310.

Grundmann, Stefan/Riesenhuber, Karl: Die Auslegung des Europäischen Privat- und Schuldvertragsrechts, JuS 2001, S. 529.

Gussone, Peter: Hic Rhodus, hic salta: Der Kartellschadensersatzkläger, WuW 2020, S. 565.

H

Habersack, Mathias/Zickgraf, Peter: Deliktsrechtliche Verkehrs- und Organisationspflichten im Konzern, ZHR 182 (2018), S. 252.

Hanley, Colleen: House of Lords, judgment of 19 July 2006, Inntrepreneur Pub Co (CPC) and others v. Crehan, Common Market Law Review 2007, S. 817.

Harms, Rüdiger/Kirst, Philipp: Anmerkung zu EuGH, C-724/17 - *Skanska*, EuZW 2019, S. 374.

Harms, Rüdiger/Petrasincu, Alex: Die Beiziehung von Ermittlungsakten im Kartellzivilprozess – Möglichkeit zur Umgehung des Schutzes von Kronzeugenanträgen?, NZKart 2014, S. 304.

Haucap, Justus/Heimeshoff, Ulrich: Kartellschadensermittlung im Spannungsfeld zwischen Präzision und Effizienz: Prinzipielle Anforderungen aus ökonomischer Perspektive und praktische Handlungsoptionen, ZWeR 2022, S. 80.

Harnos, Rafael: Harmonisierung des Kartellbußgeldrechts qua effet utile?, ZWeR 2016, S. 284.

Harte-Bavendamm, Henning/Kreutzmann, Alix: Neue Entwicklungen in der Beurteilung selektiver Vertriebssysteme, WRP 2003, S. 682.

Hartlieb, Johannes: „Drum prüfe, wer sich ewig bindet“ – Bindungswirkung und Durchsetzung von Verpflichtungsbeschlüssen der Kommission, NZKart 2017, S. 458.

Hartog, Johanna/Noack, Britta: Die 7. GWB-Novelle, WRP 2005, S. 1396.

Haus, Florian C./Schmid, Julian: Konzernhaftung auch für Kartellschäden – Die EuGH-Entscheidung „Skanska“ vom 14.03.2019 – Rs. C-724/17, Der Konzern 2020, S. 1.

Haus, Florian C./Serafimova, Mariya: Neues Schadensersatzrecht für Kartellverstöße – die EU-Richtlinie über Schadensersatzklagen, BB 2014, S. 2883.

Hausen, Sebastian: Die Wirkung von Kommissionsentscheidungen im deutschen Kartellzivilprozess, 2006.

zitiert als: Hausen, nach Seite

Heinichen, Christian: Unternehmensbegriff und Haftungsnachfolge im Europäischen Kartellrecht, 2010.

zitiert als: Heinichen, nach Seite

Heinichen, Christian: Akteneinsicht durch Zivilgerichte in Kartellschadensersatzverfahren, NZKart 2014, S. 83.

Heithecker, Jan/Hainz, Josef: Anmerkung zu EuGH, C-435/18 – *Otis/Land Oberösterreich*, WuW 2020, S. 83.

Hellmann, Hans-Joachim/Schliffke, Philipp: Grenzen der Schätzbefugnis nach § 287 ZPO im Angesicht ökonomischer Erfahrungssätze, WuW 2022, S. 83.

Hempel, Rolf: Privater Rechtsschutz im deutschen Kartellrecht nach der 7. GWB-Novelle, WuW 2004, S. 362.

Hempel, Rolf: Private Follow-on-Klagen im Kartellrecht, WuW 2005, S. 137.

Hempel, Rolf: Einsicht in Kartellverfahrensakten nach der Transparenzverordnung – Neues aus Luxemburg, EuZW 2014, S. 297.

Hertel, Tilmann/Nuys, Marcel/Penz, Juliana: Anscheinsbeweis Adieu – Gezeitenwechsel für den Schadensnachweis bei Follow-on Klagen – Anmerkung zum Urteil des BGH in Sachen Schienenkartell –, NZKart 2019, S. 86.

Herzog, Peter/Campbell, Christian/Zagel, Gudrun (Hrsg.): Smit & Herzog on The Law of the European Union, 2007.

zitiert als: Smit/Herzog/*Bearbeiter*, nach Randnummer

Hirsch, Günter: Anwendung der Kartellverfahrensordnung (EG) Nr. 1/2003 durch nationale Gerichte, ZWeR 2003, S. 233.

Hoffer, Raoul: Kartellgesetz-Novelle in Österreich – Der Begutachtensentwurf des Bundesministeriums für Justiz, NZKart 2016, S. 466.

Hornkohl, Lena: Freie Schätzung der Kartellschadenshöhe nach § 287 ZPO – Eine Reaktion auf jüngste Entwicklungen, NZKart 2020, S. 661.

Hossenfelder, Silke/Lutz, Martin: Die neue Durchführungsverordnung zu den Artikeln 81 und 82 EG-Vertrag, WuW 2003, S. 118.

Hutschneider, Markus/Bäuerle, Robert: Unternehmensbegriff: Haftung der Rechtsnachfolger bei Wettbewerbsverstoß der Rechtsvorgänger, WuW 2019, S. 253.

Hutschneider, Markus/Stieglitz, Robert: Die tatsächliche Kartellschadensanscheinsbeweisvermutung – Eine Bestandsaufnahme zu den Beweiserleichterungen im Kartellschadensersatzprozess, NZKart 2019, S. 363.

Hutschneider, Markus/Stieglitz, Robert: Auf Wiedersehen, Kartellbefangenheit – Willkommen zurück, Anscheinsbeweis? – Anmerkung zum Urteil des BGH in Sachen Schienenkartell II –, NZKart 2020, S. 180.

von Hülsen, Philipp/Kasten, Boris: Passivlegitimation von Konzernen im Kartell-Schadensersatzprozess? – Gedanken zur Umsetzung der Richtlinie 2014/104/EU, NZKart 2015, S. 296.

I

Imgrund, Jan: Die Bindung der deutschen Zivilgerichte an Beschlüsse von Kommission und Behörden der Europäischen Union im Kartellrecht, 2011.

zitiert als: Imgrund, nach Seite

Immenga/Mestmäcker, hrsg. von Torsten Körber, Heike Schweitzer und Daniel Zimmer

Band 1: EU. Kommentar zum Europäischen Kartellrecht, 6. Auflage 2019.

Band 2: GWB. Kommentar zum Deutschen Kartellrecht, 6. Auflage 2020.

zitiert als: Immenga/Mestmäcker/*Bearbeiter*, nach § oder Artikel und Randnummer

Die im Erscheinen befindliche Neuauflage der Kommentierung der §§ 33a, 33b GWB liegt der Verfasserin im Manuskript vor.

Inderst, Roman/Schwalbe, Ulrich: Das kontrafaktische Szenario bei der Berechnung von Kartellschäden, WuW 2012, S. 122.

Inderst, Roman/Thomas, Stefan: Schadensersatz bei Kartellverstößen, 2. Auflage 2018.

zitiert als: Inderst/Thomas, nach Seite

J

Jaeger, Wolfgang: Die möglichen Auswirkungen einer Reform des EG-Wettbewerbsrechts für die nationalen Gerichte, WuW 2000, S. 1062.

Jarass, Hans D.: Schutz durch rechtsstaatliche Grundsätze des Unionsrechts, DVBl. 2018, S. 1249.

Jarass, Hans D.: Charta der Grundrechte der Europäischen Union: GRCh, 4. Auflage 2021.

zitiert als: Jarass, nach Artikel und Randnummer

Jauernig: Bürgerliches Gesetzbuch, hrsg. von Rolf Stürner, 18. Auflage 2021.

zitiert als: Jauernig/*Bearbeiter*, nach § und Randnummer

Jungbluth, Armin: Die 9. GWB-Novelle – Digitalisierung, Schließung der Wurstlücke, Kartellschadensersatz und anderes mehr…, NZKart 2017, S. 257.

Jungheim, Stephanie: Zusammenarbeit im ECN und die Rechte der Unternehmen, EWS 2013, S. 305.

K

Kahl, Wolfgang: Der Verwaltungsakt - Bedeutung und Begriff, Jura 2001, S. 505.

Kahlenberg, Harald/Heim, Lena: Referentenentwurf der 9. GWB-Novelle: Mehr Effizienz für die private und behördliche Rechtsdurchsetzung, BB 2016, S. 1863.

Kahlenberg, Harald/Heim, Lena: Das deutsche Kartellrecht in der Reform: Überblick über die 9. GWB-Novelle, BB 2017, S. 1155.

Kahlenberg, Harald/Neuhaus, Kai: Erste praktische Erfahrungen mit Zusagenentscheidungen nach Art. 9 Verordnung (EG) Nr. 1/2003, EuZW 2005, S. 620.

Kainer, Friedemann/Persch, Johannes: Die CDC-Entscheidung des OLG Düsseldorf: Kollektiver Rechtsschutz und europarechtliches Effektivitätsprinzip, WuW 2016, S. 2.

Kainer, Friedemann/Persch, Johannes: Die intertemporale Anwendbarkeit des § 33 Abs. 5 GWB zwischen Rückwirkung und Gleichbehandlung – Anmerkung zum Urteil des OLG Karlsruhe v. 9.11.2016 – Grauzementkartell II, NZKart 2017, S. 364.

Kainer, Friedemann/Persch, Johannes: Zur Kontrolle der Vorlagepflicht des Art. 267 Abs. 3 AEUV durch das BVerfG – Zugleich Besprechung der Entscheidung des BVerfG, Beschl. v. 5.1.2021 – 1 BvR 1771/20, Air Berlin, GPR: Zeitschrift für das Privatrecht der Europäischen Union 2021, S. 156-162.

Kamann, Hans-Georg/Horstkotte, Christian: Kommission versus nationale Gerichte - Kooperation oder Konfrontation im Kartellverfahren, WuW 2001, S. 458.

Kamann, Hans-Georg/Ohlhoff, Stefan/Völcker, Sven (Hrsg.): Kartellverfahren und Kartellprozess, 1. Auflage 2017.

zitiert als: Kamann/Ohlhoff/Völcker/*Bearbeiter*, nach Kapitel und Randnummer

Kamann, Hans-Georg/Selmayr, Martin: Das Risiko der Bestandskraft - Praktische Hinweise zur Anfechtung von Gemeinschaftsentscheidungen, NVwZ 1999, S. 1041.

Kapp, Thomas: Kartellrecht: Haftung einer Muttergesellschaft für die von ihren Tochtergesellschaften begangenen Zuwiderhandlungen gegen die Wettbewerbsregeln, CCZ 2009, S. 236.

Kasten, Boris/Traugott, Andreas: Das ICC Toolkit zur kartellrechtlichen Compliance auf Deutsch und das ICC KMU-Toolkit („SME Toolkit") – Eine Einführung und „Gebrauchsanleitung", CCZ 2015, S. 157.

Kaubisch, Arndt/Sagmeister, Holger M.: Kartellrechtliche Follow-On-Klagen in England: Das House of Lords zur Bindungswirkung kartellrechtlicher Entscheidungen der Europäischen Kommission, GRUR Int 2007, S. 890.

Kellerbauer, Manuel: Weitreichender Spielraum für einvernehmliche Lösungen nach Art. 9 Verordnung (EG) Nr. 1/2003 – Anmerkung zum Urteil des EuGH vom 29. 6. 2010 in der Rechtssache Alrosa, EuZW 2010, S. 652.

Kellerbauer, Manuel: Die Einordnung der Rechtsprechung der EU-Gerichte zur gemeinschaftlichen Haftung für Kartellbußen in Konzernen in das Recht der EU und der EMRK, WuW 2014, S. 1173.

Kellerbauer, Manuel/Weber, Olaf: Die gesamtschuldnerische Haftung für Kartellgeldbußen und ihre Grenzen: Das Urteil Siemens VA Tech, EuZW 2011, S. 666.

Kersting, Christian: Wettbewerbsrechtliche Haftung im Konzern, Der Konzern 2011, S. 445.

Kersting, Christian: Die neue Richtlinie zur privaten Rechtsdurchsetzung im Kartellrecht, WuW 2014, S. 564.

Kersting, Christian: Die Rechtsprechung des EuGH zur Bußgeldhaftung in der wirtschaftlichen Einheit, WuW 2014, S. 1156.

Kersting, Christian: Kartellschadensersatzrecht nach der 9. GWB-Novelle, VersR 2017, S. 581.

Kersting, Christian: Zivilrechtliche Konzernhaftung, in: FIW (Hrsg.): Jahrbuch 2018 - Referate und Beiträge der FIW-Veranstaltungen, S. 113.

zitiert als: Kersting, in: FIW (Hrsg.), Jahrbuch 2018, nach Seite

Kersting, Christian: Haftung von Schwester- und Tochtergesellschaften im europäischen Kartellrecht, ZHR 182 (2018), S. 8-31.

Kersting, Christian: Anscheinsbeweis im Recht des Kartellschadensersatzes, WuW 2019, S. 173.

Kersting, Christian: Kartellrechtliche Haftung des Unternehmens nach Art. 101 AEUV, WuW 2019, S. 290.

Kersting, Christian: Zivilrechtliche Konzernhaftung im Kartellrecht – Teil 2, CB 2019, S. 273.

Kersting, Christian: Anmerkung zu LG Dortmund, 8 O 115/14 (Kart), WuW 2020, S. 619.

Kersting, Christian/Otto, Jannik: Die Marktbezogenheit der wirtschaftlichen Einheit, in: Tobias Klose, Martin Klusmann, Stefan Thomas (Hrsg.): Das Unternehmen in der Wettbewerbsordnung – Festschrift für Gerhard Wiedemann zum 70. Geburtstag, 2020, S. 235.

zitiert als: Kersting/Otto, FS Wiedemann, nach Seite

Kersting, Christian/Otto, Jannik: „Auf- und absteigende“ Haftung in der wirtschaftlichen Einheit: Kinder haften für ihre Eltern!, NZKart 2021, S. 325.

Kersting, Christian/Otto, Jannik: Die Haftung der wirtschaftlichen Einheit – Teil 1 – zugleich Anmerkung zum Urteil des EuGH in Sachen Sumal, NZKart 2021, S. 651.

Kersting, Christian/Podszun, Rupprecht: Die 9. GWB-Novelle, 1. Auflage 2017.

zitiert als: Kersting/Podszun/*Bearbeiter*, 9. GWB-Novelle, nach Kapitel und Randnummer

Kersting, Christian/Preuß, Nicola: Umsetzung der Kartellschadensersatzrichtlinie (2014/104/EU) - Ein Gesetzgebungsvorschlag aus der Wissenschaft, 2015.

zitiert als: Kersting/Preuß, Umsetzung der Kartellschadensersatzrichtlinie, nach Rn.

Kersting, Christian/Preuß, Nicola: Umsetzung der Kartellschadensersatzrichtlinie durch die 9. GWB-Novelle, WuW-Onlinebeitrag v. 15.08.2016, WuW 1211285, L1.

Kersting, Christian/Preuß, Nicola: Umsetzung der Kartellschadensersatzrichtlinie durch die 9. GWB-Novelle, WuW 2016, S. 394.

Keßler, Jürgen: Schadensersatzansprüche von Kartellabnehmern de lege lata und de lege ferenda, BB 2005, S. 1125.

Keßler, Jürgen: Private Enforcement - Zur deliktsrechtlichen Aktualisierung des deutschen und europäischen Kartellrechts im Lichte des Verbraucherschutzes, WRP 2006, S. 1061.

Keßler, Jürgen: Die europäische Richtlinie über Schadensersatz im Wettbewerbsrecht – Cui bono?, VuR 2015, S. 83.

Keßler, Jürgen: Private Enforcement durch Beseitigungsklagen im deutschen und europäischen Kartellrecht, WRP 2015, S. 929.

Kingreen, Thorsten: Die Unionsgrundrechte, Jura 2014, S. 295.

Kirchhoff, Wolfgang: Sachverhaltsaufklärung und Beweislage bei der Anwendung des Art. 81 EG-Vertrag, WuW 2004, S. 745.

Kirchhoff, Wolfgang: Der Beitrag des BGH zum private enforcement im Kartellrecht, WuW 2017, S. 487.

Klees, Andreas: Europäisches Kartellverfahrensrecht mit Fusionskontrollverfahren, 2. Auflage 2015.

zitiert als: Klees, Europ. KartellverfR, nach § und Randnummer

Kliebisch, René: Outsourcing eines Kartellrechtsverstoßes, WRP 2012, S. 295.

Kling, Michael: Die Haftung der Konzernmutter für Kartellverstöße ihrer Tochterunternehmen, WRP 2010, S. 506.

Kling, Michael: Wirtschaftliche Einheit und Gemeinschaftsunternehmen – Konzernprivileg und Haftungszurechnung, ZWeR 2011, S. 169.

Kling, Michael/Thomas, Stefan: Kartellrecht, 2. Auflage 2016.

zitiert als: Kling/Thomas, nach Kapitel und Randnummer

Klotz, Marius: Wirtschaftliche Einheit und Konzernhaftung im Kartellzivilrecht, 2016.

zitiert als: Klotz, nach Seite

Klöppner, Carsten/Preuße, Andrea: Die negative Bindungswirkung von Bußgeldbescheiden in follow on-Prozessen, NZKart 2021, S. 269.

Klöppner, Carsten/Preuße, Andrea: Vom doppelten Anscheinsbeweis zur Gesamtabwägung – die Entwicklungen aus drei Jahren höchstrichterlicher Rechtsprechung zum Schienenkartell, NZKart 2021, S. 663.

Klotz, Marius: Zivilrechtliche Verantwortlichkeit der Konzernmuttergesellschaft für Kartellverstöße ihrer Tochter?, WuW 2017, S. 226.

Klumpe, Gerhard/Thiede, Thomas: Regierungsentwurf zur 9. GWB-Novelle: Änderungsbedarf aus Sicht der Praxis, BB 2016, S. 3011.

Klumpe, Gerhard/Thiede, Thomas: Keeping the Floodgates Shut – Kartellschadensersatz nach der 9. GWB-Novelle, NZKart 2017, S. 332.

Klumpe, Gerhard/Thiede, Thomas: Ergänzende Überlegungen zu Lukas Rengier, Kartellschadensersatz in Deutschland, WuW 2018, 613, NZKart 2019, S. 136.

Knack, Hans Joachim/Henneke, Hans-Günter (Hrsg.): Verwaltungsverfahrensgesetz: VwVfG, 11. Auflage 2019.

zitiert als: Knack/Henneke/*Bearbeiter*, nach § und Randnummer

Koch, Jens: Beurteilungsspielräume bei der Anwendung des Art. 81 Abs. 3 EG, ZWeR 2005, S. 380.

Koch, Jens: Der kartellrechtliche Sanktionsdurchgriff im Unternehmensverbund, ZHR 171 (2007), S. 554.

Koch, Jens: Die Konzernobergesellschaft als Unternehmensinhaber iSd § 130 OWiG?, AG 2009, S. 564.

Koch, Raphael: Rechtsdurchsetzung im Kartellrecht: Public vs. private enforcement, JZ 2013, S. 390.

Kokott, Juliane/Dittert, Daniel: Die Verantwortlichkeit von Muttergesellschaften für Kartellvergehen ihrer Tochtergesellschaften im Lichte der Rechtsprechung der Unionsgerichte, WuW 2012, S. 670.

Komninos, Assimakis P.: New Prospects for Private Enforcement of EC Competition Law: Courage v. Crehan and the Community Right to Damages, Common Market Law Review 2002, S. 447.

Komninos, Assimakis P.: Effect of Commission decisions on private antitrust litigation: Setting the story straight, Common Market Law Review 2007, S. 1387.

Komninos, Assimakis P.: EC Private Antitrust Enforcement: Decentralised Application of EC Competition Law by National Courts, 2008.

zitiert als: Komninos, EC Private Antitrust Enforcement, nach Seite

Kopp/Ramsauer, hrsg. von Ulrich Ramsauer: Verwaltungsverfahrensgesetz: VwVfG, 21. Auflage 2020.

zitiert als: Kopp/Ramsauer/*Bearbeiter*, nach § und Randnummer

Köhler, Helmut: Kartellverbot und Schadensersatz, GRUR 2004, S. 99.

Köhler, Helmut: Neubeurteilung der wettbewerblichen Haftung des Rechtsnachfolgers eines Unternehmers?, WRP 2010, S. 475.

Köhler, Helmut: EU-Kartellgeldbußen gegen Mutter- und Tochtergesellschaft: Gesamtschuldnerische Haftung und Ausgleich im Innenverhältnis, WRP 2011, S. 277.

Köhler, Helmut/Bornkamm, Joachim/Feddersen, Jörn: UWG, 39. Auflage 2021.

zitiert als: Köhler/Bornkamm/Feddersen/*Bearbeiter*, UWG, nach § und Randnummer

Kölner Kommentar zum Kartellrecht, hrsg. von Andreas Röhling und Jan Busche.

Band 1: Deutsches Kartellrecht, §§ 1-34a GWB, 1. Auflage 2017.

Band 2: Deutsches Kartellrecht, §§ 35-96, 130, 131 GWB, 1. Auflage 2015.

Band 3: Europäisches Kartellrecht, Art. 101-106 AEUV, Gruppenfreistellungsverordnungen, 1. Auflage 2016.

Band 4: Europäisches Kartellrecht, VO 1/2003, FKVO (VO 139/2004), Besondere Wirtschaftszweige: Landverkehr (VO 169/2009), Luftverkehr, Seeverkehr, Postwesen, Telekommunikation, Kreditwirtschaft, Versicherungswirtschaft, 1. Auflage 2013.

zitiert als: Kölner Kommentar/*Bearbeiter*, nach § und Randnummer

Könen, Daniel: Die Passivlegitimation des Kartellschadensersatzes nach der 9. GWB-Novelle, NZKart 2017, S. 15.

König, Carsten: Haftung für vermutete Kontrolle – Neues zur wirtschaftlichen Einheit im Kartellrecht, EuZW 2017, S. 241.

Köster, Thomas: Das Kartellvergleichsverfahren der Europäischen Kommission, EuZW 2015, S. 575.

Körner, Julia: Die Gesamtschuld im europäischen Kartellbußgeldrecht, 2016.

zitiert als: Körner, nach Seite

Kremer, Michael J. R./Nowak, Christine: Die Skanska-Entscheidung des EuGH - Haftung des Rechtsnachfolgers bei Kartellschadensersatz, aber keine Haftung der "wirtschaftlichen Einheit", WuW 2020, S. 358.

Krenberger, Benjamin/Krumm, Carsten: Ordnungswidrigkeitengesetz, 6. Auflage 2020.

zitiert als: Krenberger/Krumm, nach § und Randnummer

Kreße, Bernhard: Die Verpflichtungszusage als Instrument der europäischen Wettbewerbsaufsicht, WRP 2014, S. 1261.

Kreße, Bernhard: Der Zugang Kartellgeschädigter zu Verfahrensdokumenten der Europäischen Kommission als Wettbewerbsbehörde, WRP 2016, S. 567.

Kreße, Bernhard: Anmerkung zu EuGH v. 14.3.2019 – C-724/17 – Vantaan kaupunki. /. Skanska Industrial Solutions Oy, NCC Industry Oy, Asfaltmix Oy, GPR 2019, S. 240.

Kriechbaumer, Clemens/Bamberger, Christoph: Private Enforcement - Die Rechtslage in Österreich, WuW 2014, S. 690.

Krohs, Christian/Timmerbeil, Sven: Die Durchsetzung von Kartellgeldbußen gegen Rechtsnachfolger, BB 2012, S. 2447.

Kroll-Ludwigs, Kathrin/Ludwigs, Markus: Die richtlinienkonforme Rechtsfortbildung im Gesamtsystem der Richtlinienwirkungen, ZJS 2009, S. 123.

Krüger, Carsten: Die haftungsrechtliche Privilegierung des Kronzeugen im Außen- und Innenverhältnis gemäß dem Richtlinienvorschlag der Kommission, NZKart 2013, S. 483.

Kühne, Armin/Woitz, Steffen: Die neue EU-Kartellschadensersatzrichtlinie: "Follow-on"-Klagen auf Schadensersatz werden gefährlicher, DB 2015, S. 1028.

Kühnen, Jürgen: Überlegungen zur Schätzung der Kartellschadensersatzhöhe, NZKart 2019, S. 515.

L

Laborde, Jean-François: Cartel damages actions in Europe: How courts have assessed cartel overcharges, Concurrences N° 4-2019, Art. N° 92227.

Laborde, Jean-François: Cartel damages actions in Europe: How courts have assessed cartel overcharges, Concurrences N° 3-2021, Art. N° 102086, pp. 232-242.

Lahme, Rüdiger/Ruster, Andreas: Das ungeschriebene Merkmal der Kartellbefangenheit, NZKart 2019, S. 196.

Laitenberger, Johannes: ECN upgraded – zusammen für mehr Wettbewerb in Europa, EuZW 2016, S. 81.

Lampert, Thomas/Niejahr, Nina/Kübler, Johanna/Weidenbach, Georg: EU-KartellVO, 1. Auflage 2004.

zitiert als: Lampert/Niejahr/Kübler/Weidenbach, nach Artikel und Randnummer

Langen, Eugen/Bunte, Hermann-Josef (Hrsg.): Kartellrecht

Band 1: Deutsches Kartellrecht, 13. Auflage 2018.

Band 2: Europäisches Kartellrecht, 13. Auflage 2018.

zitiert als: Langen/Bunte/*Bearbeiter*, nach § und Randnummer

Larenz, Karl: Methodenlehre der Rechtswissenschaft, 6. Auflage 1991.

zitiert als: Larenz, Methodenlehre der Rechtswissenschaft, nach Seite

Leffrang, Karsten: Die Passivlegitimation im kartellrechtlichen Schadensersatzprozess - Die Haftung der Konzernmutter für Kartellverstöße ihrer Tochtergesellschaft, 2014.

zitiert als: Leffrang, nach Randnummer

Leopold, Anders/Reiche, Esther: Zur Vorlageberechtigung mitgliedstaatlicher Wettbewerbsbehörden nach Art. 234 EG, EuZW 2005, S. 143.

Lettl, Tobias: Der Schadensersatzanspruch gemäß § 823 Abs. 2 BGB i.V. mit Art. 81 Abs. 1 EG, ZHR 167 (2003), S. 473.

Lettl, Tobias: Rechtsprechungsübersicht zum Kartellrecht 2012, WRP 2013, S. 728.

Lettl, Tobias: Kartellschadensersatz nach der Richtlinie 2014/104/EU und deutsches Kartellrecht, WRP 2015, S. 537.

Lettl, Tobias: Privilegierung von kleinen und mittleren Unternehmen beim gesamtschuldnerischen Kartellschadensersatz (Art. 11 Abs. 2 Richtlinie 2014/104/EU), WuW 2015, S. 692.

Lettl, Tobias: Schadensersatz bei Kartellrechtsverstößen in der 9. GWB-Novelle, WM 2016, S. 1961.

Lettl, Tobias: Kartellrecht, 5. Auflage 2021.

zitiert als: Lettl, nach Seite

Lutz, Martin: Schwerpunkte der 7. GWB-Novelle, WuW 2005, S. 718.

Lübbig, Thomas/le Bell, Miriam: Die Reform des Zivilprozesses in Kartellsachen, WRP 2006, 1209.

Loewenheim/Meessen/Riesenkampff: Kartellrecht, Kommentar zum Deutschen und Europäischen Recht, hrsg. von Christian Kersting und Hans Jürgen Meyer-Lindemann, 4. Auflage 2020.

zitiert als: Loewenheim/*Bearbeiter*, nach § oder Artikel und Randnummer

Logemann, Hans Philip: Der kartellrechtliche Schadensersatz. Die zivilrechtliche Haftung bei Verstößen gegen das deutsche und europäische Kartellrecht nach Ergehen der VO (EG) Nr. 1/2003 und der 7. GWB-Novelle, 2009.

zitiert als: Logemann, nach Seite

Löbbe, Marc: Konzernverantwortung und Umwandlungsrecht– Vermeidung von Verantwortlichkeit am Beispiel des Kartellordnungswidrigkeitenrechts –, ZHR 177 (2013), S. 518.

M

Makatsch, Tilmann/Abele, Volker: Kartellschadensersatz - Goodbye Deutschland?, WuW 2015, S. 461.

Makatsch, Tilmann/Bäuerle, Robert: Private vs. Public Enforcement 4.0, WuW 2016, S. 341.

Makatsch, Tilman/Mir, Arif Sascha: Die neue EU-Richtlinie zu Kartellschadensersatzklagen – Angst vor der eigenen „Courage"?, EuZW 2015, S. 7.

Malferrari, Luigi: Neues zur Kompetenzverteilung zwischen Kommission und nationaler Gerichtsbarkeit auf dem Gebiet des Wettbewerbs und zum Verhältnis zwischen der Nichtigkeitsklage und dem Vorabentscheidungsverfahren - Anmerkungen zum Urteil des EuGH in der Rechtssache Masterfoods, EuR 2001, S. 605.

Martin-Ehlers, Andrés: Die Bindungswirkung einer Eröffnungsentscheidung der Kommission im Beihilferecht, EuZW 2014, S. 247.

Maurer, Hartmut/Waldhoff, Christian: Allgemeines Verwaltungsrecht, 20. Auflage 2020.

zitiert als: Maurer, nach Kapitel und Randnummer

Mäger, Thorsten (Hrsg.): Europäisches Kartellrecht, 2. Auflage 2011.

zitiert als: Mäger/*Bearbeiter*, nach Kapitel und Randnummer

Mäger, Thorsten: Eltern haften für ihre Kinder?!, NZKart 2015, S. 329.

Mäger, Thorsten/von Schreitter, Florian: Die kartellrechtliche Bußgeldhaftung nach der 9. GWB Novelle – Überblick und Kritik, NZKart 2017, S. 264.

Mäsch, Gerald: Private Ansprüche bei Verstößen gegen das europäische Kartellverbot - „Courage" und die Folgen, EuR 2003, S. 825.

Mäsch, Gerald: Verwelkte Blütenträume in Brüssel, WuW 2013, S. 687.

Mederer, Wolfgang: Richtlinienvorschlag über Schadensersatzklagen im Bereich des Wettbewerbsrechts, EuZW 2013, S. 847.

Meessen, Gero: Der Anspruch auf Schadensersatz bei Verstößen gegen EU-Kartellrecht – Konturen eines Europäischen Kartelldeliktsrechts?, 2011.

zitiert als: Meessen, nach Seite

Mestmäcker, Ernst-Joachim/Schweitzer, Heike: Europäisches Wettbewerbsrecht, 3. Auflage 2014.

zitiert als: Mestmäcker/Schweitzer, nach § und Randnummer

Meyer, Michael: Die Bindung der Zivilgerichte an Entscheidungen im Kartellverwaltungsrechtsweg - der neue § 33 IV GWB auf dem Prüfstand, GRUR 2006, S. 27.

Micklitz, Hans-Wolfgang: Anm. zu EuGH, 20.9.2001, Rs. C-453/99, Courage Ltd. gegen Bernard Crehan, EWiR 2011, S. 1141.

Michalski/Heidinger/Leible/Schmidt, hrsg. von Andreas Heidinger, Stefan Leible und Jessica Schmidt: Kommentar zum Gesetz betreffend die Gesellschaften mit beschränkter Haftung (GmbH-Gesetz).

Band 1: Systematische Darstellungen, §§ 1-34 GmbHG, 3. Auflage 2017.
Zitiert als: Michalski/Heidinger/Leible/Schmidt, GmbHG, nach § und Randnummer

Monopolkommission, Sondergutachten 28: Kartellpolitische Wende in der Europäischen Union?, 1999.

Monopolkommission, Sondergutachten 32: Folgeprobleme der europäischen Kartellverfahrensreform, 2001.

Monopolkommission, Sondergutachten 41: Das allgemeine Wettbewerbsrecht in der Siebten GWB-Novelle, 2004.

Monopolkommission, Hauptgutachten XX: Eine Wettbewerbsordnung für die Finanzmärkte, 2012/2013.

Monopolkommission, Sondergutachten 72: Strafrechtliche Sanktionen bei Kartellverstößen, 2015.

Monopolkommission, Hauptgutachten XXI: Wettbewerb 2016, 2016.

Montag, Frank/Rosenfeld, Andreas: A Solution to the Problems? Regulation 1/2003 and the modernization of competition procedure, ZWeR 2003, S. 107.

Möllers, Thomas M. J./Heinemann, Andreas: The Enforcement of Competition Law in Europe, 1. Auflage 2008

zitiert als: Möllers/Heinemann/*Bearbeiter*, nach Seite

Möschel, Wernhard: Erweiterter Privatrechtsschutz im Kartellrecht?, WuW 2006, 115.

Möschel, Wernhard/Bien, Florian (Hrsg.): Kartellrechtsdurchsetzung durch private Schadensersatzklagen?, 1. Auflage 2010.

zitiert als: Möschel/Bien/*Bearbeiter*, nach Seite

Musielak, Hans-Joachim/Voit, Wolfgang (Hrsg.): Zivilprozessordnung mit Gerichtsverfassungsgesetz, 18. Auflage 2021.

zitiert als: Musielak/Voit/*Bearbeiter*, nach § und Randnummer

Müller-Graff, Peter-Christian: Kartellrechtlicher Schadensersatz in neuer Versuchsanordnung, ZHR 179 (2015), S. 691.

Müller-Graff, Peter-Christian/Kainer, Friedemann: Die Pauschalierung von Schadensersatzansprüchen bei Kartellabsprachen in Vergabeverträgen, WM 2013, S. 2149.

Münchener Kommentar zum Aktiengesetz, hrsg. von Wulff Goette, Mathias Habersack und Susanne Kalss.

Band 1: §§ 1-75, 5. Auflage 2019.

zitiert als: MüKo AktG/*Bearbeiter*, nach § und Randnummer

Münchener Kommentar zum Bürgerlichen Gesetzbuch, hrsg. von Franz Jürgen Säcker, Roland Rixecker, Hartmut Oetker und Bettina Limperg.

Band 2: §§ 241-310 BGB, 8. Auflage 2019.

Band 7: §§ 705-853 BGB, PartGG, ProdHaftG, 8. Auflage 2020.

zitiert als: MüKo BGB/*Bearbeiter*, nach § und Randnummer

Münchener Kommentar zum Lauterkeitsrecht, hrsg. von Peter W. Heermann und Jochen Schlingloff.

Band 1: Grundlagen, §§ 1-7 UWG, 3. Auflage 2020.

Band 2: §§ 5-20 UWG, 2. Auflage 2014.

zitiert als: MüKo Lauterkeitsrecht/*Bearbeiter*, nach § und Randnummer

Münchener Kommentar zum Wettbewerbsrecht, hrsg. von Franz Jürgen Säcker, Peter Meier-Beck, Florian Bien und Frank Montag.

Band 1: Europäisches Wettbewerbsrecht, 3. Auflage 2020.

Band 2: §§ 1-96, 185, 186 GWB, 3. Auflage 2020.

zitiert als: MüKo Kartellrecht/*Bearbeiter*, nach § oder Artikel und Randnummer

Münchener Kommentar zur Zivilprozessordnung mit Gerichtsverfassungsgesetz und Nebengesetzen, hrsg. von Thomas Rauscher und Wolfgang Krüger.

Band 1: §§ 1-354 ZPO, 6. Auflage 2020.

Band 2: §§ 355-945b ZPO, 6. Auflage 2020.

Band 3: §§ 946-1117, EGZPO, GVG, EGGVG, UKlaG, Internationales und Europäisches Zivilprozessrecht, 5. Auflage 2017.

zitiert als: MüKo ZPO/*Bearbeiter*, nach § und Randnummer

N

Nettesheim, Martin: Effektive Rechtsschutzgewährleistung im arbeitsteiligen System europäischen Rechtsschutzes, JZ 2002, S. 928.

Nothdurft, Jörg: „The Trade follows the Flag", in: Friedrich Dencker, Gregor Galke, Andreas Voßkuhle (Hrsg.): Festschrift für Klaus Tolksdorf, 2014, S. 533.

zitiert als: Nothdurft, FS Tolksdorf, nach Seite

Nowak, Carsten: Anmerkung zu EuGH, C-453/99 - *Courage/Crehan*, EuZW 2001, S. 715.

O

Oppolzer, Sebastian/Seifert, Konstantin: Die Darlegung und der Beweis der Auswirkungen des Kartells auf den Schadensersatzkläger: Aktivlegitimation, Befangenheit und Schadenseintritt, WuW 2019, S. 71.

Ost, Konrad: Aufsichtspflichten im Konzern und die 8. GWB-Novelle, NZKart 2013, S. 25.

Ost, Konrad/Kallfaß, Gunnar/Roesen, Katrin: Einführung einer Unternehmensverantwortlichkeit im deutschen Kartellsanktionenrecht – Anmerkungen zum Entwurf der 9. GWB-Novelle, NZKart 2016, S. 447.

Ost, Konrad: Die Richtlinie 1/2019: Ein Meilenstein für die Rechtsdurchsetzung im European Competition Network, NZKart 2019, S. 69.

Otto, Jannik: (Kartell-)Betroffenheit und Schadensallokation nach der 9. GWB-Novelle, ZWeR, 2019, S. 354 ff.

Otto, Jannik: Die wirtschaftliche Einheit und ihre Träger in der Rechtsanwendung – Teil I, NZKart 2020, S. 285.

Otto, Jannik: Die wirtschaftliche Einheit und ihre Träger in der Rechtsanwendung – Teil II, NZKart 2020, S. 355.

P

Pauer, Nada Ina: Schadensersatzansprüche aufgrund von “Preisschirmeffekten” bei Kartellverstößen, WuW 2015, S. 14.

Payandeh, Mehrdad: Das unionsverfassungsrechtliche Rechtsstaatsprinzip, JuS 2021, S. 481.

Pechstein, Matthias/Kubicki, Philipp: Gültigkeitskontrolle und Bestandskraft von EG-Rechtsakten, NJW 2005, S. 1825.

Petrasincu, Alex: Kartellschadensersatz nach dem Referentenentwurf der 9. GWB-Novelle, WuW 2016, S. 330.

Petrasincu, Alex/Schaper, Felicitas: Intertemporale Anwendung des Kartelldeliktsrechts nach der 9. GWB-Novelle, WuW 2017, S. 306.

Petzold, Daniel/Steinle, Christian: Der BGH stellt erneut die Weichen – Anmerkung zum Urteil Schienenkartell II vom 28. Januar 2020 –, NZKart 2020, S. 176.

Pichler, Philipp/Klar, Manuel: Rechtliche Rahmenbedingungen für kartellrechtliche Settlements in Deutschland – insbesondere Reichweite der Übertragbarkeit strafprozessualer Vorgaben für Verständigungen, NZKart 2015, S. 217.

Podszun, Rupprecht/Kreifels, Stephan: Kommt der Ausforschungsanspruch? – Anmerkungen zum geplanten § 33 g GWB, GWR 2017, S. 67.

Podszun, Rupprecht/Kreifels, Stephan/Schmieder, Gregor: Streitpunkte der 9. GWB-Novelle, WuW 2017, S. 114.

Podszun, Rupprecht/Pohlmann, Petra: Der neue Kartellsenat des Bundesgerichtshofs im WuW-Gespräch, WuW 2020, S. 174.

Poelzig, Dörte/Bauermeister, Tabea: Kartellrechtsdurchsetzung, ne bis in idem und Verhältnismäßigkeit (Teil 1) – Die kartellrechtlichen Sanktionen und ne bis in idem, NZKart 2017, S. 491.

Pohlmann, Petra: Verjährung nach der EU-Richtlinie 2014/04 zum Kartellschadensersatz, WRP 2015, S. 546.

Prütting, Hanns/Gehrlein, Markus: ZPO – Kommentar, 12. Auflage 2020.

zitiert als: Prütting/Gehrlein/*Bearbeiter*, ZPO, nach § und Randnummer

Puffer-Mariette, Jean-Christophe: Die Effektivität von Kronzeugenregelungen im Kartellrecht: Eine Analyse und Bewertung des amerikanischen, europäischen, deutschen und französischen Leniency-Programms, 2008.

zitiert als: Puffer-Mariette, Effektivität von Kronzeugenregelungen, nach Seite

Pustlauk, Maria: Couragiert gegen Kartelle?: Die EU-Richtlinie zu Schadensersatz bei Kartellverstößen, EWerk 2015, S. 10.

Puttrich, Lucia: Rechtsstaatlichkeit in der Europäischen Union, ZRP 2020, S. 193.

R

Raue, Benjamin: Die verschränkte Anwendung und Durchsetzung europäischen und nationalen Wettbewerbsrechts, WRP 2012, S. 1478.

Raue, Benjamin: Die Verdrängung deutscher durch europäische Grundrechte im gewerblichen Rechtsschutz und Urheberrecht, GRUR Int 2012, S. 402.

Raue, Benjamin: Richter und Kläger? Die Doppelrolle der Europäischen Kommission bei der Durchsetzung europäischen Wettbewerbsrechts, WRP 2013, S. 147.

Rebler, Adolf: Zur Tatbestandswirkung und Feststellungswirkung von (rechtswidrigen) Verwaltungsakten, DVBl 2017, S. 1279.

Reichert, Roland/Walther, Bianca: Die besonderen Regelungen für Kronzeugen im Rahmen der Richtlinie 2014/104/EU, GPR 2015, S. 120.

Rengier, Lukas: Kartellschadensersatz in Deutschland - die ersten 15 Jahre in Zahlen und Lehren für die Zukunft, WuW 2018, S. 613.

Rengier, Lukas: Cartel Damages Actions in German Courts: What the Statistics Tell Us, JECLAP 2020, S. 72.

Renner, Cornelius/Schmidt, André: Unterlassung von Handlungen Dritter? Die Erfolgshaftung im gewerblichen Rechtsschutz und Urheberrecht, GRUR 2009, S. 908.

Richter, Ann-Christin: Das Skanska-Urteil des EuGH – Einführung der Konzernhaftung im Kartellschadensersatzrecht, BB 2019, S. 1154.

Richter, Ann-Christin: Kehrtwende im Kartellschadensersatzrecht? – Der Anscheinsbeweis nach dem Urteil des BGH in Sachen Schienenkartell, NZKart 2019, S. 90.

Riesenhuber, Karl (Hrsg.): Europäische Methodenlehre, 3. Auflage 2015.

zitiert als: Riesenhuber/*Bearbeiter*, Europ. Methodenlehre, nach Kapitel und Randnummer

Ritz, Christian/Marx, Carolin: Anmerkung zu BGH, KZR 26/17 – Schienenkartell I, WuW 2019, S. 91.

Rodger, Barry/Ferro, Miguel Sousa/Marcos, Francisco (Hrsg.): The EU Antitrust Damages Directive Transposition in the Member States, 2018.

zitiert als: Rodger/Ferro/Marcos/*Bearbeiter*, The EU Antitrust Damages Directive, nach Seite

Roth, Hans-Peter: Neue EU-Richtlinie erleichtert künftig Schadenersatzklagen bei Verstößen gegen das Kartellrecht, GWR 2015, S. 73.

Roth, Wulf-Henning: Das Kartelldeliktsrecht in der 7. GWB-Novelle, in: Theodor Baums, Johannes Wertenbuch, Marcus Lutter und Karsten Schmidt

(Hrsg.): Festschrift für Ulrich Huber zum siebzigsten Geburtstag, 2006, S. 1133.

zitiert als: Roth, in: FS Huber, 2006, nach Seite

Roth, Wulf-Henning: Private Enforcement of European Competition Law - Recommendations Flowing from the German Experience, in: Jürgen Basedow (Hrsg.): Private Enforcement of Competition Law, 2007, S. 61.

zitiert als: Roth, Private Enforcement of European Competition Law 2007, nach Seite

Roth, Wulf-Henning: Effet utile im europäischen Kartellrecht, WRP 2013, S. 257.

Roth, Wulf-Henning: Privatrechtliche Kartellrechtsdurchsetzung zwischen primärem und sekundärem Unionsrecht, ZHR 179 (2015), S. 668.

Roth, Wulf-Henning: Zur Aktivlegitimation im deutschen Kartelldeliktsrecht, in: Juliane Kokott, Petra Pohlmann, Romina Polley (Hrsg.): Europäisches, deutsches und internationales Kartellrecht - Festschrift für Dirk Schroeder zum 65. Geburtstag, 2018, S. 709.

zitiert als: Roth, Festschrift für Dirk Schroeder zum 65. Geburtstag, nach Seite

Rother, Christopher/Rieger, Felicitas: Bindungswirkung und Begründungsmängel von Entscheidungen der Europäischen Kommission – Das Urteil des EuG zum Luftfracht-Kartell, NZKart 2016, S. 116.

Röhling, Andreas: Die Zukunft des Kartellverbots in Deutschland nach In-Kraft-Treten der neuen EU-Verfahrensrechtsordnung, GRUR 2003, S. 1019.

Rust, Ulrich: Kartellverstoß und Gesamtschuld – Bestandsaufnahme und Ausblick, NZKart 2015, S. 502.

Rützel, Stefan: Abschied vom "doppelten Anscheinsbeweis", WuW 2019, S. 130.

S

dos Santos Goncalves, David-Julien/Wunner, Katharina: Bindungswirkung einer Entscheidung im Kartellverwaltungsverfahren, GRUR-Prax 2016, S. 463.

Schaper, Hanno/Stauber, Peter: Ausgewählte Themen des neuen Kartellschadensersatzrechts – Schadensersatz, Abwälzung, Gesamtschuld und Innenausgleich, NZKart 2017, S. 279.

Scheffler, Arndt: Das intertemporale Kartellrecht, WRP 2007, S. 163.

Scheffler, Arndt: Die Bindungswirkung kartellbehördlicher Entscheidungen im Schadensersatzprozess in der Rechtsprechung der Oberlandesgerichte, NZKart 2015, S. 223.

Scheidtmann, André: Schadensersatzansprüche gegen eine Muttergesellschaft wegen Verstößen einer Tochtergesellschaft gegen Europäisches Kartellrecht?, WRP 2010, S. 499.

Schmidt, Karsten: Umdenken im Kartellverfahrensrecht! - Gedanken zur Europäischen VO Nr. 1/2003, BB 2003, S. 1237.

Schmidt, Karsten: „Privatisierung" des Europakartellrechts – Aufgaben, Verantwortung und Chancen der Privatrechtspraxis nach der VO Nr. 1/2003, ZEuP 2004, S. 881.

Schmidt, Karsten: Kartellrecht im Schiedsverfahren - Neuorientierung durch VO 1/2003 und 7. GWB-Novelle?, BB 2006, S. 1397.

Schmidt, Karsten: Wirtschaftsrecht: Nagelprobe des Zivilrechts – Das Kartellrecht als Beispiel, AcP 206 (2006), S. 169.

Schmidt, Karsten: Gesetzliches Kartell-Zivilprozessrecht - Der mühsame Weg der §§ 87 ff. GWB aus einem Kartell-Prozessrecht von Gestern zum „Private Enforcement" für Heute und Morgen, ZWeR 2007, S. 394.

Schmidt, Stefan: Tagungsbericht vom Forum Kartellrecht 2016 in Münster: Die Umsetzung der Kartellschadensersatzrichtlinie – Ausblick auf die 9. GWB-Novelle, NZKart 2016, S. 126.

Schneider, Hans-Peter: Es gibt noch Richter in Luxemburg - Zum Individualrechtsschutz durch europäische Gerichte, NJW 2002, S. 2927.

Schnelle, Ulrich: Die Aufteilung von Bußgeldern im Konzern, WuW 2015, S. 332.

Schnitzler, Sebastian: Vorwirkungen der Kartellschadensersatzrichtlinie, WuW 2015, S. 992.

Schoch, Friedrich/Schneider, Jens-Peter (Hrsg.): Verwaltungsgerichtsordnung, Werkstand: 39. Ergänzungslieferung Juli 2020.

zitiert als: Schoch/Schneider/*Bearbeiter*, nach § und Randnummer

Schreiber, Till: Praxisbericht Private Durchsetzung von kartellrechtlichen Schadenersatzansprüchen, KSzW 2011, S. 37.

von Schreitter, Florian: Die kartellordnungswidrigkeitenrechtliche Haftung nach § 130 OWiG – ein Risiko für Konzernobergesellschaften?, NZKart 2016, S. 253.

Schroeder, Daniela: Bindungswirkungen von Entscheidungen nach Art. 249 Abs. 4 EG im Vergleich zu denen von Verwaltungsakten nach deutschem Recht, 2006.

zitiert als: Schroeder, nach Seite

Schröter, Helmuth/Jakob, Thinam/Klotz, Robert/Mederer, Wolfgang (Hrsg.): Europäisches Wettbewerbsrecht; 2. Auflage 2014.

zitiert als: Schröter/Jakob/Klotz/Mederer/*Bearbeiter*, nach § und Randnummer

Schulte, Josef L./Just, Christoph (Hrsg.): Kartellrecht - GWB, Kartellvergaberecht, EU-Kartellrecht, 2. Auflage 2016.

zitiert als: Schulte/Just/*Bearbeiter*, nach § und Randnummer

Schürnbrand, Jan: Wissenszurechnung im Konzern – unter besonderer Berücksichtigung von Doppelmandaten, ZHR 181 (2017), S. 357.

Schütt, Marc: Individualrechtsschutz nach der 7. GWB-Novelle, WuW 2004, S. 1124.

Schwalbe, Ulrich: Lucrum Cessans und Schäden durch Kartelle bei Zulieferern, Herstellern von Komplementärgütern sowie weiteren Parteien, NZKart 2017, S. 157.

Schwarze, Jürgen: Europäisches Verwaltungsrecht, 2. Auflage 2005

zitiert als: Schwarze, nach Seite

Schwarze, Jürgen/Weitbrecht, Andreas: Grundzüge des europäischen Kartellverfahrensrechts - Die Verordnung(EG) Nr.1/2003, 2004.

zitiert als: Schwarze/Weitbrecht, nach Kapitel und Randnummer

Schweda, Marc: Die Bindungswirkung von Bekanntmachungen und Leitlinien der Europäischen Kommission, WuW 2004, S. 1133.

Schweitzer, Heike: Die neue Richtlinie für wettbewerbsrechtliche Schadensersatzklagen, NZKart 2014, S. 335.

Schweitzer, Heike/Woeste, Kai: Die Haftung von Konzerngesellschaften im europäischen Wettbewerbsrecht, ZGR 2020, S. 141.

Schweitzer, Heike/Woeste, Kai: Zum Umgang mit ökonomischer Unsicherheit bei der Schätzung von Kartellschäden: Eckpfeiler eines kartellschadensersatzspezifischen Beweisrechts, ZWeR 2022, S. 46.

Schwintowski, Hans-Peter: Die Zurechnung des Wissens von Mitgliedern des Aufsichtsrats in einem oder mehreren Unternehmen, ZIP 2015, S. 617.

Seeliger, Daniela/de Crozals, Dorothee: Zukunftsweisend: Die 9. GWB-Novelle, ZRP 2017, S. 37.

Seeliger, Daniela/Gürer, Kaan: Kartellrechtsrisiken in M&A-Transaktionen – neuere Entwicklungen, BB 2017, S. 195.

Sehnert, Gerhard: Die Bindungswirkung der Einkommensfeststellung eines Sozialversicherungsträgers, NZS 2000, S. 437.

Seibert, Max-Jürgen: Die Bindungswirkung von Verwaltungsakten, 1. Auflage 1989.

zitiert als: Seibert, nach Seite

Seidel, Martin: A Europe-minded Action - a British one; Zum Vorabentscheidungsersuchen des High Court of Justice, EuZW 1999, 384 L, EuZW 1999, S. 369.

Seitz, Claudia: Grundsätze der ordnungsgemäßen Verwaltung und der Gleichbehandlung – Sanktionsreduzierung wegen Nichtbeachtung der im Gemeinschaftsrecht geltenden Verfahrensgarantien durch die Europäische Kommission, EuZW 2008, S. 525.

Soltész, Ulrich: Effet Utile als Allzweckwaffe im Kartellschadensersatz – Ein Vorbild für andere Rechtsbereiche?, EuZW 2021, 869.

Stadtaus, Carolin/Wiedeck, Carla: Anmerkung zu OLG Karlsruhe, 6 U 204/15 Kart (2), WuW 2017, S. 43.

Stancke, Fabian: Die Betroffenheit und Aktivlegitimation im Rahmen kartellrechtlicher Schadensersatzklagen, NZKart 2017, S. 636.

Stauber, Peter/Schaper, Hanno: Die Kartellschadensersatzrichtlinie – Handlungsbedarf für den deutschen Gesetzgeber?, NZKart 2014, S. 346.

Steger, Jens: Zugang durch die Hintertüre? – zur Akteneinsicht in Kronzeugenanträge von Kartellanten, BB 2014, S. 963.

Steinle, Christian: Kartellgeldbußen gegen Konzernunternehmen nach dem »Aristrain«-Urteil des EuGH, EWS 2004, S. 118.

Stelkens/Bonk/Sachs, hrsg. von Michael Sachs und Heribert Schmitz, Verwaltungsverfahrensgesetz, 9. Auflage 2018.

zitiert als: Stelkens/Bonk/Sachs/*Bearbeiter*, nach § und Randnummer

Streinz, Rudolf: EUV/AEUV, 3. Auflage 2018.

zitiert als: Streinz/Bearbeiter, nach Artikel und Randnummer

Suchsland-Maser, Ulrike/Rossmann, Nadine: Verpflichtet die Kartellschadensersatzrichtlinie zur Übernahme des europäischen Unternehmensbegriffs in das deutsche Recht?, WuW 2015, S. 973.

Suchsland, Ulrike/Rossmann, Nadine: „Mit Netz und doppeltem Boden" – Bußgeldhaftung nach dem Referentenentwurf zur 9. GWB-Novelle, NZKart 2016, S. 342.

T

Terhechte, Jörg Philipp (Hrsg.): Verwaltungsrecht der Europäischen Union, 2011.

zitiert als: Terhechte/*Bearbeiter*, nach Kapitel und Randnummer

Theobald, Christian/Kühling, Jürgen (Hrsg.): Energierecht, Loseblatt, Stand: 108. Ergänzungslieferung September 2020.

zitiert als: Theobald/Kühling/*Bearbeiter*, nach § und Randnummer

Thiede, Thomas: Mit Schirm, Charme und KONE – Der Anscheinsbeweis der Kartellbefangenheit unter Berücksichtigung der Rechtsprechung des EuGH – Zugleich Anmerkung zum Urteil des LG Dortmund v. 21.12.2016, 80 O 90/14 [Kart], NZKart 2017, S. 68.

Thiede, Thomas: Zur Schätzung des Kartellschadens, NZKart 2020, S. 657.

Thiede, Thomas/Träbing, Tim: Praxis des Anscheinsbeweises im Kartellschadensersatzrecht – ein Rechtsprechungsbericht, NZKart 2016, S. 422.

Thole, Christoph: Anspruchsbegriff, Streitgegenstand und Grundurteil im Kartellschadensprozess bei massenhaften Bezugsvorgängen, NZKart 2020, S. 227.

Thole, Christoph: Freie Mindestschadensschätzung nach § 287 ZPO durch das Gericht? – Das Urteil des LG Dortmund vom 30.9.2020 auf dem Prüfstand des Prozessrechts, NZKart 2021, S. 5.

Thomas, Stefan: Die Bindungswirkung von Mitteilungen, Bekanntmachungen und Leitlinien der EG-Kommission, EuR 2009, S. 423.

Thomas, Stefan: Der Schutz des Wettbewerbs in Europa - welcher Zweck heiligt die Mittel?, JZ 2011, S. 485.

Thomas, Stefan: Die wirtschaftliche Einheit im EU-Kartellbußgeldrecht, KSzW 2011, S. 10.

Thomas, Stefan: Die Gesamtschuld im EU-Kartellbußgeldrecht - die Kommission als Juristischer Pascha"?, in: Stefan Bechtold, Joachim Jickeli, Mathias Rohe (Hrsg.): Recht, Ordnung und Wettbewerb, Festschrift zum 70. Geburtstag von Wernhard Möschel, 2011, S. 675.

zitiert als: Thomas, in FS Möschel (2011), nach Seite

Thomas, Stefan: Schadensverteilung im Rahmen von Vertriebsketten bei Verstoß gegen europäisches und deutsches Kartellrecht, ZHR 180 (2016), S. 45.

Thomas, Stefan: Die sogenannte wirtschaftliche Einheit: Auslegungsfragen zur neu eingeführten akzessorischen Konzernhaftung im deutschen Kartellbußgeldrecht, AG 2017, S. 637.

Thomas, Stefan/Dreher, Meinrad: Rechts- und Tatsachenirrtümer unter der neuen VO 1/2003, WuW 2004, S. 8.

Thomas, Stefan/Legner, Sarah: Die wirtschaftliche Einheit im Kartellzivilrecht, NZKart 2016, S. 155.

Thym, Daniel: Europäischer Grundrechtsschutz und Familienzusammenführung, NJW 2006, S. 3249.

Timmerbeil, Sven/Blome, Max-Niklas: Steter Tropfen höhlt den Stein – Die "wirtschaftliche Einheit" im deutschen Kartellrecht nach der 9. GWB-Novelle, BB 2017, S. 1544.

U

Uebele, Fabian: Haftungsfragen im Konzern und der modifizierte Unternehmensbegriff, WuW 2021, S. 683.

V

Verse, Dirk A.: Doppelmandate und Wissenszurechnung im Konzern, AG 2015, S. 413.

Vollrath, Christian: Das Maßnahmenpaket der Kommission zum wettbewerbsrechtlichen Schadenersatzrecht, NZKart 2013, S. 434.

Voet van Vormizeele, Philipp: Die EG-kartellrechtliche Haftungszurechnung im Konzern im Widerstreit zu den nationalen Gesellschaftsrechtsordnungen, WuW 2010, S. 1008.

Vogenauer Stefan: Die Auslegung von Gesetzen in England und auf dem Kontinent, 2001. zitiert als: Vogenauer, nach Seite

Votteler, Moritz: Der Schadensersatzanspruch im EG-Kartellrecht: Existenz und Ausgestaltung, 2008.
zitiert als: Votteler, nach Seite

W

Wachs, Stephan: Faktische Übernahme des wirtschaftlichen Unternehmensbegriffs für die Passivlegitimation bei Follow-on-Klagen?, WuW 2017, S. 2.

Wachsmann, Anne/Zacharie, Nicolas: The Paris Commercial Court recognises, within the terms of succinct reasoning, the existence of fault of two companies who benefited from the commitments procedure before the French Competition Authority, and thereby concludes that this results in damages for the claimant which must be addressed, Concurrences N° 3-2015, S. 79.

Wagener, Hans-Markus: Follow-up zu Skanska – Bisherige „Umsetzung" durch nationale Zivilgerichte, NZKart 2019, S. 535.

Wagener, Hans-Markus: Die wirtschaftliche Einheit als Schuldner im Zivilprozess: Eine für alle und alle für eine?, NZKart 2020, S. 238.

Wagner, Gerhard: Wissenszurechnung: Rechtsvergleichende und rechtsökonomische Grundlagen, ZHR 181 (2017), S. 203.

Wagner, Eckart/Kleine, Maxim/Liebach, Ingo: Kartellrechtliche Schadensersatzklagen - Bewertung der Vorschläge der Europäischen Kommission im Weißbuch, EWS 2008, S. 305.

Wagner, Gerhard: Anmerkung zu BGH, Urteil v. 11. 12. 2018 – KZR 26/17 (OLG Karlsruhe), JZ 2019, S. 470.

Weck, Thomas: Ein Gebot der Fairness - Übernahme des EU-Unternehmensbegriffs ins deutsche Kartellrecht, WuW 2016, S. 404.

Weitbrecht, Andreas: Das neue EG-Kartellverfahrensrecht, EuZW 2003, S. 69.

Weitbrecht, Andreas: Schadensersatzansprüche der Unternehmer und Verbraucher wegen Kartellverstößen, NJW 2012, S. 881.

Weitbrecht, Andreas: Anmerkung zu EuGH, C-681/11 – *Bundeswettbewerbsbehörde u. a./Schenker*, NJW 2013, S. 3083.

Weitbrecht, Andreas: Die Umsetzung der EU-Schadensersatzrichtlinie, WuW 2015, S. 959.

Weitbrecht, Andreas: Bindungswirkung nationaler Entscheidungen, WuW 2017, S. 244.

Weitbrecht, Andreas: Eine neue Ära im Kartellschadensersatzrecht – Die 9. GWB-Novelle, NJW 2017, S. 1574.

Weitbrecht, Andreas: Kartellschadensersatz 2017, NZKart 2018, S. 106.

Weitbrecht, Andreas: Kartellschadensersatz 2018, NZKart 2019, S. 70.

Weitbrecht, Andreas: Sozialer Wohnungsbau in Oberösterreich und das Aufzugskartell, EWS 2020, S. 8.

Weitbrecht, Andreas: Kartellschadensersatz in Deutschland nach Schienenkartell II, WuW 2020, S. 257.

Weitbrecht, Andreas: Kartellschadensersatz 2019, NZKart 2020, S. 106.

Weitbrecht, Andreas: Kartellschadensersatz 2020, NZKart 2021, S. 208.

Weitbrecht, Andreas: Die Passing-on Defense nach Schienenkartell V, WuW 2021, S. 86.

Weitbrecht, Andreas/Mühle, Jan: Die Entwicklung des europäischen Kartellrechts 2014, EuZW 2015, S. 166.

Weitbrecht, Andreas/Mühle, Jan: Die Entwicklung des europäischen Kartellrechts 2015, EuZW 2016, S. 172.

Weitbrecht, Andreas/Mühle, Jan: Die Entwicklung des europäischen Kartellrechts 2016, EuZW 2017, S. 165.

Werner, Rüdiger: Die wettbewerbsrechtliche Konzernhaftung, WRP 2018, S. 286.

Weyer, Hartmut: Nach der Reform: Gestaltung der Wettbewerbspolitik durch die Kommission? Zur Anwendung des Art. 81 EGV durch Kommission, nationale Gerichte und EuGH in einem System der gesetzlichen Ausnahme, ZHR 164 (2000), S. 611.

Weyer, Hartmut: Schadenersatzansprüche gegen Private kraft Gemeinschaftsrecht, ZEuP 2003, S. 318.

Wieczorek/Schütze, hrsg. von Rolf A. Schütze: Zivilprozessordnung und Nebengesetze Großkommentar.

Band 4: §§ 253-299a, 4. Auflage 2013.

zitiert als: Wieczorek/Schütze/*Bearbeiter*, nach § und Randnummer

Wiedemann, Gerhard (Hrsg.): Handbuch des Kartellrechts, 4. Auflage 2020.

zitiert als: Wiedemann/*Bearbeiter*, nach § und Randnummer

Wiedmann, Daniel/Funk, Christine: Umgehung von Kartellgeldbußen durch Umstrukturierung – Konzernhaftung als Lösung?, BB 2015, S. 2627.

Willems, Constantin: Kein Durchgang durch die „Doppeltür"?, WRP 2015, S. 819.

Wirtz, Markus M.: Anwendbarkeit von § 20 GWB auf selektive Vertriebssysteme nach Inkrafttreten der VO 1/2003, WuW 2003, S. 1039.

Z

Zandler, Dieter: Die wirtschaftliche Einheit als Normadressat im Kartellbußgeldrecht, NZKart 2016, S. 98.

Zimmer, Daniel/Höft, Jan: "Private Enforcement" im öffentlichen Interesse?, ZGR 2009, S. 662.

Zöller, ZPO, 33. Auflage 2020.

zitiert als: Zöller/*Bearbeiter*, nach § und Randnummer

Zöttl, Johannes/Schlepper, Lisa: Die private Durchsetzung von kartellrechtlichen Schadensersatzansprüchen – Status Quo in Deutschland, EuZW 2012, S. 573.

Zuber, Andreas: Die EG-Kommission als amicus curiae: Die Zusammenarbeit der Kommission und der Zivilgerichte der Mitgliedstaaten bei der Anwendung der Wettbewerbsregeln des EG-Vertrages, 2001.

zitiert als: Zuber, nach Seite